Houghton Mifflin
Matemáticas

simetría

 HOUGHTON MIFFLIN   BOSTON

Printed in the U.S.A.

ISBN-13: 978-0-61876297-2

ISBN-10: 0-618-76297-3

3456789-0930-15 14 13 12

4500348333

Houghton Mifflin

Matemáticas

Autores y asesores/
Authors & Consultants

Autores/Authors

Dr. Carole Greenes
Professor of Mathematics Education
Boston University
Boston, MA

Dr. Miriam A. Leiva
Distinguished Professor of Mathematics Emerita
University of
North Carolina
Charlotte, NC

Dr. Matt Larson
Curriculum Specialist for Mathematics
Lincoln Public Schools
Lincoln, NE

Dr. Jean M. Shaw
Professor Emerita of Curriculum and Instruction
University of Mississippi
Oxford, MS

Dr. Lee Stiff
Professor of Mathematics Education
North Carolina State University
Raleigh, NC

Dr. Bruce R. Vogeli
Clifford Brewster Upton Professor of Mathematics
Teachers College, Columbia University
New York, NY

Dr. Karol Yeatts
Associate Professor
Barry University
Miami, FL

Asesores/
Consultants

Strategic Consultant
Dr. Liping Ma
Senior Scholar
Carnegie Foundation for the Advancement of Teaching
Palo Alto, CA

**Language and
Vocabulary Consultant**
Dr. David Chard
Professor of Reading
University of Oregon
Eugene, OR

**Houghton Mifflin Math
and Math Expressions
Blended Usage Advisor**
Dr. Matt Larson
Curriculum Specialist for Mathematics
Lincoln Public Schools
Lincoln, NE

Revisores/Reviewers

Grado K

Hilda Kendrick
W E Wilson
Elementary School
Jefferson, IN

Debby Nagel
Assumption
Elementary School
Cincinnati, OH

Jen Payet
Lake Ave. Elementary School
Saratoga Springs, NY

Karen Sue Hinton
Washington Elementary
School
Ponca City, OK

Grado 1

Karen Wood
Clay Elementary School
Clay, AL

Paula Rowland
Bixby North Elementary
School
Bixby, OK

Stephanie McDaniel
B. Everett Jordan
Elementary School
Graham, NC

Juan Melgar
Lowrie Elementary School
Elgin, IL

Sharon O'Brien
Echo Mountain School
Phoenix, AZ

Grado 2

Sally Bales
Akron Elementary School
Akron, IN

Rose Marie Bruno
Mawbey Street Elementary
School
Woodbridge, NJ

Kiesha Doster
Berry Elementary School
Detroit, MI

Marci Galazkiewicz
North Elementary School
Waukegan, IL

Ana Gaspar
Lowrie Elementary School
Elgin, IL

Elana Heinoren
Beechfield Elementary
School
Baltimore, MD

Kim Terry
Woodland Elementary School
West
Gages Lake, IL

Megan Burton
Valley Elementary School
Pelham, AL

Kristy Ford
Eisenhower Elementary
School
Norman, OK

Grado 3

Jenny Chang
North Elementary School
Waukegan, IL

Patricia Heintz
Harry T. Stewart
Elementary School
Corona, NY

Shannon Hopper
White Lick Elementary School
Brownsburg, IN

Allison White
Kingsley Elementary School
Naperville, IL

Amy Simpson
Broadmoore Elementary
School
Moore, OK

Revisores/Reviewers

Grado 4

Barbara O'Hanlon
Maurice & Everett Haines
Elementary School
Medford, NJ

Connie Rapp
Oakland Elementary School
Bloomington, IL

Pam Rettig
Solheim Elementary School
Bismarck, ND

Tracy Smith
Blanche Kelso Bruce
Academy
Detroit, MI

Brenda Hancock
Clay Elementary School
Clay, AL

Karen Scroggins
Rock Quarry Elementary
School
Tuscaloosa, AL

Lynn Fox
Kendall-Whittier Elementary
School
Tulsa, OK

Grado 5

Jim Archer
Maplewood Elementary
School
Indianapolis, IN

Maggie Dunning
Horizon Elementary School
Hanover Park, IL

Mike Intoccia
McNichols Plaza
Scranton, PA

Jennifer LaBelle
Washington Elementary
School
Waukegan, IL

Anne McDonald
St. Luke The Evangelist
School
Glenside, PA

Ellen O'Rourke
Bower Elementary School
Warrenville, IL

Gary Smith
Thomas H. Ford Elementary
School
Reading, PA

Linda Carlson
Van Buren Elementary
School
Oklahoma City, OK

Grado 6

Robin Akers
Sonoran Sky Elementary
School
Scottsdale, AZ

Ellen Greenman
Daniel Webster Middle
School
Waukegan, IL

Angela McCray
Abbott Middle School
West Bloomfield, MI

Mary Popovich
Horizon Elementary School
Hanover Park, IL

Debbie Taylor
Sonoran Sky Elementary
School
Scottsdale, AZ

Revisores generales/ Across Grades

Jacqueline Lampley
Hewitt Elementary School
Trussville, AL

Rose Smith
Five Points Elementary
School
Orrville, AL

Winnie Tepper
Morgan County Schools
Decatur, AL

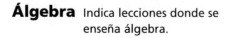

Álgebra Indica lecciones donde se enseña álgebra.

vi

3 El dinero

Unidad 1
Conectar con la
literatura
A de ábaco
página 645

Sumar y restar

Álgebra Indica lecciones donde se enseña álgebra.

5 Restar números enteros

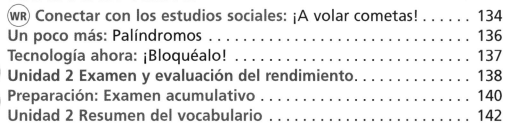
FINAL DE LA UNIDAD

Unidad 2
Conectar con la
literatura
*Comedero de
pájaros*
página 646

Datos y probabilidad

UNIDAD 3 Datos y probabilidad

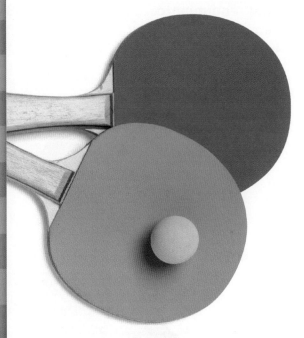

x

Álgebra Indica lecciones donde se enseña álgebra.

7 Probabilidad

FINAL DE LA UNIDAD

Unidad 3
Conectar con la
literatura
Rana o sapo
página 648

Operaciones básicas de multiplicación y división

Álgebra Indica lecciones donde se enseña álgebra.

Unidad 4
Conectar con la literatura
Líderes de la manada
página 649

FINAL DE LA UNIDAD

(WR) Indica WEEKLY WR READER

La medición

UNIDAD 5 La medición

Álgebra Indica lecciones donde se enseña álgebra.

14 Medición en el sistema métrico

FINAL DE LA UNIDAD

Unidad 5
Conectar con la
literatura
¡Uy, qué frío!
página 651

(WR) Indica [WEEKLY (WR) READER]

Geometría y medición

Álgebra Indica lecciones donde se
enseña álgebra.

17 Perímetro, área y volumen

FINAL DE LA UNIDAD

Unidad 6
Conectar con la
literatura
Copitos de nieve
página 653

Fracciones y decimales

UNIDAD 7 Fracciones y decimales

Álgebra Indica lecciones donde se
enseña álgebra.

20 Decimales

FINAL DE LA UNIDAD

Unidad 7
Conectar con la
literatura
*Competencia de
patinaje*
página 654

Multiplicación y división con números de 1 dígito

Álgebra Indica lecciones donde se enseña álgebra.

22 Dividir entre divisores de 1 dígito

FINAL DE LA UNIDAD

Unidad 8
Conectar con la
literatura
*Elefantes en
movimiento*
página 656

RECURSOS DEL ESTUDIANTE

¡Bienvenidos!

Este año, en matemáticas vas a aprender acerca de números, patrones, figuras y diferentes maneras de medir. Los científicos, cocineros, constructores y artistas usan diariamente las matemáticas. ¡Y tú también lo harás! Usarás las matemáticas que conoces para resolver problemas y describir los objetos y patrones que ves. Puedes descubrir que puedes ser un matemático y tus compañeros de clase también.

Conectar con la vida real
Reunir datos

Acerca de mí

Escribe tu autobiografía matemática, escribiendo dos o tres cosas acerca de cada pregunta. Si lo deseas, también puedes dibujarte estudiando matemáticas.

- ¿Qué te gusta más de la clase de matemáticas?
- ¿En qué área de las matemáticas eres bueno?
- ¿Acerca de qué quisieras saber más?
- ¿De qué manera usas tú (o alguien de tu familia) las matemáticas fuera de la clase?

Acerca de mi clase

Es posible que tus compañeros se parezcan a ti en cierta forma, pero que sean diferentes en otras. Puedes reunir datos para saber algo acerca de toda la clase.

- Piensa en algún tema sobre el que quisieras saber la opinión de todos tus compañeros.
- Escribe alguna pregunta de encuesta para tu tema.
- Haz una encuesta entre tus compañeros. Usa marcas de conteo para reunir los datos.
- Haz una gráfica de barras o un pictograma para mostrar tus resultados.
- Usa tu gráfica de barras y tus datos para escribir lo que aprendiste acerca de tu clase.

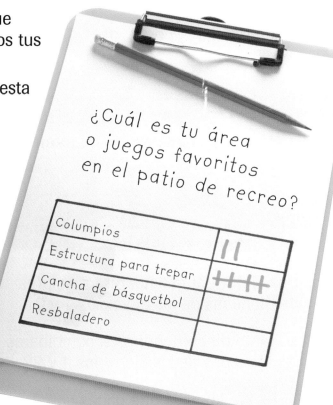

Resolver problemas y números

Objetivo Repasar destrezas básicas numéricas y para resolver problemas.

Repasa y recuerda

Ya sabes sumar y restar con números enteros. También sabes mucho acerca del dinero. En esta página repasarás ambos conceptos.

Observa las monedas de la derecha. ¿Es su valor menor que (<) o mayor que (>) un dólar?

Una manera de saberlo es ordenar las monedas según su valor, y luego contar hacia adelante para hallar el valor total.

| 25¢ | 50¢ | 75¢ | 85¢ | 95¢ | 96¢ |

96¢ es menor que $1.00.   96¢ < $1.00

Práctica guiada

Asegúrate
- ¿Cuál es el valor de cada moneda?
- ¿Conté el dinero en orden de mayor a menor valor?

Halla el valor de cada grupo de monedas.

1.
2.

3. Usa < ó > para comparar los valores de los grupos de monedas de los Ejercicios 1 y 2.

4. ¿Cuánto dinero tendrías si combinaras las monedas de los Ejercicios 1 y 2?

Explícalo ▶ Imagina que pagas con 2 monedas de veinticinco centavos por un lápiz que cuesta 32¢. Explica dos maneras diferentes de calcular cuánto cambio debes recibir.

Practicar y resolver problemas

Halla el valor de cada grupo de monedas.

5.

6.

7. Usa < ó > para comparar los valores de los grupos de monedas de los Ejercicios 5 y 6.

8. Imagina que combinas las monedas de los Ejercicios 5 y 6. ¿Cuánto dinero tendrías?

**Usa los dibujos de la derecha.
Resuelve cada problema**

9. ¿Cuánto costaría comprar un lápiz y una regla?

10. Pagas un lápiz con una moneda de veinticinco centavos. ¿Cuánto cambio debes recibir?

11. ¿Cuánto más cuesta un cuaderno que un lápiz?

12. **Créalo** Escribe un problema de dinero. Intercambia problemas con un compañero y resuélvanlos.

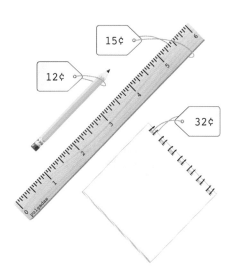

Repaso general • Preparación para exámenes

Respuesta directa
Escribe los 3 números que siguen para continuar el patrón. (Grado 2)

13. 5 10 15 20 25 30 __, __, __

14. 50 48 46 44 42 __, __, __

Selección múltiple

15. ¿Cuánto dinero necesitas para comprar uno de cada uno de los tres objetos que aparecen aquí? (Grado 2)

A 47¢ C 79¢

B 59¢ D 95¢

Lección | Medición

Objetivo Repasar destrezas básicas de medición necesarias para comenzar el tercer grado.

Trabajar juntos

Materiales
regla de pulgadas

En algunas lecciones aprenderás mientras realizas una actividad. En esta actividad trabajarás con un compañero para medir objetos del salón de clases.

PASO 1 Estimen y luego midan la longitud del lápiz de más arriba, a la pulgada más cercana.

PASO 2 Alineen el extremo izquierdo del lápiz con la marca del cero de la regla de pulgadas.

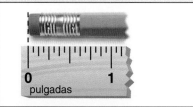

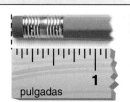

En algunas reglas no aparece la marca del cero. El extremo izquierdo de la regla es el cero.

PASO 3 Halla la marca de pulgada más cercana al extremo derecho del lápiz.

- ¿Cuál es la longitud del lápiz a la pulgada más cercana?
- ¿Cuán cercana es tu medida a tu estimación?

Por tu cuenta

Estima la longitud de cada lápiz. Mide después a la pulgada más cercana.

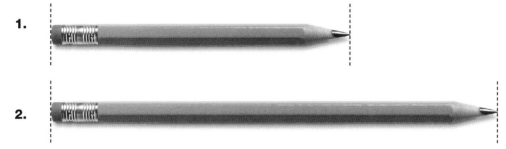

1.

2.

Usa una regla de pulgadas para resolver el problema.

3. Reúne 5 lápices de tus compañeros de clase. Mide cada uno a la pulgada más cercana.

4. Escribe las longitudes del Ejercicio 3 en orden de la más corta a la más larga.

5. Halla un objeto que estimes que mide más o menos 6 pulgadas de largo. Mide el objeto. Escribe el nombre y la longitud del objeto.

6. Dibuja un segmento de recta que mida 4 pulgadas de largo.

Coméntalo • Escríbelo

7. **Encuentra el error** Jacob dice que el lápiz de abajo mide unas 5 pulgadas de largo. ¿En qué se equivocó? Explica tu respuesta.

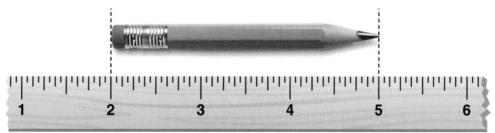

8. Una regla de 1 yarda mide 36 pulgadas de largo. Haz una lista de 3 objetos de tu salón de clases que serían más fáciles de medir con una regla de 1 yarda, que con una de 12 pulgadas.

Razonamiento visual
Descubrir la geometría

¿Qué parece un autobús pero no lo es? La respuesta es: un trolebús. Funciona con electricidad en lugar de gasolina. Algunas ciudades usan trolebuses para trasladar a las personas de un lugar a otro.

Se usan muchas figuras distintas para hacer el dibujo de arriba.

1. Mira las figuras que tienen 4 lados. Escribe el nombre de la mayor cantidad de esas figuras que puedas. Si no puedes nombrar alguna, simplemente dibújala.

2. Nombra o dibuja las figuras que tengan más de 4 lados, y menos de 4 lados.

3. Mira la puerta del trolebús. El artista usó rectángulos para dibujar la puerta. ¿Cuántos rectángulos ves en la puerta?

4. En los Ejercicios 1 a 3 trabajaste sólo con figuras planas. Mira ahora el dibujo y nombra todos los cuerpos geométricos que ves.

UNIDAD 1

El valor posicional y el dinero

Leer matemáticas

Repasar el vocabulario

Éstas son algunas palabras de vocabulario matemático que deberías saber.

signo de centavo (¢)   símbolo usado para representar centavos

punto decimal (.)   símbolo usado para separar los dólares de los centavos

signo de dólar ($)   símbolo usado para representar dólares

es mayor que (>)   símbolo usado para comparar dos números cuando el número mayor se escribe primero

es menor que (<)   símbolo usado para comparar dos números cuando el número menor se escribe primero

Leer palabras y símbolos

Los números pueden representarse de muchas maneras distintas.

Modelos: 3 bloques de 1 centena
2 barras de 1 decena
4 cubos de 1 unidad

Palabras: trescientos veinticuatro

Símbolos: 324

3 centenas   2 decenas   4 unidades

Usa palabras y símbolos para representar cada número.

1. 63   **2.** 742

Leer preguntas de examen

Escoge la respuesta correcta para cada pregunta.

3. ¿Qué número muestra el modelo?

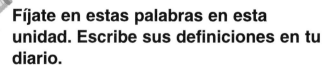

a. 33   **c.** 43

b. 34   **d.** 44

Modelo significa "ilustración" o "ejemplo".

---

4. ¿Qué moneda tiene un valor de 5¢?

a.   **c.**

b.   **d.**

Valor significa "cantidad".

5. ¿Qué símbolo compara de manera correcta 8 decenas ● 6 decenas?

a. =   **c.** <

b. >   **d.** +

Un símbolo es un "signo" o una "marca" que se usa en lugar de palabras.

Aprender vocabulario

Fíjate en estas palabras en esta unidad. Escribe sus definiciones en tu diario.

- números ordinales
- forma extendida
- forma normal
- forma verbal
- medio dólar
- cantidades equivalentes

Conectar con la literatura

Lee *A de ábaco* en la página 645. Luego trabaja con un compañero para responder a las preguntas sobre el cuento.

El valor posicional

INVESTIGACIÓN

Usar datos

Esta estudiante está dentro de una cámara antigravedad del Campamento Espacial de los EUA, en Huntsville, Alabama. Mira el letrero. ¿Qué números se usan para contar? ¿Qué números se usan para rotular? Da ejemplos de números que se usan para contar o para rotular en otros tipos de campamento.

Campamento Espacial

- Fundado en **1982**.
- Se han graduado más de **300,000** personas.
- Pueden asistir personas de **9** años en adelante.
- Cuesta más o menos **$700.00** por **5** días.

Aplica lo que sabes

Usa esta página para repasar y recordar lo que necesitas saber para este capítulo.

VOCABULARIO

Escoge la mejor palabra para completar cada oración.

Vocabulario
- decenas
- unidades
- dígitos
- centenas

1. El número 8,562 tiene cuatro ____.

2. El número 309 tiene 3 centenas y 9 ____.

3. El número 390 tiene 3 centenas y 9 ____.

CONCEPTOS Y DESTREZAS

Escribe el número que representa cada dibujo.

4.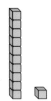

5.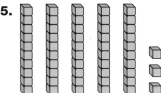

6.

7. 60 + 4

8. 100 + 50

9. 300 + 70 + 2

Escribe los números que faltan.

10. 86, 87, ____, 89, ____, ____, 92

11. 90, 80, ____, 60, 50, 40, ____

12. 100, ____, 300, 400, 500, ____, 700

13. 222, 223, ____, 225, 226, ____

Escríbelo

14. Piensa en el número 904. Describe el número por lo menos de 3 maneras diferentes.

15. **Encuentra el error** Sara dice que el dígito 0 no representa nada. Así que decide no escribir el 0 de 740. ¿Por qué está equivocada?

Práctica de operaciones Consulta la página 665.

Tutor en audio 1/1 Escucha y comprende

Usos de los números

Objetivo Usar los números de diferentes maneras.

Apréndelo

Hay 9 planetas en nuestro sistema solar. Puedes usar **números ordinales** para describir la posición de cada planeta. Saturno es el sexto planeta desde el Sol.

La ilustración de la derecha muestra los planetas de nuestro sistema solar.

Éstas son otras maneras de usar los números.

▶ **Puedes usar los números para contar.**

- Puedes contar el número de personas que hay en un grupo.

- Puedes contar el número de objetos que hay en un grupo.

7 astronautas participaron en el primer programa de la NASA, el Proyecto Mercurio.

▶ **Puedes usar los números para medir.**

- Puedes medir distancia.

- Puedes medir temperatura.

El planeta Saturno está más o menos a 750 millones de millas de la Tierra.

▶ **Puedes usar los números para rotular.**

- Puedes rotular la hora o la fecha.

- Puedes rotular un edificio o un vuelo.

La NASA lanzó la nave espacial Cassini el 15 de octubre de 1997 para explorar Saturno.

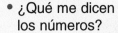

Indica cómo se usa el número en cada caso. Escribe *posición, conteo, medición* o *rótulo*.

1.

2.

3. 18 canicas

4. Calle Elmo N° 25

5. 37 pulgadas

Explícalo ▶ ¿Cómo se usan los números en tu salón de clases? Da 3 ejemplos.

Practicar y resolver problemas

Indica cómo se usa el número en cada caso. Escribe *posición, conteo, medición* o *rótulo*.

6.

7.

8.

9. quinto de la fila

10. 19 botones

11. 54 libras

Completa.

12. primero, _____, tercero, cuarto

13. cuarto, _____, sexto, _____

14. Hay 3 estudiantes presentando informes acerca de Saturno. Zack va antes de Ben. Mónica no es la primera. Ben no es el tercero. ¿En qué orden presentan sus informes?

15. **Escríbelo** Andy dice que el uso más importante de los números es para contar. Ethan dice que los números son más útiles como rótulos. ¿Qué opinas tú?

Repaso general • Preparación para exámenes

Respuesta directa
Suma o resta. (Grado 2)

16. 3 + 4

17. 10 + 2

18. 7 − 7

19. 16 − 9

20. Rita vive 2 pisos más arriba que Jonah. Jonah vive en el quinto piso. ¿En qué piso vive Rita? Explica cómo lo sabes.
(Cap. 1, Lección 1)

Tutor en audio 1/2 Escucha y comprende

Valor posicional: Unidades, decenas, centenas

Objetivo Identificar valores de los dígitos en números hasta el 999.

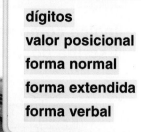

Vocabulario

dígitos

valor posicional

forma normal

forma extendida

forma verbal

Apréndelo

Los números están formados por **dígitos** . El valor de cada dígito depende de su lugar en el número.

La Estación Espacial Internacional mide más o menos 361 pies de ancho.

▶ Una tabla de **valor posicional** puede servir para explicar lo que significa ese número.

centenas	decenas	unidades
3	6	1

El valor del 3 es 300.   El valor del 6 es 60.   El valor del 1 es 1.

▶ Hay diferentes maneras de escribir 361.

Diferentes maneras de escribir un número	
Puedes usar la **forma normal** .	361
Puedes usar la **forma extendida** .	300 + 60 + 1
Puedes usar la **forma verbal** .	Trescientos sesenta y uno.

Práctica guiada

Escribe cada número de dos maneras diferentes. Usa la forma normal, la forma extendida y la forma verbal.

1. 700 + 10 + 7
2. doscientos cincuenta y cuatro
3. 929
4. 1 centena 9 decenas 2 unidades

Asegúrate
- ¿Cuál es el valor de cada dígito?
- ¿Hay ceros en algunas posiciones?

Explícalo ▶ En el número 507, ¿qué significa el cero en el lugar de las decenas?

Escribe los números en forma normal.

5.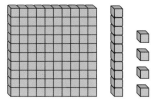

6.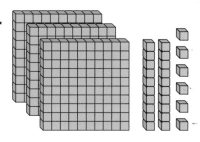

7.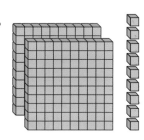

8. $900 + 80 + 6$

9. $400 + 60$

10. $700 + 20 + 3$

11. ciento once

12. cuatrocientos veinte

13. seiscientos ocho

Escribe el lugar del dígito subrayado. Luego escribe el valor.

14. <u>1</u>76   **15.** 8<u>9</u>3   **16.** 3<u>1</u>0   **17.** 42<u>7</u>   **18.** <u>5</u>51

19. <u>2</u>67   **20.** 35<u>6</u>   **21.** <u>9</u>28   **22.** 64<u>0</u>   **23.** 4<u>0</u>7

 Álgebra • Ecuaciones Halla el valor de ■.

24. $100 + 30 + ■ = 136$

25. $200 + ■ + 5 = 245$

26. $■ + 70 + 9 = 579$

27. $300 + ■ = 380$

Usar datos Usa la tabla para resolver los Problemas 28 a 30.

28. Analízalo ¿Qué número tiene un 6 en el lugar de las decenas?

29. ¿Cómo escribirías el número de días de la Misión 3 en forma extendida?

30. Encuentra el error Juan dice que la tripulación de la Misión 1 pasó más tiempo en el espacio porque ese número tiene más unidades. Explica por qué está equivocado.

Tiempo en el espacio exterior	
Misión	**Días**
Misión 1	139 días
Misión 2	167 días
Misión 3	131 días
Misión 4	196 días

Repaso general • Preparación para exámenes

Respuesta directa

Suma. (Grado 2)

31.
```
  26
+ 33
```

32.
```
  56
+ 12
```

33.
```
  36
+ 51
```

Selección múltiple

34. ¿Cuál muestra trescientos cinco? (Cap. 1, Lección 2)

A 35

C 350

B 305

D 503

¿Cuánto es mil?

Objetivo Relacionar mil con las centenas y las decenas.

Vocabulario

millar

Materiales

papel cuadriculado de 10 x 10 (RE 5)

creyones

tijeras

cinta adhesiva transparente

Trabajar juntos

Mira el cuadrado de papel de la derecha. Imagina que formas una fila de 1,000 cuadrados de este tamaño. ¿Qué longitud tendrá la línea? ¿Cómo se compararía con una de 10 cuadrados? ¿y con una de 100 cuadrados?

Cuadrado de papel

Puedes usar papel cuadriculado para explorar un millar .

PASO 1

Haz una tabla como la que se muestra. Escoge un color para tu equipo.

- Colorea una tira de 10 cuadrados en el papel cuadriculado.

- Recorta la tira. Repite para hacer 9 tiras más.

- Estima: Nombra algo de tu clase que pueda medir 10 cuadrados de largo, 100 cuadrados de largo y 1000 cuadrados de largo.

Número de equipos	Número de tiras	Número de cuadrados
1		
2		
3		
4		
5		
6		
7		
8		
9		
10		

PASO 2

- ¿Cuántas tiras tienes?
- ¿Cuántos cuadrados tienes?

Completa la primera fila de tu tabla.

PASO 3

- Pega las 10 tiras de tu equipo extremo con extremo.

- Ahora une otro equipo y pégalos. Luego completa la segunda fila de tu tabla.

PASO 4

Trabaja con la clase para unir todas las tiras. Luego completa tu tabla.

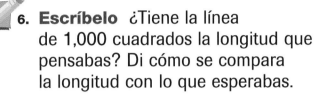

Por tu cuenta

Usa la tabla que completaste para responder a las preguntas.

1. ¿Cuántos cuadrados hay en cada tira?

2. ¿Cuántas tiras tiene cada equipo?

3. ¿Cuántos cuadrados tiene cada equipo?

4. ¿Cuántas tiras tienen los 10 equipos en total?

5. ¿Cuántos cuadrados hay en total?

6. **Escríbelo** ¿Tiene la línea de 1,000 cuadrados la longitud que pensabas? Di cómo se compara la longitud con lo que esperabas.

Indica si cada uno es *mayor que, menor que* o *igual a* 1,000.

7. 8 cajas de 100 lápices

8. 9 cajas de 1,000 palitos

9. 10 bandejas de panecillos

10. 10 bolsas de 100 cartas

Coméntalo • Escríbelo

Ya aprendiste cómo se relaciona 1,000 con 10 y con 100.

11. Mira la tabla que completaste. ¿Qué patrón observas en cada fila? ¿en cada columna?

12. Si sabes cuántas decenas hay en 100, ¿cómo puedes hallar el número de decenas en 700?

13. ¿Para cuál necesitas un recipiente más grande: 1,000 granos de arena o 1,000 canicas? Explica tu razonamiento.

Valor posicional hasta millares

Vocabulario
millares

Objetivo Identificar los valores de los dígitos en números hasta el 9,999.

Apréndelo

Al regresar a la Tierra, el trasbordador espacial se calienta mucho. Por esa razón, el trasbordador está hecho de materiales que pueden soportar temperaturas de más de 2,390 °F.

▶ **Una tabla de valor posicional puede explicarte lo que significa este número.**

millares	centenas	decenas	unidades
2	3	9	0

El valor del 2 es 2,000.   El valor del 3 es 300.   El valor del 9 es 90.   El valor del 0 es 0.

▶ **Hay diferentes maneras de escribir 2,390.**

Diferentes maneras de escribir un número	
Puedes usar la **forma normal**.	2,390
Puedes usar la **forma extendida**.	2,000 + 300 + 90
Puedes usar la **forma verbal**.	dos mil trescientos noventa

Práctica guiada

Escribe cada número de otras dos maneras. Usa la forma normal, la forma extendida y la forma verbal.

1. 1,000 + 700 + 8
2. siete mil treinta y seis
3. 2,039
4. cuatro mil ciento cinco

Asegúrate

- ¿Cuál es el valor de cada dígito del número?
- ¿Hay ceros en algún lugar?

Explícalo ▶ ¿En qué se parecen el 2,390 y el 3,290? ¿En qué se diferencian?

Escribe cada número de otras dos maneras. Usa la forma normal, la forma extendida y la forma verbal.

5. 8,000 + 7

6. 9,000 + 30

7. 4,000 + 900 + 10 + 6

8. 2,000 + 100 + 30 + 2

9. cinco mil ciento treinta

10. seis mil noventa y cuatro

11. cinco mil trescientos

12. mil setecientos trece

13. siete mil dieciséis

14. dos mil novecientos uno

Escribe el lugar del dígito subrayado. Luego escribe el valor. Si necesitas ayuda, usa tu tabla de valor posicional.

15. 3,650

16. 1,098

17. 5,751

18. 6,709

19. 4,184

20. 9,276

21. 7,537

22. 2,670

Resuelve.

23. Analízalo Usa estas pistas para hallar el año del primer lanzamiento del trasbordador espacial:

- Tiene un 8 en el lugar de las decenas.
- El dígito de las unidades es igual al dígito de los millares.
- El dígito de las centenas es mayor que el dígito de las decenas.

24. Algunos astronautas han pasado más de 1,347 horas en el espacio. ¿Está este número más cerca del 1,000 ó del 2,000? Explica cómo lo sabes.

Continúa

Escoge el número, o los números, que coinciden con cada enunciado.

25. Hay un 2 en el lugar de las centenas.

2,487   1,240   234

26. Hay un 5 en el lugar de las decenas.

4,525   4,050   532

27. Hay un 6 en el lugar de los millares.

6,490   6,371   1,639

28. Hay un 0 en el lugar de las unidades.

4,390   3,094   430

29. Hay un número mayor que 1 en el lugar de los millares.

4,086   2,400   459

30. Hay un número menor que 7 en el lugar de las centenas.

6,890   1,350   680

Forma el mayor número posible usando cada conjunto de dígitos. Luego, forma el menor número posible.

31. 4, 7, 9, 0

32. 1, 8, 6, 5

33. 3, 5, 2, 6

34. 3, 5, 9, 6

35. 8, 1, 9, 8

36. 5, 4, 2, 7

37. 6, 0, 9, 3

38. 4, 0, 2, 0

 Usar datos Usa la tabla para resolver los Problemas 39 a 42.

39. Escribe en forma extendida el número de visitantes a la exposición Proyectil espacial.

40. Analízalo ¿Qué exposición tiene un 7 en el lugar de las unidades y un 4 en el lugar de las decenas?

41. ¿Qué exposición tuvo el mayor número de visitantes? Escribe en forma verbal el número de visitantes a esa exposición.

42. Crea y resuelve Usa la tabla para crear un problema matemático. Después dáselo a un compañero para que lo resuelva.

43. Razonamiento Están presentando tres películas en el Cine Bóveda Celeste. Presentarán *Planeta azul* antes de *Estación espacial. Destino en el espacio* no es ni la primera ni la última. Escribe las películas en el orden en que se presentarán.

Exposición	Número de visitantes
Proyectil espacial	1,467
Alunizador	2,047
Centinela en el espacio	1,974
Misión a Marte	3,091

12

Conectar con la calculadora
Calculadora descompuesta

Esta calculadora está descompuesta.
Sólo funcionan estas cuatro teclas:

Para mostrar 123 usando esas
teclas, oprime:

**Escribe las teclas que debes oprimir para
mostrar los números. Recuerda que sólo
puedes usar las teclas 1, 0, +, =.**

1. 42   **2.** 50   **3.** 215   **4.** 333   **5.** 2,136

Verifica tu comprensión de las Lecciones 1 a 4.

**Indica cómo se usa el número en cada caso. Escribe
posición, conteo, medición o *rótulo*.** (Lección 1)

1.
    2.
    3.

Escribe los números en forma normal. (Lecciones 2, 4)

4. 300 + 60 + 8   **5.** 4,000 + 200 + 10 + 7   **6.** dos mil dieciocho

Indica si cada uno es *mayor que, menor que* o *igual a* 1,000. (Lección 3)

7. 2 cajas de 1,000 cuentas   **8.** 9 libros de 100 páginas

Resolver problemas: Estrategia

Busca un patrón numérico

Objetivo Resolver problemas buscando un patrón numérico.

Problema Es el año 2099. Tú y tu familia están de vacaciones en un hotel… en el espacio. Cada piso del Hotel Cósmico tiene más habitaciones que el piso de abajo. El primer piso tiene 500 habitaciones. Los pisos que siguen tienen 501, 503 y 506 habitaciones.

Si el patrón continúa, ¿cuántas habitaciones habrá en el sexto piso?

COMPRÉNDELO

¿Qué es lo que ya sabes?

- El primer piso tiene 500 habitaciones, el segundo piso tiene 501 habitaciones, el tercero tiene 503 habitaciones y el cuarto tiene 506 habitaciones.

PLANÉALO

Puedes buscar un patrón como ayuda para resolver el problema.

RESUÉLVELO

Halla un patrón.

500 $\xrightarrow{+1}$ 501 $\xrightarrow{+2}$ 503 $\xrightarrow{+3}$ 506

- Suma 1, luego suma 2, luego suma 3, luego suma 4, luego suma 5, y así sucesivamente.

- Usa el patrón para hallar los dos números que siguen. Los dos números que siguen son 510 y 515.

Solución: El sexto piso tendrá 515 habitaciones.

VERIFÍCALO

Verifica el problema.

¿Esta solución responde a la pregunta?

Usa las preguntas de Asegúrate para resolver los problemas.

Asegúrate

COMPRÉNDELO
- **¿Qué datos conozco?**

PLANÉALO
- **¿Cuál es el patrón?**

RESUÉLVELO
- **¿Cómo puedo usar el patrón para responder a la pregunta?**

VERIFÍCALO
- **¿Tiene sentido la solución?**

1. La primera torre frente al Motel Marte mide 3,475 pies de alto. La segunda torre mide 3,465 pies de alto y la tercera torre mide 3,455 pies de alto. Si el patrón continúa, ¿qué altura tendrá la quinta torre?

   Pista ¿Qué dígito del número está cambiando?

2. La computadora de tu nave espacial cuenta el número de estrellas que pasas cada minuto. Los últimos cuatro conteos fueron 812, 813, 815 y 818. Si el patrón continúa, ¿cuál será el próximo conteo?

Halla un patrón numérico para resolver cada problema.

3. En la Cafetería Lunar, una bebida pequeña cuesta 54¢, una bebida mediana cuesta 60¢ y una bebida grande cuesta 66¢. Si el patrón continúa, ¿cuánto dinero costará una bebida extra grande?

4. Las rocas lunares se venden en bolsas de diferentes tamaños. La bolsa más pequeña contiene 5 rocas. El número de rocas que hay en las bolsas aumenta en este orden: 5, 6, 8, 11. Si el patrón continúa, ¿cuántas rocas lunares habrá en las dos bolsas que siguen?

5. Los 3 primeros corredores lunares que ves llevan los números 6103, 6110 y 6117. Si el patrón continúa, ¿qué número es probable que lleve el siguiente corredor lunar?

7. Observa los siguientes números. ¿Cuál es probable que sea el número que sigue?

   5, 10, 15, 20, ____

6. ¿Cuáles serán los dos números que siguen en este patrón?

   534, 530, 526, ____, ____

Continúa

Práctica variada

Resuelve. Muestra tu trabajo. Indica qué estrategia usaste.

8. **Sigue los pasos** En la ciudad de Paula hay 2,563 árboles. Hay 500 robles, 2,000 arces y 60 abetos. El resto son abedules. ¿Cuántos abedules hay?

9. ¿Cuál es el mayor número de cuatro dígitos que puede formarse con los dígitos 3, 1, 6 y 4?

10. Las cajas de jugo vienen en paquetes de 6 unidades. El maestro Meyers llevó 4 de esos paquetes a una excursión. ¿Cuántas cajas de jugo llevó?

Selecciónalo

Estrategia

- Haz una tabla
- Busca un patrón
- Haz una lista organizada
- Escribe un enunciado de números
- Usa razonamiento lógico

Método de cálculo

- Cálculo mental
- Estimación
- Papel y lápiz
- Calculadora

Usar datos Usa la gráfica para resolver los Problemas 11 a 14. Luego indica qué método escogiste.

La clase de la maestra Vega está visitando la panadería cercana a la escuela. La gráfica muestra cuántas hogazas de cada tipo de pan hizo hoy la panadería.

11. ¿Cuántas hogazas de pan con pasas hizo la panadería hoy?

12. La panadería hizo igual número de dos tipos de pan. ¿Cuáles son?

13. ¿Cuántas hogazas más de pan de centeno hay que de pan integral?

14. Ayer la panadería hizo 35 hogazas de pan blanco. ¿Cuántas hogazas más hizo ayer que hoy?

Hogazas de pan horneadas

Centeno
Pasas
Blanco
Integral

Cada 🍞 representa 5 hogazas.

16

Resolver problemas en exámenes

Escoge la letra de la respuesta correcta.

1. María escribió el número 356 de cuatro maneras. ¿Cuál **no** es correcta?

   A 300 + 50 + 6

   B 100 + 100 + 100 + 50 + 6

   C trescientos cincuenta y seis

   D 3 centenas 50 decenas 6 unidades

   (Capítulo 1, Lección 2)

2. La maestra Nygen les pidió a cuatro estudiantes que se pararan en una fila. ¿Quién es el tercero?

   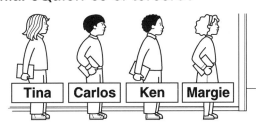

   F Ken   **G** Margie   **H** Carlos   **J** Tina

   (Capítulo 1, Lección 1)

Respuesta directa

Resuelve los problemas.

3. Kate tiene 9 hojas de 100 calcomanías. ¿Es el número de calcomanías que tiene mayor que 1,000? Explica.

   (Capítulo 1, Lección 3)

4. Paul dibuja 2 puntos, 5 puntos, 8 puntos y 11 puntos. Si el patrón continúa, ¿cúantos puntos dibujará después?

   (Capítulo 1, Lección 5)

Respuesta extensa

5. La tabla muestra las alturas de algunos edificios famosos de los Estados Unidos.

Edificio	Altura (en pies)
Library Tower Los Ángeles, CA	1,018
Citicorp Center Ciudad de Nueva York	915
Bank of America Plaza Atlanta, GA	1,023
Empire State Building Ciudad de Nueva York	1,250
John Hancock Center Chicago, IL	1,127

   a. Escribe las alturas de los edificios en orden de menor a mayor. Explica cómo comprender el valor posicional te sirvió para ordenar las alturas de los edificios.

   b. El Sr. Bernal le dijo a su familia que la torre Sears de Chicago fue construida en 1974. Mide mil cuatrocientos cincuenta pies de altura. Escribe la altura de la torre Sears en forma normal y en forma extendida.

   c. La torre Plaza de Nueva Orleáns mide 531 pies de alto. La torre LL&E mide 481 pies de alto. ¿Qué edificio es más alto? ¿Cómo lo sabes?

   (Capítulo 1, Lección 4)

Valor posicional hasta decenas de millar

Objetivo Identificar los valores de los dígitos en números hasta el 99,999.

Apréndelo

Más o menos 25,040 estudiantes de todo el mundo pulieron espejos para ayudar a crear el satélite *Starshine 1.*

▶ Una tabla de valor posicional puede explicarte lo que significa este número.

decenas de millar	millares	centenas	decenas	unidades
2	5	0	4	0

▶ Hay diferentes maneras de escribir 25,040.

Diferentes maneras de escribir un número	
Puedes usar la **forma normal**.	25,040
Puedes usar la **forma extendida**.	20,000 + 5,000 + 40
Puedes usar la **forma verbal**.	veinticinco mil cuarenta

Práctica guiada

Escribe cada número en forma normal.

1. 30,000 + 700 + 8
2. diez mil trescientos siete
3. 60,000 + 50 + 2
4. cuarenta y dos mil doscientos

Asegúrate

• ¿Cuál es el valor de cada dígito en el número?

• ¿Hay ceros en algún lugar?

Explícalo ▶ Si un número de cinco dígitos no tiene centenas, ¿hay algún dígito en el lugar de las centenas? Usa una tabla de valor posicional para explicar.

Practicar y resolver problemas

Escribe cada número en forma normal.

5. 60,000 + 30 + 1

6. 80,000 + 3,000 + 900 + 20 + 5

7. 70,000 + 2,000 + 4

8. 8,000 + 300 + 5

9. ochenta mil ochenta

10. diez mil doscientos setenta y cinco

11. noventa y dos mil tres

12. sesenta y cinco mil setenta y uno

Escribe el lugar del dígito subrayado. Luego escribe el valor.
Si necesitas ayuda, usa tu tabla de valor posicional.

13. <u>1</u>3,500   **14.** <u>8</u>21   **15.** 7,03<u>2</u>   **16.** <u>6</u>1,496

17. 8<u>5</u>,177   **18.** <u>7</u>9,343   **19.** <u>7</u>9   **20.** 33,<u>3</u>33

Usar datos Usa la tabla para resolver los Problemas 21 a 23.

21. Los planetas siguen una órbita, o viajan, alrededor del Sol. Busca el número de días que tarda Saturno en su órbita alrededor del Sol. Escribe ese número en forma verbal.

22. Escribe en forma extendida el número de días que tarda Plutón en viajar alrededor del Sol.

23. **Estimación** ¿Qué planeta tarda casi el doble que Urano en viajar alrededor del Sol?

Días en viajar alrededor del Sol

Planeta	Número de días
Saturno	10,756 días
Urano	30,687 días
Neptuno	60,190 días
Plutón	90,553 días

Repaso general • Preparación para exámenes

Respuesta directa

Escribe la hora. (Grado 2)

24.

25.

26.

Selección múltiple

27. ¿Cuál es otra manera de escribir 40,283? (Cap. 1, Lección 6)

A 40,000 + 2,000 + 800 + 3

B 40,000 + 2,000 + 80 + 3

C 40,000 + 200 + 80 + 3

D 4,000 + 200 + 80 + 3

Valor posicional hasta centenas de millar

Vocabulario
centenas de millar

Objetivo Identificar los valores de los dígitos en números más grandes.

Apréndelo

¿Te has preguntado a qué distancia está realmente la Luna? La Luna está más o menos a 238,900 millas de la Tierra.

▶ Una tabla de valor posicional puede explicarte lo que significa este número.

centenas de millar	decenas de millar	millares	centenas	decenas	unidades
2	3	8	9	0	0

▶ Hay diferentes maneras de escribir 238,900.

Diferentes maneras de escribir un número	
Puedes usar la **forma normal**.	238,900
Puedes usar la **forma extendida**.	200,000 + 30,000 + 8,000 + 900
Puedes usar la **forma verbal**.	doscientos treinta y ocho mil novecientos

Práctica guiada

Escribe cada número en forma normal.

1. 500,000 + 20,000 + 7,000 + 800

2. doscientos veintiocho mil seis

Escribe el lugar del dígito subrayado. Luego escribe el valor.

3. 4̲51,097
4. 953̲,860
5. 320,2̲05
6. 2̲27,193

Asegúrate

- ¿Cuál es el valor de cada dígito?
- ¿Hay ceros en algún lugar?

Explícalo ▶ ¿Por qué es importante escribir ceros en el lugar de las unidades y las decenas de 238,900?

Practicar y resolver problemas

Escribe cada número en forma normal.

7. 600,000 + 9,000 + 200 + 10 + 5

8. 400,000 + 300 + 90 + 8

9. 800,000 + 60,000 + 2,000 + 10 + 9

10. 100,000 + 30,000 + 2,000 + 800 + 50 + 4

11. doscientos veintinueve mil quinientos treinta y tres

12. novecientos seis mil ochocientos veintinueve

13. quinientos mil setecientos dieciséis

14. cuatrocientos noventa y cuatro mil setecientos cincuenta

Escribe el lugar del dígito subrayado. Luego escribe el valor.

15. <u>3</u>67,901   16. 731,<u>4</u>52   17. 803,<u>5</u>44   18. 9<u>3</u>2,761

19. 9<u>9</u>3,609   20. <u>2</u>52,880   21. 760,<u>2</u>33   22. 127,<u>6</u>48

Resuelve.

23. **Encuentra el error** Observa el cartel de la derecha. Luis dice que el año pasado hubo cuatrocientos mil doscientos participantes. Explica su error.

24. El diámetro del Sol mide más o menos ochocientas sesenta y cinco mil millas. ¿Cómo escribirías ese número en forma normal?

25. **Analízalo** Usa las pistas para adivinar el número de 5 dígitos que escribió María.
    • Todos los dígitos son números impares.
    • No se repite ningún dígito.
    • Es el mayor número que se puede formar.

Concurso de nombrar una estrella
¡4,200 inscripciones el año pasado!
¡Apresúrate a entrar!

Continúa

Empareja cada número en forma normal con su forma extendida o verbal.

26. 11,430

a. $100,000 + 10,000 + 4,000 + 300$

27. 35,600

b. once mil cuatrocientos treinta

28. 114,300

c. $30,000 + 5,000 + 600$

29. 36,500

d. trescientos cincuenta y seis mil

30. 356,000

e. $30,000 + 6,000 + 500$

 Usar datos Usa la tabla para resolver los Problemas 31 a 33.

Júpiter tiene más de sesenta lunas. Las distancias a cuatro de sus lunas aparecen en la tabla de la derecha.

31. Escribe en forma verbal la distancia de Júpiter a Metis.

32. Halla la luna que está más lejos de Júpiter. ¿Cómo escribirías la distancia en forma extendida?

33. ¿La distancia de qué luna tiene el mismo dígito en el lugar de las centenas, de los millares y de las centenas de millar?

Lunas de Júpiter

Luna	Millas de Júpiter
Europa	416,940 millas
Ío	262,219 millas
Metis	79,636 millas
Tebe	137,944 millas

Repaso general • Preparación para exámenes

Respuesta directa

Escribe los tres números que siguen en cada patrón. (Cap. 1, Lección 5)

34. 2, 6, 10, 14, _____, _____, _____

35. 19, 17, 15, 13, _____, _____, _____

36. 22, 24, 26, 28, _____, _____, _____

Selección múltiple

37. ¿Cuál de estas opciones muestra el número siguiente en forma normal?

$300,000 + 6,000 + 90 + 2$

A 3,692

c 306,092

B 300,692

D 369,200

Práctica adicional Consulta la página 25, Conjunto E.

Pensamiento algebraico
Pares e impares

Puedes hacer patrones con números pares y con números impares.

Los números pares terminan en 2, 4, 6, 8 ó 0.

12, 14, 16, 18, 20 ... es un patrón.

Los números impares terminan en 1, 3, 5, 7 ó 9.

5, 7, 9, 11, 13 ... es otro patrón.

1. A esta tabla le faltan todos los números impares. Complétala con los números que faltan.

100		102		104		106		108	
110		112		114		116		118	

2. Observa los números de los buzones. ¿Los números son pares o impares? ¿Qué número es probable que siga en el patrón?

3. Observa este patrón.

14, 16, 18, 20, 22, 24, _____

¿Los números son pares o impares? ¿Qué número es probable que siga en el patrón?

4. Observa este patrón.

47, 45, 43, 41, 39, 37, _____

¿Los números son pares o impares? ¿Qué número es probable que siga en el patrón?

Resuelve.

5. Escribe un número par de 5 dígitos en el que 4 de los dígitos sean impares.

6. Escribe un número impar de 6 dígitos que tenga más dígitos pares que impares.

7. ¿Cuál es el mayor número impar que puedes formar usando estas tarjetas de números?

Repaso/Examen del capítulo

VOCABULARIO

Escoge el término correcto para completar cada oración.

Vocabulario
millares
forma normal
decenas de millar
forma extendida

1. 200,000 + 30 + 5 es la ____ de 200,035.

2. En el número 638,351, el 8 está en el lugar de los ____.

3. En el número 594,082, el 9 está en el lugar de las ____.

CONCEPTOS Y DESTREZAS

Indica cómo se usa el número en cada caso. Escribe *posición, conteo, medición* o *rótulo*. (Lección 1, págs. 4 y 5)

4. 8 pies   5. primer lugar   6. 14 personas   7. Calle Oak 46

Escribe cada número en forma normal. (Lecciones 2 a 4, 6 y 7, págs. 6 a 13, 18 a 23)

8. 500 + 40 + 8

9. 7,000 + 800 + 40 + 2

10. novecientos veinticuatro

11. 300,000 + 40,000 + 5,000 + 20 + 9

12. cuatrocientos sesenta y ocho

13. ochenta y dos mil seiscientos cincuenta

Escribe el lugar del dígito subrayado. Luego escribe el valor.

(Lecciones 2 a 4, 6 y 7, págs. 6 a 13, 18 a 23)

14. <u>7</u>14

15. <u>1</u>,597

16. 6<u>1</u>2,800

17. 1<u>3</u>,329

18. 40,6<u>3</u>7

19. <u>4</u>25,912

RESOLVER PROBLEMAS

Halla un patrón numérico para resolver cada problema.

(Lección 5, págs. 14 a 16)

20. Sam leyó 3 libros un verano. Leyó 5 libros el verano siguiente y 7, el subsiguiente. Si el patrón continúa, ¿cuántos libros leerá Sam el próximo verano?

Escríbelo

Muestra lo que sabes

Lois dijo: "nueve mil quince" es la forma verbal de 90,150.

Explica por qué está equivocada y escribe la forma verbal correcta de 90,150.

Práctica adicional

Conjunto A (Lección 1, págs. 4 y 5)

Escribe _posición, conteo, medición_ o _rótulo_.

1. 6 pintas   **2.** 16 monedas   **3.** segundo piso   **4.** habitación 310

Conjunto B (Lección 2, págs. 6 y 7)

Escribe cada número en forma normal.

1. seiscientos siete   **2.** cuatrocientos diez   **3.** doscientos cuarenta y uno

4. $300 + 20 + 7$ **5.** $100 + 6$ **6.** $100 + 80 + 2$

Conjunto C (Lecciones 3, 4, págs. 8 a 13)

Escribe el lugar del dígito subrayado. Luego escribe el valor.

1. 1,71<u>2</u>   **2.** <u>6</u>,341   **3.** 3,<u>4</u>98   **4.** 8,2<u>5</u>6   **5.** <u>5</u>,134   **6.** 4,47<u>8</u>

Conjunto D (Lección 6, págs. 18 y 19)

Escribe cada número en forma normal.

1. $50,000 + 7,000 + 40 + 3$ **2.** $20,000 + 500 + 80 + 1$

3. setenta mil cuarenta y siete   **4.** noventa mil quinientos seis

Escribe el lugar del dígito subrayado. Luego escribe el valor.

5. 41,<u>2</u>21   **6.** 1<u>0</u>,507   **7.** 12,63<u>4</u>   **8.** <u>7</u>8,104   **9.** 45,<u>2</u>21   **10.** 1<u>4</u>,092

Conjunto E (Lección 7, págs. 20 a 23)

Escribe cada número en forma normal.

1. $700,000 + 5,000 + 30 + 5$ **2.** seiscientos noventa y tres mil

Escribe el lugar del dígito subrayado. Luego escribe el valor.

3. 8<u>2</u>0,209   **4.** <u>7</u>64,392   **5.** 115,21<u>9</u>   **6.** 541,<u>3</u>82   **7.** <u>1</u>67,134

Comparar, ordenar y redondear números enteros

INVESTIGACIÓN

Usar datos

Más de 2,600 jóvenes músicos participaron en una orquesta especial. La tabla muestra el número de algunos de los instrumentos musicales que tocaron. Escoge dos de los instrumentos de la tabla. Haz un enunciado que compare el número de los dos instrumentos.

Instrumentos usados

Instrumento	Número
Violín	668
Trombón	114
Instrumento de viento de madera	830

Aplica lo que sabes

Usa esta página para repasar y recordar lo que necesitas saber para este capítulo.

VOCABULARIO

Escoge el mejor término para completar cada oración.

1. Siete _____ ocho más tres.

2. El ocho está entre el siete y el nueve en una _____.

3. Once _____ seis más cuatro.

CONCEPTOS Y DESTREZAS

Escribe el lugar del dígito subrayado. Luego escribe el valor.

4. <u>4</u>3   5. 7<u>8</u>   6. 18<u>5</u>   7. <u>8</u>90   8. 6<u>7</u>2   9. <u>1</u>,348   10. 3,<u>7</u>42

Usa la recta de números para responder a las Preguntas 11 a 14.

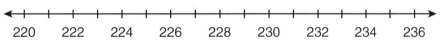

220   222   224   226   228   230   232   234   236

11. ¿Qué número está entre 232 y 234?

12. ¿Qué número está entre 225 y 227?

13. ¿Qué número está más cerca de 220, 223 ó 228?

14. ¿Qué número está más cerca de 230, 223 ó 228?

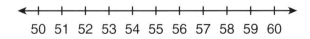

15. Mira la siguiente recta de números. ¿Hay algún número a la misma distancia de 50 y de 60? Si es así, ¿qué número es? Explica cómo lo sabes.

50 51 52 53 54 55 56 57 58 59 60

Práctica de operaciones Consulta la página 666.

Tutor en audio 1/4 Escucha y comprende

Comparar números

Objetivo Usar rectas de números y valor posicional para comparar números.

Vocabulario

menor que (<)

mayor que (>)

no es igual a (≠)

Apréndelo

Finalmente llegó el día del recital anual de danza. En el recital hay 124 bailarines de ballet y 128 bailarines de tap. ¿Tienen el mismo número de bailarines los dos grupos? Si no es así, ¿qué grupo es mayor?

Diferentes maneras de comparar 124 y 128

Manera ① Usa una tabla de valor posicional.

centenas	decenas	unidades
1	2	4
1	2	8

iguales   iguales   8 unidades > 4 unidades

Como el dígito del lugar de las unidades de uno de los números es mayor que el del otro, los números no son iguales.

124 ≠ 128

no es igual a

No, los dos grupos no tienen el mismo número.

Manera ② Usa una recta de números.

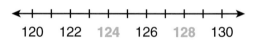

120 122 124 126 128 130

124 está a la izquierda de 128.

124 < 128 y 128 > 124.

es menor que es mayor que

El número de bailarines de tap es mayor.

Solución: Los grupos no son iguales. Como 128 es mayor que 124, hay más bailarines de tap que bailarines de ballet.

Otro ejemplo

Números de cuatro dígitos

¿Cuál es menor: 2,758 ó 2,798?

2,758 < 2,798
2,758 es menor.

millares	centenas	decenas	unidades
2	7	5	8
2	7	9	8

iguales iguales 5 decenas < 9 decenas iguales

Compara. Escribe >, < ó = en cada ⬤.

1. 35 ⬤ 37   2. 77 ⬤ 97   3. 190 ⬤ 109

4. 239 ⬤ 156   5. 1,157 ⬤ 1,157   6. 2,347 ⬤ 2,357

Explícalo ▶ Imagina que comparas 468 con 493. ¿Debes comparar los dígitos del lugar de las unidades? ¿Por qué?

Practicar y resolver problemas

Compara. Escribe >, < ó = en cada ⬤.

7. 50 ⬤ 98   8. 70 ⬤ 70   9. 100 ⬤ 98   10. 105 ⬤ 150

11. 78 ⬤ 89   12. 199 ⬤ 201   13. 5,683 ⬤ 5,683   14. 3,497 ⬤ 4,271

𝒳 **Álgebra • Símbolos Escribe = ó ≠ en cada ⬤.**

15. 15 + 4 ⬤ 19   16. 70 + 5 ⬤ 72   17. 60 + 4 ⬤ 66

18. 100 + 40 ⬤ 140   19. 300 + 9 ⬤ 390   20. 700 + 80 ⬤ 870

Resuelve.

21. Una escuela de baile tiene 165 bailarines de jazz y 156 bailarines de danza folclórica. ¿Hay más bailarines de jazz o bailarines de danza folclórica?

22. **Sigue los pasos** Una bailarina usa 2 pares nuevos de zapatillas de ballet en cada espectáculo. ¿Cuántos pares usa si se presenta 4 veces?

Repaso general • Preparación para exámenes

Respuesta directa
Cuenta salteado de 2 en 2, de 5 en 5 ó de 10 en 10 para completar cada ejercicio. (Grado 2)

23. 2, 4, 6, 8, _____, _____, _____

24. 10, 20, 30, 40, _____, _____, _____

25. 5, 10, 15, 20, _____, _____, _____

26. 24, 26, 28, 30, _____, _____, _____

Selección múltiple

27. ¿Cuál de los siguientes es verdadero? (Cap. 2, Lección 1)

A 87 > 97

B 894 < 898

C 1,143 = 1,144

D 3,098 > 3,098

Lección 2

Ordenar números

Objetivo Usar valor posicional y rectas de números para ordenar números.

Vocabulario

comparar

ordenar

Apréndelo

Los niños de tercer grado de la Escuela de la Calle Uno están montando una obra teatral. ¿Qué día se vendió el mayor número de boletos?

Día de la presentación	Boletos vendidos
viernes	207
sábado	223
domingo	196

Puedes comparar y ordenar los números para hallar el número mayor.

▶ **Usa una tabla de valor posicional para ordenar 207, 223 y 196 de menor a mayor.**

- Empieza por la izquierda para comparar primero los dígitos del lugar mayor.

- Sigue comparando los dígitos del lugar de las decenas y de las unidades.

centenas	decenas	unidades
2	0	7
2	2	3
1	9	6

1 centena < 2 centenas; por lo tanto, 196 es el número menor.

0 decenas < 2 decenas; por lo tanto, 223 es el número mayor.

El orden de los números de menor a mayor es:

196   207   223

Solución: El mayor número de boletos se vendió el sábado.

Otro ejemplo

Usa una recta de números.

Ordena estos números de mayor a menor: 564 749 620.

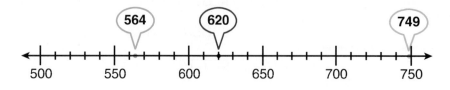

564   620   749

500   550   600   650   700   750

El orden de mayor a menor es: 749   620   564.

Escribe los números en orden de mayor a menor.

1. 99   89   92

2. 165   1,257   309

Explícalo ▶ ¿Por qué 1,752 es mayor que 564, aunque 5 es mayor que 1?

Practicar y resolver problemas

Escribe los números en orden de menor a mayor.

3. 71   89   30

4. 561   34   87

5. 5,790   1,484   1,348

Escribe los números en orden de mayor a menor.

6. 19   16   61

7. 129   347   12

8. 1,976   1,944   1,960

Usar datos Usa la tabla para resolver los Problemas 9 a 11.

9. Escribe en forma extendida el número de personas que había en el Concierto de Primavera.

10. Ordena de mayor a menor el número de personas que había en los eventos. ¿A qué evento asistió el mayor número de personas?

11. Escríbelo Imagina que diez personas más asistieran al Espectáculo de talentos. ¿Afectaría eso el orden de los números que escribiste en el Problema 10? Explíca tu razonamiento.

Asistencia a las presentaciones de la escuela	
Evento	**Número de personas**
Músical	436
Concierto de invierno	518
Concierto de primavera	420
Espactáculo de talentos	419

Repaso general • Preparación para exámenes

Respuesta directa

Halla cada suma. (Grado 2)

12.
$$\begin{array}{r} 3 \\ 2 \\ +\,4 \\ \hline \end{array}$$

13.
$$\begin{array}{r} 5 \\ 7 \\ +\,1 \\ \hline \end{array}$$

14.
$$\begin{array}{r} 9 \\ 3 \\ +\,6 \\ \hline \end{array}$$

15. Ordena estos números de menor a mayor. (Cap. 2, Lección 2)

812   793   821

Explica tu respuesta.

Redondear números de dos y tres dígitos

Objetivo Redondear números a la decena o a la centena más cercana.

Apréndelo

El Teatro de Sordos (*Little Theatre of the Deaf*) hace presentaciones para estudiantes en todo el país. Durante una temporada hizo 451 presentaciones.

Redondeado a la centena más cercana, ¿cuántas presentaciones realizó la compañía de teatro en la temporada?

El Teatro de Sordos combina lenguaje de señas y palabras habladas en sus presentaciones.

Redondea 451 a la centena más cercana.

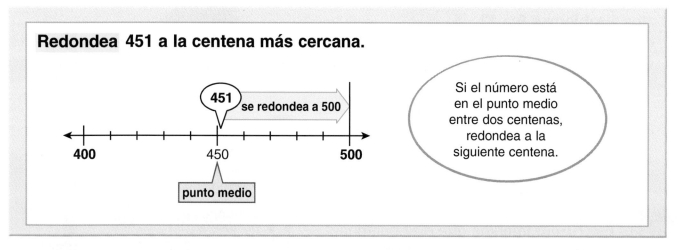

Si el número está en el punto medio entre dos centenas, redondea a la siguiente centena.

Solución: Redondeado a la centena más cercana, la compañía de teatro realizó 500 presentaciones.

Otro ejemplo

A la decena más cercana

Redondea 354 a la decena más cercana.

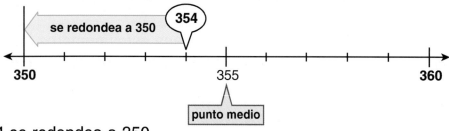

354 se redondea a 350.

Redondea cada número a la decena más cercana.

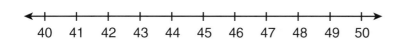

40 41 42 43 44 45 46 47 48 49 50

1. 48   2. 46   3. 44   4. 45

Redondea cada número a la centena más cercana.

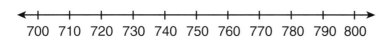

700 710 720 730 740 750 760 770 780 790 800

5. 791   6. 736   7. 743   8. 750

Explícalo ▶ ¿Podría ser igual un número de tres dígitos redondeado a la decena más cercana que a la centena más cercana?

Practicar y resolver problemas

Redondea cada número a la decena más cercana.

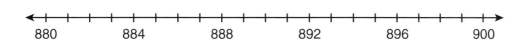

880   884   888   892   896   900

9. 889   10. 881   11. 883   12. 892

13. 897   14. 885   15. 894   16. 895

Escribe las 2 decenas entre las cuales se encuentra cada número. Luego, redondea cada número a la decena más cercana.

17. 81   18. 79   19. 47   20. 42

21. 68   22. 283   23. 456   24. 534

25. 334   26. 182   27. 714   28. 853

Continúa ➡

Escribe las 2 centenas entre las cuales se encuentra cada número. Luego, redondea cada número a la centena más cercana.

29. 466   **30.** 735   **31.** 243   **32.** 195

33. 856   **34.** 654   **35.** 588   **36.** 349

37. 306   **38.** 384   **39.** 415   **40.** 333

Redondea al lugar del dígito subrayado.

41. <u>3</u>4   **42.** 1<u>8</u>9   **43.** <u>9</u>27   **44.** <u>5</u>5

45. <u>7</u>93   **46.** <u>2</u>43   **47.** 3<u>5</u>6   **48.** <u>1</u>50

Resuelve.

49. Desde que comenzó sus presentaciones, el Teatro de Sordos ha realizado 64 giras nacionales y 31 giras internacionales. ¿Cuánto es cada número redondeado a la decena más cercana?

50. El Sr. Adams tiene 185 afiches de películas y 212 afiches de música. Dice que tiene más o menos 200 de cada tipo de afiche. ¿Por qué usa la misma estimación para cada tipo de afiche?

51. **Analízalo** Redondeado a la decena más cercana, el número de presentaciones de un teatro de marionetas fue 120. ¿Cuál es el menor número de presentaciones que pudo haber dado? Explica.

52. **Sigue los pasos** En el coro de la escuela hay 22 estudiantes de 3.er grado y 17 estudiantes del 2.° grado. Catorce de ellos también tocan piano. ¿Cuántos *no* tocan piano?

Presentación de Historias de dragones *(Dragon Stories) del Teatro de Sordos.*

Práctica adicional Consulta la página 43, Conjunto C.

Conectar con los estudios sociales
El ábaco

El ábaco se ha usado durante siglos en los países asiáticos para resolver problemas.

Para mostrar los números en un ábaco:

- Empuja las cuentas hacia la barra central.

- En la sección superior, las cuentas que tocan la barra central representan 5.

- En la sección inferior, las cuentas que tocan la barra central representan 1.

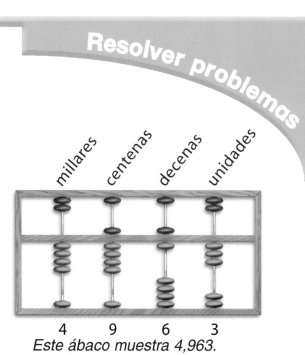

millares centenas decenas unidades

4   9   6   3

Este ábaco muestra 4,963.

Escribe los números que muestra cada ábaco.

1.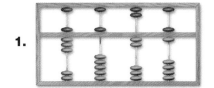

2.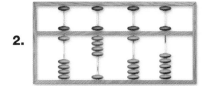

3.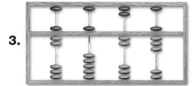

WEEKLY WR READER

Verifica tu comprensión de las Lecciones 1 a 3.

Compara. Escribe >, < ó = en cada ⬤. (Lección 1)

1. 76 ⬤ 67
2. 372 ⬤ 365
3. 4,306 ⬤ 4,308

Escribe los números en orden de mayor a menor. (Lección 2)

4. 694   784   690
5. 6,543   7,595   6,595

Redondea cada número al lugar del dígito subrayado. (Lección 3)

6. 5̲4
7. 6̲8
8. 4̲2
9. 7̲50
10. 3̲49
11. 48̲2
12. 67̲6
13. 5̲18

Redondear números de cuatro dígitos

Objetivo Redondear números de cuatro dígitos al millar, a la centena o a la decena más cercanos.

Apréndelo

El musical *Cats* fue uno de los espectáculos de mayor duración en Broadway. Se presentó durante casi 20 años, con 7,485 presentaciones. Al millar más cercano, ¿más o menos cuántas presentaciones tuvo *Cats* en Broadway?

Cats en Broadway, Nueva York.

Diferentes maneras de redondear 7,485

Manera ❶ Usa una recta de números.

Halla 7,485 en la recta de números.

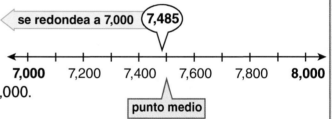

7,485 está más cerca de 7,000 que de 8,000.

Por lo tanto, redondea 7,485 a 7,000.

Manera ❷ Usa las reglas de redondeo.

PASO 1 Subraya el dígito que está en el lugar al cual estás redondeando.

7, 4 8 5

↑
lugar de los millares

PASO 2 Rodea con un círculo el dígito que está a la derecha del dígito subrayado.

7,④8 5

↑
dígito rodeado con un círculo

PASO 3 Si el dígito rodeado con un círculo es igual o mayor que 5, redondea hacia arriba.

Si el dígito rodeado con un círculo es menor que 5, redondea hacia abajo.

7,④8 5   4 < 5, por lo tanto, redondea hacia abajo.

↓

7, 0 0 0

Solución: Al millar más cercano, hubo más o menos 7,000 presentaciones.

Otros ejemplos

A. A la centena más cercana

1, 5③7   ◁ 3 < 5

↑ lugar de las centenas

1,537 $\boxed{\text{se redondea a}}$ ▷ 1,500

B. A la decena más cercana

1, 5 3⑦   ◁ 7 > 5

↑ lugar de las decenas

1,537 $\boxed{\text{se redondea a}}$ ▷ 1,540

Práctica guiada

Redondea al lugar del dígito subrayado.

1. 4,<u>1</u>09   **2.** 6,<u>5</u>88   **3.** <u>2</u>,857   **4.** 4,6<u>2</u>4

5. 8,9<u>4</u>3   **6.** <u>1</u>,445   **7.** 1,9<u>1</u>5   **8.** 5,<u>6</u>82

Explícalo ▶ ¿Puede un número de tres dígitos redondearse a 1,000? Explica por qué.

Asegúrate

- ¿A qué lugar estoy redondeando?
- ¿Qué dígito está a la derecha del lugar al cual estoy redondeando?

Practicar y resolver problemas

Redondea al lugar del dígito subrayado.

9. 4,<u>3</u>99   **10.** 9,8<u>0</u>9   **11.** <u>8</u>,250   **12.** <u>2</u>,885

13. <u>1</u>36   **14.** 1,0<u>3</u>4   **15.** <u>3</u>,491   **16.** <u>5</u>,658

17. <u>9</u>,483   **18.** 3,4<u>8</u>5   **19.** 3,<u>5</u>11   **20.** <u>1</u>,539

Resuelve.

21. 1,385 personas asistieron a la presentación de *Annie.* ¿Cuál fue la asistencia, al millar más cercano?, ¿a la centena más cercana?, ¿y a la decena más cercana?

22. El periódico dijo que 2,862 personas asistieron a un espectáculo en Broadway. Félix dice que asistieron más o menos 3,000 personas. Explica por qué tanto el periódico como Félix pueden tener razón.

Repaso general • Preparación para exámenes

Respuesta directa

Suma. (Grado 2)

23. 4 + 3 + 7   **24.** 5 + 2 + 1

25. 8 + 8 + 9   **26.** 6 + 7 + 4

27. 6 + 4 + 2   **28.** 3 + 8 + 2

29. Jasmine calculó que tiene 3,952 días de edad. A la centena más cercana, ¿cuántos días de edad tiene? Explica. (Cap. 2, Lección 4)

Resolver problemas: Aplicación

Usa una gráfica de barras

Objetivo Usar la información de una gráfica de barras para resolver problemas.

Puedes usar la información de una gráfica de barras para resolver problemas.

Problema La exposición de arte de los estudiantes duró cuatro noches. Mira la gráfica de barras. ¿Qué noche asistieron más personas? ¿Cuántas personas asistieron esa noche?

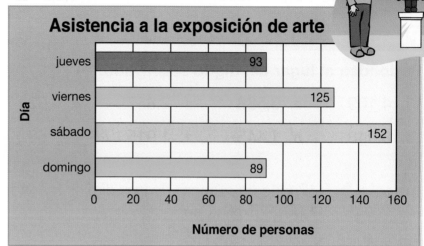

Asistencia a la exposición de arte

Día

jueves 93
viernes 125
sábado 152
domingo 89

0 20 40 60 80 100 120 140 160

Número de personas

COMPRÉNDELO

Esto es lo que ya sabes.

- La exposición de arte duró cuatro noches.
- La gráfica muestra cuántas personas asistieron cada noche.

PLANÉALO

Usa la gráfica de barras para comparar el número de personas que asistió cada noche.

RESUÉLVELO

- Mira las barras de los cuatro días. La barra más larga representa la noche en que asistieron más personas.
- Lee el número que aparece al final de la barra para saber cuántas personas asistieron esa noche.

Solución: La mayor cantidad de personas asistió la noche del sábado. El sábado asistieron 152 personas a la función de arte.

VERIFÍCALO

Verifica la gráfica de barras.

¿Es razonable la solución?

Práctica guiada

Usa la gráfica de barras de la página 38 para resolver cada problema.

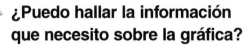

Asegúrate

COMPRÉNDELO ¿Qué datos conozco?

PLANÉALO ¿Puedo hallar la información que necesito sobre la gráfica?

RESUÉLVELO
• ¿Comparo la longitud de las barras para resolver el problema?
• ¿Debo usar números para resolver el problema?

VERIFÍCALO ¿Tiene sentido mi respuesta?

1. ¿Qué noche asistió el menor número de personas a la exposición? ¿Cuántos asistieron esa noche?

2. A la centena más cercana, ¿cuántas personas asistieron a la exposición del viernes?

3. ¿Cuáles son las dos noches en que asistió más o menos el mismo número de personas?

 Pista ¿Cuáles son las dos barras que tienen más o menos la misma longitud?

Práctica independiente

La gráfica de la derecha muestra el número de camisetas vendidas para colectar dinero para el club de arte. Usa la gráfica de barras para resolver los Problemas 4 a 7.

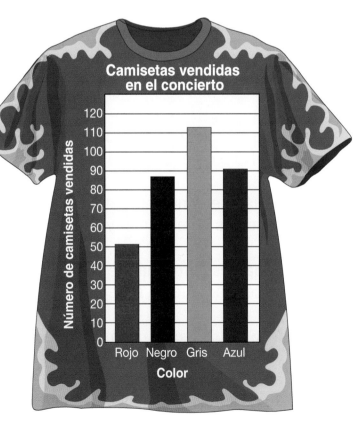

4. A la decena más cercana, ¿más o menos cuántas camisetas azules se vendieron?

5. A la decena más cercana, ¿cuántas camisetas negras se vendieron?

6. **Explícalo** ¿Cuáles son los dos colores de camiseta que alcanzaron más o menos el mismo número de ventas? ¿Cómo puedes saberlo a partir de la gráfica?

7. ¿Cerca de cuántas camisetas grises más que negras se vendieron?

8. **Crea y resuelve** Usa datos reales o inventados para crear tu propia gráfica de barras. Luego, escribe y resuelve un problema acerca de la gráfica que dibujaste.

 Continúa

Capítulo 2 Lección 5   **39**

Práctica variada

Resuelve. Muestra tu trabajo. Indica qué estrategia usaste.

9. El Sr. Bridge da lecciones de guitarra. Si cada lección dura media hora, ¿a cuántos estudiantes puede enseñar en 3 horas?

10. **Dinero** Juntos, un afiche pequeño de música y uno grande cuestan $12. Un afiche grande cuesta $4 más que uno pequeño. ¿Cuánto cuesta cada afiche?

11. Una semana, Min recorrió 2 millas en bicicleta. A la semana siguiente, recorrió 6 millas. A la tercera semana, recorrió 10 millas. Si Min continúa ese patrón, ¿cuántas millas recorrerá en la quinta semana?

Selecciónalo

Estrategia

• Busca un patrón

• Haz un dibujo

• Haz una tabla

• Resuelve un problema más sencillo

• Escribe un enunciado de números

Método de cálculo

• Cálculo mental

• Estimación

• Papel y lápiz

• Calculadora

Usar datos Usa el pictograma para resolver los Problemas 12 a 15.

12. ¿En qué año se vendieron más libros?

13. **Explícalo** ¿Se vendieron más libros en el cuarto o en el segundo año?

14. ¿Cuál fue el número total de libros vendidos en el primer y segundo año?

15. ¿Cuántos libros más se vendieron en el tercer año que en el segundo?

Venta de libros

Año 1	▮ ▮ ▮ ▮ ▮ ▮ ▮
Año 2	▮ ▮ ▮ ▮ ▮
Año 3	▮ ▮ ▮ ▮ ▮ ▮ ▮
Año 4	▮ ▮ ▮ ▮ ▮ ▮

Clave: Cada ▮ representa 5 libros vendidos.

16. **Decídelo** Decide cuántos libros quieres vender en la venta del próximo año. Si cada persona compra 1 ó 2 libros, ¿cuántas personas deben comprar libros para que todos se vendan?

Reto matemático
Juego de valor posicional

Usa las claves para emparejar
cada niña con su ciudad.

- La población de la ciudad de Selene
  tiene un 3 en el lugar de las centenas.

- La población de la ciudad de Meg
  tiene un 3 en el lugar de los millares.

- La población de la ciudad de Terry
  tiene un 7 en el lugar de las unidades.

¿Quién vive en cada ciudad?

Loma Seca
Pobl. 85,372

Pueblo Sediento
Pobl. 4,937

Ciudad Reseca
Pobl. 3,694

Conectar con los estudios sociales
Ordena las alturas

A continuación están las alturas de
algunos montes famosos del mundo.
Escríbelos en orden del más alto al
más bajo.

Annapurna (Nepal)	26,504 pies
Cotopaxi (Ecuador)	19,347 pies
McKinley (EUA)	20,320 pies
Fuji (Japón)	12,388 pies
Kilimanjaro (Tanzania)	19,340 pies

Acertijo

¡Prueba las adivinanzas de números!

Sigue estas pistas para resolver los
acertijos.

- El número tiene 4 dígitos.

- Todos sus dígitos son impares.

- La suma de sus dígitos en las
  unidades y en las decenas es 8.

- La suma de sus dígitos en las
  centenas y en los millares es 12.

¿Cuál es el mayor número que podría
ser?

¿Cuál es el menor número que podría
ser?

Repaso/Examen del capítulo

VOCABULARIO

Escoge el mejor término para completar cada oración.

Vocabulario
comparar
ordenar
redondear

1. Hacemos una lista de números de mayor a menor, para ____ los números.

2. Cuando no necesitamos que un número sea exacto, podemos ____ los números.

CONCEPTOS Y DESTREZAS

Compara. Escribe >, < ó = en cada ⬤. (Lección 1, págs. 28 y 29)

3. 89 ⬤ 98
4. 301 ⬤ 299
5. 5,678 ⬤ 5,678

Escribe los números en orden de menor a mayor. (Lección 2, págs. 30 y 31)

6. 63 67 61
7. 732 772 734
8. 1,856 1,854 1,850

Redondea al lugar del dígito subrayado. (Lecciones 3 y 4, págs. 32 a 37)

9. 44
10. 199
11. 932
12. 256
13. 624

14. 3,399
15. 6,809
16. 2,244
17. 5,056
18. 3,511

RESOLVER PROBLEMAS

Resuelve. Usa la gráfica de barras. (Lección 5, págs. 38 a 41)

19. ¿Más o menos cuántos licuados de fruta de cada sabor se vendieron?

20. ¿Qué licuado se vendió menos?

Escríbelo

Muestra lo que sabes
Una milla mide 5,280 pies. Alex dice que esto es más o menos 5,300 pies. Dave dice que es más o menos 5,000 pies. ¿Tienen razón los dos? Explica tu respuesta.

Práctica adicional

Conjunto A (Lección 1, págs. 28 y 29)

Compara. Escribe <, > ó = en cada ⬤.

1. 69 ⬤ 64
2. 39 ⬤ 39
3. 438 ⬤ 483
4. 79 ⬤ 67

5. 53 ⬤ 153
6. 794 ⬤ 794
7. 285 ⬤ 852
8. 5,442 ⬤ 4,452

Escribe = ó ≠ en cada ⬤.

9. 16 + 5 ⬤ 17
10. 31 + 4 ⬤ 32
11. 50 + 4 ⬤ 56

12. 100 + 60 ⬤ 160
13. 200 + 8 ⬤ 280
14. 600 + 40 ⬤ 460

Conjunto B (Lección 2, págs. 30 y 31)

Escribe los números en orden de menor a mayor.

1. 93   76   91
2. 327   312   302
3. 3,822   3,288   3,832

Escribe los números en orden de mayor a menor.

4. 45   54   42
5. 381   318   338
6. 9,669   9,996   9,696

Conjunto C (Lección 3, págs. 32 a 34)

Redondea a la decena más cercana.

1. 71
2. 69
3. 51
4. 77
5. 33

Redondea a la centena más cercana.

6. 304
7. 960
8. 452
9. 805
10. 600

Conjunto D (Lección 4, págs. 36 y 37)

Redondea al lugar del dígito subrayado.

1. 7,400
2. 2,501
3. 4,921
4. 9,531
5. 7,147

6. 9,815
7. 7,449
8. 9,330
9. 1,349
10. 9,195

El dinero

INVESTIGACIÓN

Usar datos

Estos niños están vendiendo limonada. La tabla muestra cuántos vasos de limonada vendieron cada día. El martes, el dinero que reunieron estaba en billetes de un dólar y en monedas de veinticinco centavos. ¿Qué combinación de billetes de un dólar y monedas de veinticinco centavos podrían haber recibido?

Venta de limonada		
Día	Vasos	Dinero recogido
Lunes	18	$9.00
Martes	12	$6.00
Miércoles	15	$7.50
Jueves	19	$9.50
Viernes	17	$8.50

 **Aplica lo que sabes**

Usa esta página para repasar y recordar lo que necesitas saber para este capítulo.

VOCABULARIO

Escoge el mejor término para completar cada oración.

1. Una ____ vale 10¢.

2. El símbolo $ se llama ____.

3. Una ____ es igual a cinco monedas de un centavo.

4. Una ____ tiene un valor de 1¢.

5. Un ____ es igual a cien centavos.

Vocabulario
moneda de diez centavos
moneda de un centavo
moneda de cinco centavos
dólar
signo de centavo
signo de dólar

CONCEPTOS Y DESTREZAS

Escribe el valor de las monedas.

6.    7.   8.   9.

Escribe cada cantidad con el signo de centavo.

10.

11.

12. veintitrés centavos   13. ocho centavos   14. sesenta y dos centavos

 **Escríbelo**

15. Nombra tres conjuntos diferentes de monedas que puedes usar para comprar este libro.

Práctica de operaciones Consulta la página 667.

El valor del dinero

Objetivo Comprender el valor de los billetes de un dólar, de las monedas de diez centavos y de las monedas de un centavo.

Vocabulario

dólar
moneda de diez centavos
moneda de un centavo
signo de dólar ($)
punto decimal (.)

Apréndelo

Blake tiene algo de dinero para gastar en la feria escolar. Tiene 1 billete de un dólar, 1 moneda de diez centavos y 1 moneda de un centavo. ¿Cuál es el valor total del dinero?

Dólares	Diez centavos	Un centavo
1	1	1

1 dólar
100 centavos

100¢

1 moneda de diez centavos
10 centavos
10¢

1 moneda de un centavo
1 centavo
1¢

un dólar y once centavos
$1.11

signo de dólar ↑ ↑ punto decimal

Solución: El valor total es $1.11.

Otros ejemplos

A. Cero billetes de un dólar

Dólares	Monedas de 10¢	Monedas de 1¢
0	3	4

treinta y cuatro centavos
$0.34 ó 34¢

B. Cero monedas de 10 centavos

Dólares	Monedas de 10¢	Monedas de 1¢
2	0	4

dos dólares y cuatro centavos $2.04

C. Cero monedas de 1 centavo

Dólares	Monedas de 10¢	Monedas de 1¢
6	2	0

seis dólares y veinte centavos $6.20

Escribe cada cantidad usando el signo de dólar y
el punto decimal.

1.

2.

Explícalo ▶ ¿Hay alguna manera de escribir la cantidad del Ejercicio 2 sin usar
el signo de dólar? Si la hay, ¿cuál es?

Practicar y resolver problemas

Escribe cada cantidad usando el signo de dólar y
el punto decimal.

3.

4.

5. ocho dólares y cuarenta y cuatro
centavos

6. once dólares y seis centavos

Resuelve.

7. Analízalo En su monedero, Taylor
tiene 8 monedas de diez centavos y
30 monedas de un centavo. Gastó
la mitad de las monedas de diez
centavos. ¿Cuál es el valor del
dinero que queda en su monedero?

8. Ryan tiene $6.15 en su alcancía.
¿Cuánto dinero tendrá si le agrega
1 billete de un dólar, 2 monedas de
diez centavos y 1 moneda de un
centavo?

Repaso general • Preparación para exámenes

Respuesta directa

**Ordena los números de menor
a mayor.** (Cap. 2, Lección 2)

9. 127 201 152

10. 65 39 90

11. 100 83 76

12. 1,204 24 402

13. 56 359 185

14. 129 140 121

15. 246 624 264

16. 385 358 835

Selección múltiple

17. Wanda tiene 1 billete de un
dólar, 5 monedas de diez
centavos y 2 monedas de un
centavo. ¿Cuál es el valor total
de su dinero? (Cap. 3, Lección 1)

A $1.25   **C** $2.15

B $1.52   **D** $2.51

Lección 2

Contar monedas y billetes

Objetivo Nombrar y contar monedas y billetes.

Apréndelo

Kendal le entregó al Sr. Jefferson las monedas que se muestran abajo, para comprar un libro en la venta de libros de la escuela. ¿Cuál es el valor total de las monedas?

moneda de medio dólar	**moneda de veinticinco centavos**	**moneda de diez centavos**	**moneda de cinco centavos**	**moneda de un centavo**
cincuenta centavos	veinticinco centavos	diez centavos	cinco centavos	un centavo
50¢ $0.50	25¢ $0.25	10¢ $0.10	5¢ $0.05	1¢ $0.01
$0.50 ⇨	$0.75 ⇨	$0.85 ⇨	$0.90 ⇨	$0.91

Comienza con la moneda de mayor valor.
Sigue contando las monedas de mayor valor a menor valor.

Solución: El valor total de las monedas es $0.91.

Otro ejemplo

Contar billetes y monedas

$10.00 ⇨ $15.00 ⇨ $15.50 ⇨ $15.75 ⇨ $15.85 ⇨ $15.90

El valor total de los billetes y monedas es $15.90.

Práctica guiada

Escribe cada cantidad usando el signo de dólar y el punto decimal.

1.

2.

Explícalo ▶ ¿Por qué casi siempre las personas comienzan con el billete o moneda de mayor valor al contar dinero?

Practicar y resolver problemas

Escribe cada cantidad usando el signo de dólar y el punto decimal.

3.

4.

5. 1 billete de un dólar, 1 moneda de medio dólar, 7 monedas de 5¢

6. 3 monedas de medio dólar, 1 moneda de 25¢, 3 monedas de 1¢

7. 1 billete de cinco dólares, 1 moneda de medio dólar, 2 monedas de 25¢, 4 monedas de 5¢

8. 6 monedas de 25¢, 2 monedas de 10¢, 1 moneda de 5¢, 3 monedas de 1¢

9. 4 billetes de un dólar, 2 monedas de 25¢, 1 moneda de 5¢, 4 monedas de 1¢

10. 2 billetes de un dólar, 2 monedas de medio dólar, 1 moneda de 5¢, 1 moneda de 1¢

Usar datos Usa el letrero de abajo para resolver los Problemas 11 y 12.

11. Michael pagó un libro con un billete de un dólar, 2 monedas de 10¢, 2 monedas de 5¢ y 5 monedas de 1¢. ¿Qué tipo de libro compró?

12. Sigue los pasos Mina compró un libro. Pagó con un billete de un dólar, 5 monedas de 10¢ y una moneda de 5¢. ¿Qué tipo de libro compró?

13. Razonamiento Celso tiene 5 monedas que suman 96¢. ¿Cuáles son las cinco monedas?

Libros usados	
Tipo de libro	**Precio**
Biografía	$1.55
Misterio	$1.80
Poesía	$1.35
Artesanías	$0.99

Repaso general • Preparación para exámenes

Respuesta directa

Redondea cada número a la decena más cercana. (Cap. 2, Lecciones 3 y 4)

14. 48   **15.** 752   **16.** 1,336

17. 523   **18.** 399   **19.** 2,065

20. 333   **21.** 859   **22.** 1,407

23. Dana tiene 2 monedas de 25¢, 3 monedas de 10¢ y 4 monedas de 5¢. Verónica tiene 1 moneda de medio dólar, 1 moneda de 25¢, 1 moneda de 10¢ y 10 monedas de 1¢. ¿Quién tiene más dinero? Explica cómo hallaste la respuesta. (Cap. 3, Lección 2)

Tutor en audio 1/8 Escucha y comprende

Resolver problemas: Aplicación
Contar cambio

Objetivo Contar cambio a partir de una cantidad determinada.

Para saber cuánto cambio debes recibir, puedes contar hacia arriba a partir del precio de lo que compres.

Problema Ilyse y su mamá van al supermercado. Compran una caja de pasas que cuesta $2.35 y pagan con un billete de cinco dólares. ¿Cuánto cambio deben recibir?

COMPRÉNDELO

¿Qué es lo que ya sabes?

- Las pasas cuestan $2.35.
- Pagan con 1 billete de cinco dólares.

PLANÉALO

Cuenta hacia arriba desde el precio de las pasas hasta la cantidad que pagaron.

RESUÉLVELO

- Comienza con el precio total de las pasas.
- Cuenta hacia arriba a partir de esa cantidad. Cuenta las monedas y billetes hasta llegar a cinco dólares.

| Costo de la merienda | | | | | | Cantidad pagada |

$2.35 ⟹ $2.40 ⟹ $2.50 ⟹ $2.75 ⟹ $3.00 ⟹ $4.00 ⟹ $5.00

- Cuenta después los billetes y monedas usados para juntar el cambio.

Solución: Deben recibir $2.65 de cambio.

VERIFÍCALO

Verifica el problema.

¿Es razonable tu respuesta?

Práctica guiada

Usa las preguntas de Asegúrate para resolver los problemas.

1. Inés gasta $1.40 en zanahorias y paga con $2.00. ¿Cuánto cambio debe recibir?

2. Paolo compra un jugo que cuesta $0.89 y paga con un billete de cinco dólares. ¿Cuánto cambio debe recibir?

(Pista) ¿Recibirá Paolo más de un dólar de cambio?

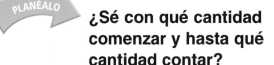
Práctica independiente

Usa los objetos de la derecha para resolver los Problemas 3 a 6.

3. Alan compra un tubo de pasta dental y paga con $3.00. ¿Cuánto cambio debe recibir?

4. Meg compra una bolsa de semillas para pájaros y paga con un billete de diez dólares. ¿Cuánto cambio debe recibir? Haz una lista de las monedas que podría recibir de cambio.

5. **Sigue los pasos** Jamil compra una libreta de notas y paga $1.00. Luego usa su cambio para comprar un borrador. ¿Cuánto dinero le queda a Jamil?

6. Anita compra una revista de cocina y paga con $5.00. ¿Le queda suficiente dinero para comprar una revista de crucigramas que cuesta $2.00? Explica por qué.

Semillas para pájaros $ 7.65

Revista de Crucigramas $ 2.00

Cocina $ 3.20

$ 0.45 NOTAS

Pasta de dientes $ 2.78

$ 0.35

Comparar cantidades de dinero

Objetivo Comparar cantidades de dinero.

Apréndelo

Bob y Dora compran rebanadas de panes de fruta en la venta de pastelería de la escuela. ¿Qué tipo de pan cuesta más?

PASO 1 Halla el valor de cada grupo de monedas.

Bob usa estas monedas para comprar pan de banana.

25¢ ⟹ 50¢ ⟹ 55¢

El pan de banana cuesta 55¢.

Dora usa estas monedas para comprar pan de manzana.

25¢ ⟹ 35¢ ⟹ 45¢ ⟹ 50¢

El pan de manzana cuesta 50¢.

PASO 2 Compara el valor del dinero.

55¢ > 50¢

Solución: El pan de banana cuesta más.

Otro ejemplo

Las siguientes cantidades de dinero son **cantidades equivalentes**. Esto significa que tienen el mismo valor. Ambos grupos muestran $11.25.

Asegúrate

- ¿Cuál es el valor de cada billete o moneda?
- ¿Cuál es la cantidad total?
- ¿Cómo se comparan las cantidades?

Compara. Escribe >, < ó = en cada ⬭.

1.

2.

Explícalo ▶ Verifica los Ejercicios 1 y 2. ¿Qué ejercicio muestra cantidades equivalentes? Explica cómo lo sabes.

Practicar y resolver problemas

Compara. Escribe >, < ó = en cada ⬭.

3.

4.

Resuelve los problemas.

5. En la venta, Sara, Ben y Tory compraron diferentes tipos de panes. Sara gastó $3.65, Ben gastó $3.05 y Tory gastó $3.55. Pon las cantidades en orden de mayor a menor. ¿Quién gasta más?

6. **Reto** Luc tiene 2 monedas de medio dólar, 3 monedas de 10¢ y 4 monedas de 5¢. Martha tiene 3 monedas de 25¢, 2 monedas de 10¢, 2 monedas de 5¢ y 5 monedas de 1¢. ¿Tiene más dinero la persona que tiene más monedas? Explica tu razonamiento.

Continúa ▶

Halla el valor total de los billetes y monedas.
Luego escribe la letra de la cantidad equivalente.

7. 1 moneda de medio dólar, 2 monedas de diez centavos, 2 monedas de cinco centavos

A.

8. 15 billetes de un dólar, 2 monedas de veinticinco centavos

B.

9. 8 monedas de diez centavos

10. 1 billete de un dólar, 5 monedas de veinticinco centavos

11. 9 monedas de veinticinco centavos

C.

12. 3 billetes de cinco dólares, 5 monedas de diez centavos

Usa el menor número de monedas y billetes para mostrar cada cantidad.

13. 13¢   14. 60¢   15. 95¢   16. $14.00   17. $5.35

18. 75¢   19. $10.60   20. 30¢   21. $13.05   22. 47¢

Usar datos Usa el letrero para resolver los Problemas 23 a 26.

23. Samantha quiere comprar 1 brownie y 1 panecillo de maíz. Tiene $3.00. ¿Tiene suficiente dinero para comprar ambas cosas? ¿Cómo lo sabes?

24. Imagina que tienes monedas de veinticinco centavos, monedas de diez centavos y monedas de cinco centavos. ¿Cuál es el menor número de monedas que podrías usar para comprar una galleta de avena?

Venta de pastelería

Galleta de avena $0.65
Panecillos de maíz $0.95
Barras de limón $0.85
Brownie $1.05

25. **Encuentra el error** Imagina que Óscar usa 2 billetes de un dólar para comprar un brownie. Recibe 4 monedas de diez centavos de cambio. ¿Cuál es el error?

26. **Analízalo** Diana usó 5 monedas para comprar una barra de limón. No recibió cambio. ¿Qué monedas habrá usado Diana?

54

Práctica adicional Consulta la página 61, Conjunto C.

Reto matemático
La misma cantidad

Steven tiene tres alcancías en su habitación. Quiere que cada alcancía tenga la misma cantidad de dinero. Ayuda a Steven a pasar monedas de una alcancía a otra, para que cada alcancía tenga la misma cantidad de dinero.

1. ¿Cómo debe pasar las monedas?

2. Haz un dibujo que muestre qué monedas debe haber en cada alcancía.

3. Escribe la cantidad que contiene ahora cada alcancía.

Verifica tu comprensión de las Lecciones 1 a 4.

Escribe cada cantidad. (Lecciones 1 y 2)

1.
2.

Compara. Escribe >, < ó = en cada ⬤. (Lección 4)

3. 3 monedas de ⬤ 1 moneda de
   diez centavos   veinticinco
   centavos

4. 3 moneda de ⬤ 1 billete de
   veinticinco   un dólar
   centavos

5. 2 monedas de ⬤ 6 monedas de
   veinticinco   cinco centavos
   centavos

6. 8 monedas de ⬤ 4 monedas de
   cinco centavos diez centavos

Resuelve el problema. (Lección 3)

7. Emilio compra un afiche que cuesta $2.65 y le da $5.00 al cajero. ¿Cuánto cambio recibe? Haz una lista de los billetes y monedas que podría recibir Emilio.

Redondear cantidades de dinero

Objetivo Redondear cantidades de dinero al dólar más cercano y a la decena de dólar más cercana.

Apréndelo

Los miembros del Club de Computación están vendiendo plantas para reunir dinero y comprar programas nuevos de computación. El club vende cada planta en $7.65. ¿Más o menos cuánto dinero cuesta cada planta?

Puedes redondear la cantidad al dólar o a la decena de dólar más cercana para decir más o menos cuánto dinero cuesta cada planta.

Diferentes maneras de redondear $7.65

Manera ❶ Redondea $7.65 al dólar más cercano.

$7.65 se redondea a $8.

$7.00 $7.50 $8.00

$7.65 se redondea a $8.

Cantidad del medio

Manera ❷ Redondea $7.65 a la decena de dólar más cercana.

$7.65 se redondea a $10.

$0 $1 $2 $3 $4 $5 $6 $7 $8 $9 $10

$7.65 se redondea a $10.

Cantidad del medio

Solución: Si redondeas al dólar más cercano, el club vende cada planta más o menos en $8.

Si redondeas a la decena de dólar más cercana, el club vende cada planta más o menos en $10.

Práctica guiada

Redondea al dólar más cercano.

+----+----+----+----+----+----+----+----+----+----+
$4.00 $4.50 $5.00

1. $4.29   **2.** $4.81   **3.** $4.50

Redondea a la decena de dólar más cercana.

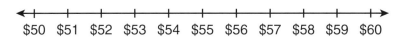

$50 $51 $52 $53 $54 $55 $56 $57 $58 $59 $60

4. $53.82   **5.** $59.76   **6.** $50.73

Explícalo ▶ Generalmente, ¿qué te da una estimación más cercana: redondear al dólar más cercano o redondear a la decena de dólar más cercana?

Practicar y resolver problemas

Redondea al dólar más cercano.

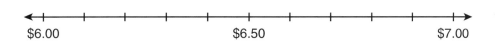

$6.00 $6.50 $7.00

7. $6.51   **8.** $6.83   **9.** $6.07

10. $6.90   **11.** $6.50   **12.** $6.38

Redondea a la decena de dólar más cercana.

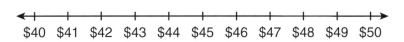

$40 $41 $42 $43 $44 $45 $46 $47 $48 $49 $50

13. $42.09   **14.** $48.35   **15.** $49.79

16. $41.50   **17.** $44.98   **18.** $47.18

Asegúrate

- ¿De qué cantidad de dólares exacta está más cerca la cantidad?
- ¿Qué hago si la cantidad está entre dos cantidades exactas de dólares?

Continúa ▶

Redondea cada cantidad al lugar del dígito subrayado.

19. $\underline{3}$.59   **20.** $\underline{1}$5.23   **21.** $12.\underline{3}8$ **22.** $2\underline{4}.61$

Redondea cada cantidad al dólar más cercano y luego compáralas. Escribe >, < ó = en cada ⬤.

23. $5.47 ⬤ $5.90   **24.** $4.05 ⬤ $4.60   **25.** $2.91 ⬤ $2.91

26. $1.42 ⬤ $1.48   **27.** $3.27 ⬤ $3.22   **28.** $7.30 ⬤ $7.50

Resuelve.

29. El equipo de fútbol está reuniendo dinero para uniformes nuevos. Benito reúne $18.45, Will reúne $17.25 y Tanya reúne $17.95. ¿Qué estudiantes reúnen cerca de $18 cada uno?

30. Fran reunió $8.55 una semana y $9.20 la siguiente. Dice que ha reunido más o menos $9 cada semana. ¿Por qué tiene razón?

31. Sigue los pasos Jessica dona 4 monedas de veinticinco centavos, 4 monedas de diez centavos y 1 moneda de cinco centavos. George dona 5 monedas de veinticinco centavos, 3 monedas de diez centavos y 3 monedas de cinco centavos. ¿Quién dona más dinero? ¿Cuánto dinero más?

32. Escríbelo Cuando redondeas una cantidad al dólar más cercano y a la decena de dólar más cercana, ¿pueden ser iguales las cantidades redondeadas?

Repaso general • Preparación para exámenes

Respuesta directa

Suma o resta. (Grado 2)

33. 300 + 200   **34.** 400 + 300

35. 600 + 100   **36.** 700 − 500

37. 400 − 200   **38.** 800 − 100

Selección múltiple

39. ¿Qué opción muestra $4.38 redondeado al dólar más cercano? (Cap. 3, Lección 5)

   A $3.00   **C** $4.50

   B $4.00   **D** $5.00

Práctica adicional Consulta la página 61, Conjunto D.

¡Cuéntalo!

Practica cómo contar dinero con este juego. Juega con un compañero e intenta llegar primero a la "cantidad objetivo".

2 jugadores

Lo que necesitas • un dado rotulado del 1 al 6, dinero de juguete (monedas de 1¢, 5¢, 10¢, 25¢ y 50¢; 6 de cada una)

Cómo jugar

1. Los jugadores deciden qué cantidad de la lista será su cantidad objetivo.

2. Cada jugador lanza el dado. El número que sale es el número de monedas que el jugador debe tomar. El jugador puede tomar cualquier moneda.

3. Cada jugador cuenta su dinero y anota el valor total de las monedas.

4. Después de cada turno, los jugadores cuentan las monedas para sumar la nueva cantidad a la cantidad anotada. Gana el primer jugador que llegue o que pase la cantidad objetivo.

Cantidades objetivo
$2.37
$2.95
$3.09
$3.42
$3.61
$4.20
$4.78
$4.83
$4.99

Repaso/Examen del capítulo

VOCABULARIO

Escoge el mejor término para completar cada oración.

1. Una ____ es igual a diez monedas de un centavo.

2. Entre los dígitos de los dólares y los centavos debes escribir un ____.

3. Un ____ es igual a cuatro monedas de veinticinco centavos.

4. Una ____ es igual a cinco monedas de diez centavos.

CONCEPTOS Y DESTREZAS

Escribe cada cantidad. (Lecciones 1 y 2, págs. 46 a 49)

5. cuatro dólares tres centavos

6. 1 billete de cinco dólares, 2 monedas de diez centavos, 3 monedas de cinco centavos

7. tres dólares sesenta centavos

8. 1 billete de diez dólares, 2 monedas de veinticinco centavos

Compara. Escribe >, < ó = en cada ⬤. (Lección 4, págs. 52 a 54)

9. 2 monedas de ⬤ 6 monedas de
   25¢　　　　　10¢

10. 3 monedas de ⬤ 6 monedas de
    10¢　　　　　5¢

Redondea las cantidades al lugar del dígito subrayado. (Lección 5, págs. 56 a 58)

11. $\underline{2}.11$

12. $\underline{7}.85$

13. $\underline{5}.27$

14. $\underline{4}.50$

15. $3\underline{6}.25$

16. $2\underline{8}.53$

17. $\underline{4}4.79$

18. $5\underline{1}.00$

RESOLVER PROBLEMAS

Resuelve los problemas. (Lección 3, págs. 50 y 51)

19. Anika compra una bolsa de palomitas de maíz por $1.25 y paga con un billete de cinco dólares. ¿Cuánto cambio debe recibir?

20. Jared compra una galleta por $2.75 y paga con un billete de diez dólares. ¿Cuánto cambio debe recibir?

Escríbelo

Muestra lo que sabes

Mick y Paco están comparando cantidades de dinero. Mick le dice a Paco: "Tengo seis monedas y tú sólo tienes tres, yo tengo más dinero que tú". ¿Tiene razón Mick?

Explica tu respuesta.

Práctica adicional

Conjunto A (Lección 1, págs. 46 y 47)

Escribe cada cantidad usando el signo de dólar y el punto decimal.

1.
2.

3. cuatro dólares dos centavos

4. cinco dólares setenta y un centavos

Conjunto B (Lección 2, págs. 48 y 49)

Escribe las cantidades usando el signo de dólar y el punto decimal.

1. 1 billete de cinco dólares, 3 billetes de un dólar, 1 moneda de medio dólar, 6 monedas de cinco centavos

2. 1 billete de diez dólares, 1 billete de cinco dólares, 3 monedas de veinticinco centavos, 1 moneda de diez centavos, 4 monedas de un centavo

3. 3 billetes de cinco dólares, 2 billetes de un dólar, 4 monedas de diez centavos, 6 monedas de un centavo

4. 6 billetes de un dólar, 2 monedas de medio dólar, 2 monedas de veinticinco centavos, 6 monedas de diez centavos

Conjunto C (Lección 4, págs. 52 a 54)

Compara. Escribe >, < ó = en cada ⬤.

1.

2.

Conjunto D (Lección 5, págs. 56 a 58)

Redondea al dólar más cercano.

1. $4.86   **2.** $2.91   **3.** $8.17   **4.** $6.43   **5.** $2.27

Redondea a la decena de dólar más cercana.

6. $54.33   **7.** $59.13   **8.** $71.78   **9.** $55.60   **10.** $79.12

Si a Roma fueres...

Los romanos crearon un sistema numérico usando letras para representar números. La tabla muestra algunos números romanos del 1 al 1,000.

Para leer la mayoría de los números romanos, debes sumar los valores de las letras para hallar el valor del número. Mira estos ejemplos.

> III = 1 + 1 + 1, ó 3
> VI = 5 + 1, ó 6
> LII = 50 + 2, ó 52

En algunos números romanos el **I** aparece frente a un número más grande. Para leer esos números, debes *restar* el valor de **I**, ó 1, del número mayor. Éstos son algunos ejemplos.

> IV = 5 − 1, ó 4
> IX = 10 − 1, ó 9

Los números romanos todavía se usan. Puedes verlos en edificios o en la esfera de un reloj.

1	I
2	II
3	III
4	IV
5	V
6	VI
7	VII
8	VIII
9	IX
10	X
50	L
100	C
500	D
1,000	M

Resolver problemas

Imagina que vives en la Antigua Roma y les tienes que enviar paquetes a cuatro amigos. Sus direcciones aparecen en nuestro sistema numérico. Escribe cada dirección con números romanos.

1 Calle del César 6

2 Bulevar Doric 18

3 Vía del Acueducto 65

4 Avenida del Imperio 59

Imagina que encontraste paquetes dirigidos a personas que vivieron en la Antigua Roma. Sus direcciones aparecen en números romanos. Escribe cada direción usando nuestro sistema numérico.

5 Vía del Coliseo LVII

6 Camino a Roma XXI

7 Calle Julio DXI

8 Avenida Virgilio C

¿Cuántas hay?

¿Has intentado adivinar alguna vez cuántas canicas hay en un frasco lleno?

A veces puedes usar una cantidad que ya conoces para estimar. Esa cantidad se llama **conjunto de referencia**.

Frasco A

Frasco B

Hay 50 canicas en el Frasco A. Usa esto como conjunto de referencia.

¿Cuántas canicas hay en el Frasco B? Estima para decidirlo.

> **Piénsalo:** El conjunto de referencia es de 50 canicas. Hay más o menos dos veces esa cantidad de canicas en el Frasco B. Por lo tanto, hay unas 100 canicas en el Frasco B.

Inténtalo

Escoge la mejor estimación para cada frasco de abajo. Usa los frascos de la derecha como conjuntos de referencia

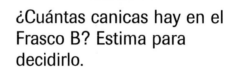

75 Canicas   200 Canicas

a. 25   **b.** 75

a. 100   **b.** 200

a. 200   **b.** 300

Tecnología ahora

Asuntos de dinero

Jacob pone 2 billetes de un dólar y 3 monedas de veinticinco centavos en su alcancía. Su hermano Sam pone 1 billete de un dólar, 6 monedas de veinticinco centavos y 2 de diez centavos en su alcancía. ¿Quién pone más dinero en su alcancía?

En la página en inglés de Education Place, **eduplace.com/map,** puedes usar los modelos de monedas y billetes para comparar.

- En los dibujos de los tableros, escoge **Two Numbers** (dos números).
- Para mostrar el dinero de Jacob:
  Pon tu cursor sobre la herramienta **Stamp** (sello). Haz clic 2 veces sobre el billete de 1 dólar. Luego, haz clic 3 veces sobre la moneda de 25¢.
- Haz clic en cualquier parte del espacio correcto de trabajo.
- Sigue los pasos de arriba para mostrar el dinero de Sam.
- Haz clic en **[1 2 3]**.

Solución: Jacob tiene $2.75 y Sam tiene $2.70.
Por lo tanto, Jacob tiene más dinero.

Usa los modelos de monedas y billetes. Escribe >, < ó = para cada ⬤.

1. 3 billetes de 1 dólar, 3 monedas de veinticinco centavos y 3 monedas de un centavo
⬤ 3 billetes de un dólar, 2 monedas de veinticinco centavos, 2 de diez centavos y 1 de cinco centavos

2. 1 billete de 5 dólares, 2 monedas de veinticinco centavos, 2 de diez centavos y 1 de cinco centavos
⬤ 1 billetes de 5 dólares, 3 monedas de veinticinco centavos, 1 de cinco centavos y 2 de un centavo

3. 2 billetes de 1 dólar y 3 monedas de diez centavos
⬤ 2 billetes de 1 dólar y 3 monedas de cinco centavos

4. **Reto** Muestra $3.43 de cuatro maneras diferentes.
Muestra 2 maneras en el tablero. Luego bórralo y muestra otras dos maneras.

Unidad 1 Examen

VOCABULARIO (Respuesta directa)

Escoge el mejor término para completar cada oración.

Vocabulario

menor que

mayor que

forma normal

cantidades equivalentes

1. El símbolo > significa ____.

2. El número 67 está escrito en ____.

3. Tres monedas de diez centavos y treinta monedas de un centavo son ____.

CONCEPTOS Y DESTREZAS (Respuesta directa)

Indica cómo se usa el número en cada caso. Escribe *posición, conteo, medición* o *rótulo*. (Capítulo 1)

4. 101 dálmatas

5. 26 pies

6. 5.º en la fila

7. Calle Grove 14

Escribe cada número en forma normal. (Capítulos 1 y 2)

8. 300 + 40 + 2

9. 2,000 + 500 + 7

10. cincuenta y seis mil doscientos sesenta **11.** ochocientos mil sesenta

Escribe los números en orden de mayor a menor. (Capítulo 2)

12. 234   340   276

13. 9,567   9,999   7,445

Escribe el lugar del dígito subrayado. Luego escribe el valor. (Capítulos 1 y 2)

14. 3<u>6</u>7   **15.** <u>1</u>34   **16.** <u>4</u>,849   **17.** 7,<u>9</u>83   **18.** 6,4<u>3</u>2   **19.** 5<u>6</u>3,981

Redondea al lugar del dígito subrayado. (Capítulos 2 y 3)

20. <u>7</u>2   **21.** 4<u>5</u>2   **22.** <u>6</u>,859   **23.** $3.<u>6</u>5   **24.** $<u>8</u>.43   **25.** $47.<u>5</u>0

Compara. Escribe >, < ó = para cada ●. (Capítulos 2 y 3)

26. 45 ● 35   **27.** 209 ● 290   **28.** $35.98 ● $24.99

Escribe cada cantidad usando el signo de dólar y el punto decimal. (Capítulo 3)

29.

30. 3 billetes de 1 dólar, 1 moneda de veinticinco centavos, 2 monedas de diez centavos

RESOLVER PROBLEMAS (Respuesta directa)

31. Julia ahorró 3 monedas de un centavo el lunes, 6 monedas de un centavo el martes y 9 monedas de un centavo el miércoles. Si continúa ese patrón, ¿cuántos centavos debe ahorrar el viernes?

32. Sara compra una camiseta que cuesta $9.59. Le entrega un billete de 10 dólares al cajero. El cajero le entrega cuatro monedas de cambio. Haz una lista de las monedas que recibe Sara.

33. Usa la gráfica de barras para resolver el problema.

    A la decena más cercana, ¿más o menos cuántos perros adoptaron? ¿más o menos cuántos gatos?

Mascotas adoptadas en un mes

Mascota

Perro
Gato

0   10   20   30   40   50

Número de mascotas

Evaluar el rendimiento

(Respuesta extensa)

Tarea   El Club de Buenitos hace una colecta de caridad. Hicieron una competencia en la que la gente debía adivinar el número de canicas que había en un frasco.

Como miembro del club, debes decidir cuántas canicas poner en el frasco. Usa la información de la derecha como ayuda. Luego escribe las pistas de la competencia.

Explica tu razonamiento.

Información que necesitas

- Una pista da el número redondeado a la centena más cercana.
- Una pista da el número redondeado a la decena más cercana.
- Una pista usa un enunciado mayor que o menor que.

Preparación: Examen acumulativo

Resuelve los problemas 1 a 10.

Consejo para tomar exámenes

Usa tu sentido numérico para eliminar las respuestas que sean claramente incorrectas.

Mira el ejemplo de abajo.

¿Qué número muestran los bloques?

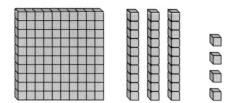

A 134   **C** 1,340

B 143   **D** 1,430

PIÉNSALO

Las opciones C y D no pueden ser correctas. Son mucho más grandes que el número de bloques mostrado. Elimina esas respuestas.

Selección múltiple

1. Ray es el primero en la fila. Celia está detrás de Denzel. Martín está entre Ray y Denzel. ¿Quién es el tercero en la fila?

A Denzel   **C** Celia

B Martín   **D** Ray

(Capítulo 1, Lección 1)

2. ¿Qué número tiene un 6 en el lugar de las decenas de millar?

F 160   **H** 16,509

G 615   **J** 62,530

(Capítulo 1, Lección 6)

3. ¿Qué número hace que este enunciado de números sea verdadero?

$$500 + \underline{} + 7 = 597$$

A 9   **C** 9,000

B 90   **D** 90,000

(Capítulo 1, Lección 2)

4. Tonya tenía $7.57 en el bolsillo. Sacó 3 monedas de veinticinco centavos, 7 de diez centavos, 1 de cinco centavos y 11 monedas de un centavo del bolsillo. ¿Cuánto dinero le queda en el bolsillo?

F $1.61   **H** $5.96

G $5.86   **J** $6.01

(Capítulo 3, Lección 3)

Consejos para tomar exámenes Consulta la página 659.

Respuesta directa

5. Escribe 102,101 en forma verbal.

(Capítulo 1, Lección 7)

6. Donald dice que el número de monedas que hay en un frasco es más o menos 400. Si él redondea a la decena más cercana, ¿cuál es el menor número de monedas que puede haber en el frasco?

(Capítulo 2, Lección 3)

7. Haz una lista de cuatro números impares que sean menores que 65 y mayores que 50.

(Capítulo 2, Lección 1)

8. Mira a continuación el dinero de Timo y Lori.

Timo	Lori

¿Quién tiene más dinero?

(Capítulo 3, Lección 4)

9. ¿Qué número sigue en el patrón?

$$1, 2, 4, 7, 11, 16, \_\_$$

(Capítulo 1, Lección 5)

Respuesta extensa

10. La gráfica de barras muestra el número de camisetas vendidas en una semana en la Tienda Jay.

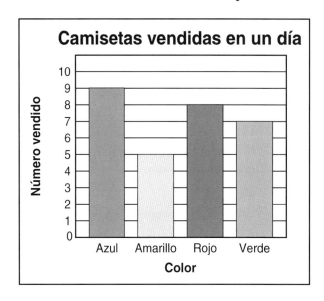

A ¿Cuántas camisetas amarillas se vendieron?

B ¿Qué color de camiseta resultó más popular? ¿Cómo lo sabes?

C ¿Las ventas de qué color fueron más cercanas a 10?

D ¿Se vendieron más camisetas verdes o amarillas? Explica cómo llegaste a tu respuesta.

(Capítulo 2, Lección 5)

Repasa las grandes ideas y el vocabulario de esta unidad.

Grandes ideas

Puedes usar el valor posicional para comparar números.

Puedes redondear números a la decena más cercana, a la centena más cercana o al millar más cercano.

Puedes contar monedas y billetes.

Vocabulario clave

valor posicional
comparar
redondear

Diálogo Matemático

Usa tu nuevo vocabulario para comentar estas grandes ideas.

1. Explica cómo se comparan el valor posicional del 8 en 286 y el valor posicional del 8 en 13,784.

2. Explica cómo ordenar estos números de menor a mayor.

   4,927   4,709   4,972

3. Explica cómo hallar el cambio si pagas $0.83 con un billete de 1 dólar.

4. **Escríbelo** Si compraste una bolsa de zanahorias por $1.29, ¿cómo puedes hallar el cambio que debes recibir si pagaste con un billete de $5? Escribe las monedas y billetes que podrías recibir.

El 2 en 1,254 está en el lugar de las centenas.

Correcto; por lo tanto el valor de ese dígito es 2 centenas, ó 200.

CAPÍTULO 4

Sumar números enteros
página 74

CAPÍTULO 5

Restar números enteros
página 106

Leer matemáticas

Repasar el vocabulario

Éstas son algunas palabras de vocabulario matemático que deberías saber.

suma   operación de dos o más números que se juntan para obtener un resultado

resta   operación de dos números que da una diferencia como resultado

sumando   número que se suma en una expresión de suma

suma   resultado de un ejercicio de suma

diferencia   resultado de un ejercicio de resta

Leer palabras y símbolos

Puedes usar palabras y símbolos para describir la suma y la resta.

2 más 3 es igual a 5.

$$2 + 3 = 5$$

suma

5 menos 3 es igual a 2.

$$5 - 3 = 2$$

diferencia

Usa palabras y símbolos para describir cada dibujo.

1.

2.

72

Leer preguntas de examen

Escoge la respuesta correcta para cada pregunta.

3. ¿Qué enunciado de números describe mejor la ilustración?

   a. $8 + 1 = 9$ c. $9 - 4 = 5$

   b. $4 + 5 = 9$ d. $9 - 5 = 4$

Describe significa "dice algo acerca de" o "explica".

---

4. ¿Cuál de los siguientes enunciados no es equivalente a 6?

   a. $12 - 6$

   b. $8 - 4$

   c. $5 + 1$

   d. $4 + 2$

No es equivalente significa "no es igual".

5. ¿Cuál de las siguientes oraciones es falsa?

   a. En $6 + 1 = 7$, el 6 es un sumando.

   b. En $4 = 2 + 2$, el 4 es la suma.

   c. En $6 - 5 = 1$, el 1 es la diferencia.

   d. En $5 = 8 - 3$, el 8 es la diferencia.

Falso significa "no es verdadero" o está "incorrecto".

Aprender vocabulario

Fíjate en estas palabras en esta unidad. Escribe sus definiciones en tu diario.

   reagrupar
   estimar
   Propiedad conmutativa
   Propiedad del cero
   Propiedad asociativa
   familia de operaciones

Conectar con la literatura

Lee "La escuela es un gran comedero de aves" en las páginas 646 y 647. Luego trabaja con un compañero para responder a las preguntas sobre el cuento.

Sumar números enteros

INVESTIGACIÓN

Usar datos

Estas cebras viven en el Parque Nacional Etosha de Namibia. El parque es una de las reservas de fauna silvestre más grandes de África. Observa la tabla de la derecha. Usa la información para crear un problema verbal que pueda resolverse usando la suma. Escribe un enunciado de números acerca del problema.

Parque nacional Etosha

Especies de animales	Número de diferentes clases
Mamíferos	144
Aves	340
Reptiles	110

Aplica lo que sabes

Usa esta página para repasar y recordar lo
que necesitas saber para este capítulo.

VOCABULARIO

Escoge el mejor término para completar cada oración.

Vocabulario

suma

dígito

sumando

diferencia

reagrupar

1. La operación que da una suma se llama _____.

2. En el número 289, el símbolo 2 se
llama _____.

3. El resultado de sumar se llama _____.

4. El resultado de restar se llama _____.

5. El número que se suma se llama _____.

CONCEPTOS Y DESTREZAS

Suma.

6. $\begin{array}{r} 8 \\ + 9 \\ \hline \end{array}$
7. $\begin{array}{r} 5 \\ + 8 \\ \hline \end{array}$
8. $\begin{array}{r} 9 \\ + 2 \\ \hline \end{array}$
9. $\begin{array}{r} 4 \\ + 3 \\ \hline \end{array}$
10. $\begin{array}{r} 5 \\ + 6 \\ \hline \end{array}$
11. $\begin{array}{r} 2 \\ + 8 \\ \hline \end{array}$

12. $7 + 8$
13. $9 + 5$
14. $2 + 8$
15. $8 + 4$
16. $4 + 7$

Halla cada suma.

17.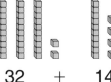

$$32 \quad + \quad 14 \quad = \quad \blacksquare$$

18.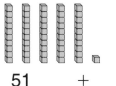

$$51 \quad + \quad 13 \quad = \quad \blacksquare$$

 **Escríbelo**

19. Explica cómo usar $3 + 6$ para
hallar $30 + 60$.

20. Explica cómo usar $2 + 8$ para
hallar $20 + 80$.

Práctica de operaciones Consulta la página 665.

Propiedades de la suma

Objetivo Usar las propiedades de la suma para sumar.

Vocabulario

suma

Propiedad conmutativa

Propiedad del cero

Propiedad asociativa

Apréndelo

Usar las propiedades de la suma te ayuda a hallar una **suma** .

Propiedad conmutativa

▶ **Cambiar el orden en que se suman los números no altera la suma.**

$$5 + 3 = 8$$

sumando sumando suma

Puedes sumar hacia abajo. $\begin{array}{r} 5 \\ + 3 \\ \hline \end{array}$

$$3 + 5 = 8$$

sumando sumando suma

Puedes sumar hacia arriba. $\begin{array}{r} 3 \\ + 5 \\ \hline \end{array}$

Propiedad del cero

▶ **La suma de cualquier número más cero es ese número.**

$$4 + 0 = 4$$

Propiedad asociativa

▶ **Cambiar la manera en que se agrupan los sumandos no altera la suma.**

$$(6 + 4) + 3 \qquad 6 + (4 + 3)$$
$$10 + 3 = 13 \qquad 6 + 7 = 13$$

Los paréntesis muestran qué números se suman primero.

Usa las propiedades de la suma como ayuda para hallar una suma usando el cálculo mental.

Para que sea más fácil sumar, puedes cambiar el orden, la agrupación, o ambos. También trata de formar 10, usa una operación de dobles o cualquier otra manera de sumar que te resulte útil.

$$2 + 6 + 8 \qquad\qquad 7 + 5 + 7 \qquad\qquad 8 + 9 + 8 + 1$$
$$10 + 6 = 16 \qquad\quad 14 + 5 = 19 \qquad\quad 16 + 10 = 26$$

Halla cada suma.

1. 6 + 3
   3 + 6

2. 0 + 7
   7 + 0

3. (7 + 3) + 5
   7 + (3 + 5)

Explícalo ▶ Describe tres maneras de hallar 8 + 2 + 6 usando el cálculo mental. ¿Es alguna manera más fácil que las otras? Explica.

Practicar y resolver problemas

Halla cada suma.

4.	5.	6.	7.	8.	9.
2	1	3	2	5	2
0	5	2	7	8	7
+ 9	+ 4	+ 1	+ 8	+ 3	+ 4

10. 5 + (2 + 8)

11. (3 + 2) + 6

12. 4 + 2 + (5 + 5)

13. (4 + 6) + 2 + 2 + 4

14. 5 + 4 + 7 + 2 + 1

15. 3 + 7 + 6 + 2 + 3

16. **Sigue los pasos** La familia de Ken pescó 6 truchas, 5 lubinas, 4 lucios y 1 bagre. Luego de regalar 2 truchas, 2 lubinas y 1 bagre, ¿cuántos pescados les quedan?

17. Piensa en resolver 6 + 4 + 9. ¿Cuáles dos números sumarías primero? Explica tu razonamiento.

Repaso general • Preparación para exámenes

Respuesta directa

Cuenta salteado para hallar los números que faltan. (Cap. 1, Lección 1)

18. 8, 10, ____, 14, 16

19. 60, 70, 80, 90, ____

20. 8,000, 9,000, ____, 11,000

Selección múltiple

21. ¿Cuál de los siguientes enunciados muestra la Propiedad del cero en la suma? (Cap. 4, Lección 1)

   A 6 + 2 = 8

   B 10 + 0 = 10

   C (1 + 8) + 4 = 13

   D 4 + 3 + 4 = 11

Estimar sumas

Objetivo Estimar sumas redondeando números o usando números compatibles.

Apréndelo

En un parque de Wyoming, 227 visitantes informaron haber visto un alce el año pasado. Este año, 77 visitantes informaron haber visto un alce. ¿Más o menos cuántos visitantes informaron haber visto un alce en los dos años?

Si no necesitas una respuesta exacta, puedes estimar. Al **estimar**, hallas una respuesta cercana a la respuesta exacta.

Diferentes maneras de estimar 227 + 77

Manera 1 Usar redondeo.

Redondea cada número al lugar mayor. Luego suma.

$$
\begin{array}{r}
227 \text{ se redondea a} \quad 200 \\
+\ 77 \text{ se redondea a} \quad +\ 80 \\
\hline
280
\end{array}
$$

227 + 77 está cerca de 280.

Manera 2 Usar números compatibles.

Los **números compatibles** son números fáciles de calcular mentalmente.

$$
\begin{array}{r}
227 \text{ está cerca de} \quad 225 \\
+\ 77 \text{ está cerca de} \quad +\ 75 \\
\hline
300
\end{array}
$$

227 + 77 está cerca de 300.

Solución: Usando redondeo, cerca de 280 visitantes vieron un alce.

Usando números compatibles, cerca de 300 personas vieron un alce.

Otros ejemplos

A. Estimar dinero usando redondeo

$$
\begin{array}{r}
\$1.53 \text{ se redondea a} \quad \$2.00 \\
+\ 3.21 \text{ se redondea a} \quad +\ 3.00 \\
\hline
\$5.00
\end{array}
$$

$1.53 + $3.21 está *cerca de* $5.00.

B. Estimar dinero usando números compatibles

$$
\begin{array}{r}
\$1.53 \text{ está cerca de} \quad \$1.50 \\
+\ 3.21 \text{ está cerca de} \quad +\ 3.00 \\
\hline
\$4.50
\end{array}
$$

$1.53 + $3.21 está *cerca de* $4.50.

Redondea cada número al lugar mayor.
Luego suma.

1. $54 + 65$ 2. $268 + 343$ 3. $\$3.32 + \$1.42$

Di qué números compatibles usarías.
Luego suma.

4. $46 + 53$ 5. $24 + 27$ 6. $327 + 58$ 7. $\$2.17 + \$0.45$

Asegúrate

• ¿A qué lugar debo redondear cada número?

• ¿Qué números son más fáciles de sumar mentalmente?

Explícalo ▶ ¿Cómo puedes saber si una suma estimada es mayor o menor que el resultado exacto?

Practicar y resolver problemas

Redondea cada número al lugar mayor. Luego suma.

8.
$$\begin{array}{r} 47 \\ + 53 \\ \hline \end{array}$$

9.
$$\begin{array}{r} 29 \\ + 37 \\ \hline \end{array}$$

10.
$$\begin{array}{r} 53 \\ + 49 \\ \hline \end{array}$$

11.
$$\begin{array}{r} 71 \\ + 17 \\ \hline \end{array}$$

12.
$$\begin{array}{r} 36 \\ + 42 \\ \hline \end{array}$$

13.
$$\begin{array}{r} 346 \\ + 389 \\ \hline \end{array}$$

14.
$$\begin{array}{r} \$2.84 \\ + 1.72 \\ \hline \end{array}$$

15.
$$\begin{array}{r} 384 \\ + 525 \\ \hline \end{array}$$

16.
$$\begin{array}{r} \$6.55 \\ + 1.07 \\ \hline \end{array}$$

17.
$$\begin{array}{r} 164 \\ + 837 \\ \hline \end{array}$$

18. $\$8.52 + \$2.84$ 19. $311 + 818$ 20. $963 + 572$ 21. $\$6.84 + \$2.75$

Di qué números compatibles usarías. Luego suma.

22.
$$\begin{array}{r} 26 \\ + 53 \\ \hline \end{array}$$

23.
$$\begin{array}{r} 14 \\ + 37 \\ \hline \end{array}$$

24.
$$\begin{array}{r} 26 \\ + 35 \\ \hline \end{array}$$

25.
$$\begin{array}{r} 64 \\ + 38 \\ \hline \end{array}$$

26.
$$\begin{array}{r} 48 \\ + 53 \\ \hline \end{array}$$

27.
$$\begin{array}{r} 22 \\ + 145 \\ \hline \end{array}$$

28.
$$\begin{array}{r} \$1.62 \\ + 0.23 \\ \hline \end{array}$$

29.
$$\begin{array}{r} 162 \\ + 23 \\ \hline \end{array}$$

30.
$$\begin{array}{r} 221 \\ + 307 \\ \hline \end{array}$$

31.
$$\begin{array}{r} 163 \\ + 122 \\ \hline \end{array}$$

Continúa ▶

Redondea cada número del recuadro al lugar mayor. Luego usa los números redondeados para responder a los Ejercicios 32 a 34.

32. ¿Qué números tienen una suma de cerca de 900?

127	715
210	502

33. ¿Qué números tienen una suma de cerca de 700?

34. ¿Qué números tienen una suma de cerca de 600?

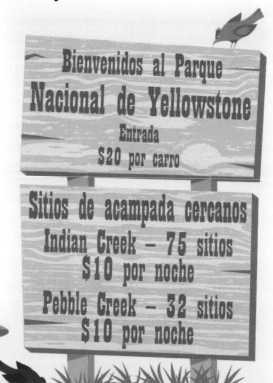

Usar datos Usa el letrero para los Problemas 35 y 36.

35. **Estímalo** ¿Cerca de cuántos sitios de acampada hay para que la familia de Andrew escoja?

36. ¿Cuánto les costaría a Andrew y su familia entrar al parque y pasar 3 noches en Indian Creek?

37. La familia de Andrew gastó $185 en alimentos y $120 en gasolina para el viaje. ¿Cerca de cuánto dinero gastó la familia en alimentos y gasolina?

Bienvenidos al Parque Nacional de Yellowstone
Entrada
$20 por carro

Sitios de acampada cercanos
Indian Creek – 75 sitios
$10 por noche
Pebble Creek – 32 sitios
$10 por noche

Repaso general • Preparación para exámenes

Respuesta directa
Escribe el lugar del dígito subrayado. Luego escribe el valor. (Cap. 1, Lección 7)

38. 4̲33,716

39. 852,3̲85

40. 345,̲208

41. 92̲3,623

42. Imagina que quieres comprar dos objetos que cuestan $8.12 y $1.43. ¿Cómo estimarías para asegurarte de tener suficiente dinero? Explica.

(Cap. 4, Lección 2)

Práctica adicional Consulta la página 105, Conjunto B.

Razonamiento matemático

Estimación por la izquierda

Otra manera de estimar sumas es sumar los dígitos de la izquierda de los números. Esto se llama **estimación por la izquierda** . Éstos son algunos ejemplos de estimación por la izquierda.

> **Vocabulario**
> estimación por la izquierda

Números de dos dígitos

Los dígitos de la izquierda son decenas. Suma las decenas.

$$
\begin{array}{rcl}
43 & \to & 40 \\
+\,26 & \to & +\,20 \\
\hline
& & 60
\end{array}
$$

Por lo tanto, 43 + 26 es más o menos 60.

Monedas de diez centavos

Los dígitos de la izquierda son centavos. Suma los centavos.

$$
\begin{array}{rcl}
\$0.59 & \to & \$0.50 \\
+\,0.36 & \to & +\,0.30 \\
\hline
& & \$0.80
\end{array}
$$

Por lo tanto, $0.59 + $0.36 es más o menos $0.80.

Números de tres dígitos

Los dígitos de la izquierda son centenas. Suma las centenas.

$$
\begin{array}{rcl}
536 & \to & 500 \\
+\,245 & \to & +\,200 \\
\hline
& & 700
\end{array}
$$

Por lo tanto, 536 + 245 es más o menos 700.

Dólares

Los dígitos de la izquierda son dólares. Suma los dólares.

$$
\begin{array}{rcl}
\$7.39 & \to & \$7.00 \\
+\,3.76 & \to & +\,3.00 \\
\hline
& & \$10.00
\end{array}
$$

Por lo tanto, $7.39 + $3.76 es más o menos $10.00.

En cada problema, usa la estimación por la izquierda para estimar la suma.

1. 73 + 66

2. 48 + 44

3. 273 + 432

4. $0.52 + 0.38

5. $8.42 + 3.58

6. Compara tus estimaciones con la suma real de los Problemas 1 a 5. ¿Son las estimaciones mayores o menores que las sumas? Explica por qué.

7. **Analízalo** Observa los ejemplos de la derecha. ¿En cuál de ellos obtendrías la misma estimación usando redondeo que estimación por la izquierda?

> 84 + 47 = ■
>
> 22 + 44 = ■

Reagrupar unidades

Objetivo Reagrupar unidades para sumar.

Apréndelo

Felipe pertenece a un club de observadores de pájaros. En abril pasado, el club de Felipe vio 159 pájaros. En mayo vieron 118 pájaros. ¿Cuántos pájaros vio el club en esos dos meses?

Suma. $159 + 118 = $ ■

PASO 1 Muestra 159 y 118.

$$\begin{array}{r} 159 \\ +118 \\ \end{array}$$

PASO 2 Suma las unidades.

9 unidades + 8 unidades = 17 unidades

$$\begin{array}{r} {\scriptstyle 1} \\ 159 \\ +118 \\ \hline 7 \\ \end{array}$$

Reagrupa 17 unidades como 1 decena 7 unidades.

PASO 3 Suma las decenas.

1 decena + 5 decenas + 1 decena = 7 decenas

$$\begin{array}{r} {\scriptstyle 1} \\ 159 \\ +118 \\ \hline 77 \\ \end{array}$$

PASO 4 Suma las centenas.

1 centena + 1 centena = 2 centenas

$$\begin{array}{r} {\scriptstyle 1} \\ 159 \\ +118 \\ \hline 277 \\ \end{array}$$

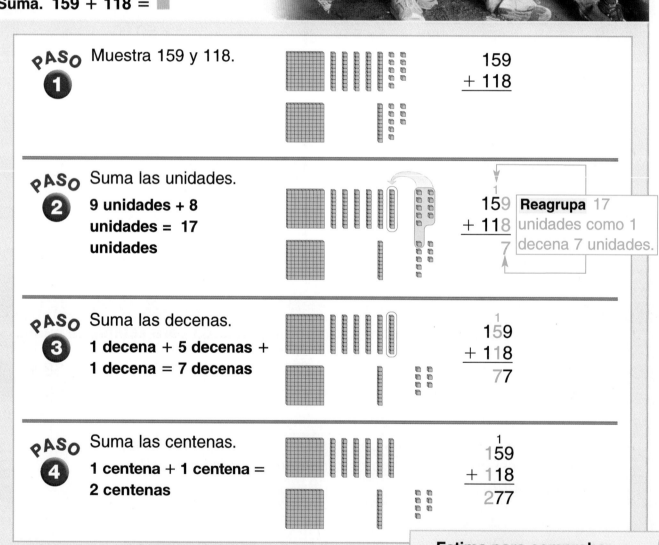

Estima para comprobar

159	se redondea a	200
+ 118	se redondea a	+ 100
277		300

El resultado es razonable.

Solución: El club observó 277 pájaros.

Otros ejemplos

A. Números de dos dígitos

$$\begin{array}{r} \overset{1}{2}5 \\ + 37 \\ \end{array}$$

Reagrupa 12 unidades como 1 decena 2 unidades.

B. Dinero

$$\begin{array}{r} \overset{1}{\$2}.48 \\ + 3.36 \\ \hline \$5.84 \\ \end{array}$$

Reagrupa 14 unidades como 1 decena 4 unidades.

Práctica guiada

Halla cada suma. Estima para comprobar.

1. $\begin{array}{r} 658 \\ + 234 \\ \end{array}$

2. $\begin{array}{r} 268 \\ + 124 \\ \end{array}$

3. $\begin{array}{r} \$31 \\ + 27 \\ \end{array}$

4. $52 + 27$

5. $643 + 221$

6. $\$3.37 + \$3.18$

Suma. Luego escribe *sí* en cada ejercicio donde reagrupaste unidades para formar una decena.

7. $\begin{array}{r} 34 \\ + 62 \\ \end{array}$

8. $\begin{array}{r} 23 \\ + 68 \\ \end{array}$

9. $\begin{array}{r} 354 \\ + 127 \\ \end{array}$

10. $\begin{array}{r} 438 \\ + 224 \\ \end{array}$

Explícalo ▶ ¿Cómo sabes cuándo reagrupar?

Asegúrate

- ¿Cuál es la suma de las unidades?
- ¿Debo reagrupar unidades?

Practicar y resolver problemas

Halla cada suma. Estima para comprobar.

11. $\begin{array}{r} \$19 \\ + 75 \\ \end{array}$

12. $\begin{array}{r} 17 \\ + 39 \\ \end{array}$

13. $\begin{array}{r} \$37 \\ + 19 \\ \end{array}$

14. $\begin{array}{r} \$837 \\ + 142 \\ \end{array}$

15. $\begin{array}{r} 243 \\ + 548 \\ \end{array}$

16. $\begin{array}{r} 205 \\ + 107 \\ \end{array}$

17. $354 + 213$

18. $362 + 29$

19. $\$541 + \$317$

Continúa ➡

✗ Álgebra • Funciones Sigue la regla para completar cada tabla.

Regla: Sumar 28		
	Entrada	**Salida**
20.	54	▨
21.	47	▨
22.	65	▨
23.	31	▨

Regla: Sumar 126		
	Entrada	**Salida**
24.	337	▨
25.	112	▨
26.	568	▨
27.	324	▨

Regla: Sumar $135		
	Entrada	**Salida**
28.	$437	▨
29.	$229	▨
30.	$564	▨
31.	$820	▨

Resuelve.

32. Un día llegaron 165 pájaros al comedero del Centro Natural. Al día siguiente llegaron 127 pájaros. ¿Cuántos pájaros en total llegaron los dos días?

33. Sharma gastó $4 en un regalo para su hermana y $3 en tarjetas en la tienda del Centro Natural. Si Sharma tenía $10 al comienzo, ¿cuánto dinero le queda?

34. Estímalo La tienda tiene 33 libros acerca de los pájaros de América del Norte, 21 libros acerca de los pájaros orientales y 44 libros acerca de pájaros occidentales. ¿Más o menos cuántos libros de pájaros hay?

35. Sigue los pasos Jason tiene 245 tarjetas de pájaros. Talika tiene 128 tarjetas más que Jason. Miguel tiene 309 tarjetas. ¿Quién tiene el menor número de tarjetas?

Repaso general • Preparación para exámenes

Respuesta directa

Escribe cada cantidad usando el signo de dólar y el punto decimal. (Cap. 3, Lección 2)

36. 5 monedas de veinticinco centavos, 2 de cinco centavos, 1 de un centavo

37. 1 dólar, 4 monedas de diez centavos, 3 de cinco centavos

Selección múltiple

38. ¿Cuál es la suma de 527 + 169? (Cap. 4, Lección 3)

A 606   **C** 706

B 696   **D** 796

Práctica adicional Consulta la página 105, Conjunto C.

Razonamiento matemático

Diferentes maneras de sumar

Éstas son dos maneras diferentes de sumar.

▶ **Ken resuelve así dos ejercicios de suma.**

Ken

$$57 = 50 + 7$$
$$+ 22 = 20 + 2$$
$$70 + 9 = 79$$

Ken

$$46 = 40 + 6$$
$$+ 35 = 30 + 5$$
$$70 + 11 = 81$$

- ¿Por qué escribir 57 como 50 + 7, y 22 como 20 + 2 ayuda a Ken a sumar?

- ¿Por qué escribir 46 como 40 + 6, y 35 como 30 + 5 ayuda a Ken a sumar?

▶ **Donna resuelve los mismos dos ejercicios de suma usando cálculo mental.**

Donna

57	57
+ 22	+ 20
	77
	+ 2
	79

Donna piensa en 22 como 20 + 2

Donna

46	46
+ 35	+ 30
	76
	+ 5
	81

Donna piensa en 35 como 30 + 5

- ¿Por qué pensar en 22 como 20 + 2 ayuda a Donna a sumar?

- ¿Por qué pensar en 35 como 30 + 5 ayuda a Donna a sumar?

Halla cada suma. Usa el método de Ken, el de Donna y el método usual.

1. 27
   + 57

2. 81
   + 14

3. 66
   + 28

4. 32
   + 44

5. 63
   + 29

6. **Explícalo** ¿En qué se parecen los tres métodos? ¿En qué se diferencian?

Reagrupar unidades y decenas

Objetivo Reagrupar unidades y decenas para sumar.

Apréndelo

En una semana, un panda gigante se comió 272 libras de bambú. La siguiente semana, el panda se comió 378 libras de bambú. ¿Cuántas libras de bambú se comió el panda en las dos semanas?

A veces debes **reagrupar** las unidades y las decenas.

Suma. 272 + 378 = ■

PASO 1 Suma las unidades.
2 + 8 = 10

```
  1
 272
+378
───
   0
```
Reagrupa 10 unidades como 1 decena 0 unidades.

PASO 2 Suma las decenas.
1 + 7 + 7 = 15

```
 11
 272
+378
───
```
Reagrupa 15 decenas como 1 centena 5 decenas.

PASO 3 Suma las centenas.
1 + 2 + 3 = 6

```
 11
 272
+378
───
 650
```

Solución: El panda comió 650 libras de bambú en dos semanas.

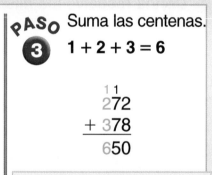

Comprueba sumando hacia arriba.
```
 272
+378
───
 650
```

Otros ejemplos

A. Números de dos dígitos

```
  1
 79
+58
───
137
```

B. Dinero

```
  1 1
 $3.45
+ 2.98
─────
 $6.43
```
Baja el punto decimal y el signo de dólar.

Halla cada suma.

Asegúrate
- ¿Cuál es la suma de las unidades? ¿Debo reagrupar?
- ¿Cuál es la suma de las decenas? ¿Debo reagrupar?

1. 67 + 75
2. 374 + 148
3. $2.94 + 6.76
4. $4.28 + 1.79

5. $1.28 + $3.85
6. 265 + 176

Explícalo ▶ ¿Por qué a veces debes reagrupar para sumar?

Practicar y resolver problemas

Suma. Comprueba sumando hacia arriba.

7. 313 + 485
8. $1.51 + 3.28
9. $4.23 + 1.72
10. 135 + 649

11. 134 + 183
12. 636 + 192
13. $3.82 + 5.65
14. 243 + 498

15. 234 + 498
16. 477 + 239
17. 149 + 778

18. 657 + 264
19. 585 + 326
20. 372 + 479

✗ Álgebra • Funciones Sigue la regla para completar cada tabla.

Regla: Sumar 58	
Entrada	Salida
21. 73	
22. 87	
23. 56	
24. 62	

Regla: Sumar 248	
Entrada	Salida
25. 176	
26. 463	
27. 298	
28. 564	

Continúa

Cálculo mental Halla cada suma.

29. 3 + 5 = ■
30 + 50 = ■
300 + 500 = ■
3,000 + 5,000 = ■

30. 7 + 5 = ■
70 + 50 = ■
700 + 500 = ■
7,000 + 5,000 = ■

𝒙 Álgebra • Propiedades Halla los números que faltan.

31. 328 + 69 = ■ + 328

32. 237 + 0 = ■

33. (555 + 6) + 39 = (6 + 39) + ■

34. (440 + 8) + 35 = (35 + ■) + 8

Usar datos Usa el mapa para resolver el Problema 35.

35. Para estudiar los pandas gigantes de China, algunos científicos viajaron en avión desde Beijing a Xi'an y luego a Chengdu. ¿Más o menos cuántas millas viajaron desde Beijing a Chengdu?

36. Los científicos viajaron 76 millas en autobús a una reserva de pandas y luego 96 millas en autobús a otra reserva. ¿Qué distancia recorrieron?

37. Una cría de panda abre los ojos más o menos a los 45 días. Empieza a gatear más o menos 30 días después. ¿Más o menos cuántos días tiene la cría de panda cuando empieza a gatear?

38. **Encuentra el error** Así halló Chang la suma de 58 + 83. ¿Qué error cometió Chang?

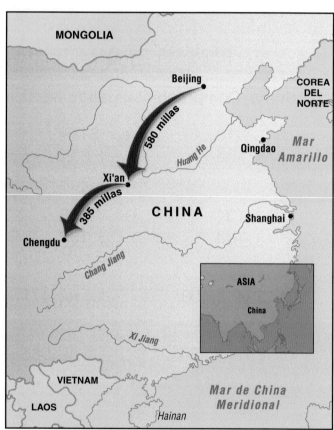

Los pandas gigantes viven en remotas áreas montañosas de China.

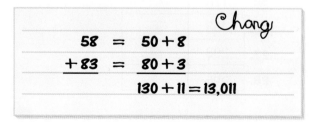

Práctica adicional Consulta la página 105, Conjunto D.

Conectar con la calculadora
El nueve ingenioso

Usa la calculadora para hallar patrones al sumar 99.

1. Oprime 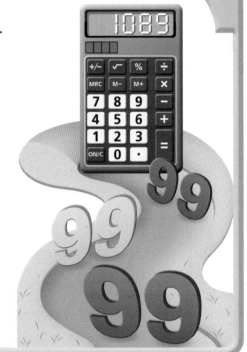 **+** **9** **9**. Luego oprime **=** 6 veces. Anota cada suma.

2. ¿Cuál es el patrón para el:
   • lugar de las centenas?
   • lugar de las decenas?
   • lugar de las unidades?

3. ¿Cuál es la suma del dígito de las unidades más el dígito de las centenas de cada número?

4. **Predecir** ¿Cuáles serán los 4 números que siguen en el patrón? Presiona **=** 4 veces para comprobar.

Verifica tu comprensión de las Lecciones 1 a 4.

Halla el valor de ▧. (Lección 1)

1. $3 + 6 = 6 + ▧$

2. $5 + ▧ = 5$

3. $(2 + 5) + 5 = 2 + (▧ + 5)$

4. $6 + (3 + 2) = 3 + (6 + ▧)$

Estima cada suma. (Lección 2)

5. $16 + 34$ 6. $23 + 58$ 7. $33 + 36$

Suma. (Lecciones 3, 4)

8. $\begin{array}{r} 37 \\ + 28 \\ \hline \end{array}$

9. $\begin{array}{r} 567 \\ + 226 \\ \hline \end{array}$

10. $\begin{array}{r} \$3.64 \\ + 2.58 \\ \hline \end{array}$

Tutor en audio 1/8 Escucha y comprende

Resolver problemas: Estrategia
Estima y comprueba

Objetivo Usar la estrategia Estima y comprueba para resolver problemas.

Problema Quieres dibujar la polilla y la mariposa en tamaño real, una junto a la otra. Sabes que la longitud total de sus alas extendidas es 62 centímetros. También sabes que las alas extendidas de la mariposa miden 2 centímetros más que las de la polilla. ¿Cuánto miden las alas extendidas de cada una?

Mariposa Queen Alexandra's Birdwing

Las alas extendidas de la polilla y de la mariposa miden más que el ancho de esta página.

Polilla Atlas

COMPRÉNDELO

Esto es lo que ya sabes.

- Las dos longitudes suman 62 centímetros.

- Las alas extendidas de la mariposa miden 2 centímetros más que las de la polilla.

PLANÉALO

Estima dos números que tengan una diferencia de 2.
Luego suma para comprobar si la suma es 62. Sigue estimando y comprobando, hasta que halles dos números que funcionen.

RESUÉLVELO

Primera estimación: 31 y 29	**Segunda estimación: 32 y 30**
Comprueba: 31 + 29 = 60	Comprueba: 32 + 30 = 62
60 < 62	32 − 30 = 2
60 es demasiado pequeño. Estima de nuevo.	30 y 32 están correctos.

Solución: Las alas extendidas de la mariposa miden 32 cm.
Las alas extendidas de la polilla miden 30 cm.

VERIFÍCALO

Verifica el problema.

¿Cómo puedes usar el resultado de una estimación para decidir cuál debe ser tu siguiente estimación?

Práctica guiada

Usa las preguntas de Asegúrate como ayuda para resolver cada problema.

1. Lin tiene 6 fotos de polillas más que Bea. Juntas tienen 22 fotos de polillas. ¿Cuántas tiene cada niña?

2. Emily y Jacob hallaron unos libros de insectos. Emily halló 4 libros más que Jacob. Juntos hallaron 18 libros. ¿Cuántos libros halló cada uno de ellos?

 Pista ¿Cuán mayor es un número que el otro?

COMPRÉNDELO

PLANÉALO

RESUÉLVELO

VERIFÍCALO

Asegúrate

¿Qué datos conozco?

¿Pensé en dos números cuya suma es menor que el total?

¿Usé la estrategia Estima y comprueba?

¿Resolví el problema?

Práctica independiente

Usa Estima y comprueba para resolver los problemas.

3. En los Estados Unidos había 5 especies más de mariposa que de escarabajo en peligro de extinción. El total es 29. ¿Cuántas especies de escabajo en peligro de extinción había?

4. Dylan tiene una colección de 21 insectos. Hay escarabajos y polillas en su colección. Si hay 3 escarabajos más que polillas, ¿cuántos insectos de cada tipo hay?

5. Harrison tiene 39 fotos de mariposas en su colección. Hay 7 fotos más de monarcas que de mariposas de alas bifurcadas. ¿Cuántas fotos tiene de cada tipo de mariposa?

Escarabajo tigre de playa del noreste

Mariposa azul Karner

Mariposa de alas bifurcadas Schaus

Continúa

Práctica variada

Resuelve. Muestra tu trabajo. Indica qué estrategia usaste.

6. Hannah tiene 56 cuentas rojas y 87 cuentas azules. Necesita 150 cuentas para hacer un collar. ¿Tiene cuentas suficientes? Explica.

7. **Sigue los pasos** El mercado está a 23 millas de la casa de Ben. La florería está 9 millas más allá del mercado. ¿Cuántas millas recorre Ben en total desde su casa hasta la florería y de regreso?

 Usar datos Usa la gráfica para resolver los Problemas 8 a 12.
La gráfica muestra el número de plantas de hortalizas que hay este año en el huerto del Sr. Fisher.

8. ¿De cuáles dos hortalizas sembró casi el mismo número de plantas el Sr. Fisher?

9. El próximo año, el Sr. Fisher planea sembrar 10 plantas de frijol más de las que sembró este año. ¿Cuántas plantas de frijol sembrará?

10. **Cálculo mental** ¿Cuántos tomates más que calabazas sembró el Sr. Fisher?

11. ¿Cuántas plantas de hortalizas sembró el Sr. Fisher en total?

12. **Crea y resuelve** Usa los datos para escribir tu propio problema. Pide a un compañero que lo resuelva.

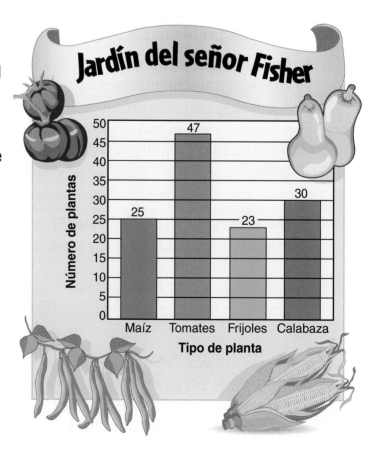

Jardín del señor Fisher

Número de plantas / Tipo de planta

Maíz 25, Tomates 47, Frijoles 23, Calabaza 30

Resolver problemas en exámenes

Selección múltiple

Escoge la letra de la respuesta correcta. Si la respuesta correcta no aparece, escoge NA.

1. Myriam vendió 113 boletos de una rifa. Kyle vendió 168 boletos. ¿Más o menos cuántos boletos se vendieron en total?

   A 100   **B** 150   **C** 250   **D** NA

   (Capítulo 4, Lección 2)

2. Gerardo compró una naranja en 59¢. Pagó con un billete de $5. ¿Cuánto cambio debe recibir?

   F $4.41   **H** $4.61

   G $4.51   **J** NA

   (Capítulo 3, Lección 3)

Respuesta directa

Resuelve los problemas.

3. Sunny Farms embarca cajones de duraznos cada semana.

   3,064 Duraznos   3,562 Duraznos   3,560 Duraznos

   Semana 1   Semana 2   Semana 3

   Explícalo ¿En qué semana se embarcaron más cajones?

   (Capítulo 2, Lección 2)

4. El Sr. Owen tiene 4 gorras rojas, 3 azules y 5 verdes. Regala 2 gorras rojas, 1 azul y 3 verdes. ¿Cuántas gorras le quedan?

   (Grado 2)

Respuesta extensa

5. Tu amigo y tú tienen un total de $12 para gastar en la Tienda de Sándwiches.

● Menú de Sándwiches ●		
Sándwiches		
Sándwich de carne		$3.29
Sándwich de atún		$2.99
Sándwich de pollo a la parrilla		$2.95
Meriendas		
Barra de granola		$0.99
Manzana		$0.75
Bebidas	Grande	Pequeño
Jugo	$1.00	$0.75
Leche	$1.00	$0.75

   a. Cada uno de ustedes compra un sándwich, merienda y bebida diferente. ¿Qué pueden comprar del menú? Explica tus opciones.

   b. ¿La comida de quién cuesta más? Muestra tu trabajo.

   c. Imagina que tu hermana compra una leche pequeña, una barra de granola y otra cosa más. Paga con 4 billetes de un dólar, 2 monedas de veinticinco centavos, 2 monedas de diez centavos y 3 monedas de un centavo. No recibe cambio. ¿Cuál es la otra cosa que compró?

   (Capítulo 4, Lección 4)

Sumar en columnas

Objetivo Sumar tres o más sumandos.

Apréndelo

En una exposición de reptiles hay 124 serpientes, 78 lagartos y 52 tortugas. ¿Cuántos reptiles hay en total?

Suma. **124 + 78 + 52 =** ▇

PASO 1 Suma las unidades.

4 + 8 + 2 = 14 unidades

$$
\begin{array}{r}
{}^{1}\\
12\underline{4}\\
7\underline{8}\\
+\ 5\underline{2}\\
\hline
4
\end{array}
$$

Reagrupa 14 unidades como 1 decena 4 unidades.

Asegúrate de alinear los números correctamente.

PASO 2 Suma las decenas.

1 + 2 + 7 + 5 = 15

$$
\begin{array}{r}
{}^{1\,1}\\
1\underline{2}4\\
\underline{7}8\\
+\ \underline{5}2\\
\hline
54
\end{array}
$$

Reagrupa 15 decenas como 1 centena 5 decenas.

PASO 3 Suma las centenas.

1 + 1 = 2

$$
\begin{array}{r}
{}^{1\,1}\\
\underline{1}24\\
78\\
+\ 52\\
\hline
254
\end{array}
$$

Comprueba tu trabajo.

Puedes comprobar tu trabajo sumando hacia arriba.

$$
\begin{array}{r}
{}^{1\,1}\\
124\\
78\\
+\ 52\\
\hline
254
\end{array}
$$

Solución: Hay 254 reptiles en la exposición.

Otros ejemplos

A. Dinero

$$
\begin{array}{r}
{}^{2\,1}\\
\$1.62\\
2.99\\
+\ 4.76\\
\hline
\$9.37
\end{array}
$$

B. Reagrupar centenas

$$
\begin{array}{r}
{}^{1}\\
231\\
612\\
854\\
+\ 101\\
\hline
1{,}798
\end{array}
$$

Reagrupa 17 centenas como 1 millar 7 centenas.

Halla cada suma.

1. 62
   15
   + 17

2. $1.54
   2.18
   + 4.63

3. 18
   243
   + 71

4. 245
   601
   319
   + 172

Asegúrate
- ¿Cuál es la suma de las unidades? ¿Debo reagrupar?
- ¿Cuál es la suma de las decenas? ¿Debo reagrupar?

5. 32 + 28 + 41 + 36

6. 370 + 320 + 345

Explícalo ▶ ¿Cuál es el mayor número de unidades que reagrupas al sumar tres números?

Practicar y resolver problemas

Suma. Comprueba sumando en un orden diferente.

7. 12
   14
   + 42

8. $42
   33
   + 13

9. 25
   25
   + 45

10. $3.06
    1.09
    + 2.50

11. 704
    372
    + 118

12. 549
    735
    + 76

13. 23
    238
    340
    + 152

14. 121
    225
    321
    + 425

15. 23 + 24 + 41

16. 134 + 16 + 32 + 40

17. 142 + 68 + 13

18. 184 + 15 + 79 + 12

Escribe _verdadero_ o _falso_. Da un ejemplo para apoyar tu respuesta.

19. Si cambia el orden de los sumandos, cambia la suma.

20. La suma de dos números nunca es igual a uno de los sumandos.

Continúa

X Álgebra • **Símbolos** Usa lo que sabes de las propiedades de la suma para resolver. Escribe >, < ó = en cada ⬤.

21. 36 + 0 ⬤ 36 − 0

22. 18 + 6 ⬤ 18 − 6

23. 24 + 5 ⬤ 24 + 6

24. 54 − 3 ⬤ 54 − 4

25. 29 + 34 ⬤ 34 + 29

26. 23 + 38 ⬤ 19 + 42

27. 19 + 45 ⬤ 31 + 27

28. 47 + 22 ⬤ 35 + 31

Resuelve.

29. Una boa constrictor mide 96 pulgadas de largo. Una pitón mide 204 pulgadas más que la boa. Una anaconda mide 36 pulgadas más que una pitón. ¿Cuánto mide la anaconda?

30. El lunes llegaron 3 autobuses al zoológico. Los autobuses llevaban 45 estudiantes, 39 estudiantes y 27 estudiantes, respectivamente. ¿Cuántos estudiantes visitaron el zoológico el lunes?

31. Estímalo La tienda del zoológico tiene 267 juguetes, 423 libros y 215 juegos. ¿Más o menos cuántas cosas tiene la tienda?

32. Crea y resuelve Escribe un problema verbal en que el resultado de la suma sea 100. Usa 3 sumandos en tu problema verbal.

Las anacondas pueden medir 30 pies de largo, ¡la longitud de 2 carros!

Repaso general • Preparación para exámenes

Respuesta directa

Compara. Escribe >, < ó = en cada ⬤.

(Cap. 3, Lección 4)

33. $9.50 ⬤ 9 billetes de un dólar, 2 monedas de veinticinco centavos

34. 6 monedas de medio dólar ⬤ $3.25

35. $15.85 ⬤ $15.50

36. La Sra. Kane recorrió 57 millas en carro para llegar a la casa de una amiga. Regresó a su casa y luego recorrió otras 28 millas a la siguiente ciudad. ¿Qué distancia recorrió?

(Cap. 4, Lección 6)

Práctica adicional   Consulta la página 105, Conjunto E.

¡Súmalo!

Actividad

2 jugadores

Lo que necesitas • dado numerado del 1 al 6
• dado numerado del 4 al 9

Cómo jugar

1 El primer jugador lanza ambos dados y escribe un número de dos dígitos usando los números que lanzó. Luego lanza ambos dados otra vez y escribe otro número de dos dígitos.

2 El primer jugador halla luego la suma de los dos números. El otro jugador comprueba que la suma esté correcta. El dígito de las unidades de la suma es el número de puntos que gana el primer jugador en su turno.

3 Los jugadores se turnan repitiendo los Pasos 1 y 2. Cada jugador lleva un registro de su número total de puntos. Gana el primer jugador que alcance un total de 50 puntos.

Sumar números mayores

Objetivo Hallar la suma de dos números de 4 dígitos.

Apréndelo

En un rebaño hay 1,248 bisontes. En otro rebaño hay 1,664 bisontes. ¿Cuántos bisontes hay en total en los dos rebaños?

La cacería del bisonte americano casi provocó su extinción. Ahora muchos miles de bisontes recorren las Grandes Llanuras.

Suma.   1,248 + 1,664 = ▨

PASO 1 Suma las unidades.

$8 + 4 = 12$

```
  1
  1,248
+ 1,664
      2
```

Reagrupa 12 unidades como 1 decena 2 unidades.

PASO 2 Suma las decenas.

$1 + 4 + 6 = 11$

```
 11
  1,248
+ 1,664
     12
```

Reagrupa 11 decenas como 1 centena 1 decena.

PASO 3 Suma las centenas.

$1 + 2 + 6 = 9$

```
 11
  1,248
+ 1,664
    912
```

PASO 4 Suma los millares.

$1 + 1 = 2$

```
 11
  1,248
+ 1,664
  2,912
```

Solución: Hay 2,912 bisontes en los dos rebaños.

Comprueba tu trabajo. Estima a la centena más cercana.

```
  1,248  se redondea a      1,200
+ 1,664  se redondea a   + 1,700
                           2,900
```

2,912 es un resultado razonable.

Otros ejemplos

A. Dinero

```
 111
 $23.45
+ 19.79
 $43.24
```

B. Ceros

```
 1  1
 1,603
+ 3,509
 5,112
```

C. Hasta diez mil

```
 1 11
 5,678
+ 4,322
 10,000
```

Halla cada suma. Estima para comprobar.

Asegúrate

• ¿Cuál es la suma de los dígitos de cada columna?
• ¿Debo reagrupar?

1. 3,838
    + 2,165

2. $79.25
    + 11.54

3. 4,025
    + 3,082

Explícalo ▶ ¿Por qué puedes sumar los números en un orden diferente para comprobar que tu suma está correcta?

Practicar y resolver problemas

Halla cada suma. Estima para comprobar.

4.   1,345
     3,223
     + 1,211

5.   128
     354
     + 215

6.   5,380
     + 1,046

7.   3,192
     + 5,466

8.   3,103
     + 1,903

9. $15.99
     + 23.25

10. $24.68
     + 12.99

11. 1,709
     + 3,402

12. 3,834
     + 2,788

13. Un año, en el Parque Nacional Yellowstone se vieron 637 osos pardos, 489 osos negros y 49 osos grises. ¿Cuántos osos se vieron en total?

14. En California se rastrearon 3,492 caballos salvajes. En Wyoming se rastrearon 4,123 caballos salvajes más. ¿Cuántos caballos salvajes se rastrearon en Wyoming?

Repaso general • Preparación para exámenes

Respuesta directa
Compara. Escribe >, < ó =. (Cap. 2, Lección 1)

15. 57 ● 75

16. 69 ● 71

17. 437 ● 419

18. 780 ● 870

19. 563 ● 653

20. 824 ● 880

21. 958 ● 684

22. 256 ● 256

23. Una gran pila de madera tiene 2,689 tablas. Se agregan otras 1,467 tablas a la pila. ¿Cuántas tablas hay ahora?

(Cap. 4, Lección 7)

Seleccionar un método

Objetivo Decidir qué método usar para resolver problemas.

Apréndelo

El padre de Elena es fotógrafo de fauna y flora silvestre. Tomó 200 fotos en el Parque Nacional de Volcanes de Hawai y 336 fotos en el Parque Nacional Haleakala.

Antes de resolver un problema, debes decidir qué método usar.

Querida Elena,
Ya casi termino mi sesión de fotos. Para llegar aquí, volé 569 millas de Washington D.C. a Chicago, y otras 4,256 millas hasta Honolulú.

Con cariño
Papá

Elena Brown
155 Cliffton Street
Washington, DC
01349

▶ **Puedes usar el cálculo mental para hallar cuántas fotos tomó el padre de Elena.**

$200 + 336 = $ ■

> **Piensa**
> $336 = 300 + 36$
> Por lo tanto, $200 + 300 = 500$
> $500 + 36 = 536$

Solución: El padre de Elena tomó 536 fotos.

Nene, ave del estado de Hawai

▶ **Puedes usar papel y lápiz para hallar cuántas millas viajó el padre de Elena.**

$$\begin{array}{r} 596 \\ + 4{,}256 \\ \hline 4{,}852 \end{array}$$

Solución: El padre de Elena voló 4,852 millas.

▶ **Puedes usar la calculadora para hallar cuántas millas viajó el padre de Elena.**

Ingresa: ⑤ ⑨ ⑥

Oprime: ➕

Ingresa: ④ ② ⑤ ⑥

Oprime: ＝

Solución: `4852`

Práctica guiada

Suma. Escoge entre el cálculo mental, papel y lápiz o calculadora. Explica tu decisión.

1. 52 + 81 **2.** 90 + 210 **3.** 3,050 + 295

Asegúrate

• ¿Puedo sumar mentalmente los números?

• ¿Debo usar papel y lápiz o calculadora?

Explícalo ▶ Mira de nuevo los Ejercicios 1 a 3. ¿Cuáles pudiste resolver usando el cálculo mental?

Practicar y resolver problemas

Suma. Escoge entre cálculo mental, papel y lápiz o calculadora. Explica tu decisión.

4. 11 + 22	**5.** 45 + 55	**6.** 333 + 444	**7.** 520 + 375	**8.** 480 + 320

9. 252 + 198 **10.** 987 + 529 **11.** 1,230 + 1,635 **12.** 6,050 + 2,010

Resuelve.

13. El viernes, 335 personas visitaron el santuario de aves; el sábado lo visitaron 475 personas y el domingo, 525 personas. ¿Cuántas personas lo visitaron en los tres días?

14. Sigue los pasos Los boletos para el santuario de aves cuestan $4.75 para los adultos y $2.35 para los niños. La Sra. González compra boletos para ella y sus 2 hijos. ¿Cuánto gasta?

Repaso general • Preparación para exámenes

Respuesta directa

Cuenta salteado para hallar los números que faltan. (Cap. 1, Lección 5)

15. 15, 20, ____, 30, 35

16. 40, 45, 50, ____, 60, ____, 70

17. 30, 40, 50, 60, ____, ____

18. ¿Qué método usarías para hallar 482 + 346? (Cap. 4, Lección 8)

Explica tu decisión.

Práctica adicional Consulta la página 105, Conjunto G.

Capítulo 4 Lección 8   101

Resolver problemas: Decisión
Estimación o respuesta exacta

Objetivo Decidir si se necesita una estimación o una respuesta exacta para resolver un problema.

Antes de resolver un problema, debes decidir si necesitas una estimación o una respuesta exacta.

Esta leona pesa 338 libras. Este león pesa 157 libras más que la leona.

▶ **A veces necesitas una respuesta exacta para resolver un problema.**

Imagina que alguien te pregunta: "¿Cuánto pesa el león?"

Como se está preguntando el peso exacto, debes sumar 338 libras más 157 libras.

$$\begin{array}{r} 338 \\ + \ 157 \\ \hline 495 \end{array}$$

El león pesa 495 libras.

▶ **A veces necesitas una estimación para resolver un problema.**

Imagina que alguien te pregunta: "¿Más o menos cuánto pesa el león?"

Como se está preguntando "más o menos cuánto", puedes estimar para resolver el problema.

338	se redondea a ▷	300
+ 157	se redondea a ▷	+ 200
495		500

El león pesa más o menos 500 libras.

Resuelve. Indica si necesitas un resultado exacto o una estimación.

1. **Sigue los pasos** Dos cebras jóvenes pesan 357 libras cada una. Una cebra adulta pesa 765 libras. Las dos cebras jóvenes juntas, ¿pesan más o pesan menos que la cebra adulta? Explica.

2. Un elefante africano pesa aproximadamente 8,000 libras más que una jirafa, que pesa 2,790 libras. ¿Más o menos cuánto pesa el elefante?

Pensamiento algebraico
¿Cuál es el número?

Diferentes figuras pueden representar diferentes números.
Las mismas figuras pueden representar el mismo número.

⭐ + ⭐ = 10

Cada estrella representa el mismo número; por lo tanto, ⭐ debe ser igual a 5.

💜 + ⭐ = 8

Como la ⭐ es igual a 5 sabemos que el 💜 debe ser igual a 3.

Halla el valor de cada figura para que el enunciado de números sea verdadero.

1. ▲ + ▲ + 30 = 130

2. ▲ + ▲ + 6 = 106

3. ■ + ■ + 6 = 46

4. ■ + ■ + 8 = 48

5. ● + ● + 8 = 88

6. ▲ + ● = 90

7. ▲ + ■ + 5 = 75

8. ● + ■ + 10 = 70

9. ▲ + ● + ■ = 110

▲ = ?	■ = ?	● = ?

También se pueden usar diferentes letras para representar diferentes números.
Las mismas letras representan el mismo número.

10. $a + a = 40$

11. $a + b = 55$

12. $a + c = 60$

13. $b + b = 70$

14. $b + c + 10 = 85$

15. $a + b + 10 = 65$

16. $c + c + 2 = 82$

17. $a + a + a = 60$

18. $a + b + c = 95$

$a = ?$	$b = ?$	$c = ?$

Repaso/Examen del capítulo

VOCABULARIO

Escoge el mejor término para completar cada oración.

1. Si agrupas los sumandos para que sea más fácil sumarlos, estás usando la ____.

2. Cuando sumas 0 más 3, usas la ____.

3. Cuando no necesitas el resultado exacto, puedes ____.

Vocabulario

reagrupar

estimar

Propiedad asociativa

Propiedad del cero

CONCEPTOS Y DESTREZAS

Estima cada suma. (Lección 2, págs. 78 a 80)

4.	5.	6.	7.
37 + 42	45 + 38	843 + 486	$7.84 + 1.18

Suma. (Lecciones 1, 3 y 4, y 6 a 8, págs. 76 y 77, 82 a 88, 94 a 101)

8.	9.	10.	11.	12.
47 + 38	17 + 55	158 + 347	$43.86 + 23.59	2,158 + 4,591

13. 4 + (3 + 6)

14. 4 + 3 + 7 + 6

15. 18 + 65 + 39

16. (1 + 5) + 7

17. 3 + 9 + 1 + 3

18. 77 + 13 + 49

RESOLVER PROBLEMAS

Resuelve. (Lecciones 5, 9, págs. 90–93, 102)

19. En total, Ken y Amy tienen 36 monedas. Ken tiene 4 monedas más que Amy. ¿Cuántas monedas tiene Amy?

20. Hay 318 libros de misterio en la biblioteca Grove. La biblioteca Fox tiene 297 libros de misterio. ¿Cuántos libros de misterio tienen ambas bibliotecas en total?

Escríbelo

Muestra lo que sabes

Daniel vio esta operación de suma.

5,048
+ 1,011

Daniel dijo que necesitaba una calculadora porque no podía sumar mentalmente estos números. ¿Estás de acuerdo? ¿Por qué?

Práctica adicional

Conjunto A (Lección 1, págs. 76 y 77)

Halla cada suma.

1. $3 + 2 + (8 + 2)$ **2.** $9 + (3 + 6 + 1)$ **3.** $(2 + 5 + 3) + 2$

Conjunto B (Lección 2, págs. 78 a 80)

Estima cada suma.

1. $48 + 55$ **2.** $67 + 99$ **3.** $726 + 109$ **4.** $\$4.85 + \$3.25$

Conjunto C (Lección 3, págs. 82 a 84)

Suma.

1. $27 + 68$ **2.** $64 + 28$ **3.** $139 + 351$ **4.** $\$5.46 + \$2.07$

Conjunto D (Lección 4, págs. 86 a 88)

Halla cada suma.

1.	**2.**	**3.**	**4.**	**5.**
46	428	$4.86	122	319
+ 87	+ 491	+ 3.29	+ 799	+ 293

Conjunto E (Lección 6, págs. 94 a 96)

Suma. Comprueba sumando en un orden diferente.

1.	**2.**	**3.**	**4.**	**5.**
22	47	36	251	271
28	31	149	27	316
+ 33	+ 12	+ 12	+ 403	511
				+ 104

Conjunto F (Lección 7, págs. 98 y 99)

Halla cada suma. Estima para comprobar.

1.	**2.**	**3.**	**4.**	**5.**
$21.79	8,873	$30.57	1,287	6,803
+ 33.26	+ 1,029	+ 54.61	+ 6,765	+ 2,197

Conjunto G (Lección 8, págs. 100 y 101)

Suma. Escoge entre el cálculo mental, papel y lápiz o calculadora.

1. $15 + 13$ **2.** $185 + 200$ **3.** $501 + 710$ **4.** $6{,}395 + 5{,}463$

Restar números enteros

INVESTIGACIÓN

Usar datos

Los tranvías de San Francisco se "agarran" a cables bajo la calle y viajan a más o menos 10 millas por hora. Mira la tabla. Usa la información para escribir un enunciado de números que muestre el número de años que pasaron entre dos sucesos.

Los tranvías de San Francisco	
1873	Primera prueba del sistema de tranvías.
1878	Los tranvías entran en servicio.
1951	Se paraliza el servicio de los tranvías.
1984	Se restablece el sistema de tranvías.

Aplica lo que sabes

**Usa esta página para repasar y recordar
lo que necesitas saber para este capítulo.**

VOCABULARIO

Escoge el mejor término para completar cada oración.

Vocabulario

reagrupar

estimar

centenas

millares

diferencia

1. Para hallar un resultado cercano a la cantidad
exacta, puedes _____.

2. Para mostrar un número de otra manera, puedes
_____ 10 bloques de unidades como 1 bloque
de base 10.

3. En el enunciado de números 9 − 4 = 5, el
número 5 es la _____.

4. El número 832 es igual a 7 _____,
13 decenas y 2 unidades.

CONCEPTOS Y DESTREZAS

Resta. Reagrupa si es necesario.

5. $\begin{array}{r} 13 \\ -\ 4 \\ \hline \end{array}$
6. $\begin{array}{r} 15 \\ -\ 7 \\ \hline \end{array}$
7. $\begin{array}{r} 17 \\ -\ 8 \\ \hline \end{array}$
8. $\begin{array}{r} 12 \\ -\ 5 \\ \hline \end{array}$
9. $\begin{array}{r} 14 \\ -\ 9 \\ \hline \end{array}$

10. $\begin{array}{r} 60 \\ -\ 50 \\ \hline \end{array}$
11. $\begin{array}{r} 70 \\ -\ 30 \\ \hline \end{array}$
12. $\begin{array}{r} 90 \\ -\ 20 \\ \hline \end{array}$
13. $\begin{array}{r} 30 \\ -\ 20 \\ \hline \end{array}$
14. $\begin{array}{r} 50 \\ -\ 30 \\ \hline \end{array}$

15. $\begin{array}{r} 43 \\ -\ 12 \\ \hline \end{array}$
16. $\begin{array}{r} 67 \\ -\ 53 \\ \hline \end{array}$
17. $\begin{array}{r} 72 \\ -\ 26 \\ \hline \end{array}$
18. $\begin{array}{r} 84 \\ -\ 65 \\ \hline \end{array}$
19. $\begin{array}{r} 53 \\ -\ 47 \\ \hline \end{array}$

Escríbelo

20. Observa el trabajo de Roger
que está a la derecha. ¿Qué
error cometió? Resta los
números correctamente.

Roger
$\begin{array}{r} 27 \\ -18 \\ \hline 11 \end{array}$

Práctica de operaciones Consulta la página 666.

Reglas de la resta

Objetivo Usar las reglas de la resta para hallar diferencias.

Apréndelo

Las reglas de la resta y una buena imagen mental con frecuencia te ayudarán a hallar una solución.

Reglas de la resta

Restar cero

Tres personas suben a un ascensor vacío. Nadie sube ni baja en el siguiente piso. ¿Cuántas personas hay en el ascensor?

Todavía hay 3 personas en el ascensor.

Cuando le restas 0 a un número, la **diferencia** es ese número.

$$3 - 0 = 3$$

Restar un número de sí mismo

Seis personas suben a un ascensor vacío. Los 6 bajan en el siguiente piso y nadie sube. ¿Cuántas personas hay en el ascensor?

Hay 0 personas en el ascensor.

Cuando restas un número de sí mismo, la diferencia es cero.

$$6 - 6 = 0$$

Práctica guiada

Halla cada diferencia.

1. $\begin{array}{r} 12 \\ -\,12 \\ \hline \end{array}$

2. $\begin{array}{r} 1 \\ -\,0 \\ \hline \end{array}$

3. $\begin{array}{r} 20 \\ -\,20 \\ \hline \end{array}$

4. $\begin{array}{r} 10 \\ -\,0 \\ \hline \end{array}$

5. $7 - 4 - 3$ 6. $35 - 0$ 7. $15 - 15$ 8. $40 + 4 - 4$

Asegúrate

- ¿Son iguales los números?
- ¿Estoy restando cero?

Explícalo ▶ Si hay 10 fichas sobre la mesa y quitas 10, ¿cuántas quedan en la mesa? Explica cómo lo sabes.

Resta. Usa las reglas de la resta cuando puedas.

9. 11
    − 1

10. 15
    − 0

11. 13
    − 10

12. 18
    − 18

13. 19
    − 7

14. 26
    − 0

15. 37
    − 17

16. 14
    − 0

17. 29
    − 14

18. 77
    − 77

19. $13 - 13$ 20. $16 - 0$ 21. $12 - 3$ 22. $53 - 21$

𝑥 Álgebra • Propiedades Halla los números que faltan.

23. $13 - \blacksquare = 13$ 24. $\blacksquare - 15 = 0$ 25. $0 = 16 - \blacksquare$

26. $\blacksquare - 0 = 18$ 27. $\blacksquare - 14 = 0$ 28. $\blacksquare - 20 = 0$

29. $25 - \blacksquare = 25$ 30. $0 = \blacksquare - 31$ 31. $\blacksquare = 52 - 52$

Resuelve.

32. Soy la diferencia cuando se le resta 0 a 24. ¿Qué número soy?

33. Cuando me restan 0, la diferencia es 21. ¿Qué número soy?

34. Soy la diferencia cuando se le resta 35 a 35. ¿Qué número soy?

35. **Sigue los pasos** En el primer piso, suben a un ascensor vacío siete personas. En el segundo piso se bajan tres personas y suben tres personas. ¿Cuántas personas hay en el ascensor?

Respuesta directa

Halla cada suma. (Cap. 4, Lección 1)

36. $6 + 3 = \blacksquare$
    $3 + 6 = \blacksquare$

37. $4 + 0 = \blacksquare$
    $0 + 4 = \blacksquare$

38. $2 + (7 + 3)$

39. $8 + (2 + 5)$

40. Sue tiene 32 sellos. Luego reúne otros 29 sellos. Finalmente regala 61 sellos. ¿Cuántos sellos le quedan?
    (Cap. 5, Lección 1)

Relacionar la suma y la resta

Vocabulario

familia de operaciones

Objetivo Aprender cómo se relacionan la suma y la resta.

Apréndelo

Un autobús escolar hace 10 paradas camino a la escuela. El autobús ya ha hecho 4 paradas. ¿Cuántas paradas más hará?

La suma y la resta están relacionadas. Puedes usar cualquiera de las dos operaciones para hallar el resultado.

Diferentes maneras de hallar la diferencia entre 10 y 4

Manera ① Escribe un enunciado de suma. Halla el sumando que falta.

$$4 + \blacksquare = 10$$

↑ paradas realizadas ↑ paradas restantes ↑ paradas en total (suma)

●●●● + ●●●●●●
1 2 3 4 5 6 7 8 9 10

$$4 + 6 = 10$$

Manera ② Escribe un enunciado de resta. Halla la diferencia.

$$10 - 4 = \blacksquare$$

↑ paradas en total ↑ paradas realizadas ↑ paradas restantes (diferencia)

●●●●●● ●●●●
1 2 3 4 5 6 7 8 9 10

$$10 - 4 = 6$$

Solución: El autobús hará 6 paradas más.

Una **familia de operaciones** es un grupo de operaciones relacionadas que usa los mismos números.

Las familias de operaciones muestran cómo se relacionan la suma y la resta.

Familia de operaciones para 4, 6 y 10.

$$4 + 6 = 10 \qquad 10 - 4 = 6$$
$$6 + 4 = 10 \qquad 10 - 6 = 4$$

Práctica guiada

Usa fichas para hallar los números que faltan.

1. $3 + \blacksquare = 7$
$7 - 3 = 4$

2. $\blacksquare + 10 = 22$
$22 - 10 = 12$

3. $40 + \blacksquare = 60$
$60 - 40 = 20$

Explícalo ▶ Sólo hay dos operaciones en la familia de operaciones para 3, 3 y 6. Explica por qué.

Asegúrate

- ¿Cómo me ayuda la operación dada para hallar el número que falta?
- ¿Debo hallar un sumando que falta o la diferencia?

Practicar y resolver problemas

Usa fichas para hallar los números que faltan.

4. $\blacksquare + 3 = 8$
$8 - 3 = 5$

5. $\blacksquare + 7 = 15$
$15 - 7 = 8$

6. $14 + \blacksquare = 24$
$24 - 14 = 10$

7. $6 + \blacksquare = 15$
$15 - 6 = 9$

Completa cada familia de operaciones.

8. $6 + 8 = 14$
$8 + \blacksquare = 14$
$14 - 8 = \blacksquare$
$14 - \blacksquare = 8$

9. $7 + 9 = 16$
$9 + 7 = \blacksquare$
$16 - 9 = \blacksquare$
$16 - \blacksquare = 9$

10. $2 + 8 = 10$
$\blacksquare + 2 = 10$
$10 - 2 = \blacksquare$
$\blacksquare - 8 = 2$

11. $4 + 5 = 9$
$5 + \blacksquare = 9$
$\blacksquare - 5 = 4$
$9 - \blacksquare = 5$

Resuelve.

12. Represéntalo Veintiocho estudiantes toman el autobús a la escuela. Diecinueve estudiantes toman el autobús a casa. Escribe un enunciado de suma para hallar cuántos estudiantes más toman el autobús en la mañana.

13. Escribe un problema verbal sencillo que pueda representarse con modelos usando las siguientes fichas.

Repaso general • Preparación para exámenes

Respuesta directa

Redondea al dólar más cercano.

(Cap. 3, Lección 5)

14. $7.08 **15.** $1.81 **16.** $3.45

17. $5.27 **18.** $8.69 **19.** $2.50

20. $0.79 **21.** $3.09 **22.** $6.22

23. Antonio escribió $39 - 18 = 21$. ¿Qué enunciado de suma podría usar para comprobar su resultado? (Cap. 5, Lección 2)

Lección 3

Estimar diferencias

Objetivo Redondear números para estimar diferencias.

Apréndelo

Bobby vive en Orlando, Florida. Su amigo vive en Sarasota, Florida, y su tío vive en Jasper, Florida. ¿Aproximadamente cuánta distancia más hay entre la casa de Bobby y la casa de su abuelo que entre la casa de Bobby y la casa de su amigo?

Las palabras *aproximadamente* o *más o menos*, te dicen que no necesitas un resultado exacto.

Estima cuántas millas más hay de Orlando a Jasper que de Orlando a Sarasota.

Estima 168 − 108.

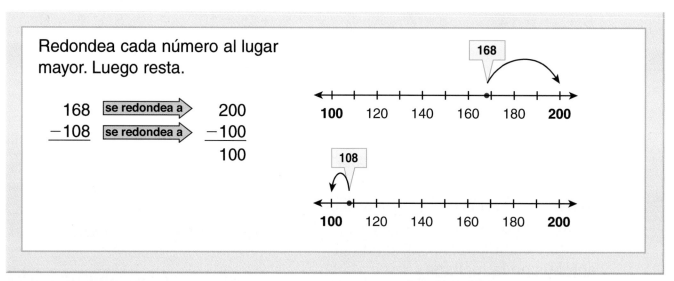

Redondea cada número al lugar mayor. Luego resta.

$$168 \xrightarrow{\text{se redondea a}} 200$$
$$-108 \xrightarrow{\text{se redondea a}} -100$$
$$100$$

Solución: Bobby vive aproximadamente 100 millas más lejos de su tío que de su amigo.

Otros ejemplos

A. Números de dos dígitos.

$$85 \xrightarrow{\text{se redondea a}} 90$$
$$-57 \xrightarrow{\text{se redondea a}} -60$$
$$30$$

Recuerda
Como el dígito de las unidades de 85 es 5, 85 se redondea a 90.

85 − 57 es más o menos 30.

B. Dinero

$$\$4.35 \xrightarrow{\text{se redondea a}} \$4.00$$
$$-2.27 \xrightarrow{\text{se redondea a}} -2.00$$
$$\$2.00$$

$4.35 − $2.27 es más o menos $2.00.

**Redondea cada número al lugar mayor.
Luego resta.**

1. 528
   − 364

2. 78
   − 61

3. 234
   − 132

4. $6.25 − $2.87

5. 736 − 187

Explícalo ▶ ¿Es razonable decir que 439 − 199 es más o menos 500? Explica.

Practicar y resolver problemas

Redondea cada número al lugar mayor. Luego resta.

6. 84
   − 61

7. 91
   − 44

8. 42
   − 24

9. 39
   − 12

10. 48
    − 22

11. $8.83
    − 5.59

12. 777
    − 192

13. $709
    − 612

14. 941
    − 811

15. $7.85
    − 4.70

16. 57 − 41

17. 82 − 54

18. 842 − 714

19. $932 − $321

20. $6.75 − $3.19

21. 742 − 211

22. Los abuelos de Bobby tienen que recorrer 420 millas en carro para llegar a Orlando. Recorren 185 millas y luego se detienen a almorzar. ¿Más o menos cuántas millas les quedan?

23. **Sigue los pasos** En su camino a Orlando, la abuela de Bobby compró 2 camisetas y 3 botellas de protector solar. ¿Más o menos cuánto cambio debe recibir de un billete de cincuenta dólares?

24. **Dinero** Bobby tiene 7 billetes de un dólar, 9 monedas de veinticinco centavos, 5 monedas de diez centavos y 3 monedas de cinco centavos. ¿Tiene Bobby suficiente dinero para comprar una camiseta? Explica tu razonamiento.

Continúa ▶

Decide si cada estimación es razonable. Si no es razonable, escribe una estimación que sí sea razonable.

25. 832 − 214 es más o menos 600

26. 49 − 12 es más o menos 20

27. 908 − 582 es más o menos 500

28. 92 − 11 es más o menos 80

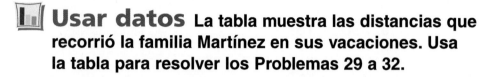 **Usar datos** La tabla muestra las distancias que recorrió la familia Martínez en sus vacaciones. Usa la tabla para resolver los Problemas 29 a 32.

29. ¿Aproximadamente cuántas millas más recorrió la familia Martínez para llegar a la playa que al campamento?

30. Los Martínez podrían haber visitado a un primo que vive a 384 millas de distancia. ¿Aproximadamente cuántas millas más que la distancia a la casa de su tía es eso?

31. Crea y resuelve Usa la información de la tabla para escribir tu propio problema. Luego, pide a un compañero de clase que lo resuelva.

Millas recorridas	
Lugar	**Número de millas**
Playa	292 miles
Campamento	218 miles
Casa de la tía	178 miles
Parque temático	109 miles

32. Escríbelo ¿Cuándo podría ser importante saber el número exacto de millas que hay hasta cada lugar?

Repaso general • Preparación para exámenes

Respuesta directa

Decide si cada objeto pesa más o pesa menos de una libra. (Grado 2)

33.

34.

35.

36. Hay 51 árboles en el parque comunitario. Hace diez años se plantaron allí los primeros 18 árboles. ¿Aproximadamente cuántos árboles más hay en el parque ahora? Explica cómo hallaste la respuesta. (Cap. 5, Lección 3)

Práctica adicional Consulta la página 133, Conjunto C.

Razonamiento matemático
Estimación por la izquierda

Resolver problemas

Redondear no es la única manera de estimar diferencias. Otra manera es restar los dígitos de la izquierda de los números. A esto se le llama **estimación por la izquierda.**

Vocabulario

estimación por la izquierda

Éstos son algunos ejemplos de estimación por la izquierda.

Números de dos dígitos

Los dígitos de la izquierda son decenas. Resta las decenas.

$$
\begin{array}{rcr}
65 & \rightarrow & 60 \\
-\,44 & \rightarrow & -\,40 \\
\hline
 & & 20
\end{array}
$$

Por lo tanto, 65 − 44 es más o menos 20.

Monedas de diez centavos

Los dígitos de la izquierda son decenas de centavos. Resta las decenas de centavos.

$$
\begin{array}{rcr}
\$0.52 & \rightarrow & \$0.50 \\
-\,0.16 & \rightarrow & -\,0.10 \\
\hline
 & & \$0.40
\end{array}
$$

Por lo tanto, $0.52 − $0.16 es más o menos $0.40.

Números de tres dígitos

Los dígitos de la izquierda son centenas. Resta las centenas.

$$
\begin{array}{rcr}
547 & \rightarrow & 500 \\
-\,266 & \rightarrow & -\,200 \\
\hline
 & & 300
\end{array}
$$

Por lo tanto, 547 − 266 es más o menos 300.

Dólares

Los dígitos de la izquierda son dólares. Resta los dólares.

$$
\begin{array}{rcr}
\$8.49 & \rightarrow & \$8.00 \\
-\,2.78 & \rightarrow & -\,2.00 \\
\hline
 & & \$6.00
\end{array}
$$

Por lo tanto, $8.49 − $2.78 es más o menos $6.00.

En cada problema, usa la estimación por la izquierda para estimar la diferencia.

1.
$$
\begin{array}{r}
76 \\
-\,64 \\
\hline
\end{array}
$$

2.
$$
\begin{array}{r}
36 \\
-\,33 \\
\hline
\end{array}
$$

3.
$$
\begin{array}{r}
241 \\
-\,183 \\
\hline
\end{array}
$$

4.
$$
\begin{array}{r}
868 \\
-\,459 \\
\hline
\end{array}
$$

5.
$$
\begin{array}{r}
\$5.45 \\
-\,3.67 \\
\hline
\end{array}
$$

6. Compara tus estimaciones con las diferencias reales en los Ejercicios 1 a 5. ¿Son las estimaciones mayores o menores que las diferencias?

7. **Analízalo** Mira los ejemplos de la derecha. ¿En cuál obtendrías la misma estimación usando redondeo que estimación por la izquierda?

884 − 245 = ▪

538 − 125 = ▪

⊙ **Tutor en audio 1/15** Escucha y comprende

Reagrupar decenas

Objetivo Reagrupar decenas como unidades al restar.

Apréndelo

Este trasbordador lleva pasajeros desde la costa de Carolina del Norte hasta una isla de la Barrera de Islas. Lleva 245 personas. Si 119 personas bajan del trasbordador, ¿cuántas personas quedan en el trasbordador?

Resta. 245 − 119 = ▨

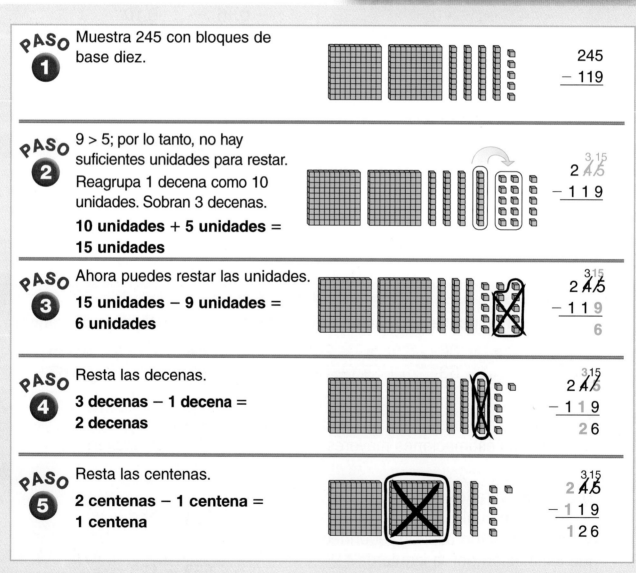

PASO 1
Muestra 245 con bloques de base diez.

$$\begin{array}{r} 245 \\ -119 \\ \hline \end{array}$$

PASO 2
9 > 5; por lo tanto, no hay suficientes unidades para restar. Reagrupa 1 decena como 10 unidades. Sobran 3 decenas.

10 unidades + 5 unidades = 15 unidades

$$\begin{array}{r} 2\overset{3,15}{\cancel{4}\cancel{5}} \\ -119 \\ \hline \end{array}$$

PASO 3
Ahora puedes restar las unidades.

15 unidades − 9 unidades = 6 unidades

$$\begin{array}{r} 2\overset{3,15}{\cancel{4}\cancel{5}} \\ -119 \\ \hline 6 \end{array}$$

PASO 4
Resta las decenas.

3 decenas − 1 decena = 2 decenas

$$\begin{array}{r} 2\overset{3,15}{\cancel{4}\cancel{5}} \\ -119 \\ \hline 26 \end{array}$$

PASO 5
Resta las centenas.

2 centenas − 1 centena = 1 centena

$$\begin{array}{r} 2\overset{3,15}{\cancel{4}\cancel{5}} \\ -119 \\ \hline 126 \end{array}$$

Solución: Quedan 126 personas en el trasbordador.

Usa la estimación para comprobar que tu resultado es razonable.	Usa la suma para comprobar que tu resultado es correcto.

Usa la estimación para comprobar que tu resultado es razonable.

$$245 \xrightarrow{\text{se redondea a}} 200$$
$$-119 \xrightarrow{\text{se redondea a}} -100$$
$$100$$

La diferencia debe ser más o menos 100; por lo tanto, 126 es un resultado razonable.

Usa la suma para comprobar que tu resultado es correcto.

$$\begin{array}{r} 245 \\ -119 \\ \hline 126 \end{array} \qquad \begin{array}{r} 126 \\ +119 \\ \hline 245 \end{array}$$

Los números son iguales; por lo tanto, la diferencia es correcta.

Otros ejemplos

A. Números de dos dígitos

$$\begin{array}{r} \overset{3\ 18}{\cancel{4}\cancel{8}} \\ -2\ 9 \\ \hline 1\ 9 \end{array}$$

B. Dinero

$$\begin{array}{r} \overset{6\ 12}{\$7\cancel{7}\cancel{2}} \\ -2\ 1\ 4 \\ \hline \$5\ 5\ 8 \end{array}$$

C. Diferencia de dos dígitos

$$\begin{array}{r} \overset{4\ 13}{6\cancel{5}\cancel{3}} \\ -6\ 2\ 5 \\ \hline 2\ 8 \end{array}$$

Práctica guiada

Asegúrate
- ¿Hay suficientes unidades para restar?
- Si no hay suficientes unidades, ¿qué debo hacer?

Resta. Estima o suma para comprobar.

1. $\begin{array}{r} \$96 \\ -27 \end{array}$
2. $\begin{array}{r} 45 \\ -18 \end{array}$
3. $\begin{array}{r} \$994 \\ -385 \end{array}$
4. $\begin{array}{r} 878 \\ -162 \end{array}$

5. $67 - 38$
6. $438 - 119$
7. $\$875 - \$432$

Resta. Luego escribe *sí* en cada ejercicio donde reagrupaste una decena para formar 10 unidades.

8. $\begin{array}{r} 75 \\ -26 \end{array}$
9. $\begin{array}{r} 29 \\ -23 \end{array}$
10. $\begin{array}{r} \$77 \\ -45 \end{array}$

11. $\begin{array}{r} 316 \\ -212 \end{array}$
12. $\begin{array}{r} 647 \\ -608 \end{array}$
13. $\begin{array}{r} \$723 \\ -515 \end{array}$

Explícalo ▶ Cuando miras un ejercicio, ¿cómo sabes si debes reagrupar una decena como diez unidades?

Continúa ▶

Halla cada diferencia. Estima para comprobar.

| 14. | $78 − 39 | 15. | 81 − 56 | 16. | 55 − 17 | 17. | $63 − 42 | 18. | 36 − 28 |

14. $78
− 39

15. 81
− 56

16. 55
− 17

17. $63
− 42

18. 36
− 28

19. 432
− 116

20. 265
− 124

21. $693
− 266

22. 731
− 708

23. 963
− 457

24. $91 − $15   25. 53 − 29   26. $52 − $41   27. 87 − 49

✗ Álgebra • Funciones Completa cada tabla.

Regla: Restar 36	
Entrada	**Salida**
28. 58	▨
29. 62	▨
30. ▨	39

Regla: Restar $154	
Entrada	**Salida**
31. $286	▨
32. ▨	$418
33. ▨	$631

Regla: Restar 326	
Entrada	**Salida**
34. ▨	441
35. 544	▨
36. ▨	168

📊 Usar datos Usa la tabla para resolver los Problemas 37 a 39.

37. ¿Cuántas personas más tomaron el trasbordador de las 10:00 a.m. que el de las 9:00 a.m.?

38. **Analízalo** Un equipo de baloncesto de 24 jugadores perdió el trasbordador de las 7:00 a.m. y tuvo que tomar el siguiente. Si toman el trasbordador de las 7:00 a.m., ¿en qué cambiarían los números de la tabla?

39. **Crea y resuelve** Usa la información de la tabla para escribir tu propio problema. Luego, pide a un compañero de clase que lo resuelva.

40. El lunes, el trasbordador de las 9:00 a.m. tuvo tres pasajeros más que el trasbordador de las 10:00 a.m. Juntos llevaron 25 pasajeros. ¿Cuántos pasajeros iban en el trasbordador de las 9:00 a.m.?

Número de pasajeros el sábado	
Hora	**Pasajeros**
7:00 a.m.	119
8:00 a.m.	228
9:00 a.m.	254
10:00 a.m.	262

Práctica adicional Consulta la página 133, Conjunto D.

Respuesta directa

Redondea las cantidades a la decena de dólar más cercana. (Cap. 3, Lección 5)

41. $11.87   **42.** $54.52

43. $7.25   **44.** $67.14

45. $25.96   **46.** $73.44

47. Este año participaron 785 personas en una caminata. El año pasado participaron 469 personas. ¿Cuántas personas más que el año pasado participaron este año?

(Cap. 5, Lección 4)

Conectar con los estudios sociales

Resolver problemas

Puntos de referencia de los Estados Unidos

Usa la tabla para resolver los acertijos.

1. Soy el único monumento cuya altura no se redondea a 600 pies al redondear a la centena más cercana.

2. Si restas 25 pies de mi altura, seré del tamaño del monumento de Seattle.

3. Mido más o menos 400 pies más que un monumento y 50 pies menos que otro.

4. Si sumas mi altura y la altura de una estatua de Nueva York, la suma será 757 pies.

5. No soy el monumento más alto ni el más bajo de la lista. Uno de mis dígitos es cero.

Punto de referencia de EUA	Altura
Arco el paso St. Louis, Missouri	630 pies
Estatua de la Libertad Isla Liberty, Nueva York	152 pies
Space Needle Seattle, Washington	605 pies
Monumento a Washington Washington, D.C.	555 pies

WEEKLY WR READER

Reagrupar decenas y centenas

Objetivo Reagrupar decenas y centenas para restar.

Apréndelo

La mamá de Héctor conduce el tren que va de Chicago, Illinois, a Lincoln, Nebraska. Hay 557 millas de Chicago a Lincoln. El tren acaba de detenerse en Ottumwa, Iowa. ¿Cuántas millas le faltan para llegar a Lincoln?

NEBRASKA · IOWA · 278 millas · Chicago · Lincoln · Ottumwa · ILLINOIS · ?

Resta. 557 − 278 = ▓

PASO 1 8 > 7; por lo tanto, debes reagrupar 1 decena como 10 unidades.

$$\begin{array}{r} {}^{4\ 17}5\cancel{5}\cancel{7} \\ -278 \\ \hline \end{array}$$

PASO 2 Resta las unidades.

17 − 8 = 9

$$\begin{array}{r} {}^{4\ 17}5\cancel{5}\cancel{7} \\ -278 \\ \hline 9 \end{array}$$

PASO 3 7 > 4; por lo tanto, debes reagrupar 1 centena como 10 decenas.

$$\begin{array}{r} {}^{4\ 14\ 17}\cancel{5}\cancel{5}\cancel{7} \\ -278 \\ \hline 9 \end{array}$$

PASO 4 Resta las decenas.

14 − 7 = 7

$$\begin{array}{r} {}^{4\ 14\ 17}\cancel{5}\cancel{5}\cancel{7} \\ -278 \\ \hline 7\ 9 \end{array}$$

PASO 5 Resta las centenas.

4 − 2 = 2

$$\begin{array}{r} {}^{4\ 14\ 17}\cancel{5}\cancel{5}\cancel{7} \\ -278 \\ \hline 2\ 7\ 9 \end{array}$$

Usa la suma para comprobar.

$$\begin{array}{r} 557 \\ -278 \\ \hline 279 \end{array} \qquad \begin{array}{r} 279 \\ +278 \\ \hline 557 \end{array}$$

Solución: Faltan 279 millas para llegar a Lincoln.

Otro ejemplo

Dinero

$$\begin{array}{r} {}^{8\ \ 12\ 14}\$\cancel{9}.\cancel{3}\cancel{4} \\ -\ 3.45 \\ \hline \$5.89 \end{array}$$

Baja el punto decimal y el signo de dólar.

Halla cada diferencia.

1. 624 − 378	**2.** $8.52 − 1.74	**3.** 962 − 141	**4.** $7.28 − 3.49

5. 315 − 248   **6.** $9.56 − $6.37   **7.** 752 − 268

Explícalo ▶ ¿Por qué a veces debes reagrupar en más de un lugar?

Practicar y resolver problemas

Resta. Suma para comprobar.

8. 436 − 158	**9.** $7.23 − 2.35	**10.** 542 − 167	**11.** 824 − 537
12. $9.53 − 4.78	**13.** 318 − 139	**14.** 764 − 291	**15.** 687 − 353

16. 458 − 121   **17.** $8.42 − $1.79   **18.** 574 − 268

19. 536 − 289   **20.** 764 − 132   **21.** 692 − 263

Redondea para estimar. Luego escoge la respuesta correcta.

22. 315 − 186   **23.** 786 − 459   **24.** 634 − 265

   a. 129 **b.** 229   **a.** 427 **b.** 327   **a.** 369 **b.** 469

Resuelve.

25. Shara recorrerá 650 millas en un viaje en tren. Ha recorrido 365 millas hasta ahora. ¿Cuántas millas más recorrerá?

26. Escríbelo Cameron tomó 162 fotos en su viaje en tren hacia California y 128 fotos en el viaje de regreso. ¿Puede hacer 2 collages que lleven 150 fotos cada uno? Explica.

Continúa ▶

X Álgebra • **Símbolos** Usa el cálculo mental y las reglas de la resta para comparar. Escribe >, < ó = en cada ⬤.

27. 35 + 20 ⬤ 55 − 10

28. 15 + 15 ⬤ 50 − 10

29. 45 + 20 ⬤ 90 − 25

30. 100 − 70 ⬤ 23 + 17

31. 13 + 13 ⬤ 45 − 20

32. 85 − 45 ⬤ 16 + 24

Resuelve.

33. Se inscribieron un total de 243 personas para un viaje al cañón Bruneau. Si 154 eran adultos, ¿cuántos niños se inscribieron para el viaje?

34. **Dinero** Janice tiene $10. Si los mapas para las caminatas por el cañón cuestan $3 cada uno, ¿tiene Janice suficiente dinero para comprar 3 mapas?

35. Janice camina por un sendero del cañón Bruneau. Le faltan 240 pies más por caminar. Si camina 165 pies y luego se detiene a tomar agua, ¿cuántos pies más debe caminar?

Cañón Bruneau, Idaho

Repaso general • Preparación para exámenes

Respuesta directa

Halla cada suma. (Cap. 4, Lección 6)

36.
```
   15
   69
 + 25
```

37.
```
   26
   32
 + 40
```

38.
```
   293
   415
 + 137
```

39.
```
  $1.83
   5.06
 + 2.70
```

Selección múltiple

40. Leticia tiene un rompecabezas de 422 piezas. Hasta ahora ha armado 293 piezas. ¿Cuántas piezas le quedan por armar?
(Cap. 5, Lección 5)

A 229

C 129

B 139

D 121

Práctica adicional Consulta la página 133, Conjunto E.

Razonamiento matemático
Diferentes maneras de restar

Éstas son dos maneras diferentes de usar el cálculo mental para restar.

▶ **Colby descompone los números para restar números más fáciles.**

$$\begin{array}{r} 67 \\ -\ 9 \\ \hline \end{array}$$

$$\begin{array}{r} 67 \\ -\ 7 \\ \hline 60 \\ -\ 2 \\ \hline 58 \end{array}$$

Colby piensa en el 9 como 7 + 2.

$$\begin{array}{r} 52 \\ -\ 37 \\ \hline \end{array}$$

$$\begin{array}{r} 52 \\ -\ 2 \\ \hline 50 \\ -\ 30 \\ \hline 20 \\ -\ 5 \\ \hline 15 \end{array}$$

Colby piensa en el 37 como 2 + 30 + 5.

- ¿Por qué pensar en el 9 como 7 + 2 ayuda a Colby a restar?

- ¿Por qué pensar en el 37 como 2 + 30 + 5 ayuda a Colby a restar?

▶ **Tim halla números más fáciles al sumar.**

$$\begin{array}{r} 67 \\ -\ 9 \\ \hline \end{array}$$

$$\begin{array}{r} 68 \\ -\ 10 \\ \hline 58 \end{array}$$

Tim suma 1 a cada número.

$$\begin{array}{r} 52 \\ -\ 37 \\ \hline \end{array}$$

$$\begin{array}{r} 55 \\ -\ 40 \\ \hline 15 \end{array}$$

Tim suma 3 a cada número.

- ¿Por qué sumarle 1 a cada número ayuda a Tim a restar?

- ¿Por qué sumarle 3 a cada número ayuda a Tim a restar?

Halla cada diferencia. Usa el método de Colby, el de Tim y el método usual.

1. $\begin{array}{r} 43 \\ -7 \\ \hline \end{array}$
2. $\begin{array}{r} 22 \\ -9 \\ \hline \end{array}$
3. $\begin{array}{r} 54 \\ -6 \\ \hline \end{array}$
4. $\begin{array}{r} 87 \\ -28 \\ \hline \end{array}$
5. $\begin{array}{r} 52 \\ -36 \\ \hline \end{array}$

6. **Explícalo** ¿Por qué funciona el método de Tim para la resta?

Restar números mayores

Objetivo Aprender a restar números de cuatro dígitos.

Apréndelo

Tres aviones aterrizan en un aeropuerto. Los aviones llevan un total de 1,445 pasajeros y 2,932 maletas. ¿Cuántas maletas más que pasajeros hay?

Resta. 2,932 − 1,445 = ▨

Diferentes maneras de restarle 1,445 a 2,932.

Manera ① Usa papel y lápiz.

Paso 1 5 > 2; por lo tanto, debes reagrupar 1 decena como 10 unidades.

$$\begin{array}{r} 2\,12 \\ 2{,}9\cancel{3}\cancel{2} \\ -\ 1{,}4\,4\,5 \\ \hline \end{array}$$

Paso 2 Resta las unidades.

$$12 - 5 = 7$$

$$\begin{array}{r} 2\,12 \\ 2{,}9\cancel{3}\cancel{2} \\ -\ 1{,}4\,4\,5 \\ \hline 7 \end{array}$$

Paso 3 4 > 2; por lo tanto, debes reagrupar 1 centena como 10 decenas.

$$\begin{array}{r} 12 \\ 8\ \cancel{2}\,12 \\ 2{,}\cancel{9}\cancel{3}\cancel{2} \\ -\ 1{,}4\,4\,5 \\ \hline 7 \end{array}$$

Paso 4 Resta las decenas.

$$12 - 4 = 8$$

$$\begin{array}{r} 12 \\ 8\ \cancel{2}\,12 \\ 2{,}\cancel{9}\cancel{3}\cancel{2} \\ -\ 1{,}4\,4\,5 \\ \hline 8\,7 \end{array}$$

Paso 5 Resta las centenas.

$$8 - 4 = 4$$

$$\begin{array}{r} 12 \\ 8\ \cancel{2}\,12 \\ 2{,}\cancel{9}\cancel{3}\cancel{2} \\ -\ 1{,}4\,4\,5 \\ \hline 4\,8\,7 \end{array}$$

Paso 6 Resta los millares.

$$2 - 1 = 1$$

$$\begin{array}{r} 12 \\ 8\ \cancel{2}\,12 \\ 2{,}\cancel{9}\cancel{3}\cancel{2} \\ -\ 1{,}4\,4\,5 \\ \hline 1{,}4\,8\,7 \end{array}$$

Manera ② Usa una calculadora.

Oprime:

Solución:

Solución: Hay 1,487 maletas más que pasajeros.

Otros ejemplos

A. Diferencia de tres dígitos

$$\begin{array}{r} 5\overset{14}{\cancel{4}}13 \\ 8,\cancel{6}\cancel{5}\cancel{3} \\ -8,489 \\ \hline 164 \end{array}$$

B. Dinero

$$\begin{array}{r} 3\,\overset{12}{\cancel{7}}\,14 \\ \$4\cancel{3}.\cancel{4}6 \\ -28.54 \\ \hline \$14.92 \end{array}$$

Práctica guiada

Resta.

1. 8,482
− 2,845

2. 6,287
− 1,402

3. $79.18
− 24.26

Asegúrate
- ¿Debo reagrupar?
- ¿Resté unidades, decenas, centenas y millares, en ese orden?

Explícalo ▶ ¿Cómo compruebas que tu resultado es razonable?

Practicar y resolver problemas

Halla cada diferencia. Suma o estima para comprobar.

4. 4,828
− 1,476

5. 8,726
− 3,579

6. 3,594
− 1,678

7. $69.25
− 28.39

8. 5,388
− 2,679

9. 9,824
− 6,912

10. $89.72
− 65.95

11. 4,828
− 4,539

12. 7,985
− 4,502

13. $29.25
− 15.12

14. 5,827
− 1,911

15. 7,254
− 3,108

16. 7,629
− 3,108

17. $46.58
− 43.62

18. 8,928
− 1,476

19. Había 1,149 personas en el espectáculo aéreo el viernes. El sábado había 3,428 personas. ¿Cuántas personas más había en el espectáculo aéreo el sábado?

20. Álgebra El espectáculo aéreo tiene 5 biplanos más que planeadores. Hay 23 máquinas voladoras en total. ¿Cuántos biplanos hay?

Continúa

Cálculo mental Busca un patrón para restar estos números.

21. 4 − 2 = ▪
40 − 20 = ▪
400 − 200 = ▪
4,000 − 2,000 = ▪

22. 6 − 5 = ▪
60 − 50 = ▪
600 − 500 = ▪
6,000 − 5,000 = ▪

23. 7 − 1 = ▪
70 − 10 = ▪
700 − 100 = ▪
7,000 − 1,000 = ▪

24. 8 − 3 = ▪
80 − 30 = ▪
800 − 300 = ▪
8,000 − 3,000 = ▪

25. 9 − 2 = ▪
90 − 20 = ▪
900 − 200 = ▪
9,000 − 2,000 = ▪
90,000 − 20,000 = ▪

26. 6 − 3 = ▪
60 − 30 = ▪
600 − 300 = ▪
6,000 − 3,000 = ▪
60,000 − 30,000 = ▪

Seleccionar un método de cálculo

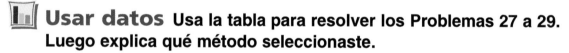

Cálculo mental • Estimación • Papel y lápiz • Calculadora

Usar datos Usa la tabla para resolver los Problemas 27 a 29. Luego explica qué método seleccionaste.

27. Sigue los pasos En el Café, Mark pidió pasta y jugo. Luego pidió una cosa más. Si gastó un total de $13.85, ¿qué otra cosa pidió?

28. ¿Qué cosas pueden comprarse con $5.00 exactos?

29. Decídelo Decide qué pedirán un amigo y tú en el Café. Luego halla el costo total.

30. La semana pasada, el Café sirvió 910 almuerzos y 793 cenas. ¿Aproximadamente cuántos almuerzos más sirvió el Café?

31. Sari necesita 1,487 menús. Hasta ahora se han imprimido 1,220 ejemplares. ¿Cuántos menús más deben imprimirse?

126

Práctica adicional Consulta la página 133, Conjunto F.

Conectar con la calculadora
Números misteriosos

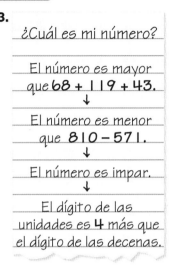

Usa la calculadora para hallar cada número misterioso.

1.

¿Cuál es mi número?

El número es menor que **721 − 291**.
↓
El número es mayor que **321 + 97**.
↓
El dígito de las decenas es par.
↓
La suma de los dígitos es 11.

2.

¿Cuál es mi número?

El número es impar.
↓
El número es mayor que **369 − 215**.
↓
El número es menor que **411 − 246**.
↓
La suma de los dígitos es 15.

3.

¿Cuál es mi número?

El número es mayor que **68 + 119 + 43**.
↓
El número es menor que **810 − 571**.
↓
El número es impar.
↓
El dígito de las unidades es 4 más que el dígito de las decenas.

Verifica tu comprensión de las Lecciones 1 a 6.

Verificación rápida

Completa cada familia de operaciones. (Lección 2)

1. $3 + 6 = \blacksquare$ $9 - \blacksquare = 6$ **2.** $5 + 2 = \blacksquare$ $\blacksquare - 2 = 5$
     $\blacksquare + 3 = 9$ $\blacksquare - 6 = 3$ $\blacksquare + 5 = 7$ $7 - \blacksquare = 2$

Estima las diferencias. Explica cómo estimaste. (Lección 3)

3. $82 - 38$ **4.** $\$5.87 - \$2.76$ **5.** $768 - 219$

Resta. (Lecciones 1, 4 a 6)

6.
$$\begin{array}{r} 47 \\ -47 \\ \hline \end{array}$$

7.
$$\begin{array}{r} 36 \\ -12 \\ \hline \end{array}$$

8.
$$\begin{array}{r} 652 \\ -313 \\ \hline \end{array}$$

9.
$$\begin{array}{r} \$496 \\ -496 \\ \hline \end{array}$$

10.
$$\begin{array}{r} 413 \\ -254 \\ \hline \end{array}$$

11.
$$\begin{array}{r} 862 \\ -695 \\ \hline \end{array}$$

12.
$$\begin{array}{r} 2{,}423 \\ -1{,}285 \\ \hline \end{array}$$

13.
$$\begin{array}{r} \$31.54 \\ -13.27 \\ \hline \end{array}$$

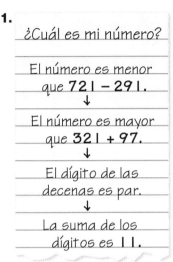

Restar con ceros

Objetivo Aprender a restar
con ceros.

Vocabulario
reagrupar

Apréndelo

Una empresa de taxis tiene 300 taxis.
Hoy hay 128 taxis en servicio.
¿Cuántos taxis no están en servicio?

Resta. 300 − 128 = ▪

PASO 1 No hay unidades ni decenas de las cuales restar.

Reagrupa 3 centenas como 2 centenas 10 decenas.

```
  2 10
  3̷0̷ 0
− 1 2 8
```

PASO 2 Reagrupa 10 decenas como 9 decenas 10 unidades.

```
  2  9
    1̷0̷ 10
  3̷0̷0̷
− 1 2 8
```

PASO 3 Resta unidades, decenas y centenas.

```
  2  9
    1̷0̷ 10
  3̷0̷0̷
− 1 2 8
  1 7 2
```

Solución: 172 taxis no están en servicio.

▶ Usa los mismos pasos cuando restes números de cuatro dígitos.

Halla 4,302 − 1,155.

PASO 1 2 < 5; por lo tanto, debes reagrupar. No hay decenas para reagrupar.

Por lo tanto, reagrupa 3 centenas como 2 centenas 10 decenas.

```
      2 10
  4,3̷0̷ 2
− 1,1 5 5
```

PASO 2 Reagrupa 10 decenas como 9 decenas 10 unidades.

10 unidades + 2 unidades = 12 unidades

```
      2  9
        1̷0̷ 12
  4,3̷0̷2̷
− 1,1 5 5
```

PASO 3 Resta las unidades, decenas, centenas y millares.

```
      2  9
        1̷0̷ 12
  4,3̷0̷2̷
− 1,1 5 5
  3,1 4 7
```

Solución: 3,147

Práctica guiada

Halla cada diferencia.

Asegúrate
- ¿Hay ceros en el número del que voy a restar?
- Si es así, ¿qué hago?

1.	504	**2.**	900	**3.**	800	**4.**	3,405
	− 239		− 647		− 726		− 1,267

Explícalo ▶ ¿Qué diferencia hay entre reagrupar para calcular 504 − 239 y reagrupar para calcular 514 − 239?

Practicar y resolver problemas

Resta. Suma o estima para comprobar.

5.	707	**6.**	802	**7.**	900	**8.**	700	**9.**	800
	− 353		− 577		− 652		− 436		− 725

10. 808 − 566   **11.** 500 − 288   **12.** 4,702 − 1,391

13. 5,609 − 2,365   **14.** 9,304 − 5,637   **15.** 8,700 − 4,279

Resuelve.

16. Durante su visita a la ciudad Arnaldo gastó $9 en 2 viajes en taxi. Gastó $4.25 en su segundo viaje. ¿Cuánto gastó en su primer viaje?

17. Ayer, el Servicio de Taxis de la ciudad hizo 2,000 viajes. Hoy hizo 1,542 viajes. ¿Cuántos viajes más hicieron ayer?

18. Sigue los pasos Una compañía de taxis tiene 1,065 taxis. Luego compra 1,035 taxis. Si se venden 255 taxis, ¿cuántos taxis tendrá la compañía?

Repaso general • Preparación para exámenes

Respuesta directa

Indica si el objeto pesa más o pesa menos de una libra. (Grado 2)

19.

20.

21. El objetivo de los estudiantes es reunir 1,000 latas reciclables. Ya han reunido 568 latas. ¿Cuántas más necesitan? (Cap. 5, Lección 7)

Resolver problemas: Decisión
Explica tu respuesta

Objetivo Describir cómo resolver un problema.

A veces debes decir lo que hiciste para resolver un problema.

Problema Un helicóptero vuela a una altitud de 450 pies. Si su altitud disminuye en 134 pies, ¿cuál es su nueva altitud? Explica.

Éstas son dos maneras en que los estudiantes describieron cómo resolvieron el problema anterior.

La altitud es la altura sobre el nivel del mar a la cual vuela un helicóptero.

Briana hizo un dibujo.

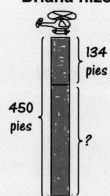

134 pies

450 pies

?

- El rectángulo largo muestra la altitud completa de 450 pies.
- El azul muestra la parte conocida, 134 pies.
- Resté para hallar la parte que falta.

450 − 134 = 316

Por lo tanto, 316 pies es la nueva altitud.

Scott rotuló su trabajo.

Le resté 134 a 450.

$$
\begin{array}{r}
\overset{4\ 10}{4\cancel{5}\cancel{0}} \\
-134 \\
\hline
316
\end{array}
$$

← altitud del helicóptero (pies)

← número de pies que disminuyó la altitud

← nueva altitud (pies)

Por lo tanto, 316 pies es la nueva altitud.

- ¿Describieron Briana y Scott completamente cómo resolvieron el problema?

Inténtalo

Resuelve. Explica cómo resolviste cada problema con un dibujo o rótulos.

1. Un helicóptero vuela a un hospital que queda a 44 millas de distancia. Luego, el helicóptero vuela otras 27 millas. ¿Cuántas millas vuela el helicóptero?

2. Una piloto de helicóptero no vuela a más de 1,000 pies de altitud. Si en este momento vuela a 224 pies, ¿cuántos pies más alto puede volar?

3. Una compañía construyó 382 helicópteros. Pintó 234 helicópteros. ¿Cuántos helicópteros le quedan por pintar?

4. Hay 205 paquetes en el helicóptero. Si se entregan 138, ¿cuántos quedan en el helicóptero?

Reto
Práctica con dardos

Usa los dígitos que están alrededor de cada blanco para escribir enunciados de resta con números de dos dígitos. Ordena los números para que la diferencia sea el número del centro.

____ ____ − ____ ____ = 7

____ ____ − ____ ____ = 6

Razonamiento matemático
¿Hacia dónde?

Escribe *mayor que* o *menor que* para completar cada oración.

1. Piensa en 44 − 19.
   La diferencia es ____ 44.

2. Piensa en 248 + 32.
   La suma es ____ 248.

3. Piensa en 12 + 580.
   La suma es ____ 12.

4. Piensa en 892 − 31.
   La diferencia es ____ 892.

Acertijo

Halla los números que faltan.

1. $535 - 76 = \blacksquare - 248$

2. $139 - 137 = \blacksquare - 153$

3. $332 - 322 = \blacksquare - 663$

4. $401 - 359 = \blacksquare - 79$

Ordena los resultados en las siguientes líneas para que el enunciado de números sea verdadero.

____ − ____ + ____ − ____ = 0

Repaso/Examen del capítulo

VOCABULARIO

Escoge el mejor término para completar cada oración.

1. Un grupo de operaciones relacionadas que tienen los mismos números se llama ____.

2. El resultado de un problema de resta se llama ____.

3. El resultado de un problema de suma se llama ____.

Vocabulario

suma

reagrupar

diferencia

familia de operaciones

CONCEPTOS Y DESTREZAS

Halla los números que faltan. (Lección 2, págs. 110 y 111)

4. $25 + 10 = 35$
   $35 - \blacksquare = 25$

5. $17 + 5 = 22$
   $22 - 17 = \blacksquare$

6. $13 + 19 = 32$
   $\blacksquare - 19 = 13$

Redondea cada número al lugar mayor.
Luego resta. (Lección 3, págs. 112 a 114)

7. $69 - 57$

8. $311 - 230$

9. $918 - 488$

Halla las diferencias. Estima para comprobar cada resultado.

(Lecciones 1, 4 a 7, págs. 108 y 109, 116 a 129)

10. $\begin{array}{r} 34 \\ -\ 34 \\ \hline \end{array}$

11. $\begin{array}{r} 92 \\ -\ 61 \\ \hline \end{array}$

12. $\begin{array}{r} 45 \\ -\ 38 \\ \hline \end{array}$

13. $\begin{array}{r} 596 \\ -\ 189 \\ \hline \end{array}$

14. $\begin{array}{r} \$7.53 \\ -\ 5.27 \\ \hline \end{array}$

15. $\begin{array}{r} 402 \\ -\ 298 \\ \hline \end{array}$

16. $\begin{array}{r} \$43.36 \\ -\ 23.59 \\ \hline \end{array}$

17. $\begin{array}{r} 382 \\ -\ 195 \\ \hline \end{array}$

18. $\begin{array}{r} 9,901 \\ -\ 7,865 \\ \hline \end{array}$

19. $\begin{array}{r} 4,500 \\ -\ 2,468 \\ \hline \end{array}$

RESOLVER PROBLEMAS

Resuelve. Explica tu respuesta.

(Lección 8, pág. 130)

20. La bicicleta se inventó en 1791. El carro se inventó en 1885. ¿Cuántos años después de la bicicleta se inventó el carro?

Escríbelo

Muestra lo que sabes

Observa el siguiente ejercicio.

$\begin{array}{r} 79 \\ -\ 32 \\ \hline \end{array}$

¿Cuál dará una estimación más cercana de esta diferencia: el redondeo o la estimación por la izquierda?

Práctica adicional

Conjunto A (Lección 1, págs. 108 y 109)

Resta.

1. $\begin{array}{r} 16 \\ -\ 0 \\ \hline \end{array}$

2. $\begin{array}{r} 32 \\ -\ 32 \\ \hline \end{array}$

3. $\begin{array}{r} 75 \\ -\ 0 \\ \hline \end{array}$

4. $\begin{array}{r} 24 \\ -\ 24 \\ \hline \end{array}$

Conjunto B (Lección 2, págs. 110 y 111)

Halla los números que faltan.

1. $42 + 13 = 55$
$55 - \blacksquare = 13$

2. $7 + 12 = 19$
$\blacksquare - 12 = 7$

3. $39 + 21 = 60$
$60 - 21 = \blacksquare$

Conjunto C (Lección 3, págs. 112 a 114)

Redondea cada número al lugar mayor.
Luego resta.

1. $67 - 31$

2. $\$4.91 - \$1.86$

3. $276 - 158$

4. $\$8.53 - \$4.29$

Conjunto D (Lección 4, págs. 116 a 118)

Halla cada diferencia.

1. $62 - 28$

2. $76 - 29$

3. $\$443 - \$225$

4. $594 - 288$

Conjunto E (Lección 5, págs. 120 a 122)

Resta.

1. $\$4.23 - \$2.46$

2. $741 - 526$

3. $391 - 172$

4. $634 - 479$

Conjunto F (Lección 6, págs. 124 a 126)

Halla cada diferencia.

1. $4,642 - 2,158$

2. $6,393 - 2,295$

3. $9,717 - 3,925$

4. $3,471 - 1,968$

Conjunto G (Lección 7, págs. 128 y 129)

Resta.

1. $5,302 - 3,291$

2. $8,600 - 4,125$

3. $7,008 - 5,137$

4. $4,005 - 1,372$

¡A volar cometas!

Las cometas han sido parte de la cultura japonesa por casi dos mil años. En el Japón, la gente trata de establecer récords en vuelo de cometas. En 1998, los estudiantes japoneses de último año de la escuela secundaria establecieron un récord. Volaron 15,585 cometas con una sola cuerda.

Cada año hay muchos festivales de cometas, cada uno con su propio tema. Un festival de cometas presenta cometas gigantes. Algunas cometas gigantes pesan más de 1,900 libras y necesitan equipos de unas 100 personas para volarlas.

Resolver problemas

La tabla muestra datos acerca de una cometa en los cuatro festivales de cometas gigantes. Usa la tabla para resolver los Problemas 1 a 3.

1 ¿Cuál es la diferencia en longitud entre la cometa más larga y la más corta?

2 ¿Cuántas de las cometas de Shirone se necesitan para igualar la longitud de 2 cometas de Sagami?

Cometas japonesas sorprendentes		
Festival de cometas gigantes	Longitud de la cometa (en metros)	Peso de la cometa (en kilogramos)
Sagami	14	880
Sanjo	5	9
Shirone	7	30
Showamchi	16	800

3 ¿Cuál de las cometas japonesas es la más pesada? ¿Cuánto más pesa esta cometa que las otras 3 cometas juntas?

4 Hacer la cometa de Shirone costó más o menos $12,675. La cometa de Sagami costó más o menos $15,379. ¿Cuál fue el precio total de las dos cometas?

Un poco más: Palíndromos

Hacia delante y Hacia atrás

Vocabulario
palíndromo

Las palabras o números que se leen igual de izquierda a derecha que de derecha a izquierda se llaman **palíndromos**.

▶ **Puedes convertir cualquier número en un palíndromo.**

Así puedes convertir 81 en un palíndromo.

- Comienza con el número.   81
- Invierte los dígitos.   + 18
- Halla la suma.   99 ← Éste es un palíndromo.

▶ **A veces debes repetir los pasos más de una vez.**

Así puedes convertir 67 en un palíndromo.

- Comienza con el número.   67
- Invierte los dígitos.   + 76
- Halla la suma.   143
- Invierte los dígitos.   + 341
- Halla la suma.   484 ← Éste es un palíndromo.

¡Inténtalo!

Usa la suma para convertir los números en palíndromos.

1. 18   2. 34   3. 48   4. 87   5. 124

6. 156   7. 423   8. 2,009   9. 4,217   10. 5,612

¡Bloquéalo!

En la página en inglés de Education Place, **eduplace.com/kids/mw/,** puedes usar la actividad con bloques de base diez para practicar la suma.

Sigue estos pasos para hallar 175 + 246.

- Usa **Change Mat** (tablero) para seleccionar **Two numbers** (dos números).

- Para representar 175:
  Coloca tu cursor sobre la herramienta **Stamp** (sello). Haz clic en el bloque de base cien Luego, haz clic 7 veces en el bloque de base diez. A continuación, haz clic 5 veces en el bloque de las unidades.

- Haz clic en cualquier lugar del espacio de trabajo de abajo.

- Sigue los pasos anteriores para mostrar 246.

- Arrastra bloques de abajo hacia arriba.

- Para reagrupar 10 unidades como 1 decena, haz clic en la flecha de la izquierda en la columna de las unidades.

- Para reagrupar 10 decenas como 1 centena, haz clic en la flecha de la izquierda en la columna de las decenas.

- Haz clic **[1 2 3]**.

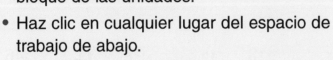

1 centena 7 decenas 5 unidades
175

0 centenas 0 decenas 0 unidades
0

Solución: Hay 4 bloques de base cien, 2 bloques de base diez y 1 bloque de unidades. Por lo tanto, 175 + 246 = 421.

Usa los bloques de base diez para hallar cada suma.

1. 62 + 48   2. 85 + 33   3. $75 + $49   4. 49 + 98

5. 422 + 18   6. 139 + 196   7. 234 + 182   8. $277 + $181

9. **Analízalo** ¿Qué bloques reagrupas cuando sumas 647 y 159?

Unidad 2 Examen

VOCABULARIO (Respuesta directa)

Escoge el mejor término para completar cada oración.

Vocabulario

diferencia

familia de operaciones

Propiedad asociativa

Propiedad conmutativa

1. El enunciado de números 6 + 3 puede escribirse como 3 + 6 usando la ____.

2. Cuando le restas 6 a 10, la ____ es 4.

3. Los enunciados de números 6 + 7 = 13 y 13 − 6 = 7 pertenecen a una ____.

CONCEPTOS Y DESTREZAS (Respuesta directa)

Redondea cada número al lugar mayor.
Luego suma o resta para hallar cada estimación. (Capítulos 4, 5)

4.	5.	6.	7.	8.
18 + 27	87 − 26	531 − 215	112 + 381	$6.55 − 4.11

Suma o resta. (Capítulos 4, 5)

9.	10.	11.	12.	13.
83 − 83	73 − 32	13 + 28	97 − 36	46 + 39

14.	15.	16.	17.	18.
43 − 27	70 − 38	222 + 379	$5.64 + 1.88	549 − 203

19.	20.	21.	22.	23.
652 + 258	$6.14 − 3.15	2,198 + 3,822	9,023 − 4,172	4,629 + 1,383

24. (6 + 4) + 8

25. (5 + 2 + 3) + 5

26. 23 + 33 + 41

27. 91 − 12

28. 753 − 219

29. $5.97 − $2.73

RESOLVER PROBLEMAS Respuesta directa

30. Durante el verano, Tamika y Sara leyeron un total de 87 libros. Tamika leyó 39 libros. ¿Cuántos libros leyó Sara?

32. David tiene 12 monedas. Sólo tiene monedas de diez centavos y monedas de veinticinco centavos. Tiene 6 monedas de diez más que de veinticinco. ¿Cuántas de cada tipo de moneda tiene David?

31. Rafi tiene 105 sellos postales. Peng tiene 67 sellos. El hermano de Peng le regaló otros 53 sellos. ¿Tienen más de 200 sellos los dos niños?

33. En muchas escuelas de los EUA, el año escolar tiene 180 días. En China, el año escolar tiene 251 días. ¿Cuántos días más largo que en EUA es el año escolar en China?

Evaluar el rendimiento

Respuesta de desarrollo

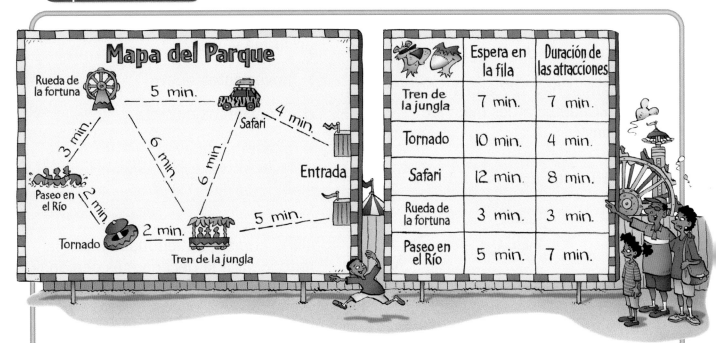

Tarea Tú y tu familia están en el parque de atracciones. Están en la entrada observando el letrero que dice algo sobre cada atracción. Junto al letrero hay un mapa del parque.

Usa los letreros y la información de la derecha. Decide a qué atracciones subirás en el tiempo que te queda. Explica tu razonamiento.

Información que necesitas

- Te quedan 90 minutos antes de que el parque cierre.

- Quieres subir al menos a 3 atracciones diferentes.

- Cuando el parque cierre debes estar de regreso en la entrada.

- El mapa muestra cuánto tiempo se tarda en recorrer el camino entre una atracción y otra.

Preparación: Examen acumulativo

Resuelve los Problemas 1 a 10.

Consejo para tomar exámenes

Cuando tomas un examen puedes estimar para eliminar las respuestas incorrectas.

Mira el ejemplo de abajo.

En el parque hay 127 arces y 99 robles. ¿Cuántos arces más que robles hay?

A 19 **B** 26 **C** 28 **D** 38

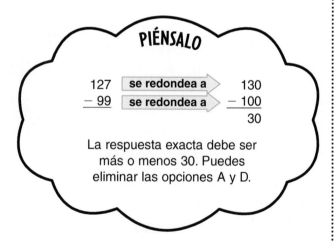

PIÉNSALO

127	se redondea a	130
− 99	se redondea a	− 100
		30

La respuesta exacta debe ser más o menos 30. Puedes eliminar las opciones A y D.

Selección múltiple

1. ¿Qué número falta para completar el patrón?

98, 100, 102, 104, ___, 108

A 107   **C** 105

B 106   **D** 104

(Capítulo 1, Lección 5)

2. ¿Cómo se escribe el número 9,009 en forma verbal?

F novecientos nueve

G novecientos noventa

H nueve mil nueve

J nueve mil noventa

(Capítulo 1, Lección 4)

3. ¿Qué número se redondea a 550 al redondear a la decena más cercana?

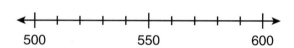

A 527   **C** 561

B 548   **D** 582

(Capítulo 2, Lección 3)

4. ¿Cuál es la suma de $2.73 + $1.96?

F $3.60   **H** $4.60

G $3.69   **J** $4.69

(Capítulo 4, Lección 4)

Para consejos para tomar exámenes, consulta la página 659.

5. Escribe el número que corresponde a estos bloques de base diez.

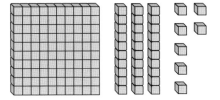

(Capítulo 1, Lección 2)

6. Redondeado a la decena más cercana, la cafetería de la escuela Elm vendió 150 cartones de leche. ¿Cuál es el mayor número de cartones que pueden haberse vendido?

(Capítulo 2, Lección 3)

7. Darnel paga con $20 una camisa que cuesta $18.68. ¿Cuál es el menor número de monedas de un centavo que puede haber recibido Darnel como cambio?

(Capítulo 3, Lección 3)

8. Kate tiene 102 calcomanías rojas, 54 blancas y 145 azules en su colección. ¿Cuántas calcomanías tiene Kate?

(Capítulo 4, Lección 6)

9. El club de ciencias tiene 389 fotos de insectos. Quieren tener 1,000 fotos para fin de año. ¿Cuántas más necesitan?

(Capítulo 5, Lección 7)

10. La escuela de Julie recolectó alimentos enlatados para un refugio de mascotas. La tabla muestra el número de latas recolectadas.

Latas recolectadas		
	Grado 3	Grado 4
Semana 1	198	87
Semana 2	199	98
Semana 3	187	99

A. ¿Cuál es el número total de latas recolectadas cada semana?

B. ¿Cuántas latas más se recolectaron en la Semana 2 que en la Semana 1?

C. Redondea a la centena más cercana para estimar el número total de latas que recolectó el cuarto grado en las tres semanas.

D. ¿Recolectaron los estudiantes de cuarto grado más latas o menos latas que la cantidad estimada? Explica cómo lo sabes.

(Capítulo 4, Lección 2;
Capítulo 4, Lección 4)

Unidad 2 Preparación: Examen acumulativo **141**

Repasa las grandes ideas y el vocabulario de esta unidad.

Grandes ideas

La suma y la resta están relacionadas.

Puedes redondear los números para estimar sumas y diferencias.

A veces se debe reagrupar para sumar o restar.

Vocabulario clave

estimar

suma

diferencia

reagrupar

Diálogo matemático

Usa tu nuevo vocabulario para comentar estas grandes ideas.

1. Explica cómo reagrupar decenas y unidades para calcular 200 − 173.

2. Explica por qué hallar 15 − 8 es lo mismo que hallar un sumando que falta.

3. Explica por qué las familias de operaciones ayudan a mostrar que la suma y la resta están relacionadas.

4. Explica por qué el cambiar el orden en que se suman los números no cambia la suma.

5. **Escríbelo** Las tres escuelas elementales de Smallville tienen 115 estudiantes, 220 estudiantes y 389 estudiantes, respectivamente. ¿Cómo puedes estimar el número total de estudiantes de Smallville?

¿Más o menos cuánto es 692 + 413?

Primero, redondea los números a la centena más cercana y luego, suma los números que redondeaste.

CAPÍTULO 6

Representar gráficamente y analizar datos

página 146

CAPÍTULO 7

Probabilidad

página 174

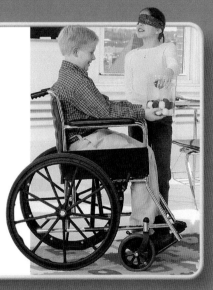

UNIDAD
3

Datos
y
Probabilidad

Leer matemáticas

Repasar el vocabulario

Éstas son algunas palabras de vocabulario matemático que deberías saber.

gráfica de barras	gráfica que muestra datos a través de barras
pictograma	gráfica en la que se representan los datos con dibujos
tablero de conteo	tablero que se usa para anotar datos
marca de conteo	marca en un tablero de conteo que representa un objeto

Leer palabras y símbolos

Puedes usar palabras y símbolos para describir las canicas.

- En la bolsa hay 5 canicas rojas, 2 azules y 3 verdes.

- Cada marca de conteo del tablero representa una canica.

- Cinco marcas de conteo pueden escribirse así: ⼞⼞⼞⼞⼞.

Canicas en la bolsa		
Color	**Conteo**	**Número**
Rojo	⼞⼞⼞⼞⼞	5
Verde	|||	3
Azul	||	2

Usa palabras y símbolos para responder a las preguntas.

1. Escriba dos oraciones que describan las canicas que hay en la bolsa de la derecha.

2. Haz un tablero de conteo para describir las canicas que hay en la bolsa.

Leer preguntas de examen

Escoge la respuesta correcta para cada pregunta.

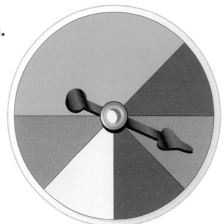

3. ¿En qué color es más probable que caiga la flecha giratoria?

a. anaranjado **c.** amarillo

b. verde **d.** morado

Más probable significa "que tiene la mayor probabilidad de ocurrir".

---

4. ¿En qué color es menos probable que caiga la flecha giratoria?

a. anaranjado **c.** verde

b. amarillo **d.** morado

Menos probable significa "que tiene la menor probabilidad de ocurrir".

5. ¿Cuál es la probabilidad de que la flecha giratoria caiga en rojo?

a. probable **c.** poco probable

b. seguro **d.** imposible

Probabilidad significa "posibilidad de que un suceso ocurra".

Aprender vocabulario

Fíjate en estas palabras en esta unidad. Escribe sus definiciones en tu diario.

mediana

moda

rango

par ordenado

probabilidad

Conectar con la literatura

Lee "Rana o sapo: Cómo saberlo", en la página 648. Luego trabaja con un compañero para responder a las preguntas acerca del cuento.

CAPÍTULO 6

Representar gráficamente y analizar datos

INVESTIGACIÓN

Usar datos

Esta jugadora de sóftbol está esperando el lanzamiento perfecto. Mientras tanto, su entrenador lleva la cuenta de cómo está jugando el equipo. Observa el tablero. Haz un enunciado que compare algunos de los datos que se muestran en el tablero.

Conteo del entrenador

Base por bolas	IIII
Carreras	IIII III
Jonrones	II
Bases robadas	III

Aplica lo que sabes

Usa esta página para repasar y recordar lo que
necesitas saber para este capítulo.

VOCABULARIO

Escoge el mejor término para completar cada oración.

1. Una gráfica que muestra datos con barras
   es una ____.

2. Para llevar la cuenta de lo que estás contando,
   puedes hacer ____.

3. Una gráfica que muestra información con dibujos es
   un ____.

Vocabulario

gráfica de barras

pictograma

marcas de conteo

recta de números

CONCEPTOS Y DESTREZAS

**El siguiente pictograma muestra el número de suéteres deportivos diferentes
que hay en una caja. Usa el pictograma para responder a las Preguntas 4 a 6.**

4. ¿Cuántos suéteres de fútbol y
   hockey hay?

5. ¿Cuántos suéteres de hockey más que
   de fútbol americano hay?

6. ¿Cuál es el número total de suéteres?

Escribe los números de menor a mayor.

Suéteres deportivos	
Fútbol	👕 👕 👕
Hockey	👕 👕 👕 👕
Fútbol Americano	👕 👕

Cada 👕 representa 2 suéteres.

7. 7   3   19

8. 57   93   84

9. 107   217   16

Escríbelo

10. ¿En qué se parecen las gráficas de barras a los pictogramas?
    ¿En qué se diferencian?

Práctica de operaciones
Consulta la página 667.

Reunir y organizar datos

Objetivo Hacer una encuesta y anotar los resultados.

Vocabulario

datos

encuesta

Trabajar juntos

Una manera de reunir **datos**, o información, es hacer una **encuesta**. Cuando haces una encuesta, les haces preguntas a las personas y anotas sus respuestas.

Una marca de conteo representa un voto.

| representa 1.

‖‖† representa 5.

Puedes usar un tablero de conteo para anotar las respuestas. Este tablero de conteo muestra los resultados de la encuesta. La pregunta fue: "¿Qué color te gusta más?"

- ¿Qué color escogieron con más frecuencia?

- ¿Qué color escogieron con menos frecuencia?

Colores favoritos		
Color	Conteo	Número
Rojo	‖‖†	5
Azul	‖‖	3
Verde	‖‖† ‖	7
Morado	‖‖‖	4

Trabaja con un grupo para hacer una encuesta en tu clase.

PASO 1 Escribe una pregunta de encuesta que tenga tres o cuatro respuestas posibles. Usa el tablero de conteo anterior como modelo para hacer tu propio tablero de conteo.

- ¿Cuál es el título de tu tablero de conteo?

- ¿Qué encabezados usaste?

PASO 2 Haz la encuesta en tu clase. Anota los resultados en el tablero de conteo que hiciste.

PASO 3 Cuenta las marcas de conteo para cada opción.

- ¿Qué opción tiene más marcas de conteo?

- ¿Qué opción tiene menos marcas de conteo?

Usa el tablero de conteo de la derecha para responder a las Preguntas 1 a 3.

Deporte favorito para ver		
Deporte	**Conteo**	**Número**
Béisbol	⊬⊬⊬⊬⊬	5
Hockey	||	2
Tenis	|||	3
Fútbol americano	⊬⊬⊬⊬⊬ ||	7

1. ¿Cuántos estudiantes escogieron fútbol americano?

2. ¿Cuántos estudiantes más escogieron fútbol que béisbol?

3. ¿Cuántos estudiantes escogieron tenis o hockey?

Usa tu tablero o haz un tablero de conteo como el siguiente.
Anota la información de la lista usando marcas de conteo.
Luego, usa tu tablero de conteo para responder a las Preguntas 4 a 6.

Nuestros deportes favoritos		
Deporte	**Conteo**	**Número**
Bicicleta		
Patineta		
Fútbol		
Voleibol		

Nuestros deportes favoritos	
Sue	Montar en patineta
Mary	Montar en bicicleta
Carlos	Montar en patineta
Bob	Fútbol
Kim	Fútbol
Roger	Voleibol
Alyssa	Fútbol
Cynthia	Montar en bicicleta
Rex	Fútbol
Maggie	Fútbol

4. ¿Cuántos estudiantes fueron encuestados?

5. ¿Cuál es el deporte menos favorito?

6. ¿Cuántos estudiantes escogieron patineta o bicicleta?

Coméntalo • Escríbelo

Aprendiste a hacer marcas de conteo para anotar datos.

7. Observa tu tablero de conteo completado y la lista anterior. ¿Es más fácil ver qué deporte es el favorito mirando el tablero de conteo o la lista? Explica.

8. Observa los datos de la lista. ¿Escogieron más estudiantes los deportes en equipo o los deportes individuales? Haz otro tablero de conteo para mostrar esta información.

Explorar rango, mediana, moda y media

Objetivo Usa modelos para hallar el rango, la mediana, la moda y la media de un conjunto de números

Vocabulario

rango

mediana

moda

media

Materiales
cubos conectables
hoja de papel

Trabajar juntos

Trabaja con un compañero para aprender a describir datos de diferentes maneras. Usa cubos conectables para representar los números de la tabla.

PASO 1

Observa la tabla. Haz 5 pilas de cubos conectables para mostrar el número de nadadores que hay en cada carrera. Coloca las pilas de cubos sobre la hoja.

- ¿Cuántas pilas hiciste?

- ¿Cuántos cubos hay en cada pila?

Carreras de natación	
Tipo de carrera	Número de nadadores
Espalda	2
Costado	5
Braza	2
Mariposa	4
Libre	7

PASO 2

Ahora coloca las pilas en orden, comenzando con la que tiene el menor número de cubos y terminando con la pila que tiene el mayor número de cubos.

La diferencia entre el número mayor y el número menor se llama **rango**.

- ¿Cuál es el menor número de cubos que hay en una pila?

- ¿Cuál es el mayor número?

- Resta el número menor del número mayor. ¿Cuál es la diferencia?

La diferencia es el rango de los datos.

150

PASO 3

Observa nuevamente las pilas de cubos.

Cuando un conjunto de datos está ordenado de menor a mayor, el número del medio se llama **mediana**.

- ¿Cuántos cubos hay en la pila del medio?

- ¿Cuál es la mediana de los datos?

PASO 4

Ahora observa los cubos para ver si algún número aparece más de una vez. El número que aparece con más frecuencia en un conjunto de datos se llama **moda**.

- ¿Qué número de cubos aparece más a menudo?

- ¿Cuál es la moda de los datos?

PASO 5

Mueve cubos de una pila a otra, hasta que todas las pilas tengan el mismo número de cubos. Anota el nuevo número de cubos que hay en cada pila.

Cuando las pilas tienen el mismo número de cubos, el número que hay en cada pila se llama **media**.

- ¿Cuántos cubos hay en cada pila?

- ¿Cuál es la media de los datos?

Continúa

La tabla muestra el número de clases de natación que se impartieron entre semana. Usa cubos conectables para mostrar esta información. Luego usa los cubos para responder a las Preguntas 1 a 4.

Clases de natación impartidas	
Día de la semana	Número de clases
lunes	5
martes	4
miércoles	9
jueves	4
viernes	8

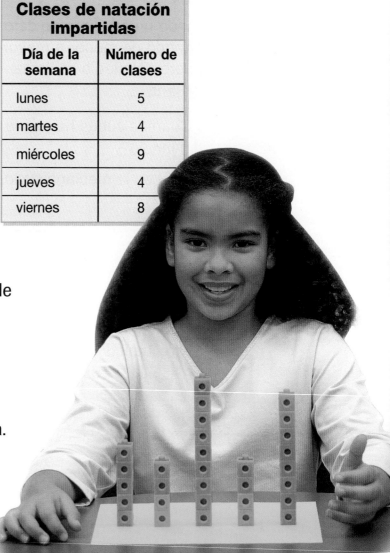

1. ¿Cuántas pilas de cubos hiciste? Explica por qué formaste ese número de pilas.

2. ¿Cuántos cubos hay en cada pila?

3. Vuelve a ordenar las pilas de cubos de menor a mayor.

   a. ¿Cuál es el rango de los datos?

   b. ¿Cuál es la mediana?

   c. ¿Cuál es la moda?

4. Mueve los cubos para hallar la media.

   a. ¿Qué debes hacer con cada pila para hallar la media?

   b. ¿Cuál es la media del número de clases impartidas cada día de la semana?

Coméntalo • Escríbelo

Has aprendido a hallar el rango, la mediana, la moda y la media de un conjunto de datos.

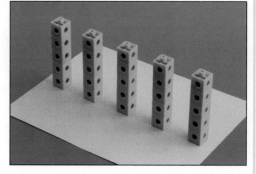

5. Observa los cubos de la derecha. Explica cómo sabes cuál es la media.

6. Explica cómo hallarías la media, la mediana, la moda y el rango de los datos.

Pensamiento algebraico
Media, mediana, moda

Observa los dibujos de cubos conectables. Escribe *rojo, azul* o *anaranjado* para decir qué conjunto de cubos muestra lo siguiente.

1. Una media de 3.

2. Una mediana de 4.

3. Una moda de 5.

Razonamiento visual
Problema de conteo

Una mesera usó estas marcas de conteo para tomar un pedido.

Luego llevó esta bandeja de comida. ¿Qué está incorrecto?

Dibuja una bandeja que muestre la cantidad correcta de cada tipo de comida.

Acertijo

Ann hizo una encuesta entre sus amigos. A cada uno le preguntó cuántos libros leyó el mes pasado. La siguiente lista muestra el número de libros que leyeron.

$$2, 4, 4, 4, 6$$

- ¿Cuál es la moda de los datos de Ann?

- ¿Cuál es la media de los datos de Ann?

- ¿Cuál es la mediana de los datos de Ann?

Diagrama de puntos

Objetivo Leer y hacer diagramas de puntos.

Vocabulario

diagrama de puntos

mediana

moda

rango

Apréndelo

Ali hizo una encuesta entre 9 jugadores de béisbol para hallar cuántos jonrones bateó cada jugador la temporada pasada.

La tabla de la derecha muestra los resultados de su encuesta.

Jonrones de la temporada pasada

Rick	1	John	0	Jess	1
Sally	4	Luis	2	Lynn	4
Max	3	Yoko	4	Mike	6

▶ **Puedes usar un** **diagrama** **de puntos** **para mostrar con cuánta frecuencia sucede algo.**

Lee el diagrama de puntos para hallar cuántos jugadores batearon 1 jonrón.

- Halla el 1 en el diagrama de puntos. Eso representa 1 jonrón.

- Luego cuenta el número de X que hay arriba del 1. Cada X representa a 1 jugador. Hay 2 X arriba del 1, por lo tanto 2 jugadores batearon 1 jonrón.

```
                              X
          X                   X
    X     X     X     X       X           X
    0     1     2     3       4     5      6
```

Número de jonrones bateados

▶ **Puedes usar el diagrama de puntos para hallar la mediana, la moda y el rango.**

Para hallar la **mediana**, haz una lista de los datos en orden de menor a mayor.

    0 1 1 2 3 4 4 4 6

El número del medio es el 3.

La mediana es 3.

Para hallar la **moda**, busca el número que tenga más X.

El número 4 tiene tres X. El número de jonrones que ocurrió con mayor frecuencia fue 4.

La moda es 4.

Para hallar el **rango**, resta en el diagrama de puntos el número menor del número mayor.

El rango es 6.

$$6 \; - \; 0 \; = \; 6$$

número mayor   número menor   rango

Prueba esta actividad para hacer un diagrama de puntos.

La tabla de la derecha muestra el número de partidos ganados por diferentes equipos. Sigue los pasos para hacer un diagrama de puntos que represente los datos de la tabla.

Número de partidos ganados					
Lasers	2	Sparks	1	Wings	3
Bears	1	Falcons	1	Suns	4
Comets	5	Hawks	4	Foxes	1

PASO 1 Usa el título *Número de partidos ganados* para el diagrama de puntos. Dibuja y rotula una recta de números.

- ¿Cuál es el menor número de partidos ganados? ¿Cuál es el mayor número?

- ¿Cómo te ayudan las respuestas a estas preguntas a rotular la recta de números?

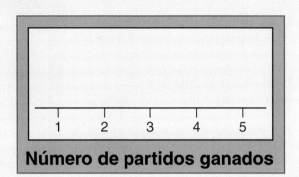

Número de partidos ganados

PASO 2 Traza una X arriba de cada número por cada equipo que haya ganado ese número de partidos.

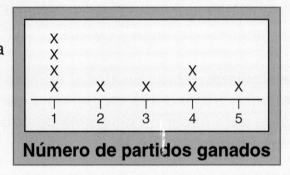

Número de partidos ganados

Práctica guiada

Usa tu diagrama de puntos para responder a las Preguntas 1 a 3.

1. ¿Cuántos equipos ganaron exactamente 4 partidos?

2. ¿Cuál es la mediana de los datos?

3. ¿Cuál es el rango de los datos?

Explícalo ▶ ¿Es más fácil usar la tabla o el diagrama de puntos para hallar la moda?

Asegúrate

- ¿Qué representan las X que aparecen arriba de los números?

Continúa ▶

Practicar y resolver problemas

Sara les preguntó a sus compañeros de equipo cuántas bases había robado cada uno la temporada pasada. Este diagrama de puntos muestra los resultados. Usa el diagrama de puntos para responder a las Preguntas 4 a 9.

4. ¿Cuántos jugadores robaron exactamente 3 bases?

5. ¿Cuántos jugadores robaron al menos 1 base?

6. ¿Cuántos jugadores robaron más de 3 bases?

7. ¿Cuál es el rango de los datos?

8. ¿Cuál es la moda de los datos?

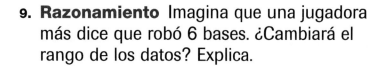

Bases robadas la temporada pasada

```
X
X        X
X   X    X   X
X   X    X   X        X
|   |    |   |    |   |
0   1    2   3    4   5
```

9. **Razonamiento** Imagina que una jugadora más dice que robó 6 bases. ¿Cambiará el rango de los datos? Explica.

La siguiente tabla muestra el número de hits que batearon 5 jugadores en el último partido. Usa los datos para hacer un diagrama de puntos. Luego responde a las Preguntas 10 a 16.

10. Cuando dibujes el diagrama de puntos, ¿qué números usarás para la recta de números?

11. ¿Qué representan las X en tu diagrama de puntos?

12. ¿Cuántos jugadores batearon más de 1 hit?

13. ¿Cuántos jugadores batearon exactamente tres hits?

14. ¿Cuál es el rango de los datos?

15. ¿Cuál es la moda de los datos?

16. **Razonamiento** Imagina que Carl bateó 3 hits en el último partido. ¿Cambia la moda de los datos? Explica.

Hits del último partido	
Nombre del jugador	Número de hits
Sally	5
Max	4
Yoko	1
Amy	3
Edie	3

Conectar con las ciencias
Rompecabezas numérico de animales

Los humanos adultos tienen hasta 32 dientes. Los niños normalmente tienen 20 dientes (¡a menos que los dientes flojos ya se les hayan caído!). ¿Y los animales?

Usa estas pistas para completar la tabla.

- Un mapache tiene el doble de dientes que un castor.

- Un gato tiene menos dientes que un mapache, pero más que un castor. El número de dientes que tiene un gato termina en 0.

- Un caballo tiene 4 dientes más que un mapache.

- Una ardilla tiene la mitad del número de dientes de un caballo.

Tipo de animal	Número de dientes
Castor	20
Mapache	
Gato	
Caballo	
Ardilla	

WEEKLY WR READER

Verifica tu comprensión de las Lecciones 1 a 3.

Usa el tablero de conteo para responder a las Preguntas 1 a 3. (Lección 1)

1. ¿Cuántos estudiantes participaron en la encuesta?

2. ¿Cuál es el color más popular?

3. ¿Cuántos estudiantes más escogieron el rojo que el azul?

Este diagrama de puntos muestra el número de goles anotados por 13 jugadores de fútbol. Usa el diagrama de puntos para las Preguntas 4 y 5. (Lecciones 2 y 3)

4. ¿Cuál es la mediana de los datos?

5. ¿Cuál fue el mayor número de goles anotados?

Colores favoritos

Color	Conteo	Número
Rojo	~~IIII~~ II	7
Azul	III	3
Verde	~~IIII~~ I	6

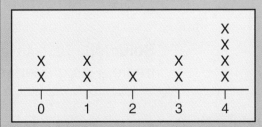

Número de goles anotados

Resolver problemas: Estrategia
Haz una tabla

Objetivo Hacer una tabla para resolver un problema.

Problema La primera clase del desfile pasa marchando frente a las graderías a las 2:05 p.m. Cada clase pasa frente a los padres que están en las graderías 2 minutos después de la clase que va delante. ¿Cuándo pasa la octava clase frente a las graderías?

COMPRÉNDELO

Esto es lo que ya sabes:

- La primera clase pasa marchando frente a las graderías a las 2:05 p.m.

- Cada clase pasa por las graderías 2 minutos después de la clase que va delante.

PLANÉALO

Puedes hacer una tabla para organizar la información y resolver el problema.

RESUÉLVELO

- Haz una tabla. Llena lo que sabes acerca de la primera clase.

- Súmale a cada clase 2 minutos más que el tiempo de la clase anterior. Usa este patrón para completar la tabla.

Solución: La octava clase marchará frente a las graderías a las 2:19 p.m.

Clase	Hora
Primera	2:05 P.M.
Segunda	2:07 P.M.
Tercera	2:09 P.M.
Cuarta	2:11 P.M.
Quinta	2:13 P.M.
Sexta	2:15 P.M.
Séptima	2:17 P.M.
Octava	2:19 P.M.

VERIFÍCALO

Verifica el problema.
¿Tiene sentido la respuesta?

Usa las preguntas de Asegúrate para resolver los problemas.

1. Katy corre 100 yardas en la carrera de relevos. Cada una de sus 3 compañeras de equipo corre 50 yardas más que la corredora anterior. ¿Cuántas yardas en total correrá el equipo de Katy?

2. Joe apila las latas en el juego de lanzar la pelota. La fila de más abajo tiene 12 latas. Cada fila tiene 2 latas menos que la fila que está debajo de ella. ¿Cuántas latas habrá en la quinta fila?

Asegúrate

 ¿Qué datos conozco?

 ¿Hice una tabla?

 ¿Hallé un patrón en la tabla?

¿Resolví el problema?

Práctica independiente

Haz una tabla para resolver los problemas.

3. Sonya corre hasta el banderín A y toma 3 pelotas de tenis. Luego corre hasta los banderines B, C, D y E donde toma 2 pelotas más que en el banderín anterior. ¿Cuántas pelotas debe tomar en el banderín D?

4. **Sigue los pasos** Terrell cuenta 12 piernas en una carrera de tres piernas. Cada equipo de 2 estudiantes corre en 3 piernas. ¿Cuántos estudiantes hay en la carrera?

5. El primer número de un patrón numérico es 18. Cada número del patrón es 4 menos que el número anterior. ¿Cuál es el cuarto número del patrón?

6. **Sigue los pasos** Jaime ahorró $1.25 una semana. Cada semana después ahorró $0.75 más que la semana anterior. ¿Cuál será su ahorro total después de 4 semanas?

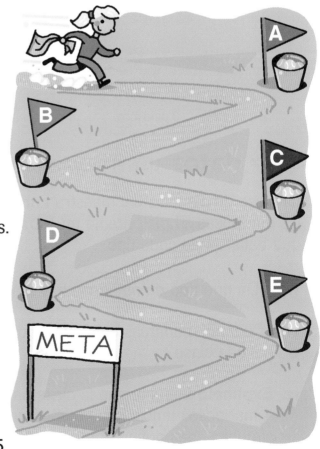

Práctica variada

Resuelve. Muestra tu trabajo. Indica qué estrategia usaste.

7. La maestra Dean trae 43 manzanas para la merienda. Hay 7 manzanas rojas más que manzanas verdes. ¿Cuántas manzanas de cada color hay?

8. **Predícelo** En una calle, los números de los buzones son 40, 38 y 36. Si el patrón continúa, ¿qué número es probable que haya en el quinto buzón?

9. Marco construye escaleras con bloques. La siguiente ilustración muestra los bloques que usó para 2, 3 y 4 peldaños. Si el patrón continúa, ¿cuántos bloques necesitará para 6 peldaños?

Selecciónalo

Estrategia
- Represéntalo
- Haz un dibujo
- Busca un patrón
- Estima y comprueba
- Haz una tabla

Método de cálculo
- Cálculo mental
- Estimación
- Papel y lápiz
- Calculadora

| 2 peldaños | 3 peldaños | 4 peldaños |

Usar datos Usa el pictograma para resolver los Problemas 10 a 12.

La clase de ciencias del maestro Lundberg está estudiando las mariposas. El pictograma muestra el número de mariposas que hallaron de cada tipo.

10. ¿De qué tipo de mariposa hay más?

11. ¿Cuántas monarcas más que vulcanas halló la clase?

12. **Explícalo** Imagina que la clase halla 4 mariposas macaón más. ¿Cuántos símbolos más deben agregarle al pictograma?

Mariposas coleccionadas	
Monarca	XXXXXX
Macaón	XXX
Vulcana	XX
Blanca	XXXX
Cada X representa 1 mariposa	

Resolver problemas en exámenes

Escoge la letra de la respuesta correcta. Si la respuesta correcta no aparece, escoge NA.

1. El Sr. Stein hace un cheque por diez dólares y seis centavos. ¿Qué opción muestra esta cantidad con un signo de dólar y un punto decimal?

   A $100.16   C $10.06

   B $10.60   D $1.06

   (Capítulo 3, Lección 2)

2. El cumpleaños de Emily será en 37 días. El cumpleaños de Omar será 16 días después del de Emily. ¿En cuántos días será el cumpleaños de Omar?

   F 53   G 43   H 21   J NA

   (Capítulo 4, Lección 3)

Respuesta directa

Resuelve los problemas.

3. Un camión de mudanzas recorre 389 millas de Vermont a Maine. Luego regresa a Vermont por la misma ruta. ¿Cuántas millas menos de 1,000 millas recorre el camión?

   (Capítulo 5, Lección 7)

4. Delia compró un juguete por $1.39. Pagó con estos billetes.

   Explica ¿Cuál es el menor número de monedas que puede recibir de cambio? ¿Cuáles son esas monedas?

   (Capítulo 3, Lección 3)

Respuesta extensa

5. Jenny y Pete ayudan a su mamá en un centro de jardinería. Acaba de llegar un cargamento de plantas en camión.

Cargamento de plantas nuevas		
Tipo	**Conteo**	**Número**
Azaleas	卌 卌 I	11
Tulipanes		18
Narcisos	卌 卌 卌 卌 卌	
Junquillos	卌 卌 卌 II	
Jacintos		20

a. Copia y completa el tablero de conteo.

b. El centro de jardinería ya tenía 7 azaleas y 13 junquillos antes de recibir las plantas nuevas. Pete necesita saber cuántas azaleas y junquillos tienen ahora.
Explica ¿Cómo puedes decidir cuántos tienen ahora?

c. La mamá de Jenny y Pete quiere saber el número total de plantas que hay en el centro de jardinería después de recibir las plantas nuevas. ¿Cuántas plantas tienen? Muestra una manera en que Jenny puede hallar la respuesta.

   (Capítulo 6, Lección 1)

Aplícalo Lección 5

Hacer un pictograma

Objetivo Leer y hacer pictogramas.

Vocabulario

pictograma

clave

Materiales
Tablero 4 (Tablas)

Trabajar juntos

Los estudiantes de la clase de gimnasia de Laura escogieron sus ejercicios favoritos. La tabla de la derecha muestra los resultados de la encuesta.

Trabaja con un compañero. Haz un pictograma para representar de manera diferente los datos de la tabla. Un **pictograma** usa dibujos o símbolos para representar datos.

Ejercicios de suelo favoritos	
Ejercicio	Número de estudiantes
Extensión de piernas	10
Saltos	6
Volteretas laterales	4
Pararse de manos	5

PASO 1 Traza un esquema del pictograma. Escribe el título y el nombre de cada ejercicio.

- ¿Cuántas filas tendrá tu pictograma?

Ejercicios de suelo favoritos	
Extensión de piernas	
Saltos	
Volteretas laterales	
Pararse de manos	

PASO 2 Decide qué símbolo usar y el número que representa.

Representa a 2 estudiantes con ⚲.
Escribe la **clave** en tu pictograma.

- ¿Cómo sabes cuántos ⚲ dibujar para la extensión de piernas?

Clave → Cada ⚲ representa a 2 estudiantes.

PASO 3 Dibuja el número correcto de ⚲ para cada ejercicio.

Como cada ⚲ representa a 2 estudiantes, la mitad de un símbolo, ⚲, representa a 1 estudiante.

- ¿Cuántos símbolos usarás para mostrar el número de estudiantes que escogieron el ejercicio de pararse de manos?

Ejercicios de suelo favoritos	
Extensión de piernas	⚲⚲⚲⚲⚲
Saltos	
Volteretas laterales	
Pararse de manos	

Cada ⚲ representa a 2 estudiantes.

162

Haz un pictograma con los datos de esta tabla. Usa una clave donde cada 🎫 represente 5 boletos vendidos. Luego usa tu pictograma para responder a las Preguntas 1 a 3.

1. ¿Cuál es el título de tu pictograma?

2. ¿Cuántos dibujos harás para cada uno de los 4 días?

3. **Escríbelo** Escribe una pregunta que pueda responderse usando la información que hay en tu pictograma.

Boletos vendidos para el evento de gimnasia	
Día 1	35
Día 2	20
Día 3	15
Día 4	30

La siguiente información describe los resultados de una encuesta acerca de la gimnasia.

4. Usa la información para copiar y completar el pictograma.

• A seis personas les gusta usar la barra de equilibrio.

• Ocho personas más prefieren usar el trampolín.

• Al mismo número de personas les gusta usar el trampolín que la garrocha.

• El número de personas a las que les gusta usar el trampolín es igual al número total de personas a las que les gusta usar la barra de equilibro y las barras desiguales.

Actividades favoritas de gimnasia	
Barra de equilibrio	
Trampolín	
Garrocha	
Barras desiguales	

Cada ♀ representa a 2 personas.

Coméntalo • Escríbelo

Aprendiste a leer y hacer un pictograma.

5. Imagina que hay 20 muñequeras, 25 trajes de calentamiento y 40 rodilleras. ¿Es buena opción para un pictograma tener una clave en la que cada ilustración represente 10 objetos? Explica por qué.

Hacer una gráfica de barras

Objetivo Hacer una gráfica de barras para mostrar datos.

Materiales
lápices de colores
cuadrícula de 10 × 10
(Tablero 7; Recurso
de enseñanza 5)

Trabajar juntos

Las Olimpíadas de Invierno 2002 se celebraron en Salt Lake City, Utah. La tabla muestra el número de medallas que ganaron cuatro países.

Medallas ganadas	
País	**Número de medallas**
Canadá	17
Italia	12
Francia	11
China	8

Trabaja con un compañero.
Haz una **gráfica de barras** para mostrar los datos de la tabla. Usa una cuadrícula de 10 × 10.

 PASO 1
- Escribe el título.
- Rotula el costado y la parte de abajo de la gráfica.

PASO 2
Escoge una **escala** para tu gráfica para representar el número de medallas.
Usa una escala de 2. Comienza con el 0. Completa la escala.

- ¿Cómo completaste la escala en la gráfica?
- ¿Cuál es el número mayor de la escala? Explica por qué.

PASO 3

Dibuja las barras. Algunas de las barras pueden terminar en medio de dos números, porque usaste una escala de 2.

- ¿Dónde termina la barra para Canadá?

- ¿Dónde termina la barra para Francia?

PASO 4

Mira de nuevo la tabla. Compara las barras de tu gráfica con los datos de la tabla.

- ¿Tiene la altura correcta cada barra de tu gráfica? Explica.

Por tu cuenta

La siguiente gráfica es una gráfica de barras horizontales. Úsala para responder a las Preguntas 1 a 4.

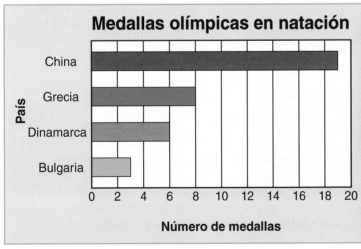

1. ¿Cuál es la escala de esta gráfica?

2. ¿Qué país ganó el mayor número de medallas en natación?

3. ¿Qué país ganó el menor número de medallas? ¿Cuántas medallas ganó ese país?

4. ¿Qué país ganó el doble de medallas que Bulgaria? Explica tu respuesta.

Continúa

Haz una gráfica de barras verticales u horizontales con los datos de esta tabla. Usa una escala de 5.

Eventos favoritos de las Olimpíadas de Invierno	
Evento	Número de espectadores
Patinaje artístico	40
Patinaje de velocidad	20
Salto en esquí	35
Carreras de bobsled	15

5. ¿Cuál es el título de tu gráfica?

6. ¿Cuál es el número mayor de tu escala? ¿Cuál es el número menor?

7. ¿Qué rótulos usaste para tu gráfica?

En esta gráfica de barras verticales falta la escala. La gráfica muestra los eventos favoritos de algunos espectadores en las Olimpíadas de Verano. Usa la gráfica para responder a las Preguntas 8 a 11.

8. ¿Qué evento de verano es el más popular?

9. **Estima** ¿Qué evento es más o menos la mitad de popular que pista?

10. **Analízalo** ¿Cuáles son los dos eventos combinados que fueron tan populares como la gimnasia?

11. Imagina que el número de espectadores que escogió gimnasia fue 60. ¿Más o menos cuántos espectadores escogieron pista?

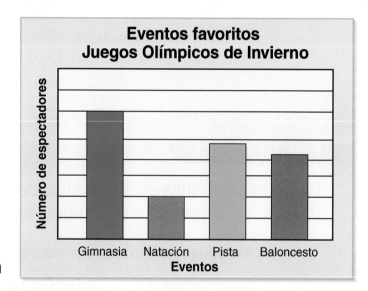

Coméntalo • Escríbelo

Aprendiste a hacer una gráfica de barras para organizar datos.

12. ¿Cambia el significado de los datos cuando se representan en una gráfica de barras horizontales en vez de representarlos en una gráfica de barras verticales?

13. Haz una encuesta entre los estudiantes de tu clase. ¿Cuáles son sus eventos favoritos de las Olimpíadas de Verano? Haz una gráfica de barras para representar los resultados de tu encuesta.

Práctica adicional Consulta la página 173, Conjunto C.

Razonamiento matemático
Escoger una gráfica para representar datos

Miguel recolectó datos acerca del torneo de tenis de mesa de su escuela. Luego mostró los datos de las siguientes maneras.

▶ Miguel hizo un pictograma para representar el número de estudiantes que asistió. Es fácil representar números grandes en un pictograma.

- ¿Serán fáciles de leer los datos de Miguel si usa un tablero de conteo? ¿Por qué?

Asistencia al torneo	
Tercer grado	♀ ♀ ♀ ♀ ♀
Cuarto grado	♀ ♀ ♀ ♀ ♀
Quinto grado	♀ ♀ ♀ ♀ ♀ ♀

Cada ♀ representa a 10 estudiantes.

▶ Miguel hizo un diagrama de puntos para representar las puntuaciones de algunas series de tenis de mesa. Un diagrama de puntos sirve para comparar pequeñas cantidades de datos.

- ¿Podrías representar los datos en un pictograma? ¿Por qué?

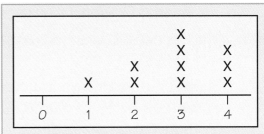

Número de puntos anotados

▶ Miguel hizo un tablero de conteo para mostrar el número de estudiantes que se quedaron a almorzar cada día del torneo.

- Usa los datos para hacer un diagrama de puntos, una gráfica de barras o un pictograma.

Estudiantes que se quedaron a almorzar		
Día	Conteo	Número
Viernes	⊞⊞⊞	15
Sábado	⊞⊞⊞⊞	20
Domingo	⊞⊞⊞⊞	20

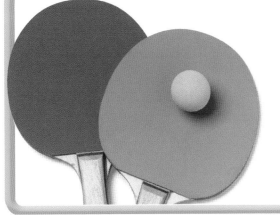

Explícalo ¿Cómo decidiste representar los datos del tablero de conteo? ¿Por qué escogiste esa manera?

Leer gráficas de pares ordenados

Objetivo Usar pares ordenados para encontrar puntos en una cuadrícula.

Apréndelo

Un sistema de ciclovías facilita llegar en bicicleta a casi cualquier parte. La siguiente cuadrícula muestra algunos lugares a los que puedes llegar en bicicleta en la ciudad donde vive Lisa. ¿Dónde está la ciclovía?

Cuenta los espacios de la cuadrícula para saberlo.

- Comienza en el 0.
- Avanza 7 espacios a la derecha.
- Desde ahí, avanza 5 espacios hacia arriba.

El par de números para el punto de la ciclovía es (7, 5). El par de números (7, 5) se llama **par ordenado** .

- El primer número de un par ordenado indica la distancia que hay que avanzar hacia la derecha.
- El segundo número indica la distancia que hay que avanzar hacia arriba.

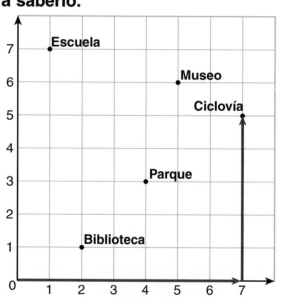

Solución: La ciclovía está en (7, 5).

Práctica guiada

Usa la cuadrícula para responder a las Preguntas 1 a 3.

1. ¿Qué par ordenado indica dónde está el parque?
2. ¿Qué par ordenado indica dónde está la biblioteca?
3. ¿Qué se encuentra en (1, 7)?

Explícalo ▶ ¿Representan (7, 5) y (5, 7) el mismo lugar? Explica tu razonamiento.

Asegúrate

- ¿Avancé primero a la derecha?
- ¿Avancé luego hacia arriba?

Practicar y resolver problemas

Usa la cuadrícula de la derecha. Escribe el par ordenado de cada punto.

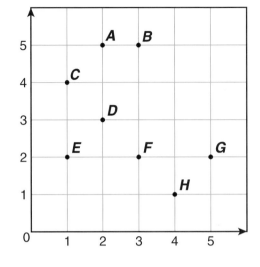

4. G   **5.** H   **6.** D   **7.** A

8. B   **9.** E   **10.** F   **11.** C

Escribe la letra de cada par ordenado.

12. (3, 5)   **13.** (5, 2)   **14.** (1, 4)   **15.** (3, 2)

16. (1, 2)   **17.** (2, 5)   **18.** (4, 1)   **19.** (2, 3)

20. Comienza en el Punto B. Avanza hacia abajo hasta el Punto F. Avanza desde el Punto F hasta el Punto G. ¿Cuánto mide el sendero?

Resuelve.

21. Haz una cuadrícula como la de la derecha. Dibuja puntos en tu cuadrícula para representar los puntos de cada par ordenado.

(5, 1)   (5, 3)   (1, 3)   (1, 1)

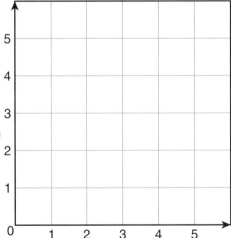

22. Conecta los puntos en orden. Conecta el último punto con el primero. ¿Qué figura dibujaste?

23. ¿Qué pares ordenados puedes escoger para hacer un cuadrado? Explica tu razonamiento.

24. **Crea y resuelve** Escoge puntos que puedan conectarse en orden para formar una figura.

- Escribe los pares ordenados de los puntos.

- Describe a un compañero de clase cómo dibujar la figura. Usa palabras como "Comienza en (5, 2). Luego avanza a la izquierda hasta (2, 3)".

Continúa

La cuadrícula muestra los lugares que Mickel y su papá visitaron en bicicleta. Usa la cuadrícula para resolver los Problemas 25 a 29.

25. Primero, Mickel fue en bicicleta al lugar ubicado en el punto (6, 3) de la cuadrícula. ¿A qué lugar fue Mickel primero?

26. Mickel y su papá comieron su almuerzo bajo un árbol que estaba cerca de la prensa de sidra. ¿Qué par ordenado muestra dónde almorzaron?

27. **Encuentra el error** Mickel dijo que el par ordenado de la hojalatería era (3, 6). ¿Qué error cometió?

28. **Razonamiento** Mickel usó estas pistas para describir su lugar favorito.

* La suma de los números del par ordenado es 5.

* El primer número es menor que el segundo.

¿Cuál es el lugar favorito de Mickel?

29. **Decídelo** Usando la cuadrícula, haz una lista de pares ordenados para mostrar la ciclovía que tomarías para pasar por la aldea histórica. Anota tu ruta en una cuadrícula.

Repaso general • Preparación para exámenes

Respuesta directa

Halla los números que faltan.

(Cap. 5, Lección 1)

30. $5 - \blacksquare = 0$

31. $7 - 0 = \blacksquare$

32. $\blacksquare - 2 = 0$

33. $6 - \blacksquare = 6$

34. ¿Qué par ordenado describe avanzar 3 espacios a la derecha y 6 espacios hacia arriba? (Cap. 6, Lección 7)

Práctica adicional Consulta la página 173, Conjunto D.

Conectar con los estudios sociales
Gráficas lineales

Vocabulario
gráfica lineal

Una **gráfica lineal** muestra cómo cambian los datos con el tiempo.

Esta gráfica lineal muestra la temperatura mínima diaria en la ciudad A durante una semana de enero. ¿Cuál fue la temperatura el jueves?

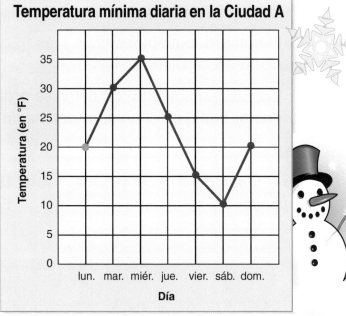

Temperatura mínima diaria en la Ciudad A

- Halla el jueves en la parte inferior de la gráfica. Pon un dedo encima.

- Sube hasta el punto.

- Cruza hasta el lado izquierdo de la gráfica para hallar la temperatura.

Solución: La ciudad A estuvo a 25 °F el jueves

¿Aumentó o disminuyó la temperatura mínima diaria del jueves al viernes? ¿Cómo lo sabes?

Usa el Tablero 7 para hacer una gráfica lineal con los datos de esta tabla.

	lun.	mar.	miér.	jue.	vier.	sáb.	dom.
Ciudad B	10 °F	15 °F	30 °F	15 °F	5 °F	10 °F	20 °F

- Escribe un título.

- Rotula el costado y la parte de abajo de la gráfica.

- Escoge una escala. Usa una escala de 5. Comienza en el 0.

- Pon los puntos para cada día de la semana.

- Ahora traza una línea para conectar los días.

Usa tu gráfica para responder a estas preguntas.

1. ¿Cuál fue el día más frío? ¿Cuál fue la temperatura?

2. ¿Aumentó o disminuyó la temperatura mínima diaria del lunes al miércoles? ¿Cómo lo sabes?

Repaso/Examen del capítulo

VOCABULARIO

Escoge el mejor término para completar cada oración.

Vocabulario
media
moda
rango
mediana

1. La diferencia entre el número mayor y el número menor de un conjunto de datos se llama _____.

2. El número que aparece con más frecuencia en un conjunto de datos se llama _____.

3. Cuando un conjunto de datos se ordena de menor a mayor, el número del medio se llama _____.

CONCEPTOS Y DESTREZAS

Usa el diagrama de puntos para responder a las Preguntas 4 y 5.

(Lecciones 2 y 3, págs. 150 a 156)

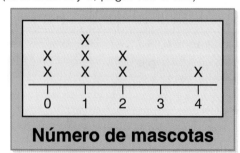

Número de mascotas

4. ¿Cuántos estudiantes tienen 4 mascotas?

5. ¿Cuál es la moda de los datos?

Usa papel cuadriculado para hacer una cuadrícula para los Problemas 8 y 9.

(Lección 7, págs. 168 a 170)

8. Rotula A el punto que está en (0, 5).

Usa la tabla para resolver los Ejercicios 6 y 7.

(Lecciones 5 y 6, págs. 162 a 166)

Conteo de almuerzos	
Tipo de alimento	Número de estudiantes
Pizza	7
Hamburguesa	5
Pollo	2

6. Dibuja un pictograma para representar los datos.

7. Dibuja una gráfica de barras para representar los datos.

9. Rotula B el punto que está en (4, 1).

RESOLVER PROBLEMAS

Resuelve. (Lección 4, págs. 158 a 160)

10. Una banda militar tiene 2 estudiantes en la primera fila. Cada fila tiene 3 estudiantes más que la fila anterior. ¿Cuántos estudiantes hay en la quinta fila?

 **Escríbelo**

Muestra lo que sabes

Observa el pictograma y la gráfica de barras que hiciste. ¿Cómo decidiste qué clave y qué escala usar? Explica tu razonamiento.

Práctica adicional

Conjunto A (Lecciones 2 y 3, págs. 150 a 156)

Usa el diagrama de puntos para responder a las preguntas.

1. ¿En cuántos partidos se anotaron 0 carreras?

2. ¿Cuál fue el mayor número de carreras anotadas?

3. ¿Cuántos partidos se jugaron?

4. ¿Cuál es la moda de los datos?

		X		
	X	X		
X	X	X		
X	X	X		X

```
 0   1   2   3   4
```
Número de carreras anotadas

Conjunto B (Lección 5, págs. 162 y 163)

Usa la tabla para hacer un pictograma. Usa ⚲ para representar a 4 personas.

1. ¿Cuál es el título de tu pictograma?

2. ¿Cuántos ⚲ usaste para *Practicar deportes*?

3. ¿Para qué actividades usaste ⚲ ?

Actividad favorita	
Actividad	**Número de estudiantes**
Practicar deportes	32
Visitar amigos	30
Hacer manualidades	26
Leer un libro	12

Conjunto C (Lección 6, págs. 164 a 166)

Usa la tabla para hacer una gráfica de barras.

1. ¿Cuántas barras tiene tu gráfica?

2. ¿Qué escala usaste?

3. ¿Cómo escogiste tu escala?

Asignatura favorita	
Asignatura	**Número de estudiantes**
Matemáticas	17
Lectura	15
Ciencias	12
Estudios sociales	9

Conjunto D (Lección 7, págs. 168 a 170)

Usa la cuadrícula para resolver los Ejercicios 1 a 6. Escribe el par ordenado de cada punto.

1. X
2. Y
3. Z

¿Qué letra nombra cada punto?

4. (7, 3)
5. (6, 4)
6. (7, 7)

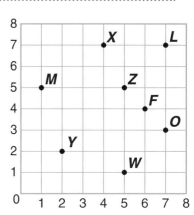

Probabilidad

INVESTIGACIÓN

Usar datos

Estos estudiantes están jugando con un frasco de pelotas de diferentes colores. La tabla muestra cuántas veces sacaron cada color. El frasco contiene 32 pelotas. ¿Más o menos cuántas pelotas de cada color puede haber en el frasco? ¿Por qué?

Color	Número de veces sacado
Rojo	IIII
Amarillo	IIII II
Verde	III
Azul	II

174

Aplica lo que sabes

**Usa esta página para repasar y recordar
lo que necesitas saber para este capítulo.**

VOCABULARIO

Escoge la mejor frase para completar cada oración.

1. Una bolsa tiene 3 fichas negras y 7 fichas blancas.
   La probabilidad de sacar una ficha blanca es ____.

2. Una bolsa tiene 5 canicas verdes y 1 canica blanca.
   La probabilidad de sacar una canica blanca es ____.

CONCEPTOS Y DESTREZAS

Nombra el color más probable de obtener.

3.   4.   5.   6.

**El diagrama de puntos de la derecha muestra el número de
libros que leyó una clase en 1 semana. Usa el diagrama de puntos
para responder a las Preguntas 7 a 9.**

7. ¿Cuántos estudiantes leyeron 5 libros
   durante la semana?

8. ¿Cuántos estudiantes leyeron más
   de 1 libro?

9. ¿Cuántos estudiantes no leyeron
   ningún libro?

Número de libros leídos

10. Imagina que tomas una canica de una
    bolsa y luego la devuelves. Si tomas una
    canica roja 9 veces y una canica azul una vez,
    ¿crees que la bolsa contiene más canicas
    rojas o más canicas azules? Explica.

Práctica de operaciones Consulta la página 665.

Comprender la probabilidad

Objetivo Decidir si un suceso es seguro, probable, poco probable o imposible.

Apréndelo

La **probabilidad** describe la posibilidad de que un suceso ocurra. Usando palabras, puedes describir la probabilidad de un suceso como *segura, probable, poco probable* o *imposible.*

Carla y Connor juegan a tomar cubos azules y rojos de varias bolsas sin mirar. ¿Cuál es la probabilidad de sacar un cubo azul de cada bolsa?

Bolsa A	Bolsa B	Bolsa C	Bolsa D

La probabilidad de sacar un cubo azul es **segura**.	La probabilidad de sacar un cubo azul es **probable**.	La probabilidad de sacar un cubo azul es **poco probable**.	La probabilidad de sacar un cubo azul es **imposible**.

Práctica guiada

Observa la rueda giratoria. Escribe si el suceso es *seguro, probable, poco probable* o *imposible.*

1. caer en amarillo

2. caer en rojo

3. caer en amarillo o verde

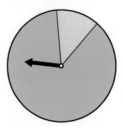

Asegúrate

- ¿Qué color cubre la mayor parte de la rueda giratoria?

- ¿Qué color cubre la menor parte de la rueda giratoria?

Explícalo ▶ ¿Por qué es posible, aunque poco probable, que la flecha caiga en amarillo?

Escribe *seguro, probable, poco probable* o *imposible* **para describir la probabilidad de sacar un cubo verde.**

4.  **5.**  **6.**  **7.**

Dibuja un conjunto de cubos para representar cada oración.

8. Tomar un cubo rojo es seguro.

9. Tomar un cubo azul es imposible.

10. Tomar un cubo azul es probable.

11. Tomar un cubo rojo es posible, aunque poco probable.

12. Tomar un cubo rojo es probable.

13. Tomar un cubo azul es posible, aunque poco probable.

Escribe si cada suceso es *seguro, probable, poco probable* o *imposible*. Explica tu respuesta.

14. Que mayo venga después de abril.

15. Que haya sol en Florida.

16. Que un caballo vuele.

17. Que ganes hoy un millón de dólares.

Resuelve.

18. Observa la rueda giratoria de la derecha. ¿Cómo la cambiarías para que sea seguro que caiga en anaranjado?

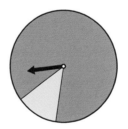

19. Represéntalo Dibuja una rueda giratoria en la que sea poco probable que la flecha caiga en verde y probable que caiga en rojo.

20. ¿Es posible que la suma de dos números cualesquiera de 1 dígito sea 24? Explica tu razonamiento.

Respuesta directa

Resta. (Cap. 5, Lecciones 4, 5, 7)

21. $55 - 19$

22. $636 - 45$

23. $323 - 139$

24. $502 - 234$

25. Una bolsa tiene 9 fichas negras y 1 ficha blanca. Describe la probabilidad de sacar una ficha blanca. (Cap. 7, Lección 1)

Identificar resultados

Objetivo Anotar y mostrar los resultados de experimentos de probabilidad.

Materiales

Para cada par de estudiantes: 1 moneda de un centavo u otra moneda, tabla (Recurso de enseñanza 9), ruedas giratorias (Recursos de enseñanza 10 y 11)

Trabajar juntos

Actividades como hacer girar una rueda giratoria, lanzar un dado y arrojar una moneda al aire, son ejemplos de experimentos de probabilidad.

Si lanzas una moneda, hay dos **resultados** posibles.

• La moneda puede caer con la cara hacia arriba.

• La moneda puede caer con la cruz hacia arriba.

Es **igualmente probable** obtener cara o cruz. Esto significa que cara y cruz tienen la misma probabilidad de ocurrir.

cara   **cruz**

Trabaja con un compañero.

PASO 1

Túrnate para lanzar una moneda 50 veces. Anota una marca de conteo por cada resultado.

• ¿Cuántos resultados posibles hay?

Experimento de lanzar la moneda		
Resultado	Conteo	Número
Cara		
Cruz		

PASO 2

Anota el número total de veces que ocurrió cada resultado.

• ¿Cuántas veces cayó la moneda con la cara hacia arriba?

• ¿Cuántas veces cayó la moneda con la cruz hacia arriba?

• ¿Cayó la cara hacia arriba más o menos con la misma frecuencia que la cruz?

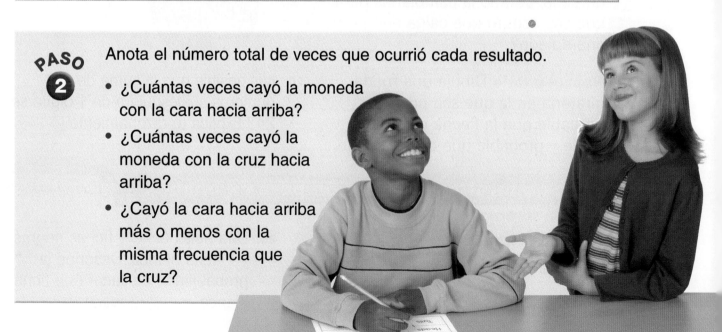

Ahora observa los resultados de un experimento con dados.

Imagina que Brian lanza dos dados 100 veces. Cada vez, anota la suma de los dos números que aparecen en la cara superior de los dados.

Cada dado está numerado del 1 al 6.

Los resultados posibles son:
2, 3, 4, 5, 6, 7, 8, 9, 10, 11, 12.

Los resultados de Brian aparecen en la siguiente tabla.

Lanzar dos dados											
Resultado (Suma)	2	3	4	5	6	7	8	9	10	11	12
Número de veces que ocurre	3	5	8	12	13	18	13	12	8	5	3

Trabaja con tu compañero para mostrar los resultados del experimento de Brian en una gráfica de barras.

PASO 1

Haz una gráfica de barras para mostrar los resultados.

- ¿Cuántas barras debe tener tu gráfica?
- ¿En dónde terminará la barra para la suma 2?

PASO 2

Usa la gráfica para indicar los resultados.

- ¿Cuál suma ocurrió con más frecuencia?
- ¿Qué observas acerca de las otras sumas?

Continúa

Completa estos experimentos de rueda giratoria.

1. **Experimento 1** Usa una rueda giratoria como la de abajo. Haz girar la flecha 25 veces. Anota los resultados en un tablero de conteo.

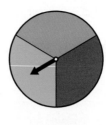

Experimento con rueda giratoria		
Resultado	Conteo	Número
Azul		
Rojo		
Verde		

- ¿Cuántos resultados posibles hay?

- ¿La flecha cayó en cada color más o menos el mismo número de veces?

2. **Experimento 2** Usa una rueda giratoria como la de abajo. Haz girar la flecha 25 veces. Anota tus resultados en un diagrama de puntos.

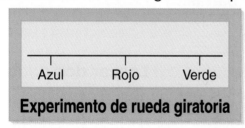

Azul · Rojo · Verde

Experimento de rueda giratoria

- ¿Puede haber más de 25 X arriba de cualquiera de los colores? Explica por qué.

Coméntalo • Escríbelo

Usaste tableros de conteo, diagramas de puntos y gráficas de barras para anotar los resultados de experimentos de probabilidad.

3. Describe qué quiere decir en el Experimento 1 que caer en rojo, azul o verde es *igualmente probable.*

4. Piensa en los resultados de los Experimentos 1 y 2. ¿Fueron iguales los resultados de ambos experimentos? Explica por qué.

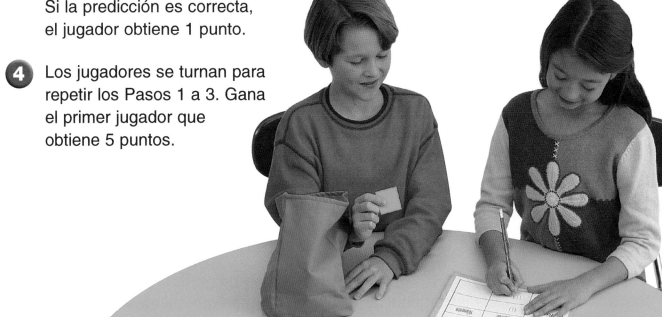

Escoge y predice

2 jugadores

Lo que necesitas • una bolsa de papel, cuadrados de papel (Recurso de enseñanza 12) ó 7 cuadrados de papel rojos y 7 azules

Cómo jugar

1 El primer jugador mete en secreto un número cualquiera de los 14 cuadrados de papel a la bolsa y esconde los demás.

2 El segundo jugador toma un cuadrado de la bolsa sin mirar. El primer jugador anota el color en un tablero de conteo. Entonces el segundo jugador vuelve a meter el cuadrado a la bolsa.

3 Los jugadores repiten el Paso 2 diecinueve veces. El segundo jugador usa después el tablero de conteo para predecir el color que tomará. Después de predecir, el segundo jugador toma un cuadrado de la bolsa. Si la predicción es correcta, el jugador obtiene 1 punto.

4 Los jugadores se turnan para repetir los Pasos 1 a 3. Gana el primer jugador que obtiene 5 puntos.

Resultados y probabilidad

Objetivo Calcular la probabilidad de un suceso.

Apréndelo

Carol y su amigo juegan a las probabilidades con las tarjetas que se muestran a continuación.

I L L I N O I S

Las tarjetas se ponen boca abajo y se mezclan. Carol quiere hallar la probabilidad de tomar una L.

▶ Primero, Carol cuenta el **número de letras L** que hay en la palabra:

ILLINOIS

Hay **2** letras L.

▶ Luego, Carol cuenta el **número de letras** que hay en la palabra:

ILLINOIS

Hay **8** letras o resultados posibles.

Hay **2 en 8** probabilidades de sacar una L.

Solución: La probabilidad de sacar una L es de 2 en 8.

Práctica guiada

Imagina que las siguientes tarjetas de letras están boca abajo y revueltas. Escribe la probabilidad de tomar cada letra.

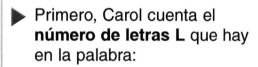

K A N S A S

1. A   2. N   3. T   4. S

Explícalo ▶ Vuelve a las tarjetas de KANSAS. Imagina que pierdes la tarjeta N justo antes de tomar una. ¿Cambia la probabilidad de sacar una S? ¿Por qué?

Escribe la probabilidad de tomar cada letra.

M O N T A N A   A L A S K A

5. A   **6.** N   **7.** T   **8.** A   **9.** S   **10.** N

Escribe la probabilidad de que la flecha caiga en cada símbolo.

11. ▲   **12.** ★   **13.** ■   **14.** ◆   **15.** ☾   **16.** ♥

17. ■   **18.** ♥   **19.** ★   **20.** ◆   **21.** ☾   **22.** ▲

Resuelve.

23. Analízalo Stephen pone las tarjetas boca abajo y las revuelve. Luego toma una. ¿Cuál es la probabilidad de que tome una letra de la A a la L? Explica cómo hallaste la respuesta.

Respuesta directa

Escribe la hora. (Grado 2)

24.   **25.**

26. Una bolsa de fichas contiene 1 ficha negra, 3 rojas y 6 blancas. Si tomas una ficha sin mirar, ¿cuál es la probabilidad de que saques una ficha roja?

(Cap. 7, Lección 3)

Hacer predicciones

Objetivo Usar los resultados de experimentos
para predecir resultados.

Apréndelo

Puedes usar los datos de un experimento de
probabilidad para hacer una predicción acerca de qué
es probable que suceda si se repite el experimento.

▶ Drew tiene una bolsa con 10 canicas. Sin mirar, saca
una canica de la bolsa 25 veces y la vuelve a poner.
Este tablero de conteo muestra los resultados del
experimento de Drew.

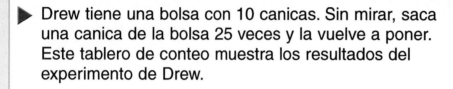

Sacar una canica de una bolsa		
Resultado	**Conteo**	**Número**
Rojo	ẖẖ ẖẖ ẖẖ ẖẖ |||	23
Azul	||	2

> Salió una canica roja
> con más frecuencia
> que una canica azul.

Los resultados sugieren que si Drew saca otra canica,
es más probable que sea roja y no azul.

• ¿Predecirías que hay 5 canicas rojas y 5 canicas
azules en la bolsa? ¿Por qué?

▶ Este diagrama de puntos muestra los
resultados de otro experimento en el que
Marcia lanzó un dado 30 veces.

• ¿Por qué crees que Marcia nunca lanzó un 1?

• ¿Por qué crees que el diagrama de puntos
muestra casi el doble de números 2 que
de otros números?

• ¿Crees que es razonable predecir que el
dado tiene estos números: 2, 2, 3, 4, 5 y 6?
¿Por qué?

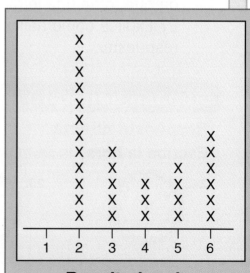

**Resultados de
lanzar un dado**

Práctica guiada

El tablero de conteo muestra los resultados de sacar un cubo de una bolsa 25 veces y volverlo a poner. Usa el tablero para responder a las Preguntas 1 y 2.

Asegúrate

- ¿Qué cubo de color tiene más marcas de conteo?

- ¿15 cubos amarillos son más o menos el doble que 8 cubos verdes?

Sacar cubos de una bolsa		
Resultado	Conteo	Número
Amarillo	卌 卌 卌	15
Verde	卌 |||	8
Azul	||	2

1. Imagina que sacas otro cubo. ¿De qué color es más probable que sea? ¿Por qué?

2. ¿Predecirías que hay más o menos el doble de cubos amarillos que verdes en la bolsa? ¿Cómo lo sabes?

Explícalo ▶ Si hay 10 cubos en la bolsa anterior, ¿cuántos cubos de cada color crees que habrá? ¿Cómo lo sabes?

Practicar y resolver problemas

Catherine hizo girar 30 veces la rueda giratoria y anotó los resultados en una gráfica de barras. Usa la gráfica para responder a las Preguntas 3 a 5.

3. ¿Cuántas veces cayó en cada color?

4. ¿Crees que la posibilidad de que caiga en cada color es igualmente probable? Explica.

5. ¿En qué color predices que caerá después?

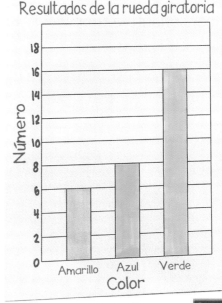

Resultados de la rueda giratoria

Número

Color

Amarillo Azul Verde

Continúa

Resuelve los problemas.

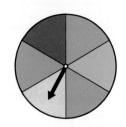

6. Observa la rueda giratoria de la derecha. Imagina que haces girar la flecha 50 veces. ¿En qué color predices que caerá la flecha con más frecuencia?

7. Haz una rueda giratoria como la anterior. Hazla girar 50 veces. Anota los resultados. Luego haz una gráfica de barras. ¿Fue correcta tu predicción?

Hacer girar una rueda giratoria		
Resultado	Conteo	Número
Azul		
Verde		
Rojo		
Amarillo		

8. Doscientos estudiantes escribieron su nombre en tiras idénticas de papel y las pusieron en una caja. Si 35 de los nombres son de mujer, ¿qué es más probable que salga la primera vez, un nombre de niña o de niño?

9. **Analízalo** Una bolsa tiene 10 canicas. Joe saca una canica de la bolsa 50 veces sin mirar y la vuelve a poner. Los resultados son 30 rojas, 10 azules y 10 verdes. ¿Cuántas canicas de cada color crees que hay en la bolsa?

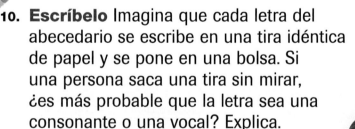

10. **Escríbelo** Imagina que cada letra del abecedario se escribe en una tira idéntica de papel y se pone en una bolsa. Si una persona saca una tira sin mirar, ¿es más probable que la letra sea una consonante o una vocal? Explica.

186

Práctica adicional Consulta la página 191, Conjunto C.

Razonamiento matemático
Marcar el camino

Tao y su familia están en un parque de atracciones. Quieren montar una vez en cada atracción. No quieren pasar frente a una atracción que ya hayan visitado.

Halla 3 rutas diferentes que la familia de Tao puede tomar y que incluyan todas las atracciones. Pueden comenzar en cualquiera de las atracciones.

Anota las rutas escribiendo las letras en orden.

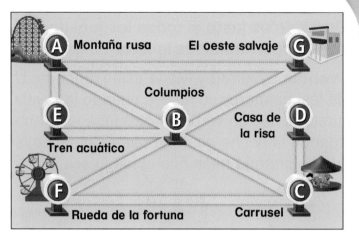

Verifica tu comprensión de las Lecciones 1 a 4.

Escribe si caer en verde es *seguro, probable, poco probable* o *imposible*. (Lección 1)

1.	2.	3.	4.
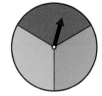			

Escribe la probabilidad de cada suceso.

(Lecciones 2 y 3)

5. caer en 1

6. caer en 2

7. caer en 3

8. caer en 4

9. caer en un número menor que 4

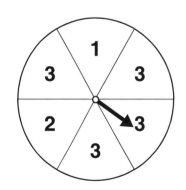

Resuelve. (Lección 4)

10. Imagina que haces girar la rueda giratoria anterior 10 veces. Predice en qué número es probable que caiga la flecha con más frecuencia.

Resolver problemas: Aplicación
Usa la probabilidad

Objetivo Usar la probabilidad para decidir si un juego es justo o injusto.

Un juego es justo si todos los jugadores tienen oportunidades iguales de ganar.

Problema Alfred y María están jugando. Uno de los jugadores se mueve cuando la flecha giratoria cae en verde. El otro jugador se mueve cuando la flecha giratoria cae en amarillo. ¿Qué rueda giratoria hace que el juego sea justo?

Rueda 1   Rueda 2   Rueda 3

COMPRÉNDELO

¿Cuál es la pregunta?

¿Qué rueda giratoria hace que el juego sea justo?

¿Qué es lo que ya sabes?

• Cada rueda giratoria está separada en secciones iguales coloreadas de verde o de amarillo.

PLANÉALO

Cuenta el número de secciones iguales que tiene cada rueda. Compara después el número de secciones amarillas con el número de secciones verdes.

RESUÉLVELO

En la Rueda 2 hay el mismo número de secciones verdes que amarillas.

Solución: La Rueda 2 hace que el juego sea justo.

VERIFÍCALO

Verifica el problema.

¿Por qué las ruedas giratorias 1 y 3 hacen que el juego sea injusto?

Resuelve los problemas. Usa las ruedas giratorias de la Página 188.

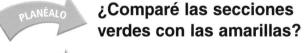

COMPRÉNDELO ¿Qué me pide la pregunta?

1. Imagina que un amigo y tú juegan un juego con la Rueda 1. ¿Qué color escogerías para tener una mayor probabilidad de ganar?

PLANÉALO ¿Comparé las secciones verdes con las amarillas?

RESUÉLVELO ¿Hay más secciones verdes o amarillas?

2. Imagina que Alfred y María quieren usar la Rueda 3 para su juego. ¿Cómo puede cambiarse la rueda giratoria para que sea justa?

VERIFÍCALO ¿Respondí a la pregunta?

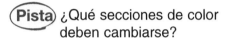

(Pista) ¿Qué secciones de color deben cambiarse?

Práctica independiente

Resuelve.

3. Observa la rueda giratoria. ¿Es igual la probabilidad de que caiga en verde a la probabilidad de que caiga en amarillo? Explica.

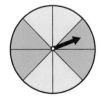

4. Julia, Azur y Dena juegan con esta rueda giratoria. Escribe una regla que haga que el juego sea justo.

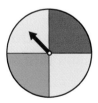

5. **Represéntalo** Dibuja una rueda giratoria con 3 colores diferentes. Dos de los colores deben tener la misma probabilidad de ocurrir. Compara tu dibujo con el de un compañero. ¿Hay más de una manera de dibujar la rueda? Explica.

6. **Escríbelo** ¿Es igualmente probable que ocurra cada resultado?

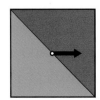

Repaso/Examen del capítulo

VOCABULARIO

Escoge el mejor término para completar cada oración.

1. La ____ describe la posibilidad de que ocurra un suceso.

2. Cuando lanzas una moneda, es ____ que caiga cara o cruz.

CONCEPTOS Y DESTREZAS

Escribe *seguro, probable, poco probable* o *imposible* para describir la probabilidad de que la flecha giratoria caiga en verde. (Lección 1, págs. 176 y 177)

3.

4.

5.

Imagina que un dado está numerado del 1 al 6. Escribe cada probabilidad. (Lecciones 2 y 3, págs. 178 a 183)

6. obtener un 5

7. obtener un 2 ó un 3

Usa la gráfica de barras para responder a las Preguntas 8 y 9. Los botones se devuelven cada vez. (Lección 4, págs. 184 a 186)

8. ¿Te dice la gráfica de barras cuántos botones hay en la bolsa? Explica.

9. Si se saca otro botón, ¿de qué color predices que será? Explica.

Resultados del experimento

Número de veces que ocurre

Rojo Azul Verde Amarillo

Colores de los botones sacados de una bolsa

RESOLVER PROBLEMAS

Resuelve. (Lección 5, págs. 188 y 189)

10. Una rueda giratoria tiene 4 secciones iguales: 2 azules, 1 verde y 1 amarilla. Cada jugador escoge un color y avanza 1 espacio cada vez que la flecha cae en su color. ¿Es justo el juego?

Escríbelo

Muestra lo que sabes
Una rueda giratoria está dividida en 2 secciones desiguales. ¿Cómo puedes saber en qué sección es más probable que caiga la flecha?

Práctica adicional

Conjunto A (Lección 1, págs. 176 y 177)

Escribe *seguro, probable, poco probable* o *imposible* para describir la probabilidad de que la flecha caiga en azul.

1.   **2.**   **3.**   **4.**

Escribe *seguro, probable, poco probable* o *imposible*.

5. Que viajes al espacio.

6. Que el lunes venga depués del domingo.

Conjunto B (Lección 3, págs. 182 y 183)

Escribe la probabilidad de que la flecha caiga en cada color.

1. amarillo   **2.** verde   **3.** azul   **4.** rojo

5. amarillo   **6.** rojo   **7.** anaranjado   **8.** blanco

Conjunto C (Lección 5, págs. 184 a 186)

Usa la gráfica de barras para responder a las preguntas.

La gráfica de barras muestra los resultados de Kelley al sacar sin mirar una canica de una bolsa y luego devolverla.

1. ¿Cuántas veces sacó Kelley cada color?

2. Si se saca otra canica de la bolsa, ¿de qué color predices que será? ¿Cómo lo sabes?

3. ¿Predices que hay más o menos el mismo número de canicas rojas que verdes en la bolsa? ¿Cómo lo sabes?

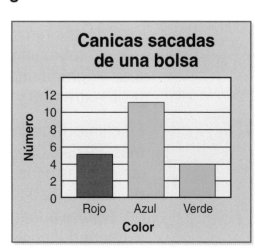

Migración de manatíes

E stos raros animales submarinos se llaman manatíes. Su sobrenombre es "gigantes dulces de Florida" por su gran tamaño y su carácter tranquilo. El manatí promedio pesa entre 800 y 1,500 libras.

En climas fríos, los manatíes migran, o viajan, hacia a aguas más cálidas. Cuando llega el invierno, los manatíes abandonan las heladas aguas del río St. Johns. Viajan a las cálidas aguas del Blue Spring State Park en Orange City, Florida. Los visitantes del parque pueden observar a estos dulces gigantes desde un sendero de tablas que queda cerca del manantial.

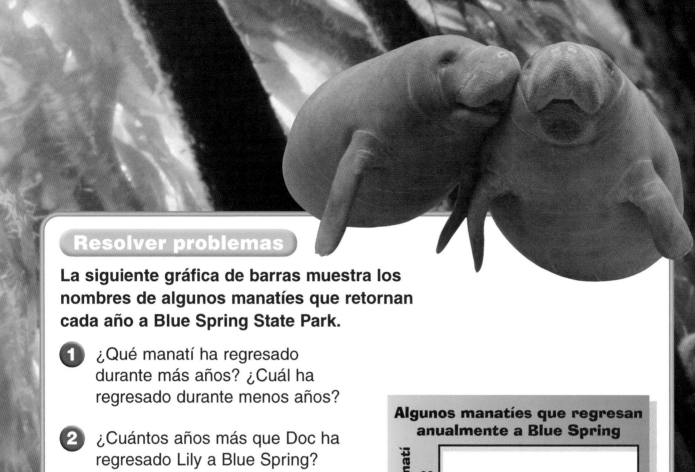

Resolver problemas

La siguiente gráfica de barras muestra los nombres de algunos manatíes que retornan cada año a Blue Spring State Park.

1. ¿Qué manatí ha regresado durante más años? ¿Cuál ha regresado durante menos años?

2. ¿Cuántos años más que Doc ha regresado Lily a Blue Spring?

3. Si tanto Floyd como Brutus vuelven otros 8 años, ¿cuántos años habrá regresado a Blue Spring cada manatí?

4. ¿Cuál es el rango de los datos de la gráfica de barras?

5. ¿Cuál es la mediana del número de años que un manatí regresa a Blue Spring?

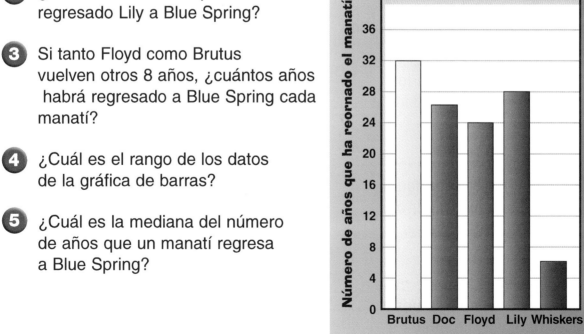

Algunos manatíes que regresan anualmente a Blue Spring

Número de años que ha reornado el manatí

Nombre del manatí

Un poco más: Gráficas circulares

Buscadores de la Red

Una gráfica circular es un círculo dividido en partes. Usa una gráfica circular cuando quieras comparar las partes de un entero.

A cien estudiantes se les preguntó cómo usaban Internet. La gráfica circular muestra sus respuestas.

Observa la sección de la gráfica circular rotulada "Usar correo electrónico". Es la parte más grande del círculo. Esto significa que los estudiantes pasaron la mayor parte de su tiempo en línea usando correo electrónico.

Tiempo en línea

Investigar
Usar correo electrónico
Jugar
Leer noticias

¡Inténtalo!

Usa la gráfica circular para resolver los problemas 1 a 5.

1. ¿A qué actividad dedicaron los estudiantes la menor cantidad de tiempo?

2. ¿Qué representa la sección amarilla de la gráfica circular?

3. ¿A qué actividad dedicaron los estudiantes la mayor cantidad de tiempo en línea, a investigar o a jugar? Explica cómo lo sabes.

4. Observa el tamaño de la sección para investigar. ¿Cómo se compara con el tamaño de la sección para correo electrónico? ¿Qué significa eso?

5. **Reto** Imagina que Jasmine pasa tiempo en línea como lo muestra la gráfica. Si dedica 20 minutos a investigar, ¿más o menos cuánto tiempo dedica a usar correo electrónico? ¿Cómo lo sabes?

Tecnología ahora

Encuesta sobre alimentos favoritos

Vas a participar en una encuesta. Después podrás ver una gráfica de barras de las respuestas de muchos estudiantes, incluyendo las tuyas.

En la página en inglés de Education Place **eduplace.com/map,** puedes practicar con los datos de Data Place.

- Haz clic en "Favorite Meal" (alimentos favoritos).

- Haz clic en el botón que está debajo de tu alimento favorito.

- Haz clic en "Submit" (entregar).

- Mira el resultado que aparece en la gráfica de barras.

Cada vez que alguien participa en la encuesta, la gráfica de barras cambia. Asegúrate de anotar los números para las opciones de alimentos para el día que participes en la encuesta.

hamburguesa con papas fritas · cena de pavo · sopa y sándwich · pizza · tostada y cereal · espaguetis y ensalada

Usa la gráfica de barras que muestra los resultados de la Encuesta sobre alimentos favoritos para responder a los Problemas 1 a 6.

1. En la encuesta, ¿qué alimento es el favorito de los estudiantes?

2. ¿Qué alimento prefiere el menor número de estudiantes?

3. ¿Cuántos estudiantes no escogieron pizza como su alimento favorito?

4. ¿Cuál es el rango de los datos?

5. ¿Cuántos estudiantes participaron en la encuesta? ¿Cómo lo sabes?

6. **Crea y resuelve** Escribe tu propia pregunta usando los datos de la gráfica.

Unidad 3 Examen

RESPUESTA DIRECTA `Respuesta directa`

Escoge el mejor término para completar cada oración.

1. Un par de números que nombra un punto en una cuadrícula se llama ____.

2. Una gráfica que usa ilustraciones para mostrar datos se llama ____.

3. Cuando le haces una pregunta a algunas personas y anotas sus respuestas, estás haciendo una ____.

> **Vocabulario**
> encuesta
> diagrama de puntos
> pictograma
> par ordenado

CONCEPTOS Y DESTREZAS `Respuesta directa`

Usa el diagrama de puntos para resolver los Problemas 4 y 5. (Capítulo 6)

El diagrama de puntos muestra el número de caracoles que halló Lynn en cada uno de sus 8 días de vacaciones.

4. ¿Cuántos días halló Lynn dos o más caracoles?

5. ¿Cuál es el rango de los datos? ¿Cuál es la moda de los datos?

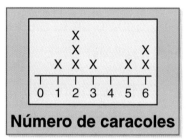

Número de caracoles

Usa la información de la tabla para hacer un pictograma. Responde después a las preguntas 6 a 8. (Capítulo 6)

6.

Actividades favoritas en vacaciones	
Actividad	**Número de votos**
Nadar	35
Caminar	20
Visitar lugares de interés	40

¿Cuántos votos hay en total?

7. ¿Por qué escogiste ese número para la clave?

8. ¿Cuántas personas más votaron por nadar que por caminar?

Usa la información de la tabla para hacer una gráfica de barras. Responde después a las Preguntas 9 a 11. (Capítulo 6)

9.

Pájaros que vio Cindy	
Tipo de pájaro	**Número**
Cuervo	4
Gaviota	9
Petirrojo	11

¿Cuántos pájaros vio Cindy?

10. ¿Por qué escogiste la escala que escogiste?

11. ¿Cuántos petirrojos más que cuervos vio Cindy?

Usa la cuadrícula para resolver los Problemas 12 a 15.
Escribe el par ordenado para cada punto. (Capítulo 6)

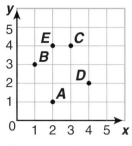

12. *A* **13.** *E* **14.** *D* **15.** *C*

Escribe si cada suceso es *seguro, probable, poco probable* o *imposible*. (Capítulo 7)

16. Que las gotas de lluvia sean húmedas.

17. Que una vaca tenga alas.

18. Que vueles a la Luna.

RESOLVER PROBLEMAS (Respuesta directa)

19. Matt gana $5 a la semana por cada perro que pasea. Pasea 3 perros la primera semana. Si agrega 1 perro cada semana, ¿cuánto dinero habrá ganado en total al final de la sexta semana?

20. Sam y Dan están jugando. Sam recibe un punto si la flecha de la rueda giratoria cae en amarillo. Dan recibe un punto si cae en azul. Dibuja una rueda giratoria para hacer que el juego sea justo.

Evaluar el rendimiento

(Respuesta de desarrollo)

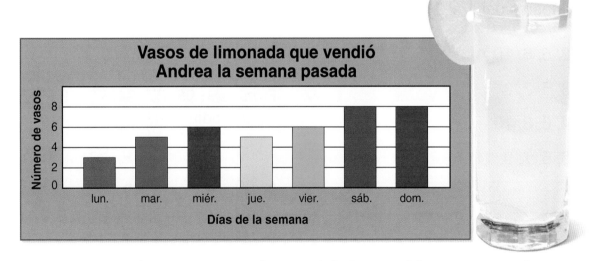

Tarea Andrea tiene un puesto de limonada. Usa la gráfica de barras y la información de la derecha para decidir cuántas bolsas de vasos y latas de limonada en polvo debe comprar para la próxima semana. Explica tu razonamiento.

Información que necesitas

- Cada bolsa contiene 25 vasos.
- Cuando se mezcla con agua, una lata de polvo rinde más o menos 40 vasos de limonada.
- Ésta es la última semana que Andrea venderá limonada.

Preparación: Examen acumulativo

Resuelve los Problemas 1 a 10.

Consejo para tomar exámenes

A veces, una de las primeras respuestas presentadas puede parecer correcta. Lee todas las respuestas antes de hacer tu elección definitiva.

Observa el siguiente ejemplo.

¿Cuál de las opciones muestra los números impares del 1 al 11?

A 1, 2, 5, 6, 10, 11

B 1, 3, 5, 7, 9

C 2, 4, 6, 8, 10

D 1, 3, 5, 7, 9, 11

PIÉNSALO

Podrías detenerte en la opción B y pensar que es correcta. Sin embargo, le falta el número 11. Si lees todas las opciones, verás que la alternativa D tiene una lista completa de todos los números impares del 1 al 11.

Selección múltiple

1. Carlos tiene $7.02 y le da $1.25 a Tamara y $1.50 a Emily. ¿Cuánto dinero tiene Carlos ahora?

A $4.27   **C** $5.27

B $4.73   **D** $5.73

(Capítulo 5, Lección 7)

2. En una sala de conciertos caben 17,892 personas. Escribe 17,892 en forma extendida.

F 10,000 + 7,000 + 800 + 2

G 10,000 + 7,000 + 90 + 2

H 10,000 + 7,000 + 800 + 90 + 2

J 10,000 + 7,000 + 900 + 80 + 2

(Capítulo 1, Lección 6)

3. Las puntuaciones de las pruebas de Frank son 98, 87, 84, 90 y 91. ¿Cuál es la mediana de las puntuaciones?

A 89   **C** 93

B 90   **D** 98

(Capítulo 6, Lección 2)

4. Tatiana compra una caja de 25 bolígrafos. Si ya tenía 16 bolígrafos, ¿cuántos bolígrafos tiene ahora?

F 9   **H** 31

G 11   **J** 41

(Capítulo 4, Lección 3)

Para consejos para tomar exámenes, consulta la página 659.

Respuesta directa

5. ¿Cuál es el menor número entero que puedes formar usando estos dígitos?

5	3	9	1

(Capítulo 2, Lección 2)

6. Imagina que sacas sin mirar una tarjeta de esta bolsa. ¿Cuál es la probabilidad de que sea una E?

(Capítulo 7, Lección 3)

7. Escribe dos enunciados de números de la misma familia de operaciones usando los números 8, 12 y 4.

(Capítulo 5, Lección 2)

8.

Número de manzanas cosechadas	
Hao	🍎 🍎 🍎 🍎 🍎 🍎
Marisol	🍎 🍎 🍎 🍎
Cada 🍎 representa 2 manzanas.	

¿Cuántas manzanas más que Marisol cosechó Hao?

(Capítulo 6, Lección 5)

Respuesta extensa

9. Hay 27 estudiantes en la clase del maestro Daled y 26 en la clase de la maestra Vega. ¿Cuántos estudiantes hay en las dos clases?

(Capítulo 4, Lección 3)

10. Amy compró un galón de leche. El empleado le dio $1.87 de cambio en monedas. Mientras guardaba el dinero, a Amy se le cayeron algunas de monedas. La siguiente ilustración muestra las monedas que se cayeron.

A Amy pagó la leche con un billete de cinco dólares. ¿Cuánto costó la leche? Explica tu razonamiento.

B ¿Cuál es el valor del cambio que no se le cayó a Amy?

C ¿Qué monedas podrían formar la cantidad de dinero que no se le cayó a Amy? Describe esa cantidad de todas las maneras que puedas.

(Capítulo 3, Lección 3)

Resumen del vocabulario de la **Unidad 3**

Repasa las grandes ideas y el vocabulario de esta unidad.

Grandes ideas

Un diagrama de puntos puede usarse para mostrar con qué frecuencia sucede algo.

La probabilidad describe qué tan posible es que suceda algo.

Vocabulario clave

diagrama de puntos
probabilidad

Diálogo matemático

Usa tu nuevo vocabulario para comentar estas grandes ideas.

1. Describe 2 diferencias entre los pictogramas y las gráficas de barras.

2. Explica cómo graficar el par ordenado (2, 5) en una cuadrícula.

3. **Escríbelo** ¿Qué tipo de representación gráfica usarías para representar el número de goles anotados por los miembros de un equipo de fútbol? ¿Por qué es el mejor método para representarlos?

Tengo un dado numerado del 1 al 6.

Es igualmente probable que salga un número par que un número impar.

CAPÍTULO 8

CAPÍTULO 9

CAPÍTULO 10

CAPÍTULO 11

UNIDAD 4

Operaciones básicas de multiplicación y división

Leer matemáticas

Repasar el vocabulario

Éstas son algunas palabras de vocabulario matemático que deberías saber.

multiplicación	operación de dos o más números que da como resultado un producto
división	operación cuyo resultado es el cociente
producto	resultado de un problema de multiplicación
cociente	resultado de un problema de división

Leer palabras y símbolos

Puedes usar palabras y símbolos para describir la multiplicación y la división.

2 por 3 es igual a 6.

$$2 \times 3 = 6$$

↑ producto

6 dividido entre 2 es igual a 3.

$$6 \div 2 = 3$$

↑ cociente

Usa palabras y símbolos para describir cada ilustración.

1.

2.

202

Leer preguntas de examen

Escoge la respuesta correcta para cada pregunta.

3. ¿Qué enunciado de números representa el dibujo?

   a. $3 \times 1 = 3$　　c. $3 \times 3 = 9$

   b. $3 \times 2 = 6$　　d. $3 \times 4 = 12$

Representa significa "presenta" o "muestra".

---

4. ¿Qué enunciado de números es incorrecto?

   a. $9 + 1 = 10$

   b. $12 - 5 = 8$

   c. $4 \times 2 = 8$

   d. $4 \div 2 = 2$

Incorrecto significa "falso" o "equivocado".

5. ¿Cuáles son los dos dibujos que muestran cantidades equivalentes?

   a. 　　c.

   b. 　　d.

Equivalente significa "igual".

Aprender vocabulario

Fíjate en estas palabras en esta unidad. Escribe sus definiciones en tu diario.

Propiedad conmutativa

factores

divisor

dividendo

número al cuadrado

Conectar con la literatura

Lee "Líderes de la manada" en las páginas 649 y 650. Luego trabaja con un compañero para responder a las preguntas acerca del cuento.

Conceptos de la multiplicación

INVESTIGACIÓN

Usar datos

Yoshi y su papá coleccionan sellos postales. Organizan sus sellos en filas iguales, como se muestra en la tabla. El tío de Yoshi le da 24 sellos del presidente. ¿Cómo puede Yoshi colocarlos en filas iguales?

Colección de sellos postales		
Tipo de sello	Número de filas	Sellos en cada fila
Bandera	2	10
Flor	4	3
Animal	7	8

✓ Aplica lo que sabes

Usa esta página para repasar y recordar lo que necesitas saber para este capítulo.

VOCABULARIO

Escoge el mejor término para completar cada oración.

Vocabulario
suma
sumando
diferencia
grupos iguales

1. Un número que se suma es un ____.

2. La ____ es el resultado de un ejercicio de suma.

3. Los grupos que tienen el mismo número de objetos se llaman ____.

CONCEPTOS Y DESTREZAS

Cuenta salteado para completar.

4. 3, 6, 9, 12, ____, ____, 21

5. 5, 10, 15, 20, ____, ____, 35

Halla cada suma.

6. 2 + 2 + 2 + 2 + 2

7. 10 + 10 + 10

¿Muestra grupos iguales el dibujo? Escribe *sí* o *no*.

8.

9.

Escríbelo

10. Mira de nuevo el dibujo del Ejercicio 9. ¿Qué diferencia hay entre hallar esta suma y hallar la suma del Ejercicio 8?

Práctica de operaciones Consulta la página 667.

Tutor en audio 1/22 Escucha y comprende

Demostrar la multiplicación como suma repetida

Vocabulario
multiplicación

Materiales
Para cada par de
estudiantes:
36 fichas
6 pedazos de papel

Objetivo Usar la suma repetida para demostrar la multiplicación.

Trabajar juntos

Trabaja con un compañero para modelar la **multiplicación**.

Observa las 3 tiras de calcomanías de la derecha. Hay 5 calcomanías en cada tira. ¿Cómo puedes hallar el número total de calcomanías?

PASO 1
Usa pedazos de papel para representar las tiras.
Usa fichas para representar las calcomanías.
Coloca 5 fichas sobre cada pedazo de papel.

PASO 2
Halla el número total de fichas.
Puedes hallar el número total de diferentes maneras.

Escribe un enunciado de suma.	Escribe un enunciado de **multiplicación**.
Piénsalo Puedo usar suma repetida. 3 grupos de 5 = 15.	**Piénsalo** 3 grupos de 5 = 15.
$5 + 5 + 5 = 15$	$3 \times 5 = 15$

Lee: Tres por cinco es igual a quince.

• ¿Cuántas fichas hay en total?

• ¿Cuántas calcomanías hay en total?

PASO 3

Ahora usa fichas para formar otros grupos iguales. Halla el número total de fichas. Haz una tabla como la siguiente. Haz un dibujo de sus grupos de fichas. Luego describe el dibujo con palabras, con un enunciado de suma y un enunciado de multiplicación.

Dibuja grupos iguales	Piensa	Enunciado de suma	Enunciado de multiplicación
⊙ ⊙ ⊙	3 grupos de 5	5 + 5 + 5 = 15	3 × 5 = 15

PASO 4

Repite varias veces el Paso 3.
Anota tu trabajo en la tabla.

Por tu cuenta

Haz un modelo de cada conjunto con fichas. Luego escribe un enunciado de suma y un enunciado de multiplicación para cada uno.

1. 4 grupos de 3
2. 5 grupos de 2
3. 2 grupos de 7
4. 5 grupos de 4
5. 3 grupos de 6
6. 2 grupos de 10

Escribe un enunciado de multiplicación para cada suma.

7. 4 + 4 + 4 = 12
8. 3 + 3 + 3 + 3 + 3 + 3 = 18
9. 7 + 7 + 7 + 7 = 28
10. 5 + 5 + 5 + 5 + 5 + 5 + 5 = 35

Coméntalo • Escríbelo

Ya aprendiste a usar la suma repetida para hallar resultados de ejercicios de multiplicación.

11. ¿Puedes escribir un enunciado de multiplicación para describir este dibujo? Explica por qué.

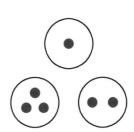

12. Imagina que compras 3 paquetes idénticos de calcomanías. ¿Qué debes saber antes de multiplicar para hallar el número total de calcomanías?

Álgebra

Matrices y multiplicación

Objetivo Usar matrices para multiplicar.

Apréndelo

Kevin coloca en un álbum los sellos postales que colecciona. ¿Cuántos sellos hay en esta página de su álbum?

Los sellos están dispuestos en una matriz . Una **matriz** muestra objetos dispuestos en filas y columnas. Cada fila tiene un número igual de sellos. Cada columna tiene un número igual de sellos.

3 columnas

6 filas

▶ **Multiplica para hallar el número total de sellos.**

$$6 \quad \times \quad 3 \quad = \quad 18$$

filas   sellos en cada fila   número total de sellos

6 columnas

▶ **Imagina que se gira la página. ¿Cambia el número total de sellos?**

$$3 \quad \times \quad 6 \quad = \quad 18$$

filas   sellos en cada fila   número total de sellos

3 filas

Solución: Hay 18 sellos en la página. El total no cambia.

Propiedad conmutativa de la multiplicación

Cambiar el orden de los **factores** no altera el **producto** .

$$6 \times 3 = 18 \qquad\qquad 3 \times 6 = 18$$

factor   factor   producto   factor   factor   producto

Práctica guiada

Escribe un enunciado de multiplicación para cada matriz.

Asegúrate

- ¿Cuántas filas hay?
- ¿Cuántos hay en cada fila?

1.

2.

Explícalo ▶ ¿Cómo te ayuda saber que $4 \times 6 = 24$ para hallar 6×4?

Practicar y resolver problemas

Escribe un enunciado de multiplicación para cada matriz.

3. ♥ ♥ ♥ ♥ ♥
   ♥ ♥ ♥ ♥ ♥
   ♥ ♥

4. ▲ ▲ ▲ ▲ ▲ ▲
   ▲ ▲ ▲ ▲ ▲ ▲
   ▲ ▲
   ▲ ▲

5. ✳ ✳ ✳ ✳ ✳ ✳ ✳ ✳
   ✳ ✳ ✳ ✳ ✳ ✳ ✳ ✳
   ✳ ✳ ✳ ✳ ✳ ✳ ✳ ✳
   ✳ ✳ ✳
   ✳ ✳ ✳

✗ Álgebra • Propiedades Halla los números que faltan.

6. $2 \times 6 = 12$
   $6 \times \blacksquare = 12$

7. $8 = 4 \times 2$
   $\blacksquare = 2 \times 4$

8. $21 = 7 \times 3$
   $21 = 3 \times \blacksquare$

9. $3 \times 4 = 12$
   $4 \times \blacksquare = 12$

10. Alyssa compró una hoja de sellos postales que tiene 4 filas de 5 sellos. ¿Cuántos sellos compró?

11. Tere tenía 2 filas de sellos con 7 sellos en cada fila. Regaló 3 sellos. ¿Cuántos sellos le quedan?

12. **Analízalo** A Melissa le gustaría mostrar su colección de 12 sellos en una matriz. ¿Cuáles son las diferentes maneras en que puede hacerlo?

Repaso general • Preparación para exámenes

Respuesta directa

Suma. (Cap. 4, Lección 7)

13. $\begin{array}{r} 496 \\ + 782 \\ \hline \end{array}$

14. $\begin{array}{r} 923 \\ + 608 \\ \hline \end{array}$

15. $\begin{array}{r} \$26.64 \\ + 33.78 \\ \hline \end{array}$

16. ¿Qué número debe haber en el cuadro para que este enunciado de números sea verdadero? Explica cómo lo sabes. (Cap. 8, Lección 2)

$$4 \times \blacksquare = 2 \times 4$$

Tutor en audio 1/23 Escucha y comprende

Multiplicar por 2

Objetivo Usar diferentes maneras de multiplicar cuando uno de los factores es 2.

Apréndelo

Rachel colecciona monedas de veinticinco centavos de los estados. Tiene 2 monedas de veinticinco centavos de 6 estados diferentes. ¿Cuántas monedas de veinticinco centavos tiene?

Multiplica. 6 × 2 = ■ ó
↑ factor   ↑ factor   ↑ producto

2 ← factor
× 6 ← factor
■ ← producto

Diferentes maneras de hallar 6 × 2

Manera ❶ Contar salteado.

Cuenta salteado de 2 en 2 hasta decir 6 números.

Di: 2, 4, 6, 8, 10, 12.

0 1 2 3 4 5 6 7 8 9 10 11 12

2
× 6

12

Manera ❷ Hacer un dibujo.

Luego usa la suma repetida.

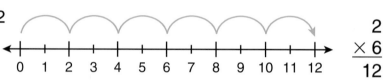

2 + 2 + 2 + 2 + 2 + 2 = 12

Manera ❸ Escribir un enunciado de multiplicación.

6 × 2 = ■

6 × 2 = 12

Piénsalo
6 grupos de 2 = 12.

Solución: Rachel tiene 12 monedas de veinticinco centavos de los estados.

Práctica guiada

Multiplica.

1.   2
   × 4

2.   7
   × 2

3.   8
   × 2

4.   2
   × 9

Explícalo ▶ ¿Por qué 6 × 3 es igual a 3 × 6?

Asegúrate

- ¿Puede ayudarme contar salteado?
- ¿Puede ayudarme cambiar el orden de los factores?

Escribe un enunciado de multiplicación para cada dibujo.

5.

6.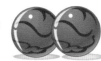

7.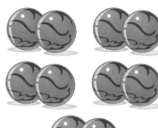

Multiplica.

8. $\begin{array}{r} 3 \\ \times 2 \end{array}$
9. $\begin{array}{r} 2 \\ \times 6 \end{array}$
10. $\begin{array}{r} 5 \\ \times 2 \end{array}$
11. $\begin{array}{r} 10 \\ \times 2 \end{array}$
12. $\begin{array}{r} 8 \\ \times 2 \end{array}$
13. $\begin{array}{r} 6 \\ \times 2 \end{array}$

14. $\begin{array}{r} 2 \\ \times 4 \end{array}$
15. $\begin{array}{r} 2 \\ \times 3 \end{array}$
16. $\begin{array}{r} 7 \\ \times 2 \end{array}$
17. $\begin{array}{r} 9 \\ \times 2 \end{array}$
18. $\begin{array}{r} 1 \\ \times 2 \end{array}$
19. $\begin{array}{r} 2 \\ \times 2 \end{array}$

20. 2×9
21. 4×2
22. 7×2
23. 8×2
24. 2×10

Resuelve.

25. Matt coloca 8 monedas en cada caja. Usa 2 cajas. ¿Cuántas monedas tiene Matt?

26. Dinero Natalie tiene 2 monedas de diez centavos y 2 monedas de cinco centavos. ¿Cuánto dinero tiene?

27. En los Ejercicios 8 a 24, el número 2 es uno de los factores. ¿Es par o impar el producto de cada ejercicio? Explica por qué.

28. Ruth tiene 7 monedas extranjeras. Cada uno de sus 3 primos le da 2 monedas más. ¿Cuántas monedas extranjeras tiene Ruth ahora?

Repaso general • Preparación para exámenes

Respuesta directa

Resta. (Cap. 5, Lección 6)

29. $\begin{array}{r} 7{,}243 \\ -\ 3{,}768 \end{array}$
30. $\begin{array}{r} 5{,}117 \\ -\ 3{,}208 \end{array}$

31. $\begin{array}{r} \$46.51 \\ -\ 29.37 \end{array}$
32. $\begin{array}{r} 7{,}381 \\ -\ 5{,}199 \end{array}$

Selección múltiple

33. Un cepillo de dientes cuesta $2. Si el año pasado Mark y su hermana usaron 4 cepillos de dientes cada uno, ¿cuánto costó eso? (Cap. 8, Lección 3)

A $4 **B** $6 **c** $8 **D** $16

Multiplicar por 4

Objetivo Usar diferentes maneras de multiplicar cuando uno de los factores es 4.

Apréndelo

Un grupo de 3 amigos quiere intercambiar sus tarjetas favoritas de deportes. Cada uno trae 4 tarjetas. ¿Cuántas tarjetas para intercambiar tienen?

Multiplica.

$$3 \times 4 = \blacksquare$$

factor   factor   producto

ó

$$\begin{array}{r} 4 \leftarrow \text{factor} \\ \times\,3 \leftarrow \text{factor} \\ \hline \blacksquare \leftarrow \text{producto} \end{array}$$

Diferentes maneras de hallar 3 × 4

Manera ❶ Contar salteado.

Cuenta salteado de 4 en 4 hasta decir 3 números.

Di: 4, 8, 12.

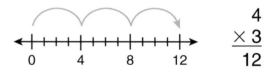

$$\begin{array}{r} 4 \\ \times\,3 \\ \hline 12 \end{array}$$

Manera ❷ Hacer un dibujo.

Luego usa la suma repetida.

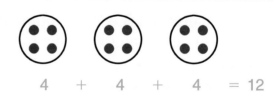

4   +   4   +   4   =   12

Manera ❸ Multiplicar por 2 y duplicar el producto.

Multiplica por 2. $3 \times 2 = 6$

Luego duplica el producto. Piensa: $6 + 6 = 12$
ó $6 \times 2 = 12$

Manera ❹ Escribir un enunciado de multiplicación.

$3 \times 4 = \blacksquare$
$3 \times 4 = 12$

Piénsalo
3 grupos de 4 = 12.

Solución: Los amigos tienen 12 tarjetas de deportes para intercambiar.

Escribe un enunciado de multiplicación para cada dibujo.

1.

2.

Multiplica.

3.
$$\begin{array}{r} 2 \\ \times\, 4 \\ \hline \end{array}$$

4.
$$\begin{array}{r} 4 \\ \times\, 5 \\ \hline \end{array}$$

5.
$$\begin{array}{r} 7 \\ \times\, 4 \\ \hline \end{array}$$

6.
$$\begin{array}{r} 4 \\ \times\, 9 \\ \hline \end{array}$$

Explícalo ▶ ¿Por qué saber que $7 \times 2 = 14$

Practicar y resolver problemas

Escribe un enunciado de multiplicación para cada dibujo.

7.

8.

9.

Halla cada producto.

10.
$$\begin{array}{r} 1 \\ \times\, 4 \\ \hline \end{array}$$

11.
$$\begin{array}{r} 4 \\ \times\, 4 \\ \hline \end{array}$$

12.
$$\begin{array}{r} 4 \\ \times\, 3 \\ \hline \end{array}$$

13.
$$\begin{array}{r} 6 \\ \times\, 4 \\ \hline \end{array}$$

14.
$$\begin{array}{r} 9 \\ \times\, 4 \\ \hline \end{array}$$

15.
$$\begin{array}{r} 4 \\ \times\, 8 \\ \hline \end{array}$$

16.
$$\begin{array}{r} 10 \\ \times\, 4 \\ \hline \end{array}$$

17.
$$\begin{array}{r} 4 \\ \times\, 2 \\ \hline \end{array}$$

18. 4×10

19. 1×4

20. 9×2

21. 5×4

22. 3×4

23. 4×8

24. 5×2

25. 7×4

26. 8×2

Continúa

X Álgebra • Propiedades Halla los números que faltan.

27. $2 \times 5 = 10$
$5 \times 2 = $ ■

28. $4 \times 8 = 32$
$8 \times 4 = $ ■

29. $16 = 8 \times 2$
■ $= 2 \times 8$

30. $12 = 6 \times 2$
$12 = 2 \times $ ■

31. $4 \times 9 = 36$
$9 \times $ ■ $= 36$

32. $28 = 4 \times 7$
$28 = 7 \times $ ■

33. $3 \times 2 = 6$
$2 \times 3 = $ ■

34. $24 = 4 \times 6$
$24 = 6 \times $ ■

35. $2 \times 4 = 8$
$4 \times $ ■ $= 8$

Usar datos Usa el letrero para resolver los Problemas 36 a 41.

36. ¿Cuál es el costo total de los boletos para 5 adultos?

37. ¿Cuál es el costo total de 7 boletos de niño?

38. ¿Cuánto cuestan en total los boletos para 3 niños, 2 adultos y un adulto mayor?

39. **Analízalo** La Sra. Lu compra 7 tarjetas de béisbol en $4 cada una. Le quedan $6 después de pagar las tarjetas y su boleto de adulto. ¿Cuánto dinero llevó a la exposición?

40. **Represéntalo** Muestra por qué el precio de 4 boletos de niño es igual al precio de 2 boletos de adulto. Haz un dibujo para explicar tu razonamiento.

41. **Crea y resuelve** Usa los datos del letrero para crear tu propio problema verbal. Luego pídele a un compañero de clase que lo resuelva.

EXPO DE TARJETAS
Sólo el sábado
9 A.M. – 9 P.M.

Precios de boletos

Niño.....................$ 2

Adulto ....$ 4

Adulto mayor ....$ 3

Práctica adicional Consulta la página 229, Conjunto C.

Pensamiento algebraico
¿Cuál es la regla?

Observa esta máquina de sumar mágica, que le suma 5 al número de entrada.

Entrada	Salida
12	17
20	25
28	33

Observa cada máquina y su tabla. Después escribe la regla y completa la tabla.

1.

Entrada	Salida
16	13
28	25
37	
	50

2.

Entrada	Salida
3	12
6	24
8	
	36

Verifica tu comprensión de las Lecciones 1 a 4.

Escribe un enunciado de suma y un enunciado de multiplicación para cada matriz. (Lecciones 1 y 2)

1.    **2.**    **3.**

Multiplica. (Lecciones 3 y 4)

4. $\begin{array}{r} 3 \\ \times 2 \\ \hline \end{array}$ **5.** $\begin{array}{r} 4 \\ \times 4 \\ \hline \end{array}$ **6.** $\begin{array}{r} 2 \\ \times 4 \\ \hline \end{array}$ **7.** $\begin{array}{r} 10 \\ \times 2 \\ \hline \end{array}$ **8.** $\begin{array}{r} 9 \\ \times 4 \\ \hline \end{array}$ **9.** $\begin{array}{r} 4 \\ \times 5 \\ \hline \end{array}$ **10.** $\begin{array}{r} 2 \\ \times 8 \\ \hline \end{array}$

Tutor en audio 1/24 Escucha y comprende

Multiplicar por 5

Objetivo Usar diferentes maneras de multiplicar cuando uno de los factores es 5.

Apréndelo

Yuji colecciona piedras raras. Lleva 4 cajas a la clase de ciencias. Cada caja contiene 5 piedras. ¿Cuántas piedras lleva Yuji?

Multiplica. $4 \times 5 = \blacksquare$ ó $\begin{array}{r} 5 \\ \times 4 \\ \hline \blacksquare \end{array}$

Diferentes maneras de hallar 4×5.

Manera ① Contar salteado.

Cuenta salteado de 5 en 5.

Di: 5, 10, 15, 20.

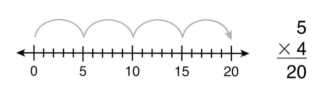

$\begin{array}{r} 5 \\ \times 4 \\ \hline 20 \end{array}$

Manera ② Hacer un dibujo.

Luego usa la suma repetida.

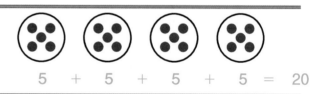

$5 + 5 + 5 + 5 = 20$

Manera ③ Dibujar una matriz.

4 filas de 5 = 20

Manera ④ Escribir un enunciado de multiplicación.

$4 \times 5 = \blacksquare$

$4 \times 5 = 20$

Piénsalo 4 grupos de 5 = 20.

Solución: Yuji lleva 20 piedras a la clase de ciencias.

Práctica guiada

Halla cada producto.

1. $\begin{array}{r} 5 \\ \times 3 \\ \hline \end{array}$
2. $\begin{array}{r} 4 \\ \times 5 \\ \hline \end{array}$
3. $\begin{array}{r} 5 \\ \times 2 \\ \hline \end{array}$
4. $\begin{array}{r} 7 \\ \times 5 \\ \hline \end{array}$

Asegúrate
- ¿Puede ayudarme cambiar el orden?
- ¿Puedo contar de 5 en 5?

Explícalo ▶ Cuando multiplicas un número por 5, ¿puede el producto tener un 2 en el lugar de las unidades? ¿Por qué?

Halla cada producto.

5.	6.	7.	8.	9.	10.
$\begin{array}{r} 5 \\ \times\,2 \\ \hline \end{array}$	$\begin{array}{r} 1 \\ \times\,5 \\ \hline \end{array}$	$\begin{array}{r} 3 \\ \times\,5 \\ \hline \end{array}$	$\begin{array}{r} 5 \\ \times\,9 \\ \hline \end{array}$	$\begin{array}{r} 5 \\ \times\,6 \\ \hline \end{array}$	$\begin{array}{r} 4 \\ \times\,5 \\ \hline \end{array}$

11.	12.	13.	14.	15.	16.
$\begin{array}{r} 5 \\ \times\,5 \\ \hline \end{array}$	$\begin{array}{r} 5 \\ \times\,7 \\ \hline \end{array}$	$\begin{array}{r} 6 \\ \times\,5 \\ \hline \end{array}$	$\begin{array}{r} 5 \\ \times\,1 \\ \hline \end{array}$	$\begin{array}{r} 2 \\ \times\,5 \\ \hline \end{array}$	$\begin{array}{r} 8 \\ \times\,5 \\ \hline \end{array}$

17. 2×8 **18.** 5×10 **19.** 4×4 **20.** 3×5 **21.** 4×7

✗ Álgebra • Ecuaciones Halla los factores que faltan.

22. $5 \times \blacksquare = 10$ **23.** $\blacksquare \times 5 = 25$ **24.** $5 \times \blacksquare = 40$ **25.** $45 = \blacksquare \times 5$

26. $30 = 5 \times \blacksquare$ **27.** $5 \times \blacksquare = 50$ **28.** $5 = 1 \times \blacksquare$ **29.** $35 = 5 \times \blacksquare$

Resuelve.

30. Amelia coloca 5 piedras en 4 bolsas. Le sobran 3 piedras. ¿Con cuántas piedras comenzó Amelia?

31. **Encuentra el error** Ben quiere saber cuántos hay en 6 grupos de 5. Observa el trabajo de Ben. ¿Qué error cometió?

Ben

$6 + 5 = 11$

32. La muestra de piedras de Evan tiene 7 filas de 5 piedras con franjas. También tiene 8 filas de 4 piedras negras. ¿Tiene Evan más piedras con franjas o más piedras negras?

Repaso general • Preparación para exámenes ✓

Respuesta directa

Halla el perímetro de cada figura.

(Grado 2)

33.
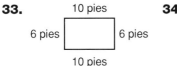
10 pies
6 pies 6 pies
10 pies

34.
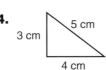
3 cm
5 cm
4 cm

35. Jacob quiere comprar unas revistas de historietas que cuestan $5 cada una. Tiene $18. ¿Cuál es el mayor número de revistas que puede comprar? Explica cómo hallaste la respuesta. (Cap. 8, Lección 5)

Multiplicar por 10

Vocabulario
producto

Objetivo Usar diferentes maneras de multiplicar cuando uno de los factores es 10.

Apréndelo

En la Exposición de trenes a escala, Ken mostró su colección de trenes. Puso 10 vagones de tren en cada una de 4 mesas. ¿Cuántos vagones de tren mostró?

Multiplica. $4 \times 10 =$ ■   ó $\begin{array}{r} 10 \\ \times\ 4 \\ \hline \blacksquare \end{array}$

Diferentes maneras de hallar 4×10

Manera ❶ Contar salteado.

Cuenta salteado de 10 en 10.

Di: 10, 20, 30, 40.

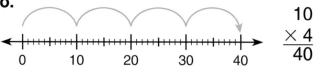

$\begin{array}{r} 10 \\ \times\ 4 \\ \hline 40 \end{array}$

Manera ❷ Usar un patrón.

Cuando un número se multiplica por 10, escribe un cero después del número para mostrar el **producto**.

$1 \times 10 = 10$
$2 \times 10 = 20$
$3 \times 10 = 30$
$4 \times 10 = 40$

> **Piénsalo**
> $4 \times 1 = 4$
> Por lo tanto,
> $4 \times 10 = 40$

Manera ❸ Escribir un enunciado de multiplicación.

$4 \times 10 =$ ■
$4 \times 10 = 40$

> **Piénsalo**
> 4 grupos de 10 = 40

Solución: Ken mostró 40 vagones de tren a escala.

Práctica guiada

Multiplica.

1. 3×10 2. 10×6 3. 7×10 4. 10×9

> **Asegúrate**
> • ¿Puede ayudarme usar un patrón?
> • ¿Puedo contar salteado de 10 en 10?

Explícalo ▶ El producto de 10 por otro número es 80. ¿Cuál es el otro número? Explica cómo lo sabes.

Halla cada producto.

5.
$$\begin{array}{r} 10 \\ \times\ 4 \\ \hline \end{array}$$

6.
$$\begin{array}{r} 10 \\ \times\ 6 \\ \hline \end{array}$$

7.
$$\begin{array}{r} 10 \\ \times\ 8 \\ \hline \end{array}$$

8.
$$\begin{array}{r} 10 \\ \times\ 7 \\ \hline \end{array}$$

9.
$$\begin{array}{r} 10 \\ \times\ 3 \\ \hline \end{array}$$

10.
$$\begin{array}{r} 10 \\ \times\ 10 \\ \hline \end{array}$$

11. 2×10
12. 5×10
13. 10×1
14. 3×10
15. 10×4

16. 7×10
17. 10×10
18. 9×10
19. 6×10
20. 8×10

𝒳 Álgebra • Funciones Sigue la regla para completar cada tabla.

Regla: Multiplicar por 2	
Entrada	Salida
6	12
21. 3	▨
22. 5	▨
23. ▨	14

	Regla: Multiplicar por 5	
	Entrada	Salida
24.	4	▨
25.	8	▨
26.	▨	30
27.	10	▨

	Regla: Multiplicar por 10	
	Entrada	Salida
28.	▨	20
29.	7	▨
30.	▨	90
31.	▨	100

Usar datos Usa el pictograma para resolver los Problemas 32 a 34.

32. ¿Cuántos modelos de biplano había en la exposición de aviones a escala?

33. La mitad de los planeadores a escala de la exposición estaban hechos de madera. ¿Cuántos modelos son?

34. **Represéntalo** ¿Cuántos símbolos más se necesitan para mostrar 90 aviones a reacción en el pictograma?

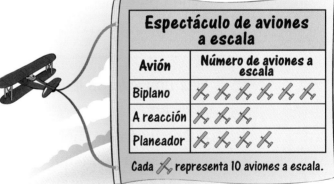

Espectáculo de aviones a escala

Avión	Número de aviones a escala
Biplano	✈ ✈ ✈ ✈ ✈
A reacción	✈ ✈ ✈
Planeador	✈ ✈ ✈ ✈

Cada ✈ representa 10 aviones a escala.

Respuesta directa

Indica si cada objeto pesa más o pesa menos que un kilogramo. (Grado 2)

35.

36.

Selección múltiple

37. Hay 4 cajas de marcadores. Cada una tiene 10 marcadores. ¿Cuántos marcadores hay?

(Cap. 8, Lección 6)

A 14 **B** 40 **C** 44 **D** 48

Resolver problemas: Estrategia
Haz una lista organizada

Objetivo Hacer una lista organizada
para resolver un problema.

Problema Elena tiene 4 sombreros
en su colección de sombreros.
También tiene 2 chaquetas. ¿Cuántas
combinaciones diferentes de una
chaqueta y un sombrero puede usar?

COMPRÉNDELO

Esto es lo que ya sabes.

- Elena tiene 4 sombreros diferentes.
- Tiene 2 chaquetas diferentes.

PLANÉALO

Puedes hacer una lista organizada como
ayuda para resolver el problema.

RESUÉLVELO

Haz una lista de las combinaciones
posibles.

- Comienza con una chaqueta.
  Empareja la chaqueta con cada
  sombrero.

- Luego empareja la otra chaqueta
  con cada sombrero.

Cuenta el número de combinaciones
diferentes.

Solución: Elena puede usar 8
combinaciones diferentes de
chaqueta y sombrero.

Combinaciones posibles	
chaqueta amarilla	→ sombrero azul
chaqueta amarilla	→ sombrero de paja
chaqueta amarilla	→ sombrero rosado
chaqueta amarilla	→ sombrero floreado
chaqueta azul	→ sombrero azul
chaqueta azul	→ sombrero de paja
chaqueta azul	→ sombrero rosado
chaqueta azul	→ sombrero floreado

VERIFÍCALO

Verifica el problema. ¿Tiene sentido la solución?

Práctica guiada

Usa las preguntas de Asegúrate para resolver los problemas.

1. Walt tiene una gorra roja, una azul y una verde en su colección. Tiene una camisa beige, una blanca y una amarilla. ¿Cuántas combinaciones de camisa y gorra puede usar?

2. Sabrina tiene un sombrero morado, uno amarillo, uno rosado y uno negro. Tiene una bufanda roja, una verde y una azul. ¿Cuántas combinaciones diferentes de bufanda y sombrero puede usar?

 COMPRÉNDELO

 PLANÉALO

 RESUÉLVELO

 VERIFÍCALO

Asegúrate

¿Qué hechos conozco?

¿Cómo puedo hacer una lista de todas las combinaciones?

- ¿Hice una lista de todos los colores del primer objeto y del segundo objeto?

- ¿Conté todas las combinaciones?

¿Hallé todas las combinaciones?

Práctica independiente

Haz una lista organizada para resolver los problemas.

3. Sandra tiene un cinturón de cuero y un cinturón de tela. Tiene faldas de algodón, de lino y de pana. ¿Cuántas combinaciones de cinturones y faldas puede usar Sandra?

4. Alberto está preparando unos sándwiches. Puede usar pan de centeno o pan blanco. Puede usar atún o jamón. ¿Cuántos tipos de sándwich puede preparar?

5. Neil ganó un premio en la feria. Puede recibir un oso, un perro o un gato de peluche. Cada animal viene en negro, blanco, café o gris. ¿Cuántos tipos diferentes de animal de peluche puede haber?

6. Chay tiene 2 chalecos. Uno es azul y el otro café. Tiene 6 gorras de béisbol de diferentes equipos. ¿Cuántas combinaciones diferentes de chaleco y gorra puede usar?

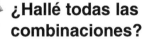 ¡GANA UN PREMIO!

 Continúa

Práctica variada

Resuelve. Muestra tu trabajo. Indica qué estrategia usaste.

7. Ben cosechó 6 manzanas más que Judy. Juntos, cosecharon 62 manzanas. ¿Cuántas manzanas cosechó cada persona?

8. Steven, Daniel y Anna están en la fila para usar el lavamanos. ¿De cuántas maneras diferentes pueden alinearse?

9. Kim sacó 5 canicas de una bolsa. Luego devolvió 2 canicas a la bolsa. Si hay 15 canicas en la bolsa ahora, ¿cuántas canicas había en la bolsa cuando Kim comenzó?

Selecciónalo

Estrategia
- Represéntalo
- Haz un dibujo
- Estima y comprueba
- Haz una lista organizada
- Comienza con el final

Método de cálculo
- Cálculo mental
- Estimación
- Papel y lápiz
- Calculadora

Usar datos Usa la gráfica para resolver los Problemas 10 a 14. Luego indica qué método de cálculo usaste.

En una encuesta, un grupo de dueños de perros respondió a preguntas acerca de sus mascotas. La gráfica de barras muestra los resultados de la encuesta.

10. ¿Qué tipo de perro tiene la mayoría de las personas?

11. ¿Qué tipo de perro tienen 15 personas?

12. ¿Cuántas personas más tienen terriers que collies?

13. ¿Cuántas personas tienen sabuesos o poodles?

14. ¿Cuáles son los dos tipos de perro que escogieron 50 personas?

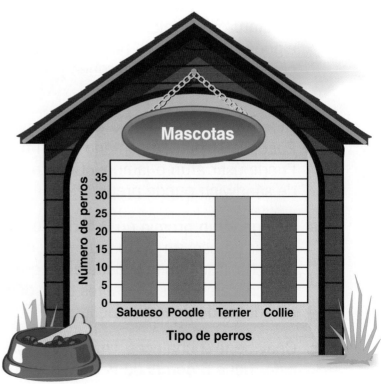

222

Resolver problemas en exámenes

Escoge la letra de la respuesta correcta.

1. ¿Qué enunciado de números no es correcto?

    A $4 \times 9 = 36$ c $4 \times 3 = 7$

    B $6 \times 4 = 24$ D $1 \times 4 = 4$

    (Capítulo 8, Lección 4)

2. Ron hizo un diagrama de puntos para mostrar el número de *hits* que bateó cada jugador. ¿Cuántos jugadores batearon 5 *hits*?

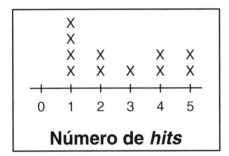

Número de *hits*

    F 1   G 2   H 3   J 5

    (Capítulo 6, Lección 3)

Respuesta directa

Resuelve los problemas.

3. ¿Describirías la probabilidad de que la flecha de esta rueda giratoria caiga en rojo o azul como igualmente probable? Explica.

    (Capítulo 7, Lección 2)

4. Halla el valor del cuadro.

    $8 +$ ▦ $= 13$

    (Capítulo 5, Lección 2)

Respuesta extensa

5. El tablero de conteo muestra el número de goles anotados por 5 jugadores del equipo de los Osos durante una temporada. Usa el tablero de conteo para responder a las preguntas.

Goles de fútbol	
Jugador	Conteo
Laurie	III
Janet	I
Debbie	II
Michelle	HHT III
Karla	HHT I

a. ¿Quién anotó el mayor número de goles? ¿Quién anotó el menor número de goles? ¿Cuál es el rango de estos datos?

b. ¿Cuántos goles más que los anotados por Laurie y Karla anotaron Debbie y Michelle? Explica cómo lo sabes.

c. Usa el tablero de conteo para hacer una gráfica de barras. Rotula tu gráfica, escoge una escala y ponle título a tu gráfica.

    (Capítulo 6, Lección 6)

🔘 **Tutor en audio 1/25** Escucha y comprende

Álgebra

Multiplicar por 1 y 0

Objetivo Usar propiedades especiales para multiplicar cuando uno de los factores es 1 ó 0.

Apréndelo

Los abuelos de Jake le dieron unas canicas nuevas para su colección.

Puedes usar propiedades especiales como ayuda para multiplicar. Observa las siguientes propiedades de la multiplicación.

Propiedad del uno

Cuando 1 es un factor, el producto es siempre igual al otro factor.

Jake tiene 6 bolsas de canicas. Cada bolsa tiene 1 canica roja. ¿Cuántas canicas rojas hay en las bolsas?

Multiplica.

$6 \times 1 = \blacksquare$ ó $\begin{array}{r} 1 \\ \times 6 \\ \hline \blacksquare \end{array}$

$6 \times 1 = 6$

Hay 6 canicas rojas en total.

Propiedad del cero

Cuando 0 es un factor, el producto es siempre 0.

Jake tiene 4 bolsas vacías de canicas. Si hay 0 canicas en cada bolsa, ¿cuántas canicas hay en las bolsas?

Multiplica.

$4 \times 0 = \blacksquare$ ó $\begin{array}{r} 0 \\ \times 4 \\ \hline \blacksquare \end{array}$

$4 \times 0 = 0$

Hay 0 canicas en las cuatro bolsas.

Multiplica.

Asegúrate

- Si 1 es un factor, ¿cuál debe ser el producto?
- Si 0 es un factor, ¿cuál debe ser el producto?

1. $\begin{array}{r} 1 \\ \times\,6 \\ \hline \end{array}$
2. $\begin{array}{r} 0 \\ \times\,7 \\ \hline \end{array}$
3. $\begin{array}{r} 1 \\ \times\,5 \\ \hline \end{array}$
4. $\begin{array}{r} 0 \\ \times\,9 \\ \hline \end{array}$

5. 4×1
6. 8×0
7. 0×2
8. 1×3

Explícalo ▶ El enunciado de números 3×0 significa 3 grupos de 0. ¿Por qué tiene sentido que el producto sea cero?

Practicar y resolver problemas

Multiplica.

9. $\begin{array}{r} 0 \\ \times\,8 \\ \hline \end{array}$
10. $\begin{array}{r} 1 \\ \times\,7 \\ \hline \end{array}$
11. $\begin{array}{r} 0 \\ \times\,2 \\ \hline \end{array}$
12. $\begin{array}{r} 1 \\ \times\,9 \\ \hline \end{array}$
13. $\begin{array}{r} 5 \\ \times\,1 \\ \hline \end{array}$
14. $\begin{array}{r} 0 \\ \times\,4 \\ \hline \end{array}$

15. $\begin{array}{r} 7 \\ \times\,0 \\ \hline \end{array}$
16. $\begin{array}{r} 1 \\ \times\,6 \\ \hline \end{array}$
17. $\begin{array}{r} 8 \\ \times\,1 \\ \hline \end{array}$
18. $\begin{array}{r} 0 \\ \times\,1 \\ \hline \end{array}$
19. $\begin{array}{r} 5 \\ \times\,0 \\ \hline \end{array}$
20. $\begin{array}{r} 10 \\ \times\,1 \\ \hline \end{array}$

21. 6×0
22. 1×7
23. 1×1
24. 0×3
25. 10×0

26. 1×9
27. 4×0
28. 5×1
29. 1×0
30. 0×7

Usa los enunciados de números de la derecha para resolver los Problemas 31 a 33.

31. ¿Qué número representa cada figura?

32. Imagina que Marisa tiene 8 cajas vacías. ¿Qué enunciado de multiplicación muestra cuántas canicas tiene?

33. Steve colecciona cristales. Le regaló 1 cristal a cada uno de sus 4 amigos. ¿Qué enunciado de multiplicación muestra cuántos cristales regaló?

$4 \times \blacktriangle = 4$

$2 \times \bullet = 0$

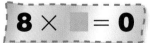
$8 \times \blacksquare = 0$

$\blacklozenge \times 8 = 8$

Continúa ➡

Resuelve.

34. **Encuentra el error** Observa el dibujo de Marly que está a la derecha.

Marly escribió el enunciado de números $4 \times 0 = 0$ para describir su dibujo. ¿Qué error cometió?

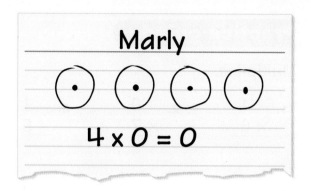

Marly

$4 \times 0 = 0$

✗ Álgebra • Propiedades Halla los números que faltan.

35. $4 \times 0 = \blacksquare \times 4$

36. $3 \times \blacksquare = 0$

37. $1 \times 6 = 6 \times \blacksquare$

38. $8 \times \blacksquare = 8$

39. $\blacksquare \times 7 = 0$

40. $8 \times \blacksquare = 7 \times 0$

41. $1 \times 9 = \blacksquare \times 1$

42. $\blacksquare \times 1 = 6$

43. $5 \times \blacksquare = 1 \times 5$

44. $\blacksquare \times 9 = 4 \times 0$

45. $10 \times 0 = 5 \times \blacksquare$

46. $2 \times 3 = \blacksquare \times 6$

📊 Usar datos Usa la tabla para resolver los Problemas 47 a 49.

La Tienda de Canicas de Manny vende bolsas llenas de canicas. La tabla muestra el número de canicas diferentes que hay en una bolsa.

47. Sharon compró 2 bolsas de canicas. ¿Cuántas canicas azules recibió?

48. Jared compró 5 bolsas de canicas en la Tienda de Canicas de Manny. ¿Recibió un número mayor de canicas transparentes o de canicas verdes?

49. **Analízalo** Brandon compró 4 bolsas de canicas y le regaló unas a su hermana. Le quedan 6 canicas transparentes. ¿Cuántas canicas transparentes le regaló a su hermana?

50. **Escríbelo** ¿Es más fácil hallar 5×0 que 598×0? Explica por qué.

Bolsa de canicas de Manny	
Tipos de canica	Número de canicas
Ojos de gato	3
Verde	4
Roja	5
Azul	7
Transparente	2

226

Práctica adicional Consulta la página 229, Conjunto F.

Respuesta directa

¿Qué sigue en el patrón?

(Cap. 1, Lección 5)

51. 10, 12, 14, 16, _____

52. 1, 2, 4, 7, 11, _____

Selección múltiple

53. ¿Cuál de las siguientes es verdadera? (Cap. 8, Lección 8)

A $1 \times 8 = 9$ B $0 \times 5 = 5$

C $10 \times 1 = 10$ D $1 \times 1 = 2$

Conectar con los estudios sociales

Resolver problemas

Los números griegos

Desde que los seres humanos comenzaron a contar, hace ya mucho tiempo, se han usado diferentes símbolos para los números. Éstos son algunos de los símbolos que usaban en Grecia como números.

Usa los símbolos griegos para hallar cada producto.

1. $\beta \times \varepsilon$ **2.** $\beta \times 0$

3. $\delta \times 6$ **4.** $\alpha \times 9$

5. $\beta \times \alpha$ **6.** $\varepsilon \times 5$

7. $\delta \times 7$ **8.** $\varepsilon \times 9$

9. $\beta \times \beta$ **10.** $\varepsilon \times \varepsilon$

Símbolos griegos

$\alpha = 1$ $\beta = 2$

$\delta = 4$ $\varepsilon = 5$

WEEKLY WR READER

Repaso/Examen del capítulo

VOCABULARIO

Escoge el término correcto para completar cada oración.

Vocabulario
- factores
- producto
- Propiedad conmutativa
- Propiedad del cero

1. Cuando multiplicas dos números, obtienes un ____.

2. Como $3 \times 4 = 12$, 3 y 4 son ____ de 12.

3. Los enunciados de números $2 \times 5 = 10$ y $5 \times 2 = 10$ son un ejemplo de la ____.

CONCEPTOS Y DESTREZAS

Escribe un enunciado de números para cada matriz. (Lecciones 1 y 2, págs. 206 a 209)

4. ▲ ▲ ▲ ▲ ▲
   ▲ ▲ ▲ ▲ ▲
   ▲ ▲ ▲ ▲ ▲

5. ● ● ● ● ● ● ●
   ● ● ● ● ● ●

6. ✦ ✦ ✦ ✦ ✦ ✦ ✦ ✦ ✦

7. ■ ■ ■ ■
   ■ ■ ■ ■
   ■ ■ ■ ■

Halla cada producto. (Lecciones 3 a 6, 8, págs. 210 a 219, 224 a 226)

8. 7×2	9. 6×2	10. 3×2	11. 4×4	12. 3×4	13. 9×4
14. 4×5	15. 7×5	16. 6×5	17. 10×5	18. 10×3	19. 10×9

20. 0×5

21. 3×0

22. 4×1

23. 1×9

24. 1×0

RESOLVER PROBLEMAS

Resuelve. (Lección 7, págs. 220 a 222)

25. Hank tiene tenis blancos, tenis negros y tenis rojos. Tiene un pantalón azul y un pantalón negro. ¿Cuántas combinaciones de tenis y pantalón puede usar Hank?

Escríbelo

Muestra lo que sabes

Jan y Eri observan un ejercicio de multiplicación.

- Eri dice que uno de los factores es 7.
- Jan dice que el producto es 7.

Si ambos tienen razón, ¿cuál es el ejercicio de multiplicación? Explica cómo lo sabes.

Práctica adicional

Conjunto A (Lección 2, págs. 208 y 209)

Escribe un enunciado de números para cada matriz.

1.

2. ▲ ▲
   ▲ ▲
   ▲ ▲

3. ▬ ▬ ▬ ▬
   ▬ ▬ ▬ ▬
   ▬ ▬ ▬ ▬

4. ★ ★
   ★ ★

Conjunto B (Lección 3, págs. 210 y 211)

Halla cada producto.

1. $\begin{array}{r} 5 \\ \times\ 2 \\ \hline \end{array}$
2. $\begin{array}{r} 8 \\ \times\ 2 \\ \hline \end{array}$
3. $\begin{array}{r} 10 \\ \times\ 2 \\ \hline \end{array}$
4. $\begin{array}{r} 2 \\ \times\ 2 \\ \hline \end{array}$
5. $\begin{array}{r} 9 \\ \times\ 2 \\ \hline \end{array}$
6. $\begin{array}{r} 6 \\ \times\ 2 \\ \hline \end{array}$

Conjunto C (Lección 4, págs. 212 a 214)

Multiplica.

1. $\begin{array}{r} 4 \\ \times\ 6 \\ \hline \end{array}$
2. $\begin{array}{r} 4 \\ \times\ 7 \\ \hline \end{array}$
3. $\begin{array}{r} 10 \\ \times\ 4 \\ \hline \end{array}$
4. $\begin{array}{r} 4 \\ \times\ 5 \\ \hline \end{array}$
5. $\begin{array}{r} 4 \\ \times\ 4 \\ \hline \end{array}$
6. $\begin{array}{r} 9 \\ \times\ 4 \\ \hline \end{array}$

Conjunto D (Lección 5, págs. 216 y 217)

Halla cada producto.

1. $\begin{array}{r} 5 \\ \times\ 5 \\ \hline \end{array}$
2. $\begin{array}{r} 3 \\ \times\ 5 \\ \hline \end{array}$
3. $\begin{array}{r} 7 \\ \times\ 5 \\ \hline \end{array}$
4. $\begin{array}{r} 9 \\ \times\ 5 \\ \hline \end{array}$
5. $\begin{array}{r} 4 \\ \times\ 5 \\ \hline \end{array}$
6. $\begin{array}{r} 8 \\ \times\ 5 \\ \hline \end{array}$

Conjunto E (Lección 6, págs. 218 y 219)

Multiplica.

1. 10×6
2. 10×1
3. 10×4
4. 10×8
5. 7×10

Conjunto F (Lección 8, págs. 224 a 226)

Halla cada producto.

1. 2×0
2. 0×1
3. 1×4
4. 3×0
5. 7×1

CAPÍTULO 9

Operaciones de multiplicación y patrones

INVESTIGACIÓN

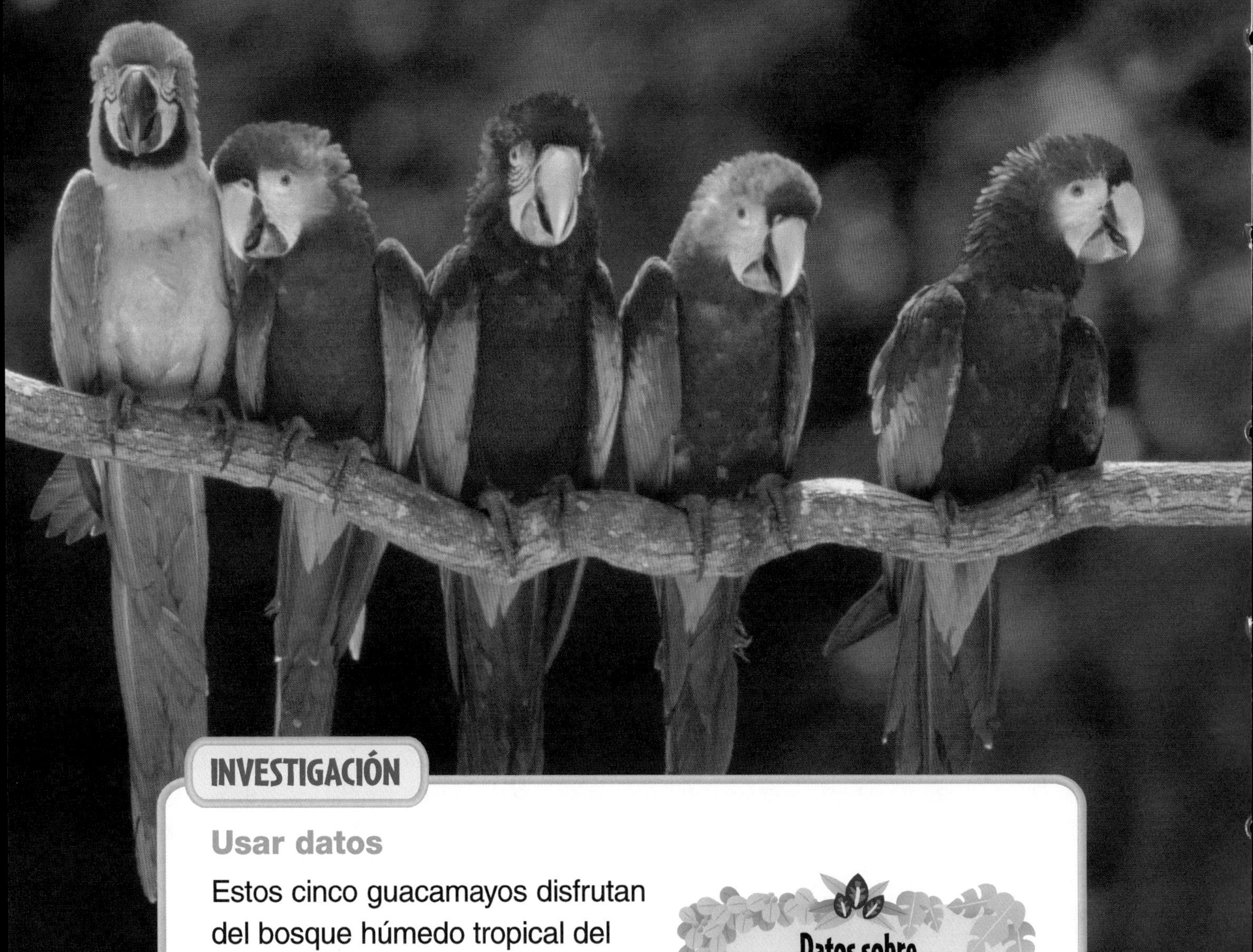

Usar datos

Estos cinco guacamayos disfrutan del bosque húmedo tropical del Parque Nacional Manu de Perú. Observa el letrero. Imagina que cada guacamayo pone varios huevos al mismo tiempo. Escribe y resuelve un problema verbal acerca del número de huevos que pudo haber puesto más de un pájaro.

Datos sobre guacamayos

Años de vida:	cerca de 50 años
Tamaño:	cerca de 35 pulgada
Peso:	cerca de 2 libras
Huevos:	2 a 4 puestos al mismo tiempo

Aplica lo que sabes

Usa esta página para repasar y recordar lo que necesitas saber para este capítulo.

VOCABULARIO

Escoge la mejor palabra para completar cada oración.

Vocabulario

matriz

factores

producto

multiplicar

Propiedad
conmutativa

1. Para hallar el número total de objetos que hay en grupos iguales, puedes ____.

2. Un grupo de objetos dispuestos en filas y columnas se llama ____.

3. Multiplicas dos números para hallar el ____.

4. Los números que se multiplican se llaman ____.

CONCEPTOS Y DESTREZAS

Escribe un enunciado de multiplicación para cada dibujo.

5.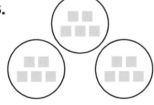

6.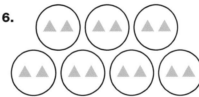

7.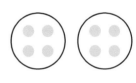

Halla cada producto.

8. $\begin{array}{r} 4 \\ \times\ 2 \\ \hline \end{array}$

9. $\begin{array}{r} 7 \\ \times\ 1 \\ \hline \end{array}$

10. $\begin{array}{r} 2 \\ \times\ 9 \\ \hline \end{array}$

11. $\begin{array}{r} 8 \\ \times\ 0 \\ \hline \end{array}$

12. 1×0

13. 4×6

14. 3×10

15. 4×1

16. 7×10

17. 5×5

18. 9×4

19. 6×2

 **Escríbelo**

20. Hay 9 grupos de 10 baldosas cada uno. ¿Es más rápido multiplicar o sumar para hallar el número total de baldosas? Explica.

Práctica de operaciones Consulta la página 668.

Tutor en audio 1/26 Escucha y comprende

Usar una tabla de multiplicar

Objetivo Hallar patrones en una tabla de multiplicar.

Vocabulario
multiplicación
factores
producto

Materiales
papel cuadriculado
o el Recurso de
enseñanza 14

Trabajar juntos

Puedes hallar patrones en una tabla de multiplicar.

PASO 1 Usa papel cuadriculado para hacer una tabla de **multiplicar** como la de la derecha. Incluye los números que se muestran.

columna ↓

×	0	1	2	3	4	5	6	7	8	9	10
0	0	0	0	0	0						
1	0	1	2	3	4						
2	0	2	4	6	8						
3											
4											
5											
6											
7											
8											
9											
10											

fila →

2 x 4 = 8

PASO 2 Los números que aparecen en la parte superior y al costado son los **factores**. Halla la fila del 2 y la columna del 4. Halla después el cuadro donde se encuentran la fila y la columna. Escribe el **producto** de 2 × 4 en el cuadro.

PASO 3 Llena los demás cuadros cuyos productos conoces.

PASO 4 Busca patrones en la tabla.

- ¿Qué fila y qué columna tienen el mismo número en todos los cuadros?

- ¿Qué fila tiene los mismos números que la columna para 4?

- ¿Qué fila y qué columna muestran productos que aumentan de 2 en 2?

- ¿Qué filas y qué columnas tienen sólo números pares?

Usa tu tabla de multiplicar para responder a las preguntas.

1. Cuando multiplicas un número por 0, ¿cuál es el producto?

2. Cuando multiplicas un número por 1, ¿cuál es el producto?

3. ¿Qué tienen en común todos los productos de la columna del 10?

4. Busca otros patrones en la tabla. Describe dos patrones que veas.

Éstas son partes de una tabla de multiplicar.
¿En qué fila o columna aparece cada parte?

5.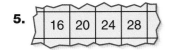

6.

7.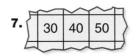

8.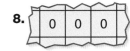

9.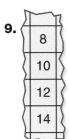

10.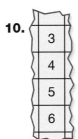

11.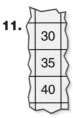

12.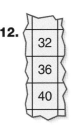

Escribe *verdadero* o *falso* en cada enunciado.
Da ejemplos que apoyen tus respuestas.

13. El producto será siempre 0 cuando multiplicas por 0.

14. El producto será siempre 1 cuando multiplicas por 1.

15. Cada producto aparece por lo menos dos veces en la tabla de multiplicar.

Coméntalo • Escríbelo

Ya aprendiste a buscar patrones en una tabla de multiplicar.

16. ¿Cómo podrías usar los productos de la fila del 2 como ayuda para hallar los productos de la fila del 4?

17. En cada fila, ¿hay alguna columna que tenga los mismos productos? ¿Por qué?

Tutor en audio 1/27 Escucha y comprende

Multiplicar por 3

Objetivo Usar diferentes maneras de multiplicar cuando uno de los factores es 3.

Apréndelo

El club de la naturaleza organiza una caminata por un bosque tropical. Cada miembro del club llevará 3 botellas de agua. Si hay 5 miembros, ¿cuántas botellas de agua llevarán?

Multiplica. $5 \times 3 = \blacksquare$ ó $\begin{array}{r} 3 \\ \times\, 5 \\ \hline \blacksquare \end{array}$

Diferentes maneras de hallar 5 × 3

Manera ❶ Contar salteado.

Cuenta salteado de 3 en 3.
Di: 3, 6, 9, 12, 15.

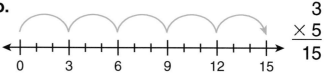

$\begin{array}{r} 3 \\ \times\, 5 \\ \hline 15 \end{array}$

Manera ❷ Hacer un dibujo.

Luego usa la suma repetida.

$3 + 3 + 3 + 3 + 3 = 15$

Manera ❸ Dibujar una matriz.

5 filas de 3 son 15.

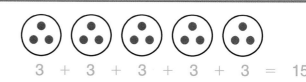

Manera ❹ Escribir un enunciado de multiplicación.

$5 \times 3 = \blacksquare$
$5 \times 3 = 15$

Piénsalo
5 grupos de 3 son 15.

Solución: El club de la naturaleza llevará 15 botellas de agua.

Práctica guiada

Multiplica.

1. $\begin{array}{r} 3 \\ \times\, 2 \\ \hline \end{array}$
2. $\begin{array}{r} 1 \\ \times\, 3 \\ \hline \end{array}$
3. $\begin{array}{r} 3 \\ \times\, 3 \\ \hline \end{array}$
4. $\begin{array}{r} 5 \\ \times\, 3 \\ \hline \end{array}$

Asegúrate
• ¿Cómo puedo usar la Propiedad conmutativa?

Explícalo ▶ ¿Cómo te ayuda saber que $2 \times 4 = 8$ para hallar 3×4?

234

Halla cada producto.

5.
$$3 \times 6$$

6.
$$3 \times 4$$

7.
$$3 \times 8$$

8.
$$9 \times 3$$

9.
$$7 \times 3$$

10.
$$3 \times 1$$

11.
$$5 \times 3$$

12.
$$3 \times 3$$

13.
$$2 \times 3$$

14.
$$10 \times 3$$

15.
$$6 \times 3$$

16.
$$3 \times 0$$

Dibuja una matriz para cada uno. Luego copia y completa cada enunciado de números.

17. $5 \times 3 = $ ▓

18. $4 \times 3 = $ ▓

19. $3 \times 6 = $ ▓

20. $3 \times 2 = $ ▓

Resuelve.

21. Una guardabosques guió a 3 grupos de excursionistas. Había 4 personas en cada grupo. ¿A cuántos excursionistas guió?

22. Tyrone plantó 3 semillas diarias durante 5 días. Mina plantó un total de 12 semillas. ¿Cuántas semillas más que Mina plantó Tyrone?

23. Lucía compra 3 hojas de calcomanías de la naturaleza. Cada hoja tiene 8 calcomanías. ¿Tiene 24 calcomanías? Explícalo con palabras, dibujos o números.

Repaso general • Preparación para exámenes

Respuesta directa

Escribe el valor del dígito subrayado.

(Cap. 1, Lección 7)

24. 124,893

25. 518,627

26. 936,204

27. 205,978

28. ¿Qué número hace verdadero este enunciado de números?

(Cap. 9, Lección 2)

$$3 \times \blacksquare = 2 \times 3$$

Explica cómo lo sabes.

Multiplicar por 6

Objetivo Usar diferentes maneras de multiplicar
cuando uno de los factores es 6.

Apréndelo

Un grupo de excursionistas recorre en balsa un
río de un bosque tropical. En cada balsa caben
6 personas. Hay 7 balsas en el grupo. ¿Cuántas
personas recorren el río en balsa?

Multiplica. $7 \times 6 = \blacksquare$ ó $\begin{array}{r} 6 \\ \times 7 \\ \hline \blacksquare \end{array}$

Diferentes maneras de hallar 7×6

Manera ❶ Duplicar.

6 es el doble de 3, así que 7×6
es el doble de 7×3.

$7 \times 3 = 21$

$7 \times 6 = 21 + 21$

$\boxed{21 + 21 = 42}$

Por lo tanto, $7 \times 6 = 42$.

7 x 3   7 x 3

7 x 6

**Manera ❷ Usar la suma
repetida.**

$6 + 6 + 6 + 6 + 6 + 6 + 6 = 42$

**Manera ❸ Escribir un enunciado
de multiplicación.**

$7 \times 6 = \blacksquare$

$7 \times 6 = 42$

Piénsalo
7 grupos de 6 son 42.

Solucion: Hay 42 personas recorriendo el río en balsa.

Práctica guiada

Multiplica.

1. $\begin{array}{r} 6 \\ \times 2 \\ \hline \end{array}$
2. $\begin{array}{r} 5 \\ \times 6 \\ \hline \end{array}$
3. $\begin{array}{r} 6 \\ \times 4 \\ \hline \end{array}$
4. $\begin{array}{r} 9 \\ \times 6 \\ \hline \end{array}$

Asegúrate
- ¿Qué operación básica
  de 3 puedo usar para
  hallar el **producto**?
- ¿Hay alguna otra
  operación que pueda
  usar?

Explícalo ▶ ¿Por qué es 6×8 mayor que 5×8?

Halla cada producto.

5. 6
    × 1

6. 6
    × 3

7. 5
    × 6

8. 10
    × 6

9. 6
    × 7

10. 4
     × 6

11. 6
     × 0

12. 6
     × 6

13. 6
     × 8

14. 6
     × 2

15. 8 × 6

16. 6 × 3

17. 9 × 6

18. 1 × 6

19. 4 × 6

20. 2 × 6

21. 6 × 7

22. 6 × 9

𝑿 Álgebra • Funciones Copia y completa cada tabla.

Regla: Multiplicar por 6	
Entrada	**Salida**
2	12
4	
6	
	60

23. 4
24. 6
25.

26.

Regla: Multiplicar por ■	
Entrada	**Salida**
2	6
4	12
7	21
8	

27. 8

Escribe *verdadero* o *falso* en cada enunciado. Si el enunciado es falso, explica por qué.

28. Como 6 + 6 + 6 + 6 = 24, 6 × 6 debe ser igual a 24.

29. Para hallar 5 × 6, puedes sumar 6 + 6 + 6 + 6 + 6.

30. Puedes usar 8 grupos de 6 objetos para mostrar 8 × 6.

31. Como 3 × 3 = 9, el producto de 6 × 3 debe ser el doble.

Continúa

Álgebra • **Símbolos** Escribe >, < ó = en cada ●.

32. 2×6 ● 15

33. 60 ● 6×10

34. 5×6 ● 25

35. 50 ● 9×6

36. 6×6 ● 34

37. 6×1 ● 7

Usar datos Usa la receta para resolver los Problemas 38 a 41.

Antoine creó una receta de Mezcla natural.
La receta de la derecha sirve para hacer una porción.

38. Antoine decide hacer 6 porciones de esta mezcla. ¿Cuántas tazas de cereal de avena se necesitan?

39. Las almendras y los anacardos son nueces. ¿Cuántas tazas de nueces se necesitan para hacer 2 porciones?

40. Darlene quiere hacer 6 porciones de Mezcla natural. Dice que necesita 15 tazas de piña deshidratada. ¿Tiene razón? Explica cómo lo sabes.

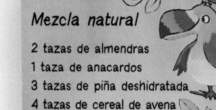

Mezcla natural

2 tazas de almendras
1 taza de anacardos
3 tazas de piña deshidratada
4 tazas de cereal de avena

1. Mezcla los ingredientes en un tazón.
2. Echa una porción en una bolsa con una cuchara.
3. Come y disfruta en tu próxima excursión al aire libre.

41. Escríbelo Imagina que quieres hacer 5 porciones de Mezcla natural. ¿Por qué es más fácil multiplicar que sumar para hallar cuántas tazas de cada ingrediente se necesitan?

Repaso general • Preparación para exámenes

Respuesta directa

 Suma o resta. (Cap. 4, Lecciones 3 y 4)
(Cap. 5, Lección 4)

42. $628
    $- 209$

43. $5.56
    $+ 3.44$

Selección múltiple

44. La Sra. Lee ordenó 4 ensaladas. Cada ensalada cuesta $6, con el impuesto. ¿Cuál es el costo total de las ensaladas?
(Cap. 9, Lección 3)

A $18

c $24

B $20

d $26

Práctica adicional Consulta la página 257, Conjunto B.

Sentido numérico
Diferentes maneras de multiplicar

Hay muchas maneras diferentes de hallar un producto.

Sergio usa dobles.

5×6 es el doble de 5×3.

$5 \times 6 = (5 \times 3) + (5 \times 3)$

$5 \times 6 = 15 + 15$

$5 \times 6 = 30$

Los paréntesis muestran qué operación debe resolverse primero.

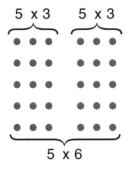

5 x 3   5 x 3

5 x 6

Teresa usa la Propiedad distributiva. Ella toma el 6 como $4 + 2$.

$5 \times 6 = 5 \times (4 + 2)$

$5 \times 6 = (5 \times 4) + (5 \times 2)$

$5 \times 6 = 20 + 10$

$5 \times 6 = 30$

Piénsalo $6 = 4 + 2$.

Bob también usa la Propiedad distributiva, pero él toma el 6 como $5 + 1$.

$5 \times 6 = 5 \times (5 + 1)$

$5 \times 6 = (5 \times 5) + (5 \times 1)$

$5 \times 6 = 25 + 5$

$5 \times 6 = 30$

Piénsalo $6 = 5 + 1$.

Usa dobles para hallar cada producto.

1. 2×4 2. 3×6 3. 4×8 4. 5×10

Usa la Propiedad distributiva para hallar cada producto. Copia y completa cada conjunto de ejercicios.

5. $8 \times 6 = 8 \times (3 + 3)$
$8 \times 6 = (8 \times 3) + (\blacksquare \times \blacksquare)$
$8 \times 6 = \blacksquare + \blacksquare$
$8 \times 6 = \blacksquare$

6. $2 \times 13 = 2 \times (10 + 3)$
$2 \times 13 = (2 \times 10) + (2 \times 3)$
$2 \times 13 = \blacksquare + \blacksquare$
$2 \times 13 = \blacksquare$

7. **Analízalo** Puedes usar la Propiedad distributiva para escribir $4 \times 7 = 4 \times (3 + 4)$. ¿Puedes escribir $4 \times 7 = (3 + 1) \times 7$ también? Explica por qué.

Multiplicar por 7

Objetivo Aprender diferentes maneras de multiplicar cuando uno de los factores es 7.

Apréndelo

En la exposición del centro de la naturaleza hay tanques con diferentes tipos de ranas de los bosques tropicales. Cada tanque tiene 7 ranas. Hay 5 tanques. ¿Cuántas ranas hay en la exposición?

Multiplica. $5 \times 7 = $ ■ ó $\begin{array}{r} 7 \\ \times 5 \\ \hline \end{array}$ ■

Diferentes maneras de hallar 5×7

Manera ❶ Usar la suma repetida.

$$7 + 7 + 7 + 7 + 7 = 35$$

Manera ❷ Dibujar una matriz.

• • • • • • •
• • • • • • •
• • • • • • •
• • • • • • •
• • • • • • •

5 filas de 7 son 35.

Manera ❸ Usar una operación básica que conozcas.

Sabes que $7 \times 5 = 35$, por lo tanto, $5 \times 7 = 35$.

> **Recuerda**
> El orden que uses para multiplicar los factores no altera el producto. El producto sigue siendo el mismo.

Solución: Hay 35 ranas en la exposición.

Práctica guiada

Asegúrate
• ¿Qué otra operación básica puedo usar para hallar el producto?

Multiplica.

1. $\begin{array}{r} 7 \\ \times 6 \\ \hline \end{array}$ 2. $\begin{array}{r} 5 \\ \times 7 \\ \hline \end{array}$ 3. $\begin{array}{r} 7 \\ \times 2 \\ \hline \end{array}$ 4. $\begin{array}{r} 10 \\ \times 7 \\ \hline \end{array}$

5. 8×7 6. 7×3 7. 4×7 8. 7×7

Explícalo ▶ ¿Por qué es útil saber que puedes multiplicar los factores en cualquier orden?

Halla cada producto.

9. 7
    × 2

10. 7
    × 5

11. 7
    × 8

12. 4
    × 7

13. 7
    × 7

14. 3
    × 7

15. 0
    × 7

16. 7
    × 9

17. 10
    × 7

18. 7
    × 1

19. 7
    × 6

20. 5
    × 7

21. 7×3

22. 9×7

23. 8×7

24. 1×7

25. 7×7

✗ Álgebra • Símbolos Compara. Escribe >, < ó = para cada ⬤.

26. 4×7 ⬤ 5×7

27. 7×7 ⬤ 6×6

28. 0×7 ⬤ 1×7

29. 6×2 ⬤ 2×7

30. 8×5 ⬤ 9×6

31. 4×3 ⬤ 3×4

Resuelve.

32. Los estudiantes que visitaron el centro de la naturaleza dibujaron los animales que vieron. Un grupo de 7 estudiantes hizo 4 dibujos cada uno. ¿Cuántos dibujos hicieron?

33. Yuriko vio 15 insectos durante un paseo al aire libre. Juntos, Yuriko y Bob vieron un total de 29 insectos durante el paseo. ¿Cuántos insectos vio Bob?

34. En el mostrador de la tienda de regalos, hay 3 paquetes de 7 tarjetas de reptiles. Hay 18 tarjetas de mamíferos. ¿Cuántas tarjetas hay en el mostrador?

Repaso general • Preparación para exámenes

Respuesta directa

Halla cada producto. (Cap. 8, Lecciones 3, 4 y 6)

35. 2
    × 8

36. 9
    × 10

37. 5
    × 4

38. Explica cómo sabes que el 7 es un factor del 56. Explícalo con palabras, dibujos o números.
    (Cap. 9, Lección 4)

Multiplicar por 8

Objetivo Aprender diferentes maneras de multiplicar cuando uno de los factores es 8.

Apréndelo

¿Sabías que una tarántula tiene 8 patas? ¿Cuántas patas tienen 6 tarántulas?

Multiplica. $6 \times 8 = \blacksquare$ ó $\begin{array}{r} 8 \\ \times\ 6 \\ \hline \blacksquare \end{array}$

En los bosques tropicales del mundo viven diferentes tipos de tarántulas.

Diferentes maneras de hallar 6 × 8

Manera ➊ Duplicar.

6×8 es el doble de 6×4.

$6 \times 4 = 24$

$6 \times 8 = 24 + 24$

$\boxed{24 + 24 = 48}$

Por lo tanto, $6 \times 8 = 48$.

6 x 4   6 x 4

6 x 8

Manera ➋ Usar la suma repetida.

$8 + 8 + 8 + 8 + 8 + 8 = 48$

Manera ➌ Usar una operación básica que conozcas.

Sabes que $8 \times 6 = 48$;

Por lo tanto, $6 \times 8 = 48$.

Recuerda
Cambiar el orden de los factores no altera el producto.

Solución: Seis tarántulas tienen un total de 48 patas.

▶ **Puedes usar las operaciones que conoces para hallar una operación que no conoces.**

Jeff y Elena hallaron 9 × 8 de diferentes maneras.

Jeff lo hizo así, pues sabía que 8 × 8 = 64.

Jeff
———————
$9 \times 8 = ?$
$8 \times 8 = 64$
$64 + 8 = 72$

Por lo tanto $9 \times 8 = 72$.

> Jeff sumó un grupo de 8.

Elena lo hizo así, pues sabía que 10 × 8 = 80.

Elena
———————
$9 \times 8 = ?$
$10 \times 8 = 80$
$80 - 8 = 72$

Por lo tanto $9 \times 8 = 72$.

> Elena restó un grupo de 8.

- ¿Por qué sumó Jeff un grupo de 8?

- ¿Por qué restó Elena un grupo de 8?

- ¿Es más fácil la manera de Elena o la de Jeff para hallar 9 × 8? Explica por qué.

Práctica guiada

Halla cada producto.

1. $\begin{array}{r} 8 \\ \times 3 \\ \hline \end{array}$
2. $\begin{array}{r} 7 \\ \times 8 \\ \hline \end{array}$
3. $\begin{array}{r} 8 \\ \times 1 \\ \hline \end{array}$
4. $\begin{array}{r} 5 \\ \times 8 \\ \hline \end{array}$

5. $\begin{array}{r} 6 \\ \times 8 \\ \hline \end{array}$
6. $\begin{array}{r} 8 \\ \times 0 \\ \hline \end{array}$
7. $\begin{array}{r} 8 \\ \times 8 \\ \hline \end{array}$
8. $\begin{array}{r} 4 \\ \times 8 \\ \hline \end{array}$

9. 8×2
10. 1×8
11. 8×9
12. 7×8

13. 8×10
14. 8×8
15. 0×8
16. 5×8

Asegúrate

- ¿Qué operación básica del 4 puedo usar para hallar el producto?

- ¿Hay otra operación básica que pueda usar?

Explícalo ▶ ¿Cómo puedes usar 10×8 para hallar 11×8?

Continúa

Multiplica.

17. 8
    × 7

18. 8
    × 2

19. 1
    × 8

20. 3
    × 8

21. 8
    × 9

22. 8
    × 0

23. 6
    × 8

24. 5
    × 8

25. 8
    × 8

26. 2
    × 8

27. 8 × 3   28. 7 × 8   29. 8 × 5   30. 9 × 8

31. 10 × 8   32. 8 × 6   33. 8 × 1   34. 8 × 4

✗ Álgebra • Funciones Copia y completa cada tabla.

Regla: Multiplicar por 8	
Entrada	**Salida**
8	64
35. ▨	40
36. 3	▨
37. ▨	16

38.
Regla: Multiplicar por ▨	
Entrada	**Salida**
3	18
5	30
6	36
39. 9	▨

▥ Usar datos El pictograma muestra los animales
de los bosques tropicales que son los favoritos de
algunos estudiantes. Usa el pictograma para
resolver los Problemas 40 a 43.

40. ¿Cuántos estudiantes escogieron el
    perezoso?

41. ¿Cuántos estudiantes más escogieron el
    oso hormiguero que el murciélago?

42. **Predícelo** Imagina que cada estudiante
    pone el nombre de su animal favorito
    en un sombrero. ¿Qué animal es
    menos probable que saquen?

43. **Crea y resuelve** Escribe un problema
    verbal con la información de la gráfica.
    Pide a un compañero de clase que lo
    resuelva.

Animales favoritos de
los bosques tropicales

Perezoso	🐾 🐾 🐾 🐾
Murciélago	🐾 🐾 🐾
Tucán	🐾
Oso hormiguero	🐾 🐾 🐾 🐾

Cada 🐾 representa a
8 estudiantes.

Práctica adicional Consulta la página 257, Conjunto D.

Pensamiento algebraico
Ecuaciones de figuras

Halla el valor de cada figura. Las figuras diferentes representan números diferentes. Las figuras iguales representan números iguales.

1. ■ − ▲ = 2
   ■ × ▲ = 48

2. ★ − ● = 4
   ★ × ● = 45

3. ◆ + ◆ = 16
   ◆ × ◆ = 64

■ = ?	★ = ?	◆ = ?
▲ = ?	● = ?	

4. **Crea y resuelve** Construye tu propio acertijo con enunciados de números. Usa las mismas figuras de arriba o inventa otras. Luego, pide a un compañero que lo resuelva.

Verifica tu comprensión de las Lecciones 1 a 5.

Halla cada producto. (Lecciones 1 a 5)

1. 5
   × 3

2. 3
   × 7

3. 4
   × 6

4. 9
   × 6

5. 7 × 7

6. 7 × 4

7. 8 × 3

8. 8 × 7

Resuelve. (Lecciones 1 a 5)

9. El álbum de recortes de Andy contiene fotografías del bosque tropical. Cada página tiene 3 fotografías. ¿Cuántas fotografías hay en 6 páginas?

10. La hembra del orangután puede tener 2 ó 3 crías. Si 2 hembras tienen 3 crías cada una, ¿cuántas crías habrá?

Multiplicar por 9

Objetivo Aprender diferentes maneras de multiplicar cuando uno de los factores es 9.

Factores	Producto
<u>1</u> × 9 =	9
<u>2</u> × 9 =	18
<u>3</u> × 9 =	27
<u>4</u> × 9 =	36
<u>5</u> × 9 =	45
<u>6</u> × 9 =	54
<u>7</u> × 9 =	63
<u>8</u> × 9 =	■
<u>9</u> × 9 =	■
<u>10</u> × 9 =	■

Apréndelo

Esta tabla muestra la mayoría de los productos de las operaciones con 9. La operación que sigue en la tabla es $8 \times 9 = $ ■. ¿Cuánto es 8×9?

Multiplica. $8 \times 9 = $ ■ ó $\begin{array}{r} 9 \\ \times\ 8 \\ \hline ■ \end{array}$

▶ **Puedes usar patrones para hallar las operaciones con 9.**

- Observa cada fila de la tabla. Fíjate que el dígito de las decenas del producto es siempre 1 menos que el factor subrayado.

  $\underline{7} \times 9 = 63$

- Observa cada producto de la tabla. Fíjate que la suma de los dígitos es siempre 9.

  $7 \times 9 = \boxed{63} \rightarrow 6 + 3 = 9$

▶ **Ahora usa estos patrones para hallar 8 × 9.**

$8 \times 9 = \underline{7}$ —

$\boxed{8 - 1 = 7}$

Piénsalo El dígito de las decenas será 1 menos que el factor que estás multiplicando por 9.

$8 \times 9 = \underline{7}\,2$

$\boxed{7 + 2 = 9}$

Piénsalo La suma de los dígitos del producto será 9.

Solución: $8 \times 9 = 72$

Práctica guiada

Asegúrate
- ¿Cómo puedo usar patrones para hallar el producto?

Multiplica.

1. $\begin{array}{r} 9 \\ \times 3 \\ \hline \end{array}$
2. $\begin{array}{r} 7 \\ \times 9 \\ \hline \end{array}$
3. $\begin{array}{r} 9 \\ \times 2 \\ \hline \end{array}$
4. $\begin{array}{r} 5 \\ \times 9 \\ \hline \end{array}$

5. 4×9 6. 1×9 7. 6×9 8. 10×9

Explícalo ▶ ¿Cómo puedes usar patrones para hallar 9×9?

Multiplica.

9. 9×2

10. 9×6

11. 4×9

12. 9×0

13. 1×9

14. 9×5

15. 3×9

16. 9×8

17. 9×7

18. 10×9

19. 9×9

20. 6×9

21. 4×9 22. 10×9 23. 2×9 24. 9×3 25. 5×9

✗ Álgebra • Ecuaciones Halla los números que faltan.

26. $3 \times 5 = \blacksquare \times 3$

27. $6 \times \blacksquare = 8 \times 3$

28. $8 \times 5 = 10 \times \blacksquare$

29. $9 \times 1 = \blacksquare \times 3$

30. $2 \times \blacksquare = 5 \times 4$

31. $7 \times 4 = 4 \times \blacksquare$

Resuelve.

32. El maestro Miller compró 9 libros acerca del bosque tropical para cada uno de 3 salones de clases. ¿Cuántos libros compró acerca del bosque tropical?

33. **Estima** Mario compró un cartel de jaguar en $6.97. Andrea compró un cartel de papagayo en $3.85. ¿Aproximadamente cuánto dinero más gastó Mario?

34. Elia usó 9 hojas de papel para escribir un informe de un libro acerca del bosque tropical. Usó dos veces más esa cantidad para un proyecto de arte. ¿Cuántas hojas usó Elia en total?

Repaso general • Preparación para exámenes

Respuesta directa

Multiplica. (Cap. 8, Lecciones 5 a 8)

35. 6×0

36. 0×10

37. 5×7

38. 5×4

39. 8×1

40. 1×3

Selección múltiple

41. En la fiesta del Sr. Ramírez hay 7 mesas ocupadas. A cada mesa se pueden sentar 9 personas. ¿Cuántas personas hay en la fiesta? (Cap. 9, Lección 6)

    A 16   B 54   C 63   D 72

Continúa

Práctica rápida

¡Halla cada producto tan rápido como puedas!

1. $\begin{array}{r} 6 \\ \times 5 \\ \hline \end{array}$	2. $\begin{array}{r} 9 \\ \times 2 \\ \hline \end{array}$	3. $\begin{array}{r} 4 \\ \times 7 \\ \hline \end{array}$	4. $\begin{array}{r} 10 \\ \times 8 \\ \hline \end{array}$	5. $\begin{array}{r} 4 \\ \times 6 \\ \hline \end{array}$
6. $\begin{array}{r} 5 \\ \times 7 \\ \hline \end{array}$	7. $\begin{array}{r} 1 \\ \times 7 \\ \hline \end{array}$	8. $\begin{array}{r} 2 \\ \times 6 \\ \hline \end{array}$	9. $\begin{array}{r} 4 \\ \times 5 \\ \hline \end{array}$	10. $\begin{array}{r} 6 \\ \times 8 \\ \hline \end{array}$
11. $\begin{array}{r} 9 \\ \times 7 \\ \hline \end{array}$	12. $\begin{array}{r} 0 \\ \times 6 \\ \hline \end{array}$	13. $\begin{array}{r} 3 \\ \times 1 \\ \hline \end{array}$	14. $\begin{array}{r} 8 \\ \times 8 \\ \hline \end{array}$	15. $\begin{array}{r} 9 \\ \times 4 \\ \hline \end{array}$
16. $\begin{array}{r} 4 \\ \times 0 \\ \hline \end{array}$	17. $\begin{array}{r} 2 \\ \times 7 \\ \hline \end{array}$	18. $\begin{array}{r} 1 \\ \times 9 \\ \hline \end{array}$	19. $\begin{array}{r} 6 \\ \times 6 \\ \hline \end{array}$	20. $\begin{array}{r} 5 \\ \times 3 \\ \hline \end{array}$
21. $\begin{array}{r} 9 \\ \times 6 \\ \hline \end{array}$	22. $\begin{array}{r} 8 \\ \times 3 \\ \hline \end{array}$	23. $\begin{array}{r} 7 \\ \times 8 \\ \hline \end{array}$	24. $\begin{array}{r} 3 \\ \times 3 \\ \hline \end{array}$	25. $\begin{array}{r} 6 \\ \times 0 \\ \hline \end{array}$
26. $\begin{array}{r} 1 \\ \times 8 \\ \hline \end{array}$	27. $\begin{array}{r} 5 \\ \times 9 \\ \hline \end{array}$	28. $\begin{array}{r} 5 \\ \times 8 \\ \hline \end{array}$	29. $\begin{array}{r} 0 \\ \times 1 \\ \hline \end{array}$	30. $\begin{array}{r} 8 \\ \times 6 \\ \hline \end{array}$

31. 4×2 32. 0×3 33. 8×1 34. 3×6 35. 10×9

36. 10×3 37. 5×5 38. 9×8 39. 6×8 40. 5×0

41. 4×7 42. 6×4 43. 3×9 44. 10×5 45. 1×6

46. 8×3 47. 7×6 48. 7×7 49. 6×9 50. 9×9

✗ Álgebra • Funciones Copia y completa cada tabla. Halla la regla de cada una.

51.

número de cajas de creyones	1	2	3	4	5	6	7	8	9	10
número de creyones	6	12	▦	24	▦	▦	▦	▦	▦	▦

52.

número de cajas de creyones	1	2	3	4	5	6	7	8	9	10
número de creyones	8	16	▦	32	▦	▦	▦	▦	▦	▦

Colorea para contar

2 jugadores

Lo que necesitas • 2 juegos de tarjetas rotuladas del 2 al 9
• 2 tablas de cien (Recurso de enseñanza 16 ó Tablero 2)

Cómo jugar

1. Revuelve las tarjetas y colócalas boca abajo en un montón. Cada jugador toma una tabla de cien y un creyón.

2. El primer jugador saca la carta que está encima del montón. El jugador puede usar el número que sacó de una de las siguientes maneras:

   • Colorear todos los números de la tabla que tienen el número como factor.

   • Colorear todos los números de la tabla que tienen el número en el lugar de las unidades.

   • Colorear todos los números de la tabla que tienen el número en el lugar de las decenas.

3. Los jugadores se turnan para repetir el Paso 2 hasta que todas las tarjetas se hayan usado. Gana el jugador que tiene más cuadros coloreados al final.

Tutor en audio 1/29 Escucha y comprende

Patrones en una tabla de multiplicar

Objetivo Hallar patrones usando una tabla de multiplicar.

Materiales
papel cuadriculado o Recurso de enseñanza 15

Trabajar juntos

Puedes usar una tabla de multiplicar para ver patrones diferentes.

PASO 1

Copia y completa la tabla de multiplicar de la derecha. Usa patrones para llenar los productos del 11 y del 12.

×	0	1	2	3	4	5	6	7	8	9	10	11	12
0	0	0	0	0	0	0	0	0	0	0	0		
1	0	1	2	3	4	5	6	7	8	9	10		
2	0	2	4	6	8	10	12	14	16	18	20		
3	0	3	6	9	12	15	18	21	24	27	30		
4	0	4	8	12	16	20	24	28	32	36	40		
5	0	5	10	15	20	25	30	35	40	45	50		
6	0	6	12	18	24	30	36	42	48	54	60		
7	0	7	14	21	28	35	42	49	56	63	70		
8	0	8	16	24	32	40	48	56	64	72	80		
9	0	9	18	27	36	45	54	63	72	81	90		
10	0	10	20	30	40	50	60	70	80	90	100		
11													
12													

PASO 2

Observa la fila del 2. Todos los números de esta fila son múltiplos de 2.

Un **múltiplo** de 2 es cualquier producto que tiene el 2 como factor. 0, 2, 4, 6, 8 y así sucesivamente, son múltiplos de 2.

Los factores de 12 son 1, 2, 3, 4, 6 y 12, porque $1 \times 12 = 12$, $2 \times 6 = 12$, y $3 \times 4 = 12$.

PASO 3

Haz una lista de los múltiplos de 2. Luego haz una lista de los múltiplos de 4 que se presentan en la fila del 4. Compara los números de ambas listas.

• ¿Qué patrón puedes hallar?

Ahora repite esto para los múltiplos del 3 y del 6.

• ¿Qué otros pares de números forman un patrón similar?

PASO 4 Observa los productos sombreados de la tabla de la derecha. Luego observa sus factores.

- ¿Qué puedes decir acerca de los factores que forman cada uno de estos productos?

×	0	1	2	3	4	5
0	0	0	0	0	0	0
1	0	1	2	3	4	5
2	0	2	4	6	8	10
3	0	3	6	9	12	15
4	0	4	8	12	16	20
5	0	5	10	15	20	25

Cuando los dos factores de un producto son iguales, el producto es un **número al cuadrado**. 1, 4, 9, 16, y así, son números al cuadrado. El cero no es un número al cuadrado.

- Sombrea los números al cuadrado de tu tabla.

- ¿Cómo podrías hallar otros números al cuadrado que no estén en la tabla?

Por tu cuenta

**Escribe *verdadero* o *falso* en cada oración.
Da un ejemplo para apoyar tu respuesta.**

1. Todo múltiplo de 4 es también múltiplo de 2.

2. Si un número es impar, todos sus múltiplos serán impares.

3. Si un número es par, todos sus múltiplos serán pares.

Escribe si cada matriz representa un número al cuadrado. Si no es así, halla el menor número de cuadrados que podría agregarse para que represente un número al cuadrado.

4. ![matriz]

5. ![matriz]

6. ![matriz]

Coméntalo • Escríbelo

Aprendiste que puedes usar una tabla de multiplicar para hallar patrones.

7. ¿Cómo puedes usar una tabla de multiplicar para mostrar que puedes multiplicar factores en cualquier orden?

8. En la tabla, ¿por qué el número que está arriba de un número al cuadrado es el mismo que está a la izquierda de ese número al cuadrado?

Multiplicar tres números

Vocabulario
Propiedad asociativa

Objetivo Aprender a agrupar factores en cualquier orden para hallar el producto de 3 ó más números.

Apréndelo

Los estudiantes del maestro Levin están probando alimentos que provienen de la selva tropical. Coloca 5 rebanadas de mango en cada plato y 2 platos en cada mesa. Hay 3 mesas. ¿Cuántas rebanadas de mango hay?

$$5 \times 2 \times 3 = \blacksquare$$

rebanadas de mango   número de platos   número de mesas

Propiedad asociativa de la multiplicación

La manera de agrupar los factores no cambia el producto.

▶ **Puedes multiplicar primero 5 × 2.**

$(5 \times 2) \times 3 = \blacksquare$
$10 \times 3 = 30$

▶ **Puedes multiplicar primero 2 × 3.**

$5 \times (2 \times 3) = \blacksquare$
$5 \times 6 = 30$

No importa qué factores se multipliquen primero, el producto será el mismo.

Recuerda
Los paréntesis ( ) te indican qué factores multiplicar primero.

Solución: Hay 30 rebanadas de mango.

Práctica guiada

Halla cada producto. Multiplica primero los factores que están entre paréntesis.

Asegúrate
• ¿Cuáles son los dos números que voy a multiplicar primero?

1. $6 \times (1 \times 7) = \blacksquare$

$(6 \times 1) \times 7 = \blacksquare$

2. $3 \times (2 \times 4) = \blacksquare$

$(3 \times 2) \times 4 = \blacksquare$

Explícalo ▶ ¿En qué orden multiplicarías $3 \times 2 \times 6$? Explica por qué.

Halla cada producto. Multiplica primero los factores que están entre paréntesis.

3. $(3 \times 1) \times 2 = $ ■   **4.** $4 \times (9 \times 0) = $ ■   **5.** $3 \times (3 \times 2) = $ ■

6. $(5 \times 2) \times 3 = $ ■   **7.** $(9 \times 1) \times 8 = $ ■   **8.** $(0 \times 7) \times 4 = $ ■

✗ Álgebra • Propiedades Usa la Propiedad asociativa para hallar los factores que faltan.

9. $1 \times (2 \times $ ■$) = 10$ **10.** $(1 \times $ ■$) \times 3 = 9$ **11.** $(3 \times $ ■$) \times 2 = 12$

12. $9 \times ($ ■$ \times 2) = 36$ **13.** $7 \times ($ ■$ \times 5) = 35$ **14.** ($ ■$ \times 2) \times 6 = 48$

Resuelve.

15. Si $3 \times 9 \times 4 = 108$, entonces ¿cuánto es $9 \times 4 \times 3$?

16. Si $4 \times 7 \times 8 = 224$, entonces ¿cuánto es $8 \times 4 \times 7$?

Usar datos Usa la lista de la derecha para responder a los Problemas 17 y 18.

17. El tercer grado está organizando fiestas del bosque tropical en 3 salones de clases. ¿Cuántas mitades de mango se necesitan para todas las fiestas?

18. ¿Cuántas bolsas de nueces se necesitan para las 3 fiestas?

19. Decídelo Necesitas 60 platos desechables para las fiestas. Los platos vienen en bolsas de 15 y bolsas de 20. ¿Cuántas bolsas de cada tamaño comprarás? Explícalo.

Comida para cada fiesta
- 4 mitades de mango
- 2 piñas
- 2 bolsas de anacardos
- 1 bolsa de nueces de Brasil

Repaso general • Preparación para exámenes

Respuesta directa

Escribe cada cantidad usando el signo de dólar y el punto decimal. (Cap. 3, Lección 2)

20.

21. 7 monedas de veinticinco centavos, 1 de diez centavos, 3 de cinco centavos y 4 de un centavo.

22. Hay 3 mesas con 3 estudiantes en cada mesa. Cada estudiante tiene 2 libros. Escribe un enunciado de números para mostrar cómo hallar el número total de libros. (Cap. 9, Lección 8)

Resolver problemas: Decisión
Problemas de varios pasos

Objetivo Aprender a resolver problemas de más de un paso.

Jaguar

Rana cornuda malaya

Loro de vientre blanco

Lémur negro

El tío de Rosa estudia el bosque tropical. Todas las semanas le envía a Rosa tarjetas postales de animales que viven en el bosque tropical.

Problema Rosa tiene 4 tarjetas de peces. Tiene 8 veces esa cantidad en tarjetas de aves. ¿Cuántas tarjeta de peces y de aves tiene?

Decide qué hacer. Luego realiza cada paso en orden.

PASO 1 Halla el número de tarjetas de aves.

$$\begin{array}{r} 4 \leftarrow \text{tarjetas de peces} \\ \times\ 8 \\ \hline 32 \leftarrow \text{tarjetas de aves} \end{array}$$

Rosa tiene 32 tarjetas de aves.

PASO 2 Suma el número de tarjetas de aves y el número de tarjetas de peces.

$$\begin{array}{r} 32 \leftarrow \text{tarjetas de aves} \\ +\ 4 \leftarrow \text{tarjetas de peces} \\ \hline 36 \leftarrow \text{número total de tarjetas} \end{array}$$

Rosa tiene 36 tarjetas.

Solución: Rosa tiene un total de 36 tarjetas.

Inténtalo

1. Durante 3 meses, Rosa recibió 2 tarjetas de serpientes y 2 tarjetas de monos al mes. ¿Cuántas tarjetas son?

2. María vio 7 mariposas. Andrew vio 3 veces esa cantidad. ¿Cuál es el número total de mariposas que vieron los dos amigos?

3. La biblioteca tiene 2 videos acerca del bosque tropical. Tiene 8 veces esa cantidad en libros acerca del bosque tropical. ¿Cuántos libros más que videos tiene la biblioteca?

4. En un evento para recaudar fondos llamado Salvemos el bosque tropical, la clase de la maestra Brown vendió 9 lápices. La clase vendió 3 veces esa cantidad en gomas de borrar. ¿Cuántas gomas más que lápices vendió la clase?

Usa la lista de precios para resolver los Problemas 5 a 7.

5. El papá de Mike compró 4 llaveros y 3 paquetes de postales. ¿Cuánto gastó el papá de Mike?

6. Yuri tiene $20 para gastar en el evento de recaudación de fondos. Compró 2 paquetes de lápices y 5 gomas de borrar. ¿Cuánto recibió Yuri de cambio luego de su compra?

7. Cada paquete de lápices contiene 8 lápices. Sari compró 3 paquetes. Les regaló 10 lápices a sus amigos. ¿Con cuántos lápices se quedó Sari?

Fondos para la selva tropical	
Objeto	**Precio**
Paquete de lápices	$4
Paquete de postales	$2
Llaveros	$5
Gomas de borrar	$1

Resolver problemas

Conectar con la literatura
Poesía haiku

El haiku es una forma japonesa de poesía.
Los poemas haiku tienen 3 versos de largo.

El primer verso tiene 5 sílabas, el segundo verso tiene 7 sílabas y el tercer verso tiene 5 sílabas.
El número de sílabas de estos versos es siempre el mismo.
Imagina que 5 compañeros y tú escribieron cada uno un haiku.

1. ¿Cuántas sílabas habría en un haiku?

2. Explica cómo podrías hallar el número de sílabas que hay en todos los haiku.

un viejo tanque ← 5 sílabas
se zambulle la rana ← 7 sílabas
ruido de agua ← 5 sílabas

Matsuo Basho fue un famoso poeta japonés que vivió entre 1644 y 1694. Él escribió el haiku anterior.

Repaso/Examen del capítulo

VOCABULARIO

Escoge el mejor término para completar cada oración.

Vocabulario

matriz

factores

producto

múltiplo

1. La respuesta de un ejercicio de multiplicación se llama ____.

2. Una ____ muestra objetos ordenados en filas y columnas.

3. Los números 6, 9, 12 y 15 son todos ____ de 3.

CONCEPTOS Y DESTREZAS

Multiplica. (Lecciones 1 a 7, págs. 232 a 251)

4. $\begin{array}{r} 4 \\ \times\ 9 \\ \hline \end{array}$	5. $\begin{array}{r} 0 \\ \times\ 6 \\ \hline \end{array}$	6. $\begin{array}{r} 4 \\ \times\ 4 \\ \hline \end{array}$	7. $\begin{array}{r} 8 \\ \times\ 2 \\ \hline \end{array}$	8. $\begin{array}{r} 8 \\ \times\ 0 \\ \hline \end{array}$	9. $\begin{array}{r} 2 \\ \times\ 9 \\ \hline \end{array}$
10. $\begin{array}{r} 1 \\ \times\ 6 \\ \hline \end{array}$	11. $\begin{array}{r} 8 \\ \times\ 5 \\ \hline \end{array}$	12. $\begin{array}{r} 7 \\ \times\ 4 \\ \hline \end{array}$	13. $\begin{array}{r} 3 \\ \times\ 6 \\ \hline \end{array}$	14. $\begin{array}{r} 9 \\ \times\ 9 \\ \hline \end{array}$	15. $\begin{array}{r} 5 \\ \times\ 7 \\ \hline \end{array}$

16. 6×9

17. 5×3

18. 8×4

Halla cada producto. (Lección 8, págs. 252 y 253)

19. $(1 \times 8) \times 5 =$ ▪

20. $7 \times (2 \times 3) =$ ▪

21. $4 \times (4 \times 0) =$ ▪

22. $3 \times (4 \times 2) =$ ▪

23. $(6 \times 1) \times 7 =$ ▪

24. $(2 \times 1) \times 7 =$ ▪

RESOLVER PROBLEMAS

Resuelve. (Lección 9, págs. 254 y 255)

25. Carla colocó 10 galletas de avena en un plato. Luego colocó en el plato dos veces esa cantidad en galletas de crema de cacahuate. ¿Cuántas galletas hay en el plato?

Escríbelo

Muestra lo que sabes

Craig dice que puede dibujar 4 matrices diferentes para representar un producto de 25. ¿Está en lo correcto? Explícalo.

Práctica adicional

Conjunto A (Lección 2, págs. 234 y 235)

Multiplica.

1. $\begin{array}{r} 3 \\ \times\ 1 \\ \hline \end{array}$
2. $\begin{array}{r} 2 \\ \times\ 3 \\ \hline \end{array}$
3. $\begin{array}{r} 9 \\ \times\ 3 \\ \hline \end{array}$
4. $\begin{array}{r} 3 \\ \times\ 10 \\ \hline \end{array}$
5. $\begin{array}{r} 5 \\ \times\ 3 \\ \hline \end{array}$
6. $\begin{array}{r} 3 \\ \times\ 8 \\ \hline \end{array}$

Conjunto B (Lección 3, págs. 236 a 238)

Halla cada producto.

1. 6×7
2. 5×6
3. 6×8
4. 10×6
5. 9×6

Conjunto C (Lección 4, págs. 240 y 241)

Multiplica.

1. $\begin{array}{r} 6 \\ \times\ 7 \\ \hline \end{array}$
2. $\begin{array}{r} 7 \\ \times\ 8 \\ \hline \end{array}$
3. $\begin{array}{r} 3 \\ \times\ 7 \\ \hline \end{array}$
4. $\begin{array}{r} 7 \\ \times\ 7 \\ \hline \end{array}$
5. $\begin{array}{r} 7 \\ \times\ 9 \\ \hline \end{array}$
6. $\begin{array}{r} 5 \\ \times\ 7 \\ \hline \end{array}$

Conjunto D (Lección 5, págs. 242 a 244)

Halla cada producto.

1. 8×9
2. 0×8
3. 7×8
4. 1×8
5. 8×3

Conjunto E (Lección 6, págs. 246 y 247)

Multiplica.

1. $\begin{array}{r} 9 \\ \times\ 1 \\ \hline \end{array}$
2. $\begin{array}{r} 5 \\ \times\ 9 \\ \hline \end{array}$
3. $\begin{array}{r} 8 \\ \times\ 9 \\ \hline \end{array}$
4. $\begin{array}{r} 10 \\ \times\ 9 \\ \hline \end{array}$
5. $\begin{array}{r} 9 \\ \times\ 3 \\ \hline \end{array}$
6. $\begin{array}{r} 7 \\ \times\ 9 \\ \hline \end{array}$

Conjunto F (Lección 8, págs. 252 y 253)

Multiplica.

1. $(2 \times 3) \times 5$
2. $(6 \times 1) \times 3$
3. $7 \times (2 \times 3)$
4. $8 \times (3 \times 2)$
5. $0 \times (9 \times 1)$
6. $(2 \times 5) \times 6$

CAPÍTULO 10

Conceptos de la división

INVESTIGACIÓN

Usar datos

Deana y su mamá van a la tienda a comprar algunos productos para el cuidado de su perro. Tienen $10 para gastar. ¿Qué pueden comprar?

Productos para mascotas

Objecto	Precio
Cepillo de aseo	$4
Tijeras	$3
Champú	$2
Peine	$1

Aplica lo que sabes

Usa esta página para repasar y recordar lo que necesitas saber para este capítulo.

VOCABULARIO

Escoge el mejor término para completar cada oración.

Vocabulario
matriz
factor
multiplicar
producto

1. En el enunciado de números $2 \times 4 = 8$, el 2 es un ____.

2. Puedes dibujar una ____ para hallar un producto.

3. Puedes usar la suma repetida como ayuda para ____.

CONCEPTOS Y DESTREZAS

Escribe dos enunciados de multiplicación para cada matriz.

4.

5.

6.

Multiplica.

7.	8.	9.	10.	11.
7	8	3	10	6
× 2	× 5	× 5	× 2	× 2

12.	13.	14.	15.	16.
6	8	10	9	7
× 7	× 3	× 5	× 2	× 10

17. 5×7 18. 3×9 19. 8×7

Escríbelo

20. ¿Por qué no puedes escribir un enunciado de multiplicación para este dibujo?

Práctica de operaciones Consulta la página 669.

Tutor en audio 1/30 Escucha y comprende

Significado de la división

Objetivo Usar modelos para explorar dos maneras de pensar la división.

Vocabulario
grupos iguales
división
dividir

Trabajar juntos

Cuando divides, separas objetos en **grupos iguales** .

Trabaja con un compañero para representar dos maneras diferentes de pensar en la **división** .

Materiales
Para cada par:
30 fichas

PASO 1

Puedes **dividir** para hallar el número que debes poner en cada grupo.

Imagina que tienes 18 fichas y quieres formar 6 grupos iguales.

Dibuja 6 círculos en una hoja de papel.

Reparte las 18 fichas en partes iguales en los círculos.

- ¿Cuántos grupos formaste?

- ¿Cuántas fichas hay en cada grupo?

$$18 \div 6 = 3$$

número de fichas   número de grupos   número en cada grupo

PASO 2

También puedes dividir para hallar el número de grupos iguales.

Imagina que tienes 18 fichas y quieres colocarlas en grupos de 6.

Coloca 18 fichas en grupos de 6.

- ¿Cuántas fichas hay en cada grupo?

- ¿Cuántos grupos formaste?

$$18 \div 6 = 3$$

número de fichas   número en cada grupo   número de grupos

Usa fichas para hallar el número que hay en cada grupo igual.
Luego completa cada enunciado de división.

	Número de fichas	Número de grupos iguales	Número que hay en cada grupo	Enunciado de división
1.	6	2	■	$6 \div 2 =$ ■
2.	18	3	■	$18 \div 3 =$ ■
3.	16	4	■	$16 \div 4 =$ ■

Usa fichas para hallar el número de grupos iguales.
Luego completa cada enunciado de división.

	Número de fichas	Número de grupos iguales	Número que hay en cada grupo	Enunciado de división
4.	9	■	3	$9 \div 3 =$ ■
5.	14	■	2	$14 \div 2 =$ ■
6.	30	■	6	$30 \div 6 =$ ■

Escribe un enunciado de división para describir cada dibujo.

7.    8.

9.    10.

Coméntalo • Escríbelo

Ya has explorado dos maneras de pensar en la división.

11. Describe dos maneras de dividir 8 objetos en grupos iguales.

12. Eliana quiere repartir 15 fichas dividiéndolas en grupos iguales. Ella pone más de una ficha en cada grupo. ¿Cuál es el mayor número de grupos iguales que puede formar si usa todas las fichas?

Tutor en audio 1/31 Escucha y comprende

Demostrar la división como resta repetida

Vocabulario
cociente

Objetivo Usar la resta repetida para hallar cocientes.

Apréndelo

Unos estudiantes tienen 15 zanahorias para alimentar a 5 conejos. Quieren darle el mismo número de zanahorias a cada conejo. ¿Cuántas zanahorias recibirá cada conejo?

Halla 15 ÷ 5.

Puedes usar la resta repetida para hallar un cociente.

Para representar la resta repetida, cuenta salteado hacia atrás en una recta de números.

- Comienza con el 15.
- Cuenta hacia atrás de 5 en 5 hasta llegar al 0.
- Cuenta el número de veces que restaste.

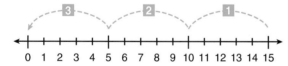

0 1 2 3 4 5 6 7 8 9 10 11 12 13 14 15

Restaste tres veces 5. Hay 3 zanahorias en cada grupo.

Por lo tanto, 15 ÷ 5 = 3. ← cociente

Solución: Cada conejo recibirá 3 zanahorias.

Práctica guiada

Usa la resta repetida para hallar cada cociente.

1.
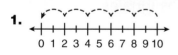

0 1 2 3 4 5 6 7 8 9 10

$$10 \div 2 = \blacksquare$$

2.

0 1 2 3 4 5 6 7 8

$$8 \div 4 = \blacksquare$$

Asegúrate
- ¿Qué número estoy restando?
- ¿Dónde comienzo?
- ¿Cuántas veces resté?

Explícalo ▶ ¿En qué se parece usar una recta de números para dividir y usar una recta de números para multiplicar? ¿En qué se diferencia?

Usa la resta repetida para hallar cada cociente.

3.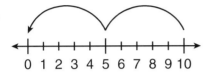

$8 \div 2 = \blacksquare$

4.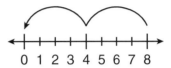

$12 \div 3 = \blacksquare$

Empareja cada recta de números con el enunciado de división correcto. Resuelve.

5.

6.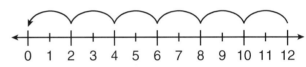

7.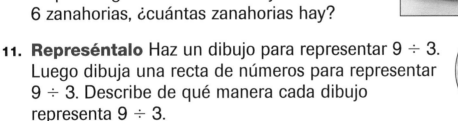

8.

a. $6 \div 2 = \blacksquare$ b. $10 \div 5 = \blacksquare$ c. $12 \div 2 = \blacksquare$ d. $8 \div 4 = \blacksquare$

9. Denise tiene 4 conejos. Si tiene un número igual de conejos de orejas caídas y conejos angora, ¿cuántos conejos angora tiene?

10. Cuatro conejos comparten algunas zanahorias en partes iguales. Si cada conejo tiene 6 zanahorias, ¿cuántas zanahorias hay?

11. **Represéntalo** Haz un dibujo para representar $9 \div 3$. Luego dibuja una recta de números para representar $9 \div 3$. Describe de qué manera cada dibujo representa $9 \div 3$.

Repaso general • Preparación para exámenes

Respuesta directa

Escribe el nombre de cada figura. (Grado 2)

12.

13.

14.

15.

Selección múltiple

16. ¿Qué enunciado de división muestra la recta de números?

(Cap. 10, Lección 2)

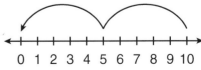

A $10 \div 2 = 5$ C $10 \div 5 = 2$

B $10 \div 10 = 1$ D $15 \div 5 = 3$

Álgebra

Relacionar la multiplicación y la división

Objetivo Usar matrices para relacionar la multiplicación y la división.

Vocabulario
- dividendo
- divisor
- cociente

Apréndelo

Las 12 fotos de gatitos que se muestran a la derecha forman una matriz.

Puedes usar matrices para comprender la relación que existe entre la multiplicación y la división.

Multiplica para hallar el número total de dibujos que hay.

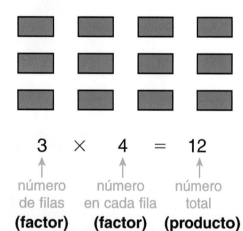

$$3 \quad \times \quad 4 \quad = \quad 12$$

número de filas	número en cada fila	número total
(factor)	**(factor)**	**(producto)**

Divide para hallar el número de dibujos que hay en cada fila.

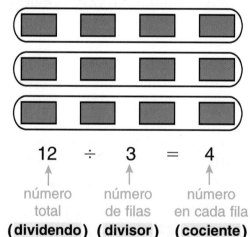

$$12 \quad \div \quad 3 \quad = \quad 4$$

número total	número de filas	número en cada fila
(dividendo)	**(divisor)**	**(cociente)**

▶ La multiplicación y la división son operaciones opuestas.

Observa estas matrices de 16 fichas.

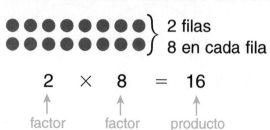 } 2 filas
8 en cada fila

$$2 \quad \times \quad 8 \quad = \quad 16$$

factor · factor · producto

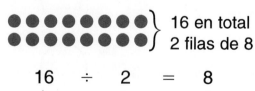 } 16 en total
2 filas de 8

$$16 \quad \div \quad 2 \quad = \quad 8$$

dividendo · divisor · cociente

Usa la matriz para completar cada enunciado de números.

Asegúrate
- ¿Cuántas filas hay?
- ¿Cuántos hay en cada fila?
- ¿Cuántos hay en total?

1.

$\blacksquare \times 6 = 12$

$\blacksquare \div 2 = 6$

2.

$3 \times \blacksquare = 15$

$15 \div \blacksquare = 5$

Explícalo ▶ Observa cada pareja de enunciados de números de arriba. ¿Por qué son iguales el producto y el dividendo de cada pareja?

Practicar y resolver problemas

Usa la matriz para completar cada enunciado de números.

3.

$1 \times \blacksquare = 7$

$7 \div \blacksquare = 7$

4.

$\blacksquare \times 3 = 6$

$\blacksquare \div 2 = 3$

5.

$\blacksquare \times 5 = 10$

$\blacksquare \div 2 = 5$

Dibuja una matriz para cada enunciado de multiplicación. Luego escribe un enunciado de división relacionado.

6. $3 \times 2 = 6$

7. $4 \times 3 = 12$

8. $1 \times 7 = 7$

9. $2 \times 7 = 14$

10. $2 \times 10 = 20$

11. $3 \times 9 = 27$

12. $3 \times 8 = 24$

13. $4 \times 9 = 36$

Repaso general • Preparación para exámenes

Respuesta directa

Indica cómo se usa el número en cada caso. Escribe *posición, conteo* o *medición*. (Cap. 1, Lección 1)

14. sexta letra

15. 12 pies

16. 24 lápices

17. tercera fila

18. ¿Cuántas matrices rectangulares diferentes puedes formar con 12 fichas? (Cap. 10, Lección 3)

Explica cómo hallaste la respuesta.

Tutor en audio 1/32 Escucha y comprende

Dividir entre 2

Objetivo Usar diferentes maneras de dividir entre 2.

Apréndelo

La tienda de mascotas tiene 12 jerbos. Si Kim coloca 2 jerbos en cada jaula, ¿cuántas jaulas necesitará?

$$12 \div 2 = 6 \quad \text{ó} \quad 2\overline{)12} \leftarrow \text{cociente} \atop \leftarrow \text{dividendo}$$

↑ dividendo ↑ divisor ↑ cociente ↑ divisor

Diferentes maneras de hallar 12 ÷ 2

Manera ➊ Usar la resta repetida.

- Comienza con el 12.
- Cuenta hacia atrás de 2 en 2 hasta el 0.
- Cuenta el número de veces que restaste 2.

6 5 4 3 2 1

0 1 2 3 4 5 6 7 8 9 10 11 12

Restaste seis veces 2. Por lo tanto, $12 \div 2 = 6$.

Manera ➋ Formar grupos iguales.

- Usa 12 fichas.
- Coloca 2 fichas en cada grupo.
- Cuenta el número de grupos iguales.

Hay 6 grupos de 2. Por lo tanto, $12 \div 2 = 6$.

Manera ➌ Usar una operación de multiplicación relacionada.

$12 \div 2 = \blacksquare$ Piénsalo $2 \times \blacksquare = 12$ Por lo tanto, $12 \div 2 = 6$.
$2 \times 6 = 12$

Solución: Kim necesita 6 jaulas.

Práctica guiada

Usa la operación de multiplicación para hallar cada cociente.

1. $2 \times 4 = 8$
   $8 \div 2 = \blacksquare$

2. $2 \times 5 = 10$
   $10 \div 2 = \blacksquare$

Asegúrate

- ¿Como me puede ayudar una operación de multiplicación a hallar un cociente?

Explícalo ▶ ¿Cómo te ayuda una recta de números para hallar $4 \div 2$?

Usa el dibujo para hallar cada cociente.

3.

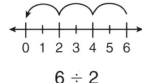

$6 \div 2$

4.

$14 \div 2$

5.

$4 \div 2$

Usa la operación de multiplicación para hallar cada cociente.

6. $1 \times 2 = 2$
$2 \div 2 = \blacksquare$

7. $5 \times 2 = 10$
$10 \div 2 = \blacksquare$

8. $2 \times 2 = 4$
$4 \div 2 = \blacksquare$

9. $7 \times 2 = 14$
$14 \div 2 = \blacksquare$

10. $6 \times 2 = 12$
$12 \div 2 = \blacksquare$

11. $8 \times 2 = 16$
$16 \div 2 = \blacksquare$

12. $3 \times 2 = 6$
$6 \div 2 = \blacksquare$

13. $9 \times 2 = 18$
$18 \div 2 = \blacksquare$

Divide.

14. $2\overline{)18}$　　**15.** $2\overline{)2}$　　**16.** $2\overline{)12}$　　**17.** $2\overline{)4}$　　**18.** $2\overline{)10}$

19. $2\overline{)14}$　　**20.** $2\overline{)8}$　　**21.** $2\overline{)16}$　　**22.** $2\overline{)20}$　　**23.** $2\overline{)6}$

Resuelve.

24. Hay 8 hámsters. Si Kyle le da 2 trozos de lechuga a cada hámster, ¿cuántos trozos de lechuga necesitará?

25. Una jaula para hámsters pesa 6 libras. Una jaula para lagartos pesa 2 veces lo que la jaula para hámsters. ¿Pesa la jaula para lagartos más o menos de 10 libras? Explica tu razonamiento.

Repaso general • Preparación para exámenes

Respuesta directa

Halla los números que faltan.

(Cap. 4, Lección 1)

26. $5 + (6 + 2) = (5 + \blacksquare) + 2$

27. $(1 + 7) + 6 = 1 + (7 + \blacksquare)$

28. $(8 + \blacksquare) + 4 = 8 + (3 + 4)$

Selección múltiple

29. Los boletos para la feria cuestan $2 cada uno. ¿Cuántos boletos puede comprar Ronald con $10? (Cap. 10, Lección 4)

A 5　　　　**c** 8

B 12　　　**D** 20

Resolver problemas: Decisión

Selecciona la operación

Objetivo Decidir qué operaciones usar para resolver problemas.

A veces tienes que decidir qué operación usar para resolver un problema.

La excursión de la clase a un zoológico interactivo incluía un almuerzo tipo picnic.

A veces sumas para hallar el total.

En un corral hay 17 cabras y 26 ovejas. ¿Cuántos animales hay en el corral?

$$
\begin{array}{rl}
17 & \leftarrow \text{cabras} \\
+\ 26 & \leftarrow \text{ovejas} \\
\hline
43 & \leftarrow \text{número total de animales}
\end{array}
$$

Solución: Hay 43 animales en el corral.

A veces multiplicas para hallar el total.

Se cortan cinco tartas de manzana en 6 rebanadas cada una. ¿Cuántas rebanadas hay?

$$
\begin{array}{rl}
6 & \leftarrow \text{rebanadas de 1 tarta} \\
\times\ 5 & \leftarrow \text{tartas} \\
\hline
30 & \leftarrow \text{número total de rebanadas}
\end{array}
$$

Solución: Hay 30 rebanadas de tarta.

Restas para hallar la diferencia.

Hay 13 sándwiches de atún y 17 sándwiches de jamón. ¿Cuántos sándwiches más de jamón hay?

$$
\begin{array}{rl}
17 & \leftarrow \text{sándwiches de jamón} \\
-\ 13 & \leftarrow \text{sándwiches de atún} \\
\hline
4 & \leftarrow \text{más sándwiches de jamón}
\end{array}
$$

Solución: Hay 4 sándwiches más de jamón.

Divides para hallar grupos iguales.

En cada mesa de picnic pueden sentarse cinco estudiantes. ¿Cuántas mesas se necesitan para 30 estudiantes?

$$30 \div 5 = 6$$

número de estudiantes   número en cada mesa   número de mesas

Solución: Se necesitan 6 mesas.

Inténtalo

Resuelve. Indica qué operación usaste.

1. El maestro compró 4 bolsas de naranjas. Cada bolsa contenía 10 naranjas. ¿Cuántas naranjas había?

2. Dos estudiantes a la vez pueden jugar con los corderos. Si hay 12 estudiantes esperando, ¿cuántos grupos de 2 están esperando?

3. En un corral hay 18 vacas y 22 asnos. ¿Cuántos asnos más que vacas hay?

4. Cada vaca bebe 28 galones de agua al día. ¿Cuántos galones beben 2 vacas?

Conectar con los estudios sociales

Los números en brahmi

El brahmi es un sistema de escritura indio que tiene miles de años de antigüedad.

- En brahmi, el enunciado de números $8 \div 2 = 4$ se vería así:

- El problema $3 \div 3 = 1$ se vería así en brahmi:

1	2	3	4	5
6	7	8	9	10

1. Escribe tres enunciados de división usando los números del 1 al 10 de nuestro sistema numérico. Luego escribe los mismos enunciados con números brahmi.

2. **Crea y resuelve** Inventa otros ejercicios de división usando sólo números brahmi. Pídele a un compañero que los resuelva.

WEEKLY (WR) READER

Verificación rápida

Verifica tu comprensión de las Lecciones 1 a 5.

Escribe un enunciado de división relacionado. (Lecciones 1 a 3)

1. $5 \times 2 = 10$
2. $3 \times 7 = 21$
3. $4 \times 8 = 32$
4. $3 \times 5 = 15$

Divide. (Lección 4)

5. $2\overline{)14}$
6. $2\overline{)8}$
7. $2\overline{)18}$
8. $2\overline{)12}$

Resuelve. Indica qué operación usaste. (Lección 5)

9. La biblioteca tiene 8 computadoras. Si hay 4 estudiantes en cada computadora, ¿cuántos estudiantes están en las computadoras?

10. Nell, Kate y Jerry se reparten 15 caracoles de mar en partes iguales. ¿Cuántos caracoles tiene cada uno?

Dividir entre 5

Objetivo Usar diferentes maneras de dividir entre 5.

Apréndelo

En una clase de entrenamiento para cachorros, hay 20 galletas para repartirlas entre los perritos. Si cada cachorro recibe 5 galletas, ¿cuántos cachorros hay en la clase?

Divide. $20 \div 5 = n$ ó $5\overline{)20}$

Diferentes maneras de hallar $20 \div 5$

Manera ❶ Usar la resta repetida.

- Comienza con el 20
- Cuenta hacia atrás de 5 en 5 hasta el 0.
- Cuenta el número de veces que restaste 5.
- Restaste cuatro veces 5. Por lo tanto, $20 \div 5 = 4$.

Manera ❷ Formar grupos iguales.

- Usa 20 fichas.
- Coloca 5 fichas en cada grupo.
- Cuenta el número de grupos iguales.
- Hay 4 grupos de 5. Por lo tanto, $20 \div 5 = 4$.

Solución: Hay 4 cachorros en la clase de entrenamiento.

Práctica guiada

Asegúrate

- ¿Cuántos grupos iguales puedo formar?
- ¿Qué operación de multiplicación puede ayudarme?

Halla cada cociente.

1.

$10 \div 5 = \blacksquare$

2.

$15 \div 5 = \blacksquare$

Explícalo ▶ ¿Cómo te ayuda saber que $5 \times 6 = 30$ para hallar $30 \div 5$?

Usa la matriz como ayuda para hallar el cociente.

3.

$$25 \div 5 = n$$

4.

$$15 \div 5 = n$$

5.

$$30 \div 5 = n$$

Divide.

6. $5\overline{)10}$ 7. $2\overline{)4}$ 8. $5\overline{)5}$ 9. $5\overline{)15}$ 10. $5\overline{)30}$

11. $5\overline{)25}$ 12. $2\overline{)10}$ 13. $5\overline{)40}$ 14. $5\overline{)20}$ 15. $2\overline{)8}$

16. $2\overline{)14}$ 17. $5\overline{)35}$ 18. $2\overline{)18}$ 19. $2\overline{)16}$ 20. $5\overline{)45}$

21. $35 \div 5$ 22. $45 \div 5$ 23. $15 \div 5$ 24. $14 \div 2$ 25. $30 \div 5$

Resuelve.

26. Hay 30 perros que concursan en una exhibición canina. Cada entrenador se encarga de 5 perros. ¿Cuántos entrenadores se encargan de los 30 perros?

27. Hay tres perros en fila para la exhibición. El *bulldog* está detrás del *chow* y delante del *poodle*. ¿Cómo están alineados los perros?

28. Jo entrena a su perro durante 10 minutos dos veces al día. ¿Cuánto tiempo pasa entrenando a su perro en 5 días?

29. **Escríbelo** ¿Puedes dividir el 27 entre grupos iguales de 5? Explica por qué.

Respuesta directa

Nombra cada cuerpo geométrico. (Grado 2)

30.

31.

32.

33.

34. Hay 40 estudiantes que quieren jugar baloncesto. Si hay 5 jugadores en un equipo, ¿cuántos equipos hay? Explica cómo hallaste la respuesta. (Cap. 10, Lección 6)

Dividir entre 10

Objetivo Usar diferentes maneras de dividir entre 10.

Apréndelo

Hay 40 caballos en la granja Sunset Horse. Hay 10 casetas para caballos en cada establo. ¿Cuántos establos hay en la granja Sunset Horse?

Divide. $40 \div 10 = \blacksquare$ ó $10\overline{)40}$

Diferentes maneras de hallar 40 ÷ 10

Manera ① Usar la resta repetida.

- Comienza con el 40. Cuenta hacia atrás de 10 en 10 hasta el 0.
- Cuenta el número de veces que restaste 10.

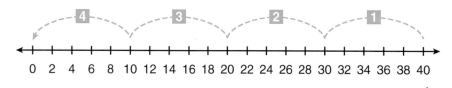

Restaste cuatro veces 10. Por lo tanto, $40 \div 10 = 4$ ó $10\overline{)40}$.

Manera ② Usar una operación de multiplicación relacionada.

$40 \div 10 = \blacksquare$ Piénsalo: $10 \times \blacksquare = 40$ Por lo tanto, $40 \div 10 = 4$.
$10 \times 4 = 40$

Solución: Hay 4 establos en la granja Sunset Horse.

Práctica guiada

Halla cada cociente.

1. $10 \div 10$
2. $30 \div 10$
3. $20 \div 10$

4. $10\overline{)60}$
5. $10\overline{)100}$
6. $10\overline{)90}$

Explícalo ▶ ¿Cómo te ayuda pensar en el 60 como 6 decenas para hallar $60 \div 10$?

Practicar y resolver problemas

Halla cada cociente.

7. $10\overline{)100}$ **8.** $10\overline{)30}$ **9.** $10\overline{)10}$ **10.** $10\overline{)50}$ **11.** $10\overline{)80}$

12. $10\overline{)20}$ **13.** $10\overline{)40}$ **14.** $10\overline{)60}$ **15.** $10\overline{)90}$ **16.** $10\overline{)70}$

17. $100 \div 10$ **18.** $50 \div 10$ **19.** $90 \div 10$ **20.** $80 \div 10$ **21.** $30 \div 10$

22. $10 \div 10$ **23.** $70 \div 10$ **24.** $40 \div 10$ **25.** $20 \div 10$ **26.** $60 \div 10$

✗ Álgebra • Ecuaciones Halla los números que faltan.

27. $50 \div \blacksquare = 5$ **28.** $\blacksquare \div 5 = 7$ **29.** $5 \times \blacksquare = 15$ **30.** $\blacksquare \times 4 = 40$

31. $12 = \blacksquare \times 6$ **32.** $2 = 10 \div \blacksquare$ **33.** $\blacksquare \times 8 = 56$ **34.** $9 = 45 \div \blacksquare$

📊 Usar datos Usa el cartel para los Problemas 35 a 37.

35. Jeremy vende bocados para los caballos de la granja. Larisa tiene 30¢ para gastar. ¿Cuántas manzanas puede comprar?

36. Irina quiere comprar 6 galletas, 3 zanahorias y 3 manzanas. ¿Cuánto dinero necesita?

37. Analízalo Fong gastó exactamente 21¢ en bocados para su caballo favorito. Compró el mayor número de bocados que pudo. ¿Qué compró?

Repaso general • Preparación para exámenes ✓

Respuesta directa

Multiplica. (Cap. 9, Lecciones 3 a 7)

38. 7×4 **39.** 8×6 **40.** 9×9

41. 3×9 **42.** 5×5 **43.** 9×2

44. 8×7 **45.** 9×4 **46.** 9×1

Selección múltiple

47. Ken usa 10 cuentas para cada llavero. ¿Cuántos llaveros puede hacer con 70 cuentas?

(Cap. 10, Lecciones 3 a 7)

A 7 **B** 60 **C** 8 **D** 80

Práctica adicional Consulta la página 283, Conjunto E.

Capítulo 10 Lección 7 **273**

Resolver problemas: Estrategia

Escribe un enunciado de números

Objetivo Escribir un enunciado de números para resolver un problema.

Palacio de las Mascotas de Pete

Problema En el Palacio de las Mascotas de Pete hay 5 jaulas de canarios. Cada jaula tiene el mismo número de canarios. Si hay 35 canarios, ¿cuántos canarios hay en cada jaula?

COMPRÉNDELO

Esto es lo que ya sabes.

- Hay 35 canarios.
- Hay 5 jaulas.
- Cada jaula tiene el mismo número de canarios.

PLANÉALO

Escribe un enunciado de números como ayuda para resolver el problema.

RESUÉLVELO

- Decide qué operación vas a usar.
- Escoge una letra para representar lo que tratas de hallar. Sea *n* ese número.
- Escribe un enunciado de números. Úsalo para resolver el problema.

$$35 \div 5 = n$$

| número de canarios | número de jaulas | número en cada jaula |

$$35 \div 5 = 7$$

Solución: Hay 7 canarios en cada jaula.

VERIFÍCALO

Vuelve a leer el problema. ¿Hay algún enunciado de multiplicación que puedas escribir para resolver el problema?

Usa las preguntas de Asegúrate para resolver los problemas.

1. En el Palacio de las Mascotas de Pete hay 6 terrarios. Cada terrario tiene 2 lagartos. ¿Cuántos lagartos hay en total?

2. La semana pasada, el Palacio de las Mascotas de Pete vendió 17 huesos para perro y 3 veces la cantidad de collares para perro que de collares para gato. Si vendieron 7 collares para gato, ¿cuántos collares para perro vendieron?

   (**Pista**) ¿Qué información necesitas?

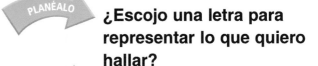

Asegúrate

COMPRÉNDELO → ¿Qué datos conozco?

PLANÉALO → ¿Escojo una letra para representar lo que quiero hallar?

RESUÉLVELO → ¿Escribo un enunciado de números?

VERIFÍCALO → ¿Resolví el problema?

Práctica independiente

Escribe un enunciado de números para resolver cada problema.

3. Pete quiere exhibir 35 comederos para aves. Planea colocar 5 comederos en cada estante. ¿Cuántos estantes usará?

4. La semana pasada, 95 personas visitaron un refugio para aves. Esta semana lo visitaron 113 personas. ¿Cuántas personas más lo visitaron esta semana que la semana pasada?

5. Martín y su padre fueron a observar aves el fin de semana. Vieron 28 aves el sábado y 43 el domingo. ¿Cuántas aves vieron?

Continúa

Práctica variada

Resuelve. Muestra tu trabajo. Indica qué estrategia usaste.

6. **Dinero** Renzo tenía $15. Gastó $4.75 en un boleto para el cine y $2.50 en meriendas. ¿Cuánto dinero le quedó a Renzo?

7. Tracie vive a 5 cuadras de la biblioteca. Noel vive 3 veces más lejos de la biblioteca que Tracie. ¿A qué distancia de la biblioteca vive Noel?

8. **Sigue los pasos** Marcus tiene 45 canicas de 5 colores diferentes. Tiene el mismo número de cada color. Luego compra 2 canicas amarillas más. ¿Cuántas canicas amarillas tiene?

Selecciónalo

Estrategia
- Represéntalo
- Haz un dibujo
- Haz una tabla
- Resuelve un problema más sencillo
- Escribe un enunciado de números

Método de cálculo
- Cálculo mental
- Estimación
- Papel y lápiz
- Calculadora

Usar datos Usa el diagrama de puntos para resolver los Problemas 9 a 13.

El diagrama de puntos representa la edad en años de los actores que aparecieron en la obra teatral de la escuela.

9. Qué edad tienen la mayoria de los actores de la obra?

10. ¿De qué edades hay igual número de actores?

11. ¿Cuántos actores más de 13 años que de 11 años hay?

12. ¿Cuántos actores estudiantes hay en la obra?

13. ¿Cuántos actores tienen menos de 11 años?

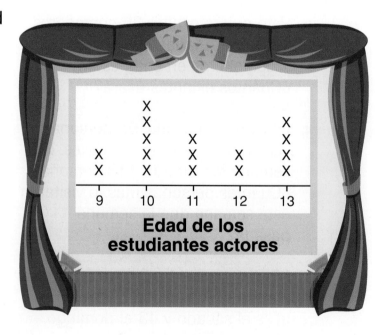

Edad de los estudiantes actores

276

Resolver problemas en exámenes

Escoge la letra de la respuesta correcta. Si la respuesta correcta no aparece, escoge NA.

1. Alí dibuja un diseño con estrellas. Dibuja 4 filas de 3 estrellas. ¿Cuántas estrellas dibuja en total?

   A 7 estrellas   C 14 estrellas

   B 12 estrellas   D 16 estrellas

   (Capítulo 9, Lección 2)

2. La Sra. Gamio compró 2 cajas de piñas. Cada caja tiene 9 piñas. ¿Cuántas piñas compró?

   F 18 piñas

   G 16 piñas

   H 11 piñas

   J NA

   (Capítulo 8, Lección 3)

Respuesta directa

Resuelve cada problema.

3. Julie dibujó esta matriz de puntos. Escribe los enunciados de números que representa.

   (Capítulo 8, Lección 4)

4. **Represéntalo** Imagina que tienes que hacer una rueda giratoria justa para un juego.

   Dibuja y colorea una rueda de cuatro partes. Explica las reglas de un juego justo usando tu rueda.

   (Capítulo 7, Lección 4)

Respuesta de desarrollo

5. Observa el blanco y las pelotas de abajo. El objetivo del juego es obtener un puntaje lo más cercano posible a 100, sin pasarse de los 100 puntos.

   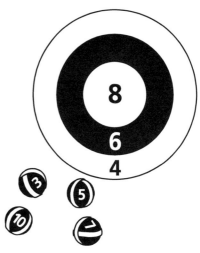

   • Puedes lanzar 3 ó 4 de las pelotas que se muestran, una por una.

   • Multiplica el número de cada pelota por el número del anillo que golpea. Luego suma los puntos de todos tus lanzamientos.

   a. ¿Cuál es la mejor puntuación que puedes obtener?

   b. ¿Cómo puedes lanzar las pelotas para obtener la mejor puntuación?

   (Capítulo 9, Lecciones 2 a 10)

Álgebra

Las reglas de la división

Objetivo Usar reglas especiales al dividir entre 0 y 1.

Apréndelo

George compró 3 piedras térmicas para sus 3 iguanas: Iris, Iván e Isaac. ¿Cuántas piedras térmicas compró para cada iguana?

Divide.   3 ÷ 3 = 1

George compró 1 piedra térmica para cada iguana.

Éstas son algunas reglas para dividir entre 0 y 1.

Reglas de la división

Al dividir cualquier número (excepto el cero) entre sí mismo el cociente es 1.

Coloca 3 fichas en 3 grupos.

Hay 1 ficha en cada grupo.

Piénsalo
$3 ÷ 3 = 1$

Al dividir cualquier número entre 1, el cociente es ese mismo número.

Coloca 3 fichas en 1 grupo.

Hay 3 fichas en el grupo.

Piénsalo
$3 ÷ 1 = 3$

Al dividir 0 entre cualquier número, excepto el 0, el cociente es 0.

Coloca 0 fichas en 3 grupos.

Hay 0 fichas en cada grupo.

Piénsalo
$0 ÷ 3 = 0$

No se puede dividir un número entre 0.

Intenta colocar 3 fichas en 0 grupos.

Es imposible colocar 3 fichas en 0 grupos.

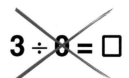

$3 ÷ 0 = \square$

Práctica guiada

Divide.

1. $2 \div 1$ **2.** $1 \div 1$ **3.** $0 \div 9$

4. $6 \overline{)6}$ **5.** $8 \overline{)0}$ **6.** $7 \overline{)7}$

Asegúrate

¿Cuál es la regla para...
- dividir entre 1?
- dividir el 0 entre algún otro número?
- dividir algún número entre sí mismo?

Explícalo ▶ ¿Qué regla de la división puede ayudarte para hallar $486 \div 1$?

Practicar y resolver problemas

Divide.

7. $10 \overline{)10}$ **8.** $1 \overline{)9}$ **9.** $7 \overline{)7}$ **10.** $2 \overline{)8}$

11. $1 \overline{)1}$ **12.** $2 \overline{)6}$ **13.** $5 \overline{)20}$ **14.** $10 \overline{)50}$

15. $2 \overline{)10}$ **16.** $5 \overline{)30}$ **17.** $3 \overline{)3}$ **18.** $10 \overline{)100}$

19. $4 \div 4$ **20.** $4 \div 2$ **21.** $12 \div 2$ **22.** $18 \div 2$

23. $15 \div 5$ **24.** $0 \div 3$ **25.** $30 \div 10$ **26.** $5 \div 5$

Empareja cada enunciado de división con la regla de división que te permite resolverlo.

27. Al dividir cualquier número (excepto el 0) entre sí mismo, el cociente es 1.

28. Al dividir cualquier número entre 1, el cociente es ese mismo número.

29. Al dividir 0 entre cualquier número, excepto el 0, el cociente es 0.

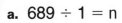

a. $689 \div 1 = n$

b. $2,385 \div 2,385 = n$

c. $0 \div 5,288 = n$

Continúa ▶

✗ Álgebra • Funciones Sigue la regla para completar cada tabla.

Regla: Dividir entre 1.	
Entrada	Salida
30. 0	■
31. 1	■
32. ■	4
33. ■	8
34. 10	■

Regla: Dividir entre 1.	
Entrada	Salida
35. 0	■
36. ■	1
37. 40	■
38. ■	4
39. ■	7

✗ Álgebra • Símbolos Escribe >, <, ó = en cada ⬤.

40. 2×8 ⬤ $8 \div 8$

41. $2 \div 2$ ⬤ $5 \div 5$

42. $10 \div 2$ ⬤ $15 \div 5$

43. $12 \div 2$ ⬤ $14 \div 2$

44. $40 \div 5$ ⬤ 10×2

45. 6×6 ⬤ $36 \div 1$

46. 5×9 ⬤ $287 \div 287$

47. 2×4 ⬤ $45 \div 5$

Escribe *verdadero* o *falso* en cada enunciado.
Dibuja o escribe un ejemplo para apoyar tu respuesta.

48. Cuando el divisor y el dividendo son iguales, el cociente es siempre 1.

49. No puedes dividir 0 entre 1.

50. Al dividir entre 1, el resultado siempre es igual al dividendo.

51. Nunca puedes dividir entre 0.

52. El cociente es siempre menor que el divisor.

¿Verdadero o falso?

Práctica adicional Consulta la página 283, Conjunto F.

Respuesta directa

Halla los números que faltan.

(Cap. 9, Lección 6)

53. $3 \times 5 = \blacksquare \times 3$

54. $6 \times \blacksquare = 8 \times 3$

Selección múltiple

55. ¿Qué enunciado no es verdadero?

(Cap. 10, Lección 9)

A $10 \div 10 = 1$ **B** $9 \div 1 = 9$

C $10 \div 5 = 2$ **D** $1 \div 1 = 0$

Pensamiento algebraico:
Ecuaciones de figuras

Resolver problemas

Escribe el valor de cada figura. Usa lo que sabes acerca de las operaciones de multiplicación y división para resolver los problemas.

1. $4 \div \blacktriangle = \blacktriangle$

2. $16 \div \bullet = \bullet$

3. $25 \div \blacklozenge = \blacklozenge$

4. $36 \div \blacksquare = \blacksquare$

5. $\blacksquare \times \blacklozenge = \blacksquare$

6. $\blacksquare \div \bigstar = 3$

7. $\bigstar \times 3 = \blacksquare$

8. $\blacksquare \div \blacktriangle = 15$

9. $\bullet \times \blacklozenge = 20$

10. $\blacksquare \div \blacksquare = \blacklozenge$

11. $\blacktriangle \times \blacklozenge = \bigstar$

12. $\bigstar \div \blacktriangle = \blacklozenge$

$\blacktriangle =$	$\blacklozenge =$	$\blacksquare =$
$\bullet =$	$\blacksquare =$	$\bigstar =$

Repaso/Examen del capítulo

VOCABULARIO

Escoge el mejor término para completar cada oración.

1. El resultado de un ejercicio de división es el ____.

2. Cuando separas un conjunto en grupos iguales, ____.

3. En el ejercicio $3\overline{)15}$, el ____ es 15.

4. En el ejercicio $15 \div 3$ el ____ es 3.

CONCEPTOS Y DESTREZAS

Halla cada cociente. (Lecciones 1 y 2, págs. 260 a 263)

5.
```
<---+---+---+---+---+---+--->
    0   1   2   3   4   5   6
```
$6 \div 3 = \blacksquare$

6.
```
<--+-+-+-+-+-+-+-+-+-+-+-+-->
   0 1 2 3 4 5 6 7 8 9 10 11 12
```
$12 \div 4 = \blacksquare$

Usa la matriz para completar cada enunciado de números. (Lección 3, págs. 264 y 265)

7.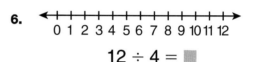

$3 \times \blacksquare = 15$

$15 \div \blacksquare = 3$

8.

$\blacksquare \times 6 = 24$

$24 \div \blacksquare = 6$

Divide. (Lecciones 4, 6 y 7, 9, págs. 266 y 267, 270 a 273, 278 a 280)

9. $2\overline{)16}$ 10. $10\overline{)30}$ 11. $5\overline{)25}$ 12. $5\overline{)30}$ 13. $2\overline{)18}$

14. $2 \div 2$ 15. $14 \div 2$ 16. $10 \div 1$ 17. $5 \div 1$ 18. $0 \div 2$

RESOLVER PROBLEMAS

Resuelve. (Lecciones 5, 8, págs. 268, 274 a 276)

19. La maestra López distribuyó a sus 28 estudiantes en 4 grupos. ¿Cuántos estudiantes había en cada grupo?

20. Jared hizo 20 panqueques para el desayuno. Él y su familia se comieron 16. ¿Cuántos quedaron?

Escríbelo

Muestra lo que sabes

Marcus y Alan escriben enunciados de multiplicación que se relacionan con $18 \div 6 = 3$. Marcus escribe $6 \times 3 = 18$. Alan escribe $3 \times 6 = 18$. ¿Quién tiene razón? Explica.

Práctica adicional

Conjunto A (Lección 2, págs. 262 y 263)

Empareja cada recta de números con el enunciado de división correcto. Resuelve.

1. $6 \div 2 = $ ▦

2. $10 \div 5 = $ ▦

3. $12 \div 3 = $ ▦

a.

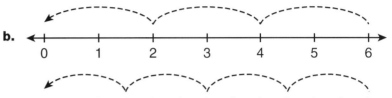

b.

c.

Conjunto B (Lección 3, págs. 264 y 265)

Usa la matriz para completar cada enunciado de números.

1.
$2 \times$ ▦ $= 18$
$18 \div$ ▦ $= 9$

2.
▦ $\times 6 = 12$
$12 \div$ ▦ $= 2$

3.
$4 \times$ ▦ $= 28$
▦ $\div 7 = 4$

Conjunto C (Lección 4, págs. 266 y 267)

Divide.

1. $2\overline{)12}$ 2. $2\overline{)20}$ 3. $2\overline{)16}$ 4. $2\overline{)14}$ 5. $2\overline{)8}$

Conjunto D (Lección 6, págs. 270 y 271)

Halla cada cociente.

1. $50 \div 5$ 2. $25 \div 5$ 3. $35 \div 5$ 4. $40 \div 5$ 5. $5 \div 5$

Conjunto E (Lección 7, págs. 272 y 273)

Divide.

1. $10\overline{)20}$ 2. $10\overline{)50}$ 3. $10\overline{)100}$ 4. $10\overline{)40}$ 5. $10\overline{)10}$

Conjunto F (Lección 9, págs. 278 a 280)

Halla cada cociente.

1. $0 \div 4$ 2. $9 \div 1$ 3. $10 \div 10$ 4. $3 \div 1$ 5. $0 \div 1$

Operaciones de división y patrones

INVESTIGACIÓN

Usar datos

Dependiendo de la carrera que escojas, puedes tener jornadas de trabajo cortas o largas. Observa la tabla. Escribe y resuelve un problema verbal acerca del número de horas que un grupo de bomberos trabajó en un día.

Horas de trabajo	
Trabajador	Horas al día
Bombero	8
Maestro	9
Periodista	10
Dueño de tienda	12

Aplica lo que sabes

Usa esta página para repasar y recordar lo que necesitas saber para este capítulo.

VOCABULARIO

Escoge el mejor término para completar cada oración.

Vocabulario

dividir

factor

divisor

división

cociente

dividendo

1. La multiplicación y la _____ son operaciones opuestas.

2. En el enunciado de números $14 \div 2 = 7$, el 2 es el _____.

3. El resultado de un ejercicio de división se llama _____.

4. Al _____, separas objetos en grupos iguales.

5. En el enunciado de números $40 \div 5 = 8$, el _____ es 40.

CONCEPTOS Y DESTREZAS

Escribe un enunciado de multiplicación y un enunciado de división para cada matriz.

6.   7.   8.    9.

Divide.

10. $5\overline{)10}$ 11. $2\overline{)4}$ 12. $1\overline{)8}$ 13. $6\overline{)0}$ 14. $10\overline{)30}$

15. $4 \div 1$ 16. $16 \div 2$ 17. $90 \div 10$ 18. $35 \div 5$ 19. $0 \div 3$

 **Escríbelo**

20. Omar quiere dividir 20 bayas en partes iguales entre 5 bolsas. Sally quiere dividir 20 bayas en partes iguales entre 2 bolsas. ¿Se pueden hacer las dos cosas? Explica por qué.

Práctica de operaciones Consulta la página 670.

Tutor en audio 1/34 Escucha y comprende

Dividir usando una tabla de multiplicar

Objetivo Usar una tabla de multiplicar para ver cómo se relacionan los divisores, dividendos y cocientes.

Vocabulario
divisor
dividendo
cociente

Materiales
Tabla de multiplicar
(Recurso de
enseñanza 17)

Trabajar juntos

Ya usaste una tabla de multiplicar para comprender los productos. También puedes usarla como ayuda para dividir.

PASO 1

Usa la tabla para hallar 30 ÷ 5. Primero, halla la fila marcada con el 5. Este número es el **divisor**.

Avanza hacia la derecha por esta fila hasta la columna que muestra el 30. Este número es el **dividendo**.

Mira el número 6 que está al comienzo de la columna. Este número es el **cociente**.

• ¿Por qué puedes usar la tabla para dividir?

columna

×	0	1	2	3	4	5	6	7	8	9	10
0	0	0	0	0	0	0	0	0	0	0	0
1	0	1	2	3	4	5	6	7	8	9	10
2	0	2	4	6	8	10	12	14	16	18	20
3	0	3	6	9	12	15	18	21	24	27	30
4	0	4	8	12	16	20	24	28	32	36	40
5	0	5	10	15	20	25	30	35	40	45	50
6	0	6	12	18	24	30	36	42	48	54	60
7	0	7	14	21	28	35	42	49	56	63	70
8	0	8	16	24	32	40	48	56	64	72	80
9	0	9	18	27	36	45	54	63	72	81	90
10	0	10	20	30	40	50	60	70	80	90	100

fila →

PASO 2

Haz una tabla como la de abajo y complétala. Usa la tabla de multiplicar como ayuda.

Ejemplo	Divisor	Dividendo	Cociente
24 ÷ 6			
35 ÷ 7			
56 ÷ 8			
81 ÷ 9			

PASO 3

Halla el número 20 en 4 lugares diferentes de la tabla. Usa el 20 como dividendo. Anota los divisores y los cocientes en tu tabla. Luego usa tu tabla para escribir enunciados de división para cada caso.

- ¿En qué se parecen tus enunciados de división?
- ¿En qué se diferencian?

PASO 4

Ahora halla el número 25 en la tabla.

Escribe un enunciado de división con el 25 como dividendo. Escribe un enunciado de multiplicación relacionado.

¿Qué observas en los factores, el divisor y el cociente de los enunciados relacionados?

Por tu cuenta

Usa la tabla de multiplicar para hallar cada cociente.

1. $12 \div 2$ 2. $9 \div 1$ 3. $36 \div 4$ 4. $0 \div 5$ 5. $15 \div 5$ 6. $28 \div 4$

7. $30 \div 6$ 8. $28 \div 7$ 9. $16 \div 8$ 10. $27 \div 9$ 11. $45 \div 9$ 12. $49 \div 7$

Coméntalo • Escríbelo

Ya aprendiste a usar una tabla de multiplicar como ayuda para dividir.

13. Explica cómo puedes usar una tabla de multiplicar para hallar $32 \div 4$.

14. Si tanto el dividendo como el divisor son números pares, ¿debe ser el cociente también un número par? Da ejemplos para apoyar tu respuesta.

Álgebra

Familias de operaciones

Objetivo Usar familias de operaciones para mostrar cómo
se relacionan la multiplicación y la división.

Apréndelo

Un caricaturista dibujó estas ardillas. ¿Cuántas
filas de ardillas dibujó? ¿Cuántas ardillas hay en
cada fila? ¿Cuántas ardillas hay en total?

Puedes usar la familia de operaciones para
3, 4 y 12 para describir las ardillas.

Una **familia de operaciones** es un grupo de
enunciados de números que usan los mismos
números. Las familias de operaciones muestran
cómo se relacionan la multiplicación y la división.

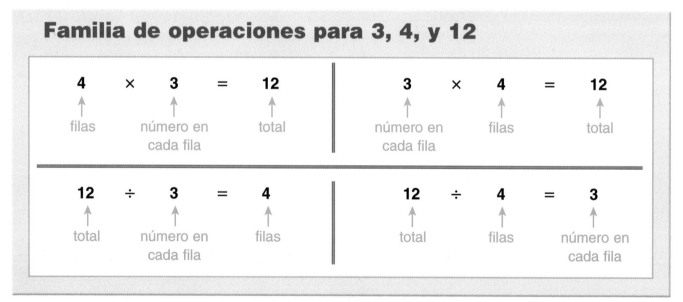

Familia de operaciones para 3, 4, y 12

4	$\times$	3	$=$	12		3	$\times$	4	$=$	12
↑		↑		↑		↑		↑		↑
filas		número en cada fila		total		número en cada fila		filas		total

12	$\div$	3	$=$	4		12	$\div$	4	$=$	3
↑		↑		↑		↑		↑		↑
total		número en cada fila		filas		total		filas		número en cada fila

Solución: Hay 12 ardillas en total. Hay 3 ardillas en cada
fila. Hay 4 filas de ardillas.

Otro ejemplo

Familia de operaciones para 4, 4 y 16

$4 \times 4 = 16$
$16 \div 4 = 4$

Práctica guiada

Copia y completa cada familia de operaciones.

1. $3 \times 3 = 9$
$9 \div 3 = \blacksquare$

2. $2 \times 4 = 8$
$4 \times 2 = \blacksquare$
$8 \div 4 = \blacksquare$
$8 \div 2 = \blacksquare$

Asegúrate

• ¿Debo hallar el número de filas o el número de columnas?

• ¿Debo hallar el total?

Explícalo ▶ ¿Cómo se relacionan los productos y los dividendos de cada familia de operaciones?

Practicar y resolver problemas

Copia y completa cada familia de operaciones.

3. $1 \times 8 = 8$
$8 \times \blacksquare = 8$
$8 \div 1 = \blacksquare$
$8 \div \blacksquare = 1$

4. $5 \times 9 = 45$
$\blacksquare \times 5 = 45$
$45 \div \blacksquare = 9$
$45 \div 9 = \blacksquare$

5. $3 \times 10 = 30$
$\blacksquare \times 3 = 30$
$30 \div \blacksquare = 10$
$30 \div \blacksquare = 3$

6. $6 \times 5 = 30$
$\blacksquare \times 6 = 30$
$30 \div \blacksquare = 5$
$30 \div \blacksquare = 6$

Escribe una familia de operaciones para cada conjunto de números.

7. 2, 3, 6

8. 10, 2, 20

9. 8, 3, 24

10. 4, 9, 36

11. 1, 5, 5

12. 5, 7, 35

13. 7, 7, 49

14. 6, 8, 48

15. 3, 7, 21

16. 3, 6, 18

17. 4, 5, 20

18. 2, 8, 16

Resuelve.

19. **Encuentra el error** Shelley dice que $4 \times 8 = 32$ y $8 \div 4 = 2$ están en la misma familia de operaciones. Explica por qué está equivocada. Luego escribe la familia de operaciones correcta para 4, 8 y 32.

20. Imagina que haces dos matrices. Una matriz tiene 4 filas y 2 columnas. La otra tiene 3 filas y 4 columnas. ¿Qué matriz representa el mayor dividendo? Explica.

Repaso general • Preparación para exámenes

Respuesta directa

Halla los números que faltan.

(Cap. 9, Lecciones 2 y 3)

21. $3 \times \blacksquare = 27$

22. $3 \times \blacksquare = 21$

23. $6 \times \blacksquare = 24$

24. $6 \times \blacksquare = 42$

25. $3 \times \blacksquare = 18$

26. $6 \times \blacksquare = 30$

27. Greg sabe que $2 \times 10 = 20$. Escribe una operación que pertenezca a la misma familia de operaciones.

(Cap. 11, Lección 2)

Lección 3

Tutor en audio 1/36 Escucha y comprende

Dividir entre 3

Objetivo Aprender diferentes maneras de dividir entre 3.

Apréndelo

Una señora plantó 15 árboles en 3 filas. Cada fila el mismo número de árboles. ¿Cuántos árboles hay en cada fila?

$$15 \div 3 = \blacksquare \quad \text{ó} \quad 3\overline{)15}$$

Diferentes maneras de hallar 15 ÷ 3

Manera ❶ Usar la resta repetida.

- Comienza con el 15 en la recta de números.
- Cuenta hacia atrás de 3 en 3 hasta el 0.
- Cuenta el número de veces que restaste 3.

Restaste cinco veces 3.

Por lo tanto, $15 \div 3 = 5$.

5 4 3 2 1

0 1 2 3 4 5 6 7 8 9 10 11 12 13 14 15

Manera ❷ Usar una operación de multiplicación relacionada.

$15 \div 3 = \blacksquare$ Piénsalo $3 \times \blacksquare = 15$ Por lo tanto, $15 \div 3 = 5$.
$3 \times 5 = 15$

Solución: Hay 5 árboles en cada hilera.

Práctica guiada

Halla cada cociente.

1. $3\overline{)9}$ **2.** $3\overline{)3}$ **3.** $3\overline{)27}$ **4.** $3\overline{)0}$

5. $6 \div 3$ **6.** $12 \div 3$ **7.** $24 \div 3$ **8.** $18 \div 3$

Explícalo ▶ ¿Puedes plantar 19 árboles en 3 filas iguales? Explica por qué.

Asegúrate

- ¿Qué operación de multiplicación puede ayudarme?

Divide.

9. $3\overline{)6}$ **10.** $3\overline{)9}$ **11.** $3\overline{)0}$ **12.** $3\overline{)12}$ **13.** $3\overline{)18}$

14. $3\overline{)15}$ **15.** $3\overline{)24}$ **16.** $3\overline{)3}$ **17.** $3\overline{)21}$ **18.** $3\overline{)27}$

19. $0 \div 3$ **20.** $9 \div 3$ **21.** $15 \div 3$ **22.** $3 \div 3$ **23.** $18 \div 3$

24. $30 \div 3$ **25.** $12 \div 3$ **26.** $24 \div 3$ **27.** $21 \div 3$ **28.** $6 \div 3$

✗ Álgebra • Símbolos Escribe >, < ó = en cada ⬤.

29. $15 \div 3$ ⬤ $15 + 3$ **30.** $5 \div 5$ ⬤ $3 - 3$ **31.** 4×2 ⬤ $16 \div 2$

32. $45 \div 5$ ⬤ 7×3 **33.** $21 - 3$ ⬤ $21 \div 3$ **34.** $18 \div 2$ ⬤ 2×10

35. Hugo plantó 27 rosales. Los colores de las rosas son rojo, amarillo o blanco. Hay el mismo número de rosales de cada color. ¿Cuántos rosales son rojos?

36. Un paquete de semillas cuesta $6 y una botella de herbicida cuesta $3. Si compraste 2 paquetes de semillas y 3 botellas de herbicida, ¿cuánto gastaste?

37. Analízalo Ann cortó 27 flores anaranjadas, 21 flores azules y 24 flores rosadas. ¿Cómo puede colocar las flores en 3 jarrones de modo que cada jarrón tenga el mismo número de flores de cada color?

Repaso general • Preparación para exámenes

Respuesta directa

Divide. (Cap. 10, Lecciones 4 y 6)

38. $10 \div 2$ **39.** $20 \div 5$

40. $18 \div 2$ **41.** $35 \div 5$

42. $25 \div 5$ **43.** $16 \div 2$

44. $40 \div 5$ **45.** $2 \div 2$

46. Una clase puede estar en 2 grupos iguales y en 3 grupos iguales. Hay más de 12 estudiantes y menos de 20. ¿Cuántos estudiantes hay en la clase? (Cap. 11, Lección 3)

Dividir entre 4

Objetivo Aprender diferentes maneras de dividir entre 4.

Apréndelo

Una panadera prepara 24 hogazas de pan. Si coloca el mismo número de hogazas en cada una de 4 paneras, ¿cuántas hogazas habrá en cada panera?

$24 \div 4 = \blacksquare$ ó $4\overline{)24}$

Diferentes maneras de hallar 24 ÷ 4

Manera ❶ Formar grupos iguales.

• Usa 24 fichas.

• Divídelas entre 4 grupos iguales.

• Cuenta el número que hay en cada grupo.

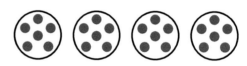

Hay 6 fichas en cada grupo. Por lo tanto, $24 \div 4 = 6$.

Manera ❷ Usar una operación de multiplicación relacionada.

$24 \div 4 = \blacksquare$ Piénsalo $4 \times \blacksquare = 24$ Por lo tanto, $24 \div 4 = 6$.
$ 4 \times 6 = 24$

Solución: La panadera coloca 6 hogazas en cada panera.

Práctica guiada

Divide.

1. $4\overline{)36}$ 2. $4\overline{)28}$ 3. $4\overline{)16}$ 4. $4\overline{)20}$

5. $8 \div 4$ 6. $0 \div 4$ 7. $12 \div 4$ 8. $32 \div 4$

Explícalo ▶ ¿Cómo se relacionan los dividendos, los divisores y los cocientes de los ejercicios $16 \div 2 = 8$ y $32 \div 4 = 8$?

Asegúrate

• ¿Qué operación de multiplicación puede ayudarme?

• ¿Puedo formar grupos iguales?

Practicar y resolver problemas

Halla los factores y los cocientes.

9. $4 \times \blacksquare = 12$
$12 \div 4 = \blacksquare$

10. $4 \times \blacksquare = 20$
$20 \div 4 = \blacksquare$

11. $4 \times \blacksquare = 8$
$8 \div 4 = \blacksquare$

12. $4 \times \blacksquare = 32$
$32 \div 4 = \blacksquare$

13. $4 \times \blacksquare = 36$
$36 \div 4 = \blacksquare$

14. $4 \times \blacksquare = 0$
$0 \div 4 = \blacksquare$

15. $4 \times \blacksquare = 4$
$4 \div 4 = \blacksquare$

16. $4 \times \blacksquare = 24$
$24 \div 4 = \blacksquare$

17. $4 \times \blacksquare = 28$
$28 \div 4 = \blacksquare$

Halla el cociente.

18. $4\overline{)12}$

19. $4\overline{)0}$

20. $4\overline{)20}$

21. $4\overline{)36}$

22. $4\overline{)28}$

23. $4\overline{)24}$

24. $4\overline{)32}$

25. $4\overline{)16}$

26. $4 \div 4$

27. $36 \div 4$

28. $24 \div 4$

29. $8 \div 4$

✗ Álgebra • Funciones Completa cada tabla. Si no se presenta la regla, escríbela y completa la tabla.

Regla: Dividir entre 4.	
Entrada	**Salida**
30. 0	$\blacksquare$
31. $\blacksquare$	1
32. 16	$\blacksquare$
33. $\blacksquare$	6
34. 32	$\blacksquare$

35.

Regla: ____.	
Entrada	**Salida**
45	9
35	7
25	5
36. 20	$\blacksquare$
37. 30	$\blacksquare$

Continúa ➡

Capítulo 11 Lección 4 **293**

Usa ÷ ó × para completar cada enunciado de números.

38. 4 ● 3 = 6 ● 2

39. 36 ● 6 = 3 ● 2

40. 16 ● 4 = 4 ● 1

41. 35 ● 1 = 5 ● 7

42. 3 ● 3 = 45 ● 5

43. 4 ● 6 = 24 ● 1

44. 8 ● 2 = 16 ● 4

45. 9 ● 1 = 18 ● 2

46. Calculadora Imagina que la tecla del 4 de tu calculadora no funciona. ¿Cómo puedes usar la calculadora para hallar 588 ÷ 4? Explica.

Usar datos El tercer grado tiene un desayuno especial. Usa la gráfica para resolver los Problemas 47 a 51.

47. Los estudiantes que llevaron panecillos llevaban 4 panecillos cada uno. ¿Cuántos estudiantes llevaron panecillos?

48. Tres estudiantes compraron los bollos. Cada uno llevó el mismo número de bollos. ¿Cuántos bollos llevó cada estudiante?

49. Si 42 personas asisten al desayuno, ¿puede cada persona servirse un bollo o una rosquilla? Explica tu respuesta.

50. Analízalo Las rosquillas son sencillas, de harina de trigo, de arándano azul o de arándano rojo. Si hay el mismo número de cada tipo, ¿cuántas rosquillas de harina de trigo hay?

51. Escríbelo Cuatro maestros cortaron los bollos antes de servirlos. Un maestro cortó 6 bollos. ¿Cortó cada maestro el mismo número de bollos? Explica por qué.

Alimentos comprados para el desayuno

294

Práctica adicional Consulta la página 315, Conjunto C.

Conectar con los estudios sociales

Una estrella para cada estado

En 1818, se decidió que la bandera de los Estados Unidos tendría una estrella por cada estado. Las estrellas podrían ordenarse de cualquier manera.

Con el paso de los años, la bandera de los Estados Unidos fue cambiando a medida que se unían más estados y se añadían más estrellas.

Bandera de 20 estrellas
(1818)

Bandera de 24 estrellas
(1822)

Bandera de 48 estrellas
(1912 a 1959)

Usa las banderas para responder a las Preguntas 1 y 2.

Recuerda que una matriz representa objetos en filas y columnas.
Cada fila tiene un número igual de objetos.

1. Ordena de diferente manera las estrellas de la bandera de 1818 usando una matriz. ¿Qué matrices puedes formar?

2. Forma todas las matrices que puedas para las banderas de 24 y de 48 estrellas.

Verifica tu comprensión de las Lecciones 1 a 4.

Copia y completa cada familia de operaciones. (Lección 2)

1. $3 \times 5 = 15$ $15 \div 3 = \blacksquare$
   $5 \times \blacksquare = 15$ $15 \div \blacksquare = 3$

2. $4 \times 10 = 40$ $40 \div \blacksquare = 10$
   $\blacksquare \times 4 = 40$ $40 \div \blacksquare = 4$

Divide. (Lecciones 1, 3 y 4)

3. $3\overline{)18}$

4. $4\overline{)36}$

5. $4\overline{)36}$

6. $4\overline{)28}$

7. $21 \div 3$

8. $15 \div 3$

9. $16 \div 4$

10. $24 \div 4$

Dividir entre 6

Objetivo Aprender diferentes maneras de dividir entre 6.

Una fotógrafa tomó 24 fotografías de 6 niños. Tomó el mismo número de fotografías de cada niño. ¿Cuántas fotografías tomó de cada niño?

$24 \div 6 = \blacksquare$ ó $6\overline{)24}$

Diferentes maneras de hallar 24 ÷ 6

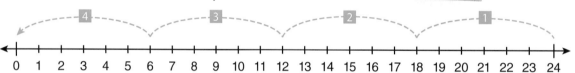

Manera ❶ Usar la resta repetida.

- Comienza con el 24 en la recta de números.
- Cuenta hacia atrás de 6 en 6 hasta el 0.
- Cuenta el número de veces que restaste 6.

```
    4           3           2           1
0  1  2  3  4  5  6  7  8  9  10 11 12 13 14 15 16 17 18 19 20 21 22 23 24
```

Restaste cuatro veces 6.

Por lo tanto, $24 \div 6 = 4$.

Manera ❷ Formar grupos iguales.

- Usa 24 fichas.
- Divídelas entre 6 grupos iguales.
- Cuenta el número que hay en cada grupo.

Hay 4 fichas en cada grupo.

Por lo tanto, $24 \div 6 = 4$.

Manera ❸ Usar una operación de multiplicación relacionada.

Piénsalo $6 \times \blacksquare = 24$
$6 \times 4 = 24$

Por lo tanto, $24 \div 6 = 4$.

Manera ❹ Usar una operación de división relacionada.

Piénsalo $24 \div \blacksquare = 6$
$24 \div 4 = 6$

Por lo tanto, $24 \div 6 = 4$.

Solución: La fotógrafa tomó 4 fotografías de cada niño.

Divide.

1. $6\overline{)36}$ 2. $6\overline{)60}$ 3. $6\overline{)42}$ 4. $6\overline{)54}$

5. $6 \div 6$ 6. $0 \div 6$ 7. $12 \div 6$ 8. $48 \div 6$

Explícalo ▶ ¿Qué operaciones relacionadas de multiplicación y división puedes usar para hallar $30 \div 6$?

Practicar y resolver problemas

Halla el cociente.

9. $6\overline{)0}$ 10. $6\overline{)18}$ 11. $6\overline{)6}$ 12. $6\overline{)24}$ 13. $6\overline{)12}$

14. $6\overline{)42}$ 15. $6\overline{)54}$ 16. $6\overline{)48}$ 17. $6\overline{)30}$ 18. $6\overline{)36}$

19. $18 \div 6$ 20. $36 \div 6$ 21. $0 \div 6$ 22. $30 \div 6$ 23. $6 \div 6$

24. $48 \div 6$ 25. $24 \div 6$ 26. $54 \div 6$ 27. $42 \div 6$ 28. $18 \div 6$

𝒳 Álgebra • Símbolos Escribe <, > ó = en cada ⬤.

29. $25 \div 5$ ⬤ 25 30. $24 \div 3$ ⬤ 18 31. $0 \div 6$ ⬤ 6×0

32. 24 ⬤ $20 \div 4$ 33. 5×3 ⬤ $54 \div 6$ 34. $36 \div 6$ ⬤ 2×3

35. $30 \div 6$ ⬤ 2×4 36. $28 \div 4$ ⬤ 2×2 37. 48 ⬤ $24 \div 6$

38. Candace tiene que colocar 48 fotos en su álbum. Si coloca 6 fotos en cada página del álbum, ¿cuántas páginas del álbum usará?

39. Lori tiene 2 cámaras antiguas. Una pesa 4 libras más que la otra. Juntas pesan 26 libras. ¿Cuál es el peso de las 2 cámaras?

40. **Analízalo** En una clase de fotografía pueden sentarse dos personas a cada lado de una mesa cuadrada. Si se juntan 2 mesas cuadradas, ¿cuántas personas pueden sentarse a las mesas?

Continúa ➡

Respuesta directa

Escoge la mejor estimación. (Grado 2)

41. ¿Más o menos cuánto mide un lápiz de verdad?

6 pulgadas   6 pies

42. ¿Más o menos cuánto pesa una bicicleta de verdad?

30 libras   3 libras

Selección múltiple

43. ¿Qué enunciado de números describe la matriz?

(Cap. 11, Lección 5)

A $2 \times 6 = \blacksquare$ C $2 + 6 = \blacksquare$

B $2 \times 8 = \blacksquare$ D $6 + 2 = \blacksquare$

Resolver problemas

Pensamiento algebraico
Números que faltan

Puedes usar un símbolo como $\blacksquare$ o cualquier letra para representar un número desconocido.

Observa estos ejemplos.

El cuadro representa el número desconocido.	La letra *x* representa el número desconocido.	La letra *a* representa el número desconocido.
$2 \times \blacksquare = 6$	$4 \times 3 = x$	$8 \div a = 4$
Piénsalo $2 \times 3 = 6$	Piénsalo $4 \times 3 = 12$	Piénsalo $8 \div 2 = 4$
Por lo tanto, $\blacksquare = 3$.	Por lo tanto, $x = 12$.	Por lo tanto, $a = 2$.

Halla los números que faltan.

1. $2 \times \blacksquare = 4$ 2. $5 \times \blacksquare = 10$ 3. $2 = 10 \div \blacksquare$

4. $4 = 2 + n$ 5. $9 - n = 8$ 6. $1 \times b = 4$

7. $8 + 1 = 10 - n$ 8. $18 \div 3 = 1 + a$ 9. $3 \times 2 = 12 \div a$

Práctica adicional Consulta la página 315, Conjunto D.

Razonamiento lógico
Usar un diagrama de Venn

Los círculos de un diagrama de Venn muestran la relación que hay entre diferentes conjuntos. Observa el diagrama de Venn de la derecha. Un círculo muestra todos los objetos rojos. El otro círculo muestra todas las estrellas.

Usa el diagrama de Venn.

1. ¿Cuántos objetos rojos no son estrellas?

2. ¿Cuántos objetos rojos son estrellas?

3. ¿Cuántas estrellas no son rojas?

4. ¿Dónde están las estrellas rojas?

5. **Reto** Haz tu propio diagrama de Venn. Escribe 3 ó 4 preguntas acerca del diagrama y dáselas a un amigo para que las responda.

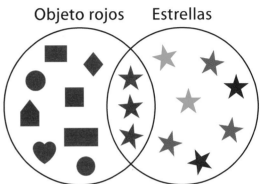
Objeto rojos   Estrellas

Pensamiento algebraico
Operaciones y patrones

Usa operaciones de división y patrones para hallar los números que faltan.

?	32	40	48	56
8	4	5	6	7

?	27	36	45	54
9	3	4	5	6

?	30	35	40	45
5	6	7	8	9

Acertijo

Quieres mostrar el número 36 en tu calculadora, pero las teclas del 3 y del 6 no funcionan. ¿Cómo puedes mostrar el número sin usar esas teclas?

Pista: Puedes usar cualquiera de los signos de operación: $+, -, \times, \div$.

Resolver problemas: Estrategia
Haz un dibujo

Objetivo Hacer un dibujo para resolver un problema.

Problema La mamá de Linda es carpintera. Ella corta una tabla de 24 pulgadas en 3 trozos iguales. Luego corta cada uno de esos trozos por la mitad. ¿Cuántos trozos de madera hay? ¿Cuánto mide cada trozo?

COMPRÉNDELO

Esto es lo que ya sabes.

- La tabla mide 24 pulgadas de largo.

- La mamá de Linda corta la tabla en 3 trozos iguales.

- Luego corta cada uno de esos trozos por la mitad.

PLANÉALO

Puedes hacer un dibujo como ayuda para resolver el problema.

RESUÉLVELO

- Dibuja un rectángulo para representar la tabla de 24 pulgadas. Divídelo en 3 partes iguales.

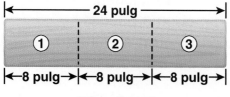

$$24 \div 3 = 8$$

- Ahora divide cada trozo de 8 pulgadas por la mitad.

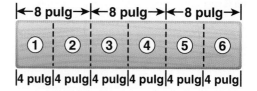

$$8 \div 2 = 4$$

Solución: Hay 6 trozos pequeños de madera. Cada trozo mide 4 pulgadas de largo.

VERIFÍCALO

Verifica el problema. ¿Cómo te ayuda hacer un dibujo para responder a la pregunta?

Práctica guiada

Usa las preguntas de Asegúrate para resolver los problemas.

1. La mamá de Linda construye pajareras. Primero, corta por la mitad un trozo de madera de 36 pulgadas. Luego, corta cada trozo en 3 trozos iguales. ¿Cuántos trozos tendrá la mamá de Linda?

2. La mamá de Linda cortó una vara de madera en 9 trozos para hacer perchas para pájaros. ¿Cuántos cortes hizo?

   (Pista) La respuesta **no** es 9.

Asegúrate

COMPRÉNDELO ¿Qué es lo que sé?

PLANÉALO ¿Dibujé un rectángulo para representar la madera?

RESUÉLVELO
- ¿Dividí el rectángulo en partes iguales?
- ¿Rotulé las partes?
- ¿Hallé cuántos trozos hay en total?

VERIFÍCALO ¿Tiene sentido mi respuesta?

Práctica independiente

Haz un dibujo para resolver cada problema.

3. Linda pinta las pajareras de rojo, amarillo o verde. Un día pintó 12 pajareras. Pintó de verde cada tercera pajarera. ¿Cuántas pajareras pintó de verde Linda ese día?

4. Natalie ordenó por color 27 dibujos de pájaros. Los pájaros eran de color blanco, marrón o azul. Cada tercer pájaro era blanco. ¿Cuántos dibujos de pájaros blancos había?

5. Chip marca una tabla para dividirla en 15 secciones. Además, hace 1 marca en cada extremo de la tabla. ¿Cuántas marcas hace Chip en total?

6. **Razonamiento** Abdul tiene 4 ladrillos rojos y 6 ladrillos azules. Quiere apilar un ladrillo encima de otro, de manera que no haya ladrillos del mismo color que se toquen. ¿Sobrarán ladrillos? Explica.

Práctica variada

Resuelve. Muestra tu trabajo. Indica qué estrategia usaste.

7. **Dinero** Ryan gastó $12 en 3 frascos de brillo. Cada frasco cuesta lo mismo. Si Ryan hubiera comprado sólo 2 frascos, ¿cuánto habría pagado?

8. Luisa pinta 3 floreros de vidrio la primera semana. Si pinta cada semana 1 florero más que la semana anterior, ¿cuántos floreros pintará en la sexta semana?

9. Ana pasó 20 minutos cortando estrellas para un collage. Luego pasó 15 minutos pegándolas en su sitio. Si Ana terminó a las 2:15 p.m., ¿a qué hora comenzó?

Práctica independiente

 Usar datos Usa el pictograma para resolver los Problemas 10 a 13.

Eduardo fabrica y vende muebles. El pictograma representa cuántos muebles fabricó y vendió el año pasado.

10. Si cada cliente compró dos sillones, ¿cuántas personas compraron sillones?

11. ¿Cuántas estanterías más que mesas se vendieron?

12. Los materiales para darle acabado a cada mesa cuestan $6.00. ¿Cuánto le costó a Eduardo darle acabado a todas las mesas que se vendieron?

13. **Escríbelo** Según la gráfica, ¿puedes saber cuánto dinero ganó Eduardo al vender estos muebles? Explica.

Venta de muebles	
Mesas redondas	🪑🪑
Mesas cuadradas	🪑🪑🪑
Sillones	🪑🪑🪑🪑🪑
Estanterías	🪑🪑🪑🪑🪑🪑🪑

🪑 = 4 muebles

Resolver problemas en exámenes

Escoge la letra de la respuesta correcta. Si la respuesta correcta no aparece, escoge NA.

1. Observa las filas de canicas. ¿Qué números usarías para escribir una familia de operaciones para esta matriz?

   ⊘⊘⊘⊘⊘⊘⊘⊘⊘
   ⊘⊘⊘⊘⊘⊘⊘⊘⊘
   ⊘⊘⊘⊘⊘⊘⊘⊘⊘

   A 1, 9, 9   **B** 3, 6, 18

   C 3, 3, 9   **D** NA

   (Capítulo 11, Lección 2)

2. Cada uno de cuatro estudiantes llevó 6 panecillos a la reunión. ¿Cuántos panecillos llevaron en total?

   F 16   **G** 24   **H** 30   **J** 36

   (Capítulo 8, Lección 4)

Respuesta directa

Resuelve cada problema.

3. Usa la siguiente tabla. La maestra López y 3 de sus estudiantes van al acuario. ¿Cuánto les costará?

Precio de los boletos para el acuario	
Maestros	Estudiantes
$4.25	$3.50

   (Capítulo 4, Lección 8)

4. Tom tiene 7 sellos postales. Megan tiene 3 veces más sellos postales que Tom. Jane tiene el doble de sellos postales que Megan. ¿Cuántos sellos postales tiene Jane?

   (Capítulo 9, Lección 4)

Respuesta de desarrollo

5. En el salón del maestro Hale se realizará un concierto de música. Él coloca 24 sillas para el público.

   a. Cada fila debe tener el mismo número de sillas. ¿Cuáles son algunas de las maneras en que puede ordenar las sillas?

   b. Imagina que hay un espacio para caminar en medio de las filas de sillas. Cada lado del espacio debe tener el mismo número de sillas. ¿Cuántas sillas debe haber en cada lado?

   c. El director sugirió usar un salón más grande. Dijo que se podían colocar 60 sillas en el salón y dejar un espacio para bajar en medio de las filas. ¿Cuántas sillas habrá a cada lado?
   Represéntalo ¿Cuáles son algunas de las maneras en que puede ordenarse cada lado?

   (Capítulo 9, Lección 6)

Dividir entre 7

Objetivo Aprender diferentes maneras de dividir entre 7.

Apréndelo

El director de una escuela de danza está organizando un baile para 21 estudiantes. Para una parte del baile, coloca 7 estudiantes en cada fila. ¿Cuántas filas hay?

$$21 \div 7 = n \quad \text{ó} \quad 7\overline{)21}^{\,n}$$

Diferentes maneras de hallar $21 \div 7$

Manera ① Formar grupos iguales.

- Usa 21 fichas.
- Coloca 7 fichas en cada grupo.
- Cuenta el número de grupos.

Hay 3 grupos de 7 fichas cada uno.

Por lo tanto, $21 \div 7 = 3$.

Manera ② Usar una operación de multiplicación relacionada.

Piénsalo $7 \times n = 21$
$7 \times 3 = 21$
Por lo tanto, $21 \div 7 = 3$.

Manera ③ Usar una operación de división relacionada.

Piénsalo $21 \div n = 7$
$21 \div 3 = 7$
Por lo tanto, $21 \div 7 = 3$.

Solución: Hay 3 filas.

Práctica guiada

Halla cada cociente.

1. $7\overline{)14}$ 2. $7\overline{)49}$ 3. $7\overline{)56}$ 4. $7\overline{)28}$

5. $21 \div 7$ 6. $70 \div 7$ 7. $42 \div 7$ 8. $35 \div 7$

Explícalo ▶ ¿Qué operación de multiplicación puedes usar para hallar $63 \div 7$?

Asegúrate

- ¿Qué operación de multiplicación puede ayudarme?
- ¿Qué operación de división puede ayudarme?

Divide.

9. $7\overline{)28}$ 10. $7\overline{)63}$ 11. $7\overline{)35}$ 12. $7\overline{)14}$ 13. $7\overline{)42}$

14. $7\overline{)0}$ 15. $7\overline{)21}$ 16. $7\overline{)56}$ 17. $7\overline{)28}$ 18. $7\overline{)7}$

19. $63 \div 9$ 20. $28 \div 7$ 21. $14 \div 7$ 22. $0 \div 7$ 23. $21 \div 7$

24. $56 \div 7$ 25. $7 \div 7$ 26. $49 \div 7$ 27. $35 \div 7$ 28. $63 \div 7$

✗ Álgebra • Símbolos Escribe +, −, × ó ÷ en cada ⬤.

29. $20 \ \bullet \ 4 = 5$ 30. $20 \ \bullet \ 4 = 16$ 31. $20 \ \bullet \ 4 = 24$

32. $21 \ \bullet \ 7 = 3$ 33. $21 \ \bullet \ 7 = 28$ 34. $21 \ \bullet \ 7 = 14$

Resuelve.

35. La escuela de danza pide 56 trajes de baile en 7 colores diferentes. Si pide el mismo número de cada color, ¿cuántos trajes de cada color se pide?

36. Los estudiantes practicaron el nuevo baile 2 horas a la semana. Si practicaron durante 6 semanas, ¿cuántas horas practicaron en total?

37. El maestro de baile corre con su perro 4 veces a la semana. Corren 2 millas cada vez. ¿Cuántas millas corre el maestro con su perro en 3 semanas?

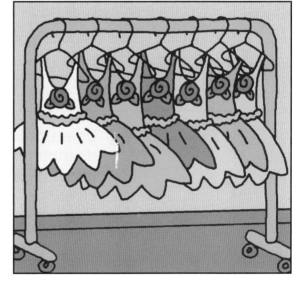

Repaso general • Preparación para exámenes

Respuesta directa

Divide. (Cap. 10, Lecciones 7 y 9)

38. $4 \div 1$ 39. $20 \div 10$

40. $60 \div 10$ 41. $9 \div 1$

42. $0 \div 5$ 43. $0 \div 8$

44. Andy practica piano 4 veces a la semana durante 2 horas cada vez. Mark practica 1 hora cada día. ¿Quién practica más horas en 5 semanas? Explica tu respuesta. (Cap. 11, Lección 7)

<table>
</table>

Lección 8

Dividir entre 8

Objetivo Aprender diferentes maneras de dividir entre 8.

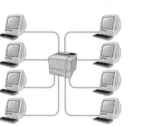

Apréndelo

La Srta. Schultz es la experta en computadoras de su empresa. Ella debe conectar 8 computadoras a cada impresora que tiene la empresa. Si hay 32 computadoras, ¿cuántas impresoras hay?

$$32 \div 8 = \frac{n}{\blacksquare} \quad \text{ó} \quad 8\overline{)32}^{\,n}$$

Diferentes maneras de hallar 32 ÷ 8

Manera ❶ Formar grupos iguales.

- Usa 32 fichas.
- Coloca 8 en cada grupo.
- Cuenta el número de grupos iguales.

Hay 4 grupos de 8.

Por lo tanto, 32 ÷ 8 = 4.

Manera ❷ Usar una operación de multiplicación relacionada.

Piénsalo $8 \times n = 32$
$8 \times 4 = 32$

Por lo tanto, 32 ÷ 8 = 4.

Manera ❸ Usar una operación de división relacionada.

Piénsalo $32 \div n = 8$
$32 \div 4 = 8$

Por lo tanto, 32 ÷ 8 = 4.

Solución: La empresa tiene 4 impresoras.

Práctica guiada

Halla cada cociente.

1. $8\overline{)8}$
2. $8\overline{)24}$
3. $8\overline{)48}$
4. $16 \div 8$

5. $0 \div 8$
6. $64 \div 8$
7. $56 \div 8$
8. $32 \div 8$

Asegúrate

- ¿Cuántos grupos iguales de 8 puedo formar?
- ¿Qué operación de multiplicación puede ayudarme?

Explícalo ▶ ¿Cómo te ayuda saber que 40 ÷ 8 = 5 para hallar 48 ÷ 8?

306

Divide.

9. $8\overline{)16}$ **10.** $8\overline{)32}$ **11.** $8\overline{)64}$ **12.** $8\overline{)0}$

13. $8\overline{)40}$ **14.** $8\overline{)80}$ **15.** $8\overline{)56}$ **16.** $8\overline{)48}$

17. $8 \div 8$ **18.** $24 \div 8$ **19.** $32 \div 8$ **20.** $72 \div 8$

Halla los números que faltan.

21. $42 \div 7 = n$ **22.** $8 \times b = 24$ **23.** $5 \times 7 = \blacksquare$ **24.** $36 \div a = 6$

25. $49 \div \blacksquare = 7$ **26.** $40 \div n = 5$ **27.** $20 \div 2 = a$ **28.** $56 \div 8 = n$

Resuelve.

29. El primer día, Rosa tiene 2 mensajes de correo electrónico. Cada día después, tiene el doble de mensajes que el día anterior. ¿Cuántos mensajes tiene en el quinto día?

31. Jimmy imprime 8 copias de un cuento que escribió en su computadora. Imprime un total de 40 páginas. ¿Cuántas páginas tiene el cuento?

32. En el laboratorio de computación están sentados 3 grupos de 8 estudiantes. Hay 78 asientos en el laboratorio. ¿Cuántos asientos están vacíos?

30. **Decídelo** Los lápices de colores vienen en paquetes de 4, 6 u 8 lápices. Cada paquete tiene lápices de 1 solo color: rojo, verde o azul. Imagina que necesitas exactamente 20 lápices. ¿Qué paquetes de cada color comprarás? Explica tu razonamiento.

Respuesta directa

Resuelve cada problema.

(Cap. 4, Lecciones 4 y 7, Cap. 5, Lecciones 5 y 7)

33. $\begin{array}{r} 178 \\ +312 \\ \hline \end{array}$ **34.** $\begin{array}{r} 4{,}749 \\ +3{,}318 \\ \hline \end{array}$

35. $\begin{array}{r} 867 \\ -492 \\ \hline \end{array}$ **36.** $\begin{array}{r} 5{,}904 \\ -1{,}628 \\ \hline \end{array}$

Selección múltiple

37. ¿Qué enunciado de números NO es verdadero? (Cap. 11, Lección 8)

A $16 \div 8 = 2$ **c** $56 \div 8 = 7$

B $24 \div 8 = 3$ **D** $72 \div 8 = 8$

Continúa

Práctica rápida

¡Halla los cocientes lo más rápido que puedas!
Escribe sólo la respuesta.

1. $6\overline{)42}$
2. $3\overline{)27}$
3. $8\overline{)8}$
4. $10\overline{)70}$
5. $7\overline{)56}$
6. $5\overline{)15}$

7. $8\overline{)32}$
8. $7\overline{)35}$
9. $10\overline{)20}$
10. $6\overline{)30}$
11. $8\overline{)56}$
12. $7\overline{)63}$

13. $5\overline{)45}$
14. $6\overline{)18}$
15. $7\overline{)49}$
16. $8\overline{)64}$
17. $3\overline{)9}$
18. $4\overline{)16}$

19. $8\overline{)48}$
20. $7\overline{)28}$
21. $6\overline{)54}$
22. $4\overline{)36}$
23. $7\overline{)42}$
24. $3\overline{)12}$

25. $7\overline{)21}$
26. $6\overline{)60}$
27. $8\overline{)72}$
28. $4\overline{)24}$
29. $3\overline{)6}$
30. $6\overline{)36}$

31. $70 \div 7$
32. $24 \div 8$
33. $60 \div 10$
34. $10 \div 2$
35. $80 \div 10$

36. $42 \div 7$
37. $27 \div 3$
38. $16 \div 8$
39. $36 \div 6$
40. $25 \div 5$

41. $24 \div 6$
42. $14 \div 7$
43. $9 \div 3$
44. $40 \div 8$
45. $12 \div 6$

46. $8 \div 2$
47. $7 \div 7$
48. $0 \div 4$
49. $56 \div 7$
50. $54 \div 9$

51. $30 \div 10$
52. $18 \div 3$
53. $48 \div 6$
54. $10 \div 10$
55. $16 \div 4$

Completa cada tabla. Si no se presenta la regla, escríbela.

Regla: Dividir entre 6.	
Entrada	Salida
56. ▨	5
57. 54	▨
58. 36	▨
59. ▨	7

Regla: Dividir entre 7.	
Entrada	Salida
60. 70	▨
61. ▨	3
62. 56	▨
63. 14	▨

Regla: Dividir entre 8.	
Entrada	Salida
64. 48	▨
65. ▨	9
66. 16	▨
67. ▨	4

68. Regla: ___.	
Entrada	Salida
42	7
30	5
69. 18	▨
70. ▨	4

71. Regla: ___.	
Entrada	Salida
70	7
72. 30	▨
50	5
73. ▨	8

74. Regla: ___.	
Entrada	Salida
24	3
75. 64	▨
8	1
76. 40	▨

Mezcla de operaciones

2 jugadores

Lo que necesitas
- 3 conjuntos de tarjetas de números rotuladas del 0 al 9 (Recurso de enseñanza 18)
- 15 tarjetas con cada uno de estos símbolos: ×, ÷ e = (Recursos de enseñanza 19 y 20)

Cómo jugar

1 El jugador 1 reparte todas las tarjetas de números. Los jugadores toman las tarjetas de símbolos cuando las necesitan.

2 El jugador 1 construye un enunciado de multiplicación o división usando las tarjetas de números y todas las tarjetas de símbolos que necesite.

3 El jugador 2 construye un enunciado de números usando el enunciado de números del jugador 1.

4 Túrnate para construir enunciados de números consecutivos hasta que ocurra una de las situaciones siguientes:

- Un jugador usa todas sus tarjetas de números.

- Ningún jugador puede construir otro enunciado de números.

Gana el jugador que acaba primero con sus tarjetas. Si a ambos jugadores les quedan tarjetas, gana el que tiene menos tarjetas.

Dividir entre 9

Objetivo Aprender diferentes maneras de dividir entre 9.

Apréndelo

El Sr. Nakane tiene que colgar 63 pinturas en 9 salones del museo. Cuelga el mismo número de pinturas en cada salón. ¿Cuántas pinturas cuelga en cada salón?

$$63 \div 9 = \blacksquare \quad \text{ó} \quad 9\overline{)63}^{\,n}$$

Diferentes maneras de hallar 63 ÷ 9

Manera ① Formar grupos iguales.

- Usa 63 fichas.

- Divídelas entre 9 grupos iguales.

- Cuenta el número que hay en cada grupo.

Hay 7 fichas en cada grupo.

Por lo tanto, 63 ÷ 9 = 7.

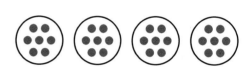

Manera ② Usar una operación de multiplicación relacionada.

Piénsalo $9 \times n = 63$
$9 \times 7 = 63$

Por lo tanto, $63 \div 9 = 7$.

Manera ③ Usar una operación de división relacionada.

Piénsalo $63 \div n = 9$
$63 \div 7 = 9$

Por lo tanto, $63 \div 9 = 7$.

Solución: En cada salón se cuelgan siete pinturas.

Práctica guiada

Halla cada cociente.

1. $9\overline{)72}$

2. $9\overline{)63}$

3. $81 \div 9$

4. $9 \div 9$

Explícalo ▶ Sin dividir, ¿cómo sabes que $36 \div 9$ es mayor que $27 \div 9$?

Asegúrate

- ¿Cuántos objetos hay en cada uno de 9 grupos iguales?

- ¿Qué operación de división puede ayudarme?

Halla los factores y los cocientes.

5. $9 \times \blacksquare = 36$
$36 \div 9 = \blacksquare$

6. $9 \times \blacksquare = 45$
$45 \div 9 = \blacksquare$

7. $9 \times \blacksquare = 18$
$18 \div 9 = \blacksquare$

8. $9 \times \blacksquare = 72$
$72 \div 9 = \blacksquare$

9. $9 \times \blacksquare = 27$
$27 \div 9 = \blacksquare$

10. $9 \times \blacksquare = 63$
$63 \div 9 = \blacksquare$

Divide.

11. $9\overline{)0}$

12. $9\overline{)27}$

13. $9\overline{)90}$

14. $9\overline{)54}$

15. $4\overline{)36}$

16. $7\overline{)56}$

17. $6\overline{)36}$

18. $8\overline{)64}$

19. $18 \div 9$

20. $63 \div 9$

21. $81 \div 9$

22. $36 \div 9$

23. $72 \div 9$

24. $9 \div 9$

25. $42 \div 7$

26. $45 \div 9$

X Álgebra • Funciones Halla la regla. Luego completa cada tabla.

27.

Regla: ____.	
Entrada	Salida
45	5
18	2
36	4
28. $\blacksquare$	9
29. 9	$\blacksquare$

30.

Regla: ____.	
Entrada	Salida
18	6
27	9
9	3
31. 15	$\blacksquare$
32. 6	$\blacksquare$

33. El Sr. Nakane tiene que exhibir 36 esculturas pequeñas en una vitrina. Si coloca 9 esculturas en cada fila, ¿cuántas filas tendrá?

34. Analízalo El Sr. Nakane recibe 4 esculturas pequeñas más. Quiere ordenar todas las esculturas que tiene en una vitrina, con un número igual de esculturas en cada fila. ¿Cómo puede hacerlo?

Continúa

✗ Álgebra • **Símbolos** Escribe +, −, × ó ÷ en cada ⬤.

35. 24 ⬤ 6 = 8 ⬤ 4

36. 8 ⬤ 3 = 24 ⬤ 0

37. 5 ⬤ 5 = 5 ⬤ 20

38. 56 ⬤ 7 = 10 ⬤ 2

39. 6 ⬤ 6 = 5 ⬤ 4

40. 2 ⬤ 1 = 16 ⬤ 8

Escribe *siempre, nunca* o *a veces* para completar cada oración acerca de la división con operaciones básicas.

41. El cociente y el divisor _____ son el mismo número.

42. El divisor _____ puede ser cero.

43. El divisor _____ es mayor que el dividendo.

44. Un número _____ es par si puede dividirse en forma exacta entre 2.

45. Un número _____ es impar si puede dividirse en forma exacta entre 5.

📊 Usar datos **Usa la tabla para resolver los Problemas 46 a 49.**

46. Suzi leyó todos sus libros en 9 meses. Si leyó el mismo número de libros cada mes, ¿cuántos libros leyó cada mes?

47. **Analízalo** Sebastián leyó libros de capítulos y libros ilustrados. Leyó el doble de libros de capítulos que de libros ilustrados. ¿Cuántos libros de cada tipo leyó?

48. Los estudiantes llenan formularios para anotar el número total de libros leídos. El formulario tiene espacio para 9 libros. ¿Cuántos formularios necesitará Jean-Marie para anotar todos sus libros? Explica.

49. **Crea y resuelve** Escribe un enunciado de números que incluya la división entre 9. Crea un problema verbal que pueda resolverse usando tu enunciado de números.

Libros leídos en un año	
Nombre del estudiante	Número de libros leídos
Suzi	18
Sebastian	27
Nick	36
Jean-Marie	37

Práctica adicional Consulta la página 315, Conjunto G.

Respuesta directa

Redondea cada cantidad a los diez dólares más cercanos. (Cap. 3, Lección 5)

50. $11.87

51. $54.52

52. $7.25

53. $67.14

54. Halla el factor y el cociente.
(Cap. 11, Lección 9)

$$9 \times \blacksquare = 54$$

$$54 \div 9 = \blacksquare$$

Conectar con la calculadora:
¿Cuál es tu signo?

Resolver problemas

A la profesora de matemáticas se le cayó su bolso de signos.

Usa tu calculadora para ayudarla a saber qué signos harán que los enunciados de números sean verdaderos. Puedes usar $+$, $-$, $\times$ y $\div$.

1. 8 ● 2 ● 6 = 22

8 ● 2 ● 6 = 24

8 ● 2 ● 6 = 12

8 ● 2 ● 6 = 10

2. 9 ● 3 ● 7 = 20

9 ● 3 ● 7 = 21

9 ● 3 ● 7 = 13

9 ● 3 ● 7 = 10

3. 10 ● 2 ● 3 = 11

10 ● 2 ● 3 = 9

10 ● 2 ● 3 = 17

10 ● 2 ● 3 = 15

4. 2 ● 3 ● 4 ● 5 = 4

2 ● 3 ● 4 ● 5 = 19

5. 6 ● 3 ● 2 ● 10 = 40

6 ● 3 ● 2 ● 10 = 70

6. Crea y resuelve Usa tu calculadora para hacer un conjunto de enunciados de números como los de arriba. Luego, pide a un compañero que los resuelva.

VOCABULARIO

Escoge el mejor término para completar cada oración.

1. En el enunciado $36 \div 9 = 4$, el _____ es 4.

2. Un grupo de enunciados de números que usa los mismos números es una _____.

3. En el enunciado $20 \div 4 = 5$, el _____ es 4.

4. En el enunciado $12 \div 3 = 4$, el _____ es 12.

Vocabulario
producto
divisor
cociente
dividendo
familia de operaciones

CONCEPTOS Y DESTREZAS

Escribe una familia de operaciones para cada conjunto de números.
(Lección 2, págs. 288 y 289)

5. 3, 5, 15   6. 2, 6, 12   7. 4, 6, 24   8. 2, 3, 6   9. 3, 9, 27

Divide. (Lecciones 3 a 5, 7 a 9, págs. 290 a 298, 304 a 312)

10. $4)\overline{36}$ 11. $3)\overline{24}$ 12. $6)\overline{36}$ 13. $7)\overline{49}$ 14. $8)\overline{24}$

15. $9)\overline{0}$ 16. $9)\overline{54}$ 17. $4)\overline{16}$ 18. $48 \div 6$ 19. $7 \div 7$

20. $80 \div 8$ 21. $12 \div 4$ 22. $81 \div 9$ 23. $30 \div 3$ 24. $72 \div 8$

RESOLVER PROBLEMAS

Haz un dibujo para resolver el problema.
(Lección 6, págs. 300 a 302)

25. Jonathan hace patrones con monedas. Coloca las monedas en una fila en este orden: moneda de 1 centavo, moneda de 5 centavos, moneda de 10 centavos, moneda de 25 centavos. Luego coloca más monedas. Si continúa el patrón, ¿cuál será la décima moneda?

 **Escríbelo**

¿Lo comprendes?
Lisa está organizando una cena.
- Habrá 24 personas y 3 mesas.
- Cada mesa tendrá el mismo número de personas.
- Un florero en cada mesa tendrá 2 flores por cada persona.

Explica cómo sabe Lisa cuántas flores necesita para cada florero.

Práctica adicional

Conjunto A (Lección 2, págs. 288 y 289)

Escribe una familia de operaciones para cada conjunto de números.

1. 2, 4, 8   **2.** 4, 8, 32   **3.** 3, 4, 12   **4.** 10, 3, 30

Conjunto B (Lección 3, págs. 290 y 291)

Divide.

1. $3\overline{)24}$ **2.** $3\overline{)15}$ **3.** $3\overline{)30}$ **4.** $3\overline{)3}$ **5.** $3\overline{)0}$

Conjunto C (Lección 4, págs. 292 a 295)

Halla el cociente.

1. $36 \div 4$ **2.** $32 \div 4$ **3.** $8 \div 4$ **4.** $12 \div 4$ **5.** $0 \div 4$

Conjunto D (Lección 5, págs. 296 a 298)

Divide.

1. $6\overline{)30}$ **2.** $6\overline{)18}$ **3.** $6\overline{)48}$ **4.** $6\overline{)36}$ **5.** $6\overline{)0}$

Conjunto E (Lección 7, págs. 304 y 305)

Halla el cociente.

1. $56 \div 7$ **2.** $49 \div 7$ **3.** $14 \div 7$ **4.** $42 \div 7$ **5.** $28 \div 7$

Conjunto F (Lección 8, págs. 306 a 309)

Divide.

1. $8\overline{)24}$ **2.** $8\overline{)80}$ **3.** $8\overline{)16}$ **4.** $8\overline{)40}$ **5.** $8\overline{)64}$

Conjunto G (Lección 9, págs. 310 a 313)

Halla el cociente.

1. $72 \div 9$ **2.** $63 \div 9$ **3.** $18 \div 9$ **4.** $54 \div 9$ **5.** $36 \div 9$

Monarcas en movimiento

¿Has visto alguna vez alguno de estos insectos coloridos? Una mariposa monarca puede ser pequeña, pero muchas de ellas recorren más de 2,000 millas para llegar a su hogar de invierno.

Todos los años, en otoño, las monarcas de todo el este de América del Norte vuelan hacia el sur. Se reúnen en una selva que está en lo alto de las montañas de México.

Los científicos estudian las monarcas. Están preocupados, porque los seres humanos pueden dañar el hábitat mexicano de las monarcas. Algunas personas tratan de hallar maneras de proteger a estas fuertes viajeras.

Resolver problemas

Los estudiantes del maestro Denson están criando mariposas monarca en tiendas de observación. Las van a liberar después de que salgan del capullo.

1 La clase del maestro Denson tiene un total de 48 mariposas. Él las divide en partes iguales entre 6 tiendas. ¿Cuántas mariposas hay en cada tienda?

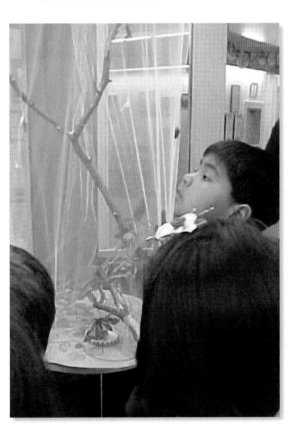

2 Las monarcas macho tienen 1 mancha negra en cada ala. Las monarcas hembra no tienen manchas. Cuando 8 monarcas salen del capullo, Tonio cuenta 12 manchas negras. ¿Cuántas de esas monarcas son machos?

3 Al liberar las monarcas, aterrizan en 4 plantas de algodoncillo. Cathy cuenta 4 monarcas en cada planta. ¿Cuántas monarcas hay?

4 **Represéntalo** Marcia dice que vio 5 mariposas, cada una con 2 manchas. Haz un dibujo de lo que vio Marcia y escribe el enunciado de multiplicación para el número de manchas.

Un poco más: Costo por unidad

A LA CAZA DE OFERTAS

Algunas tiendas ofrecen precios más bajos si un cliente compra más del mismo artículo. Para decidir si ahorras dinero con la oferta, puedes hallar el precio de un artículo, **o costo por unidad.**

Problema Omar quiere comprar algunos globos. Globos Express vende 4 globos en 36¢. El Palacio de las Fiestas vende los mismos globos a 6 por 48¢. ¿Qué tienda tiene el mejor precio?

Primero halla el **costo por unidad** de los globos en cada tienda. Luego compara los costos.

PASO 1

Halla cuánto cuesta 1 globo en Globos Express.
36¢ ÷ 4 = 9¢
En Globos Express, los globos cuestan 9¢ cada uno.
El costo por unidad es 9¢.

PASO 2

Halla cuánto cuesta 1 globo en el Palacio de la Fiestas.
48¢ ÷ 6 = 8¢
En el Palacio de las Fiestas, los globos cuestan 8¢ cada uno.
El costo por unidad es 8¢.

PASO 3

Compara.
8¢ < 9¢
Como 8¢ es menor que 9¢, el Palacio de las Fiestas tiene el mejor precio, porque es el precio más bajo.

Inténtalo

Decide qué tienda tiene el precio más bajo.

1. Tienda A: 3 gorros de fiesta en 18¢
   Tienda B: 7 gorros de fiesta en 35¢

2. Tienda A: 4 silbatos de juguete en 32¢
   Tienda B: 5 silbatos de juguete en 45¢

3. Tienda A: 4 serpentinas en 16¢
   Tienda B: 6 serpentinas en 42¢

Saltos en calculadora

Usar 5, 6 y 7

$\square \times \square + \square = 41$

$5 \times 6 + 7 = ?$

$6 \times 7 + 5 = ?$

$5 \times 7 + 6 = ?$

Usa la calculadora para ordenar cada conjunto de números y hacer que los enunciados de números sean verdaderos. Usa cada número una sola vez.

Usa 2, 4, y 7

1. $\blacksquare \times \blacksquare + \blacksquare = 30$

Usa 3, 6, y 7

2. $\blacksquare \times \blacksquare - \blacksquare = 15$

Usa 4, 5, y 6

3. $\blacksquare \times \blacksquare + \blacksquare = 29$

Usa 4, 3, y 24

4. $\blacksquare \div \blacksquare - \blacksquare = 4$

Usa 2, 3, y 18

5. $\blacksquare \div \blacksquare + \blacksquare = 12$

Usa 4, 7, y 56

6. $\blacksquare \div \blacksquare - \blacksquare = 4$

Usa 3, 4, y 12

7. $\blacksquare \div \blacksquare + \blacksquare = 6$

Usa 4, 6, y 36

8. $\blacksquare \div \blacksquare - \blacksquare = 2$

Usa 5, 6, y 9

9. $\blacksquare \times \blacksquare - \blacksquare = 39$

Usa 6, 7, y 10

10. $\blacksquare \times \blacksquare - \blacksquare = 53$

Examen de la Unidad 4

VOCABULARIO ⬤ Respuesta directa

Escoge el mejor término para completar cada oración.

Vocabulario
factor
producto
cociente
dividendo
familia de operaciones

1. Al multiplicar, el resultado se llama ____.

2. Al dividir 48 entre 6, el 48 se llama ____.

3. El resultado de 56 ÷ 7 = 8 se llama ____.

4. Los enunciados de números 16 ÷ 2 = 8 y 2 × 8 = 16 pertenecen a la misma ____.

CONCEPTOS Y DESTREZAS ⬤ Respuesta directa

Multiplica. (Capítulos 8 y 9)

5. 0 × 5   6. 10 × 1   7. 2 × 9   8. 4 × 5

9. 6 × 4   10. 7 × 7   11. 3 × 8   12. 9 × 7

Halla los factores que faltan. (Capítulo 9)

13. (2 × ▓) × 3 = 30   14. ▓ × (2 × 4) = 32   15. (▓ × 3) × 5 = 45

16. 2 × (▓ × 7) = 14   17. (4 × 2) × ▓ = 24   18. (▓ × 1) × 6 = 18

Divide. (Capítulos 10 y 11)

19. 0 ÷ 6   20. 5)‾5   21. 2)‾18   22. 30 ÷ 10

23. 9)‾54   24. 28 ÷ 4   25. 63 ÷ 7   26. 8)‾64

Escribe una familia de operaciones para cada matriz. (Capítulo 11)

27.

28.

29. ★ ★ ★
★ ★ ★
★ ★ ★
★ ★ ★

RESOLVER PROBLEMAS `Respuesta directa`

30. Bo tiene 3 tipos de papel para envolver y 4 tipos de cinta. ¿De cuántas maneras diferentes puede envolver un regalo si usa un tipo de papel y un tipo de cinta?

31. Joe regaló las 24 rosas de papel que hizo. Le dio un número igual a su madre, a su tía y a su prima. ¿Cuántas rosas le dio a cada persona?

32. Beth está haciendo un collar. Tiene 8 cuentas rojas y 6 cuentas blancas. Tiene 4 veces más cuentas azules que cuentas rojas. ¿Cuántas cuentas tiene Beth en total?

33. Kim hizo una fila de fichas. La primera ficha es verde, la segunda es roja y la tercera es amarilla. Repitió el patrón 3 veces. ¿De qué color es la octava ficha?

Evaluar el rendimiento

`Respuesta directa`

BOLSAS DE FIESTA	Pelotas saltarinas	Burbujas	MINI YO-YOS	Lentes Divertidos	Pajillas locas
6 en $1	4 en $3	4 en $1	6 en $4	3 en $2	6 en $2

Tarea Marisa y su mamá planean hacer 12 bolsas para una fiesta.

Usa los precios de arriba y la información de la derecha. Haz una lista de los 3 juguetes que piensas que deberían comprar. Halla el costo total de las 12 bolsas de fiesta llenas, incluso el precio de las bolsas.

Explica tu razonamiento.

Información que necesitas

- Ellas quieren colocar 3 juguetes en cada bolsa.
- Les gustaría que cada una de las 12 bolsas fueran exactamente iguales.
- Quieren que el costo total de las 12 bolsas de fiesta (incluyendo las bolsas) sea menos de $25.

Preparación: Examen acumulativo

Resuelve los Problemas 1 a 10.

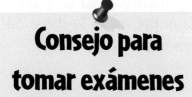

Consejo para tomar exámenes

Al tomar un examen, es importante que leas la pregunta con atención. Asegúrate de saber lo que te piden.

Observa el ejemplo siguiente.

Phoebe tiene $2.31 en un frasco. Jason tiene $1.02 en un frasco. Redondeada al dolar más cercano, ¿cuál es la cantidad total de dinero que hay en ambos frascos?

- **A** $1.00
- **B** $1.29
- **C** $3.00
- **D** $3.33

PIÉNSALO

Si no lees la pregunta con atención, podrías pensar que la respuesta es $3.33, ó **D**.

Pero la pregunta dice: la cantidad total *redondeada al dólar más cercano*. Debes hallar una estimación. Por lo tanto, la respuesta correcta es $3.00, ó **C**.

Selección múltiple

1. Ocho equipos de matemáticas juegan en una liga de la ciudad. Cada equipo tiene 6 jugadores. Redondeando a la decena más cercana, ¿cuántos jugadores hay en la liga?

- **A** 14
- **B** 40
- **C** 48
- **D** 50

(Capítulo 2, Lección 3; Capítulo 9, Lección 3)

2. ¿Cuáles son los dos números que faltan en este patrón?

$$3, 6, 9, 12, \_\_\_, 18, \_\_\_$$

- **F** 14 y 20
- **G** 15 y 20
- **H** 15 y 21
- **J** 21 y 24

(Capítulo 9, Lección 2)

3. Owen usa 3 monedas de 25 centavos para pagar un lápiz que cuesta $0.55. ¿Cuánto debe recibir de cambio?

- **A** 25¢
- **B** 20¢
- **C** 15¢
- **D** 10¢

(Capítulo 3, Lección 3)

4. Soon-Jin leyó 17 páginas de un libro el sábado. Leyó 28 páginas el domingo. Redondeando a la decena más cercana, ¿cuántas páginas leyó?

- **F** 60
- **G** 50
- **H** 45
- **J** 10

(Capítulo 2, Lección 3; Capítulo 4, Lección 2)

Para consejos para tomar exámenes, consulta la página 659.

5. Hay 5 filas de canicas. Cada fila tiene 4 canicas. Si las canicas se colocan en 4 filas, ¿cuántas habrá en cada fila? Explica.

(Capítulo 8, Lección 2)

6. Iván pagó 5 calcomanías con $1.00. Imagina que las calcomanías cuestan 9¢ cada una. ¿Cuánto debe recibir de cambio Iván?

(Capítulo 3, Lección 3; Capítulo 8, Lección 5)

7. Rose coloca 15 libros sobre algunos estantes. ¿Cuántos estantes usa Rose si coloca 5 libros sobre cada estante? Escribe un enunciado de números para mostrar cómo hallaste la respuesta.

(Capítulo 10, Lección 8)

8. ¿Qué instrumentos tienen menos de 8 cuerdas, pero más cuerdas que un violín?

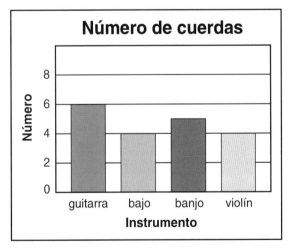

Número de cuerdas

(Capítulo 6, Lección 6)

9. Jamal tiene una bolsa de fichas: 2 rojas, 3 azules y 1 amarilla. ¿Cuál es la probabilidad de que Jamal saque una ficha roja si toma una sin mirar?

(Capítulo 7, Lección 3)

10. Observa este diagrama de Venn.

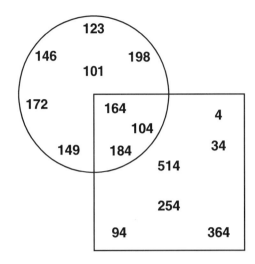

A ¿Qué tienen en común todos los números que están dentro del círculo?

B Haz una lista de tres números más que pueden colocarse dentro del círculo.

C ¿Qué tienen en común todos los números que están dentro del cuadrado?

D Haz una lista de tres números más que pueden colocarse dentro del cuadrado.

E ¿Qué regla puede usarse para describir los números que están tanto dentro del círculo como dentro del cuadrado?

(Capítulo 1, Lección 2)

Resumen del vocabulario Unidad 4

Repasa las grandes ideas y el vocabulario de esta unidad.

Grandes ideas

La multiplicación y la división son operaciones opuestas.

Puedes pensar en la multiplicación como suma repetida o suma de grupos iguales.

Puedes pensar en la división como resta repetida o resta de grupos iguales.

Vocabulario clave

multiplicación

división

grupos iguales

Diálogo matemático

Usa el vocabulario nuevo para comentar estas grandes ideas.

¿Cómo podemos escribir 3×4 como enunciado de suma?

Podemos sumarle 3 veces 4 a sí mismo.
$4 + 4 + 4$

1. Explica por qué escribir $3 + 3 + 3 + 3 + 3$ es lo mismo que escribir 5×3.

2. Explica la relación que existe entre $3 \times 5 = 15$ y $15 \div 3 = 5$.

3. Explica por qué 3×5 es igual a 5×3.

4. **Escríbelo** Amit prepara un plato de la India llamado Saag Aloo, que alcanza para 4 personas. ¿Qué pasaría si Amit quiere preparar suficiente comida para 12 personas? Explica cómo puede usar la multiplicación para ajustar la receta.

UNIDAD
5

La medición

CAPÍTULO
12

La hora y la temperatura
página 328

CAPÍTULO
13

Medidas usuales
página 352

CAPÍTULO
14

Medición en el sistema métrico
página 380

Leer matemáticas

Repasar el vocabulario

Éstas son algunas palabras de vocabulario matemático que debes saber.

hora	unidad de tiempo igual a 60 minutos
calendario	tabla que muestra los meses, días y semanas de un año
termómetro	instrumento usado para medir temperatura
pulgada (pulg)	unidad de longitud del sistema usual
pie	unidad de longitud del sistema usual, mide 12 pulgadas

Leer palabras y símbolos

Usa palabras y símbolos para describir mediciones. Observa estas herramientas de medición.

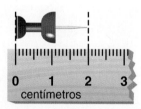

Lee: La tachuela mide dos centímetros de largo.

Escribe símbolos: 2 cm

Lee: Las manzanas pesan cuatro libras.

Escribe símbolos: 4 lb

Usa palabras y símbolos para describir cada medición.

1.

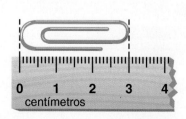

2.

Leer preguntas de examen

Escoge la respuesta correcta para cada pregunta.

3. ¿Cuál es la mejor unidad de medida para medir el peso de un oso polar?

   a. onzas

   b. libras

   c. pulgadas

   d. cuartos

Unidad de medida significa "el tipo de medida estándar".

4. ¿Qué se mide probablemente en pies?

   a. la longitud de un sello postal

   b. la longitud de una autopista

   c. la longitud de un lápiz

   d. la longitud de una habitación

Probablemente significa "muy posible".

---

5. ¿Aproximadamente qué longitud tiene el creyón?

   a. 7 cm   **c.** 10 cm

   b. 9 cm   **d.** 11 cm

Aproximadamente significa "cerca de" o "más o menos".

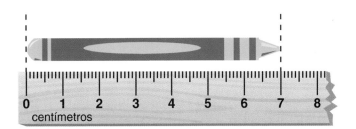

Aprender vocabulario

Fíjate en estas palabras en esta unidad. Escribe sus definiciones en tu diario.

   número ordinal

   media pulgada

   onza (oz)

   kilogramo (kg)

   masa

   gramo (g)

Conectar con la literatura

Lee "La gran helada" en las páginas 651 y 652. Luego trabaja con un compañero para responder a las preguntas sobre el cuento.

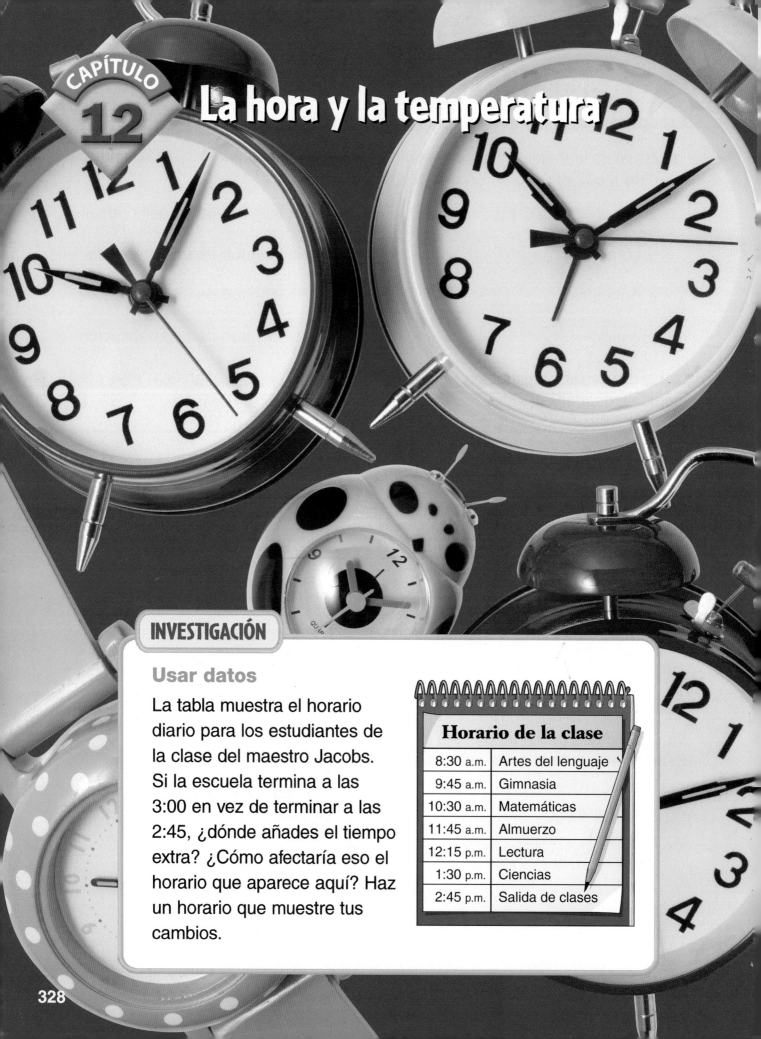

La hora y la temperatura

INVESTIGACIÓN

Usar datos

La tabla muestra el horario diario para los estudiantes de la clase del maestro Jacobs. Si la escuela termina a las 3:00 en vez de terminar a las 2:45, ¿dónde añades el tiempo extra? ¿Cómo afectaría eso el horario que aparece aquí? Haz un horario que muestre tus cambios.

Horario de la clase	
8:30 a.m.	Artes del lenguaje
9:45 a.m.	Gimnasia
10:30 a.m.	Matemáticas
11:45 a.m.	Almuerzo
12:15 p.m.	Lectura
1:30 p.m.	Ciencias
2:45 p.m.	Salida de clases

 **Aplica lo que sabes**

Usa esta página para repasar y recordar lo que necesitas saber para este capítulo.

VOCABULARIO

Escoge el mejor término para completar cada oración.

1. Hay 24 horas en un ____.

2. Un ____ muestra los días, semanas y meses del año.

3. Hay 60 minutos en una ____.

CONCEPTOS Y DESTREZAS

Escribe la hora.

4.

5.

6.

Usa el calendario para responder a las preguntas.

7. ¿Cuántos lunes hay en agosto?

8. ¿Qué día de la semana es el 12 de agosto?

9. ¿Qué fecha es el último martes de agosto?

agosto						
dom.	lun.	mar.	mièr.	jue.	vier.	sáb.
	1	2	3	4	5	6
7	8	9	10	11	12	13
14	15	16	17	18	19	20
21	22	23	24	25	26	27
28	29	30	31			

Escríbelo

10. ¿Qué tiempo es más largo, 2 semanas o 15 días? Explica cómo lo sabes.

Práctica de operaciones Consulta la página 667.

Hora, media hora, cuarto de hora

Objetivo Decir el tiempo a la hora en punto, a la media hora y al cuarto de hora.

Apréndelo

Connor tiene un horario complicado. Debajo puedes ver sus actividades de la mañana. Mira los relojes. La manecilla corta muestra las **horas**. La manecilla larga muestra los **minutos**.

Unidades de tiempo

1 día =	24 horas
1 hora =	60 minutos
1 media hora =	30 minutos
1 cuarto de hora =	15 minutos

Despertarse

Escribe:
- 6:15

Lee:
- las seis y quince minutos
- quince minutos después de las seis
- las seis y cuarto

Vestirse

Escribe:
- 6:30

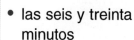

Lee:
- las seis y treinta minutos
- treinta minutos después de las seis
- las seis y media

Desayunar

Escribe:
- 6:45

Lee:
- las seis y cuarenta y cinco minutos
- cuarenta y cinco minutos después de las seis
- las siete menos cuarto

Ir a la escuela

Escribe:
- 7:00

Lee:
- las siete en punto

a.m. Se usa para las horas que hay desde las 12 de la medianoche (12 a.m.) hasta las 12 del mediodía.

11:00 a.m.

p.m. Se usa para las horas que hay desde las 12 del mediodía (12 p.m.) hasta las 12 de la medianoche.

11:00 p.m.

Escribe cada hora de dos o más maneras.

1.

2. 3:45

3.

Explícalo ▶ ¿Cuántas veces en un día mostrará las siete el reloj de Connor?

Practicar y resolver problemas

Escribe cada hora de dos o más maneras.

4.

5. 4:30

6.

7. 3:00

Escribe cada hora usando números.

8. las dos en punto

9. las siete y media

10. las cinco y cuarto

11. las cuatro menos cuarto

12. la una y cuarto

13. las doce y media

Escoge la hora más razonable para cada actividad.

14. levantarse
   a. 7:00 a.m.
   b. 7:00 p.m.

15. hacer las tareas
   a. 3:30 a.m.
   b. 3:30 p.m.

16. cenar
   a. 6:15 a.m.
   b. 6:15 p.m.

Resuelve.

17. **Patrones** Los autobuses escolares salen a las 2:45 p.m., 3:00 p.m. y 3:15 p.m. Si continúa el patrón, ¿a qué hora debe salir el próximo autobús?

18. ¿Qué hora está más cerca de las cinco en punto: las cinco y media o las 4:45? Explica cómo obtuviste la respuesta.

Repaso general • Preparación para exámenes

Respuesta directa

Suma o resta. (Grado 2)

19. 35¢ + 42¢

20. 64¢ − 23¢

21. 98¢ − 50¢

22. 25¢ + 72¢

23. Escribe las 2:45 de tres o más maneras.
   (Cap. 12, Lección 1)

La hora: Cinco minutos

Objetivo Decir la hora de 5 en 5 minutos.

Apréndelo

El maestro de Connor le dio un horario con la lista de las horas en que comienza cada clase. Connor ve que ya es hora de la clase de matemáticas.

¿Cómo puedes leer la hora que se muestra en el reloj?

Diferentes maneras de decir la hora

Manera ① Puedes decir la hora con el número de minutos que han pasado **después de una hora.**

• La **manecilla de la hora** está entre las 9 y las 10, por lo tanto la hora es después de las 9 en punto.

• El minutero está en el 7. Comienza en el 12 y cuenta hacia adelante de 5 en 5 minutos.

Escribe: 9:35

Lee: las nueve treinta y cinco ó 35 minutos después de las 9.

> **Recuerda** El minutero demora 5 minutos en pasar de un número al otro.

Manera ② Puedes decir la hora con el número de minutos que faltan **antes de una hora.**

• La **manecilla de la hora** está entre las 9 y las 10, por lo tanto la hora es antes de las 10 en punto.

• El minutero está en el siete. Comienza en el 12 y cuenta hacia atrás hasta el 7 de 5 en 5 minutos.

Escribe: 9:35

Lee: faltan 25 minutos para las 10.

Solución: La hora 9:35 se puede leer como:

- las nueve y treinta y cinco minutos
- 35 minutos después de las 9
- faltan 25 minutos para las 10

Escribe cada hora usando minutos después y minutos antes de una hora.

- ¿Hacia dónde apunta la manecilla de la hora?
- ¿Dónde comienzo a contar de 5 en 5 minutos? ¿Dónde me detengo?

1.   2.   3.

Explícalo ▶ ¿Cuánto tiempo demora el minutero en pasar de un número al siguiente?

Practicar y resolver problemas

Escribe cada hora usando minutos después y minutos antes de una hora.

4.   5.   6.   7.

Resuelve.

8. La manecilla de la hora de un reloj está entre las 10 y las 11. El minutero apunta al 8. ¿Qué hora es?

9. Carlos pasó 1,542 minutos en la escuela esta semana. ¿Cuánto es eso redondeado a la centena más cercana?

10. **Encuentra el error** El tren de Rita llega a la estación a las 2:40 p.m. Ella le dijo a una amiga que la encontrara allí faltando 20 minutos para las 2:00. ¿Qué debió haberle dicho Rita?

Repaso general • Preparación para exámenes

Respuesta directa

Completa cada patrón. (Cap. 1, Lección 5)

11. 15, 30, 45, _____

12. 30, 35, 40, _____, 50

13. 346, 348, _____, 352, _____

14. 505, _____, 525 ,535, _____

Selección múltiple

15. El Sol está saliendo cuando Trudy se levanta de su cama, diez minutos después de las seis. ¿A qué hora se levanta Trudy? (Cap. 12, Lección 2)

   A 5:50 p.m.   c 6:10 a.m.

   B 6:50 a.m.   D 6:10 p.m.

La hora: Un minuto

Objetivo Decir el número de minutos después de la hora y antes de la hora.

Apréndelo

Connor acaba de terminar de escribir un cuento y lo está grabando en una cinta. La hora en que Connor comenzó a grabar el cuento aparece en el reloj que está a su lado. ¿Cómo puedes leer la hora que muestra el reloj?

Diferentes maneras de decir la hora

Manera ❶ Así es como se dice el número de minutos que han pasado **después de una hora**.

- Comienza en el 12.
- Cuenta hacia adelante de 5 en 5 minutos.
- Luego cuenta los minutos que quedan.

Escribe: 1:42
Lee: 42 minutos después de la 1

Recuerda Cada una de las pequeñas marcas entre los números de un reloj representa 1 minuto.

Manera ❷ Así es como se dice el número de minutos que faltan **antes de una hora**.

- Comienza en el 12.
- Cuenta hacia atrás de 5 en 5 minutos.
- Luego cuenta los minutos que quedan.

Escribe: 1:42
Lee: faltan 18 minutos para las 2

Solución: Puedes leer la hora 1:42 como:
- la una y cuarenta y dos minutos
- 42 minutos después de la 1
- faltan 18 minutos para las 2

Práctica guiada

Escribe cada hora usando minutos después y minutos antes de una hora.

Asegúrate

- ¿Dónde comienzo a contar de 5 en 5 minutos? ¿Dónde me detengo?
- ¿Qué cuento después?

1.   **2.**   **3.**

Explícalo ▶ ¿Por qué decir 24 minutos después de las 6 es lo mismo que decir faltan 36 minutos para las 7?

Practicar y resolver problemas

Escribe cada hora de dos maneras.

4.   **5.**   **6.**   **7.**

Escribe cada hora con palabras.

8. 7:31 **9.** 9:59 **10.** 11:17 **11.** 5:43 **12.** 8:46

 Usar datos Usa la tabla para los problemas 13 y 14.

13. ¿Qué estudiantes comenzaron a grabar sus cuentos entre la 1:30 y las 2:00? ¿Entre las 2:00 y las 2:30?

14. **Compáralo** Escribe el nombre de los estudiantes en orden desde el primero hasta el último que grabó sus cuentos.

Hora de grabación	
Nombre	**Hora de comienzo**
Anita	2:05 p.m.
Tyler	1:42 p.m.
Malik	2:54 p.m.
Kali	1:18 p.m.
Miguel	2:28 p.m.
Pedro	2:59 p.m.

Repaso general • Preparación para exámenes

Respuesta directa

Di si el número es par o impar.

(Cap. 1, Lección 7)

15. 9 **16.** 25 **17.** 34

18. 87 **19.** 126 **20.** 520

21. Un partido de béisbol comienza faltando 20 minutos para las 3. Avery llegó a las dos y cincuenta y cinco minutos. ¿Llegó a tiempo? Explica tu respuesta. (Cap. 12, Lección 3)

Tutor en audio 2/1 Escucha y comprende

¿Cuánto tiempo ha pasado?

Objetivo Usar un reloj para decir cuánto tiempo durará una actividad.

Apréndelo

Connor y su mamá trabajan todos los miércoles como voluntarios en un refugio para animales. Él llega a las 4:00 p.m. y sale a las 5:30 p.m. ¿Cuánto tiempo está en el refugio de animales?

▶ **Si sabes la hora en que comienza y la hora en que termina, puedes calcular cuánto tiempo trabaja Connor de voluntario.**

| Comienza a las 4:00. | Cuenta las horas. De las 4:00 a las 5:00 es 1 hora. | Luego cuenta los minutos. De las 5:00 a las 5:30 son 30 minutos. |

Solución: Connor se queda 1 hora y 30 minutos en el refugio de animales.

Si Connor llega al refugio de animales a las 4:15 p.m. y se queda 40 minutos, ¿a qué hora se va?

▶ **Si sabes a qué hora llega al refugio de animales y cuánto tiempo se queda, puedes calcular a qué hora se va.**

| Comienza a las 4:15. | Cuenta 40 minutos hacia adelante hasta las 4:55. |

Solución: Se va a las 4:55 p.m.

Práctica guiada

Di qué hora será.

1. en 3 horas   2. en 20 minutos   3. en 45 minutos

Asegúrate
- ¿A qué hora comienzo a contar?
- ¿Necesito contar las horas?
- ¿Necesito contar los minutos?

Explícalo ▶ Las horas de visita en el refugio de animales son los sábados de 9:00 a.m. a 11:30 a.m. ¿Cuánto tiempo es eso?

Practicar y resolver problemas

Di qué hora será.

4. en 5 minutos   5. en 35 minutos   6. en 1 hora   7. en 3 horas

Escribe la hora usando números. Rotula cada hora a.m. o p.m.

8. 2 minutos antes del mediodía

9. 4 horas antes de la 1 p.m.

10. 1 hora después de las 11:30 a.m.

11. 45 minutos después de la medianoche

12. 18 minutos después del mediodía

Recuerda
a.m. Se usa para las horas que hay desde las 12 de la noche hasta las 12 del mediodía. p.m. Se usa para las horas que hay desde las 12 del mediodía hasta las 12 de la medianoche.

Observa cada par de horas. Escribe cuánto tiempo ha pasado.

13. Comienza: 7:30 a.m.
    Termina: 7:40 a.m.

14. Comienza: 10:10 p.m.
    Termina: 10:55 p.m.

15. Comienza: 9:30 a.m.
    Termina: 11:30 a.m.

16. Comienza: 2:45 p.m.
    Termina: 3:30 p.m.

17. Comienza: 6:20 a.m.
    Termina: 6:42 a.m.

18. Comienza: 3:10 p.m.
    Termina: 4:13 p.m.

 Continúa

Resuelve.

19. Connor tardó 6 minutos en caminar de la escuela al refugio de animales. Si salió a las 3:37 p.m., ¿a qué hora llegó al refugio?

20. Twana compró un libro sobre perros por $16.75. Le dio un billete de $20 al empleado de la tienda. ¿Cuánto recibió de cambio?

21. Andy bañó a 3 perros comenzando a las 4:00 p.m. y terminando a las 4:45 p.m. Se tardó 15 minutos en bañar a cada perro. ¿A qué hora comenzó Andy a bañar a cada perro?

22. En el refugio hay 4 perros, 4 gatos y 2 pájaros. Si Kan se demora 3 minutos en alimentar a cada animal, ¿cuánto tiempo se tardó en alimentar a todos los animales?

Estima. Usa los tiempos del cartel de la derecha para completar el cuento.

23. La familia de Judy va de campamento. Ella está muy ansiosa por salir. Judy se levanta temprano y se desayuna en _____.

24. Todos ayudan a guardar las cosas en el carro. El sitio para acampar está en un parque nacional de otro estado. La familia viajó durante _____ para llegar.

25. Finalmente Judy se puede calmar y disfrutar del campamento. Ella y su familia estarán _____ de vacaciones.

10 días

6 horas

15 minutos

Usa las pistas para hallar cada hora.

26. La hora es entre las 5 a.m. y las 7 a.m.

- El dígito de la hora es un número par.
- La suma de los dígitos de los minutos es 6.
- Cuando cuentas de 5 en 5 dices el número de minutos.

27. La hora es entre las 6 p.m. y las 8 p.m.

- El dígito de la hora es un número impar.
- El minutero está entre el 2 y el 3.
- La suma de los dígitos de los minutos es 3.

338

Práctica adicional Consulta la página 351, Conjunto D.

Conectar con el mundo
Estimar cuánto tiempo ha pasado

Resolver problemas

A veces no necesitas saber la hora exacta. Puedes simplemente estimar cuánto tiempo ha pasado.

Los relojes muestran a qué hora comienza y termina la película. ¿Más o menos cuánto dura la película?

Hora que comienza

Hora que termina

Estima cuántas horas pasan.

La película dura cerca de 2 horas.

El cartel muestra las horas de diferentes eventos en la Feria. ¿Más o menos cuánto dura cada evento?

1. Exhibición de conejos

2. Exhibición de productos lácteos

3. Muestra de arte y artesanías

Eventos diarios

Desayuno con panqueques	7:00 A.M. – 8:45 A.M.
Exhibición de productos lácteos	9:30 A.M. – 1:45 P.M.
Muestra de arte y artesanías	9:00 A.M. – 4:15 P.M.
Exhibición de conejos	10:00 A.M. – 11:15 P.M.

Verificación rápida

Verifica tu comprensión de las Lecciones 1 a 4.

Escribe cada hora de dos o más maneras. (Lecciones 1 a 3)

1.

2.

3.

4.

Escribe cuánto tiempo ha pasado. (Lección 4)

5. Un juego comienza a las 4:30 p.m. Termina a las 6:00 p.m.

6. Una llamada telefónica comienza a las 11:05 a.m. Termina a las 11:17 a.m.

7. Una película comienza a las 7:30 p.m. Termina a las 8:45 p.m.

8. Una reunión comienza a la 11:30 a.m. Termina a la 1:15 p.m.

Usar un calendario

Objetivo Leer y usar un calendario.

Apréndelo

Un calendario muestra los días de la semana y los meses del año. Connor y Hannah están en una obra de teatro de la escuela. Comenzaron a ensayar el jueves 9 de enero. La obra es el 23 de enero. ¿Cuántos días tienen para ensayar?

Unidades del calendario

1 semana = 7 días
1 año = 12 meses
1 año = 52 semanas
1 año = 365 días

Halla el jueves 9 de enero en el calendario.

Ahora halla el 23 de enero.
Cuenta el número de días que hay del 9 de enero al 23 de enero. Hay 14 días, ó 2 semanas.

enero

dom.	lun.	mar.	miér.	jue.	vier.	sáb.
				1	2	3	4
5	6	7	8	9	10	11
12	13	14	15	16	17	18
19	20	21	22	23	24	25
26	27	28	29	30	31	

Escribe y lee: 9 de enero

Solución: Tienen 14 días, ó 2 semanas, para ensayar.

Los números ordinales se usan para mostrar orden o posición.

1.er primer 1.º primero	2.º segundo	3.er tercer 3.º tercero	4.º cuarto	5.º quinto	6.º sexto	7.º séptimo
8.º octavo	9.º noveno	10.º décimo	11.º undécimo	12.º duodécimo	13.º decimotercero	14.º decimocuarto
15.º decimoquinto	16.º decimosexto	17.º decimoséptimo	18.º decimoctavo	19.º decimonoveno	20.º vigésimo	21.º vigesimoprimero
22.º vigesimosegundo	23.º vigesimotercero	24.º vigesimocuarto	25.º vigesimoquinto	26.º vigesimosexto	27.º vigesimoséptimo	28.º vigesimoctavo
29.º vigesimonoveno	30.º trigésimo	31.º trigesimoprimero				

Los números ordinales se usan para nombrar el primer día de cada mes.

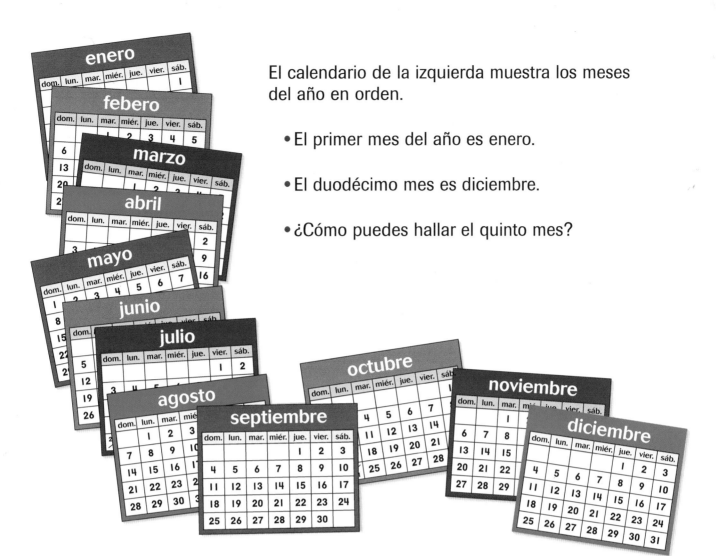

El calendario de la izquierda muestra los meses del año en orden.

- El primer mes del año es enero.

- El duodécimo mes es diciembre.

- ¿Cómo puedes hallar el quinto mes?

Práctica guiada

Usa el calendario de la página 340 para escribir el día de la semana.

1. 3 de enero **2.** 11 de enero **3.** 20 de enero

Escribe el nombre de cada mes.

4. cuarto mes **5.** noveno mes **6.** sexto mes

7. ¿Qué fecha es el decimotercer día del séptimo mes?

Explícalo ▶ Vuelve a mirar el calendario de enero en la página 340. ¿Por qué el número de martes es diferente que el número de miércoles? ¿Por qué todos los meses del calendario no comienzan en domingo?

Continúa ▶

Practicar y resolver problemas

Usa el calendario para los Ejercicios 8 a 12.

8. ¿Qué fecha es el Día de los Caídos?

9. ¿Qué día de la semana es el 17 de mayo?

10. ¿Qué fecha es el Día de la Madre?

11. ¿Qué fecha es una semana después del 20 de mayo?

12. ¿Qué fecha sigue después del 31 de mayo?

mayo

dom.	lun.	mar.	miér.	jue.	vier.	sáb.
1	2	3	4	5	6	7
8 Día de la Madre	9	10	11	12	13	14
15	16	17	18	19	20	21
22	23	24	25	26	27	28
29	30 Día de los Caídos	31				

Indica el mes que viene 2 meses después de cada mes.

13. mayo   **14.** agosto   **15.** marzo   **16.** diciembre

Indica el mes que viene 3 meses antes de cada mes.

17. junio   **18.** noviembre   **19.** abril   **20.** febrero

Escribe la fecha.

21. quinto día del décimo mes

22. trigésimo primer día del séptimo mes

23. vigésimo día del tercer mes

24. decimosexto día del primer mes

Usa el calendario de arriba para los Problemas 25 a 27.

25. La maestra Landry es la directora de teatro de una escuela. Si le pagan su sueldo cada viernes, ¿cuántos cheques de sueldo recibirá en mayo?

26. Estímalo Observa el calendario de mayo. ¿Más o menos cuántas semanas hay entre el Día de la Madre y el Día de los Caídos?

27. Jamal fue al museo el viernes 6 de mayo. Paul fue 1 semana más tarde. Si Miko fue al museo 3 días antes que Paul, ¿en qué fecha fue ella?

28. En tus palabras Escribe tres preguntas usando los números ordinales y el calendario de enero de la página 340. Dale tus preguntas a un compañero para que las responda.

342

Repaso general • Preparación para exámenes

Respuesta directa

Completa cada patrón. (Cap. 1, Lección 5)

29. 9, 12, 15, 18, ____, 24

30. 98, 103, 108, 113, 118, ____

31. 45, 40, 35, 30, ____, ____

32. 107, 109, ____, 113, 115, 117

Selección múltiple

33. Marzo tiene 31 días. Si el 29 de marzo es un martes, ¿qué día de la semana es el 1.º de abril?

(Cap. 12, Lección 5)

A martes   **C** jueves

B miércoles   **D** viernes

Conectar con las ciencias

Años bisiestos

Connor nació un 29 de febrero. Su cumpleaños es especial, porque ocurre sólo en los años bisiestos.

Un **año bisiesto** es una año que tiene un día más que un año normal. Tiene 366 días.

Nuestro calendario normalmente tiene 365 días en un año. Éste es el tiempo que demora la Tierra en dar casi una vuelta alrededor del Sol. Para coincidir con el tiempo del Sol, cada cuatro años le agregamos un día extra a febrero.

Resolver problemas

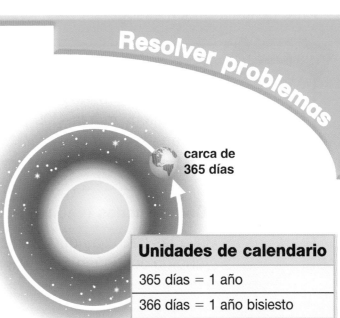

carca de 365 días

Unidades de calendario

365 días = 1 año
366 días = 1 año bisiesto

1. Los años 2000 y 2004 fueron años bisiestos. ¿Cuándo serán los próximos tres años bisiestos?

2. Imagina que es un año bisiesto. Si el 27 de febrero es martes, ¿qué día será el 2 de marzo?

3. Connor nació el 29 de febrero de 1996. ¿Cuántos cumpleaños verdaderos habrá celebrado para el 2005?

La gente que nace un 29 de febrero no tiene cumpleaños todos los años. El líder robabases John "Pepper" Martin murió a los 61 años, ¡pero sólo tuvo 15 cumpleaños!

Capítulo 12 Lección 5 343

Lección 6

Resolver problemas: Aplicación
Usa un horario

Objetivo Leer y usar un horario.

Un horario es una tabla que muestra una lista con las horas en que ocurren eventos o actividades.

Problema Para celebrar su cumpleaños, Connor y sus amigos van al cine. Quieren escoger una película que comience a la 1:00 p.m. y dure menos de 2 horas. ¿Qué película deben escoger?

Horario de películas

Película	Comienza	Termina
El señor Fritter	1:50 p.m.	2:55 p.m.
Buscando a Larry	1:00 p.m.	3:15 p.m.
Perro maravilla	1:00 p.m.	2:45 p.m.
Zombies	12:00 p.m.	2:30 p.m.
Godzilla enamorado	1:00 p.m.	3:30 p.m.
Pescar un pescado	12:00 p.m.	1:40 p.m.

COMPRÉNDELO

¿Qué necesitas hallar?

Necesitas hallar las películas que comienzan a la 1:00 p.m. y duran menos de 2 horas.

PLANÉALO

¿Cómo puedes resolver el problema?

Halla las películas que comienzan a la 1:00 p.m. y que no continúan después de las 3:00 p.m.

RESUÉLVELO

Mira la columna que dice *Comienza*.

Hay tres películas que comienzan a la 1:00 p.m.

- *Buscando a Larry*
- *Perro maravilla*
- *Godzilla enamorado*

Ahora mira la columna que dice *Termina*.

Las películas terminan en horas diferentes.

- *Buscando a Larry* termina a las 3:15 p.m.
- *Perro maravilla* termina a las 2:45 p.m.
- *Godzilla enamorado* termina a las 3:30 p.m.

Perro maravilla comienza a la 1:00 p.m. y dura menos de 2 horas, así que Connor y sus amigos deben ver esa película.

VERIFÍCALO

El señor Fritter también dura menos de 2 horas. ¿Por qué no pueden ver esa película Connor y sus amigos?

344

Asegúrate
- ¿Verifiqué la hora que comenzó cada película?
- ¿Verifiqué la hora que terminó cada película?

Usa el horario de la página 344 para los Problemas 1 y 2.

1. El cine canceló la película que comenzaba a la 1:00 p.m. y que terminaba a las 3:30 p.m. ¿Qué película canceló?

2. Si llegaste al cine al mediodía y quieres ver 2 películas antes de las 3:00 p.m., ¿qué películas puedes ver?

   (Pista) Halla la película más corta que comienza a las 12:00 p.m.

Práctica independiente

Usa el horario para los Problemas 3 a 6.

3. El horario de Hannah es difícil de leer. Sus actividades deben estar ordenadas desde la que comienza más temprano hasta la que comienza más tarde. ¿Como deben aparecer?

4. Hannah quiere almorzar con su abuela desde el mediodía hasta la 1:00 p.m. ¿Entre cuáles dos actividades debe almorzar?

5. Imagina que Hannah decide practicar piano durante el doble del tiempo que muestra su horario. ¿Durante cuánto tiempo practicará el piano?

6. Si el partido de fútbol de Hannah se demora media hora más, ¿cuánto tiempo tendrá para limpiar su cuarto antes de tener que irse a la biblioteca?

7. **Créalo** Haz un horario que muestre lo que harás hoy después de la escuela. Luego, compara tu horario con el de un compañero.

Horario de Hannah para el sábado

Actividad	Comienza	Termina
Practicar piano	9:30 a.m.	10:00 a.m.
Tomar desayuno	8:00 a.m.	8:20 a.m.
jugar fútbol	1:15 p.m.	2:30 p.m.
Limpiar el cuarto	2:45 p.m.	3:15 p.m.
Ayudar a hacer recados	11:00 a.m.	11:45 a.m.
Ir a la biblioteca	3:15 p.m.	4:00 p.m.

Tutor en audio 2/2 Escucha y comprende

Temperatura: Grados Fahrenheit y Celsio

Objetivo Decir la temperatura en grados Fahrenheit y en grados Celsio.

Vocabulario

grados
Fahrenheit (°F)

grados
Celsio (°C)

negativo

Materiales
Termómetro

Apréndelo

Para medir la temperatura se usa un termómetro. El termómetro nos indica cuán caliente o cuán frío está algo.

Puedes medir la temperatura:

- en unidades de medida usuales como **grados Fahrenheit (°F)**
- en unidades de medida métricas como **grados Celsio (°C)**

Mira el termómetro de la derecha. ¿Qué temperatura muestra?

Solución: La temperatura es de 35° Celsio ó 95° Fahrenheit.

▶ Cuando la temperatura es muy fría el termómetro puede mostrar números bajo el cero. Entonces la temperatura se escribe como un número **negativo**. El termómetro de abajo muestra –5 °F.

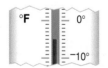

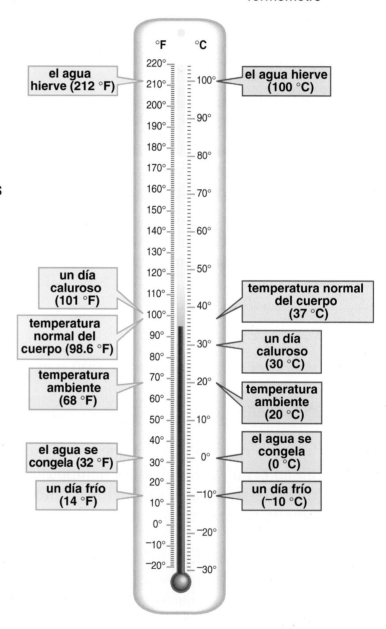

el agua hierve (212 °F)

el agua hierve (100 °C)

un día caluroso (101 °F)

temperatura normal del cuerpo (98.6 °F)

temperatura normal del cuerpo (37 °C)

un día caluroso (30 °C)

temperatura ambiente (68 °F)

temperatura ambiente (20 °C)

el agua se congela (32 °F)

el agua se congela (0 °C)

un día frío (14 °F)

un día frío (−10 °C)

Prueba esta actividad para comparar temperaturas.

La línea roja de un termómetro es en realidad un líquido. Se mueve hacia arriba cuando hace calor y hacia abajo cuando hace frío.

Usa un termómetro para medir:

- La temperatura del agua fría del lavamanos
- La temperatura del agua caliente del lavamanos
- La temperatura ambiente de tu salón de clases

Luego mide la temperatura del exterior cada día durante una semana.

¿Cómo cambió la temperatura?

¿Importa la hora del día en que miras el termómetro?

Práctica guiada

Escribe cada temperatura usando °C. Luego escribe *caliente, templado, fresco* o *frío* para describir la temperatura.

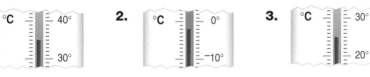
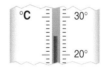

1. °C 40° 30°
2. °C 0° −10°
3. °C 30° 20°

Escribe cada temperatura usando °F. Luego escribe *caliente, templado, fresco* o *frío* para describir la temperatura.

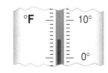

4. °F 70° 60°
5. °F 10° 0°
6. °F 110° 100°

Asegúrate

- ¿Dónde está la parte superior de la barra roja?
- ¿Qué temperatura indica caliente, templado, fresco y frío?

Explícalo ▶ ¿Qué se siente más frío, 10 °F ó −10 °F? Explica.

¿Qué se siente más templado, 10 °F ó 10 °C? Explica.

Escribe cada temperatura usando °F o °C. Luego escribe *caliente, templado, fresco* o *frío* para describir la temperatura.

7.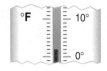

8.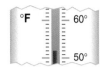

9.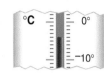

10.

Escribe estas temperaturas ordenadas de la más fría a la más caliente.

11. 32 °F, 0 °F, –1 °F

12. 43 °C, –12 °C, 10 °C

13. 10 °F, 100 °C, 100 °F

14. 17 °C, –17 °C, 7 °C

15. 0 °C, 0 °F, 100 °C

16. 3 °F, 53 °F, ⁻3 °F

Escoge la mejor estimación de la temperatura.

17.

a. 0 °C   b. 30 °C

18.

a. 70 °F   b. 20 °F

19.

a. 50 °F   b. 100 °F

Resuelve.

20. La temperatura en una piscina es de 20 °F. La temperatura en otra es de 20 °C. Escoge la piscina en que podrías nadar.

21. Cuando Cole sale por la mañana a la escuela, la temperatura es de 56 °F. Cuando regresa a casa es de 73 °F. ¿Cuántos grados subió la temperatura?

22. **Escríbelo** Estás al aire libre y la temperatura es de 28 °C. Describe alguna actividad que puedas hacer y la ropa que llevarías.

23. De las 10 a.m. a las 3 p.m. la temperatura subió 10°. Si cada hora subió la misma cantidad, ¿cuánto más alta era la temperatura al mediodía que a las 10 a.m.?

Práctica adicional Consulta la página 351, Conjunto F.

Respuesta directa

Halla cada producto. Multiplica primero los factores entre paréntesis. (Cap. 9, Lección 8)

24. $3 \times (5 \times 2) = $ _____.

25. $(3 \times 3) \times 4 = $ _____.

26. $(0 \times 7) \times 3 = $ _____.

27. El invierno pasado, Sonia visitó a su tía durante tres días. El viernes, la temperatura estaba en 5 °F. El sábado estaba en 2 °F y el domingo en ⁻5 °F. Ordena los días del más frío al más templado. (Cap. 12, Lección 7)

Razonamiento visual
Usar una línea cronológica

Resolver problemas

Puedes usar una línea cronológica para mostrar cuándo pasan las cosas. La línea cronológica muestra las 24 horas de un día.

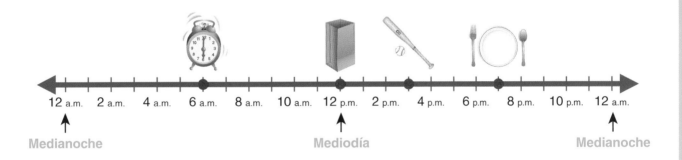

Escribe la hora para cada una de las actividades que aparecen en la línea cronológica. Usa a.m. y p.m.

1. jugar a la pelota   **2.** cenar

3. despertarse   **4.** almorzar

5. ¿Cuánto tiempo pasó entre despertarse y almorzar?

6. La hora de ir a dormir es 2 horas después de cenar. ¿Cuál es la hora de ir a dormir?

7. En tus palabras Haz tu propia línea cronológica para un día.

Repaso/Examen del capítulo

VOCABULARIO

1. La temperatura 25 °C significa veinticinco ____.

2. En un ____ hay 366 días.

3. Un ____ es una unidad de tiempo más corta que una hora.

CONCEPTOS Y DESTREZAS

Escribe cada hora usando minutos antes y minutos después de una hora. (Lecciones 1 a 3, págs. 330 a 335)

4.

5.

6.

7.

Nombra cada mes o fecha (Lección 5, págs. 340 a 343)

8. sexto mes

9. undécimo mes

10. 3 meses después de octubre

11. 4 meses antes de junio

12. cuarto día del séptimo mes

13. vigésimo quinto día del noveno mes

Escribe las temperaturas ordenadas de la más fría a la más templada. (Lección 7, págs. 346 a 348)

14. 5 °C, 10 °C, 0 °C   15. 1 °F, 11 °F, ⁻1 °F   16. 33 °C, 3 °C, 13 °C   17. 12 °F, 2 °F, 20 °F

RESOLVER PROBLEMAS

Usa el horario para resolver. (Lecciones 4, 6, págs. 336 a 338, 344 y 345)

Horario de Cole del sábado		
Actividad	**Comienza**	**Termina**
nadar	10:00 a.m.	11:00 a.m.
almorzar	11:45 a.m.	12:30 p.m.
películas	1:00 p.m.	3:15 p.m.

18. ¿Cuánto dura el almuerzo?

19. ¿Qué actividad dura 1 hora?

20. ¿Cuánto tiempo puede leer Cole entre el almuerzo y las películas?

Escríbelo

Muestra lo que sabes

Sue y su padre fueron de pesca. Explica cómo puedes usar las pistas de abajo para calcular el día y la fecha en que regresaron.

- El 1.º de julio es viernes.
- Partieron al lago el 8 de julio.
- Estuvieron dos semanas y un día.

Práctica adicional

Conjunto A (Lección 1, págs. 330 y 331)

Escribe cada hora usando números.

1. las tres en punto **2.** las nueve y media **3.** las dos y cuarto **4.** la una y quince minutos

Conjunto B (Lección 2, págs. 330 a 333)

Escribe cada hora usando minutos antes y después de una hora.

1.   **2.**  **3.**   **4.**

Conjunto C (Lección 3, págs. 334 y 335)

Escribe cada hora usando minutos antes y después de una hora.

1.   **2.**   **3.**   **4.**

Conjunto D (Lección 4, págs. 336 a 338)

Observa cada par de horas. Escribe cuánto tiempo ha pasado.

1. Comienza: 11:45 a.m. **2.** Comienza: 2:45 p.m. **3.** Comienza: 8:06 a.m.
   Término: 12:40 p.m.   Término: 3:02 p.m.   Término: 11:52 a.m.

Conjunto E (Lección 5, págs. 340 a 343)

Nombra cada mes o fecha.

1. 4 meses después de junio **2.** quinto día del quinto mes **3.** 8 meses antes de mayo

Conjunto F (Lección 7, págs. 346 a 348)

Escribe cada temperatura usando °F o °C. Luego escribe *caliente, templado, fresco* o *frío* para describir la temperatura.

1.
°F 120° 110°

2.
°F 0° -10°

3.
°C 10° 0°

4.
°C 70° 60°

Medidas usuales

INVESTIGACIÓN

Usar datos

Cindy y su mamá están comprando alimentos. Observa su lista de compras. Los 3 tomates que están comprando pesan más de una libra. ¿Qué otros artículos de la lista pueden pesar más de una libra?

Lista de compras

3 tomates

5 papas

4 manzanas

1-caja de 6 botellas de agua

2 limones

1 galón de leche

✔ Aplica lo que sabes

Usa esta página para repasar y recordar lo que necesitas saber para este capítulo.

VOCABULARIO

Escoge el mejor término para completar cada oración.

Vocabulario

regla

libra

balanza

taza de medir

1. Usas una ____ para saber cuánto pesa algo.

2. Usas una ____ para saber cuánto mide de largo una cosa.

3. Usas una ____ para saber cuánto líquido contiene un recipiente.

CONCEPTOS Y DESTREZAS

Mide a la pulgada más cercana.

0 1 2 3 4 5 6
pulgadas

4.

5. Verde

6.

7.

Escoge la mejor estimación.

8. **a.** 8 pulgadas de largo
   b. 8 pies de largo

9. **a.** 7 pulgadas de alto
   b. 7 pies de alto

Escríbelo

10. Bo trazó una línea de 1 pie de largo. Dell trazó una de 11 pulgadas de largo. ¿De quién es la línea más larga? Explica cómo lo sabes.

Práctica de operaciones Consulta la página 668.

Medir a la pulgada más cercana

Objetivo Estimar y medir la longitud a la pulgada más cercana.

Vocabulario
pulgada

Materiales
regla de pulgadas
objetos del salón de
    clases
sujetapapeles
    pequeños
1 trozo de cuerda

Trabajar juntos

Hay muchas maneras de estimar y medir la longitud de los objetos. Una manera es usar una unidad de medida no usual, como tu mano o un sujetapapeles.

Trabaja con un compañero. Estima y luego mide la longitud del lápiz de abajo. Usa tu mano y el sujetapapeles.

PASO 1

Usa el ancho de tu mano para medir el lápiz.

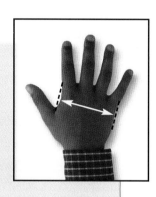

- Estima: _____ anchos de mano

- ¿Cuántos anchos de tu mano es de largo el lápiz?

- ¿Cuán cerca está eso de tu estimación?

PASO 2

Estima la longitud del lápiz en sujetapapeles. Luego pon sujetapapeles unos junto a otros a lo largo de la figura del lápiz.

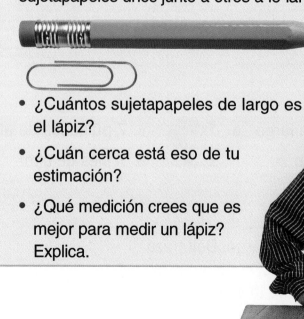

- ¿Cuántos sujetapapeles de largo es el lápiz?

- ¿Cuán cerca está eso de tu estimación?

- ¿Qué medición crees que es mejor para medir un lápiz? Explica.

► Otra forma de medir la longitud es usar una regla de pulgadas. Una **pulgada (pulg)** es una unidad estándar para medir longitudes en el sistema usual de medidas.

Estima y luego mide la longitud del lápiz de abajo a la pulgada más cercana.

Algunas reglas tienen un cero. Ese tipo de regla usa el cero como el punto de partida para medir.

PASO 1 Alinea el extremo izquierdo del lápiz con el extremo izquierdo de la regla.

PASO 2 Halla la marca de pulgadas más cercana al otro extremo del lápiz.

- ¿Cuál es la longitud del lápiz a la pulgada más cercana?

- ¿Es exacta esta medición? Explica.

- ¿Cuán cerca está tu medición de tu estimación?

- Piensa en las diferentes herramientas que usaste para medir el lápiz. ¿Por qué es importante tener una unidad de medida estándar como una pulgada?

Continúa

Sigue estas instrucciones.

- Busca 5 objetos del salón de clases para medirlos.

- Estima y luego mide la longitud de cada objeto a la pulgada más cercana.

- Anota tu trabajo en una tabla como la de abajo.

	Objeto	Mi estimación	Longitud a la pulgada más cercana
1.			
2.			
3.			
4.			
5.			

Estima y luego mide cada objeto de abajo a la pulgada más cercana.

6.

7.

8.

9.

Usa una regla. Dibuja una recta de cada longitud.

10. 3 pulgadas   **11.** 10 pulgadas   **12.** 7 pulgadas   **13.** 5 pulgadas

14. Identifica tres objetos que tengan más o menos 1 pulgada de largo o de ancho.

15. Halla objetos en el salón de clases que tengan más o menos 6 pulgadas de largo. Mide los objetos para comprobar tus estimaciones.

Escoge la mejor unidad para medir cada objeto. Explica tu razonamiento.

16. longitud de un escritorio
   a. sujetapapeles
   b. anchos de mano

17. altura de una caja
   a. regla de pulgadas
   b. sujetapapeles

18. Encuentra el error Mary dijo que el lápiz de abajo mide más o menos 4 pulgadas de largo. ¿Qué hizo mal? Explica tu respuesta.

pulgadas

19. Carly quiere construir una pajarera. Necesita cortar una tira de madera de 9 pulgadas. ¿Necesita una medida exacta o una estimación? Explica.

20. Kevin quiere hacer un cartel. Necesita cortar una longitud de papel. ¿Necesita una medida exacta o una estimación? Explica.

21. Escoge un objeto. Estima su longitud y luego mídelo. Explica por qué escogiste la herramienta que usaste y cómo mediste.

22. Mide tu zapato, tu libro de matemáticas y tu pulgar usando una regla de pulgadas. Ordena de menor a mayor las mediciones que hiciste.

Coméntalo • Escríbelo

Aprendiste cómo medir usando unidades no usuales y usando la unidad estándar de pulgadas.

Para medir caminos curvos puedes usar una cuerda y una regla.

- Pon la cuerda junto a uno de los caminos. Luego estira la cuerda y mídela con una regla.

- Repite con el otro camino.

23. Explícalo ¿Cómo puedes usar las cuerdas para comparar las longitudes de los diseños?

24. ¿Por qué no pudiste usar simplemente una regla para medir estos caminos?

Tutor en audio 2/3 Escucha y comprende

Medir a la media pulgada más cercana

Objetivo Medir objetos a la media pulgada más cercana.

Apréndelo

La Srta. Sánchez es dueña de una tienda de artesanías. Ella mide un trozo de cinta para un cliente. La cinta debe medir $8\frac{1}{2}$ pulgadas de largo.

Puedes usar una regla de pulgadas para medir a la **media pulgada** más cercana.

▶ **¿Cuánto mide esta cinta a la media pulgada más cercana?**

El extremo derecho de la cinta está más cerca de la marca de $2\frac{1}{2}$ pulgadas que de la marca de 2 pulgadas o de la marca de 3 pulgadas.

A la media pulgada más cercana, la cinta mide $2\frac{1}{2}$ pulgadas de largo.

▶ **¿Cuánto mide esta cinta a la media pulgada más cercana?**

El extremo derecho de la cinta está más cerca de la marca de $2\frac{1}{2}$ pulgadas que de la marca de 3 pulgadas.

A la media pulgada más cercana, la cinta mide $2\frac{1}{2}$ pulgadas de largo.

Otro ejemplo

A veces, una medición a la media pulgada más cercana es un número entero.

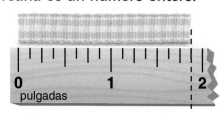

A la media pulgada más cercana, esta cinta mide 2 pulgadas de largo.

Asegúrate

• ¿Qué marca de la regla está más cerca del extremo del objeto?

Mide cada uno a la media pulgada más cercana.

1.

2.

Usa una regla de pulgadas. Dibuja una recta de cada longitud.

3. $5\frac{1}{2}$ pulg   4. 7 pulg   5. $2\frac{1}{2}$ pulg   6. 4 pulg

Explícalo ▶ ¿Por qué puede ser mejor medir a la media pulgada más cercana que a la pulgada más cercana?

Practicar y resolver problemas

Mide cada uno a la media pulgada más cercana.

7.

8.

Usa una regla de pulgadas. Dibuja una recta de cada longitud.

9. $\frac{1}{2}$ pulg   10. $3\frac{1}{2}$ pulg   11. 5 pulg   12. $7\frac{1}{2}$ pulg

Resuelve.

13. Una línea mide 2 pulgadas de largo. Otra mide $3\frac{1}{2}$ pulgadas de largo. Una tercera mide 4 pulgadas de largo. ¿Qué longitud suman las 3 líneas si las pones una a continuación de la otra?

14. Mateo cortó un trozo de hilo de $2\frac{1}{2}$ pulgadas de largo. Karen cortó un trozo de hilo 2 pulgadas más largo que el de Mateo. ¿Cuánto mide el hilo de Karen?

15. **Analízalo** Una cinta mide $3\frac{1}{2}$ pulgadas de largo. Un extremo de la cinta está en la marca de 2 pulgadas de una regla. ¿Dónde queda el otro extremo?

Repaso general • Preparación para exámenes ✓

Respuesta directa

Escribe cuánto tiempo ha pasado.

(Cap. 12, Lección 4)

16. Comienza: 8:30 a.m.
Termina: 8:50 a.m.

17. Comienza: 9:00 p.m.
Termina: 10:30 p.m.

18. Una cinta blanca mide $1\frac{1}{2}$ pulgadas de largo. Una cinta rosada es 3 pulgadas más larga. ¿Cuánto mide la cinta rosada? (Cap. 13, Lección 2)

Tutor en audio 2/4 Escucha y comprende

Unidades usuales de longitud

Objetivo Medir la longitud de objetos usando unidades usuales.

Apréndelo

Alex quiere comprar un robot que mide un pie de alto. El robot Rita mide 6 pulgadas de alto. El robot Rick mide 12 pulgadas de alto. ¿Qué robot debe comprar Alex?

Como 1 pie es igual a 12 pulgadas, Alex debe comprar el robot Rick.

Unidades usuales de longitud

1 pie	= 12 pulgadas
1 yarda	= 3 pies
1 yarda	= 36 pulgadas
1 milla	= 1,760 yardas
1 milla	= 5,280 pies

▶ Puedes medir objetos de muchos tamaños diferentes usando unidades usuales de longitud.

Una moneda de 25 centavos mide cerca de 1 pulgada (pulg) de ancho.

Puedes caminar cerca de 1 milla (mi) en 20 minutos.

La longitud de una hoja de cuaderno es cerca de 1 pie.

La longitud de un bate de béisbol es cerca de 1 yarda (yd).

Escoge la unidad que usarías para medir cada uno. Escribe *pulgada, pie, yarda* o *milla*.

Asegúrate

• ¿Debo usar una unidad de medida pequeña, mediana o grande?

1. el ancho de una hoja de papel de apuntes

2. la distancia de tu casa a un aeropuerto

3. la longitud de un campo de fútbol americano

Escoge la mejor estimación.

4. el ancho de una bolsa de compras
   a. 2 pies   b. 2 pulgadas

5. la longitud de un salón de clases
   a. 12 yardas   b. 12 pulgadas

6. el ancho de una tarjeta postal
   a. 3 pies   b. 3 pulgadas

7. la distancia de una orilla a otra de un lago
   a. 4 yardas   b. 4 millas

Explícalo ▶ ¿Por qué la gente usa millas en vez de pies para medir la distancia entre ciudades?

Practicar y resolver problemas

Escoge la mejor estimación.

8. la altura de un edificio
   a. 50 millas   b. 50 yardas

9. la longitud de un carro
   a. 12 yardas   b. 12 pies

10. la longitud de un bote
    a. 24 pies   b. 24 millas

11. la distancia entre dos ciudades
    a. 35 millas   b. 35 pulgadas

12. el ancho de tu mano
    a. 4 pulgadas   b. 40 pies

13. la profundidad de una piscina
    a. 80 pies   b. 8 pies

X Álgebra • Funciones Copia y completa cada tabla. Escribe la regla que usaste.

14.

Pies	1	2	3	4	5
Pulgadas	12	24			

15.

Yardas	1	2	3	4	5	6
Pies	3	6	9			

Continúa

Copia y completa.

16. 15 pies = _____ yd

17. 6 yd = _____ pies

18. 2 pies = _____ pulg.

19. 36 pulg = _____ pies

20. 4 pies = _____ pulg

21. 6 pulg = _____ pies

22. 3 pies = _____ yd

23. 10 yd = _____ pies

24. 18 pulg = _____ pies

Compara. Escribe >, < ó = para cada ⬤.

25. 2 yd ⬤ 2 pies

26. 5,280 pies ⬤ 1 mi

27. 1 pies ⬤ 10 pulg

28. 1 mi ⬤ 1,750 yd

29. 12 pulg ⬤ 12 pies

30. 1 yd ⬤ 3 pies

31. 24 pulg ⬤ 1 pie

32. 3 pies ⬤ 2 yd

33. 5 yd ⬤ 18 pies

Ordena del más corto al más largo.

34. 6 pulg   2 yd   3 pies

35. 1 mi   6,000 pies   10 yd

36. 50 yd   50 mi   50 pies

37. 15 yd   30 pies   100 pulg

Calculadora • Completa la tabla. Usa una calculadora si es necesario.

38.
12 pulgadas = 1 pie × 12
24 pulgadas = 2 pies × 12
36 pulgadas = ___ pies × 12
48 pulgadas = ___ pies × 12

39.
3 pies = 1 yarda × 3
6 pies = 2 yardas × 3
9 pies = ___ yardas × 3
12 pies = ___ yardas × 3

40.
36 pulgadas = 1 yarda × 36
72 pulgadas = 2 yardas × 36
108 pulgadas = ___ yardas × 36
144 pulgadas = ___ yardas × 36

362

Práctica adicional Consulta la página 379, Conjunto B.

Conectar con las ciencias
Medir lagartijas

¡Las lagartijas crecen hasta alcanzar 9 pulgadas de largo! ¿Cuánto mide de largo esta lagartija al cuarto de pulgada más cercana?

La lagartija mide más o menos $5\frac{1}{4}$ pulgadas de largo.

> La punta de la nariz de la lagartija está más cerca de la marca de $5\frac{1}{4}$ pulgadas que de la marca de 5 pulgadas.

Inténtalo

- Busca 3 objetos del salón de clases. Estima su longitud a la pulgada más cercana. Luego mídelos al cuarto de pulgada más cercano.

Verifica tu comprensión de las Lecciones 1 a 3.

Usa una regla de pulgadas. Dibuja una recta de cada longitud. (Lecciones 1, 2)

1. 2 pulg
2. 7 pulg
3. $4\frac{1}{2}$ pulg
4. $8\frac{1}{2}$ pulg

Mide cada pluma a la media pulgada más cercana. (Lección 2)

5.    6.

**Escoge la unidad que usarías para medir cada uno.
Escribe _pulgada, pie, yarda_ o _milla_.** (Lección 3)

7. la altura de un asta de bandera

8. el ancho de un sello postal

9. la longitud de una zapatilla

10. la distancia para cruzar el océano

Resolver problemas: Estrategia

Usa razonamiento lógico

Objetivo Usar razonamiento lógico para resolver problemas.

Problema Sam, Joella y Ming compraron cada uno un modelo de avión. El avión de Ming mide 9 pulgadas de largo. Es 4 pulgadas más largo que el avión de Sam. El avión de Sam es 2 pulgadas más corto que el de Joella. ¿Cuánto mide de largo el avión de Joella?

COMPRÉNDELO

Esto es lo que ya sabes.

- El avión de Ming mide 9 pulgadas de largo.

- El avión de Ming es 4 pulgadas más largo que el de Sam.

- El avión de Sam es 2 pulgadas más corto que el de Joella.

PLANÉALO

Usa razonamiento lógico para resolver el problema.

RESUÉLVELO

Comienza con lo que sabes.

- **El avión de Ming** mide 9 pulgadas de largo.

- **El avión de Sam** es 4 pulgadas más corto que el avión de Ming.

    Resta.   9 pulg − 4 pulg = 5 pulg

El avión de Sam mide 5 pulgadas de largo.

- **El avión de Joella** es 2 pulgadas más largo que el de Sam.

    Suma.   5 pulg + 2 pulg = 7 pulg

Solución: El avión de Joella mide 7 pulgadas de largo.

VERIFÍCALO

Vuelve a leer el problema. ¿Corresponde la solución a los datos del problema?

Práctica guiada

Usa las preguntas de Asegúrate para resolver los problemas.

1. Bill, Liz y Rosa compraron cada uno un modelo de tren. Los trenes miden 12, 15 y 18 pulg de largo. El de Rosa no es tan largo como el de Bill. El de Liz es el más largo. ¿Cuánto mide el tren de cada uno?

    (**Pista**) ¿Cuánto mide de largo el tren de Liz?

2. El modelo de barco de Joe es 25 pulg más largo que el de Amy. El de Amy mide 50 pulg de largo. El de Ty mide el doble que el de Joe. ¿Cuánto mide cada barco?

Asegúrate

COMPRÉNDELO ¿Qué datos conozco?

PLANÉALO ¿Cómo puedo organizar los datos?

RESUÉLVELO ¿Comencé con un dato conocido y lo usé para hallar un dato que faltaba?

VERIFÍCALO ¿Corresponde mi respuesta con los datos del problema?

Práctica independiente

Usa razonamiento lógico para resolver los problemas.

3. Sue, Andy, Lu y Carlos compraron cada uno un libro. Los libros costaron $3, $5, $6 y $8. Andy gastó $6. Sue gastó menos que Lu. Carlos fue el que gastó más. ¿Cuánto gastó cada uno?

4. Alexi, Lila, Sarah y Josh midieron sus estaturas. Miden 49, 51, 54 y 38 pulgadas de alto. Alexi es el más alto. Josh mide 49 pulgadas de alto. Sarah es más alta que Josh. ¿Cuáles son sus estaturas?

5. Beth, Maya, Jill y Diana están en la fila para comprar boletos. Jill está delante de Beth. Maya está detrás de Beth. Diana está de segunda. ¿Cuál es el orden en la fila de la primera a la última?

 Continúa

Práctica variada

Resuelve. Muestra tu trabajo. Indica qué estrategia usaste.

6. **Sigue los pasos** Gina agregó nuevas calcomanías a su álbum. En una página puso 5 filas de 7 cada una. En la siguiente página puso 6 filas de 7 cada una. ¿Cuántas calcomanías nuevas agregó Gina?

7. Judi tiene 8 marcadores más que Dede. Juntas tienen 20 marcadores. ¿Cuántos tiene cada niña?

8. **Represéntalo** Quieres mostrar 16 animales de peluche en grupos iguales de 2 ó más. ¿Cuáles son las diferentes maneras de agrupar 16 animales de peluche?

Selecciónalo

Estrategia

- Represéntalo
- Haz un dibujo
- Estima y comprueba
- Escribe un enunciado de números
- Usa razonamiento lógico

Método de cálculo

- Cálculo menta
- Estimación
- Papel y lápiz
- Calculadora

Usar datos Usa el cartel para resolver los problemas 9 a 12.

9. Lito y Elena van al zoológico a la 1:00 p.m. Quieren tomar un tour. ¿Qué películas pueden ver?

10. Kenny toma el tour de las 12 p.m. Linda va a la primera función de *Todo sobre los elefantes*. ¿Cuál es la hora más temprana en que pueden almorzar juntos?

11. Si Zack y Hal toman el tour de las 10:00 a.m., ¿qué función de *Los reptiles son fabulosos* pueden ver?

12. **Decídelo** Planea un viaje al zoológico. Usa los datos para hacer un horario de lo que harás.

En el zoológico

Horario del zoológico	9:30 am – 6:00pm
Tours por el zoológico (Todos los tours duran 1 hora).	10:00 am 12:00 pm 2:00 pm
Películas	
Los reptiles son fabulosos	10:30 am, 2:30 pm
Animales de las profundidades	11:30 am, 3:30 pm
Todo sobre los elefantes (Todas las películas duran 30 minutos).	12:30pm, 4:30pm
Horario de la cafetería	11:00 am, 2:30pm

Resolver problemas en exámenes

Escoge la letra de la respuesta correcta.

1. ¿Cuánto mide de largo el broche de Cindy a la media pulgada más cercana?

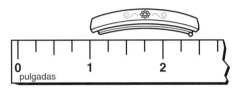

   A $1\frac{1}{2}$ pulg   c $2\frac{1}{2}$ pulg

   B 2 pulg   D 3 pulg

   (Capítulo 13, Lección 2)

2. Dos hermanas están preparando tazas de ensalada de frutas. Tienen 54 uvas. Si hacen 9 porciones iguales, ¿cuántas uvas pondrán en cada taza?

   F 9   G 7   H 8   J 6

   (Capítulo 11, Lección 9)

Respuesta directa

Resuelve los problemas.

3. Kate hizo esta rueda giratoria. ¿Por qué es más probable que la flecha se detenga en la letra A?

   (Capítulo 7, Lección 1)

4. Deena quiere darles 56 globos en cantidades iguales a 8 personas. ¿Qué operación de multiplicación le puede ayudar a resolver este problema?

   (Capítulo 11, Lección 8)

Respuesta extensa

5. Usar un horario te ayuda a planear tu tiempo. Escribe tu horario para un día típico de escuela. Usa el horario de ejemplo como ayuda.

MI HORARIO			
Actividad	Comienza	Termina	Cantidad de tiempo
Prepararme para la escuela			
Escuela			
Práctica de fútbol			
Cena			
Tareas			
Tiempo libre			
Alistarme para ir a dormir			
Dormir			

a. Halla cada actividad, la hora que comienza y la hora que termina.

b. Halla la cantidad de tiempo que demoras en hacer cada actividad. Completa la última columna.

c. ¿En qué actividad demoras más tiempo?

d. ¿Suma 24 horas la última columna de tu horario? ¿Por qué?

   (Capítulo 12, Lección 6)

Estimar y medir la capacidad

Objetivo Estimar y medir la cantidad que puede contener un recipiente.

Materiales

Recipientes de 1 taza, pinta, cuarto y galón

Recipientes de diferentes tamaños

Trabajar juntos

La capacidad es la cantidad que puede contener un recipiente. En el sistema usual de medidas, **taza (tz)**, **pinta (pt)**, **cuarto (ct)** y **galón (gal)** son medidas de capacidad.

PASO 1

Usa el recipiente de taza para llenar el recipiente de pinta. Anota en una tabla como la que se muestra, cuántas tazas se necesitan para llenar la pinta.

• ¿Cuántas tazas hay en una pinta?

Capacidad			
	Pinta	Cuarto	Galón
Tazas	2		
Pintas			
Cuartos			

PASO 2

Estima el número de tazas necesarias para llenar los recipientes de cuarto y de galón. Usa el recipiente de taza para comprobar tus estimaciones. Anota tus resultados en la tabla.

• ¿Cuántas tazas hay en un cuarto? ¿En un galón?

PASO 3

Ahora estima el número de pintas necesarias para llenar los recipientes de cuarto y de galón. Usa el recipiente de pinta para comprobar tus estimaciones. Anota tus resultados en la tabla.

• ¿Cuántas pintas hay en un cuarto? ¿En un galón?

PASO 4

Estima el número de cuartos necesarios para llenar el recipiente de galón. Comprueba tu estimación y anota tus resultados en la tabla.

• ¿Cuántos cuartos hay en un galón?

PASO 5 Ahora, escoge un recipiente de diferente tamaño. Estima cuántas tazas, pintas, cuartos o galones contiene. Luego mide para comprobar tu estimación.

- ¿Contenía el recipiente más de o menos de lo que estimaste?

PASO 6 Estima y luego mide la capacidad de todos los otros recipientes.

Por tu cuenta

Usa tu tabla para hallar las medidas que faltan.

1. 1 gal = _____ ct

2. 1 pt = _____ tz

3. 1 ct = _____ pt

4. 2 ct = _____ pt

5. 3 pt = _____ tz

6. 2 gal = _____ ct

7. 3 ct = _____ pt

8. 3 gal = _____ ct

9. 1 gal = _____ pt

10. **Explícalo** ¿Cómo puedes hallar el número de cuartos cuando conoces el número de galones?

Coméntalo • Escríbelo

Has aprendido a estimar y medir la capacidad de recipientes de diferentes tamaños.

11. ¿Pueden estos recipientes tener la misma capacidad? Explica tu razonamiento. Luego describe una manera de hallarlo.

12. Imagina que vacías 1 galón de agua en recipientes de pinta. Luego vacías 1 galón de agua en recipientes de cuarto. ¿Usarás más recipientes de pinta o más recipientes de cuarto? Explica.

Unidades usuales de capacidad

Objetivo Medir y comparar la cantidad que puede contener un recipiente en unidades usuales de medida.

Apréndelo

La fuente de jugos en el centro comercial vende jugo en recipientes de una pinta, un cuarto y un galón.

Puedes usar las unidades usuales para medir la capacidad.

Unidades usuales de capacidad
1 pinta = 2 tazas
1 cuarto = 2 pintas
1 galón = 4 cuartos

2 tazas = 1 pinta

2 pintas = 1 cuarto

4 cuartos = 1 galón

Práctica guiada

Escoge la unidad que usarías para medir la capacidad de cada uno. Escribe *taza, pinta, cuarto* o *galón*.

1.

2.

3.

4. Compara las capacidades de los recipientes en los ejercicios 1 a 3. Escríbelos ordenados del de mayor capacidad al de menor capacidad.

Asegúrate

• ¿Estás midiendo un recipiente pequeño, mediano o grande?

• ¿Cuál es la unidad de medida más pequeña? ¿la más grande?

Explícalo ▶ ¿Un cuarto es mayor que o menor que 5 tazas?

Escoge la unidad que usarías. Escribe *taza, pinta, cuarto* **o** *galón.*

5.   **6.**   **7.**    **8.**

Escoge la mejor estimación.

9. bañera de bebé
   a. 20 gal   **b.** 20 tz

10. regadera
   a. 2 ct   **b.** 200 pt

11. vaso de jugo
   a. 1 ct   **b.** 1 tz

Escríbelos ordenados de menor capacidad a mayor capacidad.

12. 1 ct   3 tz   1 pt

13. 1 gal   5 ct   6 pt

Copia y completa.

14. 2 pt = ____ tz

15. 4 ct = ____ gal

16. 3 ct = ____ pt

17. 2 pt = ____ ct

18. 8 tz = ____ pt

19. 3 gal = ____ pt

Completa la tabla.

20.
4 pintas = 1 cuarto × 2
8 pintas = 2 cuartos × 2
12 pintas = ____ cuartos × 2
16 pintas = ____ cuartos × 2

21.
16 cuartos = 1 galón × 4
32 cuartos = 2 galones × 4
48 cuartos = ____ galones × 4
64 cuartos = ____ galones × 4

22. Para su día de campo la escuela recibió una donación de 10 galones de jugo. ¿Cuántos cuartos de jugo es eso?

Repaso general • Preparación para exámenes

Respuesta directa

Redondea cada número al lugar mayor. Luego resuelve. (Cap. 5, Lección 3)

23. 519 − 321   **24.** 681 − 129

25. $8.67 − $2.48   **26.** 5,100 − 1,922

Selección múltiple

27. ¿Cuál es la mejor estimación para la capacidad de un lavaplatos?
(Cap. 13, Lección 6)

   A 10 tazas   **C** 10 cuartos

   B 10 pintas   **D** 10 galones

Tutor en audio 2/7 Escucha y comprende

Unidades usuales de peso

Objetivo Medir el peso de los objetos en unidades usuales.

Vocabulario
libra (lb)
onza (oz)

Materiales
balanza
pesa de 1 libra

Apréndelo

El Sr. Macintosh vende por libras sus famosas galletas de manzana en la Panadería Campestre.

La **libra (lb)** y **la onza (oz)** son unidades usuales usadas para medir peso.

Mide en onzas las cosas que son muy ligeras, como un sujetapapeles, una llave o una tajada de pan.

Mide en libras las cosas que son pesadas, como una bicicleta, una silla o una hogaza de pan.

Unidades usuales de peso

1 libra = 16 onzas

| 1 onza | 1 libra | 16 tajadas de pan de una onza tienen el mismo peso que una hogaza de pan de 1 libra. |

Intenta esta actividad para estimar y medir peso.

PASO 1 Halla cinco objetos pequeños en tu salón de clases. Predice qué objetos pesan menos de, más de, o más o menos una libra. Anota tu trabajo.

PASO 2 Usa la balanza y la pesa de 1 libra para comprobar tus predicciones.

Práctica guiada

Asegúrate

- ¿Necesito una unidad de medida grande o pequeña?

- ¿Cuál es la unidad de medida más pequeña? ¿Cuál es la más grande?

Escoge la unidad que usarías para medir el peso de cada uno. Escribe *onza* o *libra*.

1.

2.

3.

4.

5.

6.

Explícalo ▶ ¿Qué pesa más: una libra de harina o una libra de ladrillos? Explica.

Practicar y resolver problemas

Escoge la unidad que usarías para medir el peso de cada uno. Escribe *onza* o *libra*.

7.

8.

9.

10. refrigerador

11. galleta

12. toalla de papel

13. lápiz

14. piano

15. esponja

Escoge la mejor estimación.

16. una pizza
    a. 2 lb   b. 2 oz

17. una banana
    a. 6 lb   b. 6 oz

18. una rebanada de queso
    a. 1 lb   b. 1 oz

19. una cuchara de madera
    a. 10 oz   b. 100 oz

20. un pavo
    a. 2 lb   b. 20 lb

21. un televisor
    a. 20 oz   b. 20 lb

Escríbelos en orden de menor peso a mayor peso.

22. 20 oz   1 lb   12 oz

23. 2 lb   25 oz   40 oz

24. 25 oz   50 oz   3 lb

25. $\frac{1}{2}$ lb   9 oz   7 oz

Continúa

Halla la medida que falta.

26. 1 lb = ____ oz

27. 3 lb = ____ oz

28. 32 oz = ____ lb

29. 2 lb = ____ oz

30. 48 oz = ____ lb

31. $\frac{1}{2}$ lb = ____ oz

32. 8 oz = ____ lb

33. 4 lb = ____ oz

34. 16 oz = ____ lb

35. 5 lb = ____ oz

36. 64 oz = ____ lb

37. $1\frac{1}{2}$ lb = ____ oz

 Usar datos Usa la tabla para resolver los Problemas 38 a 41.

38. ¿Qué caja de galletas es más pesada, la de calabaza o la de arándano? Explica cómo lo sabes.

39. ¿Qué caja de galletas es la más pesada? ¿Cuántas onzas pesa?

40. Escribe los nombres de las cajas de galletas ordenadas de la más pesada a la más ligera.

41. **Analízalo** Imagina que una caja de galletas de limón pesa 20 onzas. ¿Es más pesada o más ligera que la caja de galletas de manzana? ¿Cuánto más pesada o más ligera?

 42. **En tus palabras** Escribe una regla que diga cómo hallar el número de onzas cuando conoces el número de libras.

Galletas de la Panadería Campestre

Galletas	Peso
Manzana	2 libras
Chocolate	24 onzas
Calabaza	8 onzas
Arándano	1 libra

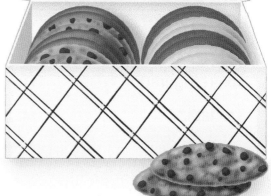

Repaso general • Preparación para exámenes

Respuesta directa

Suma. (Cap. 4, Lección 6)

43.
```
  125
   79
+  30
```

44.
```
  $3.09
   5.96
+  7.25
```

45.
```
  $2.89
   0.15
+  5.36
```

46. Un saco de papas pesa 2 libras y 7 onzas. ¿Cuánto pesa el saco en onzas? Explica cómo lo sabes. (Cap. 13, Lección 7)

Práctica adicional Consulta la página 379, Conjunto D.

Juego

Empareja la medida

2 jugadores

Lo que necesitas • Recurso de enseñanza 25 ó 20 tarjetas

Cómo jugar

1 Usa el Recurso de enseñanza 25 ó haz un conjunto de tarjetas como las del Conjunto A. Haz 2 conjuntos de tarjetas como las del Conjunto B.

2 Mezcla todas las tarjetas. Colócalas boca abajo en una matriz de 4 × 5.

3 Túrnate volteando 2 tarjetas a la vez. Cuando una unidad de medida concuerda con algo que normalmente medirías con esa unidad, formas una pareja. Por ejemplo, "pies" y "longitud de tu salón de clases".

Si formas una pareja, toma las tarjetas. Si no formas una pareja voltea de nuevo las tarjetas.

4 Continúa turnándote hasta que todas las tarjetas hayan sido emparejadas. Gana el jugador con el mayor número de parejas.

Conjunto A

longitud de tu salón de clases	distancia a la tienda
peso de un gato	agua en un lavamanos
estatura de un niño de tercer grado	distancia a la Luna
agua en una alberca	leche en una caja pequeña
jugo en un vaso	peso de un pupitre

Conjunto B

pies	tazas
libras	galones
millas	

Capítulo 13 Lección 7 375

Resolver problemas: Decisión

Demasiada o poca información

Objetivo Usar razonamiento lógico para resolver problemas.

Antes de que puedas resolver un problema, debes decidir qué información necesitas y si tienes esa información.

En la tienda Súper Piedras una bolsa pequeña de piedras pesa 8 onzas y una bolsa mediana pesa 12 onzas. Las piedras grandes cuestan $3 cada una.

Problema A	Problema B
¿Cuánto pesan dos bolsas pequeñas de piedras?	¿Cuánto pesan una bolsa mediana de piedras y dos piedras grandes?
Tienes demasiada información. ¿Qué datos necesitas?	**Tienes muy poca información. ¿Qué datos necesitas?**
• el peso de una bolsa pequeña de piedras (8 oz)	• el peso de una bolsa mediana de piedras (12 oz) • el peso de una piedra grande (no está dado)
Hay más información en el problema, pero no es necesaria.	No hay suficiente información en el problema.
Resuelve. $2 \times 8 = 16$	**Resuelve.** No es posible, porque no nos dan el peso de una piedra grande.
Por lo tanto, las dos bolsas pequeñas de piedras pesan 16 onzas.	

Inténtalo

Resuelve. Si no puedes resolver el problema, di qué información necesitas.

1. Mimi compró 6 bolsas pequeñas de piedras. ¿Cuánto pesan las bolsas de piedras en total?

2. Cal compró 2 bolsas pequeñas de piedras y 5 piedras grandes. ¿Cuánto dinero gastó?

3. Lino compró una bolsa mediana de piedras y 3 piedras grandes. ¿Cuánto pesan las piedras en total?

4. Amanda compró una bolsa mediana y una pequeña de piedras. ¿Compró más de una libra o menos de una libra de piedras?

Resuelve. Si no puedes resolver el problema, di qué información necesitas.

5. Jared compró 4 bolsas de piedras de colores para un proyecto. Pagó con un billete de diez dólares. ¿Cuánto recibió de cambio?

6. Sarah compró 2 bolsas de piedras de colores y pagó con 3 billetes de un dólar y 3 monedas de 25 centavos. No recibió cambio. ¿Qué bolsas compró?

7. Fran necesita 100 piedras para un proyecto. Ya tiene una bolsa de piedras. ¿De qué tamaño tendría que comprar bolsas para recibir al menos 100 piedras y que le sobre la menor cantidad posible?

Piedras de colores

pequeñas $1.75

medianas $2.00

grandes $2.25

Razonamiento lógico
Unidades de medidas no usuales

Resolver problemas

Puedes usar un billete de un dólar para medir cuando no tienes una regla a mano. Un billete de un dólar mide más o menos 6 pulgadas de largo.

1. El granjero Mac cultivó un calabacín de 30 pulgadas de largo. ¿Cuántos billetes de un dólar de largo es eso?

2. Las gallinas del granjero Mac pesan 7 libras cada una. Su perro pesa 42 libras. ¿Cuántas gallinas pesa su perro?

3. El granjero Mac tiene un cerdo de 294 libras. ¿Cuántos perros pesa su cerdo? Si quieres, usa una calculadora.

Repaso/Examen del capítulo

VOCABULARIO

Escoge el mejor término para completar cada oración.

1. La longitud de una hoja de papel es más o menos un ____.

2. Un vaso de jugo pequeño es más o menos lo mismo que una ____.

3. La distancia entre ciudades se mide en ____.

4. Un gato puede pesar más o menos nueve ____.

CONCEPTOS Y DESTREZAS

Mide a la media pulgada más cercana. (Lección 2, págs. 358 y 359)

5. ▬▬▬▬▬▬   6. ▬▬▬▬▬▬   7. ▬▬▬▬

Escoge la unidad que usarías para medir cada uno.
Escribe *pulgada, pie, taza, galón, onza* o *libra*. (Lección 3, 6 y 7, págs. 360 a 362, 370 a 374)

8. la longitud de un dedo

9. capacidad de una piscina

10. el peso de un perro

Escoge la mejor estimación. (Lecciones 3, 6 y 7, págs. 360 a 362, 370 a 374)

11. altura de una casa
    a. 25 pies b. 25 yd

12. capacidad de una bañera
    a. 15 tz b. 15 gal

13. caja de palillos de dientes
    a. 2 oz b. 2 lb

Copia y completa. (Lección 3, 5 a 7, págs. 360 a 362, 368 a 374)

14. ____ ct = 4 gal

15. 2 pt = ____ tz

16. ____ oz = 3 lb

17. 2 gal = ____ pt

18. ____ pies = 9 yd

19. 32 oz = ____ lb

RESOLVER PROBLEMAS

Resuelve. (Lección 4, 8, págs. 364 a 366, 377)

20. Sandra es 2 pulgadas más alta que Tabitha y 4 pulgadas más baja que Ted y Amy. Ted es una pulgada más alto que Samson. Samson mide 61 pulgadas de estatura. ¿Cuál es la estatura de Tabitha?

Escríbelo

Muestra lo que sabes

Imagina que tienes 2 galones de sidra para 15 personas. Si sirves la sidra en vasos de 1 taza, ¿podrán tomar 2 vasos de sidra cada uno?

Práctica adicional

Conjunto A (Lecciones 2, págs. 358 y 359)

Mide a la media pulgada más cercana.

1. ▬▬▬▬▬▬▬▬▬   **2.** ▬▬▬▬▬▬▬   **3.** ▬▬▬▬▬

Conjunto B (Lección 3, págs. 360 a 362)

Escoge la mejor estimación.

1. longitud de tu pie
   a. 10 pulgadas   **b.** 10 pies

2. longitud de un espagueti
   a. 1 pie   **b.** 1 yarda

Halla la medida que falta.

3. 3 pies = _____ pulg   **4.** _____ yd = 9 pies   **5.** 36 pulg = _____ yd   **6.** 4 yd = ___ pies

7. _____ pies = 24 pulg   **8.** 6 pulg = _____ pie   **9.** ___ yd = 30 pies   **10.** 5 pies = ___ pulg

Conjunto C (Lección 6, págs. 370 y 371)

Escoge la mejor estimación.

1. vaso de leche
   a. 1 tz   **b.** 1 ct

2. botella de agua
   a. 3 tz   **b.** 3 gal

3. piscina para bebé
   a. 75 tz   **b.** 75 gal

Copia y completa.

4. 3 pt = _____ tz   **5.** _____ pt = 6 gal   **6.** 4 gal = _____ ct   **7.** 4 pt = _____ ct

Conjunto D (Lección 7, págs. 372 a 374)

Escoge la mejor estimación.

1. calculadora
   a. 12 lb   **b.** 12 oz

2. bebé
   a. 8 lb   **b.** 8 oz

3. llave
   a. 1 oz   **b.** 100 oz

Halla la medida que falta.

4. 24 oz = _____ lb   **5.** _____ oz = 7 lb   **6.** _____ lb = 64 oz   **7.** 5 lb = _____ oz

Medición en el sistema métrico

INVESTIGACIÓN

Usar datos

En un campamento de verano en la playa compiten equipos de dos estudiantes en diferentes deportes. Observa la tabla que muestra una lista de la estatura y la masa de cada estudiante. Forma equipos de dos de manera que queden lo más parejo posible. ¿Cómo decidiste qué par de estudiantes colocar en cada equipo?

Campamento de deportes de verano

Nombre	Estatura	Masa
Cheryl	135 cm	28 kg
Janelle	132 cm	26 kg
Bridget	134 cm	29 kg
Ming	136 cm	32 kg
Dominik	135 cm	29 kg
Eduardo	133 cm	31 kg

Aplica lo que sabes

Usa esta página para repasar y recordar
lo que necesitas saber para este capítulo.

VOCABULARIO

Escoge el mejor término para completar cada oración.

Vocabulario
- **litro**
- **masa**
- **metro**
- **kilogramo**

1. Un _____ es una unidad métrica usada para medir capacidad.

2. La cantidad de materia que hay en un objeto es su _____.

3. Un _____ es una unidad métrica usada para medir longitud.

CONCEPTOS Y DESTREZAS

¿Qué unidad mide cada herramienta?
Escribe *gramos, mililitros* o *centímetros*.

4.

5.

6.

Escribe *verdadero* o *falso* en cada oración. Si la oración es falsa, escríbela de otra manera para hacerla verdadera.

7. La longitud de un bate de béisbol se puede medir en kilogramos.

8. La altura de un techo se puede medir en metros.

9. Un centímetro es más largo que un kilómetro.

 **Escríbelo**

10. Describe 3 maneras diferentes de medir una pecera. Escribe para cada manera la medición y la herramienta que usarías.

Práctica de operaciones Consulta la página 670.

Aplícalo
Lección 1

Centímetros y milímetros

Objetivo Medir longitudes en unidades métricas.

Vocabulario

milímetros (mm)

centímetros (cm)

decímetros (dm)

Trabajar juntos

Muchos países del mundo usan el sistema métrico de medidas.

Los **milímetros (mm)**, **centímetros (cm)**, y **decímetros (dm)** son unidades métricas de longitud.

Trabaja con un compañero para medir longitudes y anchos de objetos pequeños en milímetros y en centímetros.

Materiales
Para cada pareja:
regla de centímetros

PASO 1 Estima la longitud del caracol.
- ¿Cuántos anchos de dedo crees que mide de largo?

PASO 2 Usa tu dedo para medir el caracol.
- ¿Cuántos anchos de dedo mide el caracol?
- ¿Cuán cerca está esto de tu estimación?

PASO 3 Mide la longitud del caracol en centímetros. Alinea el caracol con la marca del 0 de la regla.

Busca la marca de centímetro más cercana al otro extremo del caracol.
- ¿Cuál es la longitud del caracol al centímetro más cercano?
- ¿Es una medida exacta? Explica.

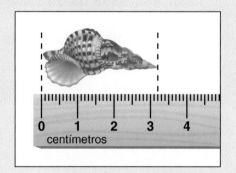

PASO 4 Observa nuevamente la regla. Las marcas más pequeñas entre las marcas de centímetros se llaman milímetros.
- ¿Cuál es la longitud del caracol al milímetro más cercano? ¿Cómo hallaste la medida?

382

▶ **Puedes medir longitudes más largas en decímetros .**

PASO 1
Mide el trozo de madera al decímetro más cercano.

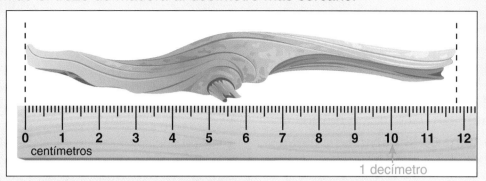

centímetros

1 decímetro

• ¿Cuánto mide el trozo de madera al decímetro más cercano?

PASO 2
Ahora, mide el trozo de madera al centímetro más cercano.
• Compara las medidas en centímetros y en decímetros.
¿Qué medida es más exacta? Explica.

Unidades métricas de longitud

1 centímetro = 10 milímetros
1 decímetro = 10 centímetros

Por tu cuenta

Estima. Luego mide al centímetro más cercano.

1.

2.

Escoge la mejor estimación.

3. ancho de tu pulgar
1 cm ó 1 mm

4. ancho de tu pie
60 cm ó 6 cm

5. longitud de tu pierna
5 cm ó 5 dm

Compara. Escribe >, < ó = para cada ⬤.

6. 5 mm ⬤ 5 cm

7. 20 cm ⬤ 4 dm

8. 3 cm ⬤ 30 mm

Coméntalo • Escríbelo

Aprendiste cómo medir objetos usando milímetros, centímetros y decímetros.

9. Imagina que mides un lápiz en milímetros, en centímetros y luego en decímetros. ¿Habrá más milímetros, centímetros o decímetros? Explica.

10. ¿Es más exacta una longitud si se mide al milímetro o al centímetro más cercano? Explica. ¿Cuándo sería más importante esto?

Lección 2

Metros y kilómetros

Objetivo Medir longitudes mayores en unidades métricas.

Vocabulario

metros (m)

kilómetros (km)

Apréndelo

Fran y su familia viven cerca del mar. Su casa está más o menos a 1 kilómetro de la playa. La puerta de su casa mide 1 metro de ancho.

Puedes medir en **metros (m)** y **kilómetros (km)** las longitudes mayores.

6 metros

1 metro

Unidades métricas de longitud

1 metro = 10 decímetros

1 metro = 100 centímetros

1 kilómetro = 1,000 metros

Fran se demora diez minutos en caminar 1 kilómetro hasta la playa.

Práctica guiada

Escoge la unidad que usarías para medir cada uno. Escribe _m_ ó _km_.

1. longitud de una habitación

2. longitud de un velero

3. profundidad de un océano

4. distancia al Sol

5. longitud de un bote de remos

6. longitud de un río

Asegúrate

- ¿Necesito una unidad pequeña o grande?

- ¿Cuál es la unidad más pequeña?, ¿la más grande?

Explícalo ▶ ¿Medirías la distancia de tu casa a la escuela en metros o en kilómetros? Explica tu elección.

Escoge la unidad que usarías para medir cada uno.
Escribe _m_ ó _km_.

7. ancho de un salón de clases

8. distancia a través de los EUA

9. distancia que vuela un avión

10. altura de una puerta

11. distancia a través de la ciudad

12. longitud de un barco

Escoge la mejor estimación.

13. longitud de un esquí
2 m ó 2 km

14. longitud de un puente
200 km ó 2 km

15. altura de una baranda
2 m ó 20 m

16. altura de un faro
25 m ó 25 km

17. recorrida en un carro
90 m ó 90 km

18. longitud de un bote
5 m ó 50 m

Copia y completa.

19. 5 m = ___ cm

20. 8,000 m = ___ km

21. 10 km = ___ m

22. 1 m = ___ dm

23. 3 km = ___ m

24. 200 cm = ___ m

Compara. Escribe >, < ó = para cada ⬤.

25. 8 km ⬤ 80 m

26. 500 cm ⬤ 5 m

27. 3 km ⬤ 300 m

28. 2 m ⬤ 200 dm

29. 4 km ⬤ 3,500 m

30. 950 cm ⬤ 10 m

31. Estímalo Rory camina a la playa en 33 minutos. ¿Más o menos qué distancia camina?

32. Sigue los pasos Diana compitió en una carrera de veleros de 3 kilómetros y a la semana siguiente en una de 2,500 metros. ¿Cuántos metros navegó en total?

Repaso general • Preparación para exámenes ✓

Respuesta directa
Completa. (Cap. 13, Lección 3)

33. 6 pies = ▓ yd **34.** 24 pulg = ▓ pies

35. 4 yd = ▓ pies **36.** 36 pulg = ▓ pies

Selección múltiple

37. ¿Cuántos metros hay en 4 kilómetros? (Cap. 14, Lección 2)

A 4 **B** 40 **C** 400 **D** 4,000

Tutor en audio 2/9 Escucha y comprende

Unidades métricas de capacidad

Objetivo Medir capacidad en unidades métricas.

Apréndelo

Muchos acuarios rescatan y crían animales.

Esta cría de flamenco está recibiendo alimento que le dan con un gotero. El gotero contiene cerca de 10 mililitros de líquido.

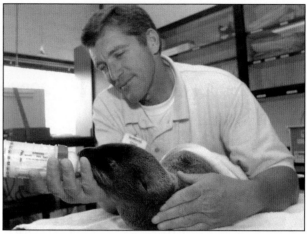

Esta cría de león marino está recibiendo alimento que le dan con un biberón. Una botella que se usa para crías de animales puede contener cerca de 1 litro de líquido.

El **litro (L)** y el **mililitro (mL)** son unidades métricas de capacidad.

Unidades métricas de capacidad
1 litro = 1,000 mililitros

Esta botella de agua contiene 1 litro de agua.

Este gotero contiene 1 mililitro de líquido.

Intenta esta actividad para estimar y medir usando litros.

Materiales: recipiente de 1 litro, otros recipientes

PASO 1 Toma 3 recipientes. Estima qué recipientes contienen menos de, más de o más o menos 1 litro.

PASO 2 Usa agua y el recipiente de 1 litro para comprobar tus estimaciones.

PASO 3 Toma uno de tus recipientes. ¿Contiene más de, menos de o más o menos 1,000 mililitros? Explica cómo lo sabes.

Escoge la mejor estimación para la capacidad de cada uno.

- ¿Necesito una unidad pequeña o una grande?
- ¿Cuál es la unidad más pequeña?, ¿la más grande?

1.

3 L ó 30 mL

2.

1 L ó 5 L

3.

14 L ó 14 mL

Escoge la unidad que usarías para medir la capacidad de cada uno. Escribe *mL* o *L*.

4. bañera

5. una cuchara

6. un recipiente de leche

Explícalo ▶ ¿Para cuál necesitarías un recipiente más grande, para 500 mL o para 1 L? Explica.

Practicar y resolver problemas

Escoge la mejor estimación para la capacidad de cada uno.

7.

100 L ó 100 mL

8.

20 L ó 2 L

9.

200 mL ó 200 L

Escoge la unidad que usarías para medir la capacidad de cada uno. Escribe *mL* o *L*.

10. una cubeta

11. una lata de sopa

12. un vaso

13. un estanque

14. un jarrón pequeño

15. una regadera

Resuelve.

16. Nick sirvió 2,300 mL de agua en un tazón. Luego, Rea sirvió 3 L de agua en el mismo tazón. ¿Cuántos mililitros de agua hay ahora en el tazón?

17. Razonamiento La botella de Celia contiene más agua que la botella de Tim. Una botella tiene una etiqueta roja y contiene 2 litros. La otra tiene una etiqueta azul y contiene 1,500 mL. ¿De qué color es la etiqueta de la botella de Tim?

Continúa

Copia y completa.

18. 2 L = __ mL   **19.** 500 mL = __ L   **20.** 2,000 mL = __ L

21. 3 L = __ mL   **22.** 10,000 mL = __ L   **23.** 15 L = __ mL

Compara.
Escribe >, < ó = para cada ⬤.

24. 25 mL ⬤ 2 L   **25.** 8 L ⬤ 8,000 mL   **26.** 1,500 mL ⬤ 2 L

27. 1 L ⬤ 800 mL   **28.** 12,000 mL ⬤ 12 L   **29.** 4 L ⬤ 4,000 mL

30. 2,500 mL ⬤ 2 L   **31.** 7,000 mL ⬤ 70 L   **32.** 400 mL ⬤ 3 L

Usa la ilustración de la derecha para los Problemas 33 a 36.

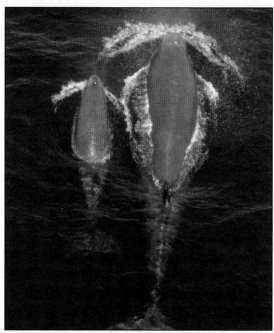

33. ¿Son suficientes 30,000 mL de leche para alimentar por un día a una cría de ballena? Explica cómo lo sabes.

34. Analízalo ¿En cuántos días se beberá 1,200 L de leche una cría de ballena?

35. Encuentra el error Claire piensa que ella toma diariamente la misma cantidad de agua que la cantidad de leche que toma una cría de ballena. Claire bebe diariamente cerca de 1,000 mL de agua. ¿Por qué está equivocada? Explica.

36. ¿Cuántos centímetros de largo puede medir una cría de ballena al nacer? ¿Es más larga una cría de ballena que tu salón de clases? Explica tu razonamiento.

Al nacer, una cría de ballena puede medir 8 metros de largo. Puede beber diariamente 300 litros de leche.

Repaso general • Preparación para exámenes

Respuesta directa
Escribe cada hora. (Cap. 12, Lección 3)

37.   **38.**

39. Necesitas 3 L de agua para un proyecto de ciencias. Tu recipiente contiene 500 mL. ¿Cómo puedes usarlo para medir los 3 L?

(Cap. 14, lección 3)

Práctica adicional Consulta la página 399, Conjunto C.

Conectar con el mundo
Convertir medidas

Puedes comparar las unidades usuales y las unidades métricas de medida.

Usa los dibujos y la tabla para resolver los Problemas 1 a 4.

Conversión de medidas
1 pulgada es un poco menos de 3 centímetros.
1 yarda es un poco menos de 1 metro.
1 cuarto es un poco menos de 1 litro.

1. ¿Más o menos cuántas yardas de ancho mide la ventana?

← 2 metros →

2. Un cuarto de jugo alcanza para 4 personas. ¿Más o menos para cuántas personas alcanza un litro de jugo?

3. ¿Mide la bandera más de o menos de 60 centímetros?

←20 pulgadas→

4. El cartel de Juan mide 3 metros de alto. El cartel de Ned mide 3 yardas de alto. ¿De quién es el cartel más alto?

Verifica tu comprensión de las Lecciones 1 a 3.

Escoge la unidad que usarías. Escribe *mm, cm, dm, m, o km.* (Lecciones 1, 2)

1. longitud de un creyón   **2.** ancho de una mano   **3.** longitud de una hormiga

Escoge la unidad que usarías. Escribe *cm, m, dm, o km.* (Lecciones 1, 2)

4. longitud de un camión   **5.** longitud de una cancha   **6.** distancia a la escuela

7. altura de un gatito   **8.** distancia al mar   **9.** ancho de una puerta

Escoge la mejor estimación (Lección 1 a 3)

10. vaso
300 mL ó 3 mL

11. patines en línea
2 dm ó 2 m

12. cepillo de dientes
14 mm ó 140 mm

13. longitud de un zapato
20 mm ó 20 cm

14. longitud de una mesa
2 m ó 20 m

15. ancho de una tachuela
10 mm ó 10 cm

Resolver Problemas: Estrategia

Comienza con el final

Objetivo Resolver un problema comenzando con el final.

Problema Kareem ayuda a su padre a construir su velero. Primero cortan una tabla en dos trozos iguales. Luego cortan 8 centímetros de uno de los trozos. El trozo que queda mide 32 centímetros de largo. ¿Cuánto medía la tabla original?

COMPRÉNDELO

Esto es lo que sabes.

- Ellos cortaron la tabla en dos trozos iguales.

- Cortaron 8 centímetros de uno de los trozos.

- El trozo final mide 32 centímetros de largo.

PLANÉALO

Conoces la cantidad final, de modo que puedes comenzar con el final para resolver el problema.

RESUÉLVELO

- Comienza con la longitud final del trozo.
- Comienza con el final, pasando por cada corte que se hizo.

Longitud final				Longitud original
32 centímetros	**+ 8**	**40 centímetros**	**+ 40**	**80 centímetros**
Se cortaron 8 cm para obtener esta longitud.	**Comienza con el final.** Suma 8	La tabla original se cortó en 2 partes iguales para obtener esta longitud.	**Comienza con el final.** Suma 40	

Solución: La tabla original medía 80 centímetros de largo.

VERIFÍCALO

Verifica el problema.

¿Cómo puedes comprobar tu respuesta?

Usa las preguntas de Asegúrate para resolver los problemas.

1. El padre de Kareem corta un trozo de alambre en tres partes iguales. Le recorta 2 pulgadas a uno de los trozos, para dejarlo de 7 pulgadas de largo. ¿Cuánto medía el trozo original?

2. Kareem corta por la mitad un trozo de cinta y luego corta nuevamente por la mitad cada uno de esos trozos. Cada trozo mide ahora 30 pulgadas de largo. ¿Cuánto medía el trozo original de cinta?

Asegúrate

COMPRÉNDELO ¿Qué datos conozco?

PLANÉALO
- ¿Conozco la cantidad final?
- ¿Puedo comenzar con el final?

RESUÉLVELO
- ¿Comencé con la cantidad final?
- ¿Qué operaciones debo usar?

VERIFÍCALO ¿Comprobé mi respuesta comenzando con ésta y trabajando hacia adelante?

Pista ¿Cuántos trozos de cinta tiene después de hacer todos los cortes?

Práctica independiente

Trabaja comenzando con el final para resolver cada problema.

3. Kareem compra algunas botellas de agua para un paseo en bote. Bebe 3 botellas. Luego compra 5 botellas más y bebe 2 de ellas. Si le quedan 4 botellas, ¿cuántas botellas tenía al comienzo?

4. Kareem pesa una bolsa de tornillos para botes. Le añade 2 libras de tornillos. Luego de sacarle 3 libras de tornillos, la bolsa pesa 4 libras. ¿Cuánto pesaba la bolsa al comienzo?

5. En una tienda de manualidades Amy gasta $6 en un juego de velero para armar y $4 en marcadores. Su papá le regala $5. Amy queda con $7. ¿Cuánto dinero tiene Amy al llegar a la tienda?

6. A las 7 p.m. hay 11 botes en el puerto, 5 más de los que había a las 5 p.m. A las 3 p.m. había la mitad de los botes que había a las 5 p.m. ¿Cuántos botes había a las 3 p.m.?

Continúa

Práctica variada

Resuelve. Muestra tu trabajo. Di qué estrategia usaste.

7. Philip tiene una cinta roja y una cinta azul. La cinta roja mide 2 pulgadas más que la cinta azul. Juntas, las cintas miden 30 pulgadas de largo. ¿Cuánto mide cada cinta?

8. El sábado, la familia Paley gasta $14.35 en gasolina. El domingo gasta $1.25 más que el sábado. ¿Cuánto gasta en total en gasolina?

9. Joey le añade 24 pulgadas a su pista de trenes. Luego le quita 8 pulgadas. Queda de 120 pulgadas de largo. ¿Cuánto medía su pista antes de hacer los cambios?

Selecciónalo

Estrategia
- Estima y comprueba
- Resuelve un problema más sencillo
- Usa razonamiento lógico
- Comienza con el final
- Escribe un enunciado de números

Método de cálculo
- Cálculo mental
- Estimación
- Papel y lápiz
- Calculadora

Usar datos Usa el pictograma para resolver los Problemas 10 a 14.

El pictograma muestra el número de goles que anotó en esta temporada cada equipo de una liga de fútbol.

10. ¿Cuántos goles anotaron los Gavilanes?

11. ¿Qué equipo anotó 10 goles?

12. ¿Cuántos goles más que los Tiburones anotaron los Delfines?

13. ¿Qué equipo anotó el doble de goles que los Pelícanos?

14. ¿Cuántos goles anotaron en total todos los equipos?

Número de goles de fútbol

Equipo	Goles
Delfines	⚽ ⚽ ⚽ ⚽ ⚽ ⚽
Tiburones	⚽ ⚽ ⚽ ⚽ ⚽
Pelícanos	⚽ ⚽ ⚽
Gavilanes	⚽ ⚽ ⚽ ⚽

Cada ⚽ representa 2 goles.

Resolver problemas en exámenes

Escoge la letra de la respuesta correcta. Si la respuesta correcta no aparece, escoge NA.

1. Para recolectar fondos, la clase de Elia caminará un total de 20,000 metros. Si 15 estudiantes caminan 1 kilómetro cada uno, ¿cuántos kilómetros le quedan por caminar al resto de los estudiantes?

   A 5 kilómetros   **C** 25 kilómetros

   B 15 kilómetros   **D** 50 kilómetros

   (Capítulo 14, Lección 2)

2. El perro de John bebe 500 mL de agua al día. ¿Cuántos litros de agua bebe en 4 días?

   F 1 L   **G** 3 L   **H** 5 L   **J** NA

   (Capítulo 14, Lección 3)

Respuesta directa

Resuelve los problemas.

3. Al desayuno, Trudy puede comer huevos o tostadas y beber jugo de naranja, jugo de manzana o leche. ¿Cuántas combinaciones diferentes de desayuno puede tener?

   Represéntalo Usa una lista organizada para resolver el problema.

   (Capítulo 8, Lección 7)

4. ¿Cuántos △ equilibran ▱ ?

   Explícalo ¿Cómo resolviste el problema?

   (Capítulo 11, Leccion 6)

Respuesta de desarrollo

5. Imagina que planeas una fiesta para tu hermana. Haces una lista de cosas para preparar la fiesta.

   > **Lista de cosas que hay que hacer**
   > ① Preparar el pastel.
   > ② Hacer invitaciones que quepan en los sobres.
   > ③ Preparar ponche de frutas.
   > ④ Comprar 3 libras de manzana.
   > ⑤ Hacer bolsas de sorpresas para premios.

Información que necesitas:

   a. ¿Qué herramientas de medición usarías para cada punto de la lista? ¿Cómo lo usarías?

   b. Piensas escribir en las invitaciones que la fiesta comienza a las 2:15 p.m. y termina a las 3:45 p.m. ¿Cuánto tiempo tienes pensado que dure la fiesta?

   c. Planeas hacer 5 bolsas de sorpresas para premios. En cada bolsa quieres poner 4 chicles, 2 juguetitos y una paleta. ¿Cuántas cosas habrá en total en todas las bolsas? Muestra cómo lo sabes.

   (Capítulo 13, Lección 6)

Aplícalo
Lección
5

🔊 **Tutor en audio 2/10** Escucha y comprende

Unidades métricas de masa

Objetivo Medir la masa de un objeto en unidades métricas.

Apréndelo

Manuel y su familia tienen un picnic en la playa. La masa de la cesta de picnic es 5 kilogramos. Una de las uvas de Manuel pesa cerca de 1 gramo.

Gramo (g) y **kilogramo (kg)** son unidades métricas que se usan para medir **masa**, o cantidad de materia de un objeto.

Vocabulario
gramo (g)

kilogramo (kg)

masa

Materiales
balanza
masa de 1 kilogramo

Unidades métricas de masa
1 kilogramo = 1,000 gramos

100 gramos   18 kilogramos   1 kilogramo   160 gramos

Intenta esta actividad para estimar y medir masa.

PASO 1   Halla 3 objetos pequeños en tu salón de clases. Estima cuáles objetos pesan menos de, más de, o aproximadamente un kilogramo.

PASO 2   Usa la balanza y el kilogramo para comprobar tus estimaciones.

PASO 3   Toma uno de tus objetos. ¿Crees que pesa menos de, más de, o aproximadamente 1,000 gramos? Explica cómo lo sabes.

Escoge la unidad que usarías para medir la masa de cada uno. Escribe *g* o *kg*.

1.

2.

3.

Escoge la mejor estimación.

4. una toronja
500 g ó 5 kg

5. un bote
1,000 g ó 1,000 kg

6. una moneda de 1¢
300 g ó 3 g

Explícalo ▶ ¿Crees que un objeto grande tiene siempre una masa mayor que un objeto pequeño?

Practicar y resolver problemas

Escoge la unidad que usarías para medir la masa de cada uno. Escribe *g* o *kg*.

7.

8.

9.

10. una canoa

11. una pelota de playa

12. un par de anteojos

Escoge la mejor estimación.

13. par de anteojos de sol
150 g ó 2 kg

14. un caballo
6 kg ó 600 kg

15. una moneda de 25¢
5 g ó 500 kg

16. un trozo de pollo
500 g ó 5 kg

17. un sujetapapeles
1 g ó 1 kg

18. una sandía
40 g ó 4 kg

¿Sabías?

1 kilogramo es un poco más de 2 libras.

Resuelve.

19. Manuel y su madre van a pescar. Manuel pesca un pez con una masa de 2 kilogramos. ¿Pesa el pez más de o menos de 4 libras?

20. **Estímalo** La madre de Manuel pesca un pez de 10 libras. ¿Más o menos cuánto es la masa del pez en kilogramos?

Continúa

Copia y completa.

21. 4,000 g = ___ kg

22. $\frac{1}{2}$ kg = ___ g

23. 3 kg = ___ g

24. 500 g = ___ kg

25. 10,000 g = ___ kg

26. 12 kg = ___ g

Compara. Escribe >, < ó = para cada ⬤.

27. 65 g ⬤ 6 kg

28. 5 kg ⬤ 500 g

29. 7 kg ⬤ 7,000 g

30. 900 g ⬤ 1 kg

31. 18,000 g ⬤ 18 kg

32. 1,700 g ⬤ 2 kg

Usar datos **Las cometas se fabrican en muchas formas y tamaños. Usa la información que se muestra sobre las cometas para resolver los Problemas 33 a 36.**

33. ¿Es la masa de la cometa en forma de caja mayor o menor que 1 kg? ¿Cuánto mayor o cuánto menor? Explica tu razonamiento.

34. Linh hace 5 cometas en forma de caja. ¿Cuál será la masa de las 5 cometas?

35. ¿Cuánto más alta que una cometa Pakpao es una cometa Chula?

36. **Estímalo** ¡La cola de una cometa Pakpao puede medir 60 decímetros de largo! ¿Más o menos cuánto medirán de largo la cometa y su cola en metros?

37. **Escríbelo** Escribe una regla que te dé el número de gramos cuando conoces el número de kilogramos.

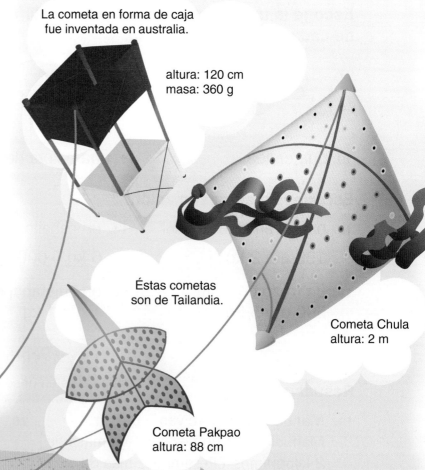

La cometa en forma de caja fue inventada en australia.

altura: 120 cm
masa: 360 g

Éstas cometas son de Tailandia.

Cometa Chula
altura: 2 m

Cometa Pakpao
altura: 88 cm

396

Conectar con el mundo
Ingredientes que faltan

Chris salpicó agua sobre su receta favorita. Afortunadamente recuerda algunas cosas acerca de la receta. Usa lo que recuerda para completar la receta. Usa las medidas *cucharada*, *cucharadita*, *taza*, *pinta* o *cuarto*.

Mmm, recuerdo que:
• cada ingrediente se mide en una unidad diferente.
• hay más caldo de pollo que cualquier otro ingrediente.
• hay la misma cantidad de vegetales que de tomates.
• 1 cucharada = 3 cucharaditas.
• Hay menos sal que jugo de limón.

Sopa de verduras

2	caldo de pollo
2	verduras en trozos
1	tomate molido
1	sal
3	jugo de limón

Reto matemático
Unidades que faltan

Escoge dos unidades de medida diferentes para completar cada enunciado de números. Puedes usar cada unidad más de una vez.

> pulg   cm   pies
> dm   m   yd
> km

1. 36 __ = 1 __

2. 2,100 __ > 2 __

3. 19 __ < 2 __

4. 30 __ = 3 __

Acertijo

Completa cada enunciado de números.

1. 10 mm + __ = 3 cm

2. 600 m + __ + __ = 2 km

3. 2000 g + __ = 4 kg

4. 300 mL + __ + __ = 3 L

5. 20 cm + __ + __ = 2 m

Repaso/Examen del capítulo

VOCABULARIO

Escoge el mejor término para completar cada oración.

Vocabulario
- gramos
- mililitro
- kilómetro
- centímetro
- decímetro

1. El ancho de un dedo es más o menos un ___.

2. Se toma cerca de 10 minutos caminar 1 ___.

3. Un gotero para ojos puede contener más o menos 1 ___.

4. La masa de un sándwich es más o menos 100 ___.

CONCEPTOS Y DESTREZAS

Estima. Luego mide el objeto al centímetro más cercano. (Lección 1, págs. 382 y 383)

5. ▬▬▬▬▬ 6. ▬▬▬▬▬▬▬ 7. ▬▬▬▬

Escoge la unidad que usarías para medir cada uno. Escribe cm, km, mL, L, g, o kg. (Lecciones 1 a 3, 5 págs. 382 a 388, 394 a 396)

8. longitud de un sujetapapeles

9. masa de un lápiz

10. capacidad de una taza de té

Escoge la mejor estimación. (Lecciones 1 a 3, 5 págs. 382 a 388, 394 a 396)

11. estatura de una persona 2 cm ó 2 m

12. botella de jabón de burbujas 6 mL ó 60 mL

13. masa de un sombrero 30 kg ó 30 g

Copia y completa. (Lecciones 1 a 3, 5 págs. 382 a 388, 394 a 396)

14. 1,000 g = ___ kg

15. 90,000 mL = ___ L

16. 5 m = ___ cm

17. 20 dm = ___ m

18. 30 km = ___ m

19. 5 L = ___ mL

RESOLVER PROBLEMAS

Resuelve. (Lección 4, págs. 390 a 392)

20. Dora gastó $2 en una tienda y $4 en otra. Su madre le dio $10. Dora quedó entonces con $12. Cuánto dinero tenía Dora al comienzo?

Escríbelo

Muestra lo que sabes

Tu escuela hace una carrera de relevos.

- La carrera mide 2 km de largo.
- Cada persona corre 100 m.

¿Cuántas personas debe tener cada equipo? Explica tu respuesta.

Práctica adicional

Conjunto A (Lección 1, págs. 382 y 383)

Estima. Mide al centímetro más cercano y luego al milímetro más cercano.

1.

2.

Escoge la mejor estimación.

3. ancho de tu palma
a. 5 cm **b.** 5 dm

4. altura de una taza grande
a. 120 cm **b.** 12 cm

5. longitud de un lápiz
a. 15 dm **b.** 15 cm

Conjunto B (Lección 2, págs. 384 y 385)

Escoge la mejor estimación.

1. ancho de un refrigerador
a. 1 km **b.** 1 m

2. longitud de un carro
a. 5 m **b.** 50 m

3. distancia a la tienda
a. 2 m **b.** 2 km

Copia y completa.

4. 1,000 m = ___ km

5. 30 mm = ___ cm

6. 700 cm = ___ m

Conjunto C (Lección 3, págs. 386 a 388)

Escoge la unidad que usarías para medir la capacidad. Escribe *mL* o *L*.

1. pecera

2. gota de lluvia

3. bañera para bebé

Compara. Escribe >, < ó = para cada ⬤.

4. 500 mL ⬤ 1 L

5. 3 L ⬤ 2,900 mL

6. 6,000 mL ⬤ 6 L

Conjunto D (Lección 5, págs. 394 a 396)

Escoge la mejor estimación.

1. tajada de pan
a. 30 kg **b.** 30 g

2. triciclo
a. 9 kg **b.** 90 kg

3. hoja de papel
a. 1 g **b.** 100 g

Copia y completa.

4. 8,000 g = ___ kg

5. 6 kg = ___ g

6. 3,000 g = ___ kg

Un lugar muy frío

Si planeas en primavera hacer una visita a Ilulissat, en Groenlandia, mejor empaca ropa abrigada. La temperatura en marzo es cercana a los −22 °F. Esto hace que la ciudad sea el mejor lugar para la barrera de hielo Ilulissat. La barrera es una gran placa de hielo que se levanta sobre el océano.

Los trozos de hielo que se desprenden de la barrera se llaman icebergs. ¡Estos icebergs pueden avanzar hasta 12 kilómetros al día! La mayoría son pequeños, pero algunas veces sobresalen más de 100 metros sobre la superficie del agua.

400

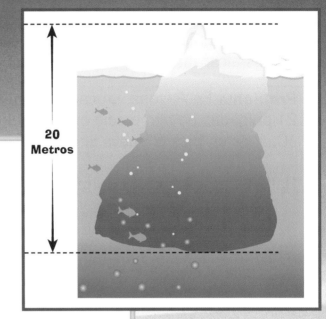

20 Metros

Resolver problemas

Usa el diagrama para resolver los Problemas 1 y 2.

1 La mayor parte de un iceberg está debajo del agua. La punta del iceberg que se muestra está a 3 metros sobre el nivel del agua. ¿Qué parte del iceberg está debajo del agua?

2 Un edificio en Groenlandia mide 198 decímetros de altura. ¿Qué es mayor, la altura total de este iceberg o la altura del edificio?

3 Durante el invierno en Ilulissat hay muy pocas horas de luz solar. El 15 de enero, el sol sale a las 10:49 a.m. y se oculta a las 12:21 p.m. ¿Cuántas horas y minutos de luz del sol es eso?

4 Imagina que un iceberg se demora 3 semanas en viajar 150 millas por el océano. ¿Cuántos días es eso?

5 El 3 de septiembre, la temperatura en Ilulissat es de 15 °C. ¿Deberías vestirte con ropa para una tormenta de nieve o con una chaqueta ligera?

Un cactus que crece muy lentamente

El cactus Saguaro se halla en los desiertos y crece muy lentamente. Lo más que puede crecer en un año son 8 pulgadas. Sin embargo, si se le da suficiente tiempo, ¡puede alcanzar los 50 pies de altura!

Problema En Arizona, un cactus Saguaro que medía 21 pulgadas de alto creció otras 8 pulgadas este año. ¿Cuál es en pies la nueva altura del cactus?

Halla 21 pulgadas + 8 pulgadas.

PASO 1	PASO 2
Halla el número total de pulgadas.	Reagrupa las pulgadas como pies.

PASO 1

Halla el número total de pulgadas.

21 pulgadas
+ 8 pulgadas
29 pulgadas

PASO 2

Reagrupa las pulgadas como pies.

29 pulgadas = 12 pulgadas + 12 pulgadas + 5 pulgadas

2 pies

Por lo tanto, 29 pulgadas = 2 pies + 5 pulgadas.

Recuerda:
Hay 12 pulgadas en 1 pie.

Solución: La nueva altura del cactus es 2 pies 5 pulgadas.

¡Inténtalo!

Halla cada suma. Escribe el resultado en pies y pulgadas.

1. 10 pulg
    8 pulg
    + 7 pulg

2. 26 pulg
    15 pulg
    + 13 pulg

3. 16 pulg
    35 pulg
    + 22 pulg

4. 14 pulg
    15 pulg
    + 5 pulg

5. 23 pulg
    11 pulg
    + 12 pulg

6. **Reto** Briana mide 4 pies 8 pulgadas de altura. Cada año ella compara su estatura con la de un cactus que crece cerca de su casa. Este año el cactus mide 42 pulgadas de alto. ¿Es tan alto como Briana? Explica tu razonamiento.

Tecnología ahora

Operaciones curiosas

Usa tu calculadora para resolver los siguientes problemas.

¿Sabías que ciertos tipos de bambú pueden crecer una pulgada por hora?

1. Si una planta de bambú de 12 pulgadas crece una pulgada por hora, ¿cuánto medirá de alto después de un día? ¿de una semana? ¿de un mes? ¿Cuántos pies es esto?

2. Pocas plantas de bambú crecen más de 100 pies. ¿Cuántos días se tardará un bambú para alcanzar esta altura? Explica cómo obtuviste la respuesta.

¿Sabías que el zunzún es el pájaro más pequeño que existe?

3. Los colibríes comen cerca de dos veces su propio peso al día. ¿Más o menos cuánto le tomará comer un kilogramo a cada tipo de colibrí?

4. El ave más grande que existe, el avestruz, pesa cerca de 130 kilogramos. ¿Más o menos cuántos colibríes de cada tipo equivalen a un avestruz?

Pesos de los colibríes

Colibrí	Peso
Zunzún	2 gramos
Garganta de rubí	4 gramos
Gigante	20 gramos

¿Sabías que una vaca puede producir cerca de 8 galones de leche al día?

5. Si una vaca produce 8 galones de leche al día, ¿cuántos cuartos es eso? ¿Cuántos cuartos podría producir en un año? ¿Cuántas pintas?

6. En Carnation, WA, hay una estatua de una vaca que produjo 16,500 cuartos de leche. ¿Cuánto es eso en galones?

Unidad 5 Examen

VOCABULARIO (Respuesta directa)

Escoge el mejor término para completar cada oración.

1. Hay 3 pies en una ____.

2. Un kilogramo es más pesado que un ____.

3. Dos tazas son igual a una ____.

> **Vocabulario**
> pinta
> litro
> yarda
> gramo

CONCEPTOS Y DESTREZAS (Respuesta directa)

Observa cada par de horas. Escribe cuánto tiempo ha pasado. (Capítulo 12)

4. Comienza: 4:30 p.m.
   Termina: 5:30 p.m.

5. Comienza: 1:30 a.m.
   Termina: 2:45 a.m.

Usa el calendario para responder a las Preguntas 6 y 7. (Capítulo 12)

6. ¿Qué fecha es el segundo jueves?

7. ¿Qué fecha es dos semanas después del 7 de mayo?

Escribe cada temperatura en grados Fahrenheit o grados Celsio. Luego escribe *caliente, templado, fresco* o *frío* para describir cada temperatura. (Capítulo 12)

mayo

dom.	lun.	mar.	miér.	jue.	vier.	sáb.
1	2	3	4	5	6	7
8 Día de la Madre	9	10	11	12	13	14
15	16	17	18	19	20	21
22	23	24	25	26	27	28
29	30 Día de los Caídos	31				

8.

9.

10.

Escoge la mejor estimación. (Capítulos 13 y 14)

11. la longitud de un salón de clases

    a. 10 m   b. 10 km

12. la cantidad de leche en un vaso

    a. 1 gal   b. 1 tz

13. la masa de una moneda de 5 centavos

    a. 5 g   b. 5 kg

Halla la medida que falta. (Capítulos 13 y 14)

14. 6 yd = ___ pies

15. 2 lb = ___ oz

16. 3,000 mL = ___ L

RESOLVER PROBLEMAS (Respuesta directa)

17. Sonia mide 52 pulgadas de alto. Rose mide 10 pulgadas más que Sonia. Claire mide 4 pulgadas menos que Rose. ¿Mide Claire más de 5 pies de alto?

18. Kate compra 3 paquetes de calcomanías que cuestan $2 cada uno. Espera en la fila de la tienda durante 5 minutos. ¿Cuánto gasta Kate en calcomanías?

19. Dean corta un trozo de tela en 3 partes iguales. Luego corta 2 yardas de una de ellas. Esta parte mide ahora 4 yardas de largo. ¿Cuál es la longitud del trozo de tela original?

20. Kathleen usa una jarra de 1 galón para hacer ponche. Mezcla 8 tazas de jugo de naranja y 1 cuarto de jugo de arándano. ¿Cuántos cuartos de ponche hace Kathleen?

Evaluar el rendimiento

(Respuesta extensa)

Horario de presentaciones del planetario

Presentación	Comienza	Termina
El sistema solar	9:30 a.m.	10:00 a.m.
	2:00 p.m.	2:30 p.m.
Vida de astronauta	11:00 a.m.	12:00 p.m.
	12:45 p.m.	1:45 p.m.
¡Despegue!	10:15 a.m.	10:45 a.m.
	2:45 p.m.	3:15 p.m.

Tarea La clase de ciencias del maestro Dell hace una visita al planetario. Usa el horario y la información de la derecha. Decide qué par de presentaciones podrá ver la clase del maestro Dell. Indica a qué hora deben ver cada presentación. Explica tu razonamiento.

Información que necesitas

- La clase llega a las 9:45 a.m.
- El almuerzo es entre las 11:45 a.m. y las 12:15 p.m.
- El autobús de regreso a la escuela sale a las 3:00 p.m.

Resuelve los Problemas 1 a 10.

Consejo para tomar exámenes

A veces, hacer un dibujo te puede ayudar a comprender un problema.

Mira el ejemplo de abajo.

Tracy coloca 1 poste a ambos lados de su patio y luego coloca un poste cada 3 pies para hacer una cerca. Si su patio mide 18 pies de largo, ¿cuántos postes usa?

A 6 postes   C 8 postes

B 7 postes   D 9 postes

Piénsalo

Dibuja los postes de los lados del patio y rotúlalos 0 y 18. Luego dibuja un poste por cada múltiplo de 3 que haya entre ellos.

Primer poste   Último poste

0 3 6 9 12 15 18

Selección múltiple

1. Hay 2 cestas en una mesa. Hay 6 manzanas en cada cesta. ¿Qué enunciado de números te indica cuántas manzanas hay?

   A $3 \times 6 = $ ■   C $2 + 6 = $ ■

   B $2 \times 3 = $ ■   D $6 + 6 = $ ■

   (Capítulo 8, Lección 1)

2. Dana tiene un trozo de cinta de 36 pulgadas. Lo corta en 6 trozos iguales. Luego corta por la mitad cada uno de esos trozos. ¿Cuánto mide cada trozo?

   F 6 pulg   H 4 pulg

   G 5 pulg   J 3 pulg

   (Capítulo 11, Lección 6)

3. ¿Qué enunciado de división corresponde a las restas repetidas que se muestran en la siguiente recta numérica?

   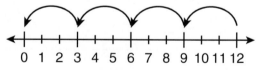

   0 1 2 3 4 5 6 7 8 9 10 11 12

   A $12 \div 1 = $ ■   C $12 \div 3 = $ ■

   B $12 \div 2 = $ ■   D $12 \div 12 = $ ■

   (Capítulo 10, Lección 2)

4. Alex tiene $4.66. Dora tiene $2.20. ¿Cuánto tienen en total, redondeado al dólar más cercano?

   F $7   G $6   H $4   J $1

   (Capítulo 3, Lección 5)

Consejos para tomar exámenes Consulta la página 659.

Respuesta directa

5. ¿Cuál es el mayor número posible que puede formarse usando los dígitos 5, 6, 9 y 6?

(Capítulo 2, Lección 1)

6. Alfonso compra 8 cajas de jugo. Cada caja tiene 6 botellas. ¿Cuántas botellas de jugo compra Alfonso?

(Capítulo 9, Lección 3)

7. ¿Cuál de las siguientes horas es la más cercana a las 6:15 p.m.?

| 5:25 p.m. ó 7:10 p.m. |

(Capítulo 12, Lección 4)

8. ¿Qué par ordenado indica la ubicación del Punto *A* en la cuadrícula? Explica lo que representa cada número en el par ordenado.

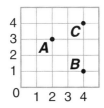

(Capítulo 6, Lección 7)

9. ¿Cuál es la diferencia de altura entre el monte Mitchell y el monte Rogers? Explica cómo usar la estimación para comprobar tu respuesta.

Monte	Altura
Mitchell, NC	6,684 pies
Rogers, VA	5,729 pies

(Capítulo 5, Lección 6)

Respuesta extensa

10. Kenny y Sarah juegan un juego usando las ruedas giratorias de abajo. Gana el juego la persona cuya flecha se detiene primero en el número 1.

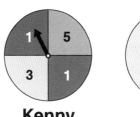 

Kenny   **Sarah**

A ¿En qué número es más probable que se detenga la flecha de Kenny?

B ¿En qué número es más probable que se detenga la flecha de Sarah?

C ¿Es un juego justo? ¿Por qué?

D ¿Qué cambiarías en una rueda giratoria para que el juego fuera justo?

E ¿Hay alguna manera de hacer justo el juego sin cambiar ninguna rueda? Explica tu respuesta.

(Capítulo 7, Lección 4)

Repasa las grandes ideas y el vocabulario de esta unidad.

Grandes ideas

25 °F significa que está helado, pero 25 °C significa que hace calor.

Puedes comprar leche en una botella de 1 galón.

Puedes comprar agua en una botella de 1 litro.

Vocabulario clave
galón
litro

Diálogo matemático

Usa tu nuevo vocabulario para comentar estas grandes ideas.

1. Explica cómo hallar la cantidad de tiempo que ha pasado de las 2:25 p.m. a las 8:10 p.m.

2. Explica cómo usar una regla para medir en pulgadas el ancho de un libro.

3. **Escríbelo** Lee el periódico para llevar la cuenta de la temperatura alta y baja diariamente durante una semana. Haz una gráfica lineal para mostrar los cambios que hubo en estas temperaturas durante esa semana.

Mi mochila mide cerca de un pie de largo.

También puedes decir que mide cerca de 12 pulgadas de largo.

CAPÍTULO 15

Figuras planas y cuerpos geométricos
página 412

CAPÍTULO 16

Congruencia, simetría y transformaciones
página 440

CAPÍTULO 17

Perímetro, área y volumen
página 460

UNIDAD
6

Geometría y medición

Leer matemáticas

Repasar el vocabulario

Éstas son algunas palabras de vocabulario matemático que deberías saber.

área	número de unidades cuadradas que cubren una figura
perímetro	distancia alrededor de una figura plana cerrada
figura plana	figura que tiene dos dimensiones
cuerpo geométrico	figura que tiene tres dimensiones

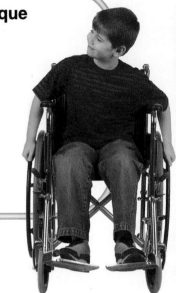

Leer palabras y símbolos

Cuando lees matemáticas, necesitas saber las palabras que identifican figuras. Observa los diferentes nombres de las figuras siguientes.

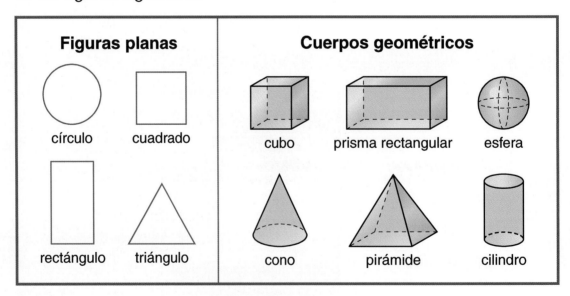

Figuras planas

círculo   cuadrado

rectángulo   triángulo

Cuerpos geométricos

cubo   prisma rectangular   esfera

cono   pirámide   cilindro

Escribe *verdadero* o *falso* en cada oración.

1. Un triángulo tiene 4 lados.   2. Una esfera es un cuerpo geométrico.

Leer preguntas de examen

Escoge la respuesta correcta para cada pregunta.

3. ¿Qué par de figuras son triángulos?

a.

c.

b.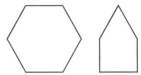

d.

Par significa "dos" o "pareja".

---

4. ¿Qué figura tiene la misma forma que una pelota de playa?

a. círculo   c. rectángulo

b. cilindro   d. esfera

Figura significa "forma".

5. ¿Qué figura tiene el menor número de lados?

a. hexágono   c. cuadrado

b. rectángulo   d. triángulo

El menor significa "menos que los demás".

Aprender vocabulario

Fíjate en estas palabras en esta unidad. Escribe sus definiciones en tu diario.

- semirrecta
- ángulo
- polígono
- cuadrilátero
- volumen

Conectar con la literatura

Lee "Copos de nieve" en la página 653. Luego trabaja con un compañero para responder a las preguntas sobre el cuento.

CAPÍTULO 15

Figuras planas y cuerpos geométricos

INVESTIGACIÓN

Usar datos

La entrada al museo del Louvre en París, Francia, es una pirámide de vidrio diseñada por el arquitecto I. M. Pei. Los cuatro lados están hechos de 673 vidrios. Es una pirámide cuadrangular, lo que significa que su base es un cuadrado. Observa el modelo. ¿Qué forma tiene cada lado? Nombra otras pirámides o figuras piramidales que hayas visto o de las cuales hayas escuchado.

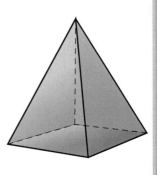

Aplica lo que sabes

**Usa esta página para repasar y recordar
lo que necesitas saber para este capítulo.**

VOCABULARIO

Escoge la mejor palabra para completar cada oración.

1. La vela de un velero tiene 3 líneas rectas como
un ____. **triángulo**

2. Una moneda de 1 centavo parece un ____. **círculo**
cilindro

3. Un ____ tiene la misma forma que una lata de sopa.

4. La portada de una revista tiene forma de ____. **rectángulo**

CONCEPTOS Y DESTREZAS

Usa la siguiente lista. Escribe el nombre de cada figura.

círculo	cono	cubo	cilindro	pirámide
rectángulo	prisma rectangular	esfera	cuadrado	triángulo

5. **círculo**

6. **rectángulo**

7. **triángulo**

8. **cuadrado**

9. **triángulo**

10. **cilindro**

11. **prisma rectangular**

12. **cubo**

13. **pirámide**

14. **cono**

15. **cilindro**

16. **esfera**

17. **pirámide**

18. **prisma rectangular**

19. **cilindro**

Escríbelo

20. Busca 3 objetos de tu salón de clases
que tengan forma de rectángulo.
Revise el trabajo de los estudiantes.

Práctica de operaciones Consulta la página 670.

Rectas, segmentos de recta, semirrectas y ángulos

Objetivo Identificar y comparar rectas, segmentos de recta, semirrectas y ángulos.

Vocabulario

recta

segmento de recta

semirrecta

ángulo

ángulo recto

rectas paralelas

rectas secantes

rectas perpendiculares

Apréndelo

El Salón de la Fama del Rock & Roll está en Cleveland, Ohio. Fue diseñado por el arquitecto I. M. Pei. Puedes encontrar muchas figuras geométricas conocidas en el Salón de la Fama.

Figuras geométricas

Recta	Una **recta** es un camino recto que se extiende indefinidamente en dos direcciones opuestas.	*Las flechas indican que la recta no tiene fin.*
Segmento de recta	Un **segmento de recta** es parte de una recta. Tiene dos extremos.	
Semirrecta	Una **semirrecta** es parte de una recta. Tiene sólo un extremo. Una semirrecta se extiende indefinidamente en una dirección.	o
Ángulo	Un **ángulo** está formado por dos semirrectas que coinciden en un extremo.	

Un **ángulo recto** tiene un vértice cuadrado. Mide 90°.

Algunos ángulos son menores que un ángulo recto.

Algunos ángulos son mayores que un ángulo recto.

▶ También puedes hallar ejemplos de diferentes rectas en el Salón de la Fama del Rock & Roll.

Las **rectas paralelas** están siempre a la misma distancia y nunca se cruzan. 	Las **rectas secantes** se cruzan en un punto común. 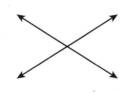	Las **rectas perpendiculares** se cruzan en ángulos rectos. 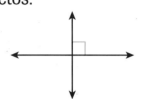

Práctica guiada

Asegúrate
- ¿Tiene extremos la figura?
- ¿Tiene un vértice cuadrado el ángulo?

Indica si la figura es una *recta*, *segmento de recta* o *semirrecta*.

1.

2.

3. ←————————→

4. ←————————•

Indica si cada uno de los ángulos siguientes es un *ángulo recto*, *menor que un ángulo recto* o *mayor que un ángulo recto*.

5.

6.

7.

8.

Indica si las rectas son *paralelas*, *secantes* o *perpendiculares*.

9.

10.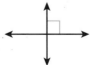

11.

12.

Explícalo ▶ ¿Crees que puedes medir una recta?, ¿un segmento de recta?, ¿una semirrecta? Explica por qué.

 Continúa

Escribe si cada figura es una *recta*, *segmento de recta* o *semirrecta*.

13.   **14.**   **15.**   **16.**

Indica si cada uno de los ángulos siguientes es un *ángulo recto*, *menor que un ángulo recto* o *mayor que un ángulo recto*.

17.   **18.**   **19.**   **20.**

Indica si las rectas son *paralelas*, *secantes* o *perpendiculares*.

21.   **22.**    **23.**   **24.**

Usa la figura de la derecha para resolver los Problemas 25 a 28.

25. ¿Cuántos segmentos de recta tiene la figura?

26. ¿Cuántos ángulos rectos tiene la figura?

27. ¿Cuántos ángulos mayores de 90°
tiene la figura?

28. ¿Cuántos ángulos menores de 90°
tiene la figura?

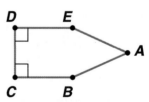

**Escribe *verdadero* o *falso* en cada oración.
Haz un dibujo para explicar tu respuesta.**

29. Una recta tiene un extremo.

30. Una semirrecta es parte de una recta.

31. Un ángulo recto mide 180°.

32. Un segmento de recta tiene dos extremos.

33. Las rectas paralelas se cruzan en ángulos rectos.

34. Las rectas secantes nunca se cruzan.

Usa el letrero para resolver los Problemas 35 a 38.

35. ¿Cuántos segmentos de recta hay en la palabra "FAMA"?

36. ¿Cuántos ángulos rectos hay en la palabra "DE"?

37. ¿Cuántos ángulos mayores que un ángulo recto hay en la palabra "FAMA"?

38. ¿Cuántos ángulos menores que un ángulo recto hay en la palabra "SALÓN"?

> SALÓN DE LA FAMA
> DEL ROCK & ROLL

Resuelve.

39. Observa a la derecha el plano del Salón de la Fama. Escribe la ubicación de 2 tipos diferentes de ángulos que veas. Describe los ángulos.

40. **Represéntalo** Haz un plano de tu salón de clases. Rotula todos los ángulos rectos que dibujes.

41. **Analízalo** ¿A qué horas del día forman un ángulo recto las manecillas de un reloj?

42. Mila dibuja dos segmentos de recta que no se intersecan y no son paralelos. Si los segmentos de recta fueran rectas, ¿se intersecarían alguna vez? Explica tu razonamiento.

Plano del salón de la fama del Rock & Roll

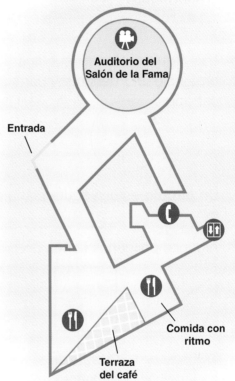

Respuesta directa

Compara. Ordena los números de menor a mayor. (Cap. 1, Lección 6; Cap. 2, Lección 2)

43. 7,684   6,947   7,253

44. 1,293   1,247   1,920

45. 14,678   16,872   14,758

Selección múltiple

46. ¿Qué letra está compuesta por dos ángulos rectos y dos segmentos de recta? (Cap. 15, Lección 1)

   A W   C D

   B T   D L

Tutor en audio 2/12 Escucha y comprende

Clasificar figuras planas

Objetivo Identificar y describir diferentes tipos de figuras planas.

Apréndelo

Observa esta ilustración de la Casa Blanca, en Washington, D.C. Puedes hallar diferentes tipos de figuras planas en la ilustración. ¿Cuántas figuras planas reconoces?

▶ Las **figuras planas** son figuras sin profundidad. Pueden ser cerradas o no cerradas.

Un **círculo** es una figura plana cerrada.

▶ Los **polígonos** son figuras planas cerradas que tienen tres o más segmentos de recta.

Cada segmento de recta se llama **lado**.

Un **vértice** es un punto donde se juntan dos lados.

▶ Algunos polígonos tienen nombres especiales.

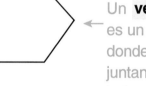

| **Triángulo** 3 lados | **Cuadrado** 4 lados | **Rectángulo** 4 lados | **Pentágono** 5 lados | **Hexágono** 6 lados | **Octágono** 8 lados |

▶ Éstos son **polígonos regulares**.

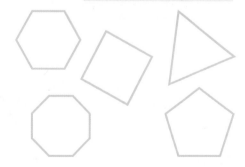

Todos los lados tienen la misma longitud.
Todos los ángulos tienen el mismo tamaño.

▶ Éstos son **polígonos irregulares**.

Los lados pueden tener diferentes longitudes.
Los ángulos pueden tener diferentes tamaños.

Indica si cada una de las siguientes figuras es un polígono. Si lo es, escribe su nombre.

1.

2.

3.

4.

5.

6.

7. ¿Cuáles de los polígonos anteriores son regulares?

Explícalo ▶ ¿Es el círculo un polígono? Explica por qué.

Practicar y resolver problemas

Indica si cada una de las siguientes figuras es un polígono. Si lo es, escribe su nombre.

8.

9.

10.

11.

12.

13.

14.

15.

16. ¿Cuáles de los polígonos anteriores son regulares?

17. Un polígono de diez lados se llama decágono. Dibuja un decágono. ¿Es tu decágono un polígono regular o irregular?

El Capitolio en Washington D.C. también tiene muchas figuras planas.

Usa las figuras planas de la derecha para responder a las Preguntas 18 a 22.

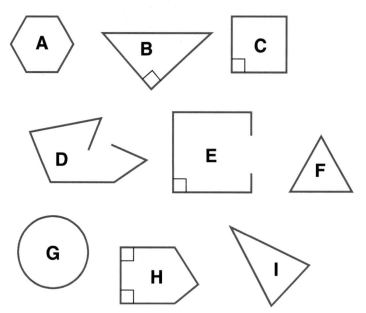

18. ¿Qué figuras planas tienen ángulos rectos?

19. ¿Qué figuras planas tienen menos de 4 lados?

20. ¿Qué figuras planas son cerradas?

21. ¿Qué figuras planas tienen más de 4 ángulos?

22. ¿Qué figuras planas son polígonos regulares?

Usar Datos Usa la gráfica para resolver los Problemas 23 a 27.

La maestra Díaz pide a su clase que anoten los tipos de polígono que hay en su salón de clases. La gráfica de la derecha muestra los resultados.

23. ¿Cuántos triángulos halló la clase? Explica cómo lo sabes.

24. ¿Por qué crees que no hay ninguna X sobre el hexágono?

25. ¿Qué polígono fue el que más halló la clase?

26. ¿Cuántos polígonos halló la clase en total?

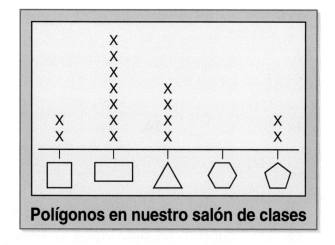

Polígonos en nuestro salón de clases

27. **Predícelo** ¿Qué figura crees que será la que más hallen los estudiantes en otro salón de clases? Explica tu razonamiento.

Usa el dibujo de la derecha para responder a las Preguntas 28 a 32.

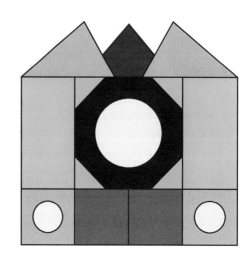

28. ¿De qué color son los triángulos?

29. ¿Cuál es el nombre especial para los polígonos azules?

30. ¿De qué color es el pentágono?

31. ¿Son los polígonos rojos regulares o irregulares? ¿Cuál es su nombre especial?

32. ¿De qué color es la figura que no es un polígono?

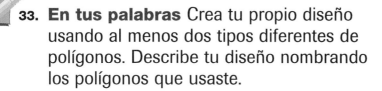

33. En tus palabras Crea tu propio diseño usando al menos dos tipos diferentes de polígonos. Describe tu diseño nombrando los polígonos que usaste.

Resuelve.

34. Observa la vista aérea del edificio a la derecha. Es el Pentágono, en Washington D.C. Describe los polígonos que ves.

35. Analízalo Pía dibujó 3 polígonos. El primero tenía dos lados más que el segundo y el doble de lados que el tercero. Los cuatro lados y ángulos del segundo eran todos iguales. ¿Qué polígonos dibujó Pía?

Repaso general • Preparación para exámenes

Respuesta directa

Escoge la mejor estimación.
(Cap. 14, Lecciones 2 y 3)

36. altura de una casa

    12 m   ó   120 cm

37. capacidad de una bañera

    50 mL   ó   500 L

38. masa de una manzana

    90 g   ó   9 kg

39. La maestra Lao dibujó la figura de abajo. ¿Es un polígono? Explica por qué. (Cap. 15, Lección 2)

Clasificar triángulos

Objetivo Identificar, describir y clasificar diferentes tipos de triángulos.

Apréndelo

Un puente debe sostener cargas pesadas. A menudo, los ingenieros de puentes usan la forma de triángulo para compensar el peso de los vehículos para que el puente no se rompa. ¿Puedes ver los diferentes tipos de triángulos de este puente?

▶ Algunos triángulos tienen nombres especiales.

Triángulo equilátero	**Triángulo isósceles**	**Triángulo rectángulo**	**Triángulo escaleno**
Todos los lados tienen la misma longitud.	Dos lados tienen la misma longitud.	Uno de sus ángulos es recto.	Cada lado tiene diferente longitud.

Práctica guiada

Nombra el tipo de triángulo. Escribe *equilátero, isósceles, rectángulo* o *escaleno*.

1.

2.

3.

4.

5.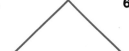

6.

Explícalo ▶ ¿Son polígonos todos los triángulos? ¿Son triángulos todos los polígonos? Explica tu razonamiento.

Nombra el tipo de triángulo. Escribe *equilátero, isósceles,* *rectángulo* **o** *escaleno.*

7.

8.

9.

10.

11.

12.

13.

14.

Usa los triángulos de la derecha para resolver los Problemas 15 a 17.

15. ¿Qué triángulos tienen por lo menos 2 lados iguales en longitud?

16. ¿Qué triángulos tienen un ángulo que es menor que un ángulo recto?

17. ¿Qué triángulo tiene un ángulo que es mayor que un ángulo recto?

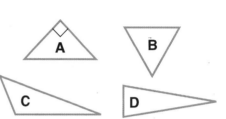

Resuelve.

18. **Predícelo** Observa los triángulos equiláteros de la ilustración a la derecha. ¿Qué crees que es verdadero acerca de sus ángulos?

19. **Represéntalo** ¿Puede un triángulo tener un ángulo recto y ser isósceles? Usa un dibujo para explicar tu respuesta.

20. ¿Puede un triángulo tener dos lados que sean paralelos? Explica tu razonamiento.

Este invernadero tiene forma de domo geodésico.

Repaso general • Preparación para exámenes

Respuesta directa

Escribe el valor del dígito subrayado en cada número. (Cap. 1, Lección 7)

21. 95<u>4</u>

22. 589,8<u>5</u>1

23. 4,<u>3</u>78

24. <u>1</u>1,607

25. 1<u>2</u>,311

26. <u>3</u>08,825

Selección múltiple

27. ¿Qué palabra NO podría describir un triángulo?
(Cap. 15, Lección 3)

A figura plana   C polígono

B de cuatro lados   D equilátero

Clasificar cuadriláteros

Objetivo Identificar, describir y clasificar diferentes tipos de figuras de cuatro lados.

Vocabulario

cuadrilátero

paralelogramo

rectángulo

cuadrado

diagonal

Apréndelo

El edificio de la ilustración a la derecha es la Biblioteca del Condado de Bounty. Está ubicado en Fort Lauderdale, Florida.

El arquitecto de esta biblioteca, o la persona que la diseñó, usó diferentes tipos de cuadriláteros.

Un **cuadrilátero** es un polígono con 4 lados y 4 ángulos.

▶ Algunos cuadriláteros tienen nombres especiales.

Cuadrilátero	**Paralelogramo**	**Rectángulo**	**Cuadrado**
• 4 lados	• 4 lados	• 4 lados	• 4 lados iguales
• 4 ángulos	• 4 ángulos	• 4 ángulos rectos	• 4 ángulos rectos
	• los lados opuestos son paralelos	• los lados opuestos son paralelos	• los lados opuestos son paralelos

▶ Una **diagonal** conecta los dos vértices de un polígono que no están uno junto al otro.

Puedes formar triángulos dibujando una diagonal en un cuadrilátero.

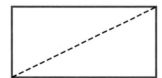 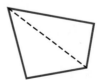

- ¿Cuántos lados hay?
- ¿Son paralelos los lados?
- ¿Hay cuatro ángulos rectos?

Indica si la figura es un cuadrilátero.
Si tiene un nombre especial, escríbelo.

1.    **2.**   **3.**

Escribe *verdadero* o *falso* en cada oración.
Haz un dibujo para explicar tu respuesta.

4. Un triángulo es un cuadrilátero.

5. Un cuadrado tiene dos pares de lados paralelos.

6. Un rectángulo es un paralelogramo.

7. Todos los cuadriláteros tienen 4 ángulos rectos.

Explícalo ▶ Explica por qué un cuadrado es tanto un rectángulo como un paralelogramo.

Practicar y resolver problemas

Indica si la figura es un cuadrilátero.
Si tiene un nombre especial, escríbelo.

8.    **9.**   **10.**   **11.**

12.   **13.**   **14.** 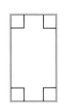   **15.**

16. Describe dos maneras diferentes de clasificar las figuras anteriores en dos grupos.

Continúa

Copia la figura de la derecha para resolver los Problemas 17 a 19.

17. Dibuja una diagonal de A a C.
¿Cuántos triángulos hay?

18. Dibuja otra diagonal de B a D.
¿Cuántos triángulos hay ahora?

19. ¿Puedes dibujar otra diagonal?
Explica por qué.

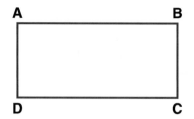

**Escribe *verdadero* o *falso* en cada oración.
Haz un dibujo para explicar tu respuesta.**

20. Algunos polígonos son cuadriláteros.

21. Algunos rectángulos son cuadrados.

22. Todos los cuadriláteros son paralelogramos.

23. Ningún triángulo tiene lados paralelos.

 Usar Datos Usa la cuadrícula para resolver los Problemas 24 a 27.

24. ¿Qué letra está en (2, 1)?

25. Escribe el par ordenado para *R*.

26. ¿Qué polígono puedes formar usando
segmentos de recta para conectar
S, *T* y *U*?

27. **Escríbelo** Puedes formar un cuadrado
conectando todos los puntos de la
cuadrícula. Explica cómo sabes que es
un cuadrado.

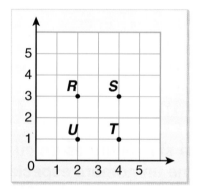

Resuelve.

28. Escribe los nombres de los diferentes
cuadriláteros que ves en la foto de la
derecha.

29. **Represéntalo** Diseña tu propio
edificio. Dibújalo usando sólo
cuadriláteros y diagonales. Rotula los
diferentes cuadriláteros que dibujaste.

*En el interior de la Biblioteca del Condado
de Bounty, en Florida, crecen árboles.*

Práctica adicional Consulta la página 439, Conjunto D.

Razonamiento visual
Colocar polígonos

Observa el diagrama de Venn.

- Los polígonos que tienen ángulos rectos están en un óvalo.

- En el otro óvalo hay diferentes tipos de cuadrilátero.

¿Qué figuras aparecen en ambos óvalos?

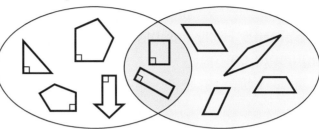

Polígonos con ángulos rectos   Diferentes tipos de cuadrilátero

Decide en qué parte del diagrama de Venn va cada polígono.
Escribe *amarillo, azul* o *verde*.

1.   **2.**   **3.**   **4.**

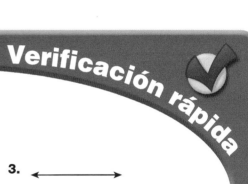

Verificación rápida

Verifica tu comprensión de las Lecciones 1 a 4.

Nombra las figuras. Escribe *recta, segmento de recta, semirrecta* o *ángulo recto*. (Lección 1)

1.   **2.**   **3.**

Decide si la figura es un polígono. Si lo es, escribe su nombre. (Lecciones 2 a 4)

4.    **5.**   **6.**   **7.**

Nombra los triángulos. Escribe *isósceles, equilátero, escaleno* o *triángulo rectángulo*. (Lección 3)

8.   **9.**   **10.**

Resolver problemas: Estrategia

Busca un patrón

Objetivo Resolver problemas buscando y completando patrones.

Problema Holly usa bloques para formar el siguiente patrón.

Imagina que ella continúa su patrón. ¿Cuáles es probable que sean las 3 pilas de bloques siguientes?

COMPRÉNDELO

Esto es lo que ya sabes.

Los bloques están ordenados en un patrón.

PLANÉALO

Puedes hallar un patrón para resolver el problema.

RESUÉLVELO

- El patrón de Holly tiene 1 bloque, luego 3 bloques, luego 5, luego 7.

> **Piénsalo**
> ¿En qué se diferencia cada pila de la anterior?

- Cada pila tiene 2 bloques más que la pila anterior, uno adicional arriba y otro abajo.

- Para continuar el patrón, las tres pilas de bloques siguientes deben ser:

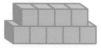  

Solución: Las tres pilas de bloques siguientes deben tener 9, 11 y 13 bloques, respectivamente.

VERIFÍCALO

Verifica el problema.

¿Te parece que esta solución responde a la pregunta?

Práctica guiada

Usa las preguntas de Asegúrate para resolver los problemas.

1. Lino hace el collar que se muestra aquí. Si continúa su patrón, ¿de qué color es probable que sean las dos cuentas siguientes?

2. Pilar creó un patrón usando letras. Si continúa su patrón, ¿cuáles tres letras es probable que sean las siguientes? Explica cómo lo sabes.

A B B A C C A D D A

 Pista ¿Cómo cambian las letras cada vez?

Asegúrate

 COMPRÉNDELO ¿Qué operaciones conozco?

 PLANÉALO ¿Hallé el patrón?

RESUÉLVELO ¿Usé el patrón para responder a la pregunta?

VERIFÍCALO ¿Tiene sentido la solución?

Práctica independiente

Usa un patrón para resolver cada problema.

3. **Represéntalo** Observa el patrón de figuras de la derecha. Dibuja las 3 figuras siguientes del patrón.

4. Diego construye una figura con 9 latas en la base. Cada fila tiene una lata menos que la fila de abajo. ¿Cuántas latas hay en la quinta fila que construye?

5. Mike lee el lunes las 10 primeras páginas de su libro. Cada día lee 3 páginas más que el día anterior. ¿Cuántas páginas leerá el viernes?

6. **Crea y resuelve** Reordena las tarjetas de números de la derecha para formar tu propio patrón. Luego predice las 2 tarjetas siguientes del patrón.

Continúa

Capítulo 15 Lección 5 429

Práctica variada

Resuelve. Muestra tu trabajo. Indica qué estrategia usaste.

7. Felipe tiene 3 bloques de diferente color: rojo, azul y verde. ¿De cuántas maneras diferentes puede colocarlos en fila?

8. Hans mide 25 pulgadas de estatura. Dana mide el doble de estatura que Hans. Angie es 15 pulgadas más baja que Dana. ¿Cuál es la estatura de Angie?

9. **Explícalo** Tres senderos de un parque forman un triángulo. Si un lado del triángulo es perpendicular al otro lado, ¿qué tipo de triángulo es? Indica cómo lo sabes.

Selecciónalo

Estrategia

- Represéntalo
- Haz un dibujo
- Haz una tabla
- Usa razonamiento lógico
- Escribe un enunciado de números

Método de cálculo

- Cálculo mental
- Estimación
- Papel y lápiz
- Calculadora

Usar Datos Usa la gráfica para resolver los Problemas 10 a 13.

10. La clase de Lynn votó por su polígono favorito. ¿Qué polígono recibió más votos?

11. ¿Cuántos estudiantes más que los que escogieron triángulos escogieron cuadrados?

12. Si cada estudiante votó por un polígono, ¿cuántos estudiantes hay en la clase de Lynn?

13. **Encuentra el error** Ana dice que los octágonos obtuvieron tres votos más que los pentágonos. ¿Cuál es su error?

Nuestros polígonos favoritos

Resolver problemas en exámenes

Selección múltiple

Escoge la letra de la respuesta correcta. Si la respuesta correcta no aparece, escoge NA.

1. ¿Qué edificio está ubicado en el (3, 1) de la cuadrícula?

   A tienda

   B biblioteca

   C escuela

   D casa

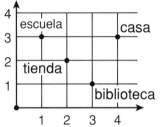

   (Capítulo 6, Lección 7)

2. José usa una balanza de plato para medir la masa de un diccionario. Si su masa es 3,000 gramos, ¿cuántas barras de un kilo necesitará para equilibrar la balanza?

   F 1   **G** 3   **H** 6   **J** 9

   (Capítulo 14, Lección 5)

Respuesta directa

Resuelve cada problema.

3. Piensa en dos tipos diferentes de triángulo. ¿Qué cosa sabes de los lados y los ángulos que hace diferentes a tus triángulos? Dibuja tus triángulos.

   (Capítulo 15, Lección 3)

4. ¿Qué regla describe la relación entre la salida y la entrada?

Entrada	Salida
0	2
1	3
4	6
7	9

   (Capítulo 10, Lección 9)

Respuesta de desarrollo

5. Algunos amigos vieron estos objetos en una feria callejera. Se vendían por paquete.

Venta callejera	
Objeto	**Unidades por paquete**
Canicas	27
Tarjetas de fútbol	10
Lápices	15
Anillos	30

   a. ¿Cuáles objetos de la lista pueden ser compartidos por igual entre 3 amigos sin que sobre ninguno? ¿Cuántos objetos recibe cada amigo?

   b. ¿Cuáles objetos de la lista pueden ser compartidos por igual entre 5 amigos sin que sobre ninguno? ¿Cuántos objetos recibe cada amigo?

   c. ¿Cuáles de los objetos pueden ser compartidos por igual entre 3 y 5 amigos? Explícalo usando enunciados de multiplicación o división.

   d. Imagina que 4 amigos quieren compartir tarjetas de fútbol por igual. ¿Cuál es el menor número de paquetes que necesitan comprar para que no sobren tarjetas? Explica.

   (Capítulo 9, Lección 7)

Tutor en audio 2/13 Escucha y comprende

Cuerpos geométricos

Objetivos Identificar, describir y clasificar cuerpos geométricos.

Apréndelo

Las figuras de abajo son **cuerpos geométricos**. Son figuras tridimensionales, no planas.

Vocabulario

cuerpo geométrico

prisma rectangular

cubo

esfera

cono

cilindro

pirámide

Cuerpos geométricos

| prisma rectangular | cubo | esfera | cono | cilindro | pirámide |

▶ Los cuerpos geométricos complejos están formados por dos o más cuerpos geométricos.

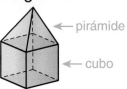

← pirámide

← cubo

Este cuerpo está formado por una pirámide y un cubo.

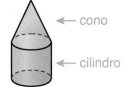

← cono

← cilindro

Este cuerpo está formado por un cono y un cilindro.

Práctica guiada

Nombra los cuerpos geométricos.

1.

2.

3.

Asegúrate

• ¿Está la figura compuesta por más de un cuerpo geométrico?

Explícalo ▶ Observa los cuerpos geométricos anteriores. Describe cómo puedes clasificar los cuerpos geométricos de dos maneras diferentes.

Nombra el cuerpo geométrico al que se parece cada objeto.

4.

5.

6.

7.

8.

9.

10.

11.

Nombra los cuerpos geométricos que conforman cada objeto.

12.

13.

14.

15.

Resuelve.

16. El balón de baloncesto de Devika cabe perfectamente en una caja. ¿A qué cuerpo geométrico es más probable que se parezca la caja?

17. Encuentra el error Mona dice que la esfera es el único cuerpo geométrico que puede rodar. Explica su error.

18. En el supermercado, Josh compró cosas con forma de esfera, cilindro y prisma rectangular. ¿Cuáles son las 3 cosas que pudo haber comprado?

19. Escríbelo Un cubo es un tipo especial de prisma rectangular. Describe en qué se diferencia un cubo de otros prismas rectangulares.

Respuesta directa

Escribe el número en forma estándar.

(Cap. 1, Lección 4)

20. tres mil noventa y nueve

21. $7,000 + 500 + 2$

22. 4 centenas   1 decena   6 unidades

Selección múltiple

23. ¿Qué cuerpo geométrico describe mejor la forma de una caja de zapatos? (Cap. 15, Lección 6)

A cilindro   **C** cubo

B pirámide   **D** prisma rectangular

Explorar los cuerpos geométricos

Objetivo Usar modelos para relacionar cuerpos geométricos con figuras planas.

Vocabulario
cara
arista
vértice

Materiales
modelos de cuerpos
geométricos
papel
lápiz
Recurso de
enseñanza 26

Trabajar juntos

Observa el prisma rectangular de abajo. Tiene **caras** , **aristas** y **vértices** .

Un **vértice** es un punto donde se encuentran las aristas. →

Una **cara** es una superficie plana de un cuerpo geométrico.

← Una **arista** se forma cuando se encuentran dos caras.

Explora los cuerpos geométricos con modelos.

PASO 1

Traza el contorno de las caras de un prisma rectangular.

- ¿Qué forma tienen las caras?
- ¿Cuántas caras tiene?

PASO 2

Cuenta el número de aristas. Luego cuenta el número de vértices.

- ¿Cuántas aristas hay?
- ¿Cuántos vértices hay?

Anota tus respuestas en una tabla como la de abajo.

PASO 3

Repite con el cubo y la pirámide para completar la tabla.

Modelo	Forma de las caras	Número de caras	Número de aristas	Número de vértices
Prisma rectangular				
Cubo				
Pirámide				

PASO 4

Usa tu tabla para responder a estas preguntas.

- ¿Tienen todas las caras del cubo la misma forma?
- ¿Tienen todas las caras de la pirámide la misma forma?
- ¿Qué modelos tienen el mismo número de aristas?
- ¿Qué modelos tienen el mismo número de vértices?

Puedes usar figuras planas y segmentos de recta
para dibujar cuerpos geométricos.

PASO 1

Dibuja dos rectángulos del mismo
tamaño y forma, como los que se
muestran a la derecha.

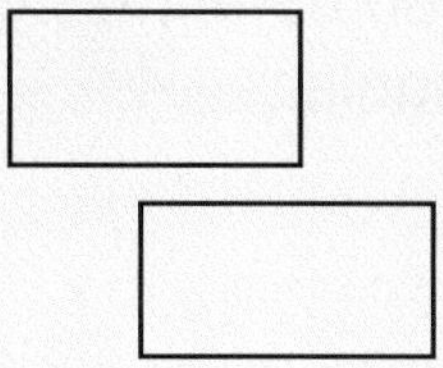

PASO 2

Luego conecta los vértices de los
rectángulos con segmentos de recta.

- ¿Qué cuerpo geométrico dibujaste?

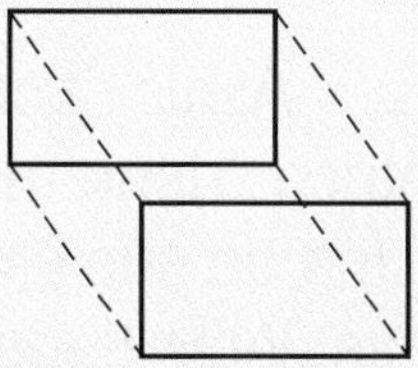

Por tu cuenta

**Copia las figuras planas. Luego conéctalas con segmentos
de recta para formar cuerpos geométricos. Nombra los
cuerpos geométricos que dibujaste.**

1.

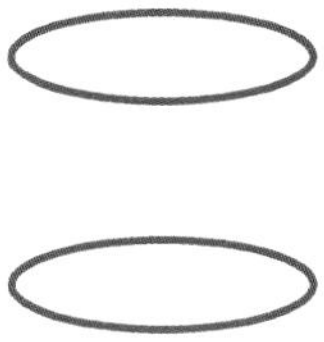

2.

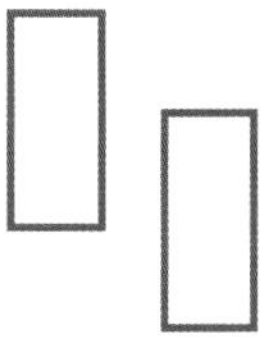

3.

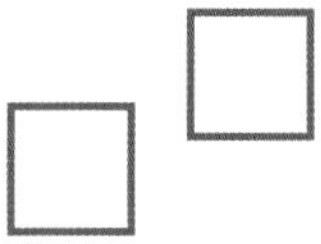

Nombra los cuerpos geométricos que tienen las caras que se muestran.

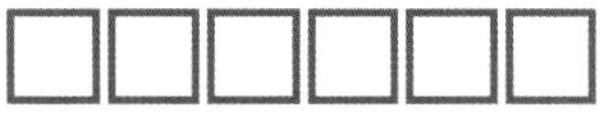

Continúa

Escribe *verdadero* o *falso* en cada oración. Si es falsa, escribe una oración que sea verdadera.

7. Las torres de la ilustración de la derecha tienen forma de cilindro.

8. La punta de cada una de las torres de la foto tiene forma de esfera.

9. Una arista se forma cuando se encuentran 2 caras.

10. Una pelota de tenis se parece a un cono.

11. Un cubo tiene más caras que un prisma rectangular.

Resuelve.

12. Drew hizo una caja de madera en forma de cubo. Pintó cada cara de un color diferente. ¿Cuántos colores usó?

13. **Analízalo** Ashley tiene un cuerpo geométrico. Tiene menos caras que un cubo. Una de sus caras es un cuadrado. Las otras caras tienen todas la misma forma. ¿Qué cuerpo geométrico es?

14. Mira a tu alrededor en el salón de clases. ¿Qué par de cuerpos geométricos podrías usar para construir un cuerpo geométrico similar al que se muestra aquí?

El Alcázar es un castillo medieval que está en Segovia, España.

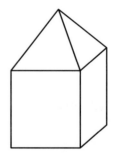

Coméntalo • Escríbelo

Ya aprendiste cómo se relacionan los cuerpos geométricos con las figuras planas.

15. ¿Cuál de los modelos de la derecha tiene una cara que es un triángulo?, ¿un rectángulo? ¿y un círculo?

16. ¿Hay algún modelo de la derecha que tenga más vértices que aristas? Explica tu razonamiento.

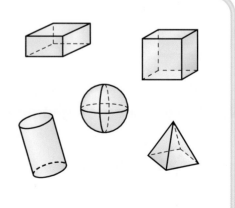

Razonamiento Visual
Bloques geométricos

Los bloques pueden usarse para hacer patrones basados en el tamaño y la forma.

¿Cuál es el bloque que sigue en el patrón?

1.

2.

3.

4. Usa o dibuja bloques para crear tu propio patrón. Pide a un compañero que coloque o dibuje los 3 bloques siguientes del patrón.

Razonamiento lógico
Analogías

Una **analogía** es una comparación de objetos que están relacionados entre sí.

> Un gorro de fiesta es a un cono lo que una pelota de tenis es a un(a) _____.
>
> **A** pirámide **C** cono
>
> **B** esfera **D** cubo

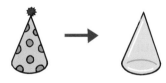

Un gorro de fiesta y un cono tienen la misma forma. La respuesta es B, porque una pelota de tenis y una esfera tienen la misma forma.

1. Una rueda es a un círculo lo que un billete de dólar es a un _____.

   A cuadrado **C** triángulo

   B octágono **D** rectángulo

2. Un cuadrilátero es a 4 lados lo que un hexágono es a _____ lados.

   A 3 **C** 5

   B 6 **D** 8

Repaso/Examen del capítulo

VOCABULARIO

1. Un polígono regular de 3 vértices es un ____.

2. Una parte de una recta que tiene un solo extremo es una _____.

3. Una lata de atún tiene forma de ____.

4. Una caja de zapatos tiene forma de ____.

Vocabulario

- semirrecta
- cilindro
- prisma rectangular
- cuadrilátero
- triángulo equilátero

CONCEPTOS Y DESTREZAS

Identifica cada figura. Si tiene un nombre especial, escríbelo. (Lecciones 1 y 2, págs. 414 a 421)

5.   6.   7.   8.   9.

Escribe el nombre de cada figura. Indica si es un polígono regular.

(Lecciones 2 a 4, págs. 418 a 426)

10.   11.   12.   13.   14.

Nombra los siguientes cuerpos geométricos. (Lecciones 6 y 7, págs. 432 a 436)

15.   16.   17.   18.   19.

RESOLVER PROBLEMAS

Resuelve. (Lección 5, págs. 428 a 430)

20. ¿Cuáles son las tres figuras siguientes de este patrón?

Escríbelo

Muestra lo que sabes
Piensa en un cuadrilátero, un rectángulo y un cuadrado. ¿En qué se parecen? ¿En qué se diferencian?

Práctica adicional

Conjunto A (Lección 1, págs. 414 a 417)

Indica si el ángulo es *recto, menor que un ángulo recto* o
mayor que un ángulo recto.

1.    2.   3.

Conjunto B (Lección 2, págs. 418 a 421)

Indica si la figura es un polígono. Si lo es, escribe su nombre.

1.   2.   3.   4.

Conjunto C (Lección 3, págs. 422 y 423)

Nombra el tipo de triángulo que se muestra. Escribe *equilátero, isósceles,
rectángulo* o *escaleno.*

1. 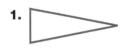   2.    3.   4.

Conjunto D (Lección 4, págs. 424 a 426)

Indica si la figura es un cuadrilátero. Si tiene un nombre
especial, escríbelo.

1.   2.   3.   4.

Conjunto E (Lección 6, págs. 432 y 433)

Nombra cada cuerpo geométrico.

1.   2.   3.   4.

Congruencia, simetría y transformaciones

INVESTIGACIÓN

Usar datos

La escultura Venture en Dallas, Texas, está hecha de círculos y óvalos. Observa los dos pares de figuras de la derecha. Describe en qué se parecen y en qué se diferencian las figuras de cada par.

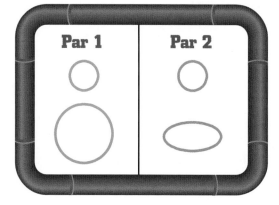

Par 1   Par 2

Aplica lo que sabes

Usa esta página para repasar y recordar lo que necesitas saber para este capítulo.

VOCABULARIO

Escoge el mejor término para completar cada oración.

Vocabulario
- círculo
- triángulo
- rectángulo
- figuras planas
- cuerpos geométricos

1. Otro nombre para las figuras geométricas de dos dimensiones es _____.

2. Un polígono de 3 lados y 3 ángulos se llama _____.

3. Un _____ es una figura plana que no tiene aristas ni vértices.

CONCEPTOS Y DESTREZAS

Clasifica cada una de las siguientes como figura plana o cuerpo geométrico. Luego, nombra cada figura.

4.

5.

6.

7.

8.

9.

Escríbelo

10. Observa el siguiente par de figuras. ¿Son exactamente iguales? Explica por qué.

Práctica de operaciones Consulta la página 669.

Figuras congruentes

Aplícalo Lección 1

Objetivo Aprender acerca de figuras que son iguales en tamaño y forma.

Vocabulario
congruente

Materiales
bloques de figuras
papel de construcción
papel de calcar

Trabajar juntos

Las figuras planas que tienen el mismo tamaño y forma son **congruentes.** Trabaja con un compañero para dibujar figuras que sean congruentes.

PASO 1 Escoge un bloque de figura. Traza alrededor de las aristas del bloque en papel de construcción. Luego calca alrededor del mismo bloque en papel para calcar.

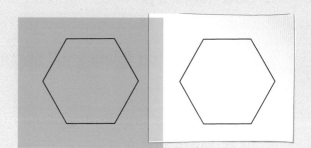

PASO 2 Compara las dos figuras que trazaste. ¿Coincide exactamente el contorno de la figura del papel de calcar con el contorno de la figura del papel de construcción?

• ¿Son del mismo tamaño?

• ¿Tienen la misma forma?

• ¿Son congruentes?

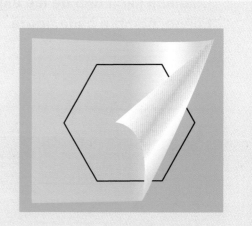

Otros ejemplos

A. Tamaños diferentes

Las figuras no son congruentes. No son del mismo tamaño.

B. Formas diferentes

Las figuras no son congruentes. No tienen la misma forma.

442

Traza una de las dos figuras. Coloca la figura trazada encima de la otra figura. ¿Son congruentes?

1.    **2.**    **3.**

Traza la primera figura. Coloca la figura trazada encima de las otras figuras. Luego escoge la figura que sea congruente con ella. Escribe *a, b* o *c*.

4.

   a.   **b.**   **c.**

5.

   a. 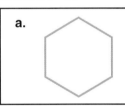   **b.**    **c.**

6.

   a.   **b.**   **c.**

Coméntalo • Escríbelo

Ya aprendiste que las figuras que tienen el mismo tamaño y forma son congruentes.

7. No todos los círculos son congruentes. Explica por qué.

8. Represéntalo ¿Crees que todos los rectángulos son congruentes? Haz dibujos para apoyar tu respuesta.

9. Analízalo Isabel dibujó un octágono. Marco dibujó un hexágono. ¿Puede ser congruente la figura de Isabel con la figura de Marco? Explica.

Aplícalo
Lección
2

Tutor en audio 2/14 Escucha y comprende

Figuras semejantes

Objetivos Aprender acerca de figuras que son semejantes.

Vocabulario
semejante

Materiales
papel cuadriculado
o Recurso de
enseñanza 27

Apréndelo

Algunos estudiantes de arte hicieron un mural. Lo diseñaron dibujándolo sobre papel cuadriculado. El mural es una copia exacta del dibujo, pero más grande.

Las figuras que tienen la misma forma pero que no necesariamente tienen el mismo tamaño se llaman **semejantes**.

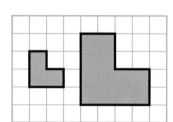

Estas figuras son semejantes. Tienen la misma forma. No tienen el mismo tamaño.

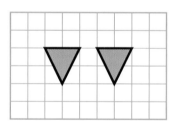

Estas figuras son semejantes y congruentes. Tienen la misma forma y el mismo tamaño.

Prueba esta actividad para dibujar una figura semejante a la de abajo.

PASO 1 Multiplica la longitud por 2.
$2 \times 6 = 12$

PASO 2 Multiplica la altura por 2.
$2 \times 4 = 8$

PASO 3 Dibuja la figura semejante con una longitud de 12 unidades y una altura de 8 unidades.

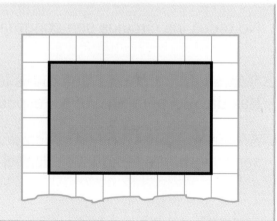

444

Indica si las dos figuras de cada ejercicio son semejantes.

1.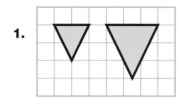

2.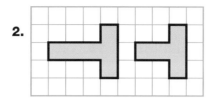

Explícalo ▶ ¿Son semejantes todos los triángulos equiláteros? ¿Son congruentes? Explica.

Practicar y resolver problemas

Indica si las dos figuras de cada ejercicio son semejantes.

3.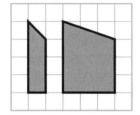

4.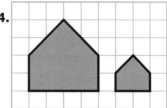

5.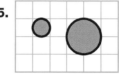

Usa las figuras de diferentes colores del diseño para responder a las Preguntas 6 a 9.

6. Observa los círculos del diseño. ¿Son semejantes? ¿Son congruentes? Explica.

7. ¿Qué cuadriláteros del diseño son semejantes pero no congruentes?

8. Busca otras dos figuras que sean semejantes pero no congruentes. ¿De qué color y forma son?

9. **Analízalo** ¿Puedes combinar dos figuras del diseño para formar una figura que sea congruente con otra figura del diseño? Explica cómo.

Continúa ▶

Escribe *verdadero* o *falso* en cada oración. Luego escribe una oración o dibuja un ejemplo para explicar tu respuesta.

10. Todos los círculos son semejantes.

11. Todos los cuadriláteros son semejantes.

12. Todos los rectángulos son semejantes.

13. Todos los cuadrados son semejantes.

14. Algunos triángulos son semejantes.

15. No hay círculos congruentes.

16. Algunos cuadrados son congruentes.

17. Algunos cuadriláteros son congruentes.

Resuelve.

18. Alex quiere dibujar una figura semejante a estos triángulos. Si dibuja un lado de 6 pulgadas de largo, ¿qué longitud deben tener los otros lados?

19. Encuentra el error Leila dibujó las siguientes figuras. Dice que dibujó figuras congruentes. ¿Cuál fue su error? ¿Cómo lo sabes?

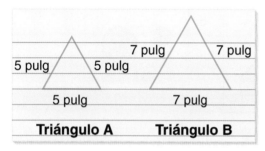

Triángulo A   Triángulo B

20. Explícalo Jessie dibujó un cuadrado con lados de 9 cm de largo. George dibujó un cuadrado con lados de 6 cm de largo. ¿Son semejantes las figuras que dibujaron Jessie y George? ¿Son congruentes?

21. Erin dibujó un hexágono con lados de 8 cm de largo. Mark dibujó un octágono con lados de 8 cm de largo. ¿Son semejantes las figuras? ¿Son congruentes? Explica.

Repaso general • Preparación para exámenes

Respuesta directa

Completa cada patrón. (Cap. 1, Lección 5)

22. 1, 6, 11, 16, ____

23. 26, 23, 20, 17, ____, ____

24. 60, 61, 63, 66, 70, ____, ____

25. 2, 4, 8, 16, ____, ____

26. ¿Son semejantes las figuras de abajo? ¿Son congruentes? Explica cómo lo sabes. (Cap. 16, Lección 2)

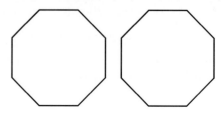

Práctica adicional Consulta la página 459, Conjunto B.

Razonamiento visual
Elegir la dirección

La gente usa a menudo su sentido de orientación para evitar perderse.

Imagina que las indicaciones que se muestran son para llegar a la casa de un amigo.

> Al salir de tu casa, dobla a la izquierda.
> Dobla a la derecha en New Freedom Road.
> Luego dobla a la izquierda en Chairville Road.
> Cruza la Ruta 70 y dobla a la derecha en Stokes Road.
> Mi casa es la segunda casa a la izquierda.

1. Lee las indicaciones. Luego escribe las indicaciones para regresar a casa.

2. Las indicaciones también te pueden indicar adónde moverte en una cuadrícula. Completa el conjunto de indicaciones para dibujar esta figura.

- Comienza en (4, 5).
- Avanza 2 a la derecha.
- Avanza 2 hacia abajo.
- Avanza 2 a la izquierda.
- Avanza 2 hacia abajo.

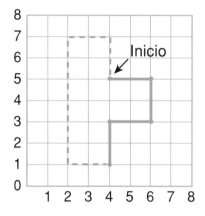

Verifica tu comprensión de las Lecciones 1 y 2.

Escribe si las dos figuras son congruentes o semejantes. (Lecciones 1 y 2)

1.

2.

3.

4. Sam corta un triángulo equilátero con lados de 5 pulgadas de largo. Sarah corta un triángulo equilátero con lados de 8 pulgadas de largo. ¿Son congruentes o semejantes los dos triángulos?

5. Jason quiere dibujar dos cuadrados congruentes. El primer cuadrado que dibuja tiene lados que miden 8 cm. ¿Cuánto deben medir los lados del segundo cuadrado?

Eje de simetría

Objetivo Aprender acerca de figuras que tienen ejes de simetría.

Vocabulario
simetría

eje de simetría

Materiales
bloques de figuras
(hexágono y triángulo)
papel
tijeras

Trabajar juntos

Una figura plana que tiene **simetría** puede doblarse a lo largo de una línea de manera que las dos partes coincidan exactamente. A esa línea se le llama **eje de simetría.**

Trabaja con un compañero. Usa bloques de figuras para dibujar figuras con ejes de simetría.

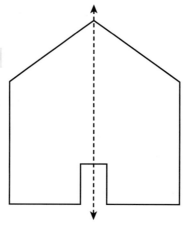

PASO 1
Traza el bloque de hexágonos sobre el papel. Luego, trázalo de nuevo para que los dos hexágonos formen una figura.

PASO 2
Recorta la figura. Luego dóblala por la mitad para descubrir un eje de simetría. Marca el eje con un lápiz.

PASO 3
Ahora dóblala de otra manera para descubrir otro eje de simetría. Márcalo con un lápiz.

• ¿Cuántos ejes de simetría hay?

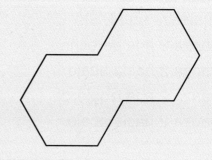

PASO 4
Repite los pasos 1 a 3 usando el bloque de triángulos. Asegúrate de marcar los ejes de simetría con un lápiz.

• ¿Cuántos ejes de simetría hay?

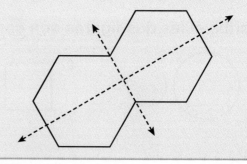

Traza y recorta cada figura. Dobla la figura y anota el número de ejes de simetría.

1.

2.

3.

4.

Indica si las siguientes líneas parecen ejes de simetría.

5.

6.

7.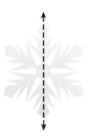

8.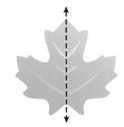

9.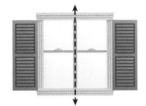

10.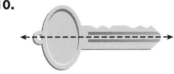

Resuelve.

11. Dibuja el número *ocho* de modo que tenga dos ejes de simetría. Luego dibuja otro número que tenga simetría.

12. **Analízalo** ¿Tiene el círculo más de un eje de simetría? Dibuja un círculo con ejes de simetría para explicar tu razonamiento.

Coméntalo • Escríbelo

Ya aprendiste que las figuras que tienen simetría pueden doblarse de modo que las dos partes coincidan.

13. ¿Tienen las figuras congruentes los mismos ejes de simetría? ¿Tienen las figuras semejantes los mismos ejes de simetría? Explica tu razonamiento.

14. **Represéntalo** Dibuja una figura que no tenga ejes de simetría.

Aplícalo
Lección 4

Transformaciones

Objetivo Aprender acerca de inversiones, traslaciones y giros.

Vocabulario

traslación

inversión

giro

Materiales
bloque de figura rojo (trapecio)

hoja punteada (Recurso de enseñanza 29)

Trabajar juntos

Puedes mover figuras sin cambiar su tamaño o forma.

Puedes **trasladar** la figura sobre una línea recta.

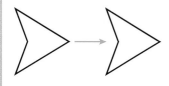

Puedes **invertir** la figura sobre una recta para obtener una imagen especular.

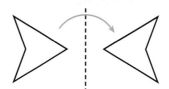

Puedes **girar** o mover la figura alrededor de un punto.

Trabaja con un compañero. Usa un bloque de figura para mostrar una traslación.

PASO 1

Coloca el bloque de figura sobre la hoja punteada.

Traza alrededor de sus aristas. Luego traslada el bloque de figura hacia la derecha, a lo largo de la fila de puntos. Traza nuevamente alrededor del bloque.

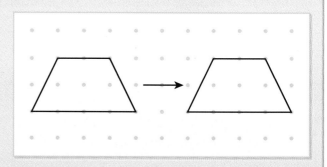

- ¿Tiene la segunda figura el mismo tamaño que la primera figura? ¿Tiene la misma forma?

- ¿Cómo cambia la figura?

PASO 2

Ahora traslada la figura, como se muestra en el dibujo, y trázala de nuevo.

- ¿Cómo cambia la figura?

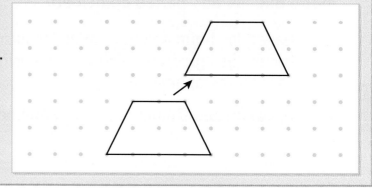

450

Ahora, usa el bloque de figura para mostrar una inversión.

PASO 3

Traza nuevamente el bloque de figura.

Luego dibuja una línea punteada sobre el bloque de figura. Invierte el bloque de figura sobre la línea punteada. Luego traza nuevamente alrededor del bloque. Esto forma una imagen especular.

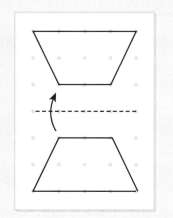

- ¿Son congruentes las dos figuras?

- Describe en qué se diferencia la segunda figura de la primera figura.

PASO 4

Traza nuevamente el bloque de figura.

Ahora invierte el bloque de figura como se muestra a la derecha y trázalo de nuevo.

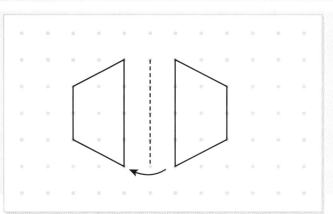

- ¿Cómo cambia la figura cada vez?

Ahora usa el bloque de figuras para mostrar un giro.

PASO 5

Traza nuevamente el bloque de figura.

Luego gira el bloque de figura medio giro alrededor del punto en el papel. Luego, traza nuevamente alrededor del bloque.

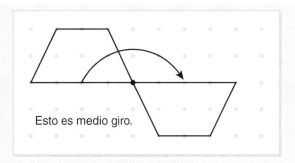

Esto es medio giro.

- Describe cómo cambia la figura.

PASO 6

Ahora gira el bloque alrededor del punto, como se muestra, para mostrar giros en otras posiciones. Traza el bloque cada vez.

- ¿Cómo cambia la figura cada vez?

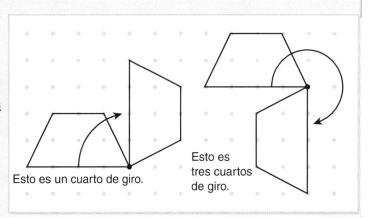

Esto es un cuarto de giro.

Esto es tres cuartos de giro.

Continúa

¿Muestra la figura una traslación? Escribe *sí* o *no*.

1.

2.
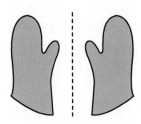

3.
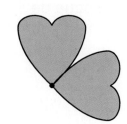

¿Muestra la figura una inversión? Escribe *sí* o *no*.

4.
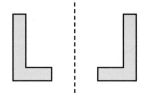

5.

6.
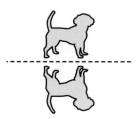

¿Muestra la figura un giro? Escribe *sí* o *no*.

7.
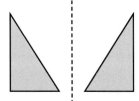

8.
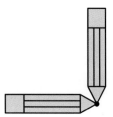

9.
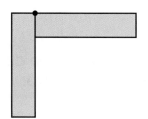

**Indica cómo pasó cada figura de la Posición A
a la Posición B. Escribe *traslación, inversión* o *giro*.**

10.
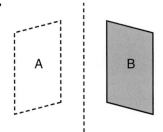

11.
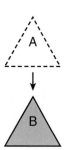

12.
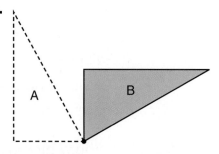

13.
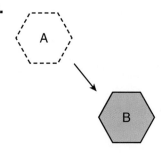

14.
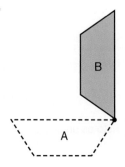

15.
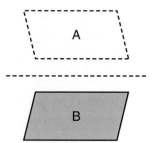

Indica cómo moverías la última figura para completar el patrón. Escribe *traslación, inversión* o *giro*.

16.
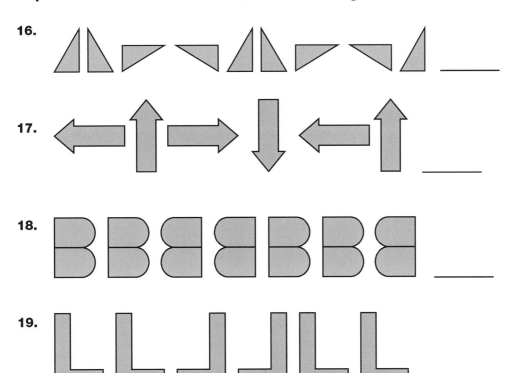

17.

18.

19.

Resuelve.

20. Observa el patrón de la derecha. ¿En qué posición estará la duodécima brocha? ¿Cómo lo sabes?

21. **Crea y resuelve** Dibuja un patrón usando traslaciones, inversiones o giros. Intercambia patrones con un compañero. Dibuja las dos figuras siguientes del patrón. Luego revisa los dibujos de tu compañero.

Coméntalo • Escríbelo

Ya aprendiste a trasladar, invertir y girar figuras planas.

22. Cuando giras un círculo, ¿se ve igual a que si lo hubieras invertido? Explica.

23. ¿Cómo se vería una figura si le dieras un giro completo?

24. Busca ejemplos de traslaciones, inversiones y giros en tu salón de clases. Explica cómo sabes lo que son.

Resolver problemas: Aplicación
Razonamiento visual

Objetivo Resolver problemas usando razonamiento visual.

A veces necesitas usar razonamiento visual para resolver problemas.

Problema Andy intenta completar el rompecabezas de arte moderno de la derecha. Debe decidir qué pieza completará el rompecabezas.

▶ **Primero busca las pistas visuales.**

Observa las piezas del rompecabezas que están alrededor de la pieza que falta.

Verás que hay un círculo morado, un triángulo verde y un cuadrado anaranjado.

▶ **Luego decide qué pieza completa el rompecabezas.**

La pieza que falta debe tener parte de un círculo morado, a la izquierda de una parte de un triángulo verde. El triángulo verde debe estar sobre una parte del cuadrado anaranjado.

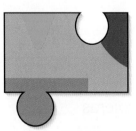

Pieza 1

Pieza 2

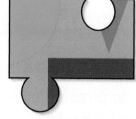

Pieza 3

Solución: La pieza 2 completa el rompecabezas.

Verifícalo ¿Por qué las piezas 1 y 3 no pueden completar el rompecabezas?

Práctica guiada

Usa las preguntas de Asegúrate para resolver los problemas.

1. Observa nuevamente las piezas del rompecabezas de Andy. Decide qué pieza completará el siguiente rompecabezas.

2. María ya casi termina de embaldosar el piso de su cocina. Observa el diseño de baldosas de la derecha. ¿Qué baldosas completarán el piso?

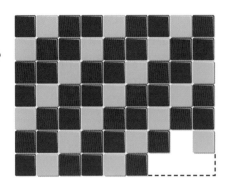

(**Pista**) Busca un patrón.

a.   b.   c.   d.

Práctica independiente

Usa los siguientes bloques de figuras para resolver los Problemas 3 y 4.

3. ¿Cuáles son las dos figuras que muestran el mismo diseño que la Figura A, pero en diferentes posiciones? Explica cómo se ha movido la Figura A en cada ocasión.

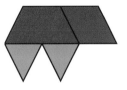

Figura A

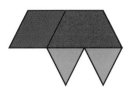

Figura C

4. **Analízalo** Imagina que la Figura A está directamente a tu derecha y no se mueve. Si la mueves un cuarto de giro hacia la derecha, ¿cómo queda la Figura A en relación a ti?

Figura B

Figura D

Continúa

Práctica variada

Resuelve. Muestra tu trabajo. Indica qué estrategia usaste.

5. Lois hace una pirámide usando pajillas para las aristas. Su pirámide tiene una cara cuadrada. ¿Cuántas pajillas usa para hacer la pirámide?

6. La clase de la maestra Finn planta filas de tulipanes y lirios. Quieren 2 lirios por cada tulipán. Cada fila de tulipanes tiene 4 plantas. Plantaron 3 filas de tulipanes. ¿Cuántos lirios deben plantar?

7. Veintiún padres y maestros ayudan en el picnic de la escuela. Hay 5 padres más que maestros. ¿Cuántos padres ayudan? ¿Cuántos maestros ayudan?

Resuelve. Indica qué método usaste.

8. Lou lee 109 páginas de un libro el lunes, 95 páginas el martes y 185 páginas el miércoles. El libro tiene 598 páginas. ¿Ha leído ya más de la mitad del libro?

9. En 1990, la población de Keene, Texas, era de 3,994 personas. En el 2000, la población era de 5,003 personas. ¿Cuántas personas más que en 1990 había en el 2000?

10. **Razonamiento** Earl tiene el doble de edad que su hermano Sam. Sam es 2 años menor que su hermana Alice. Si Alice tiene 6 años, ¿qué edad tiene Earl?

11. Paco planta 5 filas de pimientos y 3 filas de tomates en su huerta. Cada fila tiene 10 plantas. ¿Cuántas plantas plantó Paco?

12. **Dinero** Un boleto de autobús cuesta $7.50 para los adultos y $4.50 para los niños. ¿Cuánto tendrán que pagar el Sr. y la Sra. Allen con sus tres niños para viajar en el autobús?

13. El martes, 25,308 personas asistieron a un juego de pelota. El miércoles asistieron 19,463. ¿Cuántas personas asistieron al juego los dos días?

Selecciónalo

Estrategia
- Represéntalo
- Haz un dibujo
- Estima y comprueba
- Usa razonamiento lógico
- Escribe un enunciado de números

Método de cálculo
- Cálculo mental
- Estimación
- Papel y lápiz
- Calculadora

Usa la memoria

**Juega para practicar cómo identificar
figuras congruentes y semejantes.**

2 jugadores

Lo que necesitas • Tarjetas de figuras congruentes y
semejantes (Recurso de enseñanza 28)

Cómo jugar

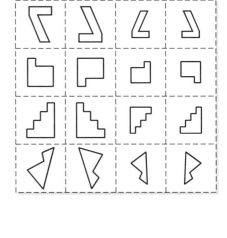

1 Recorta las tarjetas del Recurso de enseñanza 28.

2 Mezcla las tarjetas. Colócalas boca abajo en una
matriz de 4 × 4.

3 El primer jugador voltea dos tarjetas cualesquiera.
Si las tarjetas son congruentes, el jugador se
queda con ellas. Si no, las voltea nuevamente.

4 Los jugadores se turnan para repetir el
PASO 3 hasta que se hayan emparejado
todas las tarjetas.

5 Reúne las tarjetas y
repite el PASO 2. Juega
nuevamente el juego
emparejando las figuras
semejantes esta vez.

6 ¡El jugador con más
pares es el ganador!

Repaso/Examen del capítulo

VOCABULARIO

Escoge el mejor término para completar cada oración.

1. Las figuras que tienen la misma forma pero no necesariamente el mismo tamaño, son ____.

2. Las figuras que tienen el mismo tamaño y forma son _____.

3. Una figura plana que tiene _____ puede doblarse a lo largo de una recta de modo que las dos partes coinciden en forma exacta.

CONCEPTOS Y DESTREZAS

Indica si las dos figuras de cada ejercicio son semejantes. De ser así, di si son congruentes. (Lecciones 1 y 2, págs. 442 a 447)

4.    5.   6.   7.

Indica si la línea parece eje de simetría.

(Lección 3, págs. 448 y 449)

Indica de qué manera se movió la figura: Escribe *traslación, inversión* o *giro*.

(Lección 4, págs. 450 a 453)

8.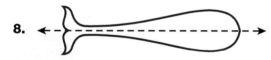

9.

RESOLVER PROBLEMAS

Resuelve. (Lección 5, págs. 454 a 456)

10. ¿Qué pieza completa el rompecabezas?

a.

b.

Escríbelo

Muestra lo que sabes

Explica la diferencia entre *congruente* y *semejante.* ¿Pueden dos figuras ser congruentes pero no semejantes? ¿Por qué?

Práctica adicional

Conjunto A (Lección 1, págs. 442 y 443)

Indica si las dos figuras de cada ejercicio son congruentes.

1.    2. 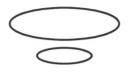   3.   4.

Conjunto B (Lección 2, págs. 444 a 447)

Indica si las dos figuras de cada ejercicio son semejantes.

1. 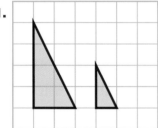   2. 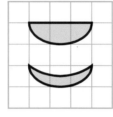   3. 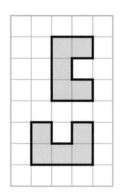   4.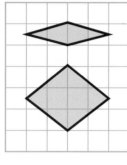

Conjunto C (Lección 3, págs. 448 y 449)

Indica si la línea parece eje de simetría.

1. 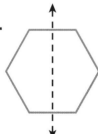   2. 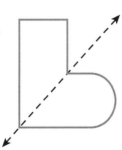   3. 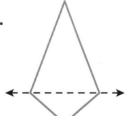   4.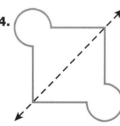

Conjunto D (Lección 4, págs. 450 a 453)

¿Muestra la figura una traslación, una inversión o un giro?

1.    2. 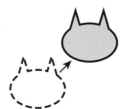   3. 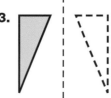   4.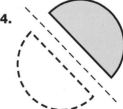

Perímetro, área y volumen

Usar datos

Nydia y su familia se mudan a un nuevo apartamento. Ella y su hermano Pedro no pueden decidir quién tiene la habitación más grande. Las cuadrículas de abajo muestran el tamaño de cada habitación. ¿De quién es la habitación más grande? ¿Cómo lo sabes? Haz una cuadrícula para mostrar una habitación que sea del mismo tamaño, pero de diferente forma que la de Nydia.

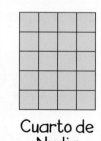

Cuarto de Nydia

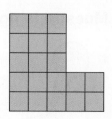

Cuarto de Pedro

Aplica lo que sabes

Usa esta página para repasar y recordar lo que necesitas saber para este capítulo.

VOCABULARIO

Escoge el mejor término para completar cada oración.

Vocabulario
lado
figura plana
cuerpo geométrico
polígono regular
polígono irregular

1. Un círculo es un tipo de ____.

2. Una figura que tiene 3 dimensiones se llama ____.

3. Cada ____ de un triángulo equilátero tiene la misma longitud.

4. Un hexágono con lados de igual longitud es un ____.

CONCEPTOS Y DESTREZAS

Escribe *figura plana* o *cuerpo geométrico* para identificar cada figura.

5.

6.

7.

8.

9.

10.

Halla cada suma.

11. $2 + 3 + 2 + 3$

12. $8 + 7 + 6 + 4$

13. $3 + 8 + 3 + 5 + 6$

14. $2 + 8 + 5 + 2$

15. $4 + 4 + 4 + 4$

16. $5 + 2 + 5 + 2$

17. $8 + 3 + 6 + 5$

18. $5 + 4 + 7 + 3 + 2$

19. $6 + 8 + 6 + 2 + 4$

Escríbelo

20. Nombra un cuerpo geométrico que puedas usar para trazar un rectángulo. Explica por qué puedes usarlo.

Práctica de operaciones Consulta la página 666.

El perímetro

Objetivo Estimar y medir la distancia que hay alrededor de una figura.

Materiales
Para cada par de estudiantes:
sujetapapeles pequeños
palillos de dientes
cuerda
regla

Trabajar juntos

La distancia que hay alrededor de una figura plana se llama **perímetro**. Puedes estimar y medir el perímetro de un libro en sujetapapeles y palillos de dientes.

PASO 1 Traza el contorno de una cara de un libro. Estima el perímetro usando sujetapapeles. Anota tu estimación en una tabla como ésta.

Perímetro de un libro		
	Estimación	**Medición**
Número de sujetapapeles		
Número de palillos		
Número de pulgadas		

PASO 2 Coloca los sujetapapeles uno después del otro alrededor del rectángulo que trazaste. Cuenta y anota el número de sujetapapeles que usaste.

PASO 3 Usa palillos para repetir los pasos 1 y 2.

• ¿En qué se diferencian las mediciones?

PASO 4 Ahora estima el perímetro de tu rectángulo en pulgadas. Anota tu estimación en la tabla.

PASO 5 Rodea el perímetro del rectángulo con una cuerda. Marca en la cuerda el punto en que terminas.

Luego mide la longitud de la cuerda con la regla. Anota el número en la tabla.

• ¿Cuál es el perímetro del rectángulo en pulgadas?

Sigue las instrucciones.

- Copia y completa la siguiente tabla. Traza una cara de cada objeto.

- Estima el perímetro de cada objeto. Anota tus estimaciones.

- Luego, mide cada uno usando sujetapapeles, palillos y una regla.

	Objeto	Objetos usados para medir	Estimación	Medición
1.	estuche	sujetapapeles		
		palillos de dientes		
		regla		
2.	cuaderno	sujetapapeles		
		palillos de dientes		
		regla		
3.	libro de cuentos	sujetapapeles		
		palillos de dientes		
		regla		
4.	pupitre	sujetapapeles		
		palillos de dientes		
		regla		

5. ¿En qué se diferencian tus estimaciones y tus mediciones?

6. Compara tus mediciones para cada objeto con las de otros estudiantes de la clase. ¿Fueron todas iguales? Explica por qué.

 Coméntalo • Escríbelo

Ya aprendiste cómo estimar y medir el perímetro de una figura.

7. Algunas personas estiman la longitud en pies usando sus propios pies. Estima la longitud de tu salón de clases usando tus pies. ¿Qué tan cercana crees que será tu estimación? Comprueba midiendo con una regla normal o una regla de 1 yarda.

8. Si fueras a construir un escritorio o una pajarera, ¿usarías sujetapapeles, palillos o una regla para medir? Explica tu elección.

Tutor en audio 2/16 Escucha y comprende

Buscar el perímetro

Objetivo Hallar la distancia alrededor de una figura.

Apréndelo

¡La familia Cruz se muda al vecindario la próxima semana! Sam y sus amigos hacen un cartel de bienvenida. Planean poner estambre como borde alrededor de los lados del cartel. ¿Cuántas pulgadas de estambre necesitarán?

Para resolver este problema necesitas hallar el **perímetro**.

La distancia alrededor de una figura se llama perímetro. Para hallar el perímetro, suma las longitudes de los lados.

20 + 32 + 20 + 32 = 104

El perímetro del cartel es de 104 pulgadas.

Solución: Los amigos necesitan 104 pulgadas de estambre.

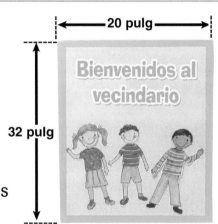

Otros ejemplos

A. Perímetro de un polígono irregular

Suma los largos de cada lado.

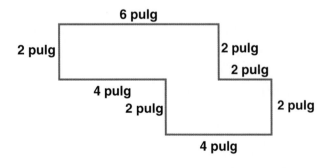

6 + 2 + 2 + 2 + 4 + 2 + 4 + 2 = 24

El perímetro es de 24 pulgadas.

B. Mide en centímetros

Mide cada lado en centímetros.

6 + 4 + 6 + 4 = 20

El perímetro es de 20 centímetros.

Busca el perímetro de cada figura. Usa una regla de centímetros si no están dadas las longitudes de los lados.

Asegúrate
• ¿Con qué mido?
• ¿Qué números sumo?
• ¿Cómo rotulo mi respuesta?

1.

2.

3.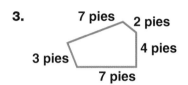

4.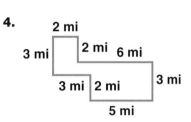

Explícalo ▶ ¿Puedes hallar el perímetro de un cuadrado si conoces la longitud de un lado? ¿Por qué? Explica.

Practicar y resolver problemas

Halla el perímetro de cada figura.

5.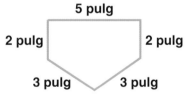

6.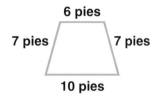

7.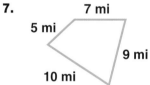

8.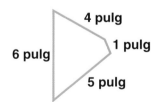

9.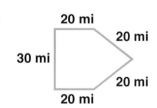

10.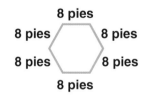

11.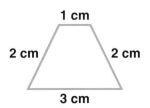

12.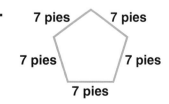

13.

Continúa

Mide con una regla de centímetros los lados de cada figura. Luego busca el perímetro.

14.   **15.**   **16.**    **17.**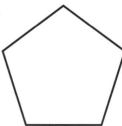

18.

Resuelve.

19. Sigue los pasos El perímetro de un triángulo isósceles es de 50 pulgadas. Dos lados miden 18 pulgadas de largo cada uno. ¿Cuál es la longitud del tercer lado?

21. Represéntalo Usa papel cuadriculado para dibujar un rectángulo con un perímetro de 16 unidades. Ahora dibuja un rectángulo diferente con el mismo perímetro.

22. Dinero A la derecha hay un diagrama del jardín del Sr. Tate. Quiere poner una cerca alrededor de los límites de su jardín. La cerca cuesta $10 el pie. ¿Cuánto dinero debe pagar el Sr. Tate por la cerca?

20. Crea y resuelve Escribe un problema en el que haya que buscar el perímetro de una figura. Pide a un compañero que lo resuelva.

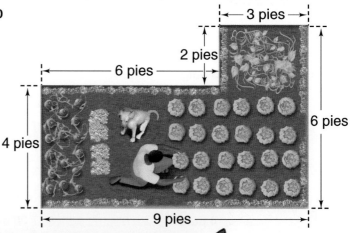

Repaso general • Preparación para exámenes

Respuesta directa

Resuelve. (Cap. 12, Lección 5)

23. ¿Cuál es el mes justo antes de febrero?

24. ¿Cuál es el mes justo después de diciembre?

25. ¿Qué fecha es un día después del 31 de agosto?

Selección múltiple

26. Nathan mide una baldosa cuadrada. Un lado mide 3 pulgadas. ¿Cuál es el perímetro de la baldosa? (Cap. 17, Lección 2)

A 6 pulgadas   **C** 12 pulgadas

B 9 pulgadas   **D** 15 pulgadas

   Práctica adicional Consulta la página 483, Conjunto A.

Razonamiento visual

Rompecabezas de colores

Observa el mapa de la derecha.

Imagina que quieres colorear el mapa de modo que dos estados con frontera común no tengan el mismo color.

¿Cuál es el menor número de colores que podrías usar?

Pensamiento algebraico

Patrones del perímetro

Observa el cuadrado de abajo. Su perímetro es de 4 cm.

1 cm

Ahora observa el rectángulo de abajo. Se formó conectando 2 cuadrados. ¿Cuál es el perímetro?

|← 2 cm →|

¿Cuál sería el perímetro de un rectángulo formado al conectar:

- 3 cuadrados en línea?
- 4 cuadrados en línea?
- 5 cuadrados en línea?

¿Qué patrón de números ves?

Acertijo

Usa estas pistas para dibujar y hallar el perímetro de la figura misteriosa.

- Soy un polígono regular.

- Tengo más lados que un paralelogramo, pero menos lados que un hexágono.

- La longitud en pulgadas de uno de mis lados es la misma que mi número de lados.

El área

Objetivo Estimar el área de una figura.

Materiales
para cada par de
estudiantes:
papel cuadriculado
de 1 pulgada.

Trabajar juntos

El **área** de una figura es el número de
unidades cuadradas necesarias para
cubrir la figura sin superponerse.

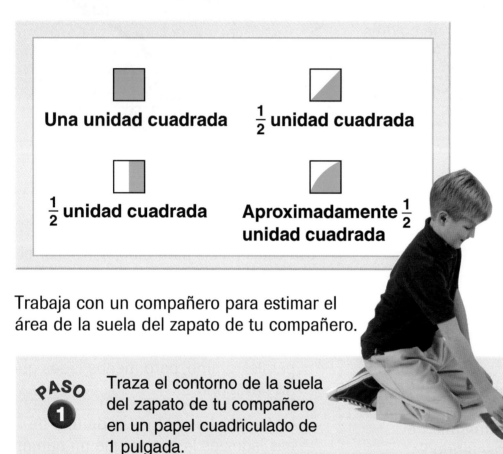

Una unidad cuadrada $\frac{1}{2}$ unidad cuadrada

$\frac{1}{2}$ unidad cuadrada   Aproximadamente $\frac{1}{2}$
unidad cuadrada

Trabaja con un compañero para estimar el
área de la suela del zapato de tu compañero.

PASO 1 Traza el contorno de la suela
del zapato de tu compañero
en un papel cuadriculado de
1 pulgada.

PASO 2 Cuenta el número de unidades
cuadradas que hay dentro del contorno
del zapato. Dos cuadrados parcialmente
cubiertos pueden contarse como una
unidad cuadrada.

- ¿Cuántas unidades cuadradas
  contaste?
- Anota el número de unidades cuadradas.

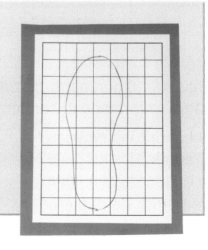

Estima el área de cada figura. Cada ▨ = 1 unidad cuadrada.

1.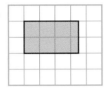

2.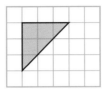

3.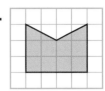

4.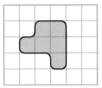

5.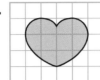

6.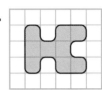

7.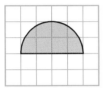

8.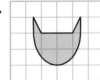

9.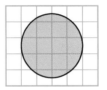

Usa papel cuadriculado de 1 pulgada para resolver los Problemas 10 y 11.

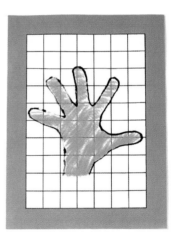

10. Traza el contorno de una de tus manos sobre papel cuadriculado. Estima el área. Luego cuenta las unidades cuadradas dentro del contorno para hallar el área.

11. Dibuja un cuadrado. Dibuja un eje de simetría. Estima el área de cada parte. ¿Qué es verdadero acerca de las áreas estimadas? Explica por qué.

Coméntalo • Escríbelo

Ya aprendiste cómo estimar el área de una figura.

12. Observa los ejercicios 1 a 5. ¿Es más fácil estimar el área de un rectángulo que de un corazón? Explica.

13. ¿Cuál es la diferencia entre área y perímetro?

Buscar el área

Objetivo Hallar el número de unidades cuadradas que cubren una figura.

Vocabulario
área

Apréndelo

La familia Cruz puso un nuevo piso de baldosas en su cocina antes de mudarse. Las baldosas son cuadradas. ¿Cuál es el **área** del piso?

Puedes contar el número de baldosas cuadradas para hallar el área del piso.

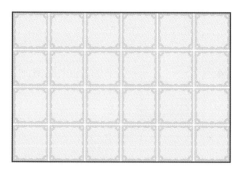

Cada baldosa o ☐ = 1 unidad cuadrada.

Hay 24 unidades cuadradas.

1	2	3	4	5	6
7	8	9	10	11	12
13	14	15	16	17	18
19	20	21	22	23	24

Solución: El área del piso mide 24 unidades cuadradas.

▶ **También puedes buscar el área en un geotablero.**

Observa el rectángulo a la derecha.

Cada = 1 unidad cuadrada.

El área del rectángulo mide 4 unidades cuadradas.

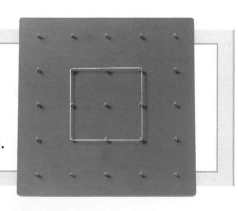

Otros ejemplos

A. Área de una figura irregular

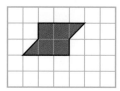

Cada ■ =1 unidad cuadrada.
Por lo tanto, el área mide 5 unidades cuadradas.

B. Área de un triángulo rectángulo

Cada ☐ =1 unidad cuadrada.
Por lo tanto, el área mide $4\frac{1}{2}$ unidades cuadradas.

Práctica guiada

Halla el área de cada figura. Rotula tu respuesta en unidades cuadradas. Cada ▢ o ▢ = 1 unidad cuadrada.

Asegúrate

- ¿Cómo busco el área?
- ¿Qué hago con las mitades de cuadrado?
- ¿Rotulé mi respuesta?

1.

2.

3.

Explícalo ▶ Observa el triángulo del Ejercicio 3. Si dos de esos triángulos se colocaran juntos para formar un cuadrado, ¿cuál sería el área del cuadrado? Explica.

Practicar y resolver problemas

Busca el área de cada figura. Rotula tu respuesta en unidades cuadradas. Cada ▢ o ▢ = 1 unidad cuadrada.

4.

5.

6.

7.

8.

9.

10.

11.

12.

13.

14.

15.

16. ¿Cómo puedes hallar el área de la figura del Ejercicio 4 sin contar cada cuadrado?

17. Escríbelo Dibuja dos figuras congruentes en papel cuadriculado. ¿Tienen la misma área? Explica.

Continúa

Recorta los cuadrados de un papel cuadriculado. Coloca los cuadrados en tu tablero para formar figuras con las áreas que se dan.

18. Un cuadrado con un área de 16 unidades cuadradas.

19. Un rectángulo con un área de 24 unidades cuadradas.

20. Un rectángulo diferente con un área de 24 unidades cuadradas.

21. Cualquier figura con un área de 17 unidades cuadradas.

22. Dibuja un rectángulo en tu tablero. Luego usa tus cuadrados para hallar su área.

23. **Encuentra el error** Jill dice que los polígonos con igual área tienen el mismo perímetro. Muéstrale en qué se equivoca. Dibuja dos polígonos, cada uno con un perímetro diferente y cada uno con un área de 15 unidades cuadradas.

Usar Datos Usa el diagrama para resolver los Problemas 24 a 28.

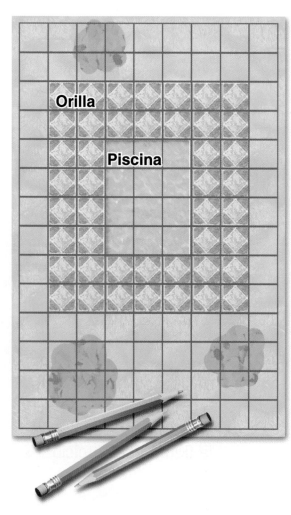

Orilla

Piscina

24. El diagrama muestra el diseño de la orilla embaldosada de una piscina. La orilla rodea toda la piscina. ¿Cuánto mide el área de la orilla? Explica tu respuesta.

25. ¿Cuál tiene un área más grande, la orilla o la piscina? ¿Cuánto más grande?

26. **Dinero** La Srta. Jacobs compró nuevas baldosas para la orilla. Las baldosas cuestan $3 cada una. ¿Cuánto le costó comprar todas las baldosas nuevas ?

27. **Predícelo** La Srta. Jacobs quiere alternar entre baldosas blancas y azules en la orilla. ¿Cuántas baldosas de cada color debe comprar?

28. Imagina que cada lado de los cuadrados en el diagrama mide 1 pie. ¿Cuál es el perímetro de la piscina? ¿Cuál es el perímetro de la orilla?

Práctica adicional Consulta la página 483, Conjunto B.

Reto matemático
Área de un rectángulo

Puedes contar el número de unidades cuadradas para hallar el área del rectángulo de la derecha.

También puedes pensar que el rectángulo es una matriz de 3 filas de 4 cuadrados cada una. Mide 3 unidades por 4 unidades.

Puedes sumar o multiplicar para hallar el número de unidades cuadradas.

$4 + 4 + 4 = 12$

$3 \times 4 = 12$ unidades cuadradas

El área del rectángulo mide 12 unidades cuadradas.

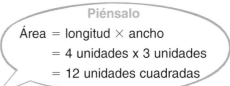

> **Piénsalo**
> Área = longitud $\times$ ancho
> = 4 unidades x 3 unidades
> = 12 unidades cuadradas

Multiplica para hallar el área de cada rectángulo.

1.

2.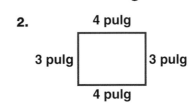

3.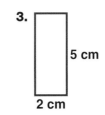

Verificación rápida

Verifica tu comprensión de las Lecciones 1 a 4.

Busca el perímetro de cada figura. (Lecciones 1 y 2)

1.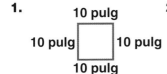

2.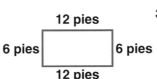

3.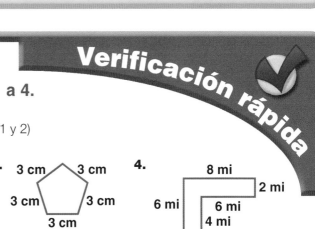

4.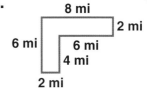

Halla el área de cada figura. Rotula tu resultado en unidades cuadradas.
Cada ▢ o ▨ = 1 unidad cuadrada. (Lecciones 3 y 4)

5.

6.

7.

8.

Resolver problemas: Aplicación

Usa la medición

Objetivo Usar lo que sabes acerca de perímetro y área para resolver problemas.

Problema: La familia Cruz planea construir una casa en un árbol en su patio trasero. El Sr. Cruz quiere que el piso de la casa mida por lo menos 20 pies cuadrados. ¿Qué planos tienen suficiente área de piso para la casa en el árbol?

1 pie
1 pie

1 pie cuadrado
Cada lado mide
1 pie de largo

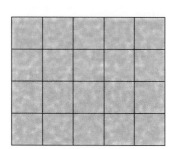
Plano A

Plano B

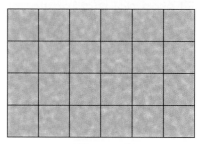
Plano C

COMPRÉNDELO

Esto es lo que ya sabes.

El piso debe tener un área de por lo menos 20 pies cuadrados.

PLANÉALO

Puedes contar cuadrados para hallar el área de cada plano del piso.

RESUÉLVELO

Busca el número de cuadrados que se muestra en cada plano. Luego compara cada área con 20 pies cuadrados.

• El plano A tiene un área de piso de 20 pies cuadrados.

• El plano B tiene un área de piso de 18 pies cuadrados.

• El plano C tiene un área de piso de 24 pies cuadrados.

Solución: El plano A y el Plano C tienen suficiente área de piso.

VERIFÍCALO

Verifica el problema.

¿Qué plano debe escoger el Sr. Cruz? Explica tu elección.

Usa las preguntas de Asegúrate para resolver los problemas.

Asegúrate

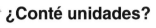

COMPRÉNDELO ¿Debo buscar el perímetro o el área?

PLANÉALO ¿Conté unidades?

RESUÉLVELO • ¿Usé las unidades correctas?

• ¿Necesito rotular mi respuesta?

VERIFÍCALO ¿Respondí a la pregunta?

1. **Represéntalo** La ventana de la casa en el árbol mide 2 pies de ancho y 2 pies de alto. Dibújala en papel cuadriculado. 1 cuadrado representa 1 pie cuadrado. ¿Cuál es el área de la ventana?

2. Si el Sr. Cruz pone un marco alrededor de la ventana, ¿cuántos pies de material necesita?

(**Pista**) La respuesta no es en pies cuadrados.

Práctica independiente

Usa los diagramas para resolver cada problema.

3. Bob quiere alfombrar el piso de la perrera de su mascota. ¿Serán suficientes $32 para comprar la alfombra? Explica.

Piso de la perrera

Cada ▨ de alfombra cuesta $4.

3 pies

4 pies

4. Bob rodea con una cerca de alambre el área de juego de su perro. ¿Cuánta cerca necesita si la puerta de entrada mide 2 pies de ancho?

2 pies

Área de juego

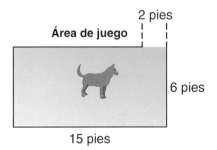

6 pies

15 pies

5. La Sra. Cruz quiere empapelar la parte de arriba de las paredes del dormitorio de Ann. ¿Cuánto papel necesita?

Dormitorio de Ann

10 pies

12 pies

6. El Sr. Cruz quiere colocar un borde de cuerda en la parte superior de su maceta. ¿Cuánta cuerda necesita?

Maceta

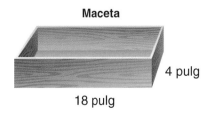

4 pulg

18 pulg

El volumen

Objetivo Estimar el volumen de un cuerpo geométrico.

Vocabulario
volumen

Materiales
Para cada grupo:
unidades cúbicas
caja pequeña
varios recipientes

Trabajar juntos

El número de unidades cúbicas que forma un cuerpo geométrico es el **volumen** de la figura.

Trabaja con un compañero para estimar el número de unidades cúbicas que llenan una caja pequeña.

PASO 1 Estima cuántos cubos usarás para llenar la caja. Anota tu estimación.

PASO 2 Llena la caja con cubos. Cuenta los cubos mientras vas llenando la caja para hallar su volumen. Anota el número de cubos que usaste.

- ¿Cuál es el volumen de la caja? ¿Cómo se compara tu estimación con el volumen?

PASO 3 Ahora usa todos los cubos de la caja para formar un cuerpo geométrico.

- ¿Cuál es el volumen del cuerpo geométrico?

Construye diferentes cuerpos geométricos con el mismo número de cubos.

- ¿Cuál es el volumen de cada cuerpo geométrico?

PASO 4 Estima el volumen del siguiente cuerpo geométrico. Anota tu estimación.

Ahora usa cubos para construir el mismo cuerpo geométrico.

- ¿Cuál es el volumen del cuerpo geométrico?

Sigue las instrucciones.

- Copia la tabla de la derecha.

- Busca recipientes como los de la tabla.

- Estima cuántos cubos necesitas para llenar cada recipiente. Anota tu estimación.

- Ahora llena cada recipiente con cubos. Anota el número de cubos que usaste.

Recipientes	Estimación	Número de cubos
1. Caja de regalo		
2. Caja de espagueti		
3. Caja pequeña de cereal		
4. Taza		
5. Lata de sopa		

Estima el volumen de cada cuerpo geométrico. Luego constrúyela con cubos. Escribe la estimación y el número de cubos que usaste.

6.

7.

8.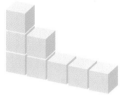

9.

10.

11.

Coméntalo • Escríbelo

Ya aprendiste cómo estimar el volumen de un cuerpo geométrico.

12. Imagina que dos cuerpos geométricos tienen el mismo volumen. ¿Deben tener la misma forma? Explica.

13. ¿Crees que el número de cubos usados para llenar la lata de sopa es mayor o menor que el volumen real de la lata? Explica tu respuesta.

14. ¿Qué diferencia hay entre hallar el volumen de un recipiente y hallar el área de una figura plana.

Tutor en audio 2/18 Escucha y comprende

Buscar el volumen

Objetivo Buscar el volumen de un cuerpo geométrico.

Vocabulario

unidad cúbica

volumen

Apréndelo

Ésta es una unidad cúbica. Su volumen es de 1 **unidad cúbica** . El **volumen** es el número de unidades cúbicas que forman un cuerpo geométrico.

Para hallar el volumen de un cuerpo geométrico, cuenta las unidades cúbicas que forman ese cuerpo geométrico.

1 unidad cúbica
Cada arista mide 1 unidad de largo.

▶ **Busca el volumen del cuerpo geométrico de la derecha.**

- ¿Cuántas capas de cubos hay?

- ¿Cuántos cubos hay en cada capa?

El volumen es de 8 unidades cúbicas.

▶ **Busca el volumen del cuerpo geométrico de la derecha.**

- ¿Cuántos cubos hay en la capa inferior?

- ¿Cuántos cubos hay en la capa superior?

El volumen es de 8 unidades cúbicas.

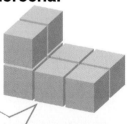

Recuerda
Cuenta los cubos que están ocultos.

Práctica guiada

Busca el volumen de cada cuerpo geométrico.

Cada = 1 unidad cúbica.

1.

2.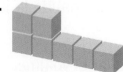

Asegúrate

- ¿Cómo puedo hallar el volumen de un cuerpo geométrico?

- ¿Cuántos cubos están ocultos?

Explícalo ▶ ¿Por qué cuerpos geométricos diferentes pueden tener un volumen de 8 unidades cúbicas? Explica.

Busca el volumen de cada cuerpo geométrico. Cada **= 1 unidad cúbica.**

3.

4.

5.

6.

7.

8.

Estima el volumen de cada recipiente en unidades cúbicas.

9.

10.

11.

12.

13.

14.

Usa el diagrama para resolver los Problemas 15 a 17.

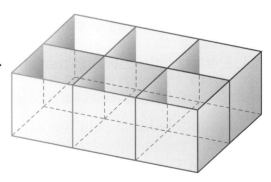

15. Observa la caja de la derecha. La Sra. Cruz guarda una taza en cada cubo. ¿Cuántas tazas puede guardar en la caja?

16. ¿Cuál es el volumen de la caja en unidades cúbicas?

17. **Analízalo** Imagina que la Sra. Cruz sólo llena la mitad de la caja con tazas. ¿Cambiará el volumen de la caja? Explica.

Continúa

Usa los cuerpos geométricos de la derecha para resolver los Problemas 18 y 19.

18. ¿Cuál es el volumen de cada figura en unidades cúbicas?

19. **Predícelo** ¿De cuántos cubos es probable que sea el cuerpo geométrico siguiente? Explica tu razonamiento.

Escribe *verdadero* o *falso* en cada oración. Dibuja o escribe un ejemplo para apoyar tu respuesta.

20. Los cuerpos geométricos que tienen el mismo volumen se ven iguales.

21. Si conoces la longitud de un lado de un cuadrado, puedes hallar el área.

22. Si conoces el largo y ancho de un rectángulo, puedes hallar su perímetro.

23. Si conoces el perímetro de una figura, puedes dibujar esa figura.

Usa la figura de la derecha para resolver los Problemas 24 y 25.

24. ¿Cuál es el volumen del cuerpo geométrico de la derecha?

25. **Analízalo** ¿Hay alguna manera de hallar el volumen de la figura de la derecha sin contar cada unidad cúbica? Explica tu respuesta.

Usar Datos Usa el cartel para resolver los Problemas 26 a 28.

26. ¿Qué congelador tiene el mayor volumen?

27. ¿Qué congelador cuesta menos?

28. **Analízalo** El Sr. Cruz quiere obtener el mejor precio. ¿Qué congelador tiene la mayor cantidad de pies cúbicos por la menor cantidad de dinero?

¡Venta de congeladores!

Congelador King
8 pies cúbicos
$20 por pie cúbico

Congelador King Jr.
4 pies cúbicos
$25 por pie cúbico

480

Práctica adicional Consulta la página 483, Conjunto C.

Respuesta directa

Observa cada par de horas. Escribe cuánto tiempo ha transcurrido. (Cap. 12, Lección 4)

29. Inicio: 7:00 a.m.
Final: 7:30 a.m.

30. Inicio: 11:15 p.m.
Final: 11:55 p.m.

31. Inicio: 9:00 a.m.
Final: 11:15 a.m.

32. Inicio: 12:15 p.m.
Final: 3:45 p.m.

33. ¿Cuál es el volumen de esta figura? (Cap. 17, Lección 7)

Cada = 1 unidad cúbica.

Razonamiento visual
Teselados

Resolver problemas

Algunas figuras pueden formar un teselado. Un teselado es un patrón formado por una figura que se repite sin espacios ni agujeros. Un panal de abejas es un teselado de hexágonos.

Decide si la figura puede formar un teselado. Escribe *sí* o *no.*

1.

2.

3.

4. Diseña tu propio teselado. Usa un triángulo y un hexágono como en el diseño de la derecha, o haz un diseño usando otras figuras que teselan.

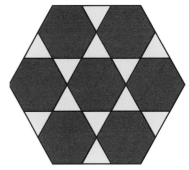

Este teselado está formado por 2 figuras.

Repaso/Examen del capítulo

VOCABULARIO

Escoge el mejor término para completar cada oración.

1. La distancia alrededor de una figura se llama _____.

2. El número de unidades cúbicas que forman un cuerpo geométrico es el ____.

3. El número de unidades cuadradas necesarias para cubrir una figura es el ____.

> **Vocabulario**
> área
> volumen
> perímetro
> unidad cúbica

CONCEPTOS Y DESTREZAS

Busca el perímetro de cada figura. (Lección 2, págs. 464 a 466)

4.
   3 pies, 3 pies, 2 pies, 2 pies, 5 pies

5.
   7 cm, 1 cm, 3 cm, 2 cm, 6 cm

Busca el área. Rotula tu respuesta en unidades cuadradas.
Cada ☐ = 1 unidad cuadrada. (Lecciones 3 y 4, págs. 468 a 472)

6.

7.

Busca el volumen. Cada 🔲 = 1 unidad cúbica. (Lecciones 6 y 7, págs. 476 a 480)

8.

9.

RESOLVER PROBLEMAS

Resuelve. (Lección 5, págs. 474 y 475)

10. Abajo se muestra el piso de la cocina de Evan. Cada ☐ = 1 pie cuadrado. ¿Serán suficientes 30 pies cuadrados de baldosas para cubrir este piso? Explica tu razonamiento.

> **Escríbelo**
>
> **Muestra lo que sabes**
> Describe las diferencias entre perímetro, área y volumen. ¿Puedes hallar el volumen de un cuadrado? Explica.

Práctica adicional

Conjunto A (Lecciones 2, págs. 464 a 466)

Busca el perímetro de cada figura.

1.
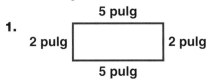
5 pulg
2 pulg   2 pulg
5 pulg

2.
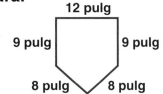
12 pulg
9 pulg   9 pulg
8 pulg   8 pulg

3.
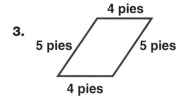
4 pies
5 pies   5 pies
4 pies

4.
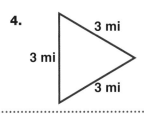
3 mi
3 mi
3 mi

5.
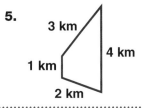
3 km
4 km
1 km
2 km

6.
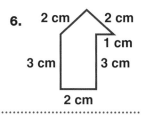
2 cm   2 cm
1 cm
3 cm   3 cm
2 cm

Conjunto B (Lección 4, págs. 470 a 472)

Busca el área de cada figura. Rotula tus respuestas en unidades cuadradas. Cada ▢ o ▢ = 1 unidad cuadrada.

1.

2.

3.

4.

5.

6.

Conjunto C (Lección 7, págs. 478 a 480)

Busca el volumen de cada figura. Cada ▢ = 1 unidad cúbica.

1.

2.

3.

Estima el volumen de cada recipiente en unidades cúbicas.

4.

5.

6.
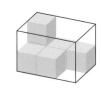

Jardines geométricos

Cuando te imaginas un cubo, ¿en qué objeto piensas? Tal vez pienses en un bloque de construcción o en un dado. Pero, ¿pensarías en un árbol? Si visitas un topiario puede que veas justamente eso, un árbol en forma de cubo.

Topiario es el arte de podar las plantas en formas no usuales. Las plantas pueden cortarse en forma de cubo, de cono y de espiral. Algunos están esculpidos para semejar objetos, tales como una mesa y sillas, o animales como conejos y pájaros.

Plano del topiario

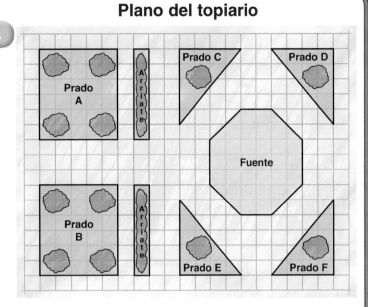

Resolver problemas

El dibujo de la derecha muestra el plano de un topiario. Usa el diagrama para resolver los Problemas 1 a 5.

1 ¿Qué figuras geométricas ves en el plano del jardín? ¿Son congruentes algunas de esas figuras? Explica.

2 ¿Muestran las figuras geométricas inversiones?, ¿traslaciones?, ¿giros? De ser así, descríbelas.

3 ¿Qué forma tiene la fuente? Si cada cuadrado de la cuadrícula representa 1 pie cuadrado, ¿cuánto mide el área de la fuente?

4 ¿Cuál es perímetro del jardín? Explica cómo hallaste tu respuesta.

5 Si doblas por la mitad el plano del jardín, de arriba abajo, ¿será ese doblez un eje de simetría? Explica por qué.

Un poco más: Redes
Rompecabezas en 3 dimensiones

Vocabulario
red

Materiales
Recursos de enseñanza
   31 a 34
tijeras
cinta adhesiva

Una **red** es un patrón que se puede recortar y doblar para formar un cuerpo geométrico.

La red siguiente es para un cubo.

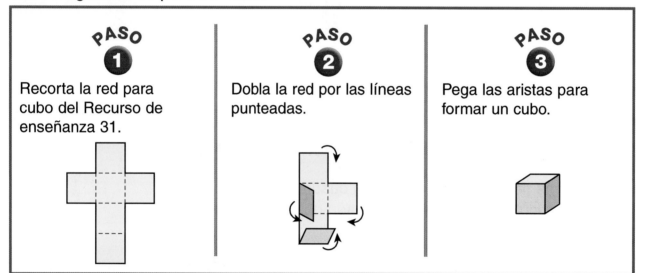

PASO 1
Recorta la red para cubo del Recurso de enseñanza 31.

PASO 2
Dobla la red por las líneas punteadas.

PASO 3
Pega las aristas para formar un cubo.

¡Inténtalo!

Observa cada una de las redes de abajo. Escribe la figura que crees que formarán las redes. Verifica usando los Recursos de enseñanza 32 a 34.

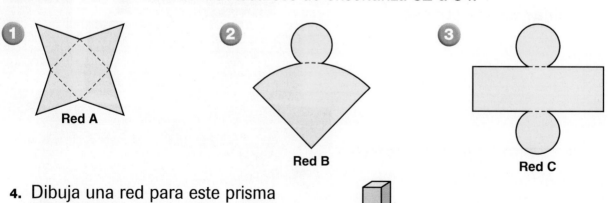

1 Red A

2 Red B

3 Red C

4. Dibuja una red para este prisma rectangular. ¿Cómo determinaste la forma de cada cara?

Área de figuras irregulares

Puedes usar una calculadora para hallar el área de figuras irregulares.

24 pulgadas ... 48 pulgadas ... 63 pulgadas ... 12 pulgadas

Kevin creó este dibujo en tiza. Busca el área de su dibujo.

Separa la figura en dos rectángulos.

24 pulgadas ... 48 pulgadas ... 12 pulgadas ... 63 pulgadas

Usa una calculadora para hallar el área de cada rectángulo.

Usa esta fórmula: *largo* × *ancho* = *área*

Área del rectángulo grande

$24 \times 63 = 1{,}512$

Área = 1,512 pulgadas cuadradas

Área del rectángulo pequeño

$48 \times 12 = 576$

Área = 576 pulgadas cuadradas

Suma ambas áreas para hallar el área de la figura completa.

1,512 pulgadas cuadradas + 576 pulgadas cuadradas = 2,088 pulgadas cuadradas

El área del dibujo en tiza es de 2,088 pulgadas cuadradas.

Usa una calculadora para hallar el área de cada figura irregular.

1.
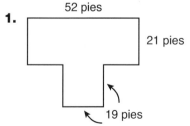
52 pies
21 pies
19 pies

2.
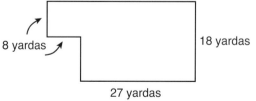
8 yardas
18 yardas
27 yardas

3.
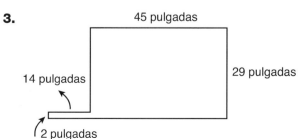
45 pulgadas
14 pulgadas
29 pulgadas
2 pulgadas

4.
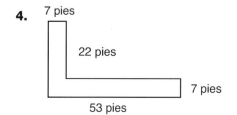
7 pies
22 pies
7 pies
53 pies

Unidad 6 Examen

VOCABULARIO (Respuesta directa)

Escoge el mejor término para completar cada oración.

1. Dos semirrectas con un extremo común forman un ____.

2. El número de unidades cúbicas que caben en un cuerpo geométrico es el ____.

3. Las figuras que tienen la misma forma son figuras _____.

CONCEPTOS Y DESTREZAS (Respuesta directa)

Escribe el nombre especial de cada figura. Rotula cada triángulo como *equilátero, isósceles, rectángulo* o *escaleno*. (Cap. 15)

4.    **5.**   **6.**   **7.**

Nombra el cuerpo geométrico. Usa *cubo, prisma rectangular, cilindro, esfera* o *pirámide*. (Cap. 15)

8.    **9.**   **10.**

Escribe si las figuras son *semejantes* o *congruentes*. (Cap. 16)

11.    **12.**

Indica si la línea representa un eje de simetría. (Cap. 16)

13.   **14.**    **15.**

Indica si la segunda figura muestra una traslación, una inversión o un giro. (Cap. 16)

16.   **17.**   **18.**

Halla el perímetro. (Cap. 17)

19.

4 pies

3 pies

4 pies

4 pies

1 pie

8 pies

Halla el área. (Cap. 17)

20.

Halla el volumen. Cada **= 1 unidad cúbica.** (Cap. 17)

21.

22.

RESOLVER PROBLEMAS ⟨Respuesta directa⟩

23. A la derecha hay un modelo del piso de baldosas de Tina. Tina se para en la baldosa verde de cara a la azul. Avanza 2 baldosas hacia adelante y 1 baldosa a la derecha. ¿En qué color de baldosa está parada ahora?

24. Charlie cose una orla en cada uno de los bordes de un mantel. La orla cuesta $0.50 el pie. Un lado del mantel mide 5 pies. ¿Cuánto costará la orla?

25. ¿Cuántos lados tiene cada figura del patrón? Dibuja la siguiente figura del patrón.

Evaluar el rendimiento

⟨Respuesta de desarrollo⟩

Tarea Haz un volante para el tema de este mes de la biblioteca. El tema es Matemáticas y arte.

Usa la información de la derecha para crear el volante. Explica por qué dibujaste cada figura.

Información que necesitas

- El volante debe mostrar por lo menos 2 figuras planas diferentes y 2 cuerpos geométricos diferentes.

- El contorno del volante debe incluir por lo menos una traslación, inversión o giro de una figura.

- Muestra por lo menos una figura con dos ejes de simetría.

Preparación: Examen acumulativo

Resuelve los Problemas 1 a 10.

Consejo para tomar exámenes

Algunos problemas tienen más de un paso. Trabaja en el problema, paso por paso. Usa la información de cada paso como ayuda.

Observa el siguiente ejemplo.

Tina tiene 4 pedazos de cuerda que miden 6 pies de largo cada uno. Zoe tiene un pedazo de cuerda que mide 8 pies de largo. ¿Cuánta cuerda tienen las niñas?

A 24 pies   C 36 pies

B 32 pies   D 60 pies

PIÉNSALO

Primero halla la longitud de la cuerda de Tina.

4 × 6 pies = 24 pies

Luego añade la longitud de la cuerda de Zoe.

24 pies + 8 pies = 32 pies

Selección múltiple

1. Cambia a 4 el dígito en la posición de las centenas del número 2,706. Luego suma 2,706 al nuevo número. ¿Cuál es la suma?

A 4,112   C 5,112

B 5,012   D 5,280

(Capítulo 4, Lección 7)

2. ¿Cuál es la forma del signo Alto?

F octágono

G hexágono

H rectángulo

J pentágono

(Capítulo 15, Lección 2)

3. ¿Qué operación NO se puede usar para describir este modelo?

A $2 \times 6 = 12$ C $12 \div 2 = 6$

B $6 + 6 = 12$ D $24 - 12 = 12$

(Capítulo 8, Lección 2)

4. ¿Cuál es la mejor unidad para medir la masa de una uva?

F metro   H litro

G gramo   J kilogramo

(Capítulo 14, Lección 5)

Para consejos para tomar exámenes, consulta la página 659.

5. Jun Ming necesita 11 metros de cuerda para un proyecto en su clase. ¿Cuántos centímetros necesita?

(Capítulo 14, Lección 2)

6. El cumpleaños de Karla es el segundo martes después del domingo 10 de julio. ¿Cuál es la fecha del cumpleaños de Karla?

(Capítulo 12, Lección 5)

7. ¿Cuál es la moda de los datos en este diagrama de puntos?

Número de puntos anotados

(Capítulo 6, Lección 3)

8. El perímetro de un cuadrado es de 36 centímetros. ¿Cuál es la longitud de uno de sus lados?

(Capítulo 17, Lección 5)

9. Karen tiene 5 monedas en su bolsillo. Tres de esas monedas son iguales. Cada una de las otras 2 monedas es diferente del resto. ¿Cuál es la menor cantidad de dinero que puede tener ella?

(Capítulo 3, Lección 4)

10. Marlis tiene 12 caracoles. Quiere reordenarlos para exhibirlos.

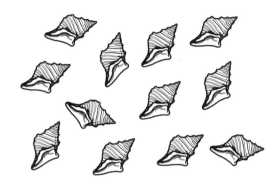

A Marlis decide colocar los caracoles en grupos de 6. Dibuja los caracoles y rodea con un círculo cada grupo de 6.

B ¿Qué operación de división puedes usar para mostrar cómo se pueden ordenar los 12 caracoles en grupos de 6? ¿Cuántos grupos hay?

C Marlis decide después ordenarlos en grupos de 4. ¿Cuántos grupos más hay?

D Anota todas las maneras en que Marlis puede ordenar los caracoles de modo que cada grupo tenga igual número de caracoles.

(Capítulo 10, Lección 1)

Repasa las grandes ideas y el vocabulario de esta unidad.

Grandes ideas

Puedes identificar, describir y clasificar figuras planas y cuerpos geométricos.

Puedes medir el perímetro, área y volumen de las figuras.

Vocabulario clave

figuras planas

cuerpos geométricos

perímetro

área

volumen

Diálogo matemático

Usa tu nuevo vocabulario para comentar estas grandes ideas.

1. Usa dibujos para explicar la diferencia entre figuras congruentes y figuras semejantes.

   El tablero de anuncios mide 4 pies de alto y 5 pies de ancho.

   Podemos hallar su área multiplicando 4 por 5. Por lo tanto, el área es de 20 pies cuadrados.

2. Explica cómo transformar figuras con inversiones, traslaciones y giros. Usa dibujos para mostrar cada tipo.

3. Explica cómo decidir si una figura tiene eje de simetría. Dibuja 4 figuras, cada una con un eje de simetría.

4. Explica en qué se parecen un cubo y un cuadrado. Explica en qué se diferencian. ¿Cuál tiene volumen?

5. **Escríbelo** Haz una lista de 10 objetos de tu salón de clases que parezcan cuerpos geométricos. Nombra el cuerpo geométrico al cual se parece cada objeto.

UNIDAD

7

Fracciones y decimales

Leer matemáticas

Repasar el vocabulario

Éstas son algunas palabras de vocabulario matemático que deberías saber.

fracción   número que representa una parte igual de un entero o de un grupo

una mitad   una de las partes al dividir un entero en dos partes iguales

un tercio   una de las partes al dividir un entero en tres partes iguales

un cuarto   una de las partes al dividir un entero en cuatro partes iguales

Leer palabras y símbolos

Puedes representar fracciones con dibujos, símbolos y palabras.

Modelo:

Símbolo: $\dfrac{1}{2}$ ← parte sombreada
               ← partes iguales

Palabras: Una mitad está sombreada

Modelo:

Símbolo: $\dfrac{3}{4}$ ← fichas rojas
               ← total de fichas

Palabras: Tres cuartos de las fichas son rojas

Usa palabras y símbolos para responder a las preguntas.

1. ¿Cuántas partes iguales tiene el cuadrado?

2. ¿Cuántas partes del cuadrado están sombreadas?

494

Leer preguntas de examen

Escoge la respuesta correcta para cada pregunta.

3. ¿Qué figura ilustra tercios?

a.  **b.** **c.** **d.**

Ilustra significa "es un ejemplo de"
o "muestra".

---

4. ¿Cuántas secciones del círculo están sombreadas?

a. 1   **c.** 3

b. 2   **d.** 4

Secciones significa "piezas" o "partes".

5. ¿Cómo puedes expresar tres quintos usando símbolos?

a. $\frac{1}{5}$ **c.** $\frac{5}{1}$

b. $\frac{3}{5}$ **d.** $\frac{5}{3}$

Expresar Significa "mostrar" o "escribir".

Aprender vocabulario

Fíjate en estas palabras en esta unidad. Escribe sus definiciones en tu diario.

- numerador
- denominador
- número mixto
- decimal
- décimas
- centésimas

Conectar con la literatura

Lee "Tío Johnathan y la competencia de patinaje en el hielo" en las páginas 654 y 655. Luego trabaja con un compañero para responder a las preguntas sobre el cuento.

Conceptos de fracciones

CAPÍTULO 18

INVESTIGACIÓN

Usar datos

Kim experimenta con diferentes colores y formas en la clase de arte. Ella pintó este dibujo. Usa palabras y números para comparar dos de los colores del dibujo de Kim.

Aplica lo que sabes

**Usa esta página para repasar y recordar lo
que necesitas saber para este capítulo.**

VOCABULARIO

Escoge la mejor palabra para completar cada oración.

1. Una manzana cortada en 2 partes iguales
   tiene dos _____.

2. Cuatro _____ forman un entero.

3. Las partes iguales de un entero se llaman _____ del
   entero.

CONCEPTOS Y DESTREZAS

**Escribe el número de partes. Luego escribe si las
partes son *iguales* o *diferentes*.**

4.   5.   6.   7.

¿En qué está dividida cada figura? Escribe *mitades, tercios* o *cuartos*.

8.   9.   10.   11.

Escribe la fracción.

12. un tercio   13. tres quintos   14. dos mitades   15. un octavo

16. tres cuartos   17. un sexto   18. cuatro séptimos 19. dos tercios

 **Escríbelo**

20. Haz un dibujo para mostrar $\frac{1}{4}$ de un
    círculo. Usa el dibujo para explicar lo
    que significa cada número de la
    fracción.

Práctica de operaciones Consulta la página 668.

Lección 1

Fracciones y regiones

Objetivo Leer y escribir fracciones.

Apréndelo

Mira la bandera de Lituania. Tiene 3 partes iguales. Una parte es roja. Una parte es verde. Una parte es amarilla. ¿Qué **fracción** de la bandera es roja?

Puedes usar fracciones para nombrar partes iguales de una región. Puedes usar una fracción para decir qué parte de la bandera es roja.

numerador ➤ $\dfrac{1}{3}$ ← número de partes rojas
denominador ➤ ← número total de partes iguales

Lee la fracción como "un tercio".

Solución: Un tercio de la bandera es rojo.

Otros ejemplos

A. Cuartos

Un cuarto, ó $\frac{1}{4}$, es rojo.

B. Octavos

Cinco octavos, ó $\frac{5}{8}$, son rojos.

C. Décimos

$\dfrac{10}{10} =$ 1 entero

Diez décimos, ó $\frac{10}{10}$, son rojos.

Práctica guiada

Escribe una fracción para la parte de la bandera que es amarilla. Luego escribe una fracción para nombrar la parte que no es amarilla.

1.  2.  3.

Asegúrate

- ¿Cuántas partes hay en total?
- ¿Cuántas partes iguales son amarillas? ¿Cuántas partes no son amarillas?

Explícalo ▶ Al sombrear una figura completa, ¿qué sabes acerca del numerador y el denominador de la fracción?

Escribe una fracción para nombrar la parte roja.
Luego escribe una fracción para nombrar la parte que no es roja.

4.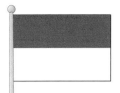

5.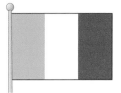

6.

7.

8.

9.

Haz un dibujo para mostrar cada fracción. Luego usa palabras para describir cuál es el numerador y el denominador.

10. $\frac{4}{6}$ **11.** $\frac{4}{4}$ **12.** $\frac{7}{8}$ **13.** $\frac{1}{5}$ **14.** $\frac{5}{10}$ **15.** $\frac{2}{6}$

16. tres cuartos   **17.** dos tercios   **18.** cuatro quintos   **19.** cinco octavos

Resuelve.

20. Encuentra el error La bandera de Ava tiene 1 pedazo grande de fieltro azul y 1 pedazo pequeño de fieltro rojo. Ava dice que la mitad de la bandera es azul. ¿Por qué está equivocada?

21. La bandera de Doug tiene 9 partes iguales. Un tercio de la bandera es verde. ¿Cuántas partes son verdes? Explícalo.

22. Escríbelo Describe en qué se parecen y en qué se diferencian estas dos figuras.

 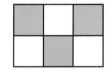

23. La bandera de Italia tiene partes iguales de verde, blanco y rojo. Escribe una fracción que describa cuánto de la bandera italiana no es blanco.

Respuesta directa
Halla los factores que faltan.
(Cap. 9, Lección 6)

24. $8 \times \blacksquare = 24$ **25.** $\blacksquare \times 2 = 18$

26. $\blacksquare \times 4 = 32$ **27.** $7 \times \blacksquare = 35$

28. $6 \times \blacksquare = 42$ **29.** $\blacksquare \times 9 = 72$

30. Escribe la fracción para la parte sombreada de rojo.
(Cap. 18, Lección 1)

Tutor en audio 2/20 Escucha y comprende

Fracciones y grupos

Objetivo Usar fracciones para nombrar partes de grupos.

Apréndelo

Eduardo hace un dinosaurio con fieltro y botones. ¿Qué fracción del total de botones son botones verdes?

Puedes usar una fracción para nombrar una parte de un grupo o conjunto.

numerador → $\dfrac{7}{12}$ ← número de botones verdes
denominador → ← número total de botones

Siete de los doce botones son verdes.

Solución: Siete doceavos de los botones son verdes.

Prueba esta actividad para representar las partes de un grupo como fracciones.

Materiales: fichas

Coloca 10 fichas en tu pupitre, de modo que queden 1 ficha roja y 9 fichas amarillas.

• ¿Qué fracción de las fichas son amarillas?

• ¿Qué fracción de las fichas no son amarillas?

Práctica guiada

Usa el siguiente dibujo para resolver los problemas.

Asegúrate

• ¿Cómo decido qué número escribir en el numerador?

• ¿Cómo decido qué número escribir en el denominador?

1. ¿Qué fracción de los botones tiene 4 agujeros?

2. ¿Qué fracción de los botones tiene 2 agujeros?

3. ¿Qué fracción de los botones es roja?

Explícalo ▶ Mira nuevamente el dinosaurio de Eduardo. ¿Qué fracción de los botones es roja? Explica cómo lo sabes.

Escribe una fracción para nombrar la parte de cada grupo que es redonda.

4.

5.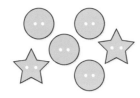

6.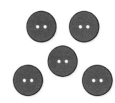

Usa el dibujo de la derecha para responder a las Preguntas 7 a 12.

7. ¿Qué fracción de las flores son rojas?

8. ¿Qué color de flor es $\frac{2}{10}$ del grupo?

9. ¿Qué color de flor es $\frac{3}{10}$ del grupo?

10. ¿Qué fracción de las flores no son azules?

11. ¿Qué fracción de las flores no son rosadas?

12. ¿Qué fracción de las flores son moradas?

Resuelve.

13. Lucy usa 5 botones anaranjados y 5 botones morados en su dinosaurio. ¿Qué fracción de los botones son anaranjados?

14. Geraldo tiene 8 bolígrafos diferentes con dinosaurios. Cinco de esos bolígrafos son morados. ¿Qué fracción de los bolígrafos no son morados?

15. **Analízalo** Ethan usa botones rojos, blancos y azules para hacer un gusano de botones. Si usa el mismo número de cada color, ¿Qué fracción de los botones son azules? ¿Qué fracción de los botones no son azules?

16. **Encuentra el error** Doris hizo un gusano de botones con 3 botones verdes, 2 botones amarillos y 5 botones rojos. Ella dice que $\frac{3}{7}$ de los botones son verdes. Explica por qué está equivocada.

Respuesta directa

Completa. (Cap. 14, Lecciones 1 a 3)

17. 1 m = ▦ cm

18. 2,000 m = ▦ km

19. 4 L = ▦ mL

20. 3,000 mL = ▦ L

21. Claire tiene 8 cuentas. Cuatro son rojas. La mitad de las cuentas que quedan son blancas. ¿Qué fracción de las cuentas de Claire son blancas? (Cap. 18, Lección 2)
Explica cómo lo sabes.

Partes fraccionarias de un grupo

Objetivo Hallar partes fraccionarias de un grupo.

Apréndelo

Sara hace una pulsera de cuentas. Usa 12 cuentas. Un tercio de las cuentas son moradas. ¿Cuántas cuentas son moradas?

Puedes usar fichas para hallar la respuesta.

Halla $\frac{1}{3}$ de 12.

- Usa 12 fichas para el número total de cuentas.
- Coloca las fichas en 3 grupos iguales.
- Cuenta la cantidad de fichas en uno de los tres grupos.

$$\frac{1}{3} \text{ de } 12 = 4$$

Solución: Cuatro de las cuentas son moradas.

Dos tercios de las cuentas de Sara son moradas o azules. ¿Cuántas cuentas son moradas o azules?

Halla $\frac{2}{3}$ de 12.

- Usa 12 fichas para el número total de cuentas.
- Coloca las fichas en 3 grupos iguales.
- Cuenta la cantidad de fichas en dos de los tres grupos.

$$\frac{2}{3} \text{ de } 12 = 8$$

Solución: Ocho de las cuentas son moradas o azules.

Otro ejemplo

Partes de un pie

Usa la regla para hallar el número en pulgadas que hay en $\frac{1}{3}$ de pie y en $\frac{2}{3}$ de pie.

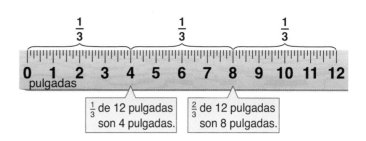

$\frac{1}{3}$ de 12 pulgadas son 4 pulgadas.

$\frac{2}{3}$ de 12 pulgadas son 8 pulgadas.

Práctica guiada

Usa fichas para hallar las respuestas.

1. $\frac{1}{2}$ de 10

2. $\frac{3}{5}$ de 5

Asegúrate

• ¿Qué número te indica cuántos objetos hay en total?

• ¿Qué número te indica cuántos grupos iguales puedes formar?

Haz un dibujo para hallar las respuestas.

3. $\frac{1}{2}$ de 8

4. $\frac{1}{3}$ de 9

5. $\frac{3}{4}$ de 12

Explícalo ▶ Mira otra vez la regla. ¿Cómo puedes usarla para hallar $\frac{3}{4}$ de 12 pulgadas?

Practicar y resolver problemas

Usa fichas para hallar las respuestas.

6. $\frac{1}{4}$ de 8

7. $\frac{2}{3}$ de 15

8. $\frac{1}{5}$ de 10

Haz un dibujo para hallar las respuestas.

9. $\frac{1}{6}$ de 12

10. $\frac{2}{5}$ de 10

11. $\frac{3}{3}$ de 15

12. $\frac{2}{3}$ de 18

13. $\frac{5}{10}$ de 20

14. $\frac{7}{8}$ de 16

Continúa

Usa la regla para resolver los Problemas 15 a 19.

| 0 | 1 | 2 | 3 | 4 | 5 | 6 | 7 | 8 | 9 | 10 | 11 | 12 |
pulgadas

15. ¿Cuántas pulgadas son iguales a $\frac{1}{2}$ de pie?

16. ¿Cuántas pulgadas son iguales a $\frac{1}{12}$ de pie?

17. ¿Cuántas pulgadas son iguales a $\frac{1}{4}$ de pie?

18. ¿Cuántas pulgadas son iguales a $\frac{2}{4}$ de pie?

19. Tus respuestas para 15 y 18 deberían ser iguales. Explica por qué.

Resuelve.

20. ¿Qué fracción de las cuentas de la cadena del llavero son verdes?

21. ¿Qué fracción de las cuentas de la cadena del llavero no son azules?

22. Calvin tiene un trozo de estambre que mide $\frac{1}{2}$ pie de largo. El estambre de Rob mide 7 pulgadas. ¿Qué trozo de estambre es más corto?

 Usar datos Usa la tabla para resolver los Problemas 23 a 26.

23. La tabla muestra las cuentas en un juego para manualidades. ¿Qué fracción de las cuentas son azules?

24. ¿Qué fracción de las cuentas no son rojas?

25. **Razonamiento** Gianni tiene un juego para manualidades con el mismo número de cuentas que el de la tabla. $\frac{1}{3}$ de las cuentas del juego de Gianni son amarillas. ¿Cuál tiene más cuentas amarillas? ¿Cuántas más?

26. **Crea y resuelve** Usa la tabla para escribir un problema usando fracciones. Pide a un compañero que lo resuelva.

CUENTAS PARA EL ATRAPASUEÑOS

Color de las cuentas	Cuentas para el atrapasueños
roja	8
azul	4
verde	6
negro	2
amarillo	4

504

Conectar con el arte
Colcha de fracciones

La mamá de Kendra quiere coser una colcha de retazos. Su juego de retazos trae cuadrados amarillos, azules y verdes, y las siguientes instrucciones:

- Debes usar los 16 cuadrados de tela.

- No puedes cortar los cuadrados.

- $\frac{1}{2}$ de la colcha es amarilla.

- La fracción de la colcha que es azul es igual a la fracción que es verde.

- Ningún cuadrado puede compartir lado con un cuadrado del mismo color.

1. ¿Cuántos cuadrados de cada color hay en el juego de Kendra?

2. **Represéntalo** Haz un dibujo para mostrar cómo se ve la colcha terminada.

WEEKLY (WR) READER

Verifica tu comprensión de las Lecciones 1 a 3.

Escribe una fracción para nombrar la parte sombreada de azul.
(Lecciones 1, 2)

1.

2.

3.

4.

5.

6.

Haz un dibujo para hallar las respuestas. (Lección 3)

7. $\frac{1}{2}$ de 10

8. $\frac{1}{3}$ de 12

9. $\frac{1}{5}$ de 15

10. $\frac{1}{6}$ de 18

Tutor en audio 2/21 Escucha y comprende

Resolver problemas: Aplicación

Problemas de varios pasos

Objetivo Resolver problemas usando más de un paso.

Problema La clase de Martín hizo cometas con papel de seda. Martín tenía un paquete con 4 hojas de cada color: rojo, verde, azul, amarillo, anaranjado y rosado. Si usó $\frac{1}{3}$ del papel para construir su cometa, ¿cuántas hojas usó?

 **COMPRÉNDELO**

Esto es lo que ya sabes.

- Hay 4 hojas de cada color.
- Hay 6 colores.
- Martín usó $\frac{1}{3}$ de las hojas.

 PLANÉALO

Puedes resolver el problema usando dos pasos.

- Halla el número total de hojas.
- Luego halla $\frac{1}{3}$ de ese número.

RESUÉLVELO

Multiplica para hallar el número total de hojas.

PASO 1

$\begin{array}{r} 4 \\ \times\, 6 \\ \hline 24 \end{array}$ ← número de cada color
← número de colores
← número total de hojas

Hay 24 hojas en total.

PASO 2

Haz un dibujo para hallar $\frac{1}{3}$ de 24.

$\frac{1}{3}$ de 24 es 8.

Solución: Martín usó 8 hojas de papel.

VERIFÍCALO

Verifica el problema. ¿Cómo puedes usar la multiplicación para verificar tu trabajo?

Práctica guiada

Usa las preguntas de Asegúrate para resolver los problemas.

1. La clase hizo 10 cometas el lunes, 6 cometas el martes y 4 más el miércoles. El jueves volaron $\frac{1}{5}$ de las cometas. ¿Cuántas cometas voló la clase?

2. Keisha tiene 4 hojas de calcomanías. Cada hoja tiene 9 calcomanías. Si Keisha usó $\frac{1}{6}$ de ellas para decorar su cometa, ¿cuántas calcomanías usó?

Asegúrate

 **COMPRÉNDELO** ¿Es un problema de varios pasos?

 **PLANÉALO** ¿Cuántos pasos hay en el problema?

 RESUÉLVELO ¿Qué debo hacer primero?

 **VERIFÍCALO** ¿Cómo puedo verificar mi trabajo?

 Pista Multiplica para hallar el número total de calcomanías.

Práctica independiente

Resuelve. Muestra tu trabajo.

3. La maestra Fein ordenó algunas cometas en 5 filas de 6 cometas cada una. Tyrone construyó $\frac{1}{10}$ de esas cometas. ¿Cuántas cometas construyó Tyrone?

4. La cola de la cometa de Anja mide 7 pulgadas de largo. Luego le añade 5 pulgadas más. Después le recorta $\frac{1}{3}$. ¿Cuántas pulgadas le recortó?

5. Mira la cola de la cometa de Dave que está a la derecha. Si continúa el patrón hasta completar 18 triángulos, ¿cuántos serán amarillos?

Demostrar fracciones equivalentes

Objetivo Usar diferentes fracciones para nombrar la misma cantidad.

Vocabulario

fracciones equivalentes

Materiales

creyones
círculos de papel
(Recurso de enseñanza 37)

Trabajar juntos

Las fracciones que nombran la misma parte de un entero se llaman **fracciones equivalentes.**

Trabaja con un compañero para demostrar fracciones equivalentes.

PASO 1

Una persona:

- Dobla un círculo de papel por la mitad.
- Dibuja una línea a lo largo del doblez.
- Colorea una parte del círculo.

¿Cuántas partes iguales hay en el círculo?

PASO 2

La otra persona:

- Dobla un círculo de papel por la mitad. Lo dobla por la mitad por segunda vez. Luego lo dobla por la mitad otra vez.
- Dibuja una línea a lo largo de cada doblez.
- Colorea 4 partes del círculo.

¿Cuántas partes iguales hay en el círculo?

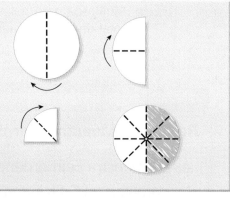

PASO 3

Compara los 2 círculos.

¿Está coloreada la misma cantidad en cada círculo?

¿Qué fracción de cada círculo está coloreada?

$\frac{1}{2}$ y $\frac{4}{8}$ indican la misma cantidad.

$\frac{1}{2}$ y $\frac{4}{8}$ son fracciones equivalentes.

Por lo tanto, $\frac{1}{2} = \frac{4}{8}$.

Escribe *equivalentes* o *no equivalentes* para describir las fracciones de cada par.

1.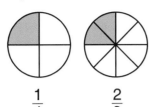

   $\frac{1}{4}$ $\quad$ $\frac{2}{8}$

2.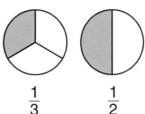

   $\frac{1}{3}$ $\quad$ $\frac{1}{2}$

3.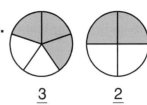

   $\frac{3}{5}$ $\quad$ $\frac{2}{4}$

Usa los círculos para completar las fracciones equivalentes.

4.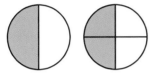

   $\frac{1}{2} = \frac{\blacksquare}{4}$

5.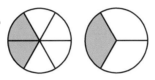

   $\frac{2}{6} = \frac{\blacksquare}{3}$

6.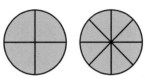

   $\frac{4}{4} = \frac{\blacksquare}{8}$

Resuelve.

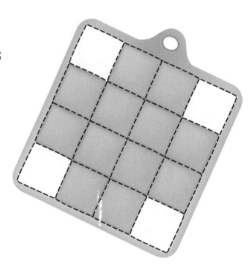

7. Jessie hace un agarrador para cosas calientes con 16 cuadrados de tela. Todos los cuadrados, excepto 4 son azules. Escribe 2 fracciones equivalentes para la parte del agarrador que no es azul.

8. Dave recorta un círculo en 6 trozos iguales. Colorea $\frac{1}{2}$ de los trozos de morado y $\frac{1}{2}$ de amarillo. ¿Cuántos sextos son amarillos?

 Coméntalo • Escríbelo

Ya aprendiste a usar diferentes fracciones para nombrar la misma cantidad.

9. Escribe *equivalentes* o *no equivalentes* para describir las fracciones de cada par.

   a.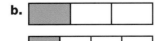
   b.
   c.

10. Describe cómo puedes saber si dos fracciones son equivalentes.

Buscar fracciones equivalentes

Objetivo Identificar fracciones equivalentes.

Apréndelo

Puedes usar tiras de fracciones como ayuda para buscar fracciones equivalentes. Recuerda que las fracciones equivalentes nombran la misma cantidad.

Fíjate en las siguientes tiras de fracciones.

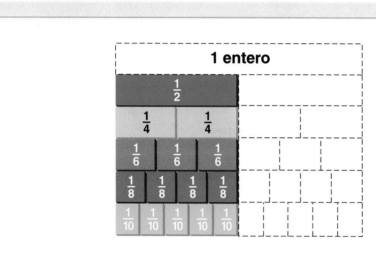

$\frac{1}{2}$ está coloreado.

$\frac{2}{4}$ están coloreados.

$\frac{3}{6}$ están coloreados.

$\frac{4}{8}$ están coloreados.

$\frac{5}{10}$ están coloreados.

$$\frac{1}{2} = \frac{2}{4} = \frac{3}{6} = \frac{4}{8} = \frac{5}{10}$$

Práctica guiada

Nombra las siguientes fracciones equivalentes.

1.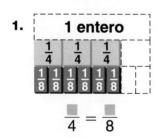

$$\frac{\blacksquare}{4} = \frac{\blacksquare}{8}$$

2.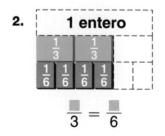

$$\frac{\blacksquare}{3} = \frac{\blacksquare}{6}$$

Asegúrate

- ¿Cuántas partes iguales hay en cada tira?
- ¿Cuántas partes están coloreadas?

Explícalo ▶ ¿Son $\frac{2}{2}$, $\frac{4}{4}$ y $\frac{6}{6}$ fracciones equivalentes? ¿Por qué?

510

Practicar y resolver problemas

Nombra las siguientes fracciones equivalentes.

3.

$$\frac{1}{2} = \frac{\blacksquare}{4}$$

4.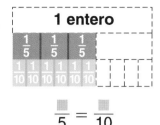

$$\frac{\blacksquare}{5} = \frac{\blacksquare}{10}$$

5.

$$\frac{5}{6} = \frac{\blacksquare}{\blacksquare}$$

Dibuja tiras de fracciones para comparar las fracciones.
Escribe _equivalentes_ o _no equivalentes._

6. $\frac{1}{4}$ y $\frac{3}{8}$

7. $\frac{1}{3}$ y $\frac{2}{6}$

8. $\frac{1}{2}$ y $\frac{3}{4}$

9. $\frac{2}{5}$ y $\frac{1}{4}$

Halla los números que faltan para formar fracciones equivalentes.

10. $\frac{2}{3} = \frac{4}{6} = \frac{8}{12} = \frac{\blacksquare}{24} = \frac{\blacksquare}{48}$

11. $\frac{1}{10} = \frac{2}{20} = \frac{\blacksquare}{30} = \frac{4}{\blacksquare} = \frac{\blacksquare}{\blacksquare}$

 Usar datos Usa la tabla para resolver los Problemas 12 a 15.

12. ¿Cuáles son los dos estudiantes que viven a igual distancia de la escuela?

13. ¿Quién vive más lejos, Isabel o Jong? Explica cómo lo sabes.

14. **Analízalo** Maya vive más cerca de la escuela que Karl, pero más lejos que Jong. ¿A qué distancia de la escuela vive?

15. **Represéntalo** Haz un mapa que muestre dónde vive cada estudiante. Rotula la escuela y la casa de cada estudiante.

Distancia desde la escuela

Estudiante	Distancia
Isabel	$\frac{4}{5}$ milla
Karl	1 milla
Felipe	$\frac{3}{4}$ milla
Jong	$\frac{9}{10}$ milla
Diana	$\frac{6}{8}$ milla

Repaso general • Preparación para exámenes

Respuesta directa

Multiplica o divide. (Cap. 9, Lecciones 2, 4; Cap. 11, Lecciones 3, 8)

16. 3×9

17. 7×4

18. $24 \div 8$

19. $18 \div 3$

Selección multiple

20. ¿Qué fracción es equivalente a $\frac{2}{10}$? (Cap. 18, Lección 6)

A $\frac{10}{2}$ B $\frac{1}{2}$ C $\frac{1}{5}$ D $\frac{2}{5}$

Práctica adicional Consulta la página 517, Conjunto D.

Capítulo 18 Lección 6 **511**

 **Tutor en audio 2/22** Escucha y comprende

Números mixtos

Objetivo Identificar y escribir fracciones mayores que 1.

Apréndelo

La clase de arte del maestro Fay está haciendo marionetas de papel maché con periódicos. ¿Cuántas hojas de periódico usó Jim?

Jim usa 5 mitades de hoja, ó $\frac{5}{2}$ de hoja de periódico.

También puedes decir que Jim usa 2 hojas enteras y $\frac{1}{2}$ de hoja de periódico, ó $2\frac{1}{2}$ hojas.

$\frac{1}{2}$ $\frac{1}{2}$ $\frac{1}{2}$ $\frac{1}{2}$ $\frac{1}{2}$

1 entero   **1 entero** $\frac{1}{2}$

fracción impropia → $\frac{5}{2} = 2\frac{1}{2}$ ← número mixto

Solución: Jim usa $\frac{5}{2}$, ó $2\frac{1}{2}$ hojas de periódico para hacer su marioneta.

En una **fracción impropia**, el numerador es mayor o igual que el denomimador.

numerador → $\dfrac{5}{2}$ ← denominador

Un **número mixto** está formado por un número entero y una fracción.

número entero → $2\frac{1}{2}$ ← fracción

Otro ejemplo

Números mixtos en una recta de números

Salta 5 quintos para caer en el 1. Salta otros 3 quintos para caer en $\frac{8}{5}$. Saltaste 1 y luego otros $\frac{3}{5}$. Por lo tanto, $\frac{8}{5} = 1\frac{3}{5}$

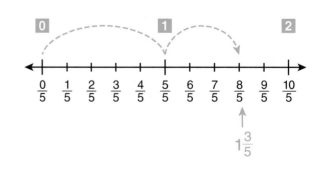

0   1   2

$\frac{0}{5}$ $\frac{1}{5}$ $\frac{2}{5}$ $\frac{3}{5}$ $\frac{4}{5}$ $\frac{5}{5}$ $\frac{6}{5}$ $\frac{7}{5}$ $\frac{8}{5}$ $\frac{9}{5}$ $\frac{10}{5}$

$1\frac{3}{5}$

Práctica guiada

Escribe una fracción impropia, un número mixto o un número entero para nombrar las partes sombreadas.

Asegúrate

- ¿Cuántos números enteros aparecen?
- ¿Sobran algunas partes fraccionarias?

1.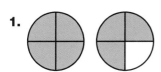

2.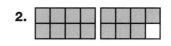

3.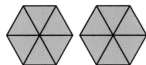

4.

Explícalo ▶ ¿Es $\frac{4}{3}$ igual a $1\frac{1}{3}$? Haz un dibujo para explicar tu respuesta.

Practicar y resolver problemas

Escribe una fracción impropia y un número mixto para nombrar la parte sombreada.

5.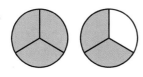

6.

7.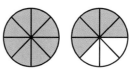

8.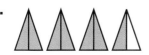

9.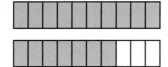

10.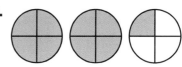

Usa la recta de números como ayuda para escribir cada fracción como número mixto o número entero.

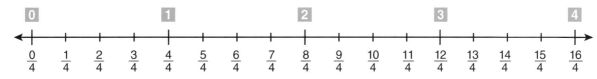

11. $\frac{13}{4}$ **12.** $\frac{7}{4}$ **13.** $\frac{10}{4}$ **14.** $\frac{5}{4}$ **15.** $\frac{11}{4}$

16. $\frac{9}{4}$ **17.** $\frac{15}{4}$ **18.** $\frac{8}{4}$ **19.** $\frac{14}{4}$ **20.** $\frac{12}{4}$

Continúa ➡

Capítulo 18 Lección 7 **513**

**Haz un dibujo para mostrar cada fracción impropia.
Luego escribe un número entero o un número mixto.**

21. $\frac{6}{3}$ **22.** $\frac{7}{6}$ **23.** $\frac{10}{2}$ **24.** $\frac{11}{3}$ **25.** $\frac{9}{4}$

Halla los números que faltan.

26. $\frac{5}{3} = \blacksquare\frac{2}{3}$ **27.** $\frac{11}{4} = 2\frac{\blacksquare}{4}$ **28.** $\frac{6}{\blacksquare} = 2$ **29.** $\frac{\blacksquare}{4} = 3\frac{1}{4}$

30. $\frac{\blacksquare}{2} = 4$ **31.** $2\frac{1}{6} = \frac{\blacksquare}{6}$ **32.** $\frac{\blacksquare}{8} = 1\frac{3}{8}$ **33.** $\frac{12}{5} = \blacksquare\frac{2}{5}$

34. $\frac{17}{6} = \blacksquare\frac{5}{6}$ **35.** $3\frac{1}{7} = \frac{\blacksquare}{7}$ **36.** $4\frac{1}{2} = \frac{\blacksquare}{2}$ **37.** $\frac{31}{6} = \blacksquare\frac{1}{6}$

Resuelve.

38. Simone usó 9 mitades de hojas de periódico para hacer su marioneta. ¿Qué número mixto muestra el número de hojas que usó?

39. Analízalo La clase de Marcus usa 2 frascos de pegamento. Imagina que se vacía cada frasco en 8 tazas iguales. ¿Cuántas tazas de pegamento usa la clase?

Usar datos **Usa la receta para resolver los Problemas 40 a 43.**

40. ¿La cantidad de pegamento blanco de la receta está más cerca de 1 taza o de 2 tazas?

41. ¿Son suficientes $\frac{4}{2}$ de taza de agua para la receta? Explica por qué.

42. Analízalo ¿Cómo puedes usar una taza de medir de $\frac{1}{4}$ de taza para medir la cantidad de pegamento blanco que se necesita para la receta?

43. Represéntalo Imagina que deseas preparar el doble de papel maché. ¿Cuántas tazas de agua y pegamento blanco necesitarás? Haz un dibujo para explicar tu respuesta.

RECETA PARA PAPEL MACHÉ

$2\frac{1}{2}$ tazas de agua

$1\frac{1}{4}$ tazas de pegamento blanco

Respuesta directa

Suma o resta. (Caps. 4 y 5, Lecciones 4, 5)

44.
$$362 + 539$$

45.
$$751 - 273$$

46. Escribe una fracción impropia y un número mixto para nombrar la parte sombreada.

(Cap. 18, Lección 7)

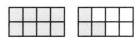

Fracciones en acción
Razonamiento visual

Resolver problemas

Materiales
bloques de figuras

Puedes usar bloques de figuras para representar fracciones. Los hexágonos amarillos representan 1 entero.

- Necesitas dos cuadriláteros rojos para cubrir el hexágono amarillo. Cada bloque rojo es $\frac{1}{2}$ del bloque amarillo.

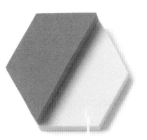

- Necesitas 3 paralelogramos azules para cubrir el hexágono amarillo. Cada bloque azul es $\frac{1}{3}$ del bloque amarillo.

1. ¿Cuántos triángulos verdes necesitas para cubrir el hexágono amarillo? ¿Qué fracción describe cada bloque verde?

2. Usa un bloque rojo, uno azul y uno verde para cubrir el hexágono amarillo. ¿Qué fracción del hexágono representa cada uno?

Repaso/Examen del capítulo

VOCABULARIO

1. El número debajo de la barra de fracción es el ____.

2. Un número entero y una fracción forman un ____.

3. Cuando las fracciones son iguales son ____.

CONCEPTOS Y DESTREZAS

Escribe una fracción para nombrar la parte azul. Luego escribe una fracción para nombrar la parte que no es azul. (Lecciones 1 y 2, págs. 498 y 499, 500 y 501)

4.

5.

6.

7.

Haz un dibujo para hallar las respuestas. (Lección 3, págs. 502 a 504)

8. $\frac{4}{9}$ de 9   **9.** $\frac{2}{6}$ de 18   **10.** $\frac{4}{5}$ de 10   **11.** $\frac{3}{3}$ de 12   **12.** $\frac{1}{4}$ de 16

Escribe *equivalentes* o *no equivalentes*. (Lección 6, págs. 510 y 511)

13. $\frac{5}{10}$ y $\frac{1}{2}$ **14.** $\frac{3}{7}$ y $\frac{1}{6}$ **15.** $\frac{3}{4}$ y $\frac{7}{8}$ **16.** $\frac{3}{9}$ y $\frac{1}{3}$

Escribe una fracción impropia y un número mixto para nombrar las partes sombreadas. (Lección 7, págs. 512 a 514)

17.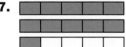

18.

RESOLVER PROBLEMAS

Resuelve. (Lección 4, págs. 506 y 507)

19. La familia Roy se come $\frac{2}{3}$ de una tarta de calabaza. Si la tarta entera tiene 6 trozos, ¿cuántos trozos no se comieron?

20. Tom tiene 16 marcadores. 4 de ellos no funcionan. ¿Qué fracción de ellos funcionan?

 **Escríbelo**

Muestra lo que sabes

Kelly prepara una pizza y la corta en 8 porciones. $\frac{4}{8}$ de la pizza tiene salchicha y $\frac{8}{8}$ de la pizza tiene doble queso. ¿Será posible?

Haz un dibujo y explícalo.

Práctica adicional

Conjunto A (Lección 1, págs. 498 a 499)

Haz un dibujo para mostrar cada fracción.

1. $\frac{3}{6}$
2. $\frac{1}{2}$
3. $\frac{5}{5}$
4. un séptimo
5. dos novenos

Conjunto B (Lección 2, págs. 500 y 501)

Escribe una fracción para nombrar la parte de cada grupo que es azul.

1.
2.
3.
4.

Conjunto C (Lección 3, págs. 502 a 504)

Usa fichas para hallar las respuestas.

1. $\frac{2}{3}$ de 9
2. $\frac{4}{4}$ de 8
3. $\frac{1}{4}$ de 12
4. $\frac{3}{5}$ de 10

Haz un dibujo para hallar las respuestas.

5. $\frac{1}{8}$ de 16
6. $\frac{1}{2}$ de 18
7. $\frac{3}{3}$ de 9
8. $\frac{2}{7}$ de 14

Conjunto D (Lección 6, págs. 510 y 511)

Escribe *equivalentes* o *no equivalentes*. Dibuja tiras de fracciones para apoyar tu respuesta.

1. $\frac{1}{6}$ y $\frac{9}{9}$
2. $\frac{3}{7}$ y $\frac{5}{8}$
3. $\frac{1}{5}$ y $\frac{2}{10}$
4. $\frac{4}{5}$ y $\frac{8}{10}$

Conjunto E (Lección 7, págs. 512 a 514)

Escribe una fracción impropia y un número mixto para nombrar las partes que se muestran.

1.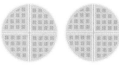
2.

CAPÍTULO
19

Trabajar con fracciones

INVESTIGACIÓN

Usar datos

Tameka mide los ingredientes para preparar panecillos dulces de arándano. La receta que usa aparece a la derecha. Si sólo tiene una taza de medir de $\frac{1}{4}$ y una de $\frac{1}{2}$, ¿cómo podría medir la cantidad exacta de azúcar y arándanos?

Panecillos de arándano

$\frac{1}{2}$ taza de mantequilla

2 tazas de harina

$1\frac{1}{4}$ tazas de azúcar

$1\frac{1}{2}$ tazas de arándanos

$\frac{1}{2}$ taza de leche

2 huevos

2 cucharaditas de polvo de hornear

$\frac{1}{2}$ cucharadita de sal

Aplica lo que sabes

Usa esta página para repasar y recordar lo
que necesitas saber para este capítulo.

VOCABULARIO

Escoge el mejor término para completar cada oración.

1. La fracción $\frac{13}{5}$ es una ____.

2. Un número formado por un número entero y una fracción se llama ____.

3. En la fracción $\frac{1}{3}$, 1 es el ____.

4. Las fracciones que nombran la misma cantidad son ____.

> **Vocabulario**
> numerador
> denominador
> número mixto
> fracción impropia
> fracciones
>   equivalentes

CONCEPTOS Y DESTREZAS

Escribe una fracción para nombrar la parte sombreada.

5.   6.   7.   8.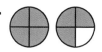

Escribe _equivalentes_ o _no equivalentes_ para describir las fracciones.

9. $\frac{2}{3}$ y $\frac{3}{6}$ 10. $\frac{2}{4}$ y $\frac{1}{2}$ 11. $\frac{1}{3}$ y $\frac{3}{4}$ 12. $\frac{2}{10}$ y $\frac{1}{5}$

Haz un dibujo para hallar las respuestas.

13. $\frac{3}{4}$ de 4   14. $\frac{3}{5}$ de 5   15. $\frac{1}{2}$ de 6   16. $\frac{2}{3}$ de 12

Escribe una fracción impropia y un número mixto para nombrar la parte sombreada.

17.   18.    19.

 **Escríbelo**

20. Explica de qué manera $\frac{4}{4}$ y $\frac{6}{6}$ pueden representar un entero.

Práctica de operaciones Consulta la página 669.

Comparar fracciones

Objetivo Comparar fracciones con denominadores iguales y diferentes.

Apréndelo

¡Es el Día Multicultural en la escuela! Hilda y Anna traen cada una un pastel de miel griego para compartir con sus compañeros. Los dos pasteles son del mismo tamaño. ¿Le sobró más pastel a Hilda que a Anna?

A Anna le sobran $\frac{3}{8}$ de pastel

A Hilda le sobran $\frac{4}{8}$ de pastel

Puedes comparar las fracciones que tienen el mismo denominador.

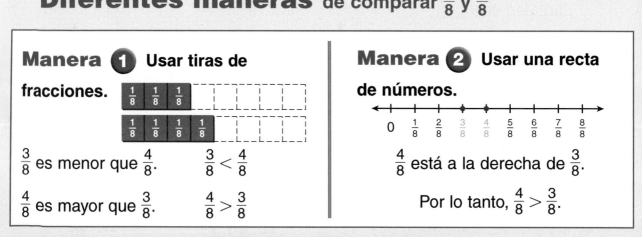

Diferentes maneras de comparar $\frac{3}{8}$ y $\frac{4}{8}$

Manera ❶ Usar tiras de fracciones.

| $\frac{1}{8}$ | $\frac{1}{8}$ | $\frac{1}{8}$ |

| $\frac{1}{8}$ | $\frac{1}{8}$ | $\frac{1}{8}$ | $\frac{1}{8}$ |

$\frac{3}{8}$ es menor que $\frac{4}{8}$. $\frac{3}{8} < \frac{4}{8}$

$\frac{4}{8}$ es mayor que $\frac{3}{8}$. $\frac{4}{8} > \frac{3}{8}$

Manera ❷ Usar una recta de números.

$$0 \quad \frac{1}{8} \quad \frac{2}{8} \quad \frac{3}{8} \quad \frac{4}{8} \quad \frac{5}{8} \quad \frac{6}{8} \quad \frac{7}{8} \quad \frac{8}{8}$$

$\frac{4}{8}$ está a la derecha de $\frac{3}{8}$.

Por lo tanto, $\frac{4}{8} > \frac{3}{8}$.

Solución: A Hilda le sobra más pastel.

También puedes comparar fracciones con denominadores diferentes.

Diferentes maneras de comparar $\frac{1}{3}$ y $\frac{1}{2}$

Manera ❶ Usar tiras de fracciones.

| $\frac{1}{3}$ |

| $\frac{1}{2}$ |

$\frac{1}{3}$ es menor que $\frac{1}{2}$. $\frac{1}{3} < \frac{1}{2}$

$\frac{1}{2}$ es mayor que $\frac{1}{3}$. $\frac{1}{2} > \frac{1}{3}$

Manera ❷ Usar una recta de números.

$$\frac{1}{3} \qquad \frac{2}{3} \qquad \frac{3}{3}$$
$$0 \qquad \frac{1}{2} \qquad \frac{2}{2}$$

$\frac{1}{2}$ está a la derecha de $\frac{1}{3}$.

Por lo tanto, $\frac{1}{2} > \frac{1}{3}$.

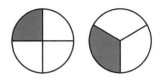

- Si los denominadores son iguales, ¿qué numerador es mayor?
- ¿Qué fracción representa la parte más grande del entero?

Compara. Escribe > ó < en cada ⬭.

1.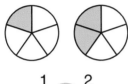

$\frac{3}{4}$ ⬭ $\frac{1}{4}$

2.

$\frac{1}{4}$ ⬭ $\frac{1}{6}$

Explícalo ▶ Los círculos son del mismo tamaño. ¿Cuál es mayor, $\frac{1}{3}$ ó $\frac{1}{4}$? ¿Cómo lo sabes?

Practicar y resolver problemas

Compara las fracciones. Escribe > ó < en cada ⬭.

3. $\frac{1}{5}$ ⬭ $\frac{2}{5}$

4. $\frac{5}{6}$ ⬭ $\frac{1}{2}$

5. $\frac{2}{8}$ ⬭ $\frac{3}{8}$

Compara. Escribe > ó < en cada ⬭.
Usa tiras de fracciones o una recta de números si es necesario.

6. $\frac{1}{2}$ ⬭ $\frac{2}{2}$

7. $\frac{6}{8}$ ⬭ $\frac{3}{8}$

8. $\frac{5}{5}$ ⬭ $\frac{4}{5}$

9. $\frac{1}{3}$ ⬭ $\frac{1}{8}$

10. $\frac{1}{3}$ ⬭ $\frac{1}{4}$

11. $\frac{7}{10}$ ⬭ $\frac{10}{10}$

12. $\frac{1}{3}$ ⬭ $\frac{1}{5}$

13. $\frac{7}{8}$ ⬭ 1

14. **Analízalo** Keb se come un cuarto de una pizza. Austin se come un sexto de la misma pizza. ¿Quién come más pizza?

15. Anita trae $\frac{4}{10}$ de los panecillos dulces. Alex trae $\frac{6}{10}$ de los panecillos dulces. ¿Quién trae más panecillos dulces?

Repaso general • Preparación para exámenes

Respuesta directa
Completa los enunciados de división.

(Cap. 11, Lecciones 3 a 8)

16. $35 \div \blacksquare = 7$

17. $\blacksquare \div 7 = 3$

18. $64 \div \blacksquare = 8$

19. $\blacksquare \div 4 = 4$

20. $28 \div \blacksquare = 4$

21. $\blacksquare \div 6 = 3$

Selección multiple

22. ¿Qué enunciado **no** es verdadero?

(Cap. 19, Lección 1)

A $\frac{4}{5} > \frac{1}{3}$

C $\frac{3}{6} > \frac{5}{6}$

B $\frac{4}{10} < \frac{1}{2}$

D $\frac{1}{3} > \frac{1}{5}$

Ordenar fracciones

Objetivo Ordenar fracciones semejantes y diferentes.

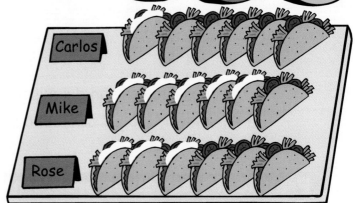

Apréndelo

Mira los tacos que trajeron Carlos, Mike y Rose al Día Multicultural.

$\frac{1}{6}$ de los tacos de Carlos tiene crema.

$\frac{5}{6}$ de los tacos de Mike tienen crema.

$\frac{3}{6}$ de los tacos de Rose tienen crema.

Escribe las fracciones en orden de menor a mayor.

Diferentes maneras de ordenar $\frac{1}{6}$, $\frac{5}{6}$ y $\frac{3}{6}$

Manera ➊ Usar tiras de fracciones.

$\frac{1}{6}$ es el menor. $\frac{5}{6}$ es el mayor.

Por lo tanto, $\frac{1}{6} < \frac{3}{6} < \frac{5}{6}$.

Manera ➋ Usar una recta de números.

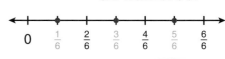

$\frac{1}{6} < \frac{3}{6}$

$\frac{3}{6} < \frac{5}{6}$

Piénsalo

$\frac{1}{6}$ es la fracción más lejana hacia la izquierda.

$\frac{5}{6}$ es la fracción más lejana hacia la derecha.

$\frac{3}{6}$ está en el punto medio.

Por lo tanto, $\frac{1}{6} < \frac{3}{6} < \frac{5}{6}$.

Solución: El orden de menor a mayor es: $\frac{1}{6}$ $\frac{3}{6}$ $\frac{5}{6}$

Otro ejemplo

Ordena $\frac{1}{8}$, $\frac{2}{3}$, y $\frac{1}{6}$ de mayor a menor.

Piénsalo

$\frac{2}{3} > \frac{1}{6} > \frac{1}{8}$

El orden de mayor a menor es: $\frac{2}{3}$, $\frac{1}{6}$ y $\frac{1}{8}$.

Ordena las fracciones de menor a mayor.

1. $\frac{2}{5}$ [1/5][1/5]
    $\frac{4}{5}$ [1/5][1/5][1/5][1/5]
    $\frac{1}{5}$ [1/5]

2. $\frac{1}{6}$ [1/6]
    $\frac{1}{8}$ [1/8]
    $\frac{1}{4}$ [1/4]

Explícalo ► Mira las fracciones del Ejercicio 2. ¿Por qué la fracción menor tiene el denominador mayor?

Practicar y resolver problemas

Ordena las fracciones de mayor a menor.

3. $\frac{3}{8}$ [1/8][1/8][1/8]
    $\frac{7}{8}$ [1/8][1/8][1/8][1/8][1/8][1/8][1/8]
    $\frac{1}{8}$ [1/8]

4. $\frac{1}{2}$ [1/2]
    $\frac{1}{3}$ [1/3]
    $\frac{1}{4}$ [1/4]

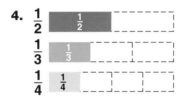

5. $\frac{1}{5}$ [1/5]
    $\frac{1}{3}$ [1/3]
    $\frac{1}{4}$ [1/4]

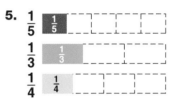

Ordena las fracciones de menor a mayor. Usa tiras de fracciones o traza una recta de números.

6. $\frac{1}{4}$ $\frac{1}{8}$ $\frac{1}{2}$

7. $\frac{4}{5}$ $\frac{2}{5}$ $\frac{3}{5}$

8. $\frac{1}{2}$ $\frac{1}{3}$ $\frac{1}{5}$

9. $\frac{6}{8}$ $\frac{5}{8}$ $\frac{2}{8}$

Resuelve.

10. Kirsten se come $\frac{1}{6}$ de los tacos. Tim se come $\frac{1}{3}$ de los tacos. Tara se come $\frac{3}{6}$ de los tacos. ¿Quién se come el menor número de tacos?

11. **Explícalo** Los libros de cocina que generalmente cuestan $8.95 están marcados con etiquetas que indican $\frac{1}{2}$ de descuento, $\frac{1}{4}$ de descuento, $\frac{1}{3}$ de descuento. ¿Qué etiqueta muestra el mejor precio?

Repaso general • Preparación para exámenes

Respuesta directa
Escribe cada hora usando minutos antes y minutos después de una hora. (Cap. 12, Lección 3)

12.

13.

14. Ordena de mayor a menor las fracciones $\frac{1}{10}$, $\frac{7}{10}$, y $\frac{3}{10}$. Haz dibujos para mostrar tu respuesta. (Cap. 19, Lección 2)

Resolver problemas: Estrategia

Represéntalo

Objetivo Resolver un problema usando modelos.

Problema Sonia y Lamont comen sushi en el Día Multicultural. Cada rollito California se corta en 6 trozos iguales. Sonia se comió $\frac{1}{2}$ rollito California. Lamont se comió $\frac{2}{3}$ de rollito. ¿Quién comió más?

COMPRÉNDELO

Esto es lo que ya sabes.

- Cada rollito California se corta en 6 trozos iguales.
- Sonia se come $\frac{1}{2}$ rollito California.
- Lamont se come $\frac{2}{3}$ de rollito California.

PLANÉALO

Puedes usar tiras de fracciones como ayuda para comparar las fracciones.

RESUÉLVELO

- Usa tiras de fracciones para modelar cuánto se comió cada persona.

- Alinea las tiras de fracciones y compara.

$$\frac{2}{3} > \frac{1}{2}$$

Solución: Como $\frac{2}{3}$ es mayor que $\frac{1}{2}$, Lamont comió más.

VERIFÍCALO

Verifica el problema.

¿Tiene sentido la respuesta? ¿Está $\frac{2}{3}$ hacia la derecha de $\frac{1}{2}$ en una recta de números?

Práctica guiada

Usa las preguntas de Asegúrate para resolver los problemas.

1. Christine bebe $\frac{5}{10}$ de litro de agua. Sheri bebe $\frac{1}{2}$ litro. ¿Bebieron la misma cantidad? ¿Cómo lo sabes?

2. Jorge pone en la olla $\frac{1}{3}$ de taza de apio, $\frac{3}{4}$ de taza de zanahoria y $\frac{1}{2}$ taza de cebolla. ¿Qué verdura hay en menor cantidad en la olla?

Pista Compara tres tiras de fracciones de la misma manera en que comparas dos.

Asegúrate

COMPRÉNDELO
• ¿Qué datos conozco?

PLANÉALO
• ¿Usé las tiras de fracciones correctas?

RESUÉLVELO
• ¿Ordené correctamente las tiras de fracciones?

VERIFÍCALO
• ¿Tiene sentido mi respuesta?

Práctica independiente

Usa modelos para resolver los problemas.

3. ¿Forman $\frac{2}{3}$ y $\frac{1}{2}$ más que o menos que 1 entero?

4. **Razonamiento** Si $\frac{1}{4}$ de 8 es 2, ¿cuánto es $\frac{3}{4}$ de 8?

5. Josefina, Ken y Greta caminan a la escuela. Josefina camina $\frac{2}{3}$ de milla, Ken camina $\frac{1}{6}$ de milla y Greta camina $\frac{7}{10}$ de milla. ¿Quién camina más distancia a la escuela?

6. La bufanda de Dalia es $\frac{1}{3}$ amarilla. La de Emily es $\frac{4}{6}$ amarilla. La de Susana es $\frac{1}{2}$ roja y $\frac{1}{2}$ amarilla. Si las bufandas son del mismo tamaño, ¿qué bufanda tiene más amarillo?

Continúa

Práctica variada

Resuelve. Muestra tu trabajo.
Indica qué estrategia usaste.

7. Un pastel tiene 12 franjas de colores. Las franjas van en este orden: azul, amarillo, rosado, azul, amarillo, rosado. Si este patrón continúa, ¿cuántas franjas amarillas tendrá el pastel?

8. Silvie viaja de Avon a Troy. Llega a Troy a las 4:45 p.m. Si el viaje en tren dura 2 horas 5 minutos, ¿a qué hora salió el tren de Avon?

9. Moe, Alberto y Sue vuelan cometas. La cometa de Moe está al doble de altura que la de Alberto. La cometa de Alberto está 100 pies más baja que la de Sue. Si la cometa de Sue vuela a 250 pies, ¿a qué altura está cada cometa?

10. Joy compra materiales para una cometa. Después de gastar $11 en tela y $4 en hilo, le quedan $5. ¿Qué fracción de su dinero gastó Joy?

Selecciónalo

Estrategia
- Haz una tabla
- Haz un dibujo
- Busca un patrón
- Represéntalo
- Comienza con el final

Método de cálculo
- Cálculo mental
- Estimación
- Papel y lápiz
- Calculadora

Usar datos Usa la tabla para resolver los Problemas 11 a 13. Luego, indica qué método escogiste.

11. **Analízalo** ¿Es la temperatura más alta registrada en Australia más cercana a la temperatura más alta registrada en Europa o en Norteamérica?

12. Compara las temperaturas más altas registradas en Norteamérica y Suramérica. ¿Cuál es mayor? ¿Cuántos grados mayor?

13. ¿Más o menos cuántos grados de diferencia hay entre la temperatura más alta y la temperatura más baja de la tabla?

Temperaturas más altas registradas en el mundo	
Continente	**Temperatura**
África	136 °F
Antártica	59 °F
Asia	129 °F
Australia	123 °F
Europa	122 °F
Norteamérica	134 °F
Suramérica	120 °F

Resolver problemas en exámenes

Selección múltiple

Escoge la letra de la respuesta correcta. Si la respuesta correcta no aparece, escoge NA.

1. Rita tiene 306 tarjetas postales en su colección. Si 137 postales son de los Estados Unidos, ¿cuántas no son de los Estados Unidos?

   A 213   **B** 269   **c** 271   **D** NA

   (Capítulo 5, Lección 7)

2. Matt recoge todas sus canicas. Bo recoge $\frac{3}{4}$ de las suyas. Andy recoge $\frac{1}{3}$ de las suyas y Lisa recoge $\frac{1}{2}$ de las suyas. Si cada uno comienza con el mismo número de canicas, ¿quién recogió menos canicas?

   F Bo   **G** Lisa   **H** Andy   **J** Matt

   (Capítulo 19, Lección 2)

Respuesta directa

Resuelve los problemas.

3. Marco y Safina compran una pizza entera para compartir. Marco se come $\frac{1}{2}$ de la pizza. Safina se come $\frac{1}{4}$ de la pizza. ¿Cuánta pizza sobra?

   (Capítulo 19, Lección 3)

4. Los jugadores lanzan un dado numerado del 3 al 8. El jugador 1 gana un punto si obtiene número par. El jugador 2 gana un punto si obtiene número impar. ¿Es un juego justo? ¿Cómo lo sabes?

   (Capítulo 7, Lección 4)

Respuesta extensa

5. La clase de Kim está celebrando un juego matemático. Para ganar, ella debe tachar diez fracciones en su tarjeta.

Tarjeta de Kim

$\frac{2}{8}$	$\frac{1}{3}$	$\frac{5}{10}$	$\frac{6}{9}$	$\frac{4}{2}$
$\frac{1}{2}$	$\frac{3}{6}$	$\frac{1}{4}$	$\frac{3}{5}$	$\frac{3}{4}$
$\frac{8}{6}$	$\frac{3}{2}$	$\frac{2}{7}$	$\frac{3}{8}$	$\frac{7}{8}$
$\frac{2}{4}$	$\frac{2}{6}$	$\frac{1}{8}$	$\frac{4}{5}$	$\frac{2}{9}$
$\frac{4}{6}$	$\frac{4}{9}$	$\frac{7}{3}$	$\frac{3}{8}$	$\frac{5}{7}$

A. Primero, el maestro pide que tachen todas las fracciones impropias. ¿Qué fracciones puede tachar Kim? ¿Cómo sabes que son impropias?

B. A continuación, el maestro pide que tachen todas las fracciones equivalentes a $\frac{1}{2}$. ¿Qué fracciones puede tachar Kim? Dibuja una recta de números que muestre esas fracciones.

c. Finalmente, el maestro pide que tachen todas las fracciones menores que $\frac{5}{8}$. ¿Qué fracciones puede tachar Kim?

D. ¿Puede ganar Kim? Explícalo.

(Capítulo 19, Lección 2)

Sumar fracciones

Objetivo Sumar fracciones con denominador común.

Apréndelo

Algunos estudiantes traen sándwiches hero para el Día Multicultural. El sándwich de la derecha está cortado en 6 trozos iguales. Sue se comió $\frac{2}{6}$ del sándwich y Dave se comió $\frac{3}{6}$ del sándwich ¿qué fracción del sándwich se comieron Sue y Dave?

Suma. $\frac{2}{6} + \frac{3}{6} = $ ▪

El sándwich hero, que se originó en Italia, se conoce también como submarino.

Diferentes maneras de sumar $\frac{2}{6} + \frac{3}{6}$

Manera 1 Usar tiras de fracciones.

- Comienza con la tira de fracciones para 1 entero.
- Coloca debajo dos piezas de fracciones de $\frac{1}{6}$.
- Suma tres piezas de fracciones de $\frac{1}{6}$.

$$\frac{2}{6} + \frac{3}{6} = \frac{5}{6}$$

Manera 2 Escribir un enunciado de números.

Cuando los denominadores son iguales, puedes simplemente sumar los numeradores.

$\frac{2}{6} + \frac{3}{6} = \frac{5}{6}$ ← Suma los numeradores.

← Los denominadores quedan igual.

Solución: Sue y Dave se comen $\frac{5}{6}$ del sándwich hero.

Otro ejemplo

Halla $\frac{5}{8} + \frac{3}{8}$.

$$\frac{5}{8} + \frac{3}{8} = \frac{8}{8}$$

Piénsalo
$\frac{8}{8} = 1$

Por lo tanto, $\frac{5}{8} + \frac{3}{8} = \frac{8}{8}$ ó 1.

Práctica guiada

Usa tiras de fracciones como ayuda para sumar.

1.

$$\frac{2}{5} + \frac{1}{5} = \blacksquare$$

2.

$$\frac{2}{3} + \frac{1}{3} = \blacksquare$$

Suma. Usa tiras de fracciones como ayuda o haz un dibujo.

3. $\frac{1}{4} + \frac{1}{4}$ **4.** $\frac{2}{5} + \frac{3}{5}$ **5.** $\frac{5}{8} + \frac{2}{8}$ **6.** $\frac{7}{9} + \frac{1}{9}$

Explícalo ▶ ¿De qué te sirve lo que sabes acerca de la suma de números enteros para sumar fracciones con denominador común?

Asegúrate

- ¿Cómo puedes usar piezas de fracciones para sumar?
- ¿Es la suma igual a 1?

Practicar y resolver problemas

Suma.

7.

$$\frac{3}{6} + \frac{1}{6} = \blacksquare$$

8.

$$\frac{2}{4} + \frac{1}{4} = \blacksquare$$

9.

$$\frac{3}{5} + \frac{1}{5} = \blacksquare$$

10.

$$\frac{2}{6} + \frac{1}{6} = \blacksquare$$

11.

$$\frac{3}{8} + \frac{3}{8} = \blacksquare$$

12.

$$\frac{4}{6} + \frac{2}{6} = \blacksquare$$

Suma. Usa tiras de fracciones como ayuda o haz un dibujo.

13. $\frac{1}{3} + \frac{1}{3}$ **14.** $\frac{2}{9} + \frac{3}{9}$ **15.** $\frac{1}{8} + \frac{3}{8}$ **16.** $\frac{2}{4} + \frac{1}{4}$

17. $\frac{3}{6} + \frac{2}{6}$ **18.** $\frac{2}{5} + \frac{3}{5}$ **19.** $\frac{5}{8} + \frac{2}{8}$ **20.** $\frac{2}{7} + \frac{5}{7}$

21. Verifica tus respuestas a los Ejercicios 13 a 20. ¿En cuáles ejercicios la suma es igual a 1? Explica por qué.

Continúa ▶

Escribe las letras de las piezas de fracciones que puedes usar para formar exactamente un entero.

22. | 1 | **a.** $\frac{1}{2}$ **b.** $\frac{1}{4}$ $\frac{1}{4}$ $\frac{1}{4}$ **c.** $\frac{1}{4}$ $\frac{1}{4}$

23. | 1 | **a.** $\frac{1}{4}$ $\frac{1}{4}$ $\frac{1}{4}$ **b.** $\frac{1}{3}$ $\frac{1}{3}$ **c.** $\frac{1}{8}$ $\frac{1}{8}$

24. | 1 | **a.** $\frac{1}{5}$ $\frac{1}{5}$ $\frac{1}{5}$ **b.** $\frac{1}{5}$ $\frac{1}{5}$ **c.** $\frac{1}{6}$ $\frac{1}{6}$ $\frac{1}{6}$

Algebra • Variables Halla el valor de _n_.

25. $\frac{1}{4} + \frac{n}{4} = \frac{2}{4}$

26. $\frac{n}{8} + \frac{1}{8} = \frac{6}{8}$

27. $\frac{4}{5} + \frac{n}{5} = \frac{5}{5}$

28. $\frac{5}{9} + \frac{n}{9} = \frac{8}{9}$

29. $\frac{n}{7} + \frac{4}{7} = \frac{6}{7}$

30. $\frac{2}{6} + \frac{n}{6} = \frac{5}{6}$

31. $\frac{2}{7} + \frac{n}{7} = \frac{5}{7}$

32. $\frac{3}{9} + \frac{n}{9} = \frac{8}{9}$

33. $\frac{1}{5} + \frac{n}{5} = \frac{3}{5}$

Resuelve.

34. Explícalo Un pastel se corta en seis pedazos iguales. Alberto se come $\frac{2}{6}$ del pastel, Eric se come $\frac{3}{6}$, y Rose se come $\frac{1}{6}$. ¿Sobran pedazos? De ser así, ¿cuántos?

35. Ji y Ruby pintan una cerca. Ji pinta $\frac{2}{8}$ de la cerca, Ruby pinta $\frac{3}{8}$. Juntos, ¿pintaron Ruby y Ji más de la mitad de la cerca?

Usa el dibujo de la derecha para resolver los Problemas 36 y 37.

36. Iván hizo el vitral de la derecha. Escribe un enunciado de números con fracciones para mostrar qué porción de la ventana es roja y qué porción es morada.

37. Escribe un enunciado de números usando fracciones para mostrar qué porción de la ventana es morada y qué porción es verde.

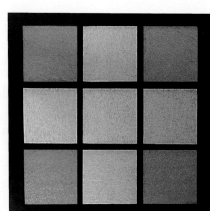

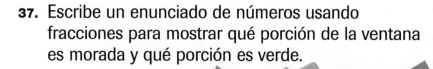

Práctica adicional Consulta la página 537, Conjunto C.

Conectar con las ciencias
Comparar longitudes de insectos

¿Te has topado alguna vez con una chinche verde o con un torito? Usa tiras de fracciones para responder a las preguntas acerca de éstos y otros insectos.

Catarina	Luciérnaga	Chinche verde	Torito

$\frac{1}{4}$ de pulgada de largo	$\frac{1}{2}$ pulgada de largo	$\frac{3}{4}$ de pulgada de largo	$\frac{3}{8}$ de pulgada de largo

1. ¿Qué insecto es el más largo?

2. ¿Qué insecto es el más corto?

3. ¿Qué insecto es el doble de largo que la catarina?

4. Escribe los nombres de los insectos en orden del más corto al más largo.

WEEKLY **WR** READER

Verifica tu comprensión de las Lecciones 1 a 4.

Escribe > ó < en cada ⬭. (Lección 1)

1. $\frac{1}{7}$ ⬭ $\frac{3}{7}$

2. $\frac{5}{8}$ ⬭ $\frac{1}{6}$

3. $\frac{1}{8}$ ⬭ $\frac{1}{5}$

Ordena las fracciones de menor a mayor. (Lección 2)

4. $\frac{4}{6}$ $\frac{3}{6}$ $\frac{6}{6}$

5. $\frac{1}{2}$ $\frac{1}{8}$ $\frac{1}{4}$

Halla cada suma. (Lección 4)

6. $\frac{3}{5} + \frac{1}{5}$

7. $\frac{1}{8} + \frac{3}{8}$

8. $\frac{2}{4} + \frac{1}{4}$

9. $1 + \frac{1}{7}$

Resuelve. (Lección 3)

10. ¿Es $\frac{1}{2}$ pie mayor o menor que $\frac{9}{12}$ de pie?

    Usa una regla para explicar tu respuesta.

Restar fracciones

Objetivo Restar fracciones con denominador común.

Apréndelo

Larry quiere preparar pan de maíz para el Día Multicultural. La receta dice que necesita $\frac{4}{8}$ de un trozo de mantequilla. Larry tiene $\frac{7}{8}$ del trozo de mantequilla. ¿Cuánta mantequilla le sobrará a Larry luego de preparar el pan de maíz?

Resta. $\frac{7}{8} - \frac{4}{8} = $ ■

Diferentes maneras de restar $\frac{7}{8} - \frac{4}{8}$

Manera ① Usar tiras de fracciones.

- Comienza con la tira de fracciones para 1 entero.
- Coloca debajo siete piezas de $\frac{1}{8}$.
- Resta cuatro piezas de $\frac{1}{8}$.

$$\frac{7}{8} - \frac{4}{8} = \frac{3}{8}$$

Manera ② Escribe un enunciado de números.

Como los **denominadores** son iguales, puedes simplemente restar los **numeradores**.

$$\frac{7}{8} - \frac{4}{8} = \frac{3}{8}$$ ← Resta los numeradores.
← Los denominadores quedan igual.

Solución: A Larry le sobrarán $\frac{3}{8}$ del trozo de mantequilla.

Otro ejemplo

Halla $1 - \frac{4}{6}$.

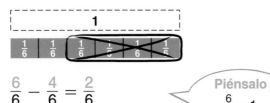

$$\frac{6}{6} - \frac{4}{6} = \frac{2}{6}$$

Piénsalo
$$\frac{6}{6} = 1$$

Por lo tanto, $1 - \frac{4}{6} = \frac{2}{6}$.

Práctica guiada

Usa las tiras de fracciones como ayuda para restar.

Asegúrate

- ¿Qué piezas de fracciones debo usar?
- ¿De qué manera me ayudará el denominador para escribir una fracción equivalente a 1?

1.

$$\frac{2}{3} - \frac{1}{3} = \blacksquare$$

2.

$$\frac{5}{6} - \frac{3}{6} = \blacksquare$$

3.

$$\frac{5}{7} - \frac{1}{7} = \blacksquare$$

4.

$$\frac{5}{8} - \frac{3}{8} = \blacksquare$$

Resta. Usa tiras de fracciones como ayuda o haz un dibujo.

5. $\dfrac{4}{6} - \dfrac{1}{6}$

6. $\dfrac{7}{8} - \dfrac{2}{8}$

7. $1 - \dfrac{1}{9}$

8. $\dfrac{1}{4} - \dfrac{1}{4}$

Explícalo ▶ Mira el Ejercicio 7. ¿Por qué debes escribir 1 como $\dfrac{9}{9}$ antes de restar?

Practicar y resolver problemas

Resta.

9.

$$\frac{4}{5} - \frac{1}{5} = \blacksquare$$

10.
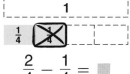
$$\frac{2}{4} - \frac{1}{4} = \blacksquare$$

11.
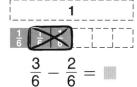
$$\frac{3}{6} - \frac{2}{6} = \blacksquare$$

12.

$$\frac{1}{2} - \frac{1}{2} = \blacksquare$$

13.
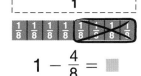
$$1 - \frac{4}{8} = \blacksquare$$

14.
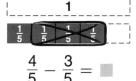
$$\frac{4}{5} - \frac{3}{5} = \blacksquare$$

15. Razonamiento Isaac dice que $1 - \dfrac{4}{4}$ es 0. Leisha dice que la diferencia es $\dfrac{0}{4}$. ¿Están los dos en lo correcto? Haz dibujos o usa tiras de fracciones para explicar tu respuesta.

Continúa ▶

Resta. Usa tiras de fracciones como ayuda o haz un dibujo.

16. $\dfrac{3}{4} - \dfrac{1}{4}$

17. $\dfrac{3}{5} - \dfrac{2}{5}$

18. $\dfrac{6}{7} - \dfrac{5}{7}$

19. $1 - \dfrac{4}{8}$

20. $\dfrac{8}{9} - \dfrac{3}{9}$

21. $\dfrac{6}{8} - \dfrac{4}{8}$

22. $\dfrac{4}{6} - \dfrac{3}{6}$

23. $\dfrac{8}{9} - \dfrac{5}{9}$

Álgebra • Variables Halla el valor de *n*.

24. $\dfrac{3}{5} - \dfrac{n}{5} = \dfrac{2}{5}$

25. $\dfrac{n}{8} - \dfrac{1}{8} = \dfrac{7}{8}$

26. $\dfrac{6}{9} - \dfrac{n}{9} = \dfrac{4}{9}$

27. $\dfrac{3}{6} - \dfrac{n}{6} = \dfrac{2}{6}$

28. $\dfrac{n}{3} - \dfrac{1}{3} = \dfrac{2}{3}$

29. $\dfrac{6}{7} - \dfrac{n}{7} = \dfrac{2}{7}$

30. Raúl corta su sándwich en 4 pedazos iguales. Le dio $\dfrac{1}{4}$ a su hermano, $\dfrac{1}{4}$ a su hermana y se comió el resto. ¿Qué porción del sándwich se comió Raúl?

Usar datos Usa la receta para resolver los Problemas 31 a 34.

31. **Explícalo** Si combinas las frambuesas con los arándanos, ¿habrá más de 1 taza de fruta?

32. Si Joel duplica la cantidad de yogur que pide la receta, ¿cuánto yogur usará?

33. Imagina que Joel pone la fruta en el tazón en orden de mayor a menor cantidad. ¿Qué fruta va primero? ¿Qué fruta va al final?

34. Mientras preparaba la receta, Joel se comió $\dfrac{1}{4}$ de taza de frambuesas. ¿Qué cantidad de frambuesas le quedan para la receta?

Rica merienda de frutas

$\dfrac{1}{2}$ taza de bananas

$\dfrac{1}{4}$ taza de arándanos

$\dfrac{3}{4}$ taza de frambuesas

$\dfrac{1}{3}$ de taza de yogur de vainilla

1 cucharadita de coco rallado

Corta las bananas y pónlas en un tazón. Agrega los arándanos y las frambuesas. Cubre con yogur Rocía con coco.

Rinde 2 porciones.

Práctica adicional Consulta la página 537, Conjunto D.

Respuesta directa

Nombra cada cuerpo geométrico. (Cap. 15, Lección 6)

35.   36.   37.

38. **Resta.** $\frac{4}{7} - \frac{2}{7}$
(Cap. 19, Lección 5)

A $\frac{2}{7}$

B $\frac{6}{14}$

C $\frac{2}{4}$

D $\frac{6}{7}$

Juego

Actividad

Diversión con fracciones

2 jugadores

Lo que necesitas • 32 fichas (16 por jugador) • tableros de juego (Recurso de enseñanza 39) • ejercicios de restas con fracciones (Recurso de enseñanza 40) • tiras de fracciones (Recurso de enseñanza 35) (opcional)

Cómo jugar

1 Usa los Recursos de enseñanza 39 y 40. Coloca los ejecicios de resta boca abajo en una pila.

2 Los jugadores se turnan para tomar los ejercicios de la parte superior de la pila. Cada jugador suma y luego halla la suma en su tablero de juego. Luego coloca una ficha sobre la respuesta correcta. Puedes usar tiras de fracciones como ayuda.

3 Repite el Paso 2, hasta que uno de los jugadores tenga 4 fichas en una fila. La fila puede ser horizontal, vertical o de esquina a esquina.

Repaso/Examen del capítulo

VOCABULARIO

Escoge el mejor término para completar cada oración.

Vocabulario

numeradores

denominador

fracción impropia

fracciones equivalentes

1. El número bajo la barra en una fracción se llama ____.

2. Cuando las fracciones nombran la misma cantidad, se llaman ____.

3. Para sumar dos fracciones de igual denominador, sumas los____.

4. $\frac{7}{5}$ es una ____.

CONCEPTOS Y DESTREZAS

Escribe > ó < en cada ⬤ **.** (Lección 1, págs. 520 y 521)

5. $\frac{2}{3}$ ⬤ $\frac{1}{3}$

6. $\frac{2}{4}$ ⬤ $\frac{5}{8}$

7. $\frac{6}{6}$ ⬤ $\frac{1}{6}$

8. $\frac{1}{10}$ ⬤ $\frac{3}{5}$

9. $\frac{3}{4}$ ⬤ $\frac{1}{4}$

10. $\frac{2}{3}$ ⬤ $\frac{2}{6}$

Ordena las fracciones de menor a mayor. (Lección 2, págs. 522 y 523)

11. $\frac{4}{5}$ $\frac{2}{5}$ $\frac{1}{5}$

12. $\frac{1}{6}$ $\frac{6}{6}$ $\frac{3}{6}$

13. $\frac{2}{4}$ $\frac{2}{8}$ $\frac{2}{2}$

Suma o resta. Usa tiras de fracciones como ayuda o haz un dibujo.
(Lecciones 4 y 5, págs. 528 a 534)

14. $\frac{2}{9} + \frac{3}{9} = $ ■

15. $\frac{1}{7} + \frac{6}{7} = $ ■

16. $\frac{1}{5} + \frac{1}{5} = $ ■

17. $\frac{4}{6} - \frac{3}{6} = $ ■

18. $\frac{2}{4} - \frac{2}{4} = $ ■

19. $1 - \frac{1}{2} = $ ■

RESOLVER PROBLEMAS

Resuelve. (Lección 3, págs. 524 a 526)

20. Yun sopla 10 velitas mágicas en su pastel. Imagina que $\frac{2}{5}$ se vuelven a encender. ¿Cuántas velitas están encendidas ahora?

Escríbelo

Muestra lo que sabes

Verna piensa que $\frac{1}{2}$ es menor que $\frac{1}{4}$, porque 2 es menor que 4. ¿Es correcto eso? Haz un dibujo para explicar tu respuesta.

Práctica adicional

Conjunto A (Lección 1, págs. 520 y 521)

Escribe > ó < en cada ⬭.

1.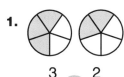

   $\dfrac{3}{5}$ ⬭ $\dfrac{2}{5}$

2.

   $\dfrac{2}{3}$ ⬭ $\dfrac{3}{3}$

3.

   $\dfrac{1}{4}$ ⬭ $\dfrac{1}{8}$

4. $\dfrac{1}{4}$ ⬭ $\dfrac{3}{4}$

5. 1 ⬭ $\dfrac{3}{5}$

6. $\dfrac{3}{6}$ ⬭ $\dfrac{6}{6}$

7. $\dfrac{1}{4}$ ⬭ $\dfrac{1}{3}$

8. $\dfrac{5}{7}$ ⬭ $\dfrac{4}{7}$

Conjunto B (Lección 2, págs. 522 y 523)

Ordena las fracciones de menor a mayor.

1. $\dfrac{2}{4}$ $\dfrac{1}{4}$ $\dfrac{3}{4}$

2. $\dfrac{2}{5}$ $\dfrac{3}{5}$ $\dfrac{1}{5}$

3. $\dfrac{5}{7}$ $\dfrac{4}{7}$ $\dfrac{6}{7}$

4. $\dfrac{7}{9}$ $\dfrac{2}{9}$ $\dfrac{8}{9}$

5. $\dfrac{1}{2}$ $\dfrac{1}{10}$ $\dfrac{1}{5}$

6. $\dfrac{1}{2}$ $\dfrac{2}{6}$ $\dfrac{2}{3}$

7. $\dfrac{7}{8}$ $\dfrac{2}{4}$ $\dfrac{2}{2}$

8. $\dfrac{1}{4}$ $\dfrac{3}{4}$ $\dfrac{1}{2}$

Conjunto C (Lección 4, págs. 528 a 530)

Suma.

1.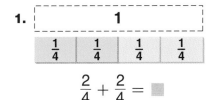

   $\dfrac{2}{4} + \dfrac{2}{4} = $ ▨

2.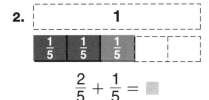

   $\dfrac{2}{5} + \dfrac{1}{5} = $ ▨

3.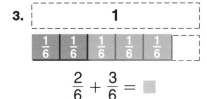

   $\dfrac{2}{6} + \dfrac{3}{6} = $ ▨

4. $\dfrac{1}{7} + \dfrac{5}{7} = $ ▨

5. $\dfrac{7}{9} + \dfrac{1}{9} = $ ▨

6. $\dfrac{3}{8} + \dfrac{2}{8} = $ ▨

7. $\dfrac{1}{3} + \dfrac{2}{3} = $ ▨

Conjunto D (Lección 5, págs. 532 a 534)

Resta.

1.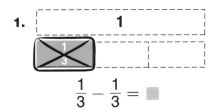

   $\dfrac{1}{3} - \dfrac{1}{3} = $ ▨

2.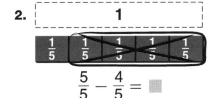

   $\dfrac{5}{5} - \dfrac{4}{5} = $ ▨

3.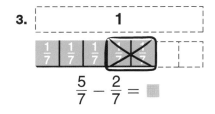

   $\dfrac{5}{7} - \dfrac{2}{7} = $ ▨

4. $\dfrac{2}{6} - \dfrac{1}{6} = $ ▨

5. $1 - \dfrac{2}{5} = $ ▨

6. $\dfrac{8}{8} - \dfrac{3}{8} = $ ▨

7. $\dfrac{3}{4} - \dfrac{1}{4} = $ ▨

CAPÍTULO 20

Decimales

INVESTIGACIÓN

Usar datos

Estos voluntarios construyen un área de juegos nueva. Usan clavos, pernos y tuercas para armar los equipos. Mira la tabla. ¿Cómo estiman el costo de cada caja para asegurarse de llevar suficiente dinero a la tienda?

Precios de la ferretería	
Caja de clavos de 2 pulgadas	$5.49
Caja de clavos de 3 pulgadas	$6.98
Caja de tornillos de 4 pulgadas	$4.79
Caja de pernos de 5 mm	$5.79
Caja de pernos de 8 mm	$6.29

 **Aplica lo que sabes**

**Usa esta página para repasar y recordar
lo que necesitas saber para este capítulo.**

VOCABULARIO

Escoge el mejor término para completar cada oración.

1. Cuando escribes una cantidad de dinero, usas un
   ____ para separar los dólares de los centavos.

2. Un número que contiene un entero y un fracción
   es un ____.

3. Un entero dividido entre 10 partes iguales muestra ____.

4. Un número que nombra parte de una región o parte
   de un grupo es una ____.

CONCEPTOS Y DESTREZAS

Escribe la fracción para nombrar la parte sombreada.

5.   6.   7.   8. 9.

**Usa un signo de dólar y un punto decimal para
escribir el valor de las monedas.**

10. 1 moneda de 10¢   11. 1 moneda de 25¢   12. 1 moneda de 5¢

13. 3 monedas de 25¢   14. 1 moneda de 1¢   15. 5 monedas de 25¢

16. 4 monedas de 5¢   17. 6 monedas de 10¢   18. 9 monedas de 1¢

19. 10 monedas de 10¢

 **Escríbelo**

20. Explica cómo puedes mostrar $\frac{35}{100}$ usando
    un modelo. ¿Cuántas partes iguales habrá?
    ¿Cuántas partes sombrearías?

Práctica de operaciones Consulta la página 670.

Décimas

Objetivo Escribir como decimales las fracciones que tengan el 10 como denominador.

Vocabulario
decimal
punto decimal
décimas

Apréndelo

Un **decimal** es un número que puede tener uno o más dígitos a la derecha del **punto decimal**.

Simón pinta una sección de la cerca del área de juegos. Mira la sección de cerca de la derecha. Tiene 10 partes iguales. Tres de esas partes son azules.

¿Qué parte de la cerca es azul?

Diferentes maneras de mostrar partes de un entero

Puedes usar un modelo.

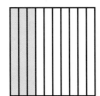

Puedes escribir una fracción.

$\frac{3}{10}$ ← partes azules
← total de partes

Puedes escribir un decimal.

unidades	décimas
0	. 3

punto decimal

Escribe 0.3

Lee tres **décimas**

Solución: $\frac{3}{10}$ ó 0.3 de la cerca son azules.

Práctica guiada

Escribe una fracción y un decimal para nombrar la parte sombreada.

1.
2.
3.

Asegúrate
• ¿Cuántas partes iguales hay?
• ¿Cuántas partes están sombreadas?

Explícalo ▶ ¿Qué te dice el 0 a la izquierda del punto decimal?

Practicar y resolver problemas

Escribe una fracción y un decimal para nombrar la parte sombreada.

4.   **5.**  **6.**   **7.**

Escribe cada número en forma decimal.

8. $\dfrac{9}{10}$ **9.** $\dfrac{1}{10}$ **10.** $\dfrac{6}{10}$ **11.** $\dfrac{3}{10}$ **12.** $\dfrac{8}{10}$ **13.** $\dfrac{4}{10}$

14. una décima   **15.** ocho décimas   **16.** cinco décimas   **17.** dos décimas

Escribe cada número en forma de fracción.

18. 0.3   **19.** 0.5   **20.** 0.9   **21.** 0.6   **22.** 0.1   **23.** 0.2

24. nueve décimas   **25.** seis décimas   **26.** cuatro décimas   **27.** siete décimas

Resuelve.

28. ¿Cuál es el dígito mayor que puedes tener en la posición de las décimas?

29. Explica cómo escribir la fracción $\dfrac{1}{2}$ como decimal.

30. **Represéntalo** Muestra cómo puedes sombrear un modelo para mostrar 10 décimas. ¿Cuál es el decimal para 10 décimas? Explícalo.

31. **Encuentra el error** Jo pinta 7 de 10 secciones de cerca. Ella dice que le quedan 0.2 por pintar. ¿Qué error cometió?

32. Mira el número 0.3. ¿Por qué hay un 0 antes del punto decimal?

Repaso general • Preparación para exámenes

Respuesta directa

Multiplica. (Cap. 9, Lecciones 2 a 6)

33. 3×9 **34.** 7×8 **35.** 6×5

36. 9×4 **37.** 5×3 **38.** 8×2

39. ¿Representan 0.5 y 5.0 la misma cantidad?

Explícalo.

(Cap. 20, Lección 1)

Centésimas

Objetivo Escribir como decimales las fracciones con denominador 100.

Apréndelo

Un grupo de 100 estudiantes se ofrecen de voluntarios para construir un área de juegos. Pusieron sus fotos en este cartel.

• El lunes hay 9 fotos en el cartel.

• El viernes hay 81 fotos.

¿Qué parte del cartel tiene fotos los dos días?

Puedes usar modelos decimales para mostrar cada parte.

Lunes	**Viernes**
$\frac{9}{100}$	$\frac{81}{100}$

unidades	décimas	centésimas
0 .	0	9

Escribe 0.09
Lee nueve **centésimas**

0.09 del cartel tiene fotos.

unidades	décimas	centésimas
0 .	8	1

Escribe 0.81
Lee ochenta y un centésimas

0.81 del cartel tiene fotos.

Práctica guiada

Escribe una fracción y un decimal para nombrar la parte sombreada.

1.

2.

3.

Asegúrate
• ¿Cuántas partes iguales hay?
• ¿Cuántas partes están sombreadas?

Explícalo ▶ ¿Representa 0.50 y 0.5 la misma cantidad?

Practicar y resolver problemas

Escribe una fracción y un decimal para nombrar la parte sombreada.

4. 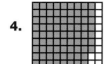 5. 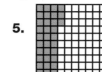 6. 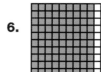 7.

Escribe cada número en forma decimal.

8. $\frac{78}{100}$ 9. $\frac{52}{100}$ 10. $\frac{4}{100}$ 11. $\frac{60}{100}$ 12. $\frac{98}{100}$ 13. $\frac{12}{100}$

14. una centésima 15. treinta y siete centésimas 16. cincuenta y tres centésimas

Escribe cada número en forma de fracción.

17. 0.49 18. 0.23 19. 0.07 20. 0.40 21. 0.78 22. 0.10

23. cuatro centésimas 24. cuarenta y cuatro centésimas 25. catorce centésimas

Usar datos Usa la gráfica para resolver los Problemas 26 a 28.

26. ¿Cuántos estudiantes participaron como voluntarios en la construcción del área de juegos?

27. ¿Qué decimal representa a los voluntarios de tercer grado?

28. ¿Cuántos voluntarios más de quinto y sexto grado hay que voluntarios de tercer grado y de cuarto grado?

29. **Represéntalo** Dibuja modelos para mostrar 0.9 y 0.09. ¿Es 0.9 mayor que 0.09? Explica por qué.

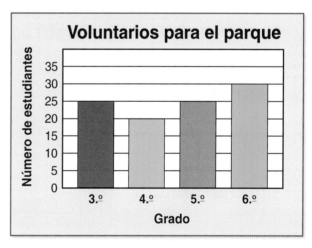

Repaso general • Preparación para exámenes

Respuesta directa

Suma. (Cap. 19, Lección 4)

30. $\frac{1}{8} + \frac{3}{8}$ 31. $\frac{1}{6} + \frac{4}{6}$

32. $\frac{1}{3} + \frac{1}{3}$ 33. $\frac{2}{4} + \frac{1}{4}$

Selección multiple

34. ¿Qué decimal representa $\frac{45}{100}$?
(Cap. 20, Lección 2)

A 45 C 0.45

B 4.5 D 0.4

Decimales mayores que 1

Objetivo Escribir decimales mayores que 1

Apréndelo

Algunos padres están construyendo plataformas de madera para el sector de picnic del área de juegos. Ya han pintado $3\frac{5}{10}$ de las plataformas.

Hay diferentes maneras de mostrar el número de plataformas pintadas.

Diferentes maneras de mostrar $3\frac{5}{10}$

Usar un modelo.	Escribir un número mixto.	Escribir un decimal mayor que 1.

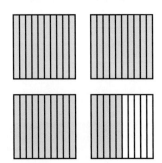

$3\frac{5}{10}$

unidades	décimas
3 .	5

Escribe 3.5

Lee tres con cinco décimas

↑
Lee el punto decimal como "con".

Otro ejemplo

Decimal con centésimas

Usar un modelo.	Escribir un número mixto.	Escribir un decimal mayor que 1.

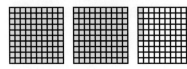

$2\frac{6}{100}$

unidades	décimas	centésimas
2 .	0	6

Escribe 2.06

Lee dos con seis centésimas

Escribe un número mixto y un decimal para nombrar la parte sombreada.

1.    **2.**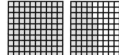

Explícalo ▶ ¿Por qué 2.04 es un valor diferente de 2.40?

Practicar y resolver problemas

Escribe un número mixto y un decimal para nombrar la parte sombreada.

3. 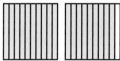   **4.** 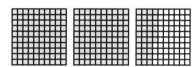   **5.**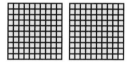

Escribe cada uno en forma decimal.

6. $5\frac{18}{100}$ **7.** $7\frac{8}{10}$ **8.** $9\frac{75}{100}$ **9.** $3\frac{2}{10}$ **10.** $2\frac{6}{100}$ **11.** $1\frac{39}{100}$

12. seis con nueve décimas   **13.** uno con seis décimas   **14.** cuatro con dos centésimas

Resuelve.

15. El señor Case usa 3 latas enteras de pintura y otra lata de $\frac{8}{10}$ para pintar todos los bancos. Escribe un decimal que muestre el número total de latas que usó el señor Case.

16. Razonamiento Ernie camina exactamente 2 kilómetros alrededor del parque. Si camina otros 0.5 kilómetros de regreso a casa, ¿camina más o camina menos de 3 kilómetros? Explica.

Repaso general • Preparación para exámenes

Respuesta directa

Ordena las fracciones de menor a mayor. (Cap. 19, Lección 2)

17. $\frac{5}{8}$ $\frac{1}{8}$ $\frac{3}{8}$ **18.** $\frac{1}{2}$ $\frac{1}{3}$ $\frac{1}{8}$

19. $\frac{2}{5}$ $\frac{4}{5}$ $\frac{1}{5}$ **20.** $\frac{1}{10}$ $\frac{1}{2}$ $\frac{1}{4}$

21. ¿En qué se diferencian $3\frac{60}{100}$ y 3.6? ¿En qué se parecen? (Cap. 20, Lección 3)

Usa dibujos, símbolos o palabras para explicar tu respuesta.

Resolver problemas: Decisión
Respuestas razonables

Objetivo Decide si una respuesta a un problema tiene sentido.

Siempre debes verificar un problema para decidir si tu respuesta es razonable o no.

Problema Carl y su papá plantan arbustos en su jardín. Cada uno planta $\frac{3}{10}$ de los arbustos. Carl dice que quedan $\frac{5}{10}$ de los arbustos por plantar. ¿Es razonable?

Sigue estos pasos para decidir.

PASO 1 Halla la cantidad de arbustos que plantaron.

$$\frac{3}{10} + \frac{3}{10} = \frac{6}{10}$$

Plantaron $\frac{6}{10}$.

PASO 2 Usa lo que sabes acerca de las fracciones para decidir si es razonable que queden $\frac{5}{10}$.

Ya sabes que $\frac{6}{10} + \frac{4}{10} = \frac{10}{10}$ ó 1.

Como $\frac{5}{10}$ es mayor que $\frac{4}{10}$, no es razonable que queden $\frac{5}{10}$ de los arbustos.

Solución: La afirmación de Carl no es razonable.

Inténtalo

Resuelve. Decide si la respuesta es razonable o no.

1. Luz comienza a llenar con arena un cajón de arena. Hace dos viajes, usando cada vez $\frac{1}{6}$ de la pila de arena. Joe dice que quedan $\frac{3}{6}$ de la pila. ¿Es razonable?

2. Lionel está construyendo 2 pajareras. Usa $\frac{2}{5}$ de un pedazo de madera para una pajarera y $\frac{1}{5}$ para la otra. Lionel piensa que quedan $\frac{2}{5}$ del pedazo de madera. ¿Es razonable?

Conectar con la calculadora
Decodificador de decimales

Usa la calculadora para cambiar de fracciones a decimales.

Para mostrar $\frac{2}{5}$ como decimal, oprime: 0.4

Empareja cada respuesta con una letra de más abajo para resolver el acertijo.

1. $\frac{1}{2}$ 2. $\frac{3}{4}$ 3. $\frac{1}{5}$ 4. $\frac{4}{5}$ 5. $\frac{1}{4}$ 6. $\frac{3}{10}$

7. $\frac{1}{10}$ 8. $\frac{2}{5}$ 9. $\frac{7}{10}$ 10. $\frac{3}{5}$ 11. $\frac{9}{10}$ 12. $\frac{1}{20}$

Clave:	0.05	0.1	0.2	0.25	0.3	0.4	0.5	0.6	0.7	0.75	0.8	0.9
	A	D	E	N	C	O	P	S	T	U	B	Y

Acertijo: ¿Por qué no se podía dormir la calculadora?

___ ___   ___ ___ ___ ___ ___ ___   ___ ___ ___ ___ ___ ___
5 8   3 10 9 12 4 12   6 12 5 10 12 7 12

Verifica tu comprensión de las Lecciones 1 a 4.

Escribe una fracción y un decimal para nombrar la parte sombreada. (Lecciones 1 y 2)

1.   2.   3.   4.

Escribe cada número mixto en forma decimal. (Lección 3)

5. $1\frac{38}{100}$ 6. $2\frac{7}{100}$ 7. $4\frac{3}{10}$ 8. seis con una centésima   9. cinco con dos décimas

Resuelve. (Lección 4)

10. Tim pone $\frac{6}{10}$ de sus calcomanías en un cuaderno. Él piensa que le quedan $\frac{5}{10}$ de sus calcomanías por usar. ¿Es razonable?

Tutor en audio 2/27 Escucha y comprende

Comparar y ordenar decimales

Objetivo Comparar y ordenar decimales.

Apréndelo

Los estudiantes pintan una pared para balonmano en el área de juegos. Pintan 0.6 de amarillo y 0.4 de blanco, ¿está una parte mayor de la pared pintada de amarillo o de blanco?

Compara 0.6 y 0.4.

Diferentes maneras de comparar 0.6 y 0.4

Manera ① Usar modelos.

0.6 tiene más partes sombreadas que 0.4.

 0.6   0.4

Por lo tanto, 0.6 > 0.4.

Manera ② Usar una tabla de valor posicional.

Comienza con la izquierda. Compara los dígitos de cada lugar.

unidades	décimas
0 .	6
0 .	4

↑ iguales   ↑ 6 > 4

Solución: La mayor parte de la pared está pintada de amarillo.

▶ **También puedes usar una tabla de valor posicional para ordenar decimales.**

Ordena 0.35, 0.38 y 0.27 de menor a mayor.

PASO 1 Alinea los puntos decimales. Comienza con la izquierda. Compara los dígitos que están en el mismo lugar.

PASO 2 Cuando los dígitos son iguales, compara los dígitos de la derecha.

Éste es el orden de los decimales de menor a mayor: 0.27   0.35   0.38

unidades	décimas	centésimas
0 .	3	5
0 .	3	8
0 .	2	7

↑ iguales   ↑ 2 < 3; por lo tanto, 0.27 es el menor   ↑ 5 < 8; por lo tanto, 0.35 < 0.38

0.27 < 0.35 < 0.38

Práctica guiada

Compara. Escribe >, < ó = en cada ⬤.

1.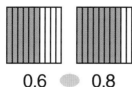

0.6 ⬤ 0.8

2.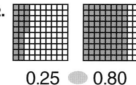

0.25 ⬤ 0.80

Asegúrate

• ¿Qué decimal es mayor?

• ¿Qué decimal es menor?

Explícalo ▶ ¿Cuál es mayor, 0.8 ó 0.08? Explica.

Practicar y resolver problemas

Compara. Escribe >, < ó = en cada ⬤.

3.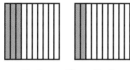

0.3 ⬤ 0.2

4.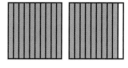

0.58 ⬤ 0.61

5.

1.9 ⬤ 1.09

6. 1.2 ⬤ 1.5

7. 0.39 ⬤ 0.32

8. 0.40 ⬤ 0.4

9. 0.99 ⬤ 0.90

10. 2.09 ⬤ 2.9

11. 0.8 ⬤ 0.08

Ordena los decimales de menor a mayor.

12. 0.48   0.86   0.64

13. 2.1   1.3   1.9

14. 1.00   1.10   1.01

Resuelve.

15. El sendero que va de la cerca al sector de picnic mide 7.5 metros de largo. El sendero de la cerca a los columpios mide 7.08 metros de largo. ¿Qué sendero es más largo?

16. **Analízalo** Delia salta 3.9 metros. Tyrone salta 1 m más lejos que Delia y 1 m menos que Orlando. ¿Salta alguno de ellos más de 6 m?

Repaso general • Preparación para exámenes

Respuesta directa

Resta. (Cap. 19, Lección 5)

17. $\frac{7}{8} - \frac{3}{8}$

18. $\frac{5}{6} - \frac{2}{6}$

19. $\frac{2}{3} - \frac{1}{3}$

20. $\frac{3}{4} - \frac{1}{4}$

21. $\frac{4}{5} - \frac{2}{5}$

22. $\frac{9}{10} - \frac{3}{10}$

Selección multiple

23. ¿Qué decimal es mayor que 1.3? (Cap. 20, Lección 9)

A 0.5   c 1.1

B 0.9   D 2.0

Comparar y ordenar fracciones y decimales

Objetivo Comparar y ordenar fracciones y decimales

Apréndelo

Puedes usar modelos o una tabla de valor posicional como ayuda para **comparar** y **ordenar** fracciones y decimales.

Diferentes maneras de comparar 0.7 y $\frac{3}{10}$

Manera **Usar modelos.**

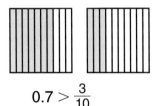

$0.7 > \frac{3}{10}$

Manera **Usar una tabla de valor posicional.**

Escribe $\frac{3}{10}$ como 0.3.
Luego compara los dígitos.

$0.7 > \frac{3}{10}$

unidades		décimas
0	.	7
0	.	3

iguales $7 > 3$

▶ **Puedes usar lo que sabes acerca de ordenar decimales para ordenar fracciones y decimales.**

Ordena $\frac{28}{100}$, 0.59 y 0.51 de menor a mayor.

PASO 1
Primero escribe la fracción en forma decimal. $\quad \frac{28}{100} = 0.28$

PASO 2
Luego comienza por la izquierda a comparar los dígitos de los lugares mayores. Compara después los otros dígitos.

unidades		décimas	centésimas
0	.	2	8
0	.	5	9
0	.	5	1

iguales $2 < 5$ $9 > 1$

0.28 es el menor. 0.59 es el mayor.

Éste es el orden de menor a mayor: $\frac{28}{100}$ 0.51 0.59.

Compara. Escribe >, < ó = en cada ⬭.

1. 0.1 ⬭ $\frac{8}{10}$
2. 0.78 ⬭ $\frac{7}{100}$
3. 0.60 ⬭ $\frac{9}{10}$

Explícalo ▶ ¿Cuál es mayor 8.41 ó $8\frac{40}{100}$? Explícalo.

Practicar y resolver problemas

Compara. Escribe >, < ó = en cada ⬭.

4. $\frac{7}{10}$ ⬭ $\frac{5}{10}$
5. 0.01 ⬭ $\frac{3}{100}$
6. $\frac{2}{10}$ ⬭ 0.2
7. 0.8 ⬭ $\frac{9}{10}$

8. $\frac{59}{100}$ ⬭ 0.60
9. $\frac{8}{100}$ ⬭ 0.08
10. $\frac{5}{10}$ ⬭ 0.3
11. 0.45 ⬭ $\frac{9}{100}$

Ordena los números de menor a mayor.

12. $\frac{8}{100}$ 0.02 0.11
13. $\frac{7}{100}$ 0.04 0.20
14. $\frac{3}{100}$ $\frac{1}{100}$ 0.42

15. $\frac{62}{100}$ 0.57 0.65
16. 0.73 $\frac{39}{100}$ 0.30
17. $\frac{9}{10}$ 0.6 $\frac{7}{10}$

 Usar datos Usa la tabla para resolver los Problemas 18 a 20.

18. ¿Qué día camina Alicia la distancia mayor? Explica tu razonamiento.

19. ¿Qué día camina Alicia el doble que el lunes?

20. ¿Qué día camina Alicia la mitad de lo que caminó el viernes?

Registro de caminata de Alicia	
Día	**Distancia**
lunes	$\frac{1}{4}$ mi
martes	0.6 mi
miércoles	$\frac{1}{2}$ mi
jueves	1.5 mi
viernes	1.0 mi

Repaso general • Preparación para exámenes

Respuesta directa

Divide. (Cap. 11, Lecciones 3 a 5, 7 a 9)

21. $30 \div 6$
22. $18 \div 3$
23. $32 \div 8$

24. $49 \div 7$
25. $36 \div 4$
26. $54 \div 9$

27. Ordena estas longitudes de la más corta a la más larga.
(Cap. 20, Lección 6)

0.58 m $\frac{82}{100}$ m 0.70 m

Relacionar decimales, fracciones y dinero

Objetivo Relacionar dinero con fracciones y decimales.

Materiales
dinero de juguete
modelos de décimas y
centésimas (Recursos
de enseñanza 42, 43)

Trabajar juntos

Puedes usar lo que sabes acerca del dinero como
ayuda para comprender las fracciones y los decimales.

Trabaja con un compañero. Usa dinero de juguete
para ver cómo se puede pensar en las monedas
como partes de un dólar.

PASO 1

Usa monedas de un centavo para mostrar
$1. Cien monedas de 1¢ valen 100¢.

- ¿Qué fracción de un dólar es 1 centavo?

- ¿Cómo muestras 1 centavo usando un
  signo de dólar y un punto decimal?

Anota tu trabajo en una tabla como la que
aparece a continuación.

Nombre de la moneda	Número de centavos	Fracción de dólar	Valor decimal
Moneda de un centavo	1¢	$\frac{1}{100}$	$0.01
Moneda de cinco centavos			
Moneda de diez centavos			
Moneda de vienticinco centavos			
Moneda de medio dólar			

PASO 2

Repite el Paso 1 usando monedas
de 5¢, 10¢, 25¢ y de medio
dólar para mostrar $1. Anota tu
trabajo en tu tabla.

Ahora, usa modelos decimales para representar partes de un dólar.

PASO 3
Usa un modelo de centésimas.
Sombrea un modelo para mostrar $0.25.

• ¿Cuántas partes de 100 están sombreadas? ¿Qué fracción puedes escribir?

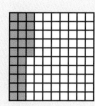

PASO 4
Usa un modelo de décimas.
Sombrea un modelo para mostrar $0.60.

• ¿Cuántas partes de 10 están sombreadas? ¿Qué fracción puedes escribir?

Por tu cuenta

Empareja cada grupo de monedas con el valor correcto.

1. $\frac{50}{100}$ de dólar

2. $\frac{3}{10}$ de dólar

3. $0.75

4. $0.05

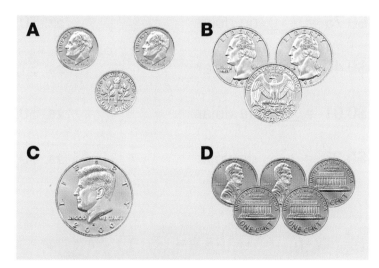

Sombrea modelos de centésimas para mostrar cada parte de $1.00. Escribe fracciones para representar cada modelo.

5. $0.17   6. $0.22   7. $0.45   8. $0.53

Sombrea modelos de décimas para mostrar cada parte de $1.00. Escribe fracciones para representar cada modelo.

9. $0.70   10. $0.30   11. $0.40   12. $0.80

Continúa

Copia y completa la siguiente tabla. Usa dinero de juguete como ayuda.

	Monedas	Número de centavos	Fracción de dólar	Valor decimal
13.	10 monedas de un centavo			$0.10
14.	8 monedas de diez centavos		$\frac{80}{100}$ ó $\frac{8}{10}$	
15.	2 monedas de veinticinco centavos	50¢		
16.	75 monedas de un centavo			
17.	4 monedas de cinco centavos			
18.	2 monedas de medio dólar			

Escribe cada cantidad como fracción de dólar.

19. $0.15 = _____ de dólar

20. $0.25 = _____ de dólar

21. $0.75 = _____ de dólar

22. $0.80 = _____ de dólar

23. $0.40 = _____ de dólar

24. $1.00 = _____ dólar

25. $0.01 = _____ de dólar

26. $0.50 = _____ de dólar

27. $0.36 = _____ de dólar

28. $0.99 = _____ de dólar

Coméntalo • Escríbelo

Ya aprendiste a relacionar dinero con fracciones y decimales.

29. ¿Preferirías tener $\frac{7}{10}$ de dólar ó $\frac{75}{100}$ de dólar? Explícalo.

30. Para mostrar $0.40, puedes usar un modelo de centésimas o un modelo de décimas. Para mostrar $0.45 es mejor usar un modelo de centésimas. Explica por qué.

Razonamiento visual
Porcentajes

Porcentaje significa "de un total de cien" o "de cien". El símbolo de porcentaje es %.

El diseño siguiente cubre 50 de 100 cuadros.

Por lo tanto, $\frac{50}{100}$ ó **50%** de la cuadrícula está cubierto.

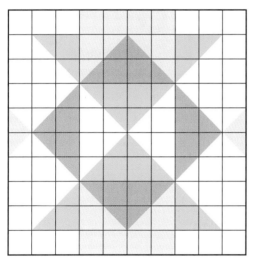

Resuelve.

1. El diseño anterior cubre 50% de la cuadrícula. ¿Cuántos cuadros estarán cubiertos si un diseño usa el 100% de la cuadrícula?

2. Imagina que se divide un modelo en 10 secciones iguales. Si 50% del modelo es verde, ¿Cuántas secciones son verdes?

Razonamiento matemático
Decimales europeos antiguos

En partes de Europa se usa la coma en vez del punto decimal para separar las unidades de los lugares decimales. Hace muchos años, los europeos tenían otras maneras de escribir los decimales.

Ésta es la manera como el matemático Simon Stevin (1548–1620) habría escrito el número 259.34.

Explica su método.

Acertijo

• Julio compró 0.25 de dólar en nueces.

• Dara compró tres veces esa cantidad.

• Valentina gasta el doble de lo que Julio y Dara gastan juntos en nueces.

¿Cuál es la cantidad total de dinero que gastaron?

Sumar y restar decimales

Objetivos Sumar y restar decimales.

Apréndelo

El castillo del área de juegos tiene un patio y 1 salón. El salón mide 2.4 metros de largo. El patio mide 0.9 metros de largo. ¿Cuál es la longitud total del salón y del patio?

Suma. 2.4 + 0.9 = ■

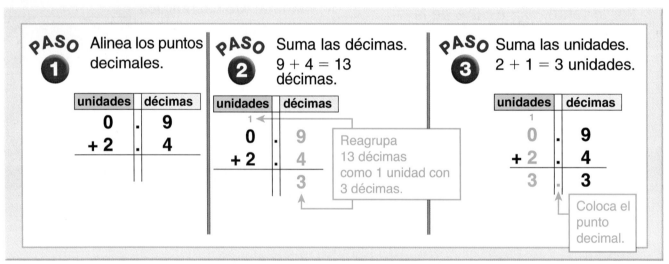

PASO 1 Alinea los puntos decimales.

unidades	décimas
0 .	9
+ 2 .	4

PASO 2 Suma las décimas. 9 + 4 = 13 décimas.

unidades	décimas
1	
0 .	9
+ 2 .	4
	3

Reagrupa 13 décimas como 1 unidad con 3 décimas.

PASO 3 Suma las unidades. 2 + 1 = 3 unidades.

unidades	décimas
1	
0 .	9
+ 2 .	4
3 .	3

Coloca el punto decimal.

Solución: El salón y el patio miden 3.3 metros de largo.

▶ ¿Cuánto más ancho que largo es el patio?

Resta. 2.1 + 0.9 = ■

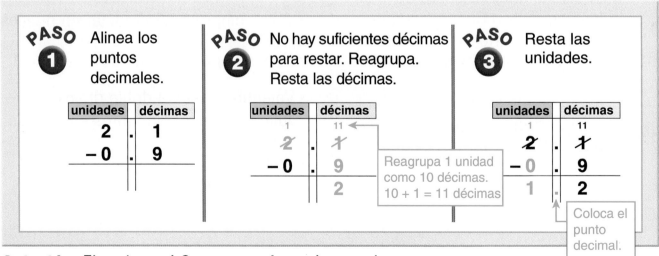

PASO 1 Alinea los puntos decimales.

unidades	décimas
2 .	1
− 0 .	9

PASO 2 No hay suficientes décimas para restar. Reagrupa. Resta las décimas.

unidades	décimas
1	11
2̶ .	1̶
− 0 .	9
	2

Reagrupa 1 unidad como 10 décimas. 10 + 1 = 11 décimas

PASO 3 Resta las unidades.

unidades	décimas
1	11
2̶ .	1̶
− 0 .	9
1 .	2

Coloca el punto decimal.

Solución: El patio es 1.2 metros más ancho que largo.

Otros ejemplos

A. Sumar centésimas

$$
\begin{array}{r}
{\scriptstyle 1} \\
5.62 \\
+\ 2.43 \\
\hline
8.05
\end{array}
$$

B. Restar centésimas

$$
\begin{array}{r}
{\scriptstyle 812} \\
6.\cancel{9}\cancel{2} \\
-\ 2.35 \\
\hline
4.57
\end{array}
$$

Práctica guiada

Asegúrate

- ¿Qué dígitos debo sumar o restar primero?
- ¿Debo reagrupar?
- ¿Escribo el punto decimal en la respuesta?

Suma o resta.

1. $\begin{array}{r} 1.3 \\ +\ 2.5 \\ \hline \end{array}$
2. $\begin{array}{r} 8.08 \\ +\ 1.71 \\ \hline \end{array}$
3. $\begin{array}{r} 3.52 \\ +\ 0.67 \\ \hline \end{array}$

4. $\begin{array}{r} 4.8 \\ -\ 3.1 \\ \hline \end{array}$
5. $\begin{array}{r} 3.62 \\ -\ 1.23 \\ \hline \end{array}$
6. $\begin{array}{r} 6.07 \\ -\ 2.63 \\ \hline \end{array}$

7. $1.10 + 1.01$
8. $2.2 + 0.9$
9. $9.0 - 0.9$

Explícalo ▶ ¿Cómo decido dónde colocar el punto decimal en la respuesta?

Practicar y resolver problemas

Suma o resta.

10. $\begin{array}{r} 5.4 \\ +\ 2.3 \\ \hline \end{array}$
11. $\begin{array}{r} 1.5 \\ +\ 4.9 \\ \hline \end{array}$
12. $\begin{array}{r} 3.8 \\ +\ 2.8 \\ \hline \end{array}$

13. $\begin{array}{r} 5.49 \\ -\ 4.16 \\ \hline \end{array}$
14. $\begin{array}{r} 7.38 \\ -\ 5.23 \\ \hline \end{array}$
15. $\begin{array}{r} 6.35 \\ -\ 0.27 \\ \hline \end{array}$

16. $4.99 + 2.00$
17. $9.6 + 2.4$

18. $11.2 - 1.1$
19. $4.56 + 2.34$

20. $6.19 - 4.28$
21. $9.09 + 0.91$

Continúa ▶

𝗫 Álgebra • Funciones Sigue la regla para completar cada tabla.
Si no se presenta la regla, escríbela.

Regla: Sumar 1.5	
Entrada	**Salida**
22. 1.0	▨
23. 1.5	▨
24. ▨	3.5
25. 3.0	▨

Regla: Sumar 0.5	
Entrada	**Salida**
26. 5.5	▨
27. ▨	4.0
28. 3.5	▨
29. 2.5	▨

30.

Regla: ____	
Entrada	**Salida**
2.3	4.6
3.3	5.6
4.3	6.6
6.3	8.6

📊 Usar datos Usa la ilustración de la derecha para resolver los
Problemas 31 a 33.

31. ¿Cuál es la altura del primer piso del castillo?

32. Los niños deciden poner banderas a lo largo del borde superior del castillo. Si las banderas miden 0.3 metros de alto, ¿a qué distancia del suelo está la parte superior de las banderas?

33. El castillo tiene una ventana rectangular en el segundo piso. ¿Cuánto mide el perímetro de la ventana?

34. Estímalo Construir una cerca alrededor del castillo cuesta $83.75 en madera y $12.95 en clavos. ¿Es $100.00 suficiente para comprar la madera y los clavos?

Repaso general • Preparación para exámenes

Respuesta directa

Compara. Escribe > ó < en cada **.**
(Cap. 19, Lección 1)

35. $\frac{7}{8}$ ⬭ $\frac{1}{8}$

36. $\frac{2}{4}$ ⬭ $\frac{3}{4}$

37. $\frac{1}{3}$ ⬭ $\frac{3}{3}$

38. $\frac{1}{5}$ ⬭ $\frac{1}{10}$

39. Alex recorre en bicicleta 1.5 millas en la mañana y 1.7 millas en la tarde. ¿Cuántas millas recorre en bicicleta?
(Cap. 20, Lección 8)

Práctica adicional Consulta la página 565, Conjunto F.

Razonamiento visual
Estimar fracciones y decimales

Puedes usar una recta de números para decidir si una fracción o
un decimal está más cerca de 0 ó de 1.

Si una fracción es menor que $\frac{1}{2}$, está más cerca de 0 que de 1.

$\frac{2}{5}$ está a la izquierda de $\frac{1}{2}$.

$\frac{2}{5}$ es menor que $\frac{1}{2}$.

Por lo tanto, $\frac{2}{5}$ está más cerca de 0 que de 1.

Si una fracción es mayor que $\frac{1}{2}$, está más cerca de 1 que de 0.

$\frac{4}{5}$ está a la derecha de $\frac{1}{2}$.

$\frac{4}{5}$ es mayor que $\frac{1}{2}$.

Por lo tanto, $\frac{4}{5}$ está más cerca de 1 que de 0.

Si un decimal es menor que 0.5, está más cerca de 0 que de 1.

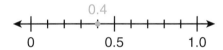

0.4 está a la izquierda de 0.5.

0.4 es menor que 0.5.

Por lo tanto, 0.4 está más cerca de 0 que de 1.

Si un decimal es mayor que 0.5, está más cerca de 1 que de 0.

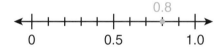

0.8 está a la derecha de 0.5.

0.8 es mayor que 0.5.

Por lo tanto, 0.8 está más cerca de 1 que de 0.

Indica si la fracción marcada por el punto está más cerca de 0 ó de 1.

1.

2.

Nombra el decimal para cada punto marcado.
Luego, indica si el decimal está más cerca de 0 ó de 1.

3.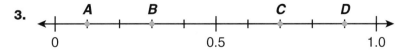

Resolver problemas: Aplicación

Usa dinero

Objetivo Resolver problemas de suma, resta, multiplicación y división de dinero.

Problema Clara Canario vuela por su merienda a la nueva área de juegos. Ordena sopa de zanahoria y un panecillo de semillas en la *Cafetería Animal.* Si paga con un billete de 10 dólares, ¿cuánto cambio debe recibir?

Cafetería animal

Panecillo de semillas	$ 1.75
Sopa de zanahorias	$ 3.60
Bocadillos para patos	$ 2.95
Meriendas para ardillas	$ 2.00
Pastel de bellota	$ 3.25

COMPRÉNDELO

¿Qué es lo que ya sabes?

- La sopa de zanahoria cuesta $3.60.

- Un panecillo de semillas cuesta $1.75.

- Clara paga con un billete de 10 dólares.

PLANÉALO

- Primero, suma el precio de la sopa de zanahoria al precio del panecillo de semillas para hallar el precio total.

- Luego, réstale el precio total a la cantidad que paga Clara.

RESUÉLVELO

PASO 1

$$\begin{array}{r} \overset{1}{\$3.60} \leftarrow \text{precio de la sopa} \\ + \$1.75 \leftarrow \text{precio del panecillo} \\ \hline \$5.35 \leftarrow \text{precio total} \end{array}$$

PASO 2

$$\begin{array}{r} \$10.00 \\ -\$5.35 \\ \hline \$4.65 \end{array}$$

Solución: Clara Canario debe recibir $4.65 de cambio.

VERIFÍCALO

Verifica el problema.

¿Es razonable tu respuesta? Estima para comprobar el resultado.

Usa el menú de la *Cafetería Animal* de la página 560 para resolver los problemas.

COMPRÉNDELO

PLANÉALO

RESUÉLVELO

VERIFÍCALO

¿Se necesita más de una operación para resolver el problema?

¿Usé la información correcta del cartel?

• ¿Cuánto cuesta la comida?

• ¿Cuánto se pagó?

¿Es razonable la respuesta?

1. Dwayne, el patito, compra bocadillos para patos y un pastel de bellotas. Paga con un billete de 5 dólares y 5 monedas de 25¢. ¿Cuánto cambio recibe?

2. Sam Ardilla ordena 6 paquetes de merienda para ardillas. Le entrega al cajero un billete de 10 dólares, uno de 1 dólar, 2 monedas de 25¢ y 3 de 10¢. ¿Cuánto dinero más debe Sam?

(**Pista**) Usa operaciones básicas de multiplicación para calcular el precio total de las meriendas.

Práctica independiente

Usar datos Usa los precios de la tienda de manualidades para resolver los Problemas 3 a 6.

3. Darren compra tijeras y pegamento en la tienda de manualidades. Paga con un billete de 20 dólares. ¿Cuánto cambio debe recibir?

4. Rosa compra cuerda y papel. Le entrega al cajero dos billetes de 1 dólar y 6 monedas de 25¢. Su hermano paga la cantidad que falta, ¿cuánto paga su hermano?

5. Neng compra 4 rollos de cinta adhesiva. Le entrega al cajero dos billetes de 10 dólares ¿cuánto cambio debe recibir?

6. Whitney tiene un billete de 10 dólares y cuatro billetes de 1 dólar. Quiere comprar la mayor cantidad posible de brillo. ¿Cuántas latas de brillo puede comprar?

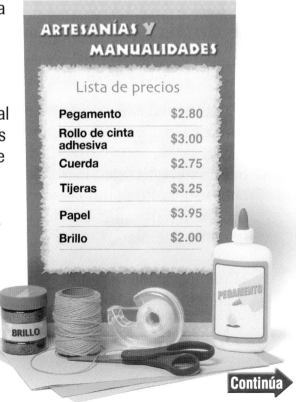

ARTESANÍAS Y MANUALIDADES

Lista de precios

Pegamento	$2.80
Rollo de cinta adhesiva	$3.00
Cuerda	$2.75
Tijeras	$3.25
Papel	$3.95
Brillo	$2.00

Continúa

Práctica variada

Resuelve. Muestra tu trabajo. Indica qué estrategia usaste.

7. Jon, Pam, León y Gina están en fila para salir al recreo. Jon está primero. Pam está delante de León pero detrás de Gina. Haz una lista de los estudiantes en orden del primero al último en la fila.

8. **Dinero** Franco ordenó un sándwich de atún que cuesta $2.40. Pagó con tres billetes de 1 dólar. Recibe de cambio 5 monedas de 10¢ y 4 de 5¢. ¿Recibió el cambio correcto? Explica.

9. El fin de semana pasado, Troy viajó en bicicleta 22 millas. Viajó 6 millas más el sábado que el domingo. ¿Cuántas millas recorrió en bicicleta cada día?

Selecciónalo

Estrategia
- Represéntalo
- Haz un dibujo
- Estima y comprueba
- Usa razonamiento lógico
- Escribe un enunciado de números

Método de cálculo
- Cálculo mental
- Estimación
- Papel y lápiz
- Calculadora

Usar datos Usa el pictograma para resolver los Problemas 10 a 12. Luego di qué método escogiste.

10. ¿Cuántos niños escogen trompeta como su instrumento favorito?

11. Si 82 niños escogen la guitarra como su instrumento favorito, ¿cuántos niños más escogen guitarra que piano?

12. ¿Cuántos niños más escogen trompeta y batería que piano?

Instrumentos musicales favoritos

Trompeta	🧍🧍🧍
Piano	🧍🧍🧍🧍🧍
Batería	🧍🧍🧍🧍
Cada 🧍 representa 12 niños.

Conectar con el mundo
Sistema decimal Dewey

Las bibliotecas que usan el Sistema de Clasificación Decimal Dewey rotulan sus libros con decimales.

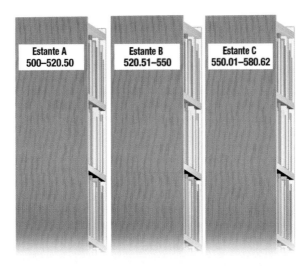

Estante A
500–520.50

Estante B
520.51–550

Estante C
550.01–580.62

Indica dónde debe estar ubicado cada uno de los siguientes libros. Escribe *Estante A, Estante B* o *Estante C.*

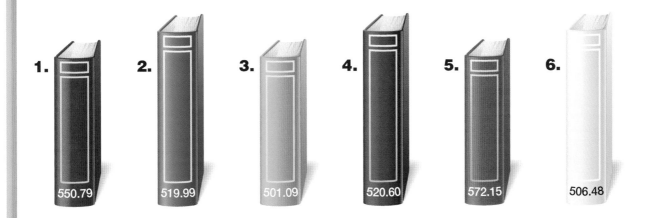

1. 550.79

2. 519.99

3. 501.09

4. 520.60

5. 572.15

6. 506.48

7. Visita una biblioteca. Busca ejemplos del Sistema Decimal Dewey. Escribe un problema verbal relacionado con el Sistema Decimal Dewey. Pide a un compañero que lo resuelva.

Repaso/Examen del capítulo

VOCABULARIO

Escoge el mejor término para completar cada oración.

Vocabulario

décimas

decimal

centésimas

numerador

1. Una fracción también puede escribirse como ____.

2. Un objeto que se divide en diez partes iguales queda dividido en ____.

3. Un objeto que se divide en cien partes iguales queda dividido en ____.

CONCEPTOS Y DESTREZAS

Escribe cada uno como fracción o número mixto y como decimal.

(Lecciones 1 a 3, págs. 540 a 545)

4. dos décimas

5. ocho centésimas

6. seis con cinco décimas

7. veinte con dos centésimas

8. siete con once centésimas

Compara. Escribe >, < ó = en cada ⬤. (Lecciones 5 y 6, págs. 548 a 551)

9. 1.9 ⬤ 1.7

10. 0.05 ⬤ 0.5

11. 0.04 ⬤ $\frac{4}{100}$

Ordena los números de menor a mayor. (Lecciones 5 y 6, págs. 548 a 551)

12. 0.17   0.71   0.70

13. 3.03   3.3   3.13

14. $\frac{8}{10}$ 0.7 $\frac{11}{100}$

Suma o resta. (Lección 8, págs. 556 a 558)

15.
$$3.4 + 7.2$$

16.
$$6.71 + 2.56$$

17.
$$8.51 - 2.30$$

18.
$$5.24 - 1.15$$

19.
$$4.00 - 2.67$$

RESOLVER PROBLEMAS

Resuelve. (Lecciones 4, 9, págs. 546, 560 a 562)

20. Papá compra 2 camisas en $11.50 cada una. Entrega al cajero dos billetes de 20 dólares. ¿Es razonable recibir dos billetes de 10 dólares de cambio?

Escríbelo

Muestra lo que sabes

Si una moneda de 25¢ es $\frac{1}{4}$ de dólar, ¿qué fracción de dólar son 3 monedas de 25¢? Explícalo.

Práctica adicional

Conjunto A (Lección 1, págs. 540 a 541)

Escribe cada número en forma decimal.

1. $\dfrac{5}{10}$ 2. $\dfrac{8}{10}$ 3. $\dfrac{2}{10}$ 4. tres décimas   5. cinco décimas

Conjunto B (Lección 2, págs. 542 y 543)

Escribe cada número en forma de fracción.

1. 0.09   2. 0.13   3. treinta centésimos   4. seis centésimos

Conjunto C (Lección 3, págs. 544 y 545)

Escribe cada número en forma decimal.

1. $5\dfrac{8}{10}$ 2. $2\dfrac{34}{100}$ 3. seis con seis décimas   4. tres con ochenta centésimas

Conjunto D (Lección 5, págs. 548 y 549)

Escribe >, < ó = en cada ⬭.

1. 1.8 ⬭ 1.9   2. 0.03 ⬭ 0.3   3. 6.06 ⬭ 0.66   4. 0.53 ⬭ 0.35

Conjunto E (Lección 6, págs. 550 y 551)

Ordena los números de menor a mayor.

1. 0.6   0.16 $\dfrac{6}{100}$ 2. 0.53 $\dfrac{35}{100}$ 5.30   3. 0.84 $\dfrac{8}{100}$ $\dfrac{8}{10}$

Conjunto F (Lección 8, págs. 556 a 558)

Suma o resta.

1. $\begin{array}{r} 6.5 \\ + 1.3 \\ \hline \end{array}$ 2. $\begin{array}{r} 9.45 \\ + .45 \\ \hline \end{array}$ 3. $\begin{array}{r} 8.7 \\ - 2.5 \\ \hline \end{array}$ 4. $\begin{array}{r} 5.80 \\ - 4.33 \\ \hline \end{array}$ 5. $\begin{array}{r} 3.74 \\ - .88 \\ \hline \end{array}$

6. $\begin{array}{r} 3.0 \\ - 0.7 \\ \hline \end{array}$ 7. $\begin{array}{r} 6.05 \\ - 0.95 \\ \hline \end{array}$ 8. $\begin{array}{r} 7.7 \\ + 6.3 \\ \hline \end{array}$ 9. $\begin{array}{r} 2.18 \\ + 0.55 \\ \hline \end{array}$ 10. $\begin{array}{r} 5.92 \\ + 3.89 \\ \hline \end{array}$

Criaturas del océano

Los peces no son los únicos animales que viven en el agua. Las nutrias y los osos polares pasan mucho tiempo de su vida en el océano. Las ballenas y los delfines, que no son peces, viven todo el tiempo en el agua. Todas estas criaturas son mamíferos marinos.

A diferencia de los peces, los mamíferos marinos deben contener la respiración bajo el agua. Al igual que los humanos, respiran a través de los pulmones. ¿Has intentado alguna vez contener la respiración? No es posible hacerlo durante mucho tiempo. Los mamíferos marinos pueden hacerlo por mucho más tiempo. ¡Algunos pueden permanecer bajo el agua hasta 2 horas!

Nutria marina

├─4 pies─┤

Delfín

├─6 pies─┤

Morsa

├─12 pies────────┤

Elefante marino

├─16 pies──────────┤

Orca

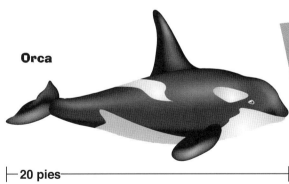

├─20 pies──────────┤

El diagrama muestra la longitud estimada de cinco mamíferos marinos. Usa estos datos para los Problemas 1 a 3.

1 ¿Qué mamífero marino mide $\frac{1}{4}$ de la longitud del elefante marino?

2 ¿Qué fracción de todos los animales mostrados mide más de 15 pies?

3 ¿Las longitudes combinadas de cuáles dos mamíferos marinos dan la $\frac{1}{2}$ de la longitud de la orca?

4 Un elefante marino contiene la respiración durante $1\frac{4}{10}$ horas. Escribe esto como decimal.

5 Una ballena beluga contiene la respiración durante $\frac{3}{10}$ de hora. Una ballena gris contiene la respiración durante 0.25 horas. ¿Qué ballena conntiene su respiración más tiempo?

Mira la figura de la derecha.
¿Qué fracción de la figura está sombreada?

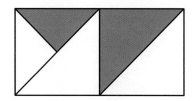

Puedes seguir estos pasos para saberlo.

- Primero, divide la figura en partes iguales.

- Luego, cuenta el número total de partes iguales.

- Por último, cuenta el número de partes iguales que están sombreadas.

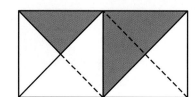

PIÉNSALO

3 de las partes iguales están sombreadas.

Hay 8 partes iguales.

$\frac{3}{8}$ de la figura están sombreados.

¡Inténtalo!

Dibuja cada figura y divídela en partes iguales.
Luego indica qué fracción de la figura está sombreada.

1.

2.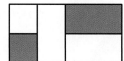

3.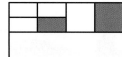

4.

5.

6.

Explícalo Peter dice que $\frac{2}{4}$ de la figura de la derecha son verdes.

¿Está en lo correcto? ¿Por qué?

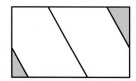

¡Prepárate a comparar!

Imagina que Damián camina $\frac{3}{5}$ de milla a la escuela y que Patricia camina $\frac{2}{6}$ de milla. ¿Quién camina más?

Puedes usar los modelos de fracciones que se encuentran en la página en inglés de Education Place, eduplace.com/map, para practicar con fracciones.

Haz una tira de fracciones para representar la caminata de Damián.

- Coloca tu cursor sobre la ilustración de los tableros. Haz clic sobre la tira de fracciones.

- Coloca tu cursor sobre la herramienta **scissors** (tijeras) y selecciona $\frac{1}{5}$.

- Haz clic sobre la tira superior para recortarla en quintos.

- Haz clic en **Fill** (llenar). Luego, haz clic sobre las 3 primeras secciones de la tira de fracciones.

  Ahora, la tira de fracciones muestra $\frac{3}{5}$.

Haz una tira de fracciones para representar la caminata de Patricia.

- Usa la herramienta **scissors** (tijeras) para seleccionar $\frac{1}{6}$.

- Haz clic sobre la segunda tira para recortarla en sextos.

- Haz clic en **Fill** (llenar). Luego, haz clic sobre las 2 primeras secciones de la tira de fracciones.

  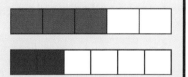

  Ahora, la tira de fracciones muestra $\frac{2}{6}$.

Solución: Como $\frac{3}{5}$ es más largo que $\frac{2}{6}$, Damián camina más.

Usa los modelos de fracciones. Escribe $>$, $<$ ó $=$ en cada ⬤.

1. $\frac{3}{5}$ ⬤ $\frac{2}{3}$

2. $\frac{5}{8}$ ⬤ $\frac{8}{12}$

3. $\frac{1}{3}$ ⬤ $\frac{1}{2}$

4. $\frac{2}{4}$ ⬤ $\frac{1}{5}$

5. $\frac{6}{12}$ ⬤ $\frac{5}{10}$

6. $\frac{1}{8}$ ⬤ $\frac{1}{6}$

7. $\frac{1}{4}$ ⬤ $\frac{2}{5}$

8. $\frac{3}{10}$ ⬤ $\frac{4}{12}$

Unidad 7 Examen

VOCABULARIO ⟨Respuesta directa⟩

Escoge el mejor término para completar cada oración.

1. Las fracciones que representan la misma parte de un entero se llaman ____.

2. Un número formado por un entero y una fracción se llama ____.

3. Puedes leer 0.55 como cincuenta y cinco ____.

Vocabulario
décimas
fracciones equivalentes
centésimas
número mixto

CONCEPTOS Y DESTREZAS ⟨Respuesta directa⟩

Escribe una fracción para nombrar la parte sombreada de amarillo. Luego, escribe una fracción para nombrar la parte que no es amarilla. (Capítulo 18)

4.

5.

6.

Escribe *equivalentes* o *no equivalentes* para describir las fracciones. (Capítulo 18)

7. $\frac{1}{2}$ y $\frac{2}{4}$

8. $\frac{4}{5}$ y $\frac{2}{10}$

9. $\frac{1}{3}$ y $\frac{3}{9}$

10. $\frac{2}{8}$ y $\frac{1}{4}$

Escribe una fracción impropia y un número mixto para nombrar las partes sombreadas. (Capítulo 18)

11.

12.

13.

Ordena las fracciones o decimales de mayor a menor. (Capítulos 19 y 20)

14. $\frac{4}{6}$ $\frac{5}{6}$ $\frac{1}{6}$

15. $\frac{1}{3}$ $\frac{1}{2}$ $\frac{1}{4}$

16. $\frac{3}{8}$ $\frac{1}{8}$ $\frac{4}{7}$

17. 1.3   2.4   2.3

18. 1.20   2.3   0.3

19. 0.45   0.13   0.21

Suma o resta las fracciones o decimales. (Capítulos 19 y 20)

20. $\frac{2}{5} + \frac{1}{5}$

21. $\frac{4}{7} - \frac{1}{7}$

22. $\frac{1}{4} + \frac{1}{4}$

23. $\frac{5}{8} - \frac{2}{8}$

24. $\frac{5}{9} + \frac{2}{9}$

25. $\begin{array}{r} 7.5 \\ + 2.1 \end{array}$

26. $\begin{array}{r} 4.25 \\ - 2.13 \end{array}$

27. $\begin{array}{r} 6.7 \\ + 4.4 \end{array}$

28. $\begin{array}{r} 5.29 \\ - 3.44 \end{array}$

29. $\begin{array}{r} 3.66 \\ + 1.21 \end{array}$

RESOLVER PROBLEMAS (Respuesta directa)

30. Leandro ganó $24 dólares por cortar pasto. Pone $16 dólares en el banco y le presta a su hermana la $\frac{1}{2}$ del dinero restante. ¿Cuánto le prestó Leandro a su hermana?

31. Andy gasta $\frac{3}{4}$ de su dinero en un taco. Gasta de su dinero en una bebida. Él piensa que le queda $\frac{1}{4}$ de su dinero. ¿Es razonable? Explica.

32. Sarita tiene $\frac{1}{2}$ taza de manzanas, $\frac{3}{4}$ de taza de peras y $\frac{1}{3}$ de taza de duraznos. ¿Cuál es la menor cantidad de frutas?

33. Tutter gasta $3.60 en su almuerzo. Paga con 3 billetes de un dólar y 3 monedas de 25¢. ¿Cuánto cambio debe recibir?

Evaluar el rendimiento

(Respuesta extensa)

Tarea Sam y su papá están organizando una fiesta. Quieren ordenar 6 comidas diferentes del Restaurante de Max. No quieren gastar más de $45.

Usa el menú y la información de la derecha. ¿Qué comidas deben ordenar? Explícalo.

Información que necesitas.

- Uno de los artículos debería ser una fuente.
- La $\frac{1}{2}$ de las comidas deben ser vegetarianas.
- $\frac{1}{3}$ de las comidas deben contener pollo.
- Por lo menos 4 selecciones deben ser diferentes.

Preparación: Examen acumulativo

Resuelve los Problemas 1 a 10.

Consejo para tomar exámenes

Elimina las opciones de respuesta que puedas identificar claramente como incorrectas. Luego pasa a las siguientes opciones.

Observa el siguiente ejemplo.

¿Qué fracción nombra la parte sombreada del círculo?

A $\frac{1}{4}$ **C** $1\frac{1}{4}$

B $\frac{1}{2}$ **D** $1\frac{1}{2}$

PIÉNSALO

Ya sabes que sólo parte de un círculo está sombreada. De manera que la respuesta debe ser menor que 1. Las opciones **C** y **D** pueden eliminarse, porque son mayores que 1.

Selección múltiple

1. ¿En qué conjunto todos los números son múltiplos de 3?

A 21, 24, 25   **C** 31, 33, 36

B 24, 27, 30   **D** 33, 36, 38

(Capítulo 9, Lección 7)

2. ¿Cuál es la suma de $\frac{4}{8}$ y $\frac{3}{8}$?

F $\frac{1}{16}$ **H** $\frac{7}{16}$

G $\frac{1}{8}$ **J** $\frac{7}{8}$

(Capítulo 19, Lección 4)

3. ¿Qué figura es un cuadrilátero?

A   **C**

B   **D**

(Capítulo 15, Lección 4)

4. Eddie llena un cubo con 2 litros de agua. ¿Cuántos mililitros de agua hay en el cubo?

F 20 mL   **H** 2,000 mL

G 200 mL   **J** 20,000 mL

(Capítulo 14, Lección 3)

Para Consejos para tomar exámenes, consulta la página 659.

Respuesta directa

5. Fred corre 0.7 millas. Amanda corre $\frac{4}{10}$ de milla. ¿Quién corre más?

(Capítulo 20, Lección 6)

6. Lupe trazó todos los ejes de simetría de un cuadrado. ¿Cuántos ejes dibujó? Explícalo.

(Capítulo 16, Lección 3)

7. Lou colocó los puntos en esta cuadrícula.

¿Dónde debe colocar el último punto para formar un cuadrado?

(Capítulo 6, Lección 7; Capítulo 15, Lección 2)

8. Fong está jugando con la siguiente flecha giratoria. Gana un punto cada vez que la flecha cae en 2. ¿Cuál es la probabilidad de que Fong gane un punto?

(Capítulo 7, Lección 3)

9. Olanda y María tienen una lata de 1 galón de pintura cada una. Olanda usa $\frac{5}{8}$ de su lata. María usa $\frac{3}{8}$ de la suya. ¿Cuánta pintura más usa Olanda que María?

(Capítulo 19, Lección 5)

Respuesta de desarrollo

10. El papá de Andy construye una cerca alrededor del patio. Andy hace un dibujo para ayudarlo a hallar la cantidad de cerca que necesita.

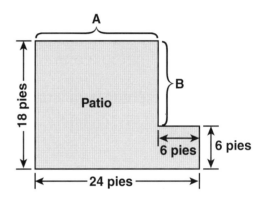

A ¿Cuántos pies de cerca necesita el papá de Andy para el lado rotulado A?, ¿y para el lado rotulado B? Explica cómo lo decidiste.

B ¿Cuál es el perímetro del patio? Escribe tu respuesta en pies.

C El papá de Andy piensa comprar la cerca en secciones de 6 pies. ¿Cuántas secciones debe comprar para cercar todo el patio? Explícalo.

(Capítulo 17, Lección 2)

Repasa las grandes ideas y el vocabulario de esta unidad.

Grandes ideas

Puedes representar una parte igual de un entero o una parte igual de un grupo usando una fracción.

Puedes representar la misma cantidad usando una fracción impropia o un número mixto.

Puedes representar la misma cantidad usando una fracción o un decimal.

Vocabulario clave

fracción

fracción impropia

número mixto

decimal

Diálogo matemático

Usa tu nuevo vocabulario para comentar estas grandes ideas.

1. Explica cómo se relacionan $\frac{3}{6}$ y $\frac{1}{2}$. Usa dibujos o tiras de fracciones.

2. Explica cómo ordenar $\frac{8}{10}$, 0.2, y 0.6 de menor a mayor.

3. Explica los pasos que sigues para hallar $\frac{1}{5} + \frac{3}{5}$.

4. Explica los pasos que sigues para hallar 6.9 − 3.2.

5. **Escríbelo** Si quieres saber cómo quedaría $\frac{5}{4}$ como número mixto, ¿cómo puede ayudarte hacer dibujos o tiras de fracciones?

$\frac{1}{10}$ de los niños de la clase han ido al dentista este mes.

También puedes escribir eso como el decimal 0.1

CAPÍTULO 21

Multiplicar por números de 1 dígito

página 578

CAPÍTULO 22

Dividir entre divisores de 1 dígito

página 608

Multiplicación y división con números de 1 dígito

Leer matemáticas

Repasar el vocabulario

Éstas son algunas palabras de vocabulario matemático que deberías saber.

dividendo	número que se está dividiendo
divisor	número entre el cual se divide el dividendo
factores	números que al ser multiplicados dan un producto
producto	resultado de un problema de multiplicación
cociente	resultado de un problema de división

Leer palabras y símbolos

Puedes describir una matriz usando palabras y símbolos. Hay 4 filas de corazones con 6 corazones en cada fila.

$4 \times 6 = 24$

↑ número de grupos   ↑ número en cada grupo   ↑ número total

$24 \div 4 = 6$

↑ número total   ↑ número de grupos   ↑ número en cada grupo

Usa palabras y símbolos para responder a las preguntas.

1. ¿Cuántos grupos de estrellas hay? ¿Cuántas estrellas hay en cada grupo?

2. ¿Qué enunciado de multiplicación puedes escribir para describir el grupo de estrellas? ¿Qué enunciado de división puedes escribir?

576

Leer preguntas de examen

Escoge la respuesta correcta para cada pregunta.

3. Determina qué dibujo representa 12 ÷ 2.

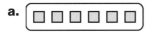

a. ☐ ☐ ☐ ☐ ☐ ☐
☐ ☐ ☐ ☐ ☐ ☐

b. ☐ ☐ ☐
☐ ☐ ☐

c. ☐ ☐
☐ ☐
☐ ☐
☐ ☐

d. ☐ ☐
☐ ☐

Determinar significa "decide" o "halla".

---

4. Ed tiene 18 cerezas. Las separa en 3 porciones iguales. ¿Cuántas cerezas hay en cada porción?

a. 3 **b.** 6 **c.** 8 **d.** 9

Porción significa "parte" o "sección".

5. ¿Qué símbolo hace verdadero el enunciado de números?

$$5 \bullet 7 = 35$$

a. + **c.** ×

b. − **d.** ÷

Verdadero significa "correcto".

Aprender vocabulario

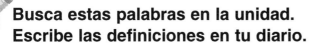

Busca estas palabras en la unidad. Escribe las definiciones en tu diario.

reagrupar

residuo

Conectar con la literatura

Lee "Elefantes de mudanza" en la página 656. Luego trabaja con un compañero para responder a las preguntas sobre el cuento.

Multiplicar por números de 1 dígito

CAPÍTULO 21

INVESTIGACIÓN

Usar datos

Esta estudiante está en un museo haciendo burbujas enormes. Esta receta es para una solución para burbujas que puedes hacer en casa. ¿Qué puedes usar para medir las "partes" de una receta?

Receta para hacer burbujas

40 partes de agua

4 partes de jabón para platos

1 parte de glicerina

1 parte de jarabe de maíz

Rinde muchas burbujas

Aplica lo que sabes

**Usa esta página para repasar y recordar
lo que necesitas saber para este capítulo.**

VOCABULARIO

1. Un número que se multiplica se llama ____.

2. El resultado de una operación de multiplicación
se llama ____.

3. Cuando multiplicas un número por cualquier
número entero, obtienes un ____ de ese número.

> **Vocabulario**
>
> matriz
>
> factor
>
> múltiplo
>
> producto

CONCEPTOS Y DESTREZAS

Halla el producto.

4.
$$\begin{array}{r} 2 \\ \times\ 0 \\ \hline \end{array}$$

5.
$$\begin{array}{r} 10 \\ \times\ 1 \\ \hline \end{array}$$

6.
$$\begin{array}{r} 3 \\ \times\ 8 \\ \hline \end{array}$$

7.
$$\begin{array}{r} 7 \\ \times\ 2 \\ \hline \end{array}$$

8.
$$\begin{array}{r} 10 \\ \times\ 5 \\ \hline \end{array}$$

9.
$$\begin{array}{r} 6 \\ \times\ 0 \\ \hline \end{array}$$

10.
$$\begin{array}{r} 7 \\ \times\ 7 \\ \hline \end{array}$$

11.
$$\begin{array}{r} 9 \\ \times\ 3 \\ \hline \end{array}$$

12. 5×5

13. 7×4

14. 4×8

15. 9×6

Redondea al lugar del dígito subrayado.

16. $\underline{8}4$

17. $\underline{2}5$

18. $\underline{3}24$

19. $\$\underline{9}.27$

 Escríbelo

20. Escribe al menos 3 enunciados de
números que describan esta matriz.

> Práctica de operaciones Consulta la página 668.

Tutor en audio 2/29 Escucha y comprende

Multiplicar múltiplos de 10, 100 y 1,000

Objetivo Usar patrones y operaciones básicas para multiplicar.

Apréndelo

El 6 de marzo de 1876, Alexander Graham Bell habló con su asistente usando su invento, el teléfono. ¡Hoy hay vendedores que hacen más de 200 llamadas telefónicas al día!

Si la señora Cohen hace 200 llamadas telefónicas al día, ¿cuántas llamadas hará en 4 días?

Puedes usar operaciones básicas y patrones de ceros para multiplicar **múltiplos** de 10, 100 y 1,000.

Usa la operación básica.

Después, usa el patrón de ceros.

$4 \times 2 = 8$
$4 \times 20 = 80$
$4 \times 200 = 800$

Piénsalo
Para hallar el producto, escribe primero el producto de la operación básica. Luego, agrégale el mismo número de ceros que hay en los **factores**.

Solución: La señora Cohen hace 800 llamadas telefónicas en 4 días.

Práctica guiada

Usa operaciones básicas y patrones para hallar cada producto.

1. $3 \times 2 = \blacksquare$
$3 \times 20 = \blacksquare$
$3 \times 200 = \blacksquare$
$3 \times 2,000 = \blacksquare$

2. $4 \times 3 = \blacksquare$
$4 \times 30 = \blacksquare$
$4 \times 300 = \blacksquare$
$4 \times 3,000 = \blacksquare$

3. $5 \times 6 = \blacksquare$
$5 \times 60 = \blacksquare$
$5 \times 600 = \blacksquare$
$5 \times 6,000 = \blacksquare$

Asegúrate
• ¿Qué operación básica puede ayudarme a hallar el producto?
• ¿Qué patrón de ceros puede ayudarme?

Explícalo ▶ Usa $4 \times 5 = 20$ para encontrar $4 \times 5,000$. ¿Qué puedes predecir del producto cuando hay un cero en la operación básica?

Usa operaciones básicas y patrones como ayuda para hallar cada producto.

4. $1 \times 9 = $ ■
   $1 \times 90 = $ ■
   $1 \times 900 = $ ■
   $1 \times 9,000 = $ ■

5. $2 \times 6 = $ ■
   $2 \times 60 = $ ■
   $2 \times 600 = $ ■
   $2 \times 6,000 = $ ■

6. $3 \times 7 = $ ■
   $3 \times 70 = $ ■
   $3 \times 700 = $ ■
   $3 \times 7,000 = $ ■

7. $4 \times 4 = $ ■
   $4 \times 40 = $ ■
   $4 \times 400 = $ ■
   $4 \times 4,000 = $ ■

8. $7 \times 5 = $ ■
   $7 \times 50 = $ ■
   $7 \times 500 = $ ■
   $7 \times 5,000 = $ ■

9. $8 \times 5 = $ ■
   $8 \times 50 = $ ■
   $8 \times 500 = $ ■
   $8 \times 5,000 = $ ■

Halla cada producto.

10. 2×50

11. 3×60

12. 6×60

13. 6×600

14. 5×300

15. 5×800

16. 9×900

17. $3 \times 3,000$

18. $4 \times 6,000$

19. $7 \times 8,000$

20. $5 \times 6,000$

21. $9 \times 4,000$

Resuelve.

22. Un edificio nuevo de 8 pisos de oficinas tiene 40 teléfonos en cada piso. ¿Cuántos teléfonos hay en el edificio?

23. **Cálculo mental** El señor Cox condujo un autobús desde Lenox hasta Carson de ida y regreso. Usó la ruta de la derecha. Si hizo el viaje de ida y regreso 5 veces en mayo, ¿cuántas millas recorrió en el mes?

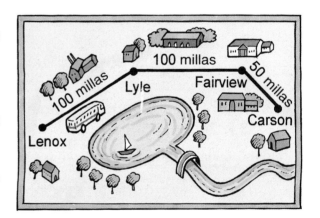

Respuesta directa

Multiplica o divide. (Cap. 8, Lección 4, Cap. 9, Lecciones 3, 5, Cap. 10, Lección 6, Cap. 11, Lecciones 5, 9)

24. $18 \div 6$

25. 5×4

26. 6×6

27. $81 \div 9$

28. $35 \div 5$

29. 4×8

30. Cuando multiplicas un número por 3, el producto es 27,000. ¿Cuál es el número?
    (Cap. 21, Lección 1)

    ¿Qué operación básica usaste para hallar el número?

Tutor en audio 2/30 Escucha y comprende

Demostrar la multiplicación

Objetivo Usar bloques de base diez para multiplicar números.

Materiales
bloques de
base diez

Trabajar juntos

Puedes usar bloques de base diez como ayuda para multiplicar números de dos dígitos por números de un dígito.

▶ **Usa bloques de base diez para hallar 3 × 23.**

PASO 1

Muestra 3 grupos de 23.

Cada fila muestra
2 decenas 3 unidades

- ¿Cuántos bloques de decenas usaste?

- ¿Cuántos bloques de unidades usaste?

PASO 2

Anota tu respuesta en una tabla como ésta.

Decenas	Unidades
6	9

23 ← número en cada grupo
× 3 ← número de grupos
___
69

- ¿Cuál es el **producto** de 3 por 23?

▶ **Ahora, usa bloques de base diez para hallar 3 × 24.**

PASO 3

Muestra 3 grupos de 24.

- ¿Cuántos bloques de decenas usaste?

- ¿Cuántos bloques de unidades usaste?

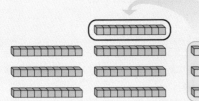

PASO 4

Cuando el número de bloques de unidades es 10 ó más, debes **reagrupar** 10 unidades como 1 decena.

Decenas	Unidades
7	2

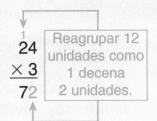

Reagrupar 12 unidades como 1 decena 2 unidades.

- ¿Cuántos bloques de decenas y unidades tienes ahora?

- ¿Cuál es el producto de 3 por 24?

Por tu cuenta

Di qué enunciado de multiplicación muestran los bloques.

1.

2.

Usa bloques de base diez como ayuda para hallar cada producto.

3. 4×22 **4.** 2×24 **5.** 2×46 **6.** 3×15

7. 2×35 **8.** 4×13 **9.** 5×12 **10.** 2×38

11. Repasa los ejercicios 3 a 10. ¿Cuándo tuviste que reagrupar? ¿Cómo sabes cuándo reagrupar con sólo mirar los factores?

12. **Crea y resuelve** Escribe un problema en que necesites reagrupar unidades y otro en que no. Pide a un compañero que lo resuelva.

Coméntalo • Escríbelo

Ya aprendiste cómo modelar la multiplicación usando bloques de base diez.

13. ¿Cuántas decenas hay en el producto de 3 por 25?

14. ¿Cuánto mayor es el producto de 4 por 22 que el producto de 3 por 22?

Estimar productos

Objetivo Redondear números para estimar productos.

Apréndelo

Hace 200 años vendían la leche en botellas de vidrio. Hoy la venden en envases de cartón que no se rompen.

El jefe de la cafetería de la Escuela Baker pide 285 cartones de leche al día. ¿Más o menos cuántos cartones pide en 5 días?

"Más o menos" significa una estimación o una respuesta cercana a la respuesta exacta. Una manera de estimar es redondear y multiplicar.

La foto muestra uno de los primeros cartones de leche. Fue inventado en 1915.

Estima. $5 \times 285 = $ ▧.

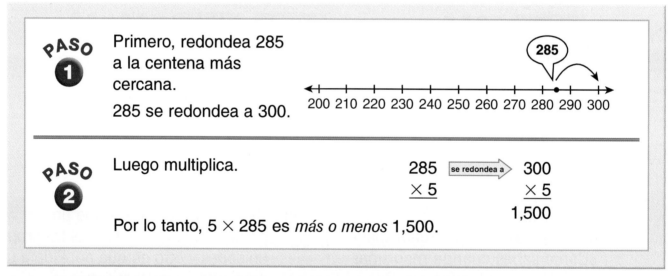

PASO 1 Primero, redondea 285 a la centena más cercana.

285 se redondea a 300.

285
200 210 220 230 240 250 260 270 280 290 300

PASO 2 Luego multiplica.

$$\begin{array}{r} 285 \\ \times 5 \end{array} \quad \text{se redondea a} \quad \begin{array}{r} 300 \\ \times 5 \\ \hline 1{,}500 \end{array}$$

Por lo tanto, 5×285 es *más o menos* 1,500.

Solución: El jefe de la cafetería de la Escuela Baker pide más o menos 1,500 cartones de leche en 5 días.

Otros ejemplos

A. Estima $7 \times 53 = $ ▧.

$$\begin{array}{r} 53 \\ \times 7 \end{array} \quad \text{se redondea a} \quad \begin{array}{r} 50 \\ \times 7 \\ \hline 350 \end{array}$$

7×53 es más o menos 350.

B. Estima $6 \times 35 = $ ▧.

$$\begin{array}{r} 35 \\ \times 6 \end{array} \quad \text{se redondea a} \quad \begin{array}{r} 40 \\ \times 6 \\ \hline 240 \end{array}$$

6×35 es más o menos 240.

Recuérdalo
Si un dígito es 5 ó más, redondéalo a la siguiente decena.

Prueba esta actividad. Aprende a estimar un entero usando una parte.

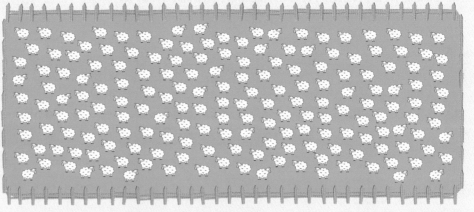

PASO 1 Cuenta las ovejas del dibujo pequeño. Luego, usa el dibujo pequeño para estimar el número de ovejas del dibujo grande.

- ¿Cuántas ovejas hay en el dibujo pequeño?
- ¿Más o menos cuántos grupos como éste hay en el dibujo grande?
- ¿Más o menos cuántas ovejas hay en el dibujo grande?

PASO 2 Ahora, cuenta el número exacto de ovejas del dibujo grande.

- ¿Cuántas ovejas hay en el dibujo grande?
- ¿Qué tan cerca estuvo tu estimación del número exacto?

Práctica guiada

Estima cada producto. Redondea el factor mayor que 10 a su lugar más grande.

1. $\begin{array}{r} 65 \\ \times\ 2 \\ \hline \end{array}$

2. $\begin{array}{r} 24 \\ \times\ 7 \\ \hline \end{array}$

3. $\begin{array}{r} 432 \\ \times\ 3 \\ \hline \end{array}$

4. 6×28

5. 9×93

6. 4×550

Asegúrate

- ¿Redondeé al 10 ó al 100 más cercano?
- ¿Usé operaciones básicas de multiplicación para ayudarme a hallar el producto?

Explícalo ▶ Mira el Problema 1 de nuevo. ¿Cómo puedes saber si el producto estimado es mayor o menor que la respuesta exacta?

Continúa

Practicar y resolver problemas

Estima cada producto. Redondea el factor mayor que 10 a su lugar más grande.

7. 42
    × 5

8. 85
    × 6

9. 28
    × 8

10. 385
    × 3

11. 223
    × 6

12. 37
    × 2

13. 75
    × 2

14. 584
    × 6

15. 458
    × 3

16. 615
    × 5

17. 6 × 28

18. 5 × 45

19. 4 × 280

20. 2 × 550

21. 5 × 24

22. 3 × 498

23. 8 × 127

24. 5 × 358

Álgebra • Símbolos Compara. Escribe >, < ó = para cada ⬤.

25. 6 × 30 ⬤ 3 × 60

26. 3 × 481 ⬤ 3 × 500

27. 10 × 88 ⬤ 100 × 88

28. 37 × 3 ⬤ 30 × 3

29. 7 × 31 ⬤ (6 × 31) + 31

30. 18 × 52 ⬤ 20 × 52

Resuelve.

31. Una lechería opera siete días a la semana. Produce 465 galones de leche al día. ¿Más o menos cuántos galones produce la lechería en una semana?

32. La clase del maestro Lin bebe 21 cartones de leche al día durante 4 días. La clase de la maestra Colton bebe 29 cartones de leche al día durante tres días. Estima para hallar la clase que bebe más leche.

Usar datos Usa el cartel para los problemas 33 a 35.

33. Maureen compra una pinta de leche, 8 onzas de queso y 1 libra de mantequilla. ¿Más o menos cuánto dinero gasta?

34. Bill, Leroy y Tony, quieren comprar una pinta de leche y un cono de helado cada uno. ¿Más o menos cuánto dinero necesitan en total?

35. Ethan compraó 3 galones de leche. Le dio $10 al vendedor. ¿Más o menos cuánto cambio recibió?

Precios de la lechería	
Galón de leche	$ 2.19
Pinta de leche	$ 0.79
8 onzas de queso	$ 1.99
Libra de mantequilla	$ 3.99
Cono de helado	$ 1.75
Pinta de helado	$ 3.69

586

Práctica adicional Consulta la página 607, Conjunto B.

Reto matemático

El caso de los dígitos que faltan

El detective Dibble está por descubrir los dígitos
que faltan. Sus únicas pistas son los números
que quedaron. Ayúdalo a hallar los dígitos
que faltan.

1.
$$\begin{array}{r} \blacksquare\blacksquare \\ \times\ 2 \\ \hline 82 \end{array}$$

2.
$$\begin{array}{r} \blacksquare 3\blacksquare \\ \times\ \ 4 \\ \hline 5\blacksquare 8 \end{array}$$

3.
$$\begin{array}{r} \blacksquare 4 \\ \times\ \blacksquare \\ \hline 42 \end{array}$$

4.
$$\begin{array}{r} \blacksquare\blacksquare \\ \times\ 5 \\ \hline 60 \end{array}$$

5.
$$\begin{array}{r} \blacksquare\blacksquare\blacksquare \\ \times\ \ \ 3 \\ \hline 756 \end{array}$$

6.
$$\begin{array}{r} \blacksquare\blacksquare\blacksquare \\ \times\ \ \ 2 \\ \hline 694 \end{array}$$

Verifica tu comprensión de las Lecciones 1 a 3.

Verificación rápida

Usa operaciones básicas y patrones como ayuda para hallar el producto. (Lección 1)

1. $3 \times 3 = \blacksquare$
   $3 \times 30 = \blacksquare$
   $3 \times 300 = \blacksquare$
   $3 \times 3,000 = \blacksquare$

2. $8 \times 2 = \blacksquare$
   $8 \times 20 = \blacksquare$
   $8 \times 200 = \blacksquare$
   $8 \times 2,000 = \blacksquare$

3. $2 \times 4 = \blacksquare$
   $2 \times 40 = \blacksquare$
   $2 \times 400 = \blacksquare$
   $2 \times 4,000 = \blacksquare$

Redondea para estimar cada producto. Redondea el factor mayor que 10 al lugar mayor. (Lección 3)

4.
$$\begin{array}{r} 71 \\ \times\ 7 \\ \hline \end{array}$$

5.
$$\begin{array}{r} 35 \\ \times\ 5 \\ \hline \end{array}$$

6.
$$\begin{array}{r} 234 \\ \times\ 6 \\ \hline \end{array}$$

7.
$$\begin{array}{r} 771 \\ \times\ 3 \\ \hline \end{array}$$

8.
$$\begin{array}{r} 578 \\ \times\ 6 \\ \hline \end{array}$$

9.
$$\begin{array}{r} 884 \\ \times\ 4 \\ \hline \end{array}$$

Resuelve. (Lección 2)

10. Cuando multiplicas 36×3, ¿cómo reagrupas las unidades?

Lección 4

Multiplicar números de 2 dígitos por números de 1 dígito

Objetivo Multiplicar números de 2 dígitos por números de 1 dígito con y sin reagrupación.

Apréndelo

Johannes Gutenberg inventó la imprenta en 1436. Antes de eso, los libros se escribían a mano. ¡Imagina cuánto se demoraban!

Imagina que Gutenberg quisiera imprimir 13 copias de 14 libros distintos. ¿Cuántos libros imprimiría?

Multiplica. $3 \times 14 = \blacksquare$

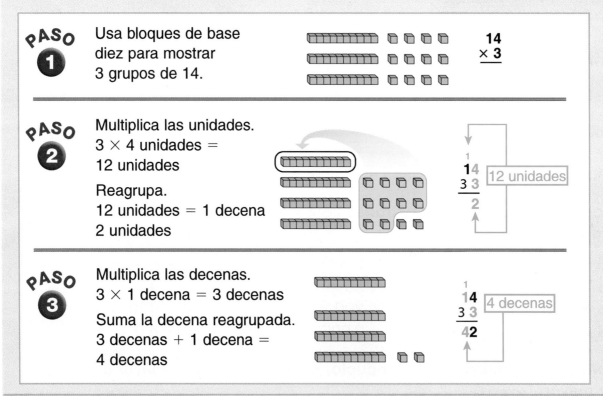

PASO 1 Usa bloques de base diez para mostrar 3 grupos de 14.

$$\begin{array}{r} 14 \\ \times 3 \end{array}$$

PASO 2 Multiplica las unidades.
3×4 unidades = 12 unidades

Reagrupa.
12 unidades = 1 decena 2 unidades

$$\begin{array}{r} {\scriptstyle 1} \\ 14 \\ 3\ 3 \\ \hline 2 \end{array}$$ 12 unidades

PASO 3 Multiplica las decenas.
3×1 decena = 3 decenas

Suma la decena reagrupada.
3 decenas + 1 decena = 4 decenas

$$\begin{array}{r} {\scriptstyle 1} \\ 14 \\ 3\ 3 \\ \hline 42 \end{array}$$ 4 decenas

Solución: Gutenberg imprimiría 42 libros.

Otros ejemplos

A. Sin reagrupación

$$\begin{array}{r} 32 \\ \times 3 \\ \hline 96 \end{array}$$

B. Reagrupando tanto decenas como centenas

$$\begin{array}{r} 82 \\ \times 4 \\ \hline 328 \end{array}$$

4×8 decenas = 32 decenas
32 decenas = 3 centenas 2 decenas

Usa bloques de base diez como ayuda para hallar cada producto.

1. 4×15

2. 5×13

Asegúrate

- ¿Qué multiplico primero?
- ¿Debo reagrupar las unidades? ¿Y las decenas?
- ¿Debo sumar algunas decenas reagrupadas?

Mutiplica.

3. 21
     $\times 4$

4. 45
     $\times 2$

5. 17
     $\times 5$

6. 51
     $\times 4$

7. 32
     $\times 3$

Explícalo ▶ ¿Cuál es el mayor número de unidades que puedes tener antes de que tengas que reagrupar las unidades?

Halla cada producto.

8. 4×13

9. 3×15

10. 4×16

11. 23
      $\times 2$

12. 34
      $\times 2$

13. 21
      $\times 5$

14. 33
      $\times 2$

15. 42
      $\times 4$

16. 14
      $\times 5$

17. 38
      $\times 2$

18. 21
      $\times 7$

19. 2×41

20. 3×25

21. 4×32

22. 5×41

23. 3×53

24. 5×18

25. 7×31

26. 2×93

Continúa

X Álgebra • Funciones Completa cada tabla.

Regla: multiplicar por 6	
Entrada	Salida
21	126
27. 15	
28. 12	
29.	60

Regla: multiplicar por 3	
Entrada	Salida
30.	30
72	216
31. 85	
32. 90	

33.
Regla: multiplicar por	
Entrada	Salida
55	110
42	84
34. 25	
35. 18	

Usar datos Usa la gráfica para los problemas 36 a 40.

36. La escuela de Carla votó por sus lecturas favoritas. Cada estudiante votó sólo una vez. ¿Cuántos estudiantes votaron?

37. ¿Cuántos estudiantes escogieron los libros como lectura favorita? ¿Cuántos escogieron las revistas?

38. **Represéntalo** Escribe un enunciado de números para mostrar el número total de estudiantes que no escogieron revistas.

39. **Explícalo** ¿Cuántos estudiantes más escogieron libros que revistas? ¿Cómo encontraste la respuesta?

40. **Escríbelo** Imagina que 9 estudiantes más escogen libros. ¿Cómo se vería la nueva fila de libros?

Materiales favoritos para leer

Tipo de material de lectura	Número de estudiantes
Libro	🧍🧍🧍🧍🧍🧍
Revista	🧍🧍🧍🧍🧍
Periódico	🧍🧍🧍

Cada 🧍 representa a 6 estudiantes.

Repaso general • Preparación para exámenes

Respuesta directa

Mira el dibujo a continuación.

(Cap. 17, Lecciones 2, 4)

41. ¿Cuál es el perímetro del cuadrado?

1 pie
1 pie

42. ¿Cuál es el área del cuadrado?

Selección múltiple

43. Hay 8 filas de estudiantes en una foto de la escuela. En cada fila hay 22 estudiantes. ¿Cuántos estudiantes hay en la foto?

(Cap. 21, Lección 4)

A 30   c 176

B 66   D 1,616

Práctica adicional Consulta la página 607, Conjunto C.

Razonamiento matemático

Diferentes maneras de multiplicar

No siempre tienes que usar el método normal para multiplicar.

Los modelos muestran cómo multiplicar de otra manera.

Método normal:

Multiplica 4 × 12.

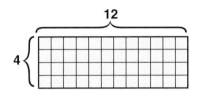

$4 \times 12 = \blacksquare$

$4 \times 12 = 48$

Multiplica 4 × 12 de otra manera.

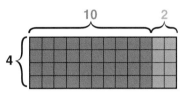

$4 \times 12 = \blacksquare$

$4 \times (10 + 2) = \blacksquare$

$(4 \times 10) + (4 \times 2) = \blacksquare$

$40 + 8 = 48$

¿Cómo te ayuda escribir 12 como 10 + 2 a multiplicar los números?

También puedes usar una matriz para representar la multiplicación.

Método normal:

$4 \times 12 = 48$

$4 \times 12 = \blacksquare$

$(4 \times 10) + (4 \times 2) = \blacksquare$

$40 + 8 = 48$

Halla cada producto. Usa uno de los métodos de arriba y el método normal.

1. $\begin{array}{r} 38 \\ \times 2 \\ \hline \end{array}$
2. $\begin{array}{r} 61 \\ \times 4 \\ \hline \end{array}$
3. $\begin{array}{r} 43 \\ \times 3 \\ \hline \end{array}$
4. $\begin{array}{r} 29 \\ \times 2 \\ \hline \end{array}$
5. $\begin{array}{r} 72 \\ \times 4 \\ \hline \end{array}$

6. **Analízalo** ¿En qué se parecen estos métodos? ¿En qué se diferencian?

Multiplicar números de 3 dígitos por números de 1 dígito

Vocabulario
reagrupar

Objetivo Multiplicar cuando un factor es un número de 3 dígitos.

Apréndelo

Una tienda de materiales escolares vendió 3 cajas de bolígrafos la semana pasada. Cada caja contiene 126 bolígrafos. ¿Cuántos bolígrafos vendió la tienda la semana pasada?

Multiplica. $3 \times 126 =$ ▩

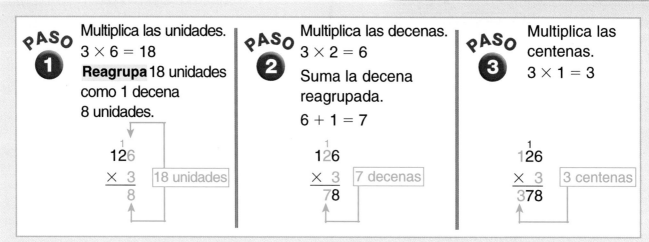

PASO 1 Multiplica las unidades.
$3 \times 6 = 18$
Reagrupa 18 unidades como 1 decena 8 unidades.

$$\begin{array}{r} \overset{1}{12}6 \\ \times\ 3 \\ \hline 8 \end{array}$$ 18 unidades

PASO 2 Multiplica las decenas.
$3 \times 2 = 6$
Suma la decena reagrupada.
$6 + 1 = 7$

$$\begin{array}{r} 1\overset{1}{2}6 \\ \times\ 3 \\ \hline 78 \end{array}$$ 7 decenas

PASO 3 Multiplica las centenas.
$3 \times 1 = 3$

$$\begin{array}{r} \overset{1}{1}26 \\ \times\ 3 \\ \hline 378 \end{array}$$ 3 centenas

Solución: $3 \times 126 = 378$

Otros ejemplos

A. Sin reagrupación

$$\begin{array}{r} 103 \\ \times\ 2 \\ \hline 206 \end{array}$$

B. Reagrupando las decenas

$$\begin{array}{r} \overset{2}{2}70 \\ \times\ 3 \\ \hline 810 \end{array}$$ 3×7 decenas = 21 decenas
21 decenas = 2 centenas 1 decena

Práctica guiada

Halla cada producto.

1. $\begin{array}{r} 234 \\ \times\ 2 \\ \hline \end{array}$

2. $\begin{array}{r} 218 \\ \times\ 4 \\ \hline \end{array}$

3. $\begin{array}{r} 140 \\ \times\ 7 \\ \hline \end{array}$

4. $\begin{array}{r} 121 \\ \times\ 5 \\ \hline \end{array}$

Asegúrate

• ¿Debo reagrupar las unidades? ¿Y las decenas?

• ¿Debo sumar algunos números reagrupados?

Explícalo ▶ Compara la multiplicación de números de 3 dígitos con la multiplicación de números de 2 dígitos.

Halla cada producto.

5. $\begin{array}{r} 202 \\ \times\ 4 \\ \hline \end{array}$ 6. $\begin{array}{r} 394 \\ \times\ 2 \\ \hline \end{array}$ 7. $\begin{array}{r} 109 \\ \times\ 4 \\ \hline \end{array}$ 8. $\begin{array}{r} 413 \\ \times\ 2 \\ \hline \end{array}$ 9. $\begin{array}{r} 116 \\ \times\ 2 \\ \hline \end{array}$

10. $\begin{array}{r} 184 \\ \times\ 2 \\ \hline \end{array}$ 11. $\begin{array}{r} 124 \\ \times\ 4 \\ \hline \end{array}$ 12. $\begin{array}{r} 262 \\ \times\ 3 \\ \hline \end{array}$ 13. $\begin{array}{r} 130 \\ \times\ 5 \\ \hline \end{array}$ 14. $\begin{array}{r} 241 \\ \times\ 3 \\ \hline \end{array}$

15. 2×317 16. 3×143 17. 5×115 18. 6×112

19. 7×114 20. 4×150 21. 2×493 22. 3×329

X Álgebra • Símbolos Compara. Escribe >, < ó = para cada ⬤.

23. 512×4 ⬤ 4×512 24. 82×2 ⬤ $100 + 50 + 4$

25. $0 \times 8{,}379$ ⬤ 8×379 26. 8×301 ⬤ $(8 \times 300) + (8 \times 1)$

27. 4×223 ⬤ 4×232 28. $39 \times 4 \times 8$ ⬤ $39 \times 3 \times 8$

29. La semana pasada, el Sr. Masumoto vendió 215 bolígrafos. Vendió 4 veces más lápices que bolígrafos. ¿Cuántos lápices vendió?

30. **Analízalo** ¿El producto entre un número de 2 dígitos y un número de 1 dígito siempre es un número de 3 dígitos? Explícalo

31. El año pasado, Ned coleccionó 204 bolígrafos. Este año coleccionó 3 veces más bolígrafos que el año pasado. ¿Cuántos bolígrafos tiene ahora Ned en su colección?

32. **Razonamiento** Una rueda de Chicago tiene 16 asientos. En cada asiento caben 2 personas. Si cada asiento está ocupado en cada recorrido y nadie hace el recorrido dos veces, ¿cuántas personas pasean en 4 recorridos?

Repaso general • Preparación para exámenes

Respuesta directa
Escribe cada fracción como decimal.
(Cap. 20, Lecciones 1, 2, 3)

33. $\dfrac{3}{10}$ 34. $\dfrac{13}{100}$

35. $\dfrac{1}{2}$ 36. $1\dfrac{6}{10}$

37. $2\dfrac{68}{100}$ 38. $3\dfrac{4}{10}$

39. El nuevo parque del pueblo tiene forma de pentágono regular. Cada lado mide 119 pies. ¿Cuánto mide el perímetro del parque?
(Cap. 21, Lección 5)

Explica tu razonamiento.

🎧 **Tutor en audio 2/33** Escucha y comprende

Resolver problemas: Estrategia

Resuelve un problema más sencillo

Objetivo Usar problemas más simples como ayuda para resolver problemas complejos.

Problema Mike inventó una máquina de hacer tareas. Usó la máquina 339 veces. Su mejor amigo, Joe, la usó 265 veces. Cada vez, la máquina usó 7 hojas de papel. ¿Cuántas hojas usaron en total?

COMPRÉNDELO

Esto es lo que sabes.

- Mike usó la máquina 339 veces.

- Joe la usó 265 veces.

- Cada vez, la máquina usó 7 hojas de papel.

PLANÉALO

Puedes usar números más fáciles como ayuda para resolver el problema.

RESUÉLVELO

PASO 1 Escoge números más simples para decidir cómo resolver el problema.

¿Qué ocurre si Mike usa la máquina 3 veces y Joe 2 veces?

Suma.	Luego multiplica.
3	5
+ 2	× 7
5	35

PASO 2 Vuelve a leer el problema. Resuelve usando los números originales.

Suma.	Luego multiplica.
	$\overset{2}{}$
339	604
+ 265	× 7
604	4,228

Por lo tanto, se usaron 4,228 hojas.

VERIFÍCALO

¿La solución responde a la pregunta?

594

Práctica guiada

Usa las preguntas de Asegúrate como ayuda para resolver cada problema.

1. El precio normal de una caja de papel es $9.99. El precio de oferta es $7.59. Si Mike compra 4 cajas en oferta, ¿cuánto dinero ahorra?

2. Imagina que la máquina de Mike usa 5 piezas de papel cada vez. Si Mike la usa 155 veces, Joe 284 veces y Ana 262 veces, ¿cuántas hojas se usan?

Pista Decide qué operación usar primero.

Asegúrate

 COMPRÉNDELO — ¿Qué sé?

 PLANÉALO — ¿Puedo trabajar con números más fáciles?

 RESUÉLVELO — ¿Qué operaciones debería usar?

 VERIFÍCALO — ¿Tiene sentido mi respuesta?

Práctica independiente

Usa números más fáciles como ayuda para resolver cada problema.

3. La rueda de Chicago original medía 790 pies alrededor. Imagina que viajaste 4 veces y en cada viaje diste dos vueltas. ¿Cuánto pies recorriste?

4. En la rueda de Chicago original cabían 2,160 personas. En un vuelta había 1,165 asientos vacíos. En otra vuelta había 1,250 asientos vacíos. ¿Cuántos asientos ocupados había en total en las dos vueltas?

5. Si la rueda de Londres lleva 800 pasajeros en media hora, ¿a cuántas personas puede llevar en 4 horas?

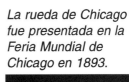

La rueda de Chicago fue presentada en la Feria Mundial de Chicago en 1893.

La rueda de Londres fue inaugurada en el año 2000.

Continúa

Práctica variada

Resuelve. Muestra tu trabajo. Cuenta qué estrategia usaste.

6. **Dinero** Jan tiene el doble de dinero que Sam. Sam tiene $2 menos que Pam. Si Pam tiene $10, ¿cuánto dinero tiene Jan?

7. Vinnie dobla una hoja de papel por la mitad. Luego la vuelve a doblar por la mitad. Después perfora 2 orificios en el papel doblado. ¿Cuántos orificios hay en el papel cuando Vinnie lo desdobla?

8. Sue está apilando cajas. Hay 8 cajas en la fila de abajo y 1 caja en la fila de arriba. Si cada fila tiene una caja menos que la siguiente de abajo, ¿cuántas cajas hay?

Selecciónalo

Estrategia
- Represéntalo
- Haz un dibujo
- Busca un patrón
- Resuelve un problema más sencillo
- Comienza con el final

Método de cálculo
- Cálculo mental
- Estimación
- Papel y lápiz
- Calculadora

Usar datos Usa la lista de precios para resolver los Problemas 9 a 12. Después describe el método que escogiste.

9. La Sra. Rodríguez compró 2 cestas de frutas en la tienda de la granja. ¿Cuánto gastó?

10. Martín compró 3 hogazas de pan, 2 tartas de manzana y un frasco de mermelada. Andrew compró una cesta de frutas. ¿Qué niño gastó más dinero?

11. Carmen compró 3 frascos de mermelada y una hogaza de pan. Le pagó $10 al vendedor. ¿Cuánto cambio recibió?

12. **Decídelo** Joan quiere comprar 3 objetos distintos. Tiene $16. ¿Qué objetos puede comprar?

Lista de precios del puesto de la granja	
Frasco de mermelada	$1.59
Tarta de manzana	$3.95
Hogaza de pan	$1.65
Cesta de fruta	$12.89

Resolver problemas en exámenes

Selección múltiple

Escoge la letra de la respuesta correcta.

1. Usa el pictograma. ¿Cuántos estudiantes de la encuesta escogieron sándwich de queso como almuerzo favorito?

Almuerzos favoritos	
perros calientes	☺ ☺
sándwich de queso	☺ ☺ ☺ ☺ ☺
pizza	☺ ☺ ☺
Cada ☺ = 4 estudiantes.	

   A 5   **B** 20   **C** 40   **D** 200

   (Capítulo 6, Lección 5)

2. Marta mide 3 pies 2 pulgadas. Petros es 3 pulgadas más bajo que Daniel. Daniel es 8 pulgadas más alto que Marta. ¿Cuánto mide Petros?

   F 2 pies 9 pulg   **H** 3 pies 7 pulg

   G 2 pies 11 pulg   **J** 3 pies 11 pulg

   (Capítulo 13, Lección 4)

Respuesta directa

Resuelve los problemas.

3. Las copas de helado valen $2.19. La Sra. Yee tiene $8.00. Quiere comprar una copa para ella y 3 para sus hijos. ¿Tiene suficiente dinero? Explica.   (Capítulo 3, Lección 4)

4. Carly vive a $\frac{1}{2}$ milla al este de la escuela. Nan vive a $\frac{2}{3}$ de milla al este de la escuela. Molly vive entre Carly y Nan. ¿Quién vive más cerca de la escuela?

   (Capítulo 19, Lección 3)

Respuesta de desarrollo

5. Los lunes y miércoles, John gana $3.00 por rastrillar. Los domingos gana $5.00 por arrancar la maleza. Está ahorrando dinero para comprar patinetas.

Patinetas	
Gran patineta	$39.99
Super patineta	$59.99
Super patineta de lujo	$99.99

   a. ¿Cuánto dinero puede ganar en una semana? Muestra cómo lo sabes.

   b. Estima cuántas semanas le tomará ganar el dinero suficiente para comprar cada una de las patinetas.

   c. John quiere comprar la super patineta para él y la gran patineta para su hermana. ¿Cuántas semanas debe trabajar?

   (Capítulo 3, Lección 4)

Reagrupar dos veces

Objetivo Multiplicar y reagrupar más de una vez.

En 1760, Ben Franklin fabricó los primeros anteojos bifocales para ver de cerca y de lejos.

Apréndelo

Imagina que una fábrica de lentes le vende 185 pares de anteojos mensuales a un oculista. ¿Cuántos anteojos le venden en 5 meses?

Multiplica. 5 × 185 = ▓

Diferentes maneras de hallar 5 x 185

MANERA ① Puedes usar papel y lápiz.

PASO 1 Multiplica las unidades.
5 × 5 = 25

Reagrupa 25 unidades como 2 decenas 5 unidades

$$\begin{array}{r} {}^{2} \\ 185 \\ \times\ 5 \\ \hline 5 \end{array}$$ 25 unidades

PASO 2 Multiplica las decenas.
5 × 8 = 40

Suma las 2 decenas reagrupadas.
40 + 2 = 42

Reagrupa 42 decenas como 4 centenas 2 decenas.

$$\begin{array}{r} {}^{4\,2} \\ 185 \\ \times\ 5 \\ \hline 25 \end{array}$$ 42 decenas

PASO 3 Multiplica las centenas.
5 × 1 = 5

Suma las 4 centenas reagrupadas.
5 + 4 = 9

$$\begin{array}{r} {}^{4\,2} \\ 185 \\ \times\ 5 \\ \hline 925 \end{array}$$ 9 centenas

MANERA ② Puedes usar una calculadora.

Oprime: [5] [×] [1] [8] [5] [=]   Muestra: 925

Solución: La fábrica despachó 925 anteojos.

Otro ejemplo

Multiplica con números de 4 dígitos

$$\begin{array}{r} {}^{1} \\ 8{,}734 \\ \times\ \ 2 \\ \hline 17{,}468 \end{array}$$

Multiplica los millares. 2 x 8 = 16
Suma los millares reagrupados. 16 + 1 = 17
Reagrupa 17 millares como 1 decena de millares, 7 millares.

Práctica guiada

Halla cada producto. Reagrupa si es necesario.

1. 125
    × 4

2. 243
    × 2

3. 714
    × 6

4. 2,416
    ×   3

5. 1,721
    ×   5

6. 2,621
    ×   4

Explícalo ▶ ¿Qué debes hacer con los números que reagrupas cuando tienes que reagrupar?

Practicar y resolver problemas

Multiplica. Reagrupa si es necesario.

7. 137
    × 6

8. 526
    × 3

9. 351
    × 4

10. 323
     × 3

11. 1,123
     ×   3

12. 1,562
     ×   3

13. 3,215
     ×   4

14. 7,151
     ×   6

15. 8 × 116

16. 5 × 521

17. 5 × 221

18. 3 × 312

19. 7 × 1,413

20. 9 × 2,811

21. 6 × 6,251

22. 3 × 7,128

✖ Álgebra • Símbolos Compara los productos. Escribe >, < ó = en ⬤.

23. 4 × 316 ⬤ 3 × 330

24. 3 × 691 ⬤ 2 × 372

25. 4,391 × 5 ⬤ 6 × 3,391

26. 2,925 × 3 ⬤ 4 × 1,092

Continúa ▶

Halla los dígitos que faltan. Muestra tu trabajo.

27.
```
   137
 ×   8
 1,09■
```

28.
```
   313
 ×   6
 1,8■8
```

29.
```
  5,621
 ×    4
 22,■84
```

30.
```
  4,016
 ×    5
 2■,080
```

Resuelve.

31. La enfermera examinó los ojos de los 2,392 estudiantes de la Escuela Elemental Orange. También examinó los ojos de siete profesores. ¿Cuántos ojos examinó la enfermera?

32. Earl quiere escoger nuevos marcos para sus anteojos. Puede escoger entre 3 marcos plateados, 2 dorados y 5 marrones. Si escoge un marco sin mirar, ¿qué color escogerá con mayor probabilidad?

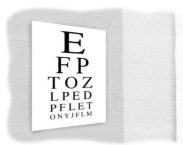

33. El Sr. Wu necesita 500 cadenas de llaves para su tienda. Pide 6 cajas. Cada caja contiene 72 cadenas. ¿Pidió suficientes? ¿Cómo lo sabes?

34. Danielle gasta $3.75 en meriendas. Andrew gasta el doble de Danielle. ¿Cuánto gastan juntos?

35. Encuentra el error Mira el trabajo de Miriam a la derecha. Multiplicó 6 x 315. ¿Cuál fue su error?

Miriam
```
   315
 ×   6
 1,860
```

Repaso general • Preparación para exámenes

Respuesta directa

Suma o resta. (Cap. 20, Lección 8)

36.
```
   1.4
 + 0.5
```

37.
```
   6.02
 + 1.01
```

38.
```
   7.0
 - 0.7
```

39.
```
   7.44
 - 0.89
```

Selección múltiple

40. La calculadora de Bill muestra el producto 4,314. ¿Cuál de estas multiplicaciones hizo Bill?

(Cap. 21, Lección 7)

A 7 × 618   C 8 × 728

B 6 × 719   D 5 × 832

Práctica adicional Consulta la página 607, Conjunto E.

Resolver problemas

Millas por recorrer

Tres estudiantes caminan diferente número de millas en una caminata. ¿Cuántos pies caminó cada uno?

Completa la tabla.

Si Sergio caminó 6 millas, ¿cuántas yardas caminó? ¿Cómo hallaste la respuesta?

1 milla = 5,280 pies
1 milla = 1,760 yardas

Nombre	Número de millas recorridas		Número de pies recorridos
Alfred	3	3 x 5,280	
Shondra	7	7 x 5,280	
Rosario	5		

Razonamiento lógico

Diez veces el peso

- Atlas levanta pesas. Levanta 4 libras. Luego levanta diez veces más. ¿Cuánto levanta?

- Atlas levantó diez veces más peso otra vez. ¿Cuánto levantó?

- Finalmente, Atlas trató de levantar de nuevo diez veces más peso. ¿Cuánto trató de levantar?

¿Qué observas en el patrón de ceros cada vez que Atlas levanta diez veces más peso?

Acertijo

Mira estos cuatro dígitos.

7 4 1 8

- Usa los dígitos para formar un número de tres dígitos y uno de un dígito, de modo que su producto sea *el mayor* posible.

- Ahora, usa los dígitos para formar un número de tres dígitos y uno de un dígito, de modo que su producto sea *el menor* posible.

Multiplicar dinero

Objetivo Multiplicar con dinero.

Apréndelo

Hace mucho tiempo, la gente ahorraba sus monedas en cerditos de arcilla. Los llamaban alcancías. Hoy, las alcancías aún tienen forma de cerdo, pero a veces las hacen de otros materiales.

Scott tiene una alcancía vacía. Durante 3 semanas coloca $2.25 semanales. ¿Cuánto dinero hay en su alcancía?

Usa lo que sabes acerca de la multiplicación con números enteros para multiplicar dinero.

Diferentes maneras de hallar 3 × $2.25

Manera ① Puedes usar papel y lápiz.

PASO 1 Multiplica como si multiplicaras números enteros.

$$\begin{array}{r} \overset{1}{2}25 \\ \times\ \ 3 \\ \hline 675 \end{array}$$

PASO 2 Escribe el signo de dólar y el punto decimal en el producto.

$$\begin{array}{r} \overset{1}{2}.25 \\ \times\ \ 3 \\ \hline \$6.75 \end{array}$$

Escribe el signo de dólar en el producto, en la misma posición en que aparece el punto decimal en la cantidad de dinero.

Manera ② Puedes usar el cálculo mental.

PASO 1 Multiplica por separado los dólares y los centavos.

$$3 \times \$2.25 = (3 \times \$2) + (3 \times \$0.25)$$
$$=\ \ \$6\ \ +\ \ \$0.75$$

PASO 2 Luego suma.

$$\$6 + \$0.75 = \$6.75$$

Solución: Scott tiene $6.75 en su alcancía.

Halla cada producto. Reagrupa si es necesario.

1. $3.24
        × 2

2. $1.15
        × 3

3. $1.13
        × 5

4. $3.18
        × 4

5. $4.53
        × 3

6. $2.25
        × 4

Explícalo ▶ ¿Cuál es una respuesta razonable para 2 × $1.50, $300 ó $3.00? Explica cómo lo sabes.

Practicar y resolver problemas

Estima. Luego multiplica.

7. $7.24
        × 2

8. $8.11
        × 3

9. $9.23
        × 2

10. $1.16
         × 2

11. $1.92
         × 3

12. $2.41
         × 4

13. $2.81
         × 4

14. $1.19
         × 6

15. 6 × $2.51

16. 3 × $1.35

17. 2 × $3.87

18. 3 × $2.78

19. 9 × $2.17

20. 8 × $7.29

21. 6 × $9.55

22. 4 × $8.88

23. Stella tiene $4.45 en su alcancía. Dan tiene $0.50 menos que Stella. Alicia tiene el doble de dinero que Dan. ¿Cuánto tiene Alicia?

24. Samuel quiere comprar 3 trozos de pizza. Si cada trozo cuesta $1.75, ¿más o menos cuánto dinero necesita? Explica tu razonamiento.

Continúa ➡

Resuelve.

25. Luisa quiere montar en 6 diversiones en la feria. Cada boleto cuesta $1.75. Si paga con un billete de $20, ¿cuánto cambio debe recibir?

26. El Espectáculo de variedades de la feria cuesta $2.25. Siete amigos quieren verlo. Si reciben $4.25 de cambio, ¿qué cantidad total pagaron inicialmente?

27. El primer acto de una obra de teatro dura desde las 8:15 p.m. hasta las 9:00 p.m. Luego hay un intermedio de media hora. El segundo acto dura una hora. ¿A qué hora termina la obra?

28. Cada alcancía de abajo mide 24 cm de largo. Si una tienda exhibe 9 alcancías en una estantería una junto a otra, ¿cuánto mide la fila de alcancías?

✗ Álgebra • Funciones Completa cada tabla.

Regla: Multiplicar por 2	
Entrada	Salida
$6.25	$12.50
29. $4.49	▨
30. $5.35	▨
31. ▨	$5.00

Regla: Multiplicar por 5	
Entrada	Salida
$2.29	$11.45
32. $3.31	▨
33. ▨	$8.00
34. $5.05	▨

35.

Regla: Multiplicar por ▨	
Entrada	Salida
$1.25	$5.00
$3.00	$12.00
36. $4.00	▨
37. $4.54	▨

Seleccionar un método de cálculo

Cáculo mental • Estimación • Papel y lápiz • Calculadora

Resuelve.

38. La mamá de Gerry fabrica alcancías para venderlas en una feria de manualidades. Usa 4 corchos para las patas de cada alcancía. Si fabrica 24 alcancías, ¿cuántos corchos usa?

39. Sari tiene una fiesta de cumpleaños. Compra 4 alcancías pequeñas de sorpresa. Cada alcancía cuesta $3.50. ¿Cuánto gasta Sari en alcancías?

40. El banco Ahorra un Dólar regala alcancías a los niños que abren una cuenta. Si regala 210 alcancías al mes, ¿más o menos cuántas regala en 3 meses?

41. Una empresa de juguetes ordena el envío de alcancías desde una fábrica. Hay 3,579 alcancías en cada envío. Cuántas alcancías hay en 7 envíos?

Práctica adicional Consulta la página 607, Conjunto F.

Respuesta directa

Halla la suma. (Cap. 4, Lección 1)

42. 4 + 5 + 1 + 6 + 5

43. 3 + 2 + 7 + 8 + 7

44. 1 + 7 + 9 + 3 + 8

Selección múltiple

45. ¿Cuál es el producto?

(Cap. 21, Lección 8)

$$\$1.43 \times 6$$

A $8.48   **C** $9.58

B $8.58   **D** $ 858

Resolver problemas

Conectar con la calculadora

¡NO hay problema!

Imagina que la tecla de multiplicación de tu calculadora está rota. Puedes pensar en la multiplicación como suma repetida. Ésta es otra manera de hallar productos con una calculadora.

Halla 5 × 7.

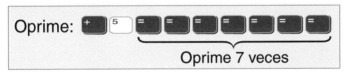

Oprime: Oprime 7 veces

Halla 27 × 4.

Oprime: Oprime 4 veces

Usa este método para hallar cada producto. Comprueba tus respuestas usando la tecla de multiplicación.

1. 5 × 6

2. 7 × 19

3. 8 × 45

4. 7 × 225

5. 4 × 542

6. 6 × 343

Repaso/Examen del capítulo

VOCABULARIO

Escoge el mejor término para completar cada oración.

1. Los números 30 y 80 son ____ de 10.

2. Los números 5 y 2 son ____ de 10.

3. Cuando multiplicas dos números, obtienes un ____.

> **Vocabulario**
> factores
> producto
> reagrupar
> múltiplos

CONCEPTOS Y DESTREZAS

Estima cada producto redondeando el factor mayor a su lugar mayor.

(Lección 3, págs. 584 a 586)

4. 79 $\times$ 3	**5.** 62 $\times$ 5	**6.** 127 $\times$ 8	**7.** 380 $\times$ 2	**8.** 551 $\times$ 6

Halla cada producto. (Lecciones 1, 4, 5, 7 y 8, págs. 580 y 581, 588 a 593, 598 a 604)

9. 60 $\times$ 4	**10.** 800 $\times$ 7	**11.** 27 $\times$ 3	**12.** 42 $\times$ 4
13. 61 $\times$ 5	**14.** 112 $\times$ 8	**15.** 217 $\times$ 3	**16.** 463 $\times$ 2

17. 552×3

18. 328×6

19. $1{,}771 \times 2$

20. $2{,}163 \times 4$

21. $\$1.14 \times 8$

22. $\$0.79 \times 5$

23. $\$3.09 \times 7$

24. $\$2.56 \times 4$

RESOLVER PROBLEMAS

Resuelve. (Lección 6, págs. 594 a 596)

25. La ruta del autobús de la Escuela Southborough es de 9 millas. Un año, el Sr. Sato condujo el autobús 332 veces y el Sr. Harding lo condujo 218 veces. ¿Cuántas millas recorrió el autobús escolar ese año?

 **Escríbelo**

Muestra lo que sabes

Si multiplicas un número de tres dígitos por un número de un dígito, ¿obtienes siempre un producto de tres dígitos? Da ejemplos para apoyar tu respuesta.

Práctica adicional

Conjunto A (Lecciones 1, págs. 580 y 581)

Halla cada producto.

1. 4×20
2. 3×500
3. 9×300
4. $8 \times 5,000$

....

Conjunto B (Lección 3, págs. 584 a 586)

Estima cada producto.

1. $\begin{array}{r} 27 \\ \times\ 2 \\ \hline \end{array}$
2. $\begin{array}{r} 83 \\ \times\ 4 \\ \hline \end{array}$
3. $\begin{array}{r} 512 \\ \times\ 6 \\ \hline \end{array}$
4. $\begin{array}{r} 755 \\ \times\ 3 \\ \hline \end{array}$
5. $\begin{array}{r} 398 \\ \times\ 5 \\ \hline \end{array}$

....

Conjunto C (Lección 4, págs. 588 a 590)

Halla cada producto.

1. $\begin{array}{r} 13 \\ \times\ 3 \\ \hline \end{array}$
2. $\begin{array}{r} 62 \\ \times\ 4 \\ \hline \end{array}$
3. $\begin{array}{r} 28 \\ \times\ 2 \\ \hline \end{array}$
4. $\begin{array}{r} 22 \\ \times\ 5 \\ \hline \end{array}$
5. $\begin{array}{r} 93 \\ \times\ 7 \\ \hline \end{array}$

....

Conjunto D (Lección 5, págs. 592 y 593)

Halla cada producto.

1. $\begin{array}{r} 102 \\ \times\ 4 \\ \hline \end{array}$
2. $\begin{array}{r} 171 \\ \times\ 5 \\ \hline \end{array}$
3. $\begin{array}{r} 329 \\ \times\ 3 \\ \hline \end{array}$
4. $\begin{array}{r} 183 \\ \times\ 2 \\ \hline \end{array}$
5. $\begin{array}{r} 114 \\ \times\ 6 \\ \hline \end{array}$

....

Conjunto E (Lección 7, págs. 598 a 600)

Multiplica. Reagrupa, de ser necesario.

1. $\begin{array}{r} 217 \\ \times\ 6 \\ \hline \end{array}$
2. $\begin{array}{r} 405 \\ \times\ 3 \\ \hline \end{array}$
3. $\begin{array}{r} 1,302 \\ \times\ 7 \\ \hline \end{array}$
4. $\begin{array}{r} 2,108 \\ \times\ 4 \\ \hline \end{array}$
5. $\begin{array}{r} 6,215 \\ \times\ 2 \\ \hline \end{array}$

....

Conjunto F (Lección 8, págs. 602 a 604)

Estima y luego multiplica.

1. $\begin{array}{r} \$\ 4.23 \\ \times\ 2 \\ \hline \end{array}$
2. $\begin{array}{r} \$3.19 \\ \times\ 5 \\ \hline \end{array}$
3. $\begin{array}{r} \$1.08 \\ \times\ 7 \\ \hline \end{array}$
4. $\begin{array}{r} \$5.86 \\ \times\ 2 \\ \hline \end{array}$
5. $\begin{array}{r} \$1.67 \\ \times\ 3 \\ \hline \end{array}$

CAPÍTULO 22

Dividir entre divisores de 1 dígito

Usar datos

Algunos voluntarios siembran arbustos y flores frente a un museo. La gráfica muestra los tipos de flores que siembran. Siembran cada tipo de flor en más de una fila y cada fila tiene el mismo número de flores. ¿Cómo podrían plantar las zinias?

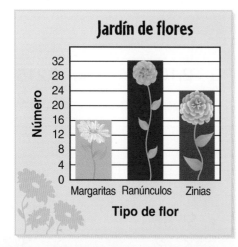

Jardín de flores

Número

Tipo de flor

Margaritas   Ranúnculos   Zinias

608

Aplica lo que sabes

Usa esta página para repasar y recordar lo que necesitas saber para este capítulo.

VOCABULARIO

Escoge el mejor término para completar cada oración.

Vocabulario
divisor
múltiplo
dividendo
cociente
multiplicación

1. El número que será dividido en una división es el ____.

2. El resultado de una división es el ____.

3. El número que divide a otro número es el ____.

4. A veces puedes usar una operación de ____ como ayuda para dividir.

CONCEPTOS Y DESTREZAS

Halla cada producto.

5. 3×90
6. 4×55
7. 6×10
8. 2×35

9. 4×22
10. 3×32
11. 5×42
12. 7×15

Divide.

13. $7\overline{)49}$
14. $6\overline{)24}$
15. $8\overline{)56}$
16. $9\overline{)45}$

17. $16 \div 2$
18. $9 \div 3$
19. $36 \div 4$
20. $20 \div 5$

21. $72 \div 9$
22. $64 \div 8$
23. $63 \div 7$
24. $30 \div 6$

 **Escríbelo**

25. Explica cómo dividir este dinero en 3 grupos iguales. ¿Cuánto dinero hay en cada grupo?

Práctica de operaciones Consulta la página 670.

Usar el cálculo mental para dividir

Objetivo Usar patrones y operaciones básicas como ayuda para dividir.

Apréndelo

Una multitud de 1,600 personas se divide entre 8 grandes secciones a lo largo de la ruta de un desfile. ¿Cuántas personas hay en cada sección?

Divide. $1,600 \div 8 = \blacksquare \leftarrow$ cociente

↑ dividendo   ↑ divisor

Puedes usar operaciones básicas y patrones de ceros como ayuda para dividir múltiplos de 10, 100 y 1,000.

Usa la operación básica.	$16 \div 8 = 2$
Luego usa un patrón de ceros.	$160 \div 8 = 20$
	$1,600 \div 8 = 200$

Piénsalo
El cociente tiene el mismo número de ceros que el dividendo, a menos que haya un cero en la operación básica.

Solución: Hay 200 personas en cada sección.

Otro ejemplo:

$$40 \div 5 = 8$$
$$400 \div 5 = 80$$
$$4,000 \div 5 = 800$$

Práctica guiada

Usa operaciones básicas y patrones para hallar los cocientes.

1. $30 \div 6 = \blacksquare$
    $300 \div 6 = \blacksquare$
    $3,000 \div 6 = \blacksquare$

2. $42 \div 7 = \blacksquare$
    $420 \div 7 = \blacksquare$
    $4,200 \div 7 = \blacksquare$

Asegúrate
• ¿Qué operación básica me puede ayudar?
• ¿Cuántos ceros debe haber en el cociente?

Explícalo ▶ Usa $20 \div 4 = 5$ para hallar $200 \div 4$. ¿Qué puedes predecir acerca del cociente cuando hay un cero en la operación básica?

Usa operaciones básicas y patrones para hallar los cocientes.

3. $36 \div 6 = $ ▦
$360 \div 6 = $ ▦
$3{,}600 \div 6 = $ ▦

4. $24 \div 3 = $ ▦
$240 \div 3 = $ ▦
$2{,}400 \div 3 = $ ▦

5. $20 \div 4 = $ ▦
$200 \div 4 = $ ▦
$2{,}000 \div 4 = $ ▦

Divide.

6. $270 \div 9$ **7.** $350 \div 7$ **8.** $490 \div 7$ **9.** $320 \div 8$

10. $240 \div 6$ **11.** $720 \div 8$ **12.** $200 \div 5$ **13.** $300 \div 6$

14. $1{,}800 \div 2$ **15.** $5{,}600 \div 7$ **16.** $3{,}000 \div 5$ **17.** $1{,}000 \div 2$

18. En el desfile hay 150 porristas que marchan en 5 grupos. Si cada grupo tiene el mismo número de porristas, ¿cuántas hay en cada grupo?

19. En las celebraciones del 4 de Julio habrá una "Competencia de bandas". Las 8 bandas ganadoras compartirán por igual un premio total de $2,400. ¿Cuánto recibirá cada banda?

20. Hay 350 globos, pero explotan 30. Ocho payasos comparten los globos restantes por partes iguales. ¿Cuántos globos llevará cada payaso para regalar en el desfile?

21. Analízalo En la carrera de relevos corren 7 niños más que adultos. Si participan 25 personas en la carrera, ¿cuántos niños hay? Explica cómo lo sabes.

Respuesta directa

Nombra cada polígono. (Cap. 15, Lección 2)

22.
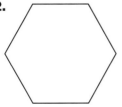

23.
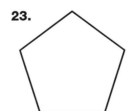

Selección múltiple

24. Los niños de tercer grado reciben una donación de 160 libros. Si cada estudiante recibe 2 libros, ¿cuántos niños hay en tercer grado? (Cap. 22, Lección 1)

A 8   **C** 800

B 80   **D** 8,000

Tutor en audio 2/35 Escucha y comprende

Demostrar la división con residuos

Objetivo Hallar residuos en ejercicios de división.

Vocabulario
residuo

Materiales
fichas

Trabajar juntos

Alicia y sus 3 amigos compraron una caja de 25 libros en la venta de libros usados de la biblioteca. Cada uno quiere llevar a casa el mismo número de libros. ¿Cuál es el máximo número de libros que puede llevar cada uno?

Trabaja con un compañero. Usa fichas como ayuda para resolver el problema.

PASO 1

Divide 25 fichas entre 4 grupos iguales. Separa las fichas que sobran.

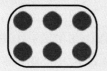

• ¿Cuántas fichas hay en cada grupo?

• ¿Cuántas fichas sobran?

Al dividir, a veces hay un número que sobra. Es el **residuo**. El residuo debe ser menor que el divisor.

¿Cuántos libros compra cada amigo?

¿Cuántos libros sobran?

PASO 2

Divide para mostrar lo que hiciste.

número en cada grupo

Recuerda
R representa el *residuo*.

número de grupos iguales →

$$4\overline{)25}\ \ ^{6\ R1}$$

número que sobra

número que se está dividiendo

PASO 3

Usa 25 fichas. Intenta formar 5, 7 y 9 grupos iguales. Usa el mayor número posible en cada grupo. Anota tu trabajo en una tabla como ésta.

Número total de fichas (dividendo)	Número de grupos (divisor)	Número en cada grupo (cociente)	Número que sobra (residuo)	Muestra la división
25	4	6	1	$\frac{6\text{ R}1}{4)25}$
25	5			$\frac{5}{5)25}$
25	7			$\frac{3\text{ R}4}{7)25}$
25	9			$\frac{2\text{ R}7}{9)25}$

- Observa la tabla. ¿Los residuos son menores, iguales o mayores que los divisores?

- ¿Qué división tiene residuo 0?

▶ Dividiste formando grupos iguales. Ahora, prueba con la resta repetida para hallar cocientes y residuos.

Halla 19 ÷ 3.

PASO 1

Usa 19 fichas. Saca 3 fichas cada vez, hasta que no puedas sacar un grupo completo de 3. Cuenta cuántos grupos de 3 sacaste.

- ¿Cuántos grupos de 3 fichas sacaste?
- ¿Cuántas fichas sobraron?

PASO 2

Anota la resta.
Luego muestra la división.
Si hay residuo, anótalo.

```
              grupos
    19
   - 3   ──────→  1
    16
   - 3   ──────→  2
    13
   - 3   ──────→  3
    10
   - 3   ──────→  4
     7
   - 3   ──────→  5
     4
   - 3   ──────→  6
     1   ──────→  residuo
```

$$\frac{6\text{R}1}{3)19}$$

Continúa

Usa los dibujos para dividir.

1. (● ● ● ●) ●
   (● ● ● ●)

2. (● ● ●) (● ● ●)
   (● ● ●) ● ●

3. (● ● ●) (● ● ●)
   (● ● ●) (● ● ●)
   (● ● ●) ●

4. (● ●) (● ● ●) (● ●)
   (● ●) (● ●) ●

Divide. Usa fichas y resta repetida como ayuda.

5. $18 \div 3$ 6. $15 \div 2$ 7. $16 \div 4$ 8. $29 \div 5$

9. $21 \div 3$ 10. $19 \div 4$ 11. $24 \div 5$ 12. $29 \div 3$

13. $22 \div 4$ 14. $28 \div 5$ 15. $30 \div 8$ 16. $18 \div 7$

Divide. Usa fichas o haz un dibujo como ayuda.

17. Divide 18 entre 3 grupos iguales.   18. Divide 18 entre 4 grupos iguales.

19. Divide 16 entre 4 grupos iguales.   20. Divide 16 entre 3 grupos iguales.

21. Divide 20 entre 5 grupos iguales.   22. Divide 20 entre 6 grupos iguales.

23. Divide 15 entre 3 grupos iguales.   24. Divide 15 entre 4 grupos iguales.

Coméntalo • Escríbelo

Ya aprendiste cómo hallar residuos en ejercicios de divisón.

25. Diane dice que $5\overline{)16}$ 3 R1. Jack dice que $5\overline{)16}$ 2 R6.
    ¿Quién está en lo correcto? Explica tu respuesta.

26. ¿Cuál es el mayor residuo que puedes tener cuando el divisor es 5?
    ¿Cómo lo sabes?

Actividad

La competencia de los residuos

2 jugadores

Lo que necesitas

• un dado rotulado del 1 al 6

• un tablero de juego como el que se muestra.
  (Recurso de enseñanza 44)

Cómo jugar

5)3☐	2)1☐	3)2☐	4)3☐
3)1☐	4)2☐	5)2☐	6)4☐
5)1☐	4)1☐	6)4☐	7)5☐
8)6☐	9)5☐	7)4☐	8)5☐

1 El primer jugador lanza el dado. Luego escribe el número obtenido en una ☐ vacía del tablero de juego.

2 El primer jugador nombra el cociente y el residuo para ese problema. El otro jugador comprueba que el cociente y el residuo estén correctos.

3 El residuo es el número de puntos obtenidos. Si no hay residuo, el jugador obtiene 10 puntos.

4 Los jugadores se turnan, repitiendo los Pasos 1 a 3. Gana el primer jugador que alcance un total de 30 puntos.

Lección 3

Tutor en audio 2/36 Escucha y comprende

Estimar cocientes

Objetivo Estimar cocientes

Vocabulario

números compatible

Apréndelo

Los voluntarios del Centro para Ancianos reparten comida a las personas del lugar. En las 3 últimas semanas, el Sr. Sell repartió 54 raciones de comida. Repartió el mismo número cada semana. ¿Más o menos cuántas raciones repartió cada semana?

Como el problema pregunta "más o menos cuántas raciones", no necesitas un respuesta exacta.

Puedes usar números compatibles para estimar el cociente.

Estima. 54 ÷ 3 = ▨

Los **números compatibles** son números fáciles de dividir.

Piensa en un número cercano a 54 que sea fácil de dividir entre 3.

Piénsalo

$$3\overline{)54} \rightarrow 3\overline{)60} = 20$$

Por lo tanto, 54 ÷ 3 es más o menos 20.

Solución: El Sr. Sell repartió más o menos 20 raciones cada semana.

Otros ejemplos

A. Estima 118 ÷ 6.

Piénsalo

$$6\overline{)118} \rightarrow 6\overline{)120} = 20$$

Por lo tanto, 118 ÷ 6 es más o menos 20.

B. Estima 205 ÷ 4.

Piénsalo

$$4\overline{)205} \rightarrow 4\overline{)200} = 50$$

Por lo tanto, 205 ÷ 4 es más o menos 50.

C. Estima 383 ÷ 2.

Piénsalo

$$2\overline{)383} \rightarrow 2\overline{)400} = 200$$

Por lo tanto, 383 ÷ 2 es más o menos 200.

616

Práctica guiada

Estima. Escribe los números compatibles que usaste.

1. $4\overline{)75}$　　2. $3\overline{)82}$　　3. $3\overline{)123}$　　4. $8\overline{)163}$

5. $9\overline{)190}$　　6. $7\overline{)623}$　　7. $146 \div 5$　　8. $251 \div 6$

9. $591 \div 3$　　10. $199 \div 7$　　11. $315 \div 8$　　12. $114 \div 4$

Explícalo ▶ Si estimas el cociente de $164 \div 4$ usando los números compatibles $160 \div 4$, ¿la estimación es mayor o menor que el cociente exacto? ¿Cómo lo sabes?

Practicar y resolver problemas

Estima. Escribe los números compatibles que usaste.

13. $3\overline{)64}$　　14. $4\overline{)89}$　　15. $3\overline{)95}$

16. $4\overline{)79}$　　17. $2\overline{)177}$　　18. $3\overline{)208}$

19. $552 \div 8$　　20. $795 \div 4$　　21. $925 \div 3$

22. $396 \div 5$　　23. $214 \div 4$　　24. $150 \div 7$

Resuelve.

25. La semana pasada, los voluntarios del Centro para Ancianos repartieron 432 raciones de comida. Si repartieron el mismo número de raciones cada día, ¿más o menos cuántas raciones repartieron cada día?

26. Las raciones de comida se conservan tibias en cajas especiales hasta ser repartidas. Una caja contiene 48 raciones, otra contiene 53 y otra 56. ¿Más o menos cuántas raciones hay en total?

Continúa ▶

Estima para decidir si cada cociente es mayor o menor que 50. Usa este ejemplo de división como ayuda: 250 ÷ 5 = 50

27. 285 ÷ 5   **28.** 248 ÷ 5   **29.** 315 ÷ 5

30. 245 ÷ 4   **31.** 265 ÷ 3   **32.** 260 ÷ 6

✗ Álgebra • Expresiones Estima para comparar. Escribe > ó < en cada ⬤.

33. 73 ÷ 2 ⬤ 73 ÷ 5   **34.** 112 ÷ 5 ⬤ 212 ÷ 5

35. 550 ÷ 6 ⬤ 101 ÷ 2   **36.** 89 ÷ 3 ⬤ 45 ÷ 4

37. 231 ÷ 7 ⬤ 138 ÷ 3   **38.** 372 ÷ 4 ⬤ 434 ÷ 3

Resuelve.

39. El Centro para Ancianos almacena 238 bandejas de comida en 6 cajas. ¿Más o menos cuántas bandejas se almacenan en cada caja?

40. Escribe un ejercicio de división con un cociente entre 40 y 50. Explica cómo escogiste el divisor y el dividendo.

📊 Usar datos Usa la gráfica de barras para resolver los Problemas 41 a 45.

41. ¿Más o menos cuántos ancianos nadaron esta semana?

42. ¿Qué actividad fue la más popular?

43. ¿Qué actividad fue el doble de popular que los bolos?

44. Cálculo mental La semana pasada había 11 pintores menos que esta semana. ¿Cuántos ancianos pintaron esta semana?

45. Crea y resuelve Usa la gráfica de barras para escribir un problema verbal. Intercambia problemas con un compañero y resuélvanlos.

Actividades del Centro para Ancianos
Participantes de esta semana

(Gráfica de barras — eje vertical: Número de ancianos, 0 a 70; eje horizontal: Actividad — Natación, Bolos, Caminata, Pintura)

618

Práctica adicional Consulta la página 633, Conjunto B.

Reto matemático

Rompecabezas de divisores

Halla tres caminos distintos para llegar al número 60.

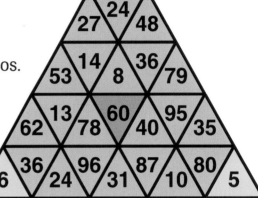

- Cada camino comienza en una esquina del triángulo grande.

- Usa el número de la esquina como divisor.

- Cruza sólo los lados de los triángulos pequeños.

- Pasa al triángulo siguiente sólo si su número puede dividirse entre tu divisor y el residuo es cero.

¿Qué notas en todos los divisores y el número 60?

Verifica tu comprensión de las **Lecciones 1 a 3.**

Divide. (Lección 1 y 2)

1. $240 \div 3$ 2. $300 \div 5$ 3. $800 \div 2$

4. $23 \div 3$ 5. $25 \div 6$ 6. $18 \div 4$

Estima. Escribe los números compatibles que usaste. (Lección 3)

7. $78 \div 4$ 8. $61 \div 2$ 9. $185 \div 3$

Resuelve. (Lección 3)

10. Una tienda local dona $75 a tu equipo deportivo. Tu equipo usará el dinero para comprar camisetas nuevas para el uniforme. Las camisetas cuestan $9 cada una. ¿Más o menos cuántas camisetas nuevas pueden comprar?

Cocientes de dos dígitos

Objetivo Usar bloques de base 10 para mostrar la división con cocientes de dos dígitos.

Vocabulario
cociente
dividendo
divisor
residuo

Apréndelo

Cuarenta y seis oficiales de policía tienen nuevas obligaciones. Equipos de 4 oficiales enseñan clases de defensa personal o entrenan nuevos reclutas. El resto de los oficiales hace patrullaje en bicicleta. ¿Cuántos equipos hay? ¿Cuántos oficiales montan bicicleta?

Divide. $46 \div 4 = \blacksquare$ ó $4\overline{)46}$

PASO 1

Usa bloques de base 10 para mostrar 46.

$\blacksquare$ ← **cociente** (número de equipos)

$4\overline{)46}$ ← **dividendo** (oficiales en total)

↑
divisor (número de oficiales)

PASO 2

Divide 4 decenas entre 4 grupos iguales. Coloca 1 decena en cada grupo.

$$\begin{array}{r} 1 \\ 4\overline{)46} \\ -4 \\ \hline 0 \end{array}$$

← Escribe 1 en la posición de las decenas.

← Multiplica. 1×4 decenas = 4 decenas

← Resta. $4 - 4$ Compara. $0 < 4$

PASO 3

Divide 6 unidades. Coloca 1 unidad en cada grupo. Sobran 2 unidades. El residuo es 2.

$$\begin{array}{r} 11 \\ 4\overline{)46} \\ -4\downarrow \\ \hline 06 \\ -4 \\ \hline 2 \end{array}$$

← Escribe 1 en la posición de las unidades.

← Baja 6 unidades.

← Multiplica. 4×1 unidades = 4 unidades

← Resta. $6 - 4$

Compara. $2 < 4$

← **residuo**

Comprueba tu trabajo
Multiplica el cociente por el divisor. Luego suma el residuo.

$$\begin{array}{r} 11 \\ \times 4 \\ \hline 44 \\ +2 \\ \hline 46 \end{array}$$

Solución: Hay 11 equipos.
Hay 2 oficiales en bicicleta.

Divide. Usa bloques de base diez como ayuda para dividir.

Asegúrate
- ¿Puedo dividir las decenas?
- ¿Puedo dividir las unidades?
- ¿Sobran unidades?

1. $3\overline{)66}$ 2. $2\overline{)63}$ 3. $4\overline{)85}$ 4. $2\overline{)83}$

5. $58 \div 5$ 6. $73 \div 7$ 7. $62 \div 3$ 8. $68 \div 6$

Explícalo ▶ Vuelve a leer el Ejercicio 4. ¿Cómo puedes usar la estimación para comprobar tu respuesta?

Practicar y resolver problemas

Usa bloques de base diez como ayuda para dividir.

9. $3\overline{)99}$ 10. $4\overline{)88}$ 11. $3\overline{)63}$ 12. $2\overline{)68}$ 13. $2\overline{)86}$

14. $2\overline{)87}$ 15. $3\overline{)65}$ 16. $5\overline{)59}$ 17. $4\overline{)49}$ 18. $3\overline{)95}$

19. $57 \div 5$ 20. $49 \div 2$ 21. $89 \div 4$ 22. $87 \div 4$ 23. $67 \div 3$

✗ Álgebra • Símbolos Escribe >, < ó = en cada ⬤.

24. $80 \div 4$ ⬤ 30 25. 30 ⬤ $55 \div 5$ 26. 40 ⬤ $160 \div 4$

27. $48 \div 2$ ⬤ 20 28. $240 \div 6$ ⬤ 40 29. $200 \div 5$ ⬤ 50

Resuelve.

30. Hay 83 oficiales en una cena especial. Se sientan en grupos de 8. Los demás oficiales son conferencistas. ¿Cuántas mesas llenas hay? ¿Cuántos conferencistas?

31. **Estima** Cuatro oficiales comparten por partes iguales la cuenta de $43 de la cena. ¿Más o menos cuánto pagará cada oficial? ¿Es la cantidad exacta mayor o menor que tu estimación?

Repaso general • Preparación para exámenes ✓

Respuesta directa

Multiplica. (Cap. 21, Lección 4)

32. 8×16 33. 7×24

34. 2×63 35. 5×21

36. 4×34 37. 3×46

38. Wayne tiene 84 tarjetas. Quiere colocar el mismo número en 4 cajas. ¿Cuántas tarjetas debe colocar en cada caja? Explica cómo llegaste a la respuesta.
(Cap. 22, Lección 4)

Resolver problemas: Aplicación

Interpreta los residuos

Objetivo Determinar lo que significa un residuo.

Cuando un problema tiene residuo, debes determinar lo que significa el residuo.

▶ **A veces descartas el residuo.**

Los bomberos tienen un desayuno con panqueques. Hay 38 panqueques listos. El bombero John pone 4 en cada plato. ¿Cuántos platos puede llenar?

$$\begin{array}{r} 9\ \text{R2} \\ 4{\overline{\smash{\big)}\,38}} \\ -\ 36 \\ \hline 2 \end{array}$$

> Hay 4 panqueques en cada plato. Hay 9 platos llenos y sobran 2 panqueques. Descarta el residuo.

John puede llenar 9 platos.

▶ **A veces la respuesta es el residuo.**

32 bomberos preparan el desayuno. Para preparar la comida se necesitan equipos de 5 bomberos. El resto vende boletos. ¿Cuántos bomberos venden boletos?

$$\begin{array}{r} 6\ \text{R2} \\ 5{\overline{\smash{\big)}\,32}} \\ -\ 30 \\ \hline 2 \end{array}$$

> Seis equipos de bomberos preparan alimentos. Los 2 bomberos que no están en ningún equipo venden boletos. La respuesta es el residuo.

Dos bomberos venden boletos.

▶ **A veces aumentas el cociente.**

Un voluntario lleva a 44 ancianos al desayuno. Si la camioneta puede llevar 8 pasajeros, ¿cuántos viajes debe hacer el voluntario?

$$\begin{array}{r} 5\ \text{R4} \\ 8{\overline{\smash{\big)}\,44}} \\ -\ 40 \\ \hline 4 \end{array}$$

> El voluntario puede llevar 40 personas en 5 viajes.
> Por lo tanto, aumenta el cociente.

Se necesitan seis viajes para las 44 personas.

Práctica guiada

Asegúrate

- ¿Debo aumentar el cociente?
- ¿Debo descartar el residuo?
- ¿El residuo es la respuesta?

Usa las preguntas de Asegúrate como ayuda para resolver los problemas.

1. 20 bomberos ofrecerán clases de seguridad a unos estudiantes. Hay 3 escuelas. El mismo número de bomberos irán a cada escuela. ¿Cuántos bomberos no irán a las escuelas?

2. Hay que inspeccionar 18 edificios comunitarios para evitar incendios. Si el inspector de incendios revisa 4 edificios al día, ¿cuántos días le tomará revisar los 18 edificios?

Práctica independiente

Resuelve.

3. En una reunión hay 35 bomberos. La mayoría están sentados en las mesas. Hay 8 en cada mesa. Los otros están de pie. ¿Cuántos bomberos están de pie?

4. Los bomberos compraron varias bolsas de galletas para su perro, Sparky. Una bolsa contiene 25 galletas. Si Sparky recibe 3 galletas al día, ¿qué día tienen que abrir una nueva bolsa?

5. Un propietario tiene 11 alarmas de humo. Necesita poner 2 alarmas en cada piso en un edificio de 5 pisos. ¿Cuántas alarmas no usará?

6. Hay 41 cascos nuevos en la estación de bomberos. Cada compartimento contiene 6 cascos. ¿Cuántos compartimentos se necesitan para guardar todos los cascos?

Cocientes de tres dígitos

Objetivo Dividir números de tres dígitos entre un número de un dígito.

Apréndelo

El Día de la Tierra hay 351 voluntarios para limpiar 3 parques. Si un número igual de personas trabaja en cada parque, ¿cuántas personas limpian cada parque?

Divide. $351 \div 3 =$ ■ ó $3\overline{)351}$

PASO 1 Divide las centenas.

$$\frac{? \text{ centenas}}{\text{Piensa } 3\overline{)3 \text{ centenas}}}$$

$3\overline{)351}$
$\underline{-\ 3}$
$\ \ \ 0$

1 ← Escribe 1 en la posición de las centenas.

← Multiplica. 3 × 1 centena

← Resta. 3 − 3

Compara. 0 < 3

PASO 2 Baja las decenas.
Divide las decenas.

$$\frac{? \text{ decenas}}{\text{Piensa } 3\overline{)5 \text{ decenas}}}$$

11 ← Escribe 1 en la posición de las decenas.
$3\overline{)351}$
$\underline{-\ 3}\downarrow$
$\ \ \ 05$ ← Baja 5 decenas.
$\underline{-\ 3}$ ← Multiplica. 3 × 1 decena.
$\ \ \ \ 2$ ← Resta. 5 − 3

Compara. 2 < 3

PASO 3 Reagrupa como unidades las decenas que sobren.

Piensa 2 decenas 1 unidad = 21 unidades

11
$3\overline{)351}$
$\underline{-\ 3}$|
$\ \ \ 05$↓
$\underline{-\ 3}$↓
$\ \ \ 21$ ← Baja 1 unidad.
Reagrupa 2 decenas 1 unidad como 21 unidades.

PASO 4 Divide las unidades.

$$\frac{? \text{ unidades}}{\text{Piensa } 3\overline{)21 \text{ unidades}}}$$

117 ← Escribe 7 en la posición de las unidades.
$3\overline{)351}$
$\underline{-\ 3}$
$\ \ \ 05$
$\underline{-\ 3}$
$\ \ \ 21$ ← Multiplica. 3 × 7 unidades
$\underline{-\ 21}$ ← Resta. 21 − 21
$\ \ \ \ \ 0$ Compara. 0 < 3

Comprueba tu trabajo.

Multiplica el cociente por el divisor.

$$\begin{array}{r} 117 \\ \times\ \ 3 \\ \hline 351 \end{array}$$

Solución: 117 personas limpian cada parque.

Práctica guiada

Asegúrate
- ¿Debo reagrupar?
- ¿Hay residuo?

Divide y comprueba.

1. 4)464   2. 3)951   3. 5)567

4. 856 ÷ 4   5. 894 ÷ 2   6. 974 ÷ 3

Explícalo ▶ Vuelve a leer el Ejercicio 6. ¿Cuántos dígitos tiene el cociente? ¿Cómo lo sabes?

Practicar y resolver problemas

Divide y comprueba.

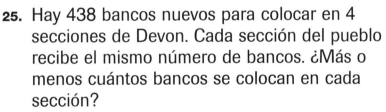

7. 5)595   8. 3)372   9. 3)642   10. 2)652   11. 2)831

12. 5)575   13. 5)580   14. 4)868   15. 3)957   16. 4)469

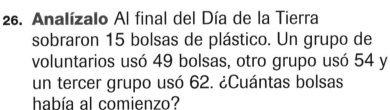

17. 476 ÷ 4   18. 696 ÷ 6   19. 452 ÷ 2   20. 644 ÷ 3

21. 936 ÷ 3   22. 872 ÷ 4   23. 876 ÷ 2   24. 585 ÷ 5

25. Hay 438 bancos nuevos para colocar en 4 secciones de Devon. Cada sección del pueblo recibe el mismo número de bancos. ¿Más o menos cuántos bancos se colocan en cada sección?

26. **Analízalo** Al final del Día de la Tierra sobraron 15 bolsas de plástico. Un grupo de voluntarios usó 49 bolsas, otro grupo usó 54 y un tercer grupo usó 62. ¿Cuántas bolsas había al comienzo?

Repaso general • Preparación para exámenes

Respuesta directa

Multiplica. (Cap. 21, Lección 5)

27. 4 × 237   28. 5 × 163

29. 3 × 267   30. 4 × 325

31. 6 × 219   32. 7 × 123

33. 2 × 473   34. 8 × 134

Selección múltiple

35. Un granjero tiene 434 libras de manzanas para cargar por partes iguales en 2 camiones. ¿Cuántas libras carga en cada camión?

(Cap. 22, Lección 6)

A 436   **B** 212   **c** 217   **D** 21

Tutor en audio 2/38 Escucha y comprende

Colocar el primer dígito

Objetivo Decidir dónde colocar el primer dígito en el cociente.

Vocabulario
cociente

Apréndelo

Seis niños siembran 138 flores en un jardín comunitario. Cada niño siembra el mismo número de flores. ¿Cuántas siembra cada niño?

Divide. $138 \div 6 =$ ■ ó $6\overline{)138}$

PASO 1 Decide dónde colocar el primer dígito en el **cociente**.

$$\text{Piensa} \quad \frac{?\ \text{centenas}}{6\overline{)1\ \text{centenas}}}$$

$6\overline{)138}$ $1 < 6$ No hay suficientes centenas para dividir.

$13 > 6$ Coloca el primer dígito del cociente en la posición de las decenas.

PASO 2 Divide las decenas.

$$\text{Piensa} \quad \frac{?\ \text{decenas}}{6\overline{)13\ \text{decenas}}}$$

$$\begin{array}{r} 2 \\ 6\overline{)138} \\ -12 \\ \hline 1 \end{array}$$
← Multiplica. 6×2 decenas
← Resta. $13 - 12$. Compara. $1 < 6$

PASO 3 Baja las unidades. Divide las unidades.

$$\text{Piensa} \quad \frac{?\ \text{unidades}}{6\overline{)18\ \text{unidades}}}$$

$$\begin{array}{r} 23 \\ 6\overline{)138} \\ -12\downarrow \\ \hline 18 \\ -18 \\ \hline 0 \end{array}$$
← Multiplica. 6×3 unidades
← Resta. $18 - 18$ Compara. $0 < 6$

Solución: Cada niño siembra 23 flores.

Práctica guiada

Divide. Comprueba tus respuestas.

1. $4\overline{)328}$ **2.** $2\overline{)138}$ **3.** $5\overline{)175}$ **4.** $6\overline{)324}$

Explícalo ▶ Al dividir un número de 3 dígitos entre un número de un dígito, ¿puedes obtener un cociente de 1 dígito?

Asegúrate

• ¿Dónde debo escribir el primer dígito del cociente?

Divide. Comprueba tus respuestas.

5. $2\overline{)122}$ **6.** $3\overline{)273}$ **7.** $4\overline{)168}$ **8.** $4\overline{)456}$ **9.** $3\overline{)102}$

10. $3\overline{)141}$ **11.** $5\overline{)120}$ **12.** $6\overline{)198}$ **13.** $2\overline{)284}$ **14.** $4\overline{)476}$

15. $5\overline{)320}$ **16.** $6\overline{)552}$ **17.** $3\overline{)282}$ **18.** $3\overline{)369}$ **19.** $4\overline{)892}$

20. $480 \div 5$ **21.** $282 \div 6$ **22.** $291 \div 3$ **23.** $388 \div 4$ **24.** $236 \div 2$

✗ Álgebra • Ecuaciones Resuelve para *n*.

25. $192 \div 2 = n$ **26.** $64 \div 2 = n$ **27.** $224 \div 2 = n$ **28.** $256 \div 2 = n$
$192 \div 4 = n$ $\quad$ $64 \div 4 = n$ $\quad$ $224 \div 4 = n$ $\quad$ $256 \div 4 = n$
$192 \div 8 = n$ $\quad$ $64 \div 8 = n$ $\quad$ $224 \div 8 = n$ $\quad$ $256 \div 8 = n$

Resuelve.

29. Lee nuevamente los Ejercicios 25 a 28. ¿Qué observas en los cocientes cuando aumentan los divisores?

30. Hay 24 rosales para sembrar en 3 filas iguales. ¿Cuántos rosales habrá en cada fila?

31. Una jardín cuadrado tiene un perímetro de 92 pies. ¿Cuánto mide un lado del jardín?

32. Patrick trabajó 3 horas para sembrar 88 bulbos de tulipanes. ¿Más o menos cuántos bulbos de tulipanes sembró cada hora?

Repaso general • Preparación para exámenes

Respuesta directa

Escribe si cada suceso es imposible, poco probable, probable o seguro. (Cap. 7, Lección 1)

33. Caer en rojo

34. Caer en verde

35. Caer en azul

36. Un teatro tiene 128 asientos. Hay 8 asientos en cada fila. ¿Cuántas filas de asientos hay? (Cap. 22, Lección 7)

Explica cómo obtuviste tu respuesta.

Dividir dinero

Objetivo Dividir cantidades de dinero.

Apréndelo

Elena, Bobby, Lori y Joe tienen $5.88 para comprar meriendas en la Feria Comunitaria. Quieren compartir el dinero por partes iguales. ¿Cuánto recibe cada uno?

Divide. $5.88 ÷ 4 = ▪ ó 4)$5.88

PASO 1 Divide los dólares.

$$\begin{array}{r} 1 \\ 4\overline{)\$5.88} \\ -4 \\ \hline 1 \end{array}$$

Piensa
1 × 4 dólares

PASO 2 Divide las monedas de 10¢.

$$\begin{array}{r} 1\ 4 \\ 4\overline{)\$5.88} \\ -4 \\ \hline 18 \\ -16 \\ \hline 2 \end{array}$$

Piensa
4 × 4 monedas de 10¢

PASO 3 Divide las monedas de 1¢.

$$\begin{array}{r} 1\ 47 \\ 4\overline{)\$5.88} \\ -4 \\ \hline 18 \\ -16 \\ \hline 28 \\ -28 \\ \hline 0 \end{array}$$

Piensa
4 × 7 monedas de 1¢.

PASO 4 Escribe el signo de dólar y el punto decimal en el cociente.

$$\begin{array}{r} \$1.47 \\ 4\overline{)\$5.88} \end{array}$$

El punto decimal separa los dólares de los centavos.

Comprueba tu respuesta.

$$\begin{array}{r} \$1.47 \\ \times\ 4 \\ \hline \$5.88 \end{array}$$

Solución: Cada uno recibe $1.47 para gastar.

Otro ejemplo

A. Cociente menor que $1.00

$$\begin{array}{r} \$0.65 \\ 4\overline{)\$2.60} \\ -24 \\ \hline 20 \\ -20 \\ \hline 0 \end{array}$$

B. Un cero en el cociente

$$\begin{array}{r} \$2.08 \\ 3\overline{)\$6.24} \\ -6 \\ \hline 2 \\ -0 \\ \hline 24 \\ -24 \\ \hline 0 \end{array}$$

Divide. Si lo deseas, modela con monedas y billetes.

1. $2\overline{)\$8.46}$

2. $4\overline{)\$4.84}$

3. $\$5.65 \div 5$

4. $\$9.50 \div 5$

5. $\$6.81 \div 3$

6. $\$2.28 \div 3$

Explícalo ▶ Si sacas el punto decimal de $3.45, ¿cuánto dinero hay?

Practicar y resolver problemas

Divide. Si lo deseas, modela con monedas y billetes.

7. $3\overline{)\$6.93}$

8. $2\overline{)\$4.14}$

9. $2\overline{)\$2.56}$

10. $6\overline{)\$6.72}$

11. $4\overline{)\$3.92}$

12. $3\overline{)\$6.45}$

13. $\$6.50 \div 2$

14. $\$8.64 \div 4$

15. $\$8.74 \div 2$

16. $\$6.81 \div 3$

17. $\$5.55 \div 5$

18. $\$2.24 \div 4$

✗ Álgebra • **Funciones** Copia y completa cada tabla. Si no se presenta la regla, escríbela.

Regla: Dividir entre 5	
Entrada	Salida
19. $3.50	▨
20. $5.75	▨
21. ▨	$0.80
22. $5.15	▨
23. ▨	$0.45

24.

Regla: ____	
Entrada	Salida
$6.33	$2.11
$9.69	$3.23
$2.46	$0.82
25. $6.45	▨
26. $2.76	▨

Continúa ▶

27. $n \div 3 = \$3.00$

28. $\$4.26 \div 2 = n$

29. $n \div 2 = \$3.24$

30. $n \div 3 = \$2.21$

31. $\$6.24 \div 4 = n$

32. $n \div 3 = \$1.21$

33. Escríbelo ¿Cuál es una respuesta razonable para $\$5.16 \div 4$, $\$129$ ó $\$1.29$? Explícalo.

34. Encuentra el error Daria dividió $\$9.25$ entre 5 de esta manera. ¿Cuál fue su error? Muestra la manera correcta de hacer la división.

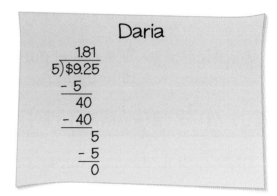

Daria

$$5)\overline{\$9.25} \quad \begin{array}{r} 1.81 \\ \end{array}$$

```
      1.81
5)$9.25
  - 5
  ----
    40
  - 40
  ----
     5
   - 5
   ----
     0
```

Seleccionar un método de cálculo

Cálculo mental • Estimación • Papel y lápiz • Calculadora

Usa el cartel para resolver los Problemas 35 a 38. Luego indica qué método escogiste.

35. En la Feria Comunitaria, los boletos para juegos y atracciones se venden en paquetes de 8. ¿Cuánto cuesta cada boleto?

36. El Sr. Sell tiene veinte dólares. ¿Tiene suficiente dinero para comprar 100 boletos? De no ser así, ¿cuántos boletos puede comprar?

37. El sábado se recaudaron $\$352$ por la venta de boletos en la feria. ¿Cuántos paquetes de boletos se vendieron?

38. Decídelo ¿Qué juegos y atracciones te gustaría probar? ¿Cuántos boletos debes comprar? ¿Cuánto te costarán?

Feria de la comunidad
8 boletos por $2.00

JUEGOS

Lanzar anillos	3 Boletos
Reventar globos	3 Boletos
Mojar al payaso	5 Boletos

ATRACCIONES

Rueda de la fortuna	3 Boletos
Columpios	3 Boletos
Tazas	5 Boletos

Práctica adicional Consulta la página 633, Conjunto F.

Respuesta directa

Copia y completa. (Cap. 14, Lección 2)

39. 8 m = _____ cm

40. 7,000 m = _____ km

41. 5 cm = _____ mm

42. 400 cm = _____ m

43. Martin compra 4 bolígrafos por un total de $6.76. Cada bolígrafo cuesta lo mismo. ¿Cuánto cuesta un bolígrafo?

(Cap. 22, Lección 8)

Conectar con la calculadora

Resolver problemas

¿Cálculo mental o calculadora?

A veces es más rápido resolver un ejercicio con una calculadora. Otras veces es más rápido resolverlo mentalmente.

Trabaja con un compañero.

1. Copia en tarjetas los ejercicios de la derecha. Mezcla las tarjetas. Colócalas boca abajo en una pila.

49 ÷ 7	48 ÷ 9	240 ÷ 4	320 ÷ 8	694 ÷ 3
974 ÷ 3	350 ÷ 5	600 ÷ 3	674 ÷ 6	897 ÷ 2

2. Decide quién usará la calculadora y quién usará el cálculo mental.

3. Voltea una tarjeta. La primera persona que resuelva correctamente el ejercicio se queda con la tarjeta. Gana el jugador con la mayor cantidad de tarjetas.

4. Escríbelo ¿Qué tipo de ejercicio es más fácil de resolver mentalmente? ¿Qué tipo es más fácil con una calculadora?

Repaso/Examen del capítulo

VOCABULARIO

Escoge el mejor término para completar cada oración.

Vocabulario

divisor

cociente

múltiplo

dividendo

residuo

1. En el enunciado de división 6 ÷ 3 = 2, 2 es el ____.

2. En el enunciado de división 8 ÷ 2 = 4, 2 es el ____.

3. En el enunciado de división 10 ÷ 5 = 2, 10 es el ____.

4. En el ejercicio de división 7 ÷ 3, el ____ es 1.

CONCEPTOS Y DESTREZAS

Estima cada cociente. Escribe los números compatibles que usaste.
(Lección 3, págs. 616 a 618)

5. $4\overline{)35}$ 6. $5\overline{)41}$ 7. $7\overline{)523}$ 8. $9\overline{)800}$

Divide y comprueba. (Lección 1, 4, 6 a 8, págs. 610 y 611, 620 y 621, 624 a 630)

9. 600 ÷ 6   10. 640 ÷ 8   11. 84 ÷ 4   12. 37 ÷ 3

13. $2\overline{)28}$ 14. $5\overline{)585}$ 15. $3\overline{)927}$ 16. $4\overline{)804}$

17. $4\overline{)249}$ 18. $6\overline{)426}$ 19. $7\overline{)214}$ 20. $3\overline{)297}$

21. $2\overline{)\$5.16}$ 22. $3\overline{)\$6.54}$ 23. $3\overline{)\$8.76}$ 24. $4\overline{)\$6.56}$

RESOLVER PROBLEMAS

Resuelve. (Lección 5, págs. 622 y 623)

25. Un club salió de excursión. 27 miembros del club viajan en camioneta. En cada camioneta caben 6 personas. ¿Cuántas camionetas necesita el club?

Muestra lo que sabes

A menudo, al dividir debes decidir qué hacer con el residuo.

- Describe una situación en la que descartarías el residuo.

- Describe una situación en la que aumentarías el cociente.

Práctica adicional

Conjunto A (Lección 1, págs. 610 y 611)

Divide.

1. $50 \div 5$ **2.** $420 \div 6$ **3.** $810 \div 9$ **4.** $360 \div 6$

5. $270 \div 3$ **6.** $5{,}600 \div 8$ **7.** $1{,}400 \div 7$ **8.** $3{,}200 \div 4$

Conjunto B (Lección 3, págs. 616 a 618)

Estima. Escribe los números compatibles que usaste.

1. $3\overline{)29}$ **2.** $4\overline{)22}$ **3.** $9\overline{)351}$ **4.** $2\overline{)127}$ **5.** $6\overline{)418}$

Conjunto C (Lección 4, págs. 620 y 621)

Divide. Si lo deseas, usa bloques de base diez como ayuda.

1. $2\overline{)48}$ **2.** $5\overline{)55}$ **3.** $2\overline{)86}$ **4.** $4\overline{)49}$ **5.** $3\overline{)95}$

Conjunto D (Lección 6, págs. 624 y 625)

Divide y comprueba.

1. $2\overline{)498}$ **2.** $3\overline{)657}$ **3.** $4\overline{)852}$ **4.** $5\overline{)565}$ **5.** $3\overline{)923}$

6. $4\overline{)432}$ **7.** $3\overline{)621}$ **8.** $2\overline{)854}$ **9.** $2\overline{)693}$ **10.** $5\overline{)580}$

Conjunto E (Lección 7, págs. 626 y 627)

Divide. Comprueba tus respuestas.

1. $2\overline{)164}$ **2.** $4\overline{)128}$ **3.** $5\overline{)155}$ **4.** $3\overline{)218}$ **5.** $6\overline{)429}$

6. $3\overline{)276}$ **7.** $7\overline{)504}$ **8.** $4\overline{)228}$ **9.** $2\overline{)187}$ **10.** $3\overline{)423}$

Conjunto F (Lección 8, págs. 628 a 630)

Halla el cociente.

1. $2\overline{)\$6.48}$ **2.** $3\overline{)\$6.51}$ **3.** $4\overline{)\$2.88}$ **4.** $\$9.27 \div 3$ **5.** $\$8.65 \div 5$

¡Saltos de alegría!

Si crees que el juego de saltar la cuerda empezó en los Estados Unidos, ¡estás equivocado! Llegó a nuestro país en el siglo XVII con los colonos holandeses. Saltar la cuerda era diferente en ese tiempo. Los niños jugaban más que las niñas.

Luego, en el siglo XIX más niñas empezaron a saltar la cuerda. Con el tiempo se agregaron juegos con cantos y trucos, y saltar la cuerda se volvió más popular. Hoy en día hay competencias serias de salto de cuerda. ¡A lo mejor será deporte olímpico algún día!

En el salto de cuerda doble, 2 personas mueven dos cuerdas para que salten una o más personas. La tabla muestra algunos trucos y los puntos que vale cada truco. Usa la tabla para resolver los Problemas 1 a 3.

Trucos con cuerda doble	
Trucos	Puntos
Salto de tijera	8
Flexiones	9
Rueda	10
Aéreo	12

1 Jenna está practicando algunos trucos de salto con cuerda. Ella puede hacer 3 saltos de tijera, 2 ruedas y 2 aéreos. ¿Cuántos puntos gana?

2 Mike ganó 27 puntos haciendo un solo truco. ¿Qué truco hizo? ¿Cómo hallaste la respuesta?

3 Imagina que el equipo Azul ganó 110 puntos por hacer el truco de la rueda. ¿Cuántas veces hicieron ese truco?

4 Si la cuerda pasa 187 veces en 1 minuto, ¿Más o menos cuántas veces pasará en 4 minutos, calculado a la centena más cercana?

5 Kizzie gasta $8.76 en dos cuerdas para la competencia. Ambas cuerdas cuestan la misma cantidad. ¿Cuánto cuesta cada una?

6 251 estudiantes van a ver la competencia de salto de cuerda de South City. Hay 5 autobuses. En cada autobús caben 45 estudiantes. ¿Hay suficientes autobuses para todos los estudiantes? Explícalo.

Un poco más: Razonamiento lógico

TODOS, ALGUNOS Y NINGUNOS

El razonamiento lógico usa oraciones con las palabras *todos, algunos* y *ninguno*.

- *Todos* significa "cada uno" de un grupo.
- *Algunos* significa "por lo menos uno" de un grupo.
- *Ninguno* significa "ni siquiera uno" de un grupo.

Puedes usar estas ideas para decir si una oración es verdadera o falsa.

Mira la fotografía de los estudiantes.

Estas oraciones son verdaderas.

- Todos los estudiantes están disfrazados.
- Algunos estudiantes están disfrazados de animales.
- Ninguno de los estudiantes tiene la cara pintada.

Estas oraciones son falsas.

- Todos los estudiantes están disfrazados de personas.
- Algunos estudiantes no llevan disfraces.
- Ninguno de los estudiantes está vestido de animal.

Usa la fotografía de abajo. Di si la oración es verdadera o falsa. Si la oración es falsa, escríbela de otra manera para que sea verdadera.

1. Todos los estudiantes están disfrazados de animales.

2. Ninguno de los estudiantes está disfrazado de animal de granja.

3. Todos los estudiantes llevan la cara pintada.

4. Algunos estudiantes están disfrazados de animales de 4 patas.

Cálculos curiosos

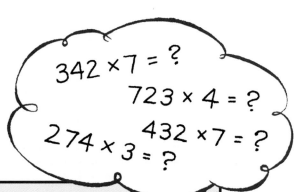

$342 \times 7 = ?$
$723 \times 4 = ?$
$432 \times 7 = ?$
$274 \times 3 = ?$

Ordena los dígitos siguientes para obtener el mayor producto posible. Usa tu calculadora como ayuda.

1. **Dígitos:** 2, 5, 6, 7
   ⬛⬛⬛ × ⬛

2. **Dígitos:** 1, 3, 7, 9
   ⬛⬛⬛ × ⬛

3. **Dígitos:** 0, 4, 6, 8
   ⬛⬛⬛ × ⬛

4. **Dígitos:** 1, 2, 4, 6
   ⬛⬛⬛ × ⬛

5. **Dígitos:** 3, 4, 5, 7
   ⬛⬛⬛ × ⬛

6. **Dígitos:** 0, 1, 6, 9
   ⬛⬛⬛ × ⬛

7. **Escríbelo** ¿Cómo puedes ordenar los dígitos para obtener siempre el producto mayor?

Usa tu calculadora para resolver el acertijo:

- Divide cada número de los Ejercicios 8 a 13 entre los números 2 a 9 para hallar el *mayor* cociente sin residuo.

- Empareja ese cociente con una letra de la clave.

- Luego, escribe la letra sobre el número del ejercicio que coincide en el acertijo para resolverlo.

8. 96 9. 87 10. 95 11. 102 12. 150 13. 161

CLAVE:

15	19	21	23	29	30	32	34	48	50	51	75
D	E	H	P	A	Q	N	O	M	U	R	S

ACERTIJO: ¿Qué dijo el número cuando lo dividieron por la mitad?

___ ___ ___ ___ ___ ___ ___ ___ ___
8   10   12   10   13   9   11   9   12

Unidad 8 Examen

⬤ Respuesta directa

Escoge la mejor palabra para completar cada oración.

Vocabulario
producto
reagrupar
cociente
múltiplos
residuo

1. Si nombras 16 unidades como 1 decena 6 unidades, lo que haces es ____.

2. Al dividir, el resultado es el ____.

3. Los números 200, 400 y 600 son ____ de 100.

4. Al dividir 8 entre 3, el ____ es 2.

CONCEPTOS Y DESTREZAS ⬤ Respuesta directa

Estima cada producto o cociente. (Capítulos 21 y 22)

5.
$$46$$
$$\times\ 3$$

6.
$$72$$
$$\times\ 4$$

7.
$$315$$
$$\times\ 2$$

8.
$$238$$
$$\times\ 4$$

9. $4\overline{)86}$

10. $5\overline{)118}$

11. $6\overline{)375}$

12. $3\overline{)239}$

13. 18×6

14. 32×9

15. 712×6

16. $42 \div 5$

17. $85 \div 9$

18. $127 \div 6$

Halla cada producto o cociente. (Capítulos 21 y 22)

19. 4×70

20. 6×80

21. 2×500

22. 8×300

23. $4 \times 9,000$

24. $90 \div 3$

25. $900 \div 3$

26. $480 \div 6$

27. $320 \div 8$

28. $3,200 \div 8$

29.
$$28$$
$$\times\ 5$$

30.
$$35$$
$$\times\ 6$$

31.
$$236$$
$$\times\ 3$$

32.
$$\$1.92$$
$$\times\ 5$$

33.
$$\$3.14$$
$$\times\ 2$$

34. $2\overline{)58}$

35. $3\overline{)76}$

36. $4\overline{)896}$

37. $7\overline{)\$1.54}$

38. $3\overline{)\$7.35}$

RESOLVER PROBLEMAS Respuesta directa

39. Las tazas están junto a la ponchera. A la derecha hay 103 pilas de tazas y a la izquierda hay 97 pilas de tazas. Cada pila contiene 8 tazas. ¿Cuántas tazas hay en total?

40. Para servir la pasta, se necesitan 23 cucharas grandes. Las cucharas vienen en cajas de 5. ¿Cuántas cajas deben comprarse? ¿Cuántas cucharas sobrarán?

Evaluar el rendimiento

Respuesta de desarrollo

¡Bienvenidos! CENA PARA REUNIR FONDOS

Mesa cuadrada
4 puestos

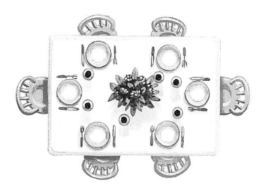

Mesa rectangular
6 puestos

Mesa circular
8 puestos

Tarea La maestra Owen debe decidir cuántas mesas de cada forma debe usar para la cena de recaudación de fondos.

Usa la información de arriba y de la derecha. ¿Cuántas mesas de cada forma debe usar? Explícalo.

Información que necesitas

- Debe haber exactamente 184 puestos.
- Hay 10 mesas cuadradas disponibles.
- Hay 12 mesas rectangulares disponibles.
- Hay 15 mesas circulares disponibles.

Preparación: Examen acumulativo

Resuelve los Problemas 1 a 10.

Consejo para tomar exámenes

A veces puedes probar las opciones de respuesta para seleccionar la correcta.

Mira el ejemplo siguiente.

$$3 \times \blacksquare + 4 = 10$$

A 1   **C** 3

B 2   **D** 4

PIÉNSALO

Para saber cuál dará 10 como resultado, multiplica cada opción por 3 y luego súmale 4.

$$3 \times 2 + 4 = 10$$

Por lo tanto, la opción **B** es la correcta.

Selección múltiple

1. ¿Cuál de estas figuras es un triángulo rectángulo?

A   **C**

B   **D**

(Capítulo 15, Lección 3)

2. Mateo quiere usar tres números para escribir multiplicaciones relacionadas y enunciados de división. ¿Cuál puede usar?

F 3, 8, 11   **H** 5, 10, 15

G 4, 4, 16   **J** 6, 12, 24

(Capítulo 10, Lección 3)

3. Tevy compra el mismo número de calcomanías cada día. Después de 6 días tiene 24 calcomanías en total. ¿Cuántas compra cada día?

A 1   **B** 2   **C** 3   **D** 4

(Capítulo 10, Lección 5)

4. ¿Qué fracción es equivalente a 0.06?

F $\dfrac{10}{6}$ **H** $\dfrac{60}{100}$

G $\dfrac{6}{10}$ **J** $\dfrac{6}{100}$

(Capítulo 20, Lección 2)

Para Consejos para tomar exámenes, consulta la página 659.

Respuesta directa

5. Aaron compra 240 creyones. Hay 8 creyones en cada caja. ¿Cuántas cajas compra?

(Capítulo 22, Lección 1)

6. Rob tiene 5 monedas de 10¢ y 2 de 1¢. Luisa tiene 1 moneda de 25¢ y 3 de 10¢. Debbie tiene 2 monedas de 25¢ y 1 de 1¢. Ordena las cantidades de mayor a menor. ¿Quién tiene más dinero?

(Capítulo 3, Lección 4)

7. ¿Cuántos vértices tiene esta pirámide? ¿Y cuántas caras?

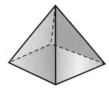

(Capítulo 15, Lección 7)

8. Un jugador de fútbol americano corre 19 yardas. Un jugador de béisbol corre 90 pies desde el home hasta la primera base. ¿Quién corre una distancia mayor?

(Capítulo 13, Lección 3)

9. ¿Cuál de estas figuras tiene mayor área?

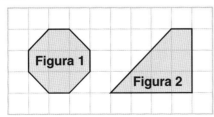

(Capítulo 17, Lección 4)

Respuesta extensa

10. Tuan, Lisa y Marc hornean cada uno una tarta para la venta de pasteles de la escuela. Las secciones sombreadas muestran cuántos trozos vende cada estudiante.

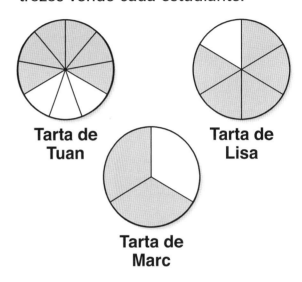

Tarta de Tuan

Tarta de Lisa

Tarta de Marc

A Escribe una fracción para mostrar la porción de tarta que vende cada uno.

B ¿Qué estudiante vende mayor cantidad de tarta?

C ¿Cuáles son los dos estudiantes que venden porciones iguales de tarta? Explica cómo lo sabes.

D ¿El estudiante que vende la mayor cantidad de trozos, vende también más tarta? Explica tu respuesta.

(Capítulo 19, Lección 1)

Resumen del vocabulario de la **Unidad 8**

Repasa las grandes ideas y el vocabulario de esta unidad.

Grandes ideas

Al multiplicar, a veces debes reagrupar.

Al dividir, a veces hay residuo.

Puedes usar el cálculo mental para multiplicar o dividir.

Vocabulario clave

reagrupar

residuo

cálculo mental

Diálogo matemático

Usa tu nuevo vocabulario para comentar estas grandes ideas.

1. Explica cómo estimar el producto de 4 × 327.

2. Explica cómo sabes que 25 ÷ 6 tiene residuo.

3. Explica cómo puedes usar bloques de base diez como ayuda para hallar el producto de 3 × 26.

4. Explica dónde colocas el primer dígito del cociente cuando calculas el resultado de 145 ÷ 5.

5. **Escríbelo** En tu vida diaria usas a menudo la multiplicación y la división. Haz una lista de algunas actividades en que tienes que multiplicar o dividir.

Debo multiplicar 7 por 300 para resolver este ejercicio.

Intenta usar el cálculo mental para resolverlo.

Recursos del estudiante

Tabla de Medidas

Longitud

1 pie (pie) = 12 pulgadas (pulg)	1 centímetro (cm) = 10 milímetros (mm)
1 yarda (yd) = 36 pulgadas	1 decímetro (dm) = 10 centímetros (cm)
1 yarda = 3 pies	1 metro (m) = 100 centímetros
1 milla (mi) = 5,280 pies	1 metro = 10 decímetros
1 milla = 1,760 yardas	1 kilómetro (km) = 1,000 metros

Capacidad

1 pinta (pt) = 2 tazas (tz)	1 litro (L) = 1,000 mililitros
1 cuarto (ct) = 2 pintas	
1 galón (gal) = 4 cuartos	

Peso/Masa

1 libra (lb) = 16 onzas (oz)	1 kilogramo (kg) = 1,000 gramos (g)
1 tonelada (T) = 2,000 libras	

Unidades de tiempo

1 minuto (min) = 60 segundos (s)	1 año (año) = 12 meses
1 cuarto de hora = 15 minutos	1 año = 52 semanas
1 media hora = 30 minutos	1 año = 365 días
1 hora = 60 minutos	1 año bisiesto = 366 días
1 día (d) = 24 horas	1 década = 10 años
1 semana (sem) = 7 días	1 siglo = 100 años

Dinero

1 moneda de un = 1 centavo (¢) centavo	1 moneda de = 25 centavos veinticinco centavos
1 moneda de cinco = 5 centavos centavos	1 medio dólar = 50 centavos
1 moneda de diez = 10 centavos centavos	1 dólar ($) = 100 centavos

LEER MATEMÁTICAS

A de ábaco

POR DAVID M. SCHWARTZ de *G Is for Googol*

Cientos de años antes de inventarse las calculadoras, los chinos descubrieron que podían sumar y restar muy rápido deslizando cuentas por unas cuerdas. Ponían siete cuentas en una cuerda y varias cuerdas en un marco de madera. A este aparato lo llamamos ábaco.

Mucha gente en China y Japón aún usa ábacos. Las cuerdas representan valores posicionales (unidades, decenas, centenas, etc.). La posición de las cuentas en la cuerda representa el número de unidades, decenas o centenas que se están usando.

Si crees que mover las cuentas es lento, en realidad no lo es. Hay personas que compiten con las calculadoras usando un ábaco para sumar y restar. Los que usan ábacos casi siempre ganan. Algunos tenderos chinos y japoneses ni siquiera usan ábacos reales. Sólo mueven las manos en el aire deslizando cuentas imaginarias pero obtienen resultados reales.

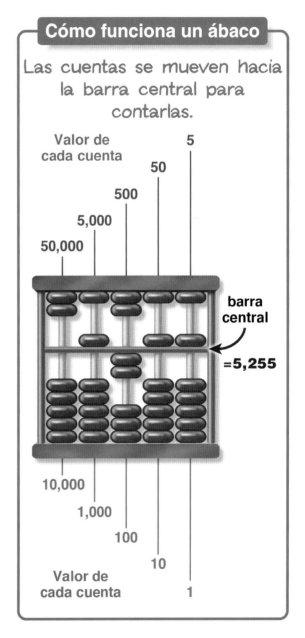
Cómo funciona un ábaco

Las cuentas se mueven hacia la barra central para contarlas.

Valor de cada cuenta
5
50
500
5,000
50,000

barra central

=5,255

10,000
1,000
100
10
1
Valor de cada cuenta

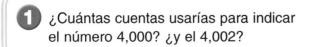

1 ¿Cuántas cuentas usarías para indicar el número 4,000? ¿y el 4,002?

2 ¿Usarías un ábaco para las matemáticas de cada dia? ¿Por qué?

LEER MATEMÁTICAS

¡La escuela es un gran comedero de aves!

Las aves pueden ser interesantes y divertidas de observar. Puedes atraer aves tentándolas con delicias. Mucha gente lo hace fabricando comederos de aves. Hay muchas maneras sencillas de hacer un comedero de aves. Podrías intentar uno de éstos con tu clase y colgarlos en los árboles alrededor de tu escuela. Al escoger un lugar para colgar tu comedero de aves, piensa en un lugar donde las aves se sientan a salvo, lejos de gatos y ardillas. Trata de colgarlo en un árbol cercano a arbustos protectores. Las aves pueden posarse y armarse de valor, antes de atreverse a probar la delicia que preparaste.

Éstas son las instrucciones para hacer tu propio comedero de aves. Escoge el que más te guste, o ¡haz los dos!

¡Éstas son algunas de las aves que podrías ver, si construyes un comedero de aves!

Comederos de aves con piñas

Materiales:

- 1 piña de pino
- 4 cucharadas de mantequilla de maní
- 1 trozo de cuerda
- 1 taza de semillas para aves

Mezcla las semillas con la crema de cacahuate en un tazón. Luego esparce la mezcla sobre la piña. Pon la piña en el refrigerador, para que la mezcla se endurezca y quede menos pegajosa. Luego, ata una cuerda a la punta de la piña y cuelga el comedero afuera, en un árbol.

Comederos con recipientes de leche

Materiales:

- 1 recipiente de leche de medio galón
- 1 trozo de cuerda
- 1 varita de madera
- Tijeras
- Semillas para aves

Lava bien la caja de cartón y corta ventanas grandes en los lados opuestos de la caja. Deja 2 pulgadas en la parte de arriba y de abajo de las ventanas. Pide a tu maestro que use las tijeras para perforar un agujero debajo de cada ventana, para que puedas pasar la varita por ellos. Esto les da a las aves un lugar donde posarse, mientras comen las semillas que pones dentro. Haz un agujero pequeño en la parte de arriba de la caja y cuélgala con una cuerda. ¡Que te diviertas!

Shayla cuelga una de las piñas con mantequilla de maní.

1. Si quisieras hacer 2 comederos de aves con piñas, ¿cuántas cucharadas de mantequilla de maní necesitarías? Escribe un enunciado de números para resolver.

2. Si tu clase hizo 12 comederos de aves con piñas y 15 comederos de aves con recipientes de leche, ¿cuántos comederos de aves hicieron?

3. ¿Por qué necesitas escoger con cuidado dónde cuelgas un comedero de aves?

LEER MATEMÁTICAS

Rana o sapo: Cómo saberlo

POR ELIZABETH A. LACEY
de *The Complete Frog*

Las ranas y los sapos tienen la misma apariencia y, a menudo, se parecen mucho en el color y las costumbres. Por ejemplo, ambos son anfibios y por lo general ponen sus huevos en el agua o cerca de ella.

En términos generales, si encuentras alguno de estos animales en un estanque, se trata de una rana común, y si lo encuentras en el bosque, se trata de un sapo común. Pero también hay otras pistas.

Rana común	Sapo común
Piel lisa y suave	Piel gruesa y verrugosa
Tubérculos grandes a cada lado de la espalda	Tubérculos pequeños en la parte superior de la cabeza, verrugones grandes detrás de los ojos
"Orejas" grandes y redondas a cada lado debajo de los ojos	"Orejas" muy pequeñas y redondas debajo de los ojos
Cuerpo delgado, patas largas, nada rápido	Cuerpo regordete, patas cortas, nada muy lento
Vive en el agua o muy cerca de ella	Vive en los bosques

1 De acuerdo a la información de la tabla, ¿dónde están las orejas del sapo?

2 Si un sapo y una rana corrieran una carrera de 50 yardas, ¿qué animal ganaría? ¿Cómo lo sabes?

Líderes de la manada

de *National Geographic Explorer*

—Una manada de lobos es básicamente una familia que permanece unida mientras los 'niños' aprenden a vivir por sí mismos —dice el Dr. I. David Mech. Él es un biólogo especialista en lobos, que ha estado estudiando el comportamiento de éstos durante muchos años. Los cachorros de lobo tienen mucho que aprender para poder sobrevivir sin sus padres.

—Los lobos aprenden observando a los demás miembros de la manada —dice Mech. Primero los cachorros aprenden lo básico. Aprenden a pedir alimento. Aprenden a aullar y a vencer a un hermano en un combate de lucha libre. Mientras tanto, los "adolescentes" toman clases más avanzadas. Aprenden a cazar presas pequeñas, como conejos y ratones. Al comenzar el otoño, los cachorros más pequeños de la manada están listos para viajar. La manada pasa el otoño y el invierno deambulando por su territorio en busca de alces y ciervos. Las clases se hacen más difíciles a medida que los jóvenes se enfrentan a animales grandes con cornamentas y pezuñas peligrosas.

Cuando están listos para cazar por sí mismos, los "niños" mayores se marchan. Algunos viajan cientos de millas para encontrar pareja y formar una familia. ¡Es su turno de convertirse en líderes de la manada!

continúa en la página siguiente

En números

- 1 camada de cachorros nace cada año en una manada típica.

- El lobo gris, que es 3 veces más grande que un coyote, es el miembro salvaje más grande de los cánidos.

- Un lobo puede comer en una sola comida 22 libras de carne.

- La velocidad máxima a la que puede correr un lobo es 40 millas por hora.

1 ¿Cerca de cuántas libras de carne podría comer una manada de 8 lobos en una comida? Escribe un enunciado de números para resolverlo.

2 Si hay 6 cachorros en cada camada, ¿cuántos cachorros nacerían en 3 años?

3 ¿Por qué crees que los animales salvajes viven juntos en manadas?

LEER MATEMÁTICAS

¡Uy, qué frío!

En Alaska, los inviernos pueden ser increíblemente fríos. En febrero de 1999, la temperatura en la ciudad de Fairbanks bajó hasta los $^-47$ grados Fahrenheit.

La gente que vive en tales climas ha aprendido a protegerse del frío. Pueden hacer un número de cosas, desde hacer fuego, hasta arroparse en vellón y plumas. Los animales también viven en el clima frío de Alaska. ¿Cómo sobreviven a estas temperaturas tan frías?

continúa en la página siguiente

Animales del Ártico

La piel del caribú crece en dos capas. El caribú tiene pelaje por todo el cuerpo, excepto en una pequeña área alrededor de los ojos y los labios. Este doble abrigo evita que el caribú se congele. El pelo del toro almizcleño crece hasta 3 pies de largo. Este abrigo desgreñado también es resistente al agua y lo protege de la lluvia y la nieve. Su cuerpo tiene una capa gruesa de grasa, otro mecanismo natural para protegerlo del frío.

El pelaje del oso polar también es grueso. Tiene dos capas como el caribú. Una es externa de pelos largos y densos, y la otra es un pelaje interior de pelos cortos y lanudos. Aunque su pelaje es blanco, su piel es negra, color que absorbe más calor. Bajo su piel hay una capa de grasa, o tejido adiposo, que lo mantiene caliente en aguas heladas y en tierra. (Los osos polares son excelentes nadadores).

Un ave ártica llamada lagópedo tiene plumas color marrón en verano. En invierno son blancas. El blanco lo ayuda a confundirse con el entorno para que sus enemigos no lo vean tan fácil.

El zorro ártico también cambia de color con las estaciones. En verano es marrón para confundirse con los pastos y en invierno es blanco para confundirse con la nieve. Esto se llama camuflaje. Cambiar de color ayuda al zorro ártico a esconderse de los predadores, y al mismo tiempo le ayuda a acercarse a su presa.

1. Si la temperatura cambiara de ⁻40 grados Fahrenheit a ⁻47 grados Fahrenheit, ¿se estaría enfriando o calentando la temperatura?

2. ¿Cuáles son las tres cosas que tienen los animales que los ayudan a vivir en clima frío?

3. Compara el clima en donde vives con el clima de Alaska. ¿En qué se parecen o en qué se diferencian?

LEER MATEMÁTICAS

Copitos de nieve

POR DAVID McCORD
de *Sing a song of Popcorn*

Cuando salgas a pasear en invierno,
a observar dedica siempre algún tiempo
los copos de nieve que trae el viento.

Si llegan a posarse sobre tu brazo
como extraños visitantes de paso,
qué hacer debes saber en cada caso.

Una lupa ojalá puedas contigo traer,
un copo de nieve sí vale la pena en detalle ver,
debes apurarte que la nieve está por caer,

Para observarlos ponlos sobre una mesa,
cada cristal será una nueva sorpresa,
tus ojos creerán ver algo de otro planeta.

Sea que juntes muchos o sólo un poco,
en todo el invierno no hallarás un copo
que bajo la lupa sea exactamente igual a otro.

Estas maravillas que nos trae la naturaleza,
leves como suspiros caen sobre tu cabeza,
¡nadie puede dejar de admirar su belleza!

Uniones, puntas y cruces. ¿Qué o quién
puede construir estos copos tan bien?; ni
un error en un billón, son perfectos también.

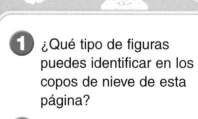

1 ¿Qué tipo de figuras puedes identificar en los copos de nieve de esta página?

2 ¿Son simétricos todos los copos de nieve de la página? ¿Cómo lo sabes?

3 ¿Cuáles son algunos otros ejemplos de patrones que se encuentran en la naturaleza?

Tío Johnathan
y la
competencia de patinaje

POR GRETCHEN WOELFLE *de Never Go Home Without a Fish*

Christopher y su tío Johnathan van de pesca. Mientras esperan y esperan y esperan a que los peces piquen, tío Johnathan cuenta un suceso que ocurrió en ese mismo lago.

—Cuéntame acerca de la competencia de patinaje en el hielo —dijo Christopher. Era su cuento favorito y ocurrió aquí mismo en el lago.

—Todos los demás patinadores eran jóvenes y delgados. Yo era de mediana edad y no era delgado —rió su tío entre dientes—.

Arrastraron unos troncos hacia el hielo y se turnaron para saltarlos. Un tronco, luego dos, cuatro, ocho, doce troncos. Se reían cada vez que me tocaba el turno, pero yo me reía también.

Christopher pudo imaginarse a tío Johnathan desplazando su gran cuerpo de lado a lado, balanceando los brazos adelante y atrás.

—A los dieciséis troncos, quedaban sólo cinco patinadores, y uno era yo. A los diecinueve troncos, quedaban sólo tres patinadores, y uno era yo. A los diecinueve troncos otro hombre cayó.

Luego quedamos sólo el joven Peter Bixby y yo. Ambos saltamos veinte troncos. Luego, a los veintiuno, Peter enganchó su patín y resbaló cincuenta pies.

A Christopher le encantaba lo que venía después.

—Luego fue mi turno —continuó el tío Johnathan—, y los pasé. Por si acaso, fui y salté sobre otro más. Veintidós troncos. Nadie ha batido aún mi récord.

Tío Johnathan rió entre dientes.

—La vida te da cosas inesperadas —reflexionó—, y a veces no te da lo que tienes derecho a esperar, como pescados para la cena.

1 Si había diez patinadores en el concurso de patinaje en el hielo, ¿qué fracción de los patinadores quedaba a los dieciséis troncos?

2 Escribe como decimal la fracción de patinadores que quedaban a los diecinueve troncos.

3 ¿Crees que la historia de tío Johnathan es cierta? ¿Por qué?

Elefantes en movimiento

de Weekly Reader

¿Qué cosa pesa 12,000 libras y transporta su propia trompa? ¡Un elefante africano!

Cerca de 1,000 elefantes africanos están de mudanza. Van de un parque nacional en Sudáfrica a varios países vecinos. Allí, los elefantes ayudarán a poblar un nuevo parque.

El nuevo parque está en tres países: Sudáfrica, Mozambique y Zimbawe, y ocupa un área un poco mayor que Maryland. La mudanza reduce el número de elefantes del Parque Nacional Kruger en Sudáfrica. Éste tiene cerca de 9,000 elefantes. Los expertos en animales dicen que son demasiados animales grandes para el tamaño del parque.

Crispian Olver, funcionario de Sudáfrica, dice que la mudanza concluirá en el 2004. La mudanza no sólo ayudará a los elefantes, dice, sino que también producirá dinero, que vendrá de los turistas que visitarán el nuevo parque.

1. Si se mudan 20 elefantes cada día durante 7 días, ¿cuántos se mudan? Escribe un enunciado de multiplicación para resolverlo.

2. Si cada uno de los tres países recibiera la misma cantidad de animales, ¿más o menos cuántos recibiría cada uno?

Manual del estudiante

Para ser un buen estudiante de matemáticas debes leer cuidadosamente y hacer lo mejor posible en los exámenes. En las próximas páginas, encontrarás estrategias de lectura, pistas de estudio y consejos para tomar exámenes que te ayudarán a aprender.

Usar estrategias de lectura para las matemáticas

Lo que aprendes durante las lecturas en clase te ayuda a comprender cómo resolver problemas verbales.

Comprende cuál es la pregunta

Lee el problema una vez para asegurarte de que tiene sentido. Hazte la pregunta con tus propias palabras. Imagina la situación y, si ayuda, haz un dibujo.

Piensa en las palabras

Mientras lees, presta atención a los términos matemáticos. Si no entiendes la palabra, intenta entender su significado mirando las palabras que están alrededor.

Asegúrate de tener suficiente información

Identifica la información que necesitas. Observa las tablas o gráficas así como las palabras. Piensa en lo que ya sabes y que te puede ayudar.

Planea lo que harás

Piensa en el plan para resolver problemas y estrategias. Decide qué método de cálculo es necesario. Luego, haz un plan y síguelo.

Evalúa tu trabajo

Verifica lo que la pregunta pide y verifica que tu respuesta realmente responda a la pregunta. Asegúrate de haber rotulado tu respuesta.

Estrategias para tomar exámenes

Necesitas pensar diferente sobre cómo responder a varios tipos de preguntas.

Todas las preguntas

Si no puedes responder a una pregunta, continúa con la siguiente pregunta. Puedes volver a ella si hay tiempo.

Siempre verifica tus cálculos.

Preguntas de selección múltiple

Estima la respuesta. Esto puede ayudar a eliminar cualquier opción que no tenga sentido.

En la hoja de respuestas, asegúrate de marcar el círculo para la pregunta y letra correctas.

Preguntas de respuestas breves

Sigue las indicaciones cuidadosamente. Puedes mostrar tu trabajo, escribir una explicación o hacer un dibujo.

Si no puedes dar una respuesta completa, muestra lo que sabes. Puedes obtener puntos por una respuesta parcial.

Preguntas de respuestas extensas

Toma tu tiempo para pensar en estas preguntas porque, a menudo, necesitas explicar tu respuesta.

Cuando termines, vuelve a leer la pregunta y la respuesta para estar seguro de que has respondido correctamente.

Criterios de evaluación del estudiante

Tu maestro puede usar criterios de evaluación para evaluar tu trabajo. En la próxima página hay un ejemplo. No todos los criterios son iguales, así que tu maestro puede usar uno diferente.

Criterios de evaluación

Puntuación	Mi desempeño en este problema
Ejemplar (puntuación completa)	• no tiene errores, tiene la respuesta correcta y muestra que verifiqué mi respuesta. • está explicado cuidadosa y completamente. • muestra todos los diagramas, tablas o gráficas necesarias.
Competente (puntuación parcial)	• tiene pequeños errores, tiene una respuesta cercana y muestra que sólo verifiqué los cálculos matemáticos. • está explicado pero está incompleto. • muestra la mayoría de los diagramas, las tablas o gráficas necesarias.
Aceptable (puntuación baja)	• tiene algunos errores, tiene una respuesta y muestra que no verifiqué mi respuesta. • no está explicado cuidadosa y completamente. • muestra pocos diagramas, tablas o gráficas necesarias.
Limitado (puntuación muy baja)	• tiene muchos errores y puede no tener una respuesta. • no está explicado en lo absoluto. • no muestra los diagramas, las tablas ni las gráficas necesarias.

Dos cosas importantes que puedes hacer antes de un examen

• Duerme lo suficiente la noche anterior.
• Come un buen desayuno.

¡Tu plan para resolver problemas!

Sigue este plan de cuatro partes y serás una superestrella en resolver problemas.

¡Recuerda!

Siempre COMIENZA por el paso "Compréndelo" y continúa. Si no puedes obtener una respuesta, no te rindas. Sólo vuelve a empezar.

Compréndelo
Planéalo
Resuélvelo
Verifícalo

COMPRÉNDELO

Siempre asegúrate de comprender lo que significa la pregunta. Éstas son algunas pistas de ayuda:

- Lee el problema e imagina la situación. Haz un dibujo si eso te ayuda.

- Remplaza cualquier nombre difícil de leer con otro que te resulte fácil.

- Identifica qué pide la pregunta y dilo con tus propias palabras.

- Busca palabras que te ayuden a decidir si tienes que sumar, restar, multiplicar o dividir.

Empieza haciendo un plan. Asegúrate:

- ¿Qué estrategia debo usar?
- ¿Tengo poca o mucha información?
- ¿Debo hacer más de un paso?
- ¿Qué operación debo hacer?
- ¿Debo usar estimación, papel y lápiz, el cálculo mental o la calculadora?

Selecciónalo
Estrategia
- Represéntalo
- Haz un dibujo
- Busca un patrón
- Estima y comprueba
- Haz una lista organizada
- Haz una tabla
- Resuelve un problema más sencillo
- Usa razonamiento lógico
- Comienza con el final

¡Finalmente! Ahora estás listo para resolver el problema.

- Lleva a cabo tu plan.
- Ajusta tu plan si es necesario.
- Verifica tus cálculos.

¡Felicitaciones! Has resuelto el problema. Pero, ¿está correcto? Cuando tengas una respuesta, pregunta:

- ¿Es razonable mi respuesta?
- ¿Está rotulada mi respuesta correctamente?
- ¿Respondí a la pregunta que me hicieron?
- ¿Necesito explicar cómo obtuve la respuesta?

Destrezas de estudio

Saber cómo estudiar matemáticas te ayudará a salir bien en clase.

Para ser un buen estudiante de matemáticas, necesitas aprender:

★ cómo escuchar cuando tu maestro está enseñando.

★ cómo trabajar solo y en grupos.

★ cómo planificar tu tiempo.

Destrezas auditivas

Escucha con atención cuando tu maestro está mostrándole a la clase cómo hacer algo nuevo. Intenta comprender qué está enseñando y cómo hacer cada paso.

Si no comprendes lo que tu maestro está mostrando a la clase, pregunta. Hazle saber a tu maestro que no comprendes.

Escuchar con atención también te ayudará a estar listo para responder a cualquier pregunta que tu maestro pueda hacer. Puedes ser capaz de ayudar a otro estudiante explicándole cómo comprendes lo que tu maestro dice.

Trabajar solo y en grupos

Cuando trabajas solo, intenta conectar las matemáticas que estás aprendiendo con las matemáticas que ya sabes. Saber cómo se relacionan las matemáticas te ayuda a recordar y comprender.

Cuando trabajas en grupos, ayuda tanto como puedas. *Cooperar* es otra palabra que significa trabajar juntos. Cuando las personas cooperan, generalmente aprenden más porque comparten ideas.

Planificar tu tiempo

Hacer tu tarea a tiempo es parte de ser un buen estudiante de matemáticas. Asegúrate de llevar tus tareas a casa.

Busca un lugar en casa para hacer tu tarea: puede ser tu cuarto, en la mesa de la cocina o en cualquier lugar que sea conveniente para ti y tu familia.

Busca ayuda adicional si tienes problemas. Escribe preguntas acerca de lo que no comprendes. Esto ayudará a tu maestro a darte la ayuda adicional que necesitas.

Suma y resta

- **Para practicar cómo contar hacia adelante o hacia atrás, haz las Columnas A y B.**

- **Para practicar la suma de dobles o dobles más uno y las operaciones de resta relacionadas, haz las Columnas C y D.**

- **Para practicar cómo formar una decena, haz las Columnas E y F.**

- **Para práctica variada, escoge filas de operaciones.**

	Columna A	Columna B	Columna C	Columna D	Columna E	Columna F
Fila 1	4 + 2	6 − 2	0 + 0	9 − 4	7 + 5	11 − 4
Fila 2	7 + 1	5 − 1	3 + 4	4 − 2	3 + 8	15 − 6
Fila 3	3 + 6	9 − 2	5 + 5	11 − 6	4 + 6	14 − 8
Fila 4	2 + 5	8 − 3	9 + 9	16 − 8	5 + 3	13 − 9
Fila 5	1 + 8	10 − 3	7 + 6	15 − 7	9 + 6	18 − 9
Fila 6	9 + 3	7 − 1	8 + 9	17 − 8	8 + 4	16 − 9
Fila 7	8 + 2	11 − 2	6 + 6	14 − 7	7 + 9	14 − 5

Más práctica

Trabaja con un compañero. Hagan tarjetas con pistas para las operaciones difíciles. Practiquen sus operaciones haciéndose preguntas con las tarjetas.

Más sumas y restas

- **Para practicar la suma, haz las Columnas A, C y E.**
- **Para practicar la resta, haz las Columnas B, D y F.**
- **Para práctica variada, escoge filas para hacer.**

Selecciónalo

Estrategia

- Cuenta hacia adelante.
- Cuenta hacia atrás.
- Usa dobles.
- Usa dobles más uno.
- Forma diez.
- Usa operaciones de suma y resta relacionadas.

	Columna A	Columna B	Columna C	Columna D	Columna E	Columna F
Fila 1	4 + 4	11 − 7	9 + 1	12 − 6	0 + 5	13 − 8
Fila 2	6 + 1	10 − 6	5 + 4	14 − 9	2 + 6	11 − 3
Fila 3	3 + 2	12 − 5	7 + 3	13 − 5	8 + 0	12 − 8
Fila 4	8 + 7	14 − 6	4 + 9	15 − 9	3 + 3	8 − 2
Fila 5	9 + 0	13 − 6	5 + 6	10 − 8	6 + 8	16 − 8
Fila 6	7 + 7	10 − 5	8 + 8	16 − 7	7 + 4	12 − 9
Fila 7	5 + 3	17 − 9	2 + 7	13 − 7	5 + 9	15 − 8

Más práctica

Fíjate bien en cuántas familias de operaciones puedes escribir en 3 minutos.

Suma y resta variada

- **Para practicar la suma, haz las Columnas A, C y E de las Filas 1 a 5.**
- **Para practicar la resta, haz las Columnas B, D y F de las Filas 1 a 5.**
- **Para práctica variada, escoge filas de operaciones.**

	Columna A	Columna B	Columna C	Columna D	Columna E	Columna F
Fila 1	6 + 3	10 − 4	3 + 9	8 − 6	5 + 1	14 − 9
Fila 2	2 + 4	13 − 4	9 + 5	16 − 7	4 + 3	10 − 3
Fila 3	9 + 4	14 − 5	4 + 0	11 − 5	5 + 5	15 − 8
Fila 4	7 + 7	16 − 9	8 + 5	10 − 9	6 + 9	9 − 0
Fila 5	8 + 3	12 − 3	6 + 7	14 − 6	8 + 8	17 − 9
Fila 6	7 + 0	15 − 7	12 − 6	7 + 8	14 − 8	13 − 7
Fila 7	11 − 9	13 − 9	5 + 7	10 − 7	9 + 8	12 − 7
Fila 8	16 − 8	5 + 6	13 − 4	4 + 7	18 − 9	2 + 9
Fila 9	6 + 6	4 + 8	9 + 7	14 − 7	15 − 9	11 − 8
Fila 10	12 − 4	17 − 8	9 + 9	15 − 6	8 + 6	13 − 8

Multiplicación

- **Para practicar cómo contar salteado de 2 en 2 y de 3 en 3, haz la Columna A.**
- **Para practicar la multiplicación por 0 y 1, haz la Columna B.**
- **Para practicar cómo contar salteado de 5 en 5 y de 10 en 10, haz la Columna C.**
- **Para practicar el uso de dobles, haz las Columnas D y E.**
- **Para practicar la multiplicación por 7 y 9, haz la Columna F.**
- **Para práctica variada, escoge filas de operaciones.**

	Columna A	Columna B	Columna C	Columna D	Columna E	Columna F
Fila 1	3 ×2	6 ×1	5 ×3	1 ×1	2 ×2	7 ×3
Fila 2	2 ×5	3 ×0	10 ×2	3 ×3	3 ×4	9 ×3
Fila 3	3 ×6	2 ×1	10 ×5	4 ×4	4 ×5	7 ×5
Fila 4	2 ×7	8 ×1	5 ×1	5 ×5	6 ×5	9 ×6
Fila 5	8 ×2	9 ×0	10 ×7	6 ×6	6 ×7	9 ×4
Fila 6	3 ×8	1 ×7	9 ×5	7 ×7	8 ×7	7 ×9
Fila 7	2 ×9	0 ×5	5 ×8	8 ×8	9 ×9	9 ×8

Más práctica

Trabaja con un compañero. Hagan tarjetas con pistas para las operaciones difíciles. Practiquen sus operaciones haciéndose preguntas con las tarjetas.

Más multiplicación

- **Para practicar con 0, 1 y 2, haz la Columna A.**
- **Para practicar con 3, 4 y 5, haz la Columna B.**
- **Para practicar con 6 y 7, haz la Columna C.**
- **Para practicar con 8 y 9, haz la Columna D.**
- **Para práctica variada, escoge las Columnas E y F o escoge filas de operaciones.**

Selecciónalo

Estrategia
- Cuenta salteado.
- Usa dobles.
- Dibuja una matriz.

	Columna A	Columna B	Columna C	Columna D	Columna E	Columna F
Fila 1	1 ×3	3 ×5	5 ×6	6 ×8	4 ×7	3 ×9
Fila 2	2 ×4	4 ×9	3 ×7	9 ×2	4 ×3	5 ×5
Fila 3	0 ×0	7 ×4	6 ×9	8 ×8	2 ×8	6 ×4
Fila 4	1 ×4	8 ×5	8 ×6	5 ×9	7 ×9	7 ×2
Fila 5	7 ×0	4 ×6	7 ×8	8 ×3	6 ×6	5 ×4
Fila 6	9 ×1	5 ×7	7 ×6	9 ×9	8 ×4	9 ×6
Fila 7	6 ×2	4 ×8	9 ×7	8 ×9	8 ×7	7 ×7

Más práctica

Haz una tabla de multiplicar. Fíjate en cuán rápido puedes completar todas las operaciones de multiplicación.

Operaciones de división

- **Para practicar la división entre 1, 2 y 3, haz la Columna A.**
- **Para practicar la división entre 4 y 5, haz la Columna B.**
- **Para practicar la división entre 6 y 7, haz las Columnas C y D.**
- **Para practicar la división entre 8 y 9, haz las Columnas E y F.**
- **Para práctica variada, escoge filas de operaciones.**

Selecciónalo

Estrategia

- Usa operaciones de multiplicación relacionadas.
- Usa dobles.
- Haz un dibujo.

	Columna A	Columna B	Columna C	Columna D	Columna E	Columna F
Fila 1	$2\overline{)14}$	$4\overline{)16}$	$6\overline{)18}$	$7\overline{)0}$	$9\overline{)18}$	$8\overline{)8}$
Fila 2	$3\overline{)12}$	$4\overline{)28}$	$7\overline{)21}$	$6\overline{)36}$	$8\overline{)40}$	$8\overline{)56}$
Fila 3	$2\overline{)10}$	$5\overline{)30}$	$6\overline{)42}$	$7\overline{)63}$	$9\overline{)36}$	$9\overline{)0}$
Fila 4	$3\overline{)24}$	$4\overline{)32}$	$7\overline{)35}$	$6\overline{)6}$	$8\overline{)72}$	$9\overline{)54}$
Fila 5	$3\overline{)27}$	$4\overline{)36}$	$7\overline{)14}$	$6\overline{)48}$	$9\overline{)81}$	$8\overline{)32}$
Fila 6	$1\overline{)6}$	$5\overline{)20}$	$6\overline{)54}$	$7\overline{)49}$	$8\overline{)24}$	$9\overline{)72}$
Fila 7	$2\overline{)16}$	$5\overline{)45}$	$6\overline{)30}$	$7\overline{)56}$	$9\overline{)63}$	$8\overline{)64}$

Más práctica

Trabaja con un compañero. Hagan tarjetas con pistas para las operaciones difíciles. Practiquen sus operaciones haciéndose preguntas con las tarjetas.

Más división

Selecciónalo

Estrategia

- Usa operaciones de multiplicación relacionadas.
- Usa dobles.
- Haz un dibujo.

- **Para practicar la división entre 1, 2 y 3, haz la Columna A.**
- **Para practicar la división entre 4 y 5, haz la Columna B.**
- **Para practicar la división entre 6 y 7, haz la Columna C.**
- **Para practicar la división entre 8 y 9, haz la Columna D.**
- **Para práctica variada, escoge las Columnas E y F, o escoge filas de operaciones.**

	Columna A	Columna B	Columna C	Columna D	Columna E	Columna F
Fila 1	2)0	5)40	7)28	9)27	3)9	1)8
Fila 2	1)9	5)15	6)54	9)9	2)14	3)15
Fila 3	3)6	4)12	6)0	8)48	8)32	5)10
Fila 4	1)1	5)25	7)42	8)72	9)45	7)63
Fila 5	3)18	4)24	7)7	9)36	4)28	7)49
Fila 6	3)21	4)20	6)12	8)16	8)56	6)54
Fila 7	2)18	5)35	7)56	9)63	6)30	9)81

Más práctica

Crea tarjetas con pistas en forma de triángulo para familias de operaciones de multiplicación y división. Coloca todas las tarjetas boca abajo. Sin mirar los números, toma una tarjeta por una esquina, de modo que uno de los números quede tapado. Usa los números que puedes ver para determinar cuál es el número desconocido.

48

6   8

Multiplicación y división

- **Para practicar la multiplicación, haz las Columnas A, B y C de las Filas 1 a 5.**
- **Para practicar la división, haz las Columnas D, E y F de las Filas 1 a 5.**
- **Para práctica variada, escoge filas de operaciones.**

	Columna A	Columna B	Columna C	Columna D	Columna E	Columna F
Fila 1	4×6	3×7	5×3	$32 \div 8$	$16 \div 2$	$27 \div 9$
Fila 2	7×6	8×5	2×6	$8 \div 1$	$0 \div 9$	$24 \div 8$
Fila 3	4×9	7×4	6×9	$5 \div 5$	$36 \div 6$	$63 \div 9$
Fila 4	6×5	5×7	7×8	$45 \div 9$	$9 \div 9$	$49 \div 7$
Fila 5	8×9	9×9	6×8	$24 \div 6$	$81 \div 9$	$64 \div 8$
Fila 6	$28 \div 4$	$54 \div 9$	7×2	$6 \div 6$	8×4	6×3
Fila 7	5×4	6×6	$0 \div 7$	0×8	$54 \div 6$	$36 \div 9$
Fila 8	9×7	$56 \div 8$	$35 \div 7$	3×4	$40 \div 8$	3×9
Fila 9	$48 \div 8$	$16 \div 4$	9×5	$56 \div 7$	1×9	7×7
Fila 10	9×2	8×3	$42 \div 7$	8×8	$72 \div 9$	$30 \div 6$

Glosario

ángulo Figura formada por dos semirrectas que coinciden en un punto.

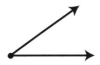

ángulo recto Ángulo que mide 90°.

año bisiesto Año que tiene 366 días y que ocurre cada 4 años.

área Número de unidades cuadradas que hay en una región.

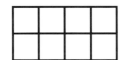

Área = 8 unidades cuadradas

arista Segmento de recta donde se unen las caras de un cuerpo geométrico.

← arista

cantidades equivalentes Las cantidades que son iguales o que tienen el mismo valor son equivalentes.

capacidad Cantidad que puede caber en un envase o recipiente.

cara Superficie plana de un cuerpo geométrico.

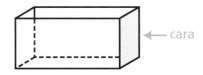

← cara

centenas

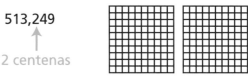

513,249
↑
2 centenas

centenas de millar

513,249
↑
5 centenas de millar

centésimas Una o más de las cien partes iguales de un entero.

una centésima →

centímetro (cm) Unidad métrica de longitud que es igual a 10 milímetros.

1cm = 10mm

cilindro Cuerpo geométrico de dos caras circulares congruentes y superficie curva.

círculo Figura plana cerrada en la que todos los puntos están a la misma distancia de un punto llamado centro.

clave Código que explica lo que representa cada símbolo.

cociente Resultado de un problema de división.

Ejemplo: 32 ÷ 4 = 8
      ↑
   cociente

comparar Examinar el valor de números para determinar si uno es mayor, menor o igual al otro.

cono Cuerpo geométrico con una superficie circular plana y una superficie curva.

cuadrado Rectángulo de cuatro lados iguales y cuatro ángulos rectos.

cuadrilátero Polígono de cuatro lados.

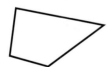

cuarto Fracción que se obtiene al dividir una unidad en cuatro partes.

cubo Cuerpo geométrico que tiene seis caras cuadradas del mismo tamaño.

cuerpo geométrico Figura que tiene tres dimensiones.

datos Grupo de información.

decena de millar

513,249
   ↑
1 decena de millar

decenas

513,249
  ↑
4 decenas

decimal Número que tiene uno o más dígitos a la derecha del punto decimal.
Ejemplos: 0.5, 0.06 y 12.679 son decimales.

décimas Una o más de las diez partes iguales de un entero.

una décima →

decímetro (dm) Unidad métrica de longitud equivalente a 10 centímetros.

denominador Número que va debajo de la barra en una fracción.

Ejemplo: $\frac{1}{5}$ ← denominador
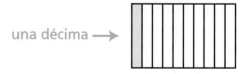

diagonal Segmento de recta que une dos vértices separados de un polígono.

diagrama de puntos Diagrama en el que se organizan los datos en una recta de números.

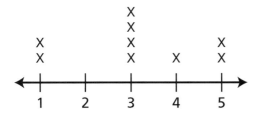

diferencia Resultado de una resta.

Ejemplo: $10 - 7 = 3$

diferencia

dígito Cualquiera de los símbolos 0, 1, 2, 3, 4, 5, 6, 7, 8, 9 en el sistema decimal de numeración.

dividendo El número que se divide en la división.

dividir Separar una cantidad en grupos iguales más pequeños, para determinar el número de grupos o la cantidad que hay en cada grupo.

división Operación cuyo resultado es el cociente.

divisor Número entre el cual se divide el dividendo.

eje de simetría Recta por la que se puede doblar una figura de manera que ambos lados coincidan exactamente.

eje de simetría ⟶

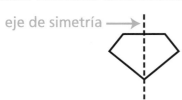

encuesta Método para reunir información.

es igual a (=) Es lo mismo que.

escala Sistema de marcas distribuidas a intervalos iguales y en un orden específico. Se usa en gráficas para representar datos numéricos.

esfera Cuerpo geométrico de forma redonda, como una pelota.

estimación por la izquierda Método para estimar sumas, diferencias, productos y cocientes usando los dígitos a la izquierda.

estimar Hallar un resultado cercano a la cantidad exacta.

factores Números que al ser multiplicados dan un producto.

familia de operaciones Operaciones relacionadas que tienen los mismos números.

Una familia de operaciones para 2, 4 y 6:
$2 + 4 = 6$ $4 + 2 = 6$
$6 - 4 = 2$ $6 - 2 = 4$

Una familia de operaciones para 3, 5 y 15:
$3 \times 5 = 15$ $5 \times 3 = 15$
$15 \div 5 = 3$ $15 \div 3 = 5$

figura plana Cuerpo geométrico de dos dimensiones.

figuras congruentes Figuras que tienen el mismo tamaño y la misma forma.

forma desarrollada Forma de escribir un número que muestra el valor de cada dígito.
Ejemplo: 3,000 + 400 + 9 es la forma desarrollada de 3,409.

forma normal Forma de escribir un número usando solamente dígitos.

forma verbal Forma de expresar un número usando palabras.

fracción Número que representa una parte de un conjunto o de una región.
Ejemplos: $\frac{1}{2}$, $\frac{3}{4}$ y $\frac{2}{3}$ son fracciones.

fracción impropia Fracción que es mayor o igual a 1. El numerador de una fracción impropia es mayor o igual al denominador.
Ejemplos: $\frac{5}{5}$ y $\frac{8}{7}$ son fracciones impropias.

fracciones equivalentes Fraciones que representan el mismo número.
Ejemplo: $\frac{2}{3}$ y $\frac{10}{15}$ son fracciones equivalentes.

girar Rotar una figura sobre un punto.

grados Celsio (°C) Unidad métrica de temperatura.

grados Fahrenheit (°F) Unidad usual de temperatura.

gráfica de barras Gráfica que muestra datos a través de barras.

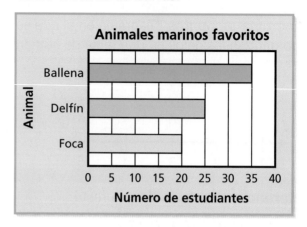

Animales marinos favoritos

gramo (g) Unidad métrica básica que se usa para medir la masa.

hexágono Figura plana de seis lados.

igualmente probable Con la misma probabilidad de ocurrir.

inversión Acción de invertir el orden de algo, o darle la vuelta.

ИÒIƧЯƎVИI INVERSIÓN

kilómetro (km) Unidad métrica de longitud que equivale a 1,000 metros.

lado (de un polígono) Segmento de recta que es parte de un polígono.

lado de un polígono →

litro (L) Unidad métrica básica que se usa para medir capacidad.

marca de conteo Marca en un tablero de conteo que representa un objeto.

más probable Con mayor probabilidad de ocurrir.

masa Medida de la cantidad de materia de un objeto. A menudo se mide en gramos o kilogramos.

matriz Objetos, dibujos o números distribuidos en columnas y filas.

○ ○ ○ ○
○ ○ ○ ○
○ ○ ○ ○

mayor que (>) Símbolo usado para comparar dos números.

Ejemplo: 5 > 4 significa 5 es mayor que 4.

media Promedio de los números en un conjunto de datos.

mediana El número del medio en un conjunto de datos numéricos.

Ejemplo: En el conjunto 2, 3, 6, 7, 7, la mediana es 6.

menor que (<) Símbolo que se usa para comparar dos números.

Ejemplo: 4 < 5 significa 4 es menor que 5.

menos probable Que tiene menos probabilidad de ocurrir.

metro (m) Unidad métrica básica que se usa para medir la longitud.

milímetro (mm) Unidad básica métrica de longitud igual a $\frac{1}{1,000}$ de un metro.

milla (mi) Unidad usual de longitud.

millares

513,249

↑

3 millares

mitades Una o más de las dos partes iguales de un total.

moda Número que se repite con más frecuencia en un conjunto de datos.

multiplicación Operación de dos o más números que da como resultado un producto.

multiplicar Hallar el producto.

múltiplo Producto de un número y otro número.

negativo Palabra que se usa para describir números menores que cero.

no es igual a (≠) No es lo mismo que.

numerador Número que está arriba de la barra en una fracción.

Ejemplo: $\frac{1}{5}$ ← numerador

número al cuadrado Producto de un número entero cuando se multiplica por sí mismo.

Ejemplo: $3 \times 3 = 9$; 9 es un número al cuadrado.

número mixto Número formado por un número entero y una fracción.

Ejemplos: $2\frac{1}{2}$ y $5\frac{3}{7}$ son números mixtos.

número ordinal Número que se usa para indicar orden o posición, como *primero, segundo, tercero, cuarto, quinto.*

números compatibles Números fáciles de calcular mentalmente.

octágono Figura plana de ocho lados.

onza Unidad usual pequeña de capacidad.

operación Suma, diferencia, producto o cociente de dos números entre el 1 y el 10.

ordenar Agrupar los números de mayor a menor o de menor a mayor.

par ordenado Par de números que se usa para ubicar un punto.

paralelogramo Cuadrilátero cuyos lados opuestos son paralelos.

pentágono Figura plana de cinco lados.

perímetro Distancia alrededor de una figura plana.

Ejemplo: El perímetro de este rectángulo es 20 pulgadas.

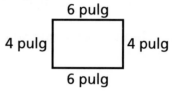

peso Indica lo pesado que es un objeto.

pictograma Gráfica en la que se representan los datos con dibujos.

Peces en la pecera de Eric

Guppies	🐟🐟
Espada	🐟🐟🐟🐟🐟
Neones	🐟🐟🐟

Cada 🐟 representa 5 peces.

pirámide Cuerpo geométrico cuya base es un polígono y cuyas caras son triángulos con un vértice común.

polígono Figura plana cerrada y sencilla formada por tres o más segmentos de recta.

Ejemplos:

polígono irregular Polígono cuyos lados no son de la misma longitud o cuyos ángulos no tienen la misma medida.

polígono regular Polígono cuyos lados tienen la misma longitud y cuyos ángulos miden lo mismo.

precio por unidad Precio de un objeto.

prisma rectangular Cuerpo geométrico que tiene caras rectangulares.

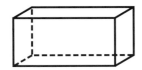

probabilidad Posibilidad de que un suceso ocurra. Es probable que la flecha caiga en azul.

producto Resultado de un problema de multiplicación.

Ejemplo: 4 × 5 = 20
↑
producto

Propiedad asociativa de la multiplicación Propiedad que establece que el orden en que se agrupan los factores no afecta el producto. También se le llama *Propiedad de agrupación en la multiplicación.*
Ejemplo: (5 × 4) × 3 = 5 × (4 × 3)

Propiedad asociativa de la suma Propiedad que establece que el orden en que se agrupan los sumandos no afecta la suma. También se le llama *Propiedad de agrupación en la suma.*
Ejemplo: (2 + 3) + 4 = 2 + (3 + 4)

Propiedad conmutativa de la multiplicación Propiedad que establece que el orden de los factores no altera el producto. También se le llama *Propiedad del orden de la multiplicación.*
Ejemplo: 4 × 3 = 3 × 4

Propiedad conmutativa de la suma Propiedad que establece que el orden de los sumandos no afecta la suma. También se le llama *Propiedad del orden de la suma.*
Ejemplo: 6 + 7 = 7 + 6

Propiedad del cero en la multiplicación Propiedad que establece que el producto de cualquiero número y 0 es 0.
Ejemplo: 7 × 0 = 0

Propiedad del cero en la suma Propiedad que establece que la suma de cualquier número más 0 es ese número.
Ejemplo: 8 + 0 = 8

Propiedad del uno Propiedad que establece que el producto de cualquier número y uno es igual a ese número.
Ejemplo: 4 × 1 = 4

Propiedad distributiva de la multiplicación Propiedad que establece que multiplicar el resultado de una suma por un número es igual a multiplicar cada sumando por el número y sumar los productos.
Ejemplo: 2 × (3 + 4) = (2 × 3) + (2 × 4)

punto decimal (.) Punto que separa las partes de los enteros en un número.

rango Diferencia entre el número mayor y el número menor de un conjunto de datos.

reagrupar Usar el valor posicional para intercambiar cantidades iguales al representar un número de otra manera.

recta Línea recta que se extiende indefinidamente en dos direcciones opuestas.

rectángulo Cuadrilátero que tiene 4 ángulos rectos.

rectas paralelas Rectas que no se intersectan.

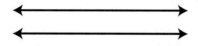

rectas perpendiculares Rectas que se intersectan y forman un ángulo recto.

rectas secantes Rectas que se cruzan.

red Patrón que se puede recortar y doblar para formar un cuerpo geométrico.

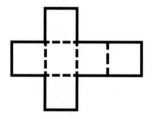

redondear Expresar un número al llevarlo a la decena, la centena o al millar más cercano, y así sucesivamente.

residuo Número que queda cuando un número no se puede dividir en partes iguales.

$$Ejemplo:\ 5\overline{)47}\ \overset{9\ R2}{}$$

residuo

resta Operación de dos números que da una diferencia como resultado.

resultado Lo que se obtiene en un experimento de probabilidad.

Ejemplo: Al lanzar una moneda, cara y cruz son los dos resultados posibles.

segmento de recta Parte de una recta. Un segmento de recta tiene dos extremos.

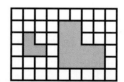

semejante Que tiene la misma forma, pero no es necesariamente del mismo tamaño.

semirrecta Parte de una recta que tiene un extremo y se extiende indefinidamente en una dirección.

simetría Una figura tiene simetría si se puede doblar por una línea de manera que sus dos partes coincidan exactamente.

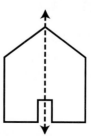

suma 1. Operación de dos o más números que se juntan para obtener un resultado. 2. El resultado de una operación de suma.

Ejemplo: 5 + 6 = 11
↑
suma

sumando Número que se suma en una expresión de suma.

Ejemplo: 5 + 6 = 11
↑   ↑
sumandos

taza de medir Instrumento que se usa para medir la capacidad.

tiempo transcurrido Tiempo que pasa entre el comienzo y el final de una actividad.

traslación Movimiento de una figura a lo largo de una línea.

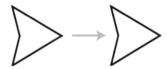

triángulo Figura plana de tres lados.

triángulo equilátero Triángulo que tiene tres lados congruentes.

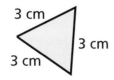

3 cm
3 cm
3 cm

triángulo escaleno Triángulo que tiene todos los lados de diferentes longitudes.

triángulo isósceles Triángulo que tiene dos lados congruentes.

4 pulg   4 pulg

triángulo rectángulo Triángulo que tiene un ángulo recto.

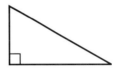

unidad cúbica Cubo que se usa para medir el volumen. Cada arista es igual a una unidad de medida.

unidades

513,249
↑
9 unidades

valor posicional Valor que se asigna al lugar que ocupa cada dígito en un número.
Ejemplo: en 346, el dígito 3 tiene un valor de 300.

vértice de un cuerpo geométrico Punto común de las aristas de un cuerpo geométrico.

vértice de un polígono Punto común de dos lados de un polígono.

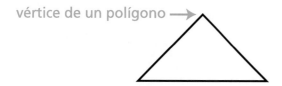

vértice de un polígono ⟶

volumen Número de unidades cúbicas que caben en un cuerpo geométrico.

Índice

clasificar, 432–433
complejos, 432–433
dibujo, 434–436
redes para, 486
relación con figuras planas, 434–436
significado de, 410

Cuerpos geométricos complejos,
432–433

Reconocimientos

PERMISSIONS ACKNOWLEDGMENTS

Houghton Mifflin Mathematics © 2005, Grade 3 PE/TE

"A is for Abacus" from *G Is For Googol: A Math Alphabet Book*, by David M. Schwartz. Text copyright © 1998 by David M. Schwartz. Reprinted by permission of Tricycle Press.

"The Big Chill" is excerpted from *TIME For Kids*, News Scoop Edition, February 12, 1999 Issue. Copyright © 1999 by Time, Inc. Used with permission from TIME For Kids magazine.

"Elephants on the Move" from *Weekly Reader*, November 16, 2001 Issue. Copyright © 2001 by Weekly Reader Corporation. Reprinted by permission of Weekly Reader Corporation. Weekly Reader is a federally registered trademark of Weekly Reader Corp.

"Frog or Toad: How to Tell" is excerpted from *The Complete Frog*, by Elizabeth A. Lacey. Text copyright © 1989 by Elizabeth A. Lacey. Reprinted by permission of HarperCollins Publishers.

"Leaders of the Pack," by Terry Krautwurst from *National Geographic World*, November 2001 Issue. Copyright © 2001 by National Geographic Society. Used with permission.

"The School is One Big Bird Feeder!" excerpted from *TIME For Kids*, February 12, 1999 Issue. Copyright © 1999 by Time, Inc. Used with permission from TIME For Kids magazine.

"Snowflakes" from *One At A Time*, by David McCord. Copyright © 1966 by David McCord. Reprinted by permission of Little, Brown and Company (Inc.). Electronic rights granted by The Estate of David T.W. McCord.

"Uncle Johnathan and the Ice-Skating Contest," by Gretchen Woelfle, originally published as "Never Go Home Without A Fish" from *Stories From Where We Live: The North Atlantic Coast*. Copyright © 2000 by Gretchen Woelfle. Reprinted by permission of the author.

Untitled Haiku "old and quiet pond..." from *Grass Sandals: The Travels of Basho*, by Dawnine Spivak. Text copyright © 1997 Dawnine Spivak. Reprinted with the permission of Atheneum Books for Young Readers, an imprint of Simon & Schuster Children's Publishing Division.

Cover © Gail Shumay/Getty Images.

PHOTOGRAPHY

vi AP/Wide World Photos. **viii** (bl) © Naturfoto Honal/CORBIS. (bm) Michaelturco.com. (br) Frans Lanting/Minden. **xv** (bm) Richard Cummins. **xvi** (t) © Mark E. Gibson. (b) © Lincoln Russell/Stock, Boston Inc./PictureQuest. **xvii** © DigitalVision/PictureQuest. **xxi** (t) Ron Sherman/Getty Images. (b) © Philip Rostron/Masterfile. **2** © Richard Nowitz/CORBIS. **4** (t) NASA (JPL42582 MRPS78052). (tm) NASA (S62-08774). (bm) © CORBIS. (b) NASA (JPL p45424). **6** NASA. **7** NASA (ISS004-E-5269). **10** NASA (STS-111, EC02-0131-3). **11** NASA (STS-1, GPN-2000-000650). **18** NASA (STS-96 Starshine1). **20** PlaceStockPhoto.com. **26** AP/Wide World Photos. **28** © James Marshall/CORBIS. **32** National Theater of the Deaf. **33** National Theater of the Deaf. **35** Wendy Chan/Getty Images. **36** AP/Wide World Photos. **37** Angelo Cavalli/agefotostock. **40** Bob Winsett/Index Stock. **44** PhotoDisc/Getty Images. **51** PhotoDisc/Getty Images. **56** © Arthur Tilley/i2i Images/PictureQuest. **62-3** © Angelo Hornak/CORBIS. **62(b)** Luis Castaneda/Getty Images. **63(b)** © Araldo de Luca/CORBIS. **74** Thomas Dressler/agefotostock. **77** EyeWire/Getty Images. **78** © John Foster/Masterfile. **79** Ted Wood/Getty Images. **82** Chip Henderson/Index Stock. **84** PhotoDisc/Getty Images. **86** Frans Lanting/Minden. **90** (l) © Naturfoto Honal/CORBIS. **90** (r) Bristol City Museum/naturepl.com. **91** (t) Mike Moffet/Minden. (m) © A. H. Rider/Photo Researchers, Inc. (b) Michaelturco.com. **94** Michael Newman/PhotoEdit. **95** PhotoDisc/Getty Images. **96** DK Images. **98** Royalty-Free/CORBIS. **99** Royalty-Free/CORBIS. **100** Erik Aeder/Pacific Stock. **101** © Jonathan Blair/CORBIS. **106** © Miles Ertman/Masterfile. **116** State of North Carolina Department of Transportation, Ferry Division. **117** State of North Carolina Department of Transportation, Ferry Division. **122** © 2003, John K. Nakata, sightandsound.com. **124** Mark Wagner/Getty Images. **125** MaXx Images/Index Stock. **128** © Peter Christopher/Masterfile. **130** F. Jack Jackson/Alamy. **134-5** ©AFP/CORBIS. **146** David Young-Wolff/PhotoEdit. **156** Royalty Free/CORBIS. **163** Jim Cummins/Getty Images. **164** AP/Wide World Photos. **165** © Orban Thierry/CORBIS SYGMA. **192-3** Georgette Douwma/Getty Images. **192** (t) KARL & JILL WALLIN/Getty Images. **193** (t) BRIAN SKERRY/Getty Images. **195** Royalty Free/CORBIS. **197** (cr) PhotoDisc/Getty Images. **203** (tr) PhotoDisc/Getty Images. **204** © Peter Beck/CORBIS. **227** Antonio M. Rosario/Getty Images. **230** Frans Lanting/Minden. **235** Michael Patricia Fogden/Minden. **236** G. Brad Lewis/Getty Images. **237** Phil Coleman. **240** (b) Chris Matheson/agefotostock. **242** © Tom Schumm. **254** Frans Lanting/Minden. **258** © Douglas Scott Chapin/Workbook Stock. **263** (t) DK Images. **263** (b) J & P Wegner/Animals Animals. **264** PhotoDisc/Getty Images. **268** © Kevin Fleming/CORBIS. **270** AP/Wide World Photos. **284** Tony Freeman/PhotoEdit. **293** Stockbyte. **307** Brand X Pictures. **313** (tl) © Seattle Art Museum/CORBIS. (tr) (bl) (br) © The Seattle Art Museum, Duncan MacTavish Fuller Memorial Collection. Photo: Paul Macapia. **317** (t) © Ralph A. Clevenger/CORBIS. **316-7** George Lepp/Getty Images. **317** (b) Courtesy of Wendy Thomson. **330** (r) Raymond Forbes/agefotostock. **343** National Baseball Hall of Fame. **363** Digital Vision/Getty Images. **380** John C. Russell/Teamworks. **384** (l) Kindra Clineff/Index Stock. (r) Jeff Greenberg/Index Stock. **386** © SeaWorld San Diego. **388** Flip Nicklin/Minden. **390** (t) Richard Cummins. **391** Gary D'Ercole/Index Stock. **392** ComstockKLIPS. **400-1** Getty Images. **401** (b) Gerben Oppermans/Getty Images. **402** (tr) PhotoDisc/Getty Images. **403** (br) Kunst & Schiedulin/Firstlight.ca. **412** Will & Deni McIntyre/Getty Images. **414** © Bill Ross/CORBIS. **418** © James Lemass. **419** © Richard Sisk/Panoramic Images. **421** PhotoDisc/Getty Images. **422** Lincoln Russell/Stock, Boston Inc./PictureQuest. **423** © Mark E. Gibson. **424** Broward County Libraries Division-Fort Lauderdale, Florida. **426** Broward County Libraries Division-Fort Lauderdale, Florida. **436** © Peter Bowater/Photo Reearchers, Inc. **440** Chuck Pefley/Stock Boston. **481** Jeff Foott/Discovery Images/PictureQuest. **484-5** © Michael Boys/CORBIS. **485** (b) Courtesy of Larry Albee/Longwood Gardens. **496** FLASHLIGHT!/Stock Boston. **498** Stockbyte. **518**

Reconocimientos continuación

Bob Daemmrich/Stock Boston. **524** Conrad & Company Photography/Stock Food. **526** PhotoDisc/Getty Images. **534** (b) PhotoDisc/Getty Images. **535** (l) DigitalVision/PictureQuest. (ml) James Lloyd/Animals Animals. (mr) Ken Cole/Animals Animals. (r) © Ed Reschke/Peter Arnold, Inc. **538** Glenn Kulbako/Index Stock. **541** Comstock. **546** © Richard Hutchings/CORBIS. **551** ImageState RF. **555** The Granger Collection. **558** sweetland-outdoor.com. **562** PhotoDisc/Getty Images. **566-7** Kim Westerskov/Getty Images. **566** (b) Lightwave Photography, Inc./Animals Animals/Earth Scenes. **567** (b) Michio Hoshino/Minden Pictures. **578** Photo courtesy of Science World British Columbia. **580** The Granger Collection. **584** Elopak, Inc. **588** North Wind Picture Archives. **595** (t) North Wind Picture Archives. (b) © Paul Hardy/CORBIS. **596** © Sandy King/Getty Images. **598** © Bettmann/CORBIS. **602** Burke/Tiolo/Brand X Pictures/Alamy. **608** Jeff Greenberg/Index Stock. **610** Ron Sherman/Getty Images. **612** D. Young-Wolff/PhotoEdit/PictureQuest. **616** David R. Frazier. **617** Bob Daemmrich/Stock Boston/PictureQuest. **618** ComstockKLIPS. **621** © Philip Rostron/Masterfile. **622** Syracuse Newspapers/Albert Fanning/The Image Works. **624** David Young-Wolff/PhotoEdit. **625** Michael J. Doolittle/The Image Works. **626** Bob Daemmrich/The Image Works. **627** ChromaZone Images/Index Stock. **628** (t) © Tom & Dee Ann McCarthy/CORBIS. **634-5** Richard Hutchings/PhotoEdit. **646** (t) Frank Siteman/Index Stock Imagery. (b) © Ann States/CORBIS. **647** © Ann States/CORBIS. **648** (l) © Randy M. Ury/CORBIS. (r) © Paul Wenham-Clarke/ImageState/Alamy Images. **649** (t) © Art Wolfe/Getty Images. (b) © Tom Brakefield/CORBIS. **650** © Art Wolfe/Getty Images. **651** © Chris Arend/Alaska Stock. **653** © Scott Camazine/Photo Researchers, Inc. **656** © Stan Osolinski/Getty Images.

ASSIGNMENT PHOTOGRAPHY

643 © HMCo./Jade Albert.

220, 224 (tr), **464** (t), **531, 552** (b) © HMCo./Greg Anthony.

xxvi, xxix, 661, 664 © HMCo./Joel Benjamin.

197 (br), **321** (tr)(br), **487** (bl), **639** (tr)(br) © HMCo./Ray Boudreau.

xxx (cr), **72, 144** (tr), **202, 326, 410, 494, 576** © HMCo./Dave Bradley.

vii (bl), **50** (tr), **52** (t), **174, 218, 304, 332, 334, 336, 340, 344, 345, 347, 420, 460, 502, 506, 512, 520** © HMCo./Angela Coppola.

ix (br), **xi** (br), **xvii** (br), **8, 9, 71** (br), **97, 123, 131, 142, 148, 150-153, 168, 170, 176, 181, 184, 188, 187, 200, 206** (b), **212, 213, 216, 232, 234, 238, 240** (t), **249** (b), **250, 252, 260, 262, 267, 287, 291, 296, 309** (b), **325, 330** (l) (ml) (mr), **354** (tr) (br), **355** (b), **358, 364, 368, 372** (tr) (br), **375, 376, 387, 408, 425, 428** (tr), **434, 457, 462, 476, 492, 508, 540, 575, 582, 615, 631, 642** © HMCo./Carol Kaplan.

xxii, xxv, xxvii, xxviii, 658, 660, 662 © HMCo./Allan Landau.

xv (br), **xviii** (b), **55, 57, 178** (b), **182, 183, 186, 297, 300, 328, 352, 390** (b), **468** (t), **514, 525, 528, 532, 592** © HMCo./Michael Indresano.

67 (tr)(c)(b), **70** (tr), **196** (tr), **320** (tr), **404** (tr)(bl), **489** (tr) © HMCo./Dave Starrett.

66 (bl), **142** (tr), **492** (tr) © HMCo./Ron Tanaka.

ILLUSTRATION

viii, 13, 16, 26, 31, 39, 74, 76, 92, 114, 118, 129 (bl), **153** (br), **154, 157, 214, 219, 222, 226, 253, 258, 269, 276, 294-5, 298-9, 328, 335, 371, 380, 386-7, 389** (tl), **389, 430, 477, 511, 586, 590, 608, 630** Argosy. **136, 139, 320** (bl), **405** (c), **638** (bl) Steve Attoe. **397** (tr) Robin Boyer. **13, 339, 343, 369-70, 417** (c), **470, 475** Ken Batelman. **153** (bl), **265, 366** Estelle Carol. **570** (br) Michael Cho. **49, 54, 120, 298** (t), **312, 466, 472, 480, 648** Joel Dubin. **337** Rob Dunlavey. **xxi, 21, 46, 125, 158, 273, 275, 365, 620** Julie Durell. **110, 290** John Edwards Inc. **xv, 5, 108, 338, 359, 384, 394-5, 542, 544, 548, 581, 611** Ruth Flanigan. **274, 363** Patrick Gnan. **80** Jim Gordon. **xiii, 288, 313, 587** Mike Gordon. **408** (tr)(cr) Jeff Grunewald. **xiii, 84, 278-9, 280, 560** Tim Haggerty. **xiv, 305, 310, 333, 348** Jenny B. Harris. **vi (cl), xii, xx, 23, 89, 131, 221, 242, 298** (c), **299, 547, 555, 601, 605** Ken Hensen. **600** Nathan Jarvis. **324** (tr), **574, 642** Kelly Kennedy. **ix, x, 38, 113, 129** (c), **159** Dave Klug. **200** (tr), **404** (cr), **569, 637** Bernadette Lau. **17, 93, 302, 367, 393, 467** Ruth Linstromberg. **vi (tr), 14, 15** Ethan Long. **66** (tr) Tadeusz Majewski. **88, 112, 652** Ortelius. Design. **65** (br), **199** (bl), **319, 326** (cr)(br), **570** (tr), **577** (cl), **638** (tr) Jun Park. **488** (tr) Clarence Porter. **306** Precision Graphics. **433, 522,** Chris Reed. **41, 119, 512, 524, 563, 599, 604** Brucie Rosch. **654-55** Goro Sasaki. **102, 215, 360, 362, 377, 594** Alfred Schrier. **12, 19, 22, 160, 189, 302, 373-4, 417** (t), **645** Rob Schuster. **121, 168, 170** Steve Snider. **255** Winson Trang. **35, 266, 272, 474** George Ulrich. **247** Joe Veno. **292, 505** Bari Weissman.

All tech art by Pronk & Associates